JN418335

개정판

글로벌 무역금융

이재민 · 배인성 공저

도서출판 두남

개정판 머리말

이 책이 발간된 2009년에는 미국발 글로벌 금융위기의 여파로 금융과 실물시장이 크게 위축된 시기였다. 이후 금융시장이 잠시 회복세를 보이다가 2011년 유럽 재정위기로 인해 세계 경제는 다시 금융불안과 경기침체에 직면하게 되었고 아직까지 뚜렷한 회복세는 나타나지 않고 있다.

특히 유럽계 국제상업은행들의 여신 축소는 선박 등 실물거래의 급격한 감소에 직접적 원인을 제공하였고 이는 우리나라 해운 및 조선업의 경영악화를 야기하는 등 글로벌 금융이 실물거래에 미치는 영향을 새삼 확인시켜 주고 있다.

미국, 유럽, 일본 등 선진국들이 유례없는 양적완화정책으로 경기 회복을 꾀하고 있으나 그 효과가 신통치 않은데 이는 자금이 실물부문에 제대로 연결되고 있지 않기 때문으로 결국 금융과 실물이 따로 움직여서는 금융의 효과를 기대하기는 어려운 것 같아 보인다.

이러한 와중에 우리나라는 수출입 규모가 소폭이나마 꾸준히 늘어 최근 5년간 무역규모가 1조 달러를 넘고 있고 수출은 세계 7위의 실적을 기록하고 있다. 우리나라 경제의 수출의존도는 줄어들지 않고 있고 향후에도 이러한 추세는 바뀌지 않을 것 같다.

이 책은 수출, 해외건설, 해외직접투자 등 대외실물거래에서 기업들이 금융을 조달하는데 필요한 지식과 정보를 제공하기 위해 작성되었다.

산업과 무역의 환경이 변하고 다양화되면서 대외실물거래의 방식과 절차 역시 달라지고 있다. 이러한 실물거래의 변화 추세에 맞추어 금융수단과 제도 등도 함께 달라져야 하는 것은 당연한 일이다. 따라서 5년 전에 작성된 이 책의 개정은 오래전부터 필요하였으나 저자들의 게으름으로 이제야 개정 작업을 완료하게 되었다.

이번 개정에서 주안점을 둔 것은 기존에 기술된 글로벌 무역금융의 방식, 제도 등에서 변경된 사항을 최근화(update) 한 것이다. 또한 인프라금융을 새로이 추가하였고, 선박금융, 해외자원개발금융, 복합금융을 별도의 장으로 분류하였다.

개정을 통해 독자들이 글로벌 무역금융의 이해를 좀 더 쉽게 할 수 있도록 노력해 보았으나 여전히 미흡하다는 느낌을 지울 수 없다. 또 부족한 부분들은 다음으로 넘길 수 밖에 없을 것 같다.

이번 개정작업에서도 자료 협조에 큰 도움을 준 수출입은행 관계 직원들께 감사를 드리고, 글로벌 무역금융 업무에 종사하는 금융기관과 기업 실무자들의 건승을 빈다.

2015년 1월 저자 일동

머리말

세계경제가 지난 30년간 고도성장을 지속할 수 있었던 것은 상품과 서비스의 국제무역과 국가 간 실물투자 등 글로벌 경제활동이 크게 확대된 데 기인한다. 실제 무역자유화가 본격화 된 2000년대 들어서 세계 교역규모는 매년 1조 달러 이상 증가하고 있으며, 이에 따라 세계 경제성장률은 1990년대 연평균 3%에서 2000년대에는 연평균 4% 이상으로 높아진 것으로 나타나고 있다. 이제 하나의 지구촌으로 변화된 세계에서 기업들이 해외사업을 수행하고, 외국기업과 거래하는 것은 일상적인 비즈니스의 형태이고, 향후 이러한 추세는 더욱 일반화될 것이다.

우리나라의 경우 대외거래는 어느 나라보다도 중요한 의미를 갖는다. 1960년대 세계 최빈국 중 하나에서 현재 세계 12위의 경제대국으로 발전한 데에는 수출주도의 대외 지향적 경제운용이 결정적 역할을 하였다. 수출은 1960년 33백만 달러에서 2008년 4,220억 달러로 약 50년간 무려 13,000배에 이르는 세계에서 유례없는 증가를 기록하면서 경제성장을 이끌어 왔다. 또한 1990년대 말 IMF 외환위기를 신속하게 극복하는데도 당시 수출의 확대가 크게 기여하였으며, 가장 최근 글로벌 금융위기로 야기된 세계적 경기침체 하에서도 경제회복을 위해 수출에 큰 기대를 걸고 있다.

최근 우리나라 기업들은 수출이외에도 해외직접투자에 활발한 움직임을 보이고 있다. 이제 기업들은 저임의 노동력, 원자재 확보 등의 전통적 동기보다는 글로벌 경영을 통한 국제경쟁력 확보라는 새로운 목표를 위해 해외투자를 추진하고 있는데, 이는 글로벌 시대의 기업경쟁력 제고와 나아가 국가경쟁력 향상을 위해 불가피한 선택이 되고 있다. 이러한 시대적 흐름에 따라 우리나라 해외직접투자 규모는 최근 급속히 늘어나 1990년 연간 10억 달러에 머물러 있던 것이 2007년부터는 연간 200억 달러를 상회하고 있다.

한편 해외자원개발은 자원빈국인 우리에게는 항상 절실한 과제로 최근 해외자원시장에서 중국이 무차별적 공세를 펼치고 있어 우리 정부와 기업들의 적극적 대응이 필요해 지고 있다.

이처럼 수출, 해외투자, 해외자원개발 등 대외실물거래는 그 규모가 날로 확대되고 있으며, 기업경영과 국가경제 발전에 미치는 영향 또한 매우 커지고 있다.

이러한 대외실물거래를 성공적으로 수행하는 데 반드시 필요한 것이 효과적인 금융지원이다. 본래 금융의 기능이 실물거래를 뒷받침하는 것이지만 국내거래보다 위험이 크고, 거래관계가 복잡한 국제간 거래에서 금융의 역할은 더욱 강조된다. 국제간 교역에서 발생하는 자금의 결제와 국제 교역에 필요한 국제유동성 공급 등이 원활하게 이루어지지 못한다면 세계 무역과 투자활동은 크게 위축될 수밖에 없으며 이는 세계 경기의 침체로 연결된다. 일례로 2008년 발생한 글로벌 금융위기로 세계 경제가 극심한 침체에 빠진 가운데 2009년 4월 G-20회의에서 세계 경기침체를 극복하기 위해 결의한 내용 중의 하나가 2,500억 달러의 무역금융을 시장에 공급한다는 것이었다. 이는 무역금융의 중요성을 보여주는 좋은 예라 하겠다.

무역금융은 규모의 확대도 중요하나, 거래 형태에 맞는 금융을 제공해야만 기업들의 대외실물거래에 대한 지원효과를 배가 시킬 수 있다. 대외거래는 일반 단품의 단기수출거래에서 선박, 플랜트 등 대형 자본재의 중장기수출거래, 해외직접투자, 해외 M&A, 해외자원개발 등에 이르기까지 형태가 다양하고, 이에 따라 무역금융도 수출환어음 매입, 신용장 발행 등 전통적인 단기수출금융에서, 수출팩토링, 포페이팅, 중장기연불금융, 프로젝트 파이낸스, 구조화금융(structured finance) 등 형태와 내용이 매우 다양하다. 특히 최근 거래규모가 대형화되고 거래당사자들이 많아지면서 금융구조도 복잡해지고 새로운 금융기법이 계속 개발되고 있다.

이처럼 무역금융의 중요성과 관심이 높아지면서 무역금융과 관련한 책들이 많이 발간되고 있다. 그러나 대부분의 저서들이 신용장 거래와 같은 단기수출금융을 소개하는데 그치고 있어, 현재 우리나라의 대외거래를 주도하고 있는 대형 자본재의 중장기수출거래, 해외투자, 해외자원개발 등에 대한 금융지원 방식이나 기법을 소개하는 자료는 부족한 실정이다.

이 책은 이러한 취약점을 보완하고, 대외거래 금융을 전통적인 수단에서부터 최근 많이 활용되고 있는 금융방식에 이르기 까지 총체적으로 살펴보기 위해 저술되었다. 이 책의 제목을 '글로벌 무역금융'이라 칭한 것도 그동안 무역금융이라는 용어가 주로 단기수출금융과 동일시되어 왔기 때문에 이를 차별화시키고, 글로벌 시대의 무역금융을 새롭게 조명해 보고자 하는 취지에서이다. 또한 이 책은 실물거래에 근거하여 발생하는 금융을 대상으로 함으로써 국제금융시장이나 국제자본시장에서 실물거래와 관계없이 일어나는 차입거래, 증권거래, 파생상품 등의 국제금융을 다루는 저서들과는 성격을 달리한다.

이 책은 기본적으로 대외실물거래를 담당하는 기업과 금융기관의 실무자들을 대상으로 저술되었다. 즉, 기업들이 대외실물거래를 수행함에 있어 필요로 하는 금융방식을 최대한 망라하여 금융상품 간 상호 비교를 가능하게 함으로써 기업들이 거래형태에 맞는 금융을 선택하는데 도움을 주고자 저술되었다. 또한 금융을 제공하는 금융기관들도 이 책을 통해 무역금융제도의 내용을 폭 넓게 인지함으로써 고객 기업의 거래에 맞는 금융상품을 제시해 줄 수 있을 것으로 기대한다. 한편 국제무역과 국제금융에 관심이 있는 대학생들에게도 국제간의 실물거래와 실물금융을 이해할 수 있는 좋은 기회가 될 것으로 기대한다.

이 책의 저자들은 우리나라의 글로벌 무역금융을 전담하고 있는 한국수출입은행에서 20년 이상을 근무하면서 축적된 지식과 실제 경험을 바탕으로 이 책을 쓰게 되었다. 따라서 이 책에서 언급한 일부 사례는 수출입은행에서 실제 취급하였던 거래내용을 반영하고 있다.

이 책을 쓰는 데 많은 격려와 관심을 보여주신 은행장님을 비롯한 한국수출입은행 임직원들과 특히 바쁜 업무 중에도 내용에 관해 감수해 준 직원들께 이 자리를 빌려 깊은 감사드린다. 아울러 이 책에 남아 있는 모든 오류는 저자들 책임이며 앞으로 이를 계속 시정·개선해 나갈 것임을 밝혀 둔다.

최근 역사상 유례없는 글로벌 금융위기로 전 세계가 큰 고통을 겪고 있다. 이 금융위기는 실물거래와 관계없는 파생상품의 과잉 공급과 무분별한 운영의 결과로, 전 세계적으로 금융구조 개선을 요구하는 목소리가 거세게 일고 있다. 이에 따라 이번의 금융위기를 계기로 향후 실물과 연계된 무역금융의 중요성은 더욱 강조될 것으로 전망된다.

현재 세계적 경기침체를 벗어나기 위해서는 전 세계적으로 무역의 확대가 절실히 요구되고 있으며, 향후 세계 경기가 안정되면 기업들의 글로벌화는 더욱 가속될 것으로 예상되는 바, 이 책이 우리나라 기업의 글로벌 비즈니스 발전에 일조할 수 있기를 기대한다.

2009년 8월
저자 일동

차 례

제1부 글로벌 무역금융 개관

제 1 장 ❙ 글로벌 무역거래의 현상 • 17

제 2 장 ❙ 글로벌 무역금융의 기능 및 유형 • 29

제2부 글로벌 무역금융의 이해와 활용

제 3 장 ❙ 무역대금결제와 환어음 • 43

제 6 장 ▌ 공적수출신용(대출, 보증, 보험) • 116

제 7 장 ▌ 프로젝트 파이낸스 • 151

제1부
글로벌 무역금융 개관

제1장

글로벌 무역거래의 현상

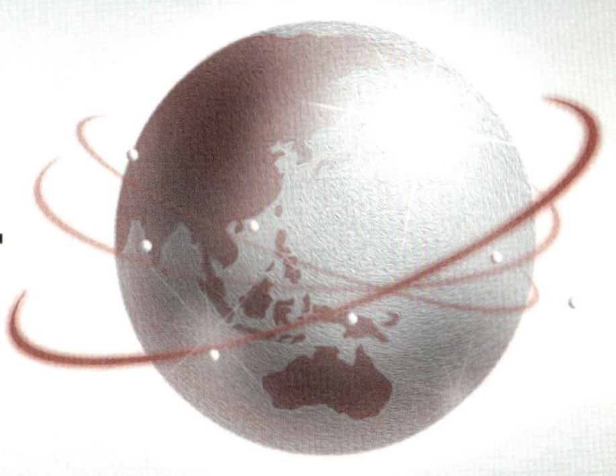

1 글로벌 무역거래의 개념

무역(trade)이란 외국과 교역을 하는 국제경제거래를 의미하는 것으로 협의의 무역은 물품의 매매, 즉 상품거래만을 뜻하며, 광의의 무역은 상품거래와 상품이외의 용역거래 및 직접투자거래를 모두 포함하는 개념이다.

광의의 무역거래를 외국과의 거래라는 점에서 국제거래 또는 대외거래라고도 하는데 1990년대 이후 급속하게 진행된 글로벌 경제화의 영향에 따라 이제는 글로벌 무역거래라는 명칭이 더 적합해 보인다.

오늘날 세계는 시간적, 공간적으로 더욱 좁아지고 있으며 궁극적으로는 지구촌이라는 하나의 시장을 향하고 있다. 이러한 글로벌화(globalization)는 기업이 국가단위로 각기 다른 전략을 취하는 것에서 벗어나서 전 세계시장을 하나의 시장으로 보고 동일한 전략을 수행하는 것을 말한다. 국제화(internationalization)가 종전의 국가단위로 구성되었던 경제상황에서 한 국가에 있는 기업이 다른 국가와 거래하는 것을 의미하는데 반하여, 글로벌화는 국경에 따른 시장구분이 의미가 없어졌다는 것을 의미한다.

한편 일반적으로 무역거래는 실물거래에 한하는 것으로 여기서 실물거래란 국제적인 대차(貸借)거래, 경영활동과 관계없는 외국주식이나 채권의 취득 등과 같은 단순자본거래와 구별되는 개념이다.

이러한 개념 하에서 해외시장에 진출하고자 하는 기업들의 해외 실물거래 방식은 크게 수출(export), 해외직접투자(FDI : foreign direct investment), 계약(contract)에 의한 해외사업으로 구분해 볼 수 있다.

수출방식은 다시 간접수출방식과 직접수출방식으로 나누어지며, 해외직접투자방식은 소유권전략에 따라 신규설립(green field investment), 인수·합병(M&A : mergers and acquisitions)과 같은 완전소유형태(100% wholly subsidiaries)와 합작투자(joint venture)와 같은 비완전소유형태로 구분할 수 있다.

한편 계약에 의한 해외사업은 라이센싱(licensing), 프랜차이징(franchising), 기술제휴, 건설/턴키계약(construction/turnkey contracts), 계약생산(contract manufacturing), 해외엔지니어링 활동 등 기업들이 해외에서 기술, 용역을 제공하고 대금을 지급받는 방식의 국제적 계약을 포함한다.

이러한 해외시장 거래방식들은 기업의 인적·물적 자원의 개입, 현지마케팅 활동에 대한 통제력, 시장정보의 획득, 시장침투 정도 등에 영향을 미친다. 따라서 해외사업을 위하여 어떤 거래방식을 선택하느냐 하는 것은 기업의 매출과 이익 그리고 해외시장에서의 영업위험부담 정도 등 기업의 해외시장 진출성과와 직결되는 중요한 전략적 의사결정이라고 할 수 있다.

2 글로벌 무역거래의 유형

1) 수출

수출은 재화의 국제간 이동을 통한 가장 기본적인 해외시장 진출방식이다. 수출방식은 제품을 현지국이 아닌 본국에서 제조한다는 측면에서 계약에 의한 거래나 직접투자와는 구별된다.

수출방식에 의한 해외진출에는 간접수출(indirect exporting)과 직접수출(direct exporting)이 있다. 간접수출은 기업이 제품을 국내에 있는 중간수출업자를 통하여 해외시장에 수출하는 경우로 제품을 생산한 기업은 수출선이나 수출마케팅전략 그리고 수출금융에 대해 크게 신경을 쓰지 않아도 된다. 한편 직접수출은 제품을 생산한 기업이 직접 해외고객에게 제품을 수출하는 경우를 말한다. 따라서 제품을 생산한 기업은 해외시장조사, 가격결정, 수출서류 작성, 수출금융 알선 등과 같은 제반 수출관련 업무를 직접 수립·수행한다.

해외시장 진출과 관련하여 수출이 갖는 이점에는 크게 두 가지가 있다. 첫째, 현지국에 생산시설을 설치하는데 드는 비용과 위험을 회피할 수 있다. 둘째, 수출은 집중된 장소에서 제품을 생산하여 다른 국가시장에 판매함으로써 범세계적 판매규모로부터 오는 규모의 경제를 실현할 수 있다.

그러나 다른 대외거래방식과 비교할 때 수출거래는 다음과 같은 단점도 있다. 첫째, 해외에서 제품을 직접 제조하는 것이 더 싸다면 수출은 부적절한 방법이 될 수 있다. 왜냐하면 비용과 기술의 혼합이 우수한 장소에서 제조하여 세계의 다른 지역으로 수출하는 것이 규모의 경제 측면에서 이점이 있기 때문이다. 둘째, 부피가 큰 제품의 경우 높은 수송비 때문에 수출이 비경제적일 수 있다. 이러한 경우 판매 지역에서 제조하는 것이 유리할 것이다. 셋째, 국가 간 관세장벽이 수출을 통한 세계시장 개척을 제약할 수 있다.

수출입 품목은 농산물, 광물, 원유와 같은 1차 산품과 단순 제조업 품목에서 선박, 항공기, 플랜트와 같은 거액의 주문 제작형 품목, 반도체 등 첨단기술제품 등으로 다양하다. 각기 품목의 특성에 따라 수출입거래 형태 및 방법이 달라진다.

특히 플랜트는 제품을 제조하기 위한 기계·장비 등의 하드웨어와 하드웨어의 설치에 필요한 설계 및 엔지니어링 등의 소프트웨어, 그리고 건설시공, 유지 보수가 결합된 종합산업으로 수출시 높은 부가가치의 창출과 함께 기자재 및 인력수출이 가능한 미래 수출유망 산업이다. 통상 플랜트 수출은 수출금액이 매우 크고 대금회수기간이 장기이므로 컨트리리스크(country risk), 환리스크 등 거래 위험이 다른 대외거래에 비해 크며, 동시에 중장기 수출금융이 필요한 분야이다.

2) 해외직접투자

해외직접투자란 경영에 참가할 목적으로 해외에 법인을 설립하거나, 이미 설립된 외국법인을 인수하는 것을 말하며 국내의 자본, 인력, 기술 등의 생산요소를 해외에 이전시키는 것으로 정의할 수 있다. 직접투자는 기업 경영과 관련된 지분을 보유한다는 점에서 포트폴리오 투자와 다르다. 포트폴리오 투자도 경영과 관련하여 일정 지분을 보유하나, 이는 자본적 이득을 위한 보유라는 점에서 차이가 있다.

해외직접투자는 생산적 측면에서 보면 모든 부품을 본국으로부터 수입하여 현지에서 단순히 조립 및 가공만 하는 형태로부터 완전히 현지국의 생산요소를 사용하여 제품을 생산하는 형태까지 다양하다. 또한 소유 및 경영관리 통제의 측면에서 보면 현지 자회사는 단독소유 자회사와 외부기업과의 공동투자에 의한 합작회사의 형태로 구분된다.

먼저 단독투자는 모기업이 해외 자회사를 설립하는 데 있어서 자회사의 의결권

전체 주식을 모기업이 소유하는 형태로 해외에 진출하는 경우이다. 이러한 단독투자방식에는 기존에 존재하지 않던 기업을 새롭게 설립하여 진출하는 신설투자(green field investment)방식과 기존에 현지국에서 운영되고 있는 기업을 인수하거나 그 기업과 합병하여 진출하는 국제 인수·합병(M&A : merger and acquisition) 방식이 있다. 단독투자방식에 의한 해외진출은 제품이나 기술에 대한 강력한 통제가 가능하고, 자사의 경영방침을 독자적으로 운영할 수 있다는 장점이 있는 반면에 투자위험이 높다는 단점이 있다.

단독투자방식과 대별되는 합작투자방식은 합작에 참여하는 기업들이 소유권과 경영을 분담하며, 자본 및 기술 등 파트너 기업이 소유하고 있는 강점을 서로 이용하고 위험을 분담할 수 있다는 장점이 있는 반면에 파트너간의 의사소통의 문제로 성과가 떨어질 수 있다는 단점도 있다.

해외직접투자가 일어나게 되는 주요 요인들로는 시장창출과 생산비용절감 등이 꼽히고 있는데 최근에는 글로벌 경쟁력 확보를 위한 해외직접투자가 크게 늘어나고 있다. 글로벌 경영을 목적으로 하는 기업의 경우 국제적 생산·판매 네트워크 형성을 통해 경영의 효율성을 극대화하고자 한다. 세계경제의 글로벌화가 가속되는 상황에서 기업들은 자신이 보유한 고유한 경영자산을 부가가치 활동이 최적인 거점에 배치하고 글로벌 경영시각에서 통합 조정함으로써 시너지를 최대화할 수 있다.

3) 계약에 의한 해외사업

계약에 의한 해외사업은 외국정부 또는 외국기업과 일정한 계약에 의해 물자, 기술, 용역 등을 제공하고 그 대가로 일정의 금액을 지급받는 것을 의미한다. 대표적인 거래로 해외건설공사, 해외엔지니어링 계약, 국제라이센싱(international licensing) 등을 들 수 있다.

수출은 재화나 용역을 해외로 판매하는 것이 목적인 반면 해외공사는 현지에서 재화와 용역의 제공을 통해 특정한 사업(예 건설)을 완결하는 것이 목적이다. 또한 자본투자가 요구되지 않는다는 점에서 직접투자와 구별된다.

최근에는 프로젝트를 실행하기 위해 현지에 자회사(project company)를 설립하는 경우가 많은데 이 경우 직접투자와 형태가 같다. 그러나 자회사 설립의 주된 목적이 현지 경영이라기보다는 일정기간 동안 특정 사업의 실행에 있다는 점에서 해외직접투자와 차이가 있다.

(1) 해외건설공사

해외건설공사라 함은 해외에서 시행되는 토목, 건축, 산업설비 등의 공사를 말한다. 넓은 의미로는 해외건설공사에 관한 기획, 타당성조사, 설계, 구매, 조달 등의 엔지니어링 활동도 포함된다.

우리나라의 해외건설사업은 1970년대 중동에서 주로 토목공사를 위주로 크게 성장한 이래 최근에는 산업설비(플랜트) 위주로 질적, 양적인 개선을 이룩하고 있다.[1)] 해외건설공사는 거래(공사)내용 및 거래범위가 계약에 따라 달리 정해진다. 이 중 대표적인 것이 EPC 계약과 개발투자형 사업이라 할 수 있다.

▪ EPC(Engineering, Procurement, Construction)계약

해외건설공사는 주택, 도로, 교량 등 사회기반시설 건설공사에서 발전소, 담수설비, 석유화학설비 등과 같은 플랜트 건설공사 등으로 다양하며, 이 건설 활동은 프로젝트 발굴, 프로젝트 기획, 타당성조사(F/S), 기본설계, 상세설계, 시공, 감리, 시운전, 인도, 유지·보수 등 여러 단계로 구성되어 있다.

여기서 EPC 계약은 설계, 구매, 시공을 담당하는 계약으로 단순히 공사만을 수행해 주는 계약이라 할 수 있다. 최근에 건설 프로젝트가 점점 대형화되고 기술적으로도 고도화, 복잡화되면서 하나의 프로젝트에 다수의 EPC 계약과 다수의 EPC 업체가 포함되는 경우가 흔하게 나타난다.

EPC 업체의 선정은 사업주의 공개경쟁입찰로 이루어지는 것이 일반적이며 우리나라 기업들은 주로 EPC 계약자로 해외건설공사에 참여하고 있다.

▪ 개발투자형 사업

한편 기업들은 해외프로젝트 수주를 위해 개발투자형 사업을 활용하기도 한다. 개발투자형 사업은 해외프로젝트를 수주한 기업이 현지에서 법인을 설립하고 사업 시행단계부터 자금조달, 건설과 운영, 사후관리까지 전 과정을 담당하면서 사업이익을 시현하는 해외거래로서 수출과 해외투자가 결합된 형태라 할 수 있다.

개발투자형의 경우 EPC 계약을 경쟁입찰에 의하지 않고 수주할 수 있는 이점이 있다. 그러나 EPC 계약은 공사 완료 후 해당 공사대금을 수령하므로 프로젝트 전체의 운영결과와 무관하게 대금을 회수할 수 있는 반면 개발투자형 사업은 프로젝트의 지분에 참여하고 프로젝트 운영에도 관여하므로 프로젝트의 운영결과에 따라 손

1) 2013년 해외건설수주 실적 652억 달러 중 플랜트수주 실적은 약 61%임.

실을 입을 가능성도 있다.

선진국 기업들은 단순 EPC 계약에 의한 해외공사보다는 부가가치가 높은 개발투자형 방식의 해외사업에 주력하고 있으며, 우리나라 기업들도 해외 공사의 경험과 노하우가 쌓이면서 개발투자형 방식을 늘려 나가고 있다.

(2) 해외자원개발

해외자원개발 역시 계약방식에 의한 해외사업으로 간주될 수 있다. 광산 또는 유전 등의 개발을 위해 현지법인을 설립하는 경우 해외직접투자의 한 형태라 할 수 있지만 최근에는 자원의 장기구매(off-take) 계약에 의한 해외자원 확보도 중요한 자원개발거래에 포함시키고 있다.

해외자원개발사업은 탐사단계와 개발·생산단계로 구분되는데 국제입찰이나 지분매입 등을 통하여 탐사권과 광업권 등을 확보하여 사업을 추진한다. 이 과정에서 기업은 단독투자, 또는 합작투자 방식으로 해외직접투자가 이루어지므로 개발투자형 사업과 동일한 형태를 보인다.

(3) 국제 라이센싱 / 국제 프랜차이징

글로벌 기업은 국제 기술시장을 배경으로 기술 판매전략을 수행함에 있어 기술이전방법으로 해외직접투자와 국제 라이센싱을 이용한다.

국제 라이센싱(international licensing)은 한 나라의 라이센서(licensor)가 제조·가공·상표·노하우·기술원조 등을 다른 나라의 라이센시(licensee)에게 로얄티를 받고 사용허가를 제공하는 국제경영의 한 방식으로 정의되고 있다. 글로벌 기업들이 국제 라이센싱을 선호하는 경우는 기술의 성질이 단순하거나 제품수명주기가 짧을 경우, 그리고 직접투자가 현지국 법규에 의하여 제한을 받거나 정치적·경제적으로 높은 위험성을 내포하는 경우 등이다.

한편 국제 프랜차이징(international franchising)은 프랜차이저(franchisor)가 소유권이 독립된 프랜차이지(franchisee)로부터 일정한 수수료를 받고 상표 등에 대한 사용권을 허가해 주고 프랜차이지의 운영까지를 계속적으로 지원해 주는 국제경영방식으로서 국제 라이센싱의 한 형태라 할 수 있다. 프랜차이저와 프랜차이지는 양 기업이 서로 독립성을 유지하면서 최종 소비자에게 이르는 재화 및 서비스의 일부를 각기 생산한다는 점에서 수직적 통합과 유사하다고 할 수 있다.

(4) 계약생산(contract manufacturing)

자사가 직접 제품을 생산하여 해외시장에 수출하기보다는 생산능력을 가진 현지기업을 선정하여 그 기업으로 하여금 자사가 요구하는 제품을 생산하여 공급하도록 하는 계약을 체결하고, 이 계약 하에서 생산된 제품에 대한 마케팅은 위탁기업이 책임을 지는 경우이다. 계약생산은 통상 위탁기업이 직접 제품을 생산할 여력이 없거나 현지의 저렴한 노동력이나 원자재를 이용하고자 하는 경우에 활용된다. 주문자상표 부착방식에 의한 수출(OEM : original equipment manufacturing)도 일종의 계약생산이라고 할 수 있다.

3 글로벌 무역거래 동향

1) 세계무역거래 동향

(1) 수출입

IMF 통계에 의하면 세계 수출입은 1948년~2013년의 65년 동안 약 350배 증가하였다. 세계 2차 대전이 끝나고 세계가 경제 재건을 시작하였던 1948년 세계 총수출은 514억 달러, 수입은 571억 달러 이었던 것이 2013년에는 수출 18조 2,636억 달러, 수입 18조 6,871억 달러에 달한 것이다.

1990년대 이후 전 세계 무역자유화의 흐름이 대두되면서 무역 규모는 크게 확대되기 시작하였으며, 특히 1995년 WTO 출범이후 전 세계무역은 새로운 확장 국면을 맞이하였다. 최근 10년(2004년~2013년)간에는 세계 금융위기, 유럽재정위기 등의 어려움이 있었음에도 수출입의 증가율은 연평균 약 7%을 기록하였다.

이는 세계경제의 블록화, 무역자유화 추세와 함께 많은 나라에서 대외교역 확대를 통해 성장의 활력을 찾고자 했기 때문으로 볼 수 있다. 수출증대 등에 힘입어 세계경제 성장률은 1990년대 연평균 3% 대에서 2000년대에는 연평균 4% 이상으로 높아진 것으로 나타나고 있다.

2000년대 이후 세계무역의 특징 중 하나는 개도국의 약진으로 이는 세계교역 확대에 주원인이 되고 있다. 개도국의 무역 비중은 1990년 수출 19.3%, 수입 18.4%에 불과하였으나 2013년에는 수출 41.8%, 수입 39.6%로 급속히 증가하였다. 이는 2000년대 들어서 세계의 공장으로 등장한 중국의 급속한 경제성장과 무역확대에 주로 기인한 것이며 이외에도 우리나라와 동남아 국가 등 아시아 국가들의 수출 주도의 높은 경제성장에 힘입은 바 크다.

이밖에 2000년대 이후 세계교역이 크게 늘어난 데에는 글로벌 생산공정의 분업화 추세가 크게 기여하였다. 하나의 완성품을 만들기 위한 중간제품의 국가 간 이동이 여러 차례 반복되는 과정에서 교역이 크게 늘어나고 있다.

표 1-1 세계무역 규모 추이 (단위 : 10억 달러, %)

구분	1980년	1990년	2000년	2010년	2013년
세계전체					
수출	1,833	3,382	6,386	14,916	18,264
수입	1,919	3,517	6,593	15,316	18,687
선진국					
수출	1,330 (72.6%)	2,728 (80.7%)	4,736 (74.2%)	9,207 (61.7%)	10,623 (58.2%)
수입	1,492 (77.7%)	2,865 (81.6%)	5,080 (77.1%)	9,891 (64.6%)	11,286 (60.4%)
개도국					
수출	503 (27.4%)	653 (19.3%)	1,649 (25.8%)	5,713 (38.3%)	7,634 (41.8%)
수입	428 (22.3%)	648 (18.4%)	1,508 (22.9%)	5,472 (35.4%)	7,384 (39.6%)

주 : ( )는 비중
자료 : 한국무역협회, *kotis*

(2) 해외직접투자

전반적인 경제활동의 세계화 추세에 따라 세계의 해외직접투자도 1980년대 이후 꾸준한 증가추세를 나타내고 있다. 즉, 세계직접투자 잔액은 1980년부터 2011년 까지 31년간 유입(inward)이 약 32배, 유출(outward)이 약 38배 증가하여 2011년 기준으로 20조 달러를 상회하는 수준에 이르렀다.

표 1-2 세계의 직접투자 잔액 추이 (단위 : 10억 달러)

구분	1980년	1990년	2000년	2011년
세계전체				
유입	636	2,081	7,450	20,438
유출	547	2,093	7,953	21,168
선진국				
유입	386	1,564	5,654	13,056
유출	495	1,947	7,074	17,056
개도국				
유입	250	517	1,735	6,625
유출	52	146	857	3,705

자료 : UNCTAD, *World Investment Report*

세계 해외직접투자는 선진국들이 주도하여 2011년 현재 세계직접투자 유출잔액의 약 80% 가량은 선진국들에 의해 이루어졌으며, 투자 유입에 있어서도 선진국 비중이 약 64%를 차지하고 있다. 이로써 아직까지 세계 해외직접투자는 대부분 선진국 간에 이루어지고 있음을 알 수 있다.

세계의 해외직접투자와 관련하여 최근 나타나고 있는 주요 특징은 다음과 같다.

첫째로 1990년대 이후 개도국에 대한 투자가 뚜렷이 증가하고 있다. 1980년대 이전의 해외직접투자 흐름은 기본적으로 3대 선진권내에서의 투자, 즉 미국, 일본, 유럽 간의 투자가 대종을 이루었다. 그러나 1990년대 이후 개도국에 대한 투자가 크게 증가하여 개도국의 해외직접투자 유입 잔액 비중이 1990년 20%에서 2011년에는 36%로 상승하였다. 이러한 현상은 기본적으로 동아시아 지역을 중심으로 개도국들이 괄목할 만한 경제성장을 보이는 동시에 적극적으로 외국인투자를 유치하고 있는데 기인한 것이라고 할 수 있다. 특히 중국과 같은 대규모 경제가 고도성장을 기록함에 따라 막대한 규모의 외국인투자가 유입됨으로써 개도국 전체의 외국인투자 유입량을 증가시키고 있는 상황이다.

둘째로 해외투자 업종이 과거에는 1차산업과 자원가공 제조업, 노동집약적 제조업에 집중되었으나 1990년대 이후에는 서비스산업과 기술집약적 제조업으로 확산되고 있다. 특히 서비스산업에 비교우위를 가진 선진국들이 서비스 교역의 자유화를 추진하는 과정에서 해외직접투자의 자유화가 진전되고 있으며, 이 결과로 이 부문의 투자가 확대되고 있는 것이다. 또한 전자·정보 부문의 기술진보를 바탕으로 자본집약적, 기술집약적 업종의 해외직접투자도 지속적으로 증가하고 있다.

셋째로, 해외직접투자 방식에 있어서 1980년대 중반 이후 인수·합병(M&A)의 비중이 급격히 증대되었다. 이는 선진국을 중심으로 금융시장의 발전이 가속화되면서 증권시장을 통한 기업의 공개매수 및 M&A 자금조달시장의 발달이 이루어짐에 따라 국제적(cross-border) M&A가 활성화된 것에 기인한 것이다.

2) 우리나라의 국제무역거래 동향

(1) 상품수출

우리나라의 수출규모는 1948년 1,900만 달러에 불과하였던 것이 2013년에 5,596억 달러를 기록하여 65년간 무려 29,450배가 증가하였다. 이 기간 중 연평균 수출증가율은 17.1%로 세계에서 유례가 없을 정도로 높다. 2011년 무역규모가 1조 달러를 넘어섰고, 특히 수출규모는 2013년 현재 세계 7위에 해당된다.

표 1-3 우리나라의 수출입 추이 (단위 : 백만 달러)

구분	1970년	1980년	1990년	2000년	2010년	2013년
수출	835	17,505	65,016	172,268	466,384	559,632
수입	1,984	22,292	69,844	160,181	425,212	515,586

자료 : 한국무역협회, *kotis*

우리나라에 있어 수출은 매우 중요한 의미를 갖고 있다. 일제 강점기와 6·25전쟁의 잿더미에서 2013년 현재 세계 15위의 경제대국으로 성장한 데에는 수출이 절대적인 역할을 하였다. 수출의 경제성장에 대한 기여율은 1960년대 9%에 불과했으나, 1990년대에는 76%에 이르렀고, 2000년대 이후에는 거의 100%에 달하면서 경제성장을 거의 전적으로 이끌어 가고 있다.

수출은 양적인 면에서의 확대뿐만 아니라 질적으로도 엄청난 발전을 이룩하였다. 1960년대 초까지 우리의 주요 수출품은 오징어, 한천과 같은 수산물과 텅스텐 등 1차 산품이 대부분이었고 수출시장은 일본, 미국 등이 고작이었다. 그러던 것이 1970년대에는 중화학공업 제품이 수출의 전면에 나서기 시작했고, 1970년대 중반에 자동차, 그리고 1980년대 후반부터는 반도체, 컴퓨터 등 첨단기술제품으로 수출상품의 질적 고도화가 이루어졌다. 수출시장도 1964년 41개국에서 2013년에는 오대양 육대주의 242개국에 이르고 있다.

무역업체수도 수출규모의 성장, 무역업 허가제의 신고제 전환(1997년 3월), 완전자유화(2000년 1월) 등과 함께 크게 늘어나고 있다. 수출 1억 달러 달성 이듬해인 1965년 무역업체수는 708개사였으나, 100억 달러 달성해인 1977년에는 2,268개사, 1,000억 달러 달성 해인 1995년에는 65,763개사로 늘었고, 2013년에는 100,000개사를 상회하고 있다.

(2) 플랜트건설 수출

우리나라 플랜트건설 수출은 1970, 80년대의 단순 토목공사에서 시작되었으며 2000년대 이후 석유화학, 정유설비 등 기술집약적 부문으로의 변화에 성공을 거두어 빠르게 성장하고 있다. 즉 해외플랜트 수주규모는 2005년 100억 달러를 돌파한 뒤 2007년 422달러, 2011년 650억 달러로 큰 폭의 신장세를 기록하고 있다.

표 1-4 해외플랜트 수주액 추이(2003~2013년) (단위 : 억 달러)

2003년	2005년	2007년	2009년	2011년	2013년
64	158	422	463	650	637

자료 : 한국플랜트산업협회

세계적으로 플랜트를 수출하는 나라는 많지 않다. 세계에서 10개국이 전체 플랜트 수출의 80% 이상을 점하고 있으며 우리나라는 시장점유율 7.8%로 세계 6위를 차지하고 있다.[2)]

전 세계 지역별 플랜트 시장규모를 보면 2013년 기준 아시아·호주 26.9%, 유럽 20.6%, 중동 15.5%, 북미 15.2%, 남미 9.9% 등 아프리카를 제외한 대부분 지역에 비교적 골고루 분산되어 있다.

플랜트 산업은 고부가가치의 지식집약적 산업으로 소수의 선진국들이 1조 달러에 가까운 시장을 독점하고 있어, 우리나라의 미래 수출성장동력 확보를 위해 전략적 육성이 필요한 분야이다. 우리나라 기업들은 플랜트 수출경쟁력을 강화해 나가고는 있으나 아직까지 아시아와 중동지역에 집중되고, 분야도 석유화학 플랜트에 편중되는 약점을 보이고 있다.

또한 플랜트 건설범위가 주로 시공위주(EPC 계약)로 토털 솔루션(total solution) 제공이 부족한 편이다. 선진국들의 플랜트 수출은 EPC 계약뿐만 아니라 상류기술 부문인 사업계획, 타당성검토, 제조공정 기술선정 등의 서비스와 하류업무인 운전, 정비, 공장운영, 제품판매 등 모든 관련 업무를 고객에게 제공하는 토털 솔루션을 대상으로 하고 있다.

(3) 해외직접투자

우리나라 기업의 해외직접투자는 1968년 인도네시아의 삼림자원개발 투자가 효시를 이루고 있으며, 1985년 중반까지는 규모도 미미하고 업종도 비교적 단순한 초보적인 상태에 머물렀다. 즉 1985년까지 18년간 해외직접투자 누계가 5억 달러에도 못 미치고, 그 내용에 있어서도 해외자원개발 및 수출증대를 주목적으로 하는 무역업 해외투자의 비중이 높은 단순한 구조를 갖고 있었다.

그러나 1980년대 중반이후 국내임금의 상승, 환율하락(원화의 평가절상) 등의 경제여건 변화와 정부의 규제완화를 바탕으로 우리나라 해외직접투자는 크게 증가하기 시작하였다. 특히 2000년대 중국에 대한 투자가 본격화되면서 투자 규모가 급증하였다. 연간 투자액은 1990년에 10억 달러, 2000년에 50억 달러를 상회하던 것이, 2006년에는 100억 달러, 그리고 2007년 이후부터는 200억 달러를 상회하는 등 증가속도가 가속화되면서 2014년 6월 말 현재 누계 기준으로 2,651억 달러를 기록하고 있다.

지역별로는 동남아, 북미, 유럽의 3개 지역을 중심으로 해외투자가 행해져 왔다.

---

2) 플랜트 수주 점유율(2013년 현재) : 스페인(14.7%), 중국(14.5%), 미국(13.0%), 프랑스(9.3%), 독일(8.6%), 한국(7.8%), 이탈리아(5.3%), 일본(4.1%), 터키(3.8%), 브라질(2.4%)

특히 중국은 2002년 이후 우리나라의 최대 투자진출국이 되었으며, 누계기준으로(2014. 6월말 현재)는 미국이 20.1%로 1위, 중국이 17.9%로 2위를 차지하고 있다.

한편 업종별로는 제조업이 전체 투자의 35.8%을 차지하고 있고, 이어 광업, 도·소매업 등의 순으로 많은 투자가 행해져 왔다. 최근 들어서는 금융보험업과 과학 및 기술서비스업의 증가가 두드러지고 있다. 제조업 중에서는 1990년대 중반 까지는 섬유, 의복 등 경공업제품이 큰 비중을 차지하였으나 이후 기업들의 해외직접투자 목적이 저임금 생산기지 추구에서 글로벌 경영으로 전환되어 가면서 전기·통신, 자동차 등 고부가가치 업종의 투자가 크게 증가하였다.

표 1-5 우리나라 해외직접투자 추이 (단위 : 건, 백만 달러)

구분	1981년	1990년	2000년	2013년	누계(2014년 6월말 현재)
신규법인수	50	346	2,098	2,812	58,270
투자금액	57	1,069	5,184	29,477	265,143

자료 : 한국수출입은행

제2장

글로벌 무역금융의 기능 및 유형

1 글로벌 무역금융의 개념

무역금융(trade finance)은 국제무역에 있어서 대금지급이 원활하게 이루어질 수 있도록 금융기관이 거래당사자들에게 신용을 공여하는 것 또는 국가 간 발생하는 대외실물거래(상품무역과 대형 자본재의 중장기 거래 포함)를 직·간접적으로 지원하는 은행의 신용공여로 정의할 수 있다.

무역금융과 수출금융(export finance)을 구별 없이 사용하기도 하는데 이는 주로 수출거래에서 금융의 수요가 일어나고 수출자에게 직접 금융이 제공되는 경우가 많기 때문이다. 그러나 실제 금융의 수혜자는 수입자로 보아야 한다. 수출자는 자신의 물품을 판매하면서 즉각 대금을 지급받는 것이 당연하기 때문에 특별히 수혜라고 말하기 어려운 반면 수입자는 금융기관이 대신 대금을 지급해 줌으로써 자신의 대금지급을 일정기간 연기시킬 수 있기 때문이다.

무역금융은 몇 가지 점에서 일반금융과 다른 특징이 있다. 첫째, 무역금융은 자기변제적 금융(self-liquidating finance)이다. 즉 수출이행과 관련하여 공여된 대출금이 수입자가 지급하는 수출자금으로 상환되도록 제도화되어 있으므로 별도의 담보 없이도 금융상환이 가능하다. 둘째, 무역금융은 내수금융보다 위험요소가 많다. 무역금융의 경우 차주는 수출자이지만 실제적 자금의 원천은 수입자에 있으므로 수입자의 신용위험 및 수입국의 국가위험을 추가로 고려해야 한다. 또한 수출입 계약 및 대금결제가 외국통화로 이루어지므로 환변동위험을 아울러 고려해야 한다. 셋째로는 무역금융은 수출용 원자재 생산 및 공급자에 대한 지원도 포함한다. 즉 해외수입자와의 본 거래로 인해 파생된 국내거래도 무역금융으로 간주된다는 점이다.

한편 본 책자에서 다루고 있는 글로벌 무역금융은 수출입형태의 대외실물거래에 해외건설공사나 해외직접투자와 같은 대외거래를 포함시킴으로써 보다 넓은 의미의 대외실물거래에서 이루어지는 금융을 대상으로 하고 있다.

과거에는 무역금융을 대금결제기간이 1년 미만인 상품거래에 적용하는 단기 무역금융으로 정의하였으나 실제 금융이 절실하게 요구되는 곳은 대금회수 기간이 중장기인 대형 자본재나 해외플랜트 거래에서이고 또한 기업들의 해외직접투자나 해외공사 수행에 있어 대금의 안정적 회수나 자금조달의 필요성이 커짐으로써 이제는 무역금융의 범위를 모든 유형의 대외실무거래를 지원하는 금융으로 확대할 필요가 있다.

여기서 실물거래금융이라 함은 수출입, 해외직접투자, 해외건설 등과 같이 실물거래에 수반하여 일어나는 금융을 의미하는 것으로 은행대차거래, 채권 및 주식거래 등과 같은 자본거래를 지원하는 금융과는 구별된다.

2 글로벌 무역금융의 기능

시장에서 실물거래를 뒷받침하는 것이 금융이다. 금융의 지원 없이는 재화와 용역의 거래가 이루어질 수 없는데 특히 글로벌 실물거래에 있어서의 금융의 기능은 더욱 중요하다.

글로벌실물거래 시장에서 금융의 기능은 크게 결제기능, 융자기능 그리고 위험인수기능으로 구분될 수 있다.

1) 결제기능

글로벌 무역거래에서 금융의 첫 번째 기능은 결제기능이다. 국제간의 무역거래는 정치, 경제, 문화, 상관습, 화폐, 법제 등이 서로 다르고, 시간적·공간적으로 원격성과 국제성이 존재할 뿐만 아니라 그 중에서도 거래의 매개체인 화폐가 달라 결제방법의 복잡성을 갖게 된다.

따라서 무역당사자들은 대금지급과 수령이 항상 안전하고 정당하게 이루어지기를 원하고 있으며 그 방법과 시기에 관심을 갖게 된다. 원칙적으로 이러한 것들은 양 당사자가 계약체결 시에 서로 합의한 방법과 시기에 따라 이루어지지만, 실무거래에서는 절차와 내용 등을 제도화한 신용장, 추심(D/P, D/A), 송금 등의 다양한 결제방식이 활용되고 있다. 이러한 방식들은 모두 금융기관들에 의해 직·간접적으로 운용되고 있다.

2) 융자기능

글로벌 무역금융의 두 번째 기능은 국제간 상품 및 용역의 수출입대금을 융자해 줌으로써 국제 교역을 촉진하는데 있다. 국제간 무역거래는 시장에서 현금을 주고 물건을 사는 국내거래와 달리 매매 계약, 제품제작, 인도, 수령 후 하자 여부 확인 등 매매절차에 따른 소요시간이 길다. 또한 대부분의 국제 무역거래는 외상거래로 이루어지고 있어 수출자는 제품의 계속적 생산 및 판매를 위해서는 제품 제작에서부터 대금회수까지 소요되는 자금의 금융조달이 필요해 진다.

무역금융의 대부분이 수출자 앞으로 제공되고 있으나 실제 금융의 수혜자는 수입자라 할 수 있다. 금융기관의 무역금융 제공으로 수출자는 수입자의 외상거래를 허용할 수 있기 때문이다. 결국 무역금융을 통해 수입자는 외상으로 제품을 구매할 수 있고, 수출자는 제품을 수출함과 동시에 수출대금을 회수할 수 있어 양 당사자는 자금의 부담 없이 매매를 지속할 수 있게 된다.

이러한 금융의 매개 기능은 대형 자본재의 중장기수출 금융에서 더욱 중요시된다. 즉 식량, 연료 등 소비재를 중심으로 하는 단기 무역거래에서는 수입자의 일람불 거래가 가능하고 또는 수출자에 의한 신용 제공도 가능하다. 그러나 기계류, 선박, 플랜트 등 대형 자본재의 경우 거래대금이 거액이기 때문에 아무리 자금력이 풍부한 수입자라 하더라도 수입대금의 일람불 지급은 곤란하며, 수출자에 의한 신용 제공도 거의 불가능하다. 따라서 금융기관의 중장기수출금융이 제공되지 않는다면 자본재의 무역거래는 크게 위축될 수밖에 없을 것이다.

대규모 중장기수출금융은 개도국의 경제개발 지원에 매우 효과적으로 활용되고 있다. 1990년 후반부터 아시아, 중남미 등지의 개도국들은 경제개발에 적극 나서면서 인프라 건설, 플랜트 건설 등 수 많은 대형 개발사업을 추진해 왔다. 이들 대형 프로젝트는 공사금액도 크고, 대금회수기간도 장기이어서 금융공급이 원활하게 이루어지지 못하였을 경우 프로젝트 추진 자체가 어렵고, 이에 따라 개도국의 경제개발은 상당히 지연되었을 것이다.

한편 최근 세계 각 국들이 저마다 경제성장을 위해 수출확대에 주력하면서 해외시장이 구매자시장(buyer’s market)으로 전환되어 감에 따라 이제는 구매자를 위한 적절한 금융제공 없이는 수출계약을 획득하지 못하는 상황을 맞고 있다. 즉, 대형 플랜트 등의 해외공사시 발주자는 공사자금 조달을 위하여 입찰자에게 다양한 금융조달 방안을 요구하고 있어 입찰자의 가격·기술경쟁력 외에 금융주선 능력이 수주에 관건으로 대두되고 있다. 특히 개도국 발주자의 경우 자체 재원조달 능력 부족으로 계약금액 전액에 대해 100% 금융주선을 요구하는 사례가 빈번해 지고 있다.

글로벌 경제체제하에서 수출입거래, 해외투자거래, 기타 해외사업거래 등 실물거래가 복잡하고, 규모가 커질수록 금융에 대한 의존도는 더욱 높아지고 아울러 실물거래를 지원하는 금융의 방식도 고도화되고 있다.

3) 위험인수기능

글로벌 무역금융의 세 번째 기능은 위험인수기능이다. 국제간 실물거래는 국내거래에서 보다 훨씬 많은 위험 요소를 갖고 있다. 예를 들면 거래상대방인 수입자의 신용 현황과 이의 변화상태 등을 정확히 파악하기 어렵고, 수입국의 정치·경제상황 또는 제도의 변화에 따라 해당 거래가 크게 영향을 받을 수도 있다.

특히 개도국과의 거래에서는 더욱 위험이 높은데, 일부 개도국들은 국가위험도가 높을 뿐만 아니라 국제거래에 대한 제도적 안전장치가 미흡하기 때문에 거래대금의 회수가 제 때 이루어지지 않은 경우가 많다.

이러한 대외거래위험을 수출자 또는 해외투자자가 단독으로 감수해야 한다면 아무리 수익이 높은 프로젝트라 하더라도 추진되기 어려울 것이다. 이에 따라 금융기관은 대외실물거래에서 자금의 대출뿐만 아니라 수출자의 대금회수불능 위험을 대신 부담하는 역할을 한다.

금융기관은 광범위한 네트워크를 바탕으로 한 정보력과 분석력으로 수입자 및 수입국의 신용도 평가에 있어 수출자보다 훨씬 유리한 위치에 있고, 또한 수입자의 대금상환불능 발생시 수출자보다 강한 협상력을 발휘할 수 있다. 이러한 금융기관의 강점이 대외실물거래에서 위험부담을 가능하게 한다.

실제로 단기무역금융 중 수출팩토링이나 포페이팅은 수입자의 대금상환불능시 수출자에게 대신 지급을 요청하지 않는 무소구조건의 금융이며, 중장기무역금융은 대부분 구매자신용(buyer’s credit)으로 제공되어 수출자는 수입자의 대금상환위험을 부담하지 않게 된다.

3 글로벌 무역금융의 유형

일반적인 무역금융은 선적시기, 신용기간의 장단기, 금융의 직접 대상자 등에 따라 몇 가지 형태로 구분될 수 있는데 여기서는 무역금융의 범위를 넓혀 대외실물거래에 지원되는 모든 금융의 유형을 특성별로 세분하여 살펴보기로 한다. [표 1-6]은 현재 대외실물거래에서 많이 발생되는 무역금융의 유형을 정리한 것이다.

표 1-6 글로벌 무역금융의 유형

분류기준	유 형
1. 대외거래 형태	수출금융/수입금융/해외프로젝트금융/해외직접투자금융
2. 거래대금 회수기간	단기무역금융/중장기무역금융
3. 수출대금결제방법	환어음매입(추심결제, 신용장결제)/수출팩토링/포페이팅/연불금융
4. 선적시기	선적전금융/선적후금융
5. 금융의 차주	공급자신용/구매자신용
6. 금융제공형태	대출/할인/채무보증
7. 금융의 상환원천	기업금융/프로젝트파이낸스
8. 금융제공 주체	상업금융/공적수출신용
9. 산업별 특수금융	선박금융/해외자원개발금융/인프라금융

1) 대외거래형태에 의한 분류 : 수출금융 / 수입금융 / 해외프로젝트금융 / 해외직접투자금융

수출금융은 물품의 수출을 촉진하기 위하여 수출업자 및 수출용원자재 및 완제품 생산업자를 지원대상으로 하여 수출상품의 선적 전 및 선적 후에 필요한 자금을 지원하는 금융형태이다.

수입금융은 국내 수입자에게 수입대금의 결제 또는 수입대금의 선급에 필요한 자금을 대출하는 것을 말한다. 또한 수입신용장을 개설하여 해외수출자에게 수출대금 지급을 보증하거나 해외의 수출팩터와 제휴하여 국내 수입자의 신용위험을 인수하는 수입팩토링 등이 수입금융에 해당한다.

해외프로젝트금융은 국내 기업이 해외에서 수주받은 프로젝트(설비)를 제작 또는 건설하는데 소요되는 자금을 지원하는 것이며, 해외직접투자금융은 국내기업이 해외에서 경영을 목적으로 투자한 사업에 대해 금융을 제공하는 것이다.

2) 거래대금 회수기간에 의한 분류 : 단기무역금융 / 중장기무역금융

단기무역금융은 융자기간이 1년 이하인 경우를 말하는데 통상 6개월 이하가 일반적이다. 과거에는 주로 소비재 수출이 단기무역금융의 대상이 되었으나 최근에는 IT 등 첨단기술제품이 큰 비중을 차지하고 있다.

융자기간이 1년을 초과하는 경우를 중장기무역금융으로 분류한다. 중장기무역금융의 대상은 대부분 자본재 수출이며, 수출신용기관이 융자기간 2년 이상의 자본재 수출금융을 제공하는 경우는 OECD 수출신용협약[3]의 적용을 받게 된다.

3) 무역대금결제방법에 의한 분류 : 환어음매입 / 수출팩토링 / 포페이팅 / 연불금융

수출자가 수출목적물을 인도한 후 수출대금을 회수하는 과정에서, 그리고 수입자 입장에서는 수입대금을 결제하는 과정에서 금융이 직·간접적으로 수반된다.

추심에 의한 결제(D/A, D/P)나 신용장결제시 수출자가 발행한 환어음을 수출대금 결제일 이전에 은행이 매입해 줌으로써 수출입업자에게 금융을 공여하는 것을 수출환어음매입이라 한다. 한편 외상수출채권을 송장(invoice)에 근거하여 매입하는 것을 수출팩토링이라 하고 신용장에 근거하여 매입하는 것을 포페이팅이라 한다.

이들 환어음매입, 수출팩토링 그리고 포페이팅이 단기무역결제에서 활용되는 금융 형태라면 연불금융은 2년 이상의 중장기 외상수출에서 금융기관이 수출자에게 수출대금을 먼저 결제해 주고, 수입자로부터 매년 균등 분할하여 상환받는 형태를 말한다. 연불금융은 주로 공적수출신용기관들이 제공한다.

4) 선적시기에 의한 분류 : 선적전금융(pre-shipment financing) / 선적후금융 (post-shipment financing)

선적전금융과 선적후금융을 설명하기 위해서는 먼저 수출절차 흐름도를 살펴볼 필요가 있다.

수출자가 수출물품을 선적하기 전, 즉 수출물품의 생산에 필요한 자금을 금융기관으로부터 공여 받는 것을 선적전금융이라 부른다.

여기에는 수출품생산업체의 생산자금 및 원자재구매자금 그리고 국산원자재공급업체의 생산자금 및 원자재구매자금 등이 포함된다.

---

3) 제14장 제1절 OECD 수출신용협약 참조

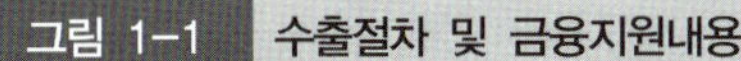
그림 1-1 수출절차 및 금융지원내용

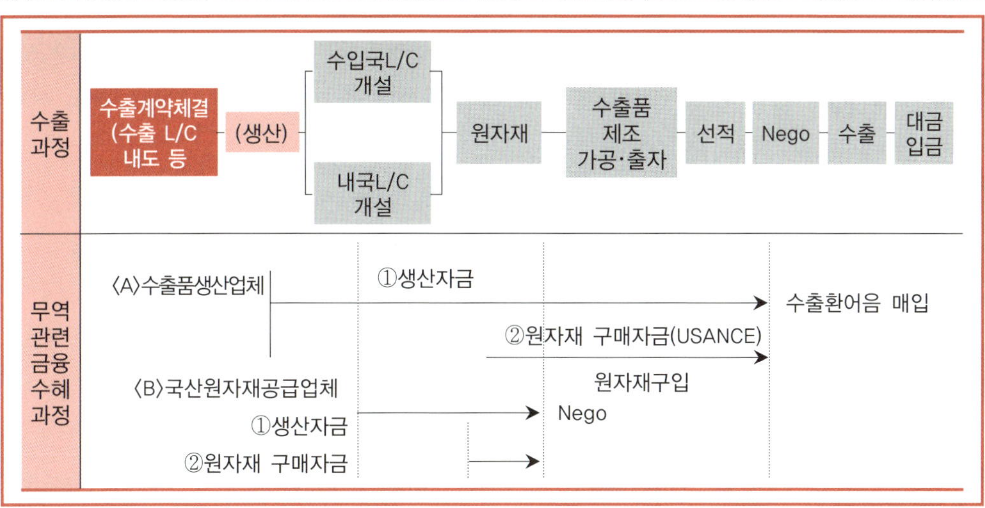

선적전금융은 제작자금으로도 불리며, 수출자에 대한 운전자금과 같은 성격이기 때문에 무역금융의 범주에 포함시키지 않는 경우도 있다. 그러나 수출의 전체과정에서 활용되는 금융이라는 점에서 넓은 의미의 무역금융으로 취급하는 것이 일반적이다. 오히려 최근에는 수출자의 해외시장조사나 거래선 발굴에 필요한 자금의 제공[4]도 무역금융으로 간주되고 있는 실정이다.

미국에서는 수출자 앞 운전자금을 원활하게 공급해 주기 위하여 미국수출입은행이 일반시중은행 앞으로 보증을 제공하는 운전자금보증제도(working capital guarantee)를 운용하고 있다.

한편 우리나라에서는 한국은행이 시중은행을 통하여 중소수출업체들에게 선적전금융을 제공하는 무역금융제도가 있다. 중소수출업체들은 전년도 수출실적의 일정비율에 해당하는 금액에 대한 융자를 자신의 거래은행에 요청하여 제공받고, 시중은행은 이렇게 취급한 무역금융의 일정부분을 한국은행으로부터 재융자 받는 방식으로 선적전 무역금융이 이루어진다.

한편 수출자가 수출물품의 선적후 수입자로부터의 대금회수 전까지 금융기관으로부터 미리 자금을 제공받는 것을 선적후금융이라고 하며 수출환어음 매입, 수출팩토링, 포페이팅, 연불금융 등 다양한 수출지원 금융형태를 포함하는데 이것이 실질적인 무역금융에 해당된다.

4) 해외시장개척자금

5) 금융의 차주에 의한 분류 : 공급자신용(supplier credit) / 구매자신용(buyer credit)

수입자가 수출물품 인도(또는 공사완공)시 수출자에게 지급하여야 할 거래대금을 전액 결제할 수 없을 경우, 수입자는 동 대금을 외상으로 하고 장기간에 걸쳐 분할 결제하는 방법을 택하는데 이를 연불거래라 한다.

이러한 연불거래시 은행이 제품 인도(또는 공사완공)시점에 수출결제대금을 수출자나 수입자에게 지원하여 줌으로써 수출자는 제품 인도시 수출거래 대금을 모두 회수할 수 있게 된다. 이 때 수출자를 차주로 하여 금융을 제공하는 방식을 공급자신용이라 하고, 수입자를 차주로 하여 금융을 제공하는 방식을 구매자신용이라고 한다.

금융기관 입장에서는 국내 수출자를 차주로 하는 것이 담보설정이나 사후관리 등의 측면에서 유리하므로 공급자신용을 선호하게 되는데, 실제 우리나라에서는 IMF 외환위기 전 까지는 공급자신용이 일반적이었다. 그러나 IMF 외환위기 이후 수출자들이 금융상환 부담을 안게 되는 공급자신용 방식을 기피함에 따라 현재는 대부분의 연불거래가 구매자신용 방식으로 이루어지고 있다.

예를 들어 구매자신용의 경우 수출자는 수출물품 인도후 수입자의 수출대금 상환여부를 우려하지 않아도 되고, 또한 부채비율의 증가를 피할 수 있는 이점을 갖게 된다. 한편 금융기관이 대신 해외수입자의 상환위험을 부담하게 되는데 이 때문에 구매자신용을 취급하는 금융기관은 수입국 및 수입자의 신용조사 능력과 수입자의 미상환시 해결 능력 등을 갖추고 있어야 한다. 따라서 우리나라에서는 시중은행들은 구매자신용 취급을 꺼리고 있고, 공적수출신용기관인 수출입은행이 주로 담당하고 있다.

그림 1-2 공급자신용과 구매자신용

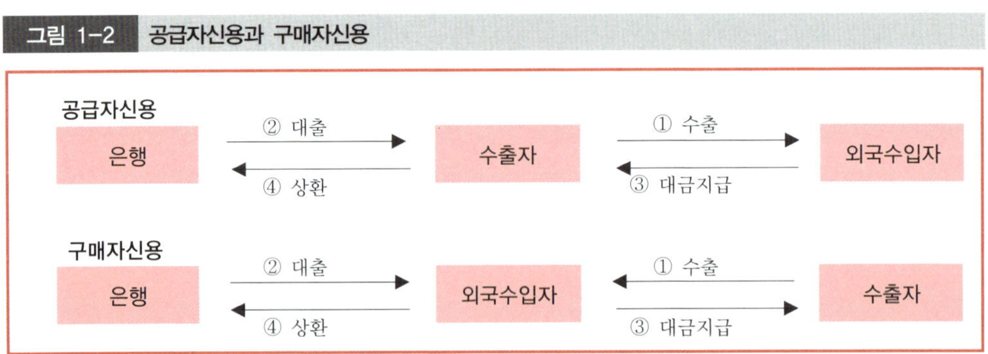

최근 중장기수출금융에서 크게 활용되고 있는 프로젝트 파이낸스(project finance) 기법도 구매자신용의 일종이라 할 수 있다. 즉 프로젝트 파이낸스에서는 프로젝트

실시를 위해 특별히 설립된 프로젝트회사(SPC : special purpose company)가 수입자로서 금융의 차주 역할을 한다.

6) 금융제공 형태에 의한 분류 : 대출 / 할인 / 채무보증

금융기관이 무역금융을 취급하는 수단에는 여러 가지 형태가 있다. 이 중 대출(loan)이 가장 일반적인 것으로 대출은 금융기관이 수출자 또는 수입자를 차주로 하여 직접 자금을 공여하는 것이다.

할인(discount)은 은행이 수출입과 관련하여 발행된 어음의 소지인에 대하여 어음액면가액의 일정비율로 할인한 금액으로 매입해 주는 것을 말한다. 이는 은행이 선이자를 받고 대출해 주는 것과 같은 효과를 갖는다. 이때 할인어음을 매입한 은행이 또 다른 은행에게 이 어음을 재매각하는 경우 이를 무역어음재할인이라고 부른다.

채무보증(payment guarantee)은 수출입과 관련하여 대출 또는 할인을 취급하는 은행에 대하여 제 3의 은행이 차주(수출자 또는 수입자)가 만기일에 대금을 상환하지 못 할 경우 대신 지급한다고 약속하는 행위이다. 채무보증은 중장기수출금융에서 많이 활용된다. 거액의 금융 제공이 필요한 대규모 플랜트 수출의 경우 많은 은행들이 신디케이션을 구성하여 지원하게 되는데, 이 때 상업은행들은 공적수출신용기관의 채무보증을 조건으로 신디케이션에 참여하는 것이 일반적이다.

7) 금융의 상환 원천에 따른 분류 : 기업금융(corporate finance) / 프로젝트 파이낸스(project finance)

프로젝트 수행에 필요한 소요자금을 조달함에 있어 기업(사업주)이 금융기관에 대해 부담하는 법적 상환책임(recourse[5])의 범위를 기준으로 분류할 때 기업금융과 프로젝트 파이낸스로 나눈다.

기업금융은 조달한 자금을 어느 프로젝트에 사용하든 상관없이 대출원리금 상환을 기업이 전적으로 부담하는 것인데 반해 프로젝트 파이낸스는 대출원리금의 상환원천이 해당 프로젝트의 수익(cash flow)에 있으며 모기업은 프로젝트 수행을 위해 프로젝트 회사에 출자한 금액 이외에는 대출원리금 상환의 책임을 부담하지 않는 금융을 말한다.

5) 대출원리금의 상환청구권 또는 소구권(遡求權)

8) 금융의 제공 주체 의한 분류 : 상업금융/공적수출신용

상업금융은 일반 상업은행들이 제공하는 대출이나 보증 등을 의미한다. 단기무역금융은 대부분 상업은행들에 의해 제공되며, 중장기무역금융에서도 유동성이 풍부한 상업은행들이 가장 많은 부분을 담당하고 있다. 그러나 상업은행들은 자신들의 수익 창출을 목적으로 무역금융을 취급함으로써 위험이 크거나 수익성이 낮은 무역거래에 대해서는 금융공여를 기피한다.

한편 공적수출신용은 한국수출입은행과 한국무역보험공사와 같은 공적수출신용기관(ECA)에 의한 수출금융이나 수출보험을 의미한다. 우리나라 기업이 개도국 등으로부터 플랜트나 건설공사를 수주하는 경우 공적수출신용기관이 자국의 수출촉진을 목적으로 상업금융의 한계를 보완하고 '최종 위험부담자(the last resort)'로서의 역할을 수행하기 위해 취급하는 대출, 보증, 보험 등을 말한다.

9) 산업별 특수금융 : 선박금융 / 해외자원개발금융 / 인프라금융

무역금융은 모든 산업의 거래에 공통적으로 활용되고 있으나 일부 산업의 거래에 대해서는 그 산업의 특수성을 반영하여 맞춤형 금융이 적용된다. 따라서 산업별 특성에 맞춘 금융 구조와 절차가 마련되어 하나의 독립적인 금융으로 발전된 금융들이 있다. 이 중 현재 해외실물시장에서 가장 많이 활용되고 있는 것이 선박금융, 해외자원개발금융 그리고 인프라금융이다.

선박금융은 선박의 거래금액이 매우 크고 수출대금 회수기간이 중장기로 이루어진다는 점과 선박 자체가 상환재원이 되면서 또 담보로 활용될 수 있다는 점 등을 반영하여 개발되었다. 해외자원개발금융은 자원개발이 거액의 투자가 필요하나 성공확률은 매우 낮아 리스크가 상대적으로 높다는 점이 고려되었고, 인프라금융은 투자 회수기간이 매우 긴 인프라 건설에 정부의 재정자금 대신 민간자본을 활용하기 위해 필요한 점들이 금융구조와 절차에 반영되었다.

이 책의 2부에서는 이러한 여러 기준에 의해 특징지어지는 대외실물 지원금융 중 현재 해외시장에서 가장 많이 활용되는 금융들을 선정하여 구조, 절차 등을 상세하게 설명하고 있다.

4 글로벌 무역금융 취급기관

글로벌 무역금융을 취급하는 기관은 크게 상업은행, 수출신용기관(ECA : export credit agency) 그리고 국제개발금융기관으로 구분할 수 있다. 이들 기관의 설립목적이나 성격에 따라 취급하는 금융의 내용과 조건들이 다르며, 대외거래를 직접 수행하는 기업들이 해당 거래에 맞는 금융과 이를 취급하는 금융기관을 선택하게 된다. 각 기관별 금융의 특징적 사항을 살펴보면 다음과 같다.

먼저 국제개발금융기관은 개도국 경제개발사업에 필요한 금융을 공급하며 지분출자(equity), 대출, 보증, 기술지원, 원조 등 다양한 형태로 지원한다. 차주 입장에서 국제개발금융기관의 금융은 상업은행에 비해 금리가 낮고, 상환기간이 장기인 등 금융조건이 유리한 편이다. 한편 국제개발금융기관은 현지국 정부 및 사업주에 대해 강한 영향력을 행사할 수 있고, 국제적 신뢰도가 높아, 상업금융의 참여를 유도하는데 촉매 역할을 할 수 있다. 그러나 단점으로 금융취급절차가 다소 복잡하고 경직적이며, 개도국 프로젝트 지원에 국한된다는 점을 들 수 있다.

수출신용기관(ECA)은 각 국 정부가 자국의 수출촉진을 위해 설립한 공적기관으로 상업은행들이 기피하는 고위험, 저수익 프로젝트에 중장기금융을 제공한다. 수출신용기관은 현지 정부에 대해 상업은행들 보다 강한 협상력을 보유하고 있으며, 협조융자 방식으로 상업은행들의 대규모 자금을 유도한다. 대출절차가 국제개발금융기관에 비해 단순하고, 의사결정이 신속한 편이다. 그러나 단점으로는 자국의 수출거래에 대해서만 지원하는 타이드 론(tied loan)이라는 점을 들 수 있다.

상업은행은 단기무역금융을 주로 취급하고, 중장기금융에서는 국제개발금융기관 및 수출신용기관들과의 협조융자방식으로 참여한다. 거액의 자금을 신속하게 공급할 수 있어 해외 프로젝트에서 가장 많이 활용된다. 일부 상업은행들은 프로젝트 성격에 맞게 금융구조를 설계할 수 있고, 고도의 전문적 금융지식, 광범위한 국제적 네트워크 활용이 가능하여 대외거래 기업들의 금융자문기능을 수행하기도 한다. 그러나 상업은행들은 고위험 프로젝트에 대한 지원을 기피하고, 금리 및 수수료 등 금융비용이 높다는 단점이 있다.

대외실물거래의 규모가 확대되고, 거래방식도 복잡해지면서 금융제공 금액이나 위험을 한 기관이 부담하기 어려운 프로젝트들이 크게 늘어나고 있다. 따라서 하나의 프로젝트에 국제개발금융기관, 수출신용기관, 상업은행들이 함께 참여하는 경우가 늘고 있고, 상업은행들의 경우는 여러 은행들이 신디케이션을 구성하여 지원하는 방식이 일반화되고 있다.

한편 국제금융 취급기관들은 금융의 제공뿐만 아니라 글로벌무역을 촉진하는 많은 서비스를 제공한다. 신규 시장 또는 새로운 자금 공급원 개척에 있어서의 자문, 금융컨설팅 서비스, 신속한 자금이체와 같은 서비스도 국제무역의 규모와 효율성을 증가시키는데 큰 도움이 되고 있다.

제2부

글로벌 무역금융의 이해와 활용

제3장

무역대금결제와 환어음

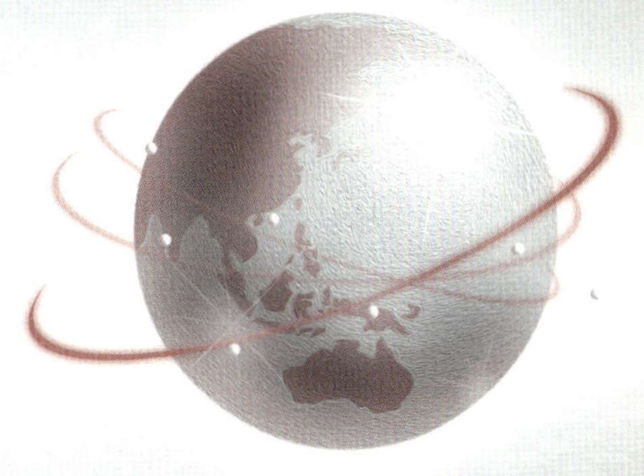

제1절 국제무역에 있어 대금지급수단

1 개요

오늘날 세계 무역시장에서 수출자가 품질경쟁, 가격경쟁 이외 고려해야 할 요소는 그들의 고객에게 적절한 대금지급방법과 경쟁력 있는 판매조건들을 제시해야 하는 점이다. 그러나 수출자에게는 매 수출거래에 있어 제 때 수출대금 전액을 회수하는 것이 궁극적인 목적이므로 수입자의 요구를 충족시켜주면서 한편으로 대금회수위험을 최소화할 수 있는 대금지급방법을 찾아야 한다.

국제무역거래에서 가장 이상적인 대금결제방법은 국내 매매와 같이 상품의 인도와 대금의 지급이 동시에 이루어지는 동시이행 조건일 것이다. 그러나 국제무역거래에서는 국내거래와는 달리 수출자와 수입자가 멀리 떨어져 있으므로 상품의 수수와 대금결제에 있어서 시간적인 차이가 크게 발생하게 되며, 이로 인해 물품이나 대금회수에 대한 불확실성이 발생하게 된다.

이러한 대금결제시기의 차이 및 대금결제의 확실성 보장 등에 따라 대금결제방법을 송금결제방식, 추심결제방식, 신용장결제방식 등으로 나눌 수 있다.

2 무역대금 결제방법

1) 송금결제방식

송금결제방식은 물품대금을 수출자가 별도의 대금청구 절차를 밟지 않더라도 무역계약의 내용에 따라 수입자가 수출자에게 직접 송금하여 결제하는 방식을 말한다.

수입자가 송금하는 방식에는 사전송금방식, 사후송금방식 그리고 동시결제방식으로 구분할 수 있다. 송금하는 수단으로는 수표, 현금, 우편환(mail draft, M/T), 전신환(telegraphic transfer, T/T) 등이 있다. M/T와 T/T에 의한 송금을 단순송금방식이라고도 한다.

(1) 사전송금방식

사전송금방식은 수입자가 대금의 전액을 물품선적 전에 외화나 수표 등으로 수출자에게 미리 송금하여 지불하고, 수출자는 일정 기간 내에 이에 상응하는 상품을 선적하는 방식이다. 견본구매나 소액의 시험 주문시 주로 이용된다.

(2) 동시결제방식

동시결제방식은 수입상이 물품 또는 서류가 인도될 당시 또는 인도된 후에 바로 대금을 지급하는 것을 조건부로 하는 수출입대금 결제방식을 말한다. 이 방식은 상품인도결제방식(COD : cash on delivery)과 서류인도결제방식(CAD : cash against delivery)으로 구분할 수 있다.

COD는 수입업자가 대금을 지급하기 전에 물품의 품질을 직접 검사할 수 있다는 장점이 있기 때문에 상품가격이 고가이며 동일 상품일지라도 상품의 색상, 가공방법, 순도 등에 따라서 가격의 차이가 있는 보석류나 귀금속 상품 등에 주로 이용된다.

CAD는 수출자가 상품을 선적후 이를 증명하는 선적서류를 수입자의 대리인(주로 수출자의 국가에 소재) 또는 거래은행에 제시하여 선적서류와 상환으로 대금을 결제하는 방식이다.

이 방식은 수입자의 지시나 대리인 등이 수출국내에서 물품의 제조과정을 점검하고, 수출물품에 대한 선적전 검사를 행하므로 원칙적으로 수출국에 수입자를 대신하여 대금을 결제해 줄 대리인이나 은행이 있을 경우 가능하며, 매수인이 선적서류를 고의로 찾아가지 않아 대금의 회수가 불가능한 경우도 있기 때문에 이 거래에서는 매수인의 신용이 무엇보다 중요하다.

또한 이 방식은 은행을 통할 경우 그 성격이 추심결제방식인 지급인도조건(D/P)과 유사하게 된다. 두 방식의 차이점은 대금결제시 환어음을 발행하는 지의 여부이다. 즉 D/P 거래는 어음결제방식으로서 환어음을 발행하고 추심하여 대금을 영수하는 것인 반면 CAD거래는 수출자가 환어음을 발행하지 않는 송금방식으로서 수입자는 수출자가 은행을 통하여 직접 송부한 선적서류를 받은 후 외국환은행을 통하여 물품대금을 송금하여 대금결제를 한다.

(3) 사후송금방식

이 방식은 거래가 마무리 된 후에 T/T 및 M/T로 지급하는 송금방식 또는 일정기간 대차거래가 있은 후에 잔액만 결제하는 청산계정을 말하나 일반적으로는 후자를 말한다.

청산계정(O/A : open account)은 채권의 발생과 결제가 연계되는 여타 결제방식과 달리 여러 건의 거래를 상계한 후 차액을 결제하기 때문에 결제에 따른 부대비용이 크게 절감된다. 단점으로는 서로 믿을만한 거래선이 아닌 경우에는 쉽게 채택할 수 없다는 점이다.

O/A 수출거래를 '선적통지 결제방식' 수출이라고도 하는데 이 방식이 사후송금방식 수출의 형태를 띠고 있으나 송금방식 수출과 다른 점은 수출자가 선적 후 선적서류 원본은 수입자에게 직접 발송하고 수입자의 동의를 얻은 수출채권을 외국환은행에 양도한다는 데 있다. 즉 양도된 수출채권을 은행이 매입한다는 점이다.

이 방식의 장점은 관리가 간편하고, 은행수수료 등이 거의 들지 않는다는데 있다. 또한 수입자가 대금 지급전 상품을 조사할 수 있는 기회를 제공한다는 점에서 수입자 입장에서 매력적이다. 그러나 은행의 입장에서는 환어음이 발행되지 않고 선적서류 원본이 없어 담보권의 행사가 불가능하므로 확실한 거래신용관계에 한하여 매입에 응하게 되는 결제방식이다.

수출자로서는 수입자의 신용에 전적으로 의존하여야 하기 때문에 불리한데 실제로 신용거래가 보편화된 선진국들 사이에서 많이 이용되고 있으며 수입자의 정보입수가 상대적으로 용이한 대기업들이 중소수출자들 보다 유리하다.

표 2-1 O/A 거래방식과 타 방식과의 비교

거래종류	수출채권 성립시기	선적서류 송부방법	환어음 발행여부	대금결제방법
O/A방식거래	선적통지시점	은행 미경유	미발행	수출자앞 송금
COD·CAD거래	선적서류 또는 물품인도시점	은행 미경유	미발행	수출자앞 송금
D/P·D/A거래	선적서류 인도	은행 경유	발행	추심은행앞 입금

2) 추심결제방식

추심(推尋)이란 어음·수표 소지인이 거래은행에 어음·수표대금 회수를 위임하고, 위임을 받은 거래은행은 어음·수표 발행점포 앞으로 대금의 지급을 요청하는 일련의 절차이다. 따라서 국제무역거래에서 추심결제방식은 취소불능 화환신용장 없이 단순히 매매당사자간의 계약에 의거하여 수출자가 상품을 선적한 후 관련서류를 첨부한 화환어음을 수입업자에게 제시하면 수입업자가 그 어음에 대한 지급 또는 인수를 하여 결제하는 방법이다.

추심결제방식에는 지급인도조건(D/P : documents against payment)과 인수인도조건(D/A : documents against acceptance)이 있으며, 대금결제가 수입자로부터 이루어지는 것이지만 환어음의 이동방향이 반대로 움직이기 때문에 역환방식이라고 불린다.

추심결제방식은 송금방식에서 문제가 되었던 수입자의 상업위험을 커버할 수 있는 보다 발전된 방식이다. 이 방식은 신용장방식에서와 같이 은행이 수출업자에게 대금지급을 보장하는 것이 아니라 매매당사자간의 매매계약에 의하여 대금결제가 이루어지는 순수 외상거래 방식이기 때문에 수입자의 신용이 매우 중요하다. 따라서 본사와 해외 자회사간의 거래에 주로 이용된다.

추심거래의 관계당사자는 추심의뢰인(principal), 추심의뢰은행(remitting bank), 추심은행(collecting bank) 및 제시은행(presenting bank) 그리고 지급인(drawee)이 있다.

추심의뢰인이란 계약물품을 선적하고 자신의 거래은행에 추심의 취급을 의뢰하는 매매계약상의 매도인인 수출자를 말한다. 추심의뢰은행은 추심의뢰인으로부터 금융서류와 상업서류의 추심을 의뢰받은 수출국에 있는 은행을 말하는데 추심의뢰인의 대리인 성격을 갖고 있다.

한편 추심은행은 추심의뢰은행이외에 추심과정에 참여하는 모든 은행으로서 보통 수입자의 거래은행을 말하는데 추심의뢰은행이 요청한 추심의뢰서에 따라 지급인에게 추심하여 대금을 송부하는 은행을 말한다. 제시은행은 수입업자인 지급인에게 직접 추심서류를 제시하는 은행으로서 넓은 의미에서 추심은행에 포함된다. 지급인은 추심의뢰은행의 추심의뢰에 대하여 최종 지급을 하거나 인수를 담당하는 수입자를 말한다.

(1) 지급인도조건(D/P : documents against payment)

D/P거래는 수출자가 물품을 선적한 후 관련서류가 첨부된 일람불환어음(documentary sight bill)을 수입자를 지급인으로 발행하여 추심을 의뢰하면 수출국의 추심의뢰은행이 동 어음을 수입자의 추심은행으로 송부하고, 추심은행은 그 환어음의 지급인인 수입자로부터 대금을 지급받으면서 서류를 인도하고, 지급받은 대금은 수출자의 거래은행인 추심의뢰은행으로 송금하여 결제하는 방식이다.

일람불어음

수취인(어음소지인)이 지급인에 대하여 어음을 제시하면 즉시 대금이 지급되는 어음

(2) 인수인도조건(D/A : documents against acceptance)

D/A거래는 수출자가 물품을 선적한 후 관련서류가 첨부된 기한부환어음(documentary usance bill)을 수입자를 지급인으로 발행하여 추심을 의뢰하면 추심의뢰은행이 동 어음을 수입자의 추심은행으로 송부하고, 추심은행은 환어음의 지급인인 수입자로부터 어음의 인수를 받고 서류를 인도한 다음, 어음의 만기일에 대금을 지급받아 추심의뢰은행에 송금하여 결제하는 방법이다.

기한부어음

어음지급인이 어음을 인수한 후 일정한 미래의 일자에 지급이 이루어지는 어음

동 거래조건은 수입자가 기한부어음을 인수함으로써 관계 운송서류를 인도받고, 당해 수입물품을 통관하여 판매한 후 동 대금으로 어음만기일에 결제하게 함으로써 수출자로부터의 신용공여(외상거래)가 지급인도조건에 추가된 것이라 할 수 있다. D/P거래와 D/A거래의 차이점은 D/P거래는 수출자가 일람출급 환어음을 발행하는데 비하여 D/A거래는 수출자가 기한부 환어음을 발행하여 수입자에게 환어음의 결제기간만큼 D/P방식보다 더 오랜 기간 동안 신용을 공여한다는 점이다.

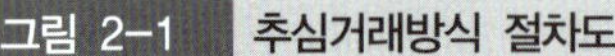
그림 2-1 추심거래방식 절차도

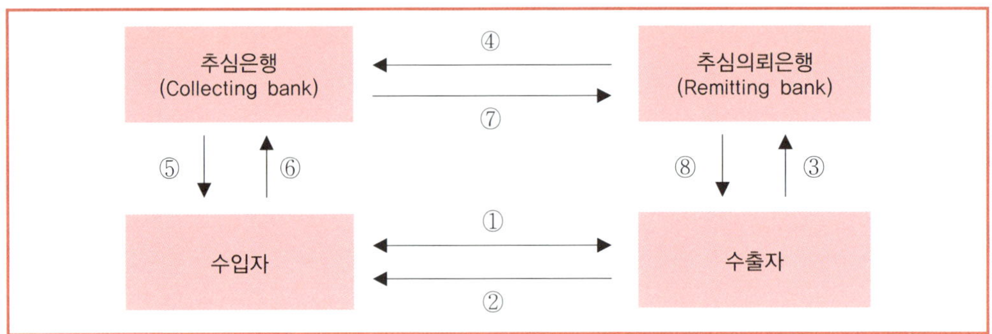

① 수출자와 수입자는 신용장 없이 추심방식으로 매매계약(수출입계약)을 체결한다.
② 수출자는 수입자의 선적지시를 받는 대로 매매계약에 일치한 물품을 통관하여 기한내에 선적을 완료한다.
③ 수출자는 관련 제서류들이 첨부된 일람불 추심환어음(documentary sight bill)이나 기한부 환어음(documentary usance bill)을 수입자를 지급인으로 하여 발행하여 자신의 거래은행에 제시하면서 수입자의 거래은행에 환어음대금을 추심의뢰하여 줄 것을 요청한다.
④ 수출자로부터 추심요청을 받은 거래은행은 추심에 필요한 모든 지시사항을 기재한 추심의뢰서를 작성하여 수출자의 환어음과 선적서류를 첨부한 후 수입자의 거래은행에 송부하고 수입자 앞으로 추심해 줄 것을 의뢰한다.
⑤ 서류를 접수한 수입자의 거래은행은 추심환어음과 선적서류를 접수하는 즉시 수입자에게 서류가 도착하였다는 통지서를 발송하고 환어음 대금을 지급 또는 인수할 것을 요청한다.
⑥ 은행으로부터 추심을 받은 수입자는 환어음의 지급이나 인수를 한다. 그러면 수입자로부터 환어음의 지급이나 인수를 받은 추심은행은 선적서류를 인도해 준다. 그 후 수입자는 선적서류를 가지고 통관절차를 거쳐 운송업자로부터 물품을 수령한다.
⑦ 수입자의 거래은행은 수입자로부터 지급 받은 추심대금을 추심의뢰서에 명기된대로 추심의뢰은행에게 송금한다.
⑧ 수출자의 거래은행은 수출자에게 대금을 지급한다.

▪ 추심결제방식의 한계

추심결제방식은 신용장 방식에 의한 대금결제방법에 비하여 여러 가지의 한계를 갖고 있다.

첫째, 추심결제방식은 수입자를 대신하여 공신력 있는 은행이 대금지급을 보장하는 신용장과는 달리 오로지 수입자의 약속에 의지하기 때문에 매수인의 신용상태가 불량하거나 지급불능된 때는 수출자로서는 대금회수 불능의 위험이 있다.

둘째, 신용장방식에서는 관련은행들의 책임하에 서류거래와 대금지급이 이루어지지만 추심결제방식에서는 은행이 서류의 일치성 심사나 대금지급의무를 부담하는 것이 아니어서 수입자는 계약에 적합하지 않은 물품을 수령하였다고 하더라도 은행에 대하여 항변할 수 없다.

셋째, 신용장방식은 대부분의 국가가 국제상업회의소가 제정한 '화환신용장통일규칙 및 관례(UPP)'에 따르기 때문에 해석상의 오해나 분쟁에 중요한 판단근거가 되지만 추심결제방식에서의 모든 어음행위는 준거법으로서 '추심에 관한 통일규칙'보다 상업어음거래약정이나 행위지의 국내법이 우선적으로 적용되기 때문에 당사자 간에 분쟁이 발생하는 경우에는 그 해결이 매우 어렵다.

3) 신용장결제방식

사전송금방식에 있어서 수입자는 계약물품을 계약조건대로 입수할 수 있을지에 대한 의문을 갖게 되며, 사후송금방식에 있어서는 반대로 수출자가 선적한 물품의 대금을 일정기간 내에 회수할 수 있을까 하는 위험을 갖게 된다. 또한 D/P, D/A 방식에서도 수출자는 수출대금 회수가 보장되지 않아 대금회수의 위험을 느끼게 된다. 따라서 수출자는 상품의 인도전에 대금을 지불받기 원하고 수입자는 상품을 받고 대금을 결제하기를 원한다.

송금 또는 추심결제방법에 의한 일방의 불이익을 방지하고 당사자 간의 신용결여에 따른 무역거래상의 어려운 점을 해결하기 위하여 등장한 것이 신용장(L/C : letter of credit)이다. 즉 신용장의 개설은행이 수입자를 대신하여 대금지급에 확약함으로써 수출자의 대금회수 불능에 대한 위험을 방지하고, 수입자는 조건과 일치하는 서류를 인도받으면서 개설은행에 대금을 지급하므로 상품인수 불능에 대한 위험을 방지할 수 있게 된다.

이처럼 신용이 있는 은행이 매매당사자 사이에 개입하여 당사자 간의 상호 다른 위험을 제거할 수 있다. 즉 신용장은 제3자인 은행이 지급을 보증하는 것이므로 수입자의 신용과 관계없이 대금회수에 안정성을 가져다준다.

신용장방식거래에 대한 상세 사항은 다음 장에서 설명하도록 한다.

4) 우리나라의 무역대금 결제방식 현황

우리나라 수출거래에서 대금결제는 송금방식이 주류를 이루고 있다. 특히 T/T 또는 M/T 등 단순송금방식 비중은 50%를 상회하고 있으며 그 비중도 꾸준히 늘고 있다. 송금방식에 이어 신용장 방식이 많이 활용되나 비중은 15% 미만이며, D/A, D/P 방식은 10% 미만으로 그 비중이 점차 줄고 있다. 과거 1980년대에는 총수출의 80%가량이 신용장 방식에 의해 무역대금 결제가 이루어 졌으나 무역량이 증가함에 따라 무역업체의 경비절감 필요성이 커지고, 정보·통신수단의 발달로 수입자의 신용 파악이 보다 용이해 지면서 종래의 신용장 위주 거래보다 무신용장 방식의 거래 비중이 높아지고 있는 추세이다.

표 2-2 우리나라 기업의 수출결제방식 (단위 : 억 달러)

결제방식	2009년		2011년		2013년	
	금액	구성비	금액	구성비	금액	구성비
단순송금방식(T/T, M/T)	1,691	46.5%	2,761	49.7%	2,935	52.4%
사후 또는 동시송금방식 (COD, CAD)	485	13.3%	706	12.7%	685	12.2%
신용장방식	595	16.4%	834	15.0%	702	12.5%
D/A, D/P	239	6.6%	455	8.2%	519	9.3%
기타	625	17.2%	796	14.3%	755	13.5%
합계	3,635	100%	5,552	100%	5,596	100%

자료 : 한국무역협회, *kotis*

제2절 환어음

1 유통증서(negotiable instrument)

1) 개요

앞서 살펴 본 송금결제, 추심결제, 신용장결제방식 등에서의 대금 청구는 대부분 유통증서(negotiable instruments)를 통해 이루어진다. 미국과 영국에서는 약속어음(promissory notes), 환어음(bills of exchange) 그리고 수표(check)를 유통증서로 분류하고 있다.

법률적 정의에 의한 유통증서는 증권에 기재된 권리를 증권의 배서·교부 또는 교부(delivery)만으로 이전할 수 있으며, 그 증권을 선의(in good faith)·유상(with value)으로 취득한 자는 양도인이 가졌던 권리에 하자가 있었다 하더라도 완전히 유효한 권리를 취득할 수 있는 증권을 말한다. 즉 유통증서는 지급에 대한 서면 약속으로 이는 다른 사람에게 양도될 수 있는 독립적 서류 형태로 발행되는 수단이며 이러한 서류에 포함된 지급의무는 은행과 같은 제3자에 의해 보증될 수 있다.

이 유통증서는 수출입거래에서의 단순한 지급의무보다 더 유동적인 자산으로 간주되고 있는데 이는 유통증서를 할인하는 시장이 잘 발달되어 쉽게 현금화 할 수 있고, 또한 배서를 포함하여 간단한 법적 절차와 서류 양도에 의해 수출대금에 대한 소유권을 쉽게 거래할 수 있기 때문이다.

유통증서는 수백 년 전 유럽의 상거래에서 처음 도입되었다. 중세시대 유럽의 주요 무역도시에서 개최되는 한 무역박람회의 목적 중 하나는 상인들이 만나 그들의 지급의무 잔액을 정산하기 위한 것이었다고 한다.

오늘날 약속어음과 환어음과 같은 수단은 국제무역활동에서 중요한 절차적 역할을 한다. 이들은 수입자에게는 신용을 제공(통상 단기조건)하는 수단으로서 그리고 수출자에게는 외상매출의 담보로서 또는 대금회수를 위한 매입증권의 도구로서 사용된다.

2) 약속어음(promissory notes)

약속어음은 발행인이 장래의 특정한 시기에 일정한 금액을 소지인에게 지급할 것을 약속하는 유가증권이다. 무역거래에서 약속어음은 수입자에 의해 발행되며, 수입자가 수출자에게 대금지급을 약속하는 것이다. 약속어음이 환어음 및 수표와 다른 점은 후자들은 발행인이 제3자에게 일정한 금액을 지급하도록 위탁하는 형식인데 반해 약속어음은 발행인 자신이 지급할 것을 약속한다는 점이다.

약속어음의 경제적 기능으로는 송금기능, 신용기능 그리고 담보기능을 들 수 있으며, 국제거래에서 차주 또는 수입자로 하여금 약속어음을 발행하도록 하는 이유로는 다음 세 가지를 들 수 있다.

첫째, 채권자(수출자)는 채무자(수입자)가 발행한 약속어음으로 채무의 존재 및 금액을 입증할 수 있다. 이는 차주가 약속어음을 발행함으로써 채무가 있음을 인정하였기 때문이며 이 경우의 약속어음은 증거증권으로서 기능한다.

둘째, 당사자 간에 분쟁이 발생하여 법원에 소송을 제기하는 경우에 국가에 따라서는 계약서에 근거한 일반 소송절차보다 약속어음을 근거로 하는 소송절차가 훨씬 간편해질 수 있다.

셋째, 대주의 자금조달의 한 방법으로서 차주로부터 받은 약속어음을 다른 금융기관에 매각할 수 있다. 다만 어음 매각을 위해서는 어음에 대해 신용이 양호한 금융기관의 지급보증이 있어야 한다.

국제거래에서 약속어음을 사용하기 위해서는 상대국가의 법제도에서 어음의 효력이 어떻게 인정되느냐를 파악해야 한다. 국제조약으로서 제네바어음법통일조약

(1931)이 있고, 또 국제환어음 및 국제약속어음에 관한 UN협약도 1988년에 제정되었지만 현재는 각국이 이들 조약을 국내법에 반영하는 단계이며, 어느 나라에서나 통용되는 국제약속어음은 아직 성립하지 않고 있다.

따라서 다수국이 관련되는 국제거래의 경우 어느 나라 법상의 요건을 어음요건으로 할지(어음요건 및 형식의 준거법 문제) 또 어느 나라에서 그 효력을 인정받을 수 있을지(재판관할의 문제) 등에 대하여 복잡한 문제가 발생한다. 따라서 국제거래와 관련하여 약속어음을 발행하거나 발행받을 때에는 이들을 세밀히 검토해야 한다.

약속어음이 어음으로서 기능을 하기 위해서는 어음법상에 정해진 일정한 요건을 갖추어야 한다. 국제거래에서 사용되는 약속어음은 주로 뉴욕주법을 준거법으로 따르는데 이를 근거로 약속어음의 요건을 살펴보면 다음과 같다.

- 서면형식(writing)으로 작성될 것
- 발행인의 서명(signature)이 있을 것
- 무조건적 지급약속(unconditional promise to pay)의 문언이 있을 것
- 지급금액이 확정될 것
- 지급시기(만기)에 관한 문언이 있을 것
- 수취인에 대한 구체적 문언이 있을 것 등이다.

3) 환어음(bill of exchange)

(1) 개념

환어음은 채무자(수입자)를 지급인으로 하여 채권자(수출자)가 발행하는 유통증서이다. 무역거래에서는 환어음은 수출자에 의해 발행되고 수입자에 의해 인수된다. 즉 수출자는 어음발행인으로서 피발행인(수입자)에게 만기일에 합의된 금액을 지불할 것을 명령하고, 수입자는 어음 뒷면에 배서하고 이를 수출자에게 되돌려 보냄으로써 그 명령을 인수하는 것이다. 이 인수는 수입자에 의한 무조건적 지급약속을 의미하는 것이다.

한편 수출자는 동 어음의 배서를 통하여 자신의 권리를 제3자에게 양도할 수 있는데 이는 수출자가 만기 전에 어음을 은행 또는 제3자에게 할인 매각함으로써 수출대금을 신속히 결제 받을 수 있다는 것을 의미한다.

수입자은행은 환어음에 보증(aval)[1]을 첨가하거나 보증서(letter of guarantee)를

---

1) Aval은 보증인이 채무자의 자격으로 어음만기에 조건 없이 어음금액을 지급하겠다는 어음보증으로, 'per aval'이란 문구를 약속어음이나 환어음 상에 기재하고 보증인이 서명함.

별도로 발행함으로써 수입자의 대금지급을 보증할 수 있다. 또한 환어음은 신용장의 서류조건으로 발행되기도 한다.

환어음은 양도절차가 단순하다는 장점을 가지고 있다. 세계 각 국의 환어음에 대한 법률은 선의의 어음소지인에게 환어음을 양도하는 수단으로 다양한 배서방식을 규정하고 있다. 배서란 현재의 선의의 어음소지인이 서명과 함께 간단하게 양도 의사표시를 하는 것이다.

이상의 내용을 정리하여 환어음 주요 당사자에 대한 설명을 요약하면 다음과 같다.

① 발행인(drawer)

환어음을 발행하고 서명하는 사람, 즉 채권자인 수출자

② 지급인(drawee)

지급인은 환어음의 지급을 위탁받은 채무자로서 신용장거래에서는 발행은행(issuing bank)이나 발행은행이 지정한 은행인 결제은행(reimbursing bank)이 되고, 추심거래에서는 수입자가 된다.

③ 수취인(payee)

환어음을 지급받을 사람으로서 발행인이 될 수도 있고 발행인이 지정하는 제3자도 될 수 있으나 통상 신용장에 근거를 두고 발행하여 외국환은행에 매입을 의뢰하는 경우의 수취인은 동 서류를 매입한 외국환은행이다. 그리고 환어음을 소유하고 있는 '소지인(holder)' 등이 있다.

특히 환어음의 발행인과 수취인은 같을 수도 있고 다를 수도 있으며, 환어음의 소지인이 문면상 완전하고 정규의 환어음을 소지하면 이를 '선의의 소지인(bona fide holder)'이라고 한다.

④ 인수인(accepter)

환어음이 기한부 형식으로 발행된 경우에는 지급인에 의하여 인수되어야 한다. 환어음의 지급인이 본인의 명의로 서명하여 거래의 지급인임을 인정하고 환어음의 만기일에 지급할 것이라는 의사를 표명하는 것을 인수(acceptance)라고 한다.

(2) 환어음의 종류

① 일람출급어음(sight bill)과 기한부어음(usance bill)

일람출급어음은 제시되는 즉시 지급되어야 하는 어음이며, 기한부어음은 발행 또

Aval은 어음의 유통성을 저하시키지 않으면서도 보증에 따른 절차가 간편하여 포페이팅 시장에서 많이 활용되고 있음.

는 제시 후 일정기간이 경과한 후 지급되는 어음이다.

② 화환어음(documentary bill)과 무화환어음(clean bill)

화환어음은 어음에 운송서류가 첨부된 것을 말하고, 무화환어음은 운송서류가 첨부되지 않은 어음이다.

③ 은행어음(bank bill)과 개인어음(private bill)

환어음의 지급인이 은행으로 되어 있으면 은행환어음이라고 하고, 그 지급인이 수입자와 같은 개인으로 되어 있으면 개인환어음이라고 한다.

(3) 환어음의 법적 요건

환어음은 요식증권이므로 반드시 일정한 형식을 갖추어야 하며 또한 무인증권으로서 어음상의 권리도 추상적인 것이므로 다른 유가증권에 비해 엄격한 형식이 요구되고 있다. 어음의 필수기재사항은 그 중 어느 하나라도 누락 되면 어음으로서의 법적 효력이나 구속력을 갖지 못하게 되는데 다음과 같은 사항들이 있다.

① 환어음의 표시

어음법에서 환어음임을 표시하는 문자의 기재를 요구하는 것은 이 증서가 어음, 특히 환어음임을 표시하기 위한 것이다. 따라서 증권의 문언 중에 환어음이라는 것을 표시한 문구, 즉 'bill of exchange'가 들어가야 한다.

② 일정금액의 무조건 지급위탁문언

일정금액을 지급하라는 조건 없는 위탁문언(unconditional order of writing)이 표시되어야 한다. 보통 'pay to xxx the sum of yyy'가 이에 해당하며, 'to' 다음에는 수취인이 되는데 통상 매입은행이 된다. 그리고 'the sum of'다음에 금액을 표시하여야 하는데 이것은 지급하는데 무슨 조건을 붙이거나 또는 지급방법을 한정시키는 문언이 기재되어서는 안 된다는 뜻이다.

③ 지급인의 표시

지급인은 지급을 위탁받은 자로서 보통 신용장 개설은행이나 발행의뢰인이 된다.

④ 지급만기일의 표시

어음만기일(tenor)의 표시방법에는 네 가지가 있다. 첫 번째는 일람출급(at sight)으로서 어음의 지급인에게 제시하는 날이 어음만기일이 된다. 일람후 정기출급(at xxx days after sight)은 어음의 지급인에게 제시된 날로부터 일정기일이 경과된 후에 어음의 만기일이 된다.

또한 발행일자후 정기출급(at xxx days after B/L date or draft date)은 어음이 발행

되거나 선적일로부터 일정기일이 지난 후에 어음의 만기일이 되는 방법이고, 확정일출급(at a fixed date)은 어음상에 만기일을 기재하고 있는 어음이다.

⑤ **지급지**

지급지는 실제로 존재하는 지역이어야 하며 현존하지 않는 지역을 기재한 경우에는 어음이 무효가 된다. 지급지의 기재가 없으면 지급인의 명칭에 부기한 지역을 지급지로 하며 영미법에서는 지급지의 표시는 임의 기재사항이다.

⑥ **수취인의 표시**

어음금액을 지급 받는 자를 표시하는 방법으로는 네 가지가 있으며 주로 지시식이 많이 이용된다. 기명식은 'pay to xxx bank'와 같이 직접 지급 받을 자를 기명해서 표시하고, 지시식은 'pay to the order of xxx bank'와 같이 지급 받을 자의 지시에 의하여 지급할 것을 표시한다.

소지인식은 'pay to bearer'와 같이 어음을 소지한 자에게 지급하도록 하고, 선택무기명식은 'pay to xxx bank or bearer'와 같이 소지인이나 기명된 사람 모두 지급이 가능하도록 표시하는 방식이다.

2 수출환어음 매입업무

1) 개요

수출환어음 매입이란 수출자가 신용장 또는 계약서 조건에 따라 물품선적을 완료하고 화환어음 및 선적서류를 거래은행에 매입하여 줄 것을 요청하면 매입은행은 수출대금의 입금 전에 물품의 대금을 수출업자에게 지급하고 그 매입서류를 신용장 개설은행 앞으로 발송하여 동 은행으로부터 대금을 회수하는 것을 말한다.

매입대상 수출환어음은 크게 신용장방식 수출환어음과 무신용장방식 수출환어음으로 구분한다. 신용장방식 수출환어음 매입은 취소불능신용장의 공신력을 바탕으로 하여 선적서류를 담보로 한 매입은행의 수출자(또는 어음양수인)에 대한 여신이다. 신용장은 당해 신용장의 조건과 일치하는 서류에만 선적서류의 대금을 지급하겠다는 조건부 보증이므로 매입을 위해서는 신용장의 엄격한 해석과 제시된 선적서류와 당해 신용장 조건과의 일치여부에 대한 면밀한 심사가 요구된다.

따라서 은행이 신용장 조건과 일치하지 않는 하자있는 서류를 매입하는 경우 채권보전책의 강구 등 처리에 신중을 기해야 한다. 수출환어음 매입시에는 앞서 말한 서류위험 외에도 신용장 개설은행 소재국의 자금사정 악화에 따른 대외지급 정지조치 또는 전쟁 등으로 인하여 개설은행으로부터 대금상환을 받지 못할 국가위험(country risk)과 개설은행이 파산하거나 지급불능사태에 빠지는 신용위험을 점검하여야 한다.

은행의 지급보증이 없는 무신용장방식 수출거래인 D/P, D/A 거래는 수출입거래 당사자 간의 계약을 근거로 하여 수출업자가 계약물품을 선적한 후 수출환어음 및 계약서에 명시된 서류를 구비하여 거래은행을 통하여 수입업자에게 추심하는 거래로서 매입은행의 입장에서 보면 추심의뢰인인 수출업자에 대한 여신으로 간주하여야 한다.

2) 수출환어음 매입 절차

은행들의 매입방식은 크게 개별거래방식과 회전한도 거래방식으로 구분되는데 회전한도를 설정·운용하는 것을 원칙으로 하고 있다.

회전한도는 외국환거래 신청자의 과거 수출입실적 및 예상금액, 신용도, 담보제공 능력 등을 감안하여 신청자별로 설정한다.

은행들의 수출환어음 매입절차는 다음과 같다.

(1) 화환어음거래약정의 체결

외국환은행은 화환어음을 수출자로부터 매입하기 전에 매입의뢰자(수출자)와 화환어음거래약정을 체결하는데 이는 매입행위가 일종의 여신행위이므로 환어음의 매입에 관해 담보·책임 등의 한계를 명확히 하기 위해서이다.

이러한 약정체결은 최초 거래시에 이루어지게 되며 화환어음거래약정의 체결방법은 외국환은행이 작성한 일정한 서식(약정서)에 수출자가 서명·날인함으로써 성립된다.

(2) 환어음의 발행

수출자가 환어음을 발행할 때 우송중의 분실 또는 연착에 대비하여 제1권(first bill of exchange)과 제2권(second bill exchange)의 2통을 한 조로 발행한다. 제1권에는 운송서류의 원본을 각 한 통씩 첨부하고, 제2권에는 부본을 첨부하여 각각 다른 항공편으로 수입지의 지급은행 앞으로 송부한다.

(3) 서류의 접수

수출환어음 매입시 요구되는 서류는 ⅰ) 수출환어음 매입신청서 ⅱ) 신용장 또는 수출계약서 ⅲ) 신용장 또는 수출계약서에서 요구하는 선적서류 일체 ⅳ) 수출신고

필증 사본 등이며, 은행들과 처음 거래하는 기업들인 경우 신용평가를 위한 재무자료 등이 추가로 요구된다.

(4) 서류의 심사

은행들은 신용장 또는 수출계약서에서 요구하는 서류가 갖추어졌는지 심사한다.

서류심사는 신용장, 환어음, 상업송장, 운송서류, 보험서류 및 기타서류가 신용장의 조건과 일치하는지, 환어음과 선적서류 상호간 불일치한 내용은 없는지, 상업송장의 상품 명세와 신용장의 상품 명세는 일치하는 지 등에 관해 중점적으로 이루어진다.

추심의 경우에도 신용장의 경우와 마찬가지로 제출 서류를 중심으로 심사가 실시되는데 특히 추심 전 매입시에는 대금회수 가능성이 더욱 중요하게 다루어진다.

(5) 매입대금의 지급

선적서류의 하자가 없거나 하자를 치유한 경우 은행은 매입대금을 지급한다. 대금지급시 환가료 및 수수료를 공제하고 그 차액을 매입신청인이 요청한 계좌에 입금한다.

매입금액은 원화 또는 외화로 지급하는데, 원화로 지급시에는 지급시점의 대고객 전신환 매입률을 적용한다.

환어음 매입 후에는 신용장 또는 수출계약서의 원본에 매입일자, 매입금액 등을 기재함으로써 다른 은행에서의 무역금융 등 이중수혜를 방지하도록 한다.

(6) 선적서류의 송부

매입대금 지급 후 매입은행은 선적서류를 개설은행 또는 추심은행 앞으로 송부한다. 서류송달상의 오류로 인한 인수 또는 입금지연에 대한 책임은 매입은행에 있으므로 선적서류 송부시에도 세심한 주의가 필요하다.

신용장조건상 개설은행과 상환(reimburse)은행이 서로 다른 경우 선적서류를 개설은행 앞으로 송부하면서 상환은행 앞으로는 SWIFT[2])로 대금 청구를 하게 된다.

(7) 인수 또는 입금통지서의 접수

매입은행은 개설은행(또는 추심은행)으로부터 인수 또는 입금통지서를 접수한다. 신용장거래의 경우 개설은행의 선적서류 접수일 익일부터 7영업일 이내에 기한부어음에 대해서는 인수통지서를, 일람불어음의 경우는 입금통지서를 수령한다.

---

2) 국제은행간 컴퓨터 통신 시스템

(8) 수수료 징수

수출환어음 관련 수수료는 대부분 선취하며, 기간 단위로 받는 수수료는 일 단위로 계산하여 3개월마다 선취한다.

① 환가료

환가료는 매입한 수출환어음의 추심 소요기간동안 은행이 외화자금을 부담함에 따른 이자조로 받는 수수료로서 환가료율은 매입일 또는 기산일에 적용되는 통화별 Libor에 기간별 외화자금조달비용률, 관리업무비용률, 신용위험가산율, 그리고 마진 등을 가산한다.

통화별 Libor는 대상기간에 해당하는 기간물의 Libor를 적용하되 1개월 미만인 경우에는 1개월 Libor를 적용한다. 다만, 대상기간이 1년을 초과할 경우 통화별 스왑률(swap rate)를 적용한다. 한편 외국환의 매입 또는 결제 등의 거래에 적용되는 표준추심일수는 10일이 일반적이다.

환어음의 종류별 환가료 계산식은 다음과 같다.

- 일람출급 수출환어음 : 매입대금 × 환가료율 × 표준추심일수/360
- 기한부 수출환어음(일람후 특정일자의 경우) :
  매입대금 × 환가료율 × (표준추심일수+어음기간)/360
- 기한부 수출환어음(선적일 등 특정일자 후 정기출급의 경우) :
  매입대금 × 환가료율 × (매입일~만기일)/360

② 추심수수료 등

은행들은 추심의 경우 추심대금에 일정비율(0.05~0.1% 등 소액)을 곱한 금액으로 추심수수료를 징구한다.

한편 지연이자는 크게 입금지연이자와 인수지연이자로 구분할 수 있는데 입금지연이자는 매입대금이 만기일을 경과하여 입금된 경우 경과일수에 대하여 매입신청인으로부터 징수하는 이자이고, 인수지연이자는 인수통지서상 만기일(확정만기일)이 예정만기일(표준추심일수+어음기간)을 경과하는 경우 경과일수에 대하여 매입신청인으로부터 징수하는 이자이다.

제4장

신용장

제1절 신용장의 개념 및 종류

1 신용장의 의미

신용장(letter of credit)이란 ① 수입자의 요청과 지시에 따라 신용장을 발행한 개설은행이 ② 수출자가 신용장에 명기된 제 조건을 일치시키고 화환어음을 발행하여 제시할 때 ③ 대금의 지급(payment), 어음의 인수(acceptance) 또는 매입(negotiation)을 약정하는 증서이다.

신용장은 은행의 확약이기 때문에 수출자로서는 수입자의 지급능력이나 의사와 관계없이 은행의 신용을 이용할 수 있지만, 이러한 확약은 개설은행이 무조건적으로 지급을 약속하는 것은 아니고 ① 신용장의 조건이 충족되어 있고 ② 신용장에 기재된 서류의 제출이 개설은행 또는 지정은행 앞으로 이루어져야 한다는 조건부의 확약이 된다.

따라서 신용장 거래의 본질적 성격은 물품이 선적서류에 의해서 표시되고, 이러한 권리증서가 무역거래의 금융결제수단으로 사용되는 서류거래라는 점에 있다.

2 신용장의 이해당사자

신용장거래에서 직접적인 권리와 의무를 갖게 되는 기본당사자들은 발행의뢰인(applicant), 개설은행(issuing bank), 수익자(beneficiary) 등이 있으며 만일 확인신용장(confirmed letter of credit)인 경우에는 확인은행도 포함된다.

한편 기타 당사자는 신용장거래에서 직접적인 권리와 의무는 갖고 있지 않지만 신용장의 원활한 거래를 위하여 간접적으로 협조하거나 대행하는 역할을 맡고 있는 자를 말한다. 여기에는 통지은행(advising bank), 지급은행(paying bank), 인수은행(accepting bank), 매입은행(negotiating bank) 등이 있으며 이들은 신용장거래에서 각기 다른 역할을 수행하고 있다.

1) 신용장 발행의뢰인(applicant)

신용장 발행의뢰인은 보통 매매계약서상의 매수인(buyer)이며 수입자이다.

신용장의 발행을 제시 또는 요구한 사람이라는 의미에서 제시인(order, by order of xxx, B/O)이라고 부르며, 무역대금의 최종적인 결제인이 되기 때문에 대금결제인, 채무자(accountee, for account of xxx, A/C) 또는 환어음지급인(drawee)이라 부르기도 하고, 화물의 실질적인 수령인이 된다는 관점에서 수하인(consignee)이라고도 한다.

2) 수익자(beneficiary)

신용장의 수익자 또는 수혜자는 개설은행이 발행한 신용장에 의거하여 대금을 지급받는 자로 보통 수익자는 매매계약서상에는 수출자로 되어 있다. 환어음의 대금을 수령하는 대금의 영수인(accounter), 환어음을 발행하는 발행인(drawer), 화물을 선적하는 화주(shipper), 운송인과 운송계약을 체결하여 화물을 발송하는 송하인(consignor) 등으로 불리기도 한다.

신용장통일규칙에서는 이를 ‘beneficiary’로 부르며 신용장에서는 ‘in favor of xxx’ 또는 ‘F/O’라고 약하여 표시한다.

표 2-3 신용장상 수출자와 수입자의 명칭비교

거래내용	수 출 자		수 입 자	
매매관계	Seller	매 도 인	Buyer	매 수 인
무역관계	Exporter	수 출 자	Importer	수 입 자
신용장관계	Beneficiary	수 익 자	Applicant	발행의뢰인
어음관계	Drawer	발 행 인	Drawee	지 급 인
계정관계	Accounter	대금수령인	Accountee	대금결제인
화물관계	Consignor	송 하 인	Consignee	수 하 인

3) 개설은행(issuing bank)

개설은행은 발행의뢰인의 요청과 지시에 따라 수출자 앞으로 신용장을 발행하고, 이 조건에 따라 수출자나 수익자가 제시한 소정의 서류를 받고 대금을 지급하거나 수익자가 발행한 환어음을 지급 또는 인수할 것을 약속하는 은행이다.

4) 확인은행(confirming bank)

신용장의 확인(confirmation)이란 개설은행이 지급 또는 인수를 확약한 취소불능 신용장에 대하여 타 은행(일반적으로 통지은행)이 개설은행의 요청에 따라 추가로 수익자에게 지급, 인수 또는 매입을 확약하는 것을 말하며 이러한 확인을 하는 은행을 확인은행이라고 한다.

확인은행이 신용장거래에 등장하게 되는 경우는 신용장을 발행한 수입국의 개설은행이 지급확약을 위반하거나, 파산 또는 지급불능 사태가 발생하거나, 개설은행이 속한 국가가 내란이나 전쟁으로 은행업무가 중단되거나, 개설은행 국가의 외환보유상태가 좋지 않아 중앙은행이나 정부가 대외지급을 중지 또는 연기하도록 하는 것과 같이 신용장의 발행국이나 개설은행의 신용이 의심 가는 경우 등이다.

5) 통지은행(advising bank)

신용장거래에서 통지은행은 수입자의 지시에 따라 신용장이 발행된 사실과 그 신용장의 내용을 전달하는 은행이다. 통지은행은 수익자에게 신용장 발행의 사실과 내용을 단순히 통지해 주는 은행으로 신용장에 대한 책임이나 의무를 지거나 약정을 하지 않는다.

그러나 신용장통일규칙(UCP 600) 제9조에 의하면 통지은행이 통지하였다는 사실은 신용장의 외관상 진정성(authenticity)을 충족하였다는 것을 의미하기 때문에 외관상의 진정성에 관하여 상당한 주의를 기울였다 하더라도 하자가 발견되었다면 은행은 책임을 부담하도록 규정하고 있다.

6) 지급(paying)/인수(accepting)/매입(negotiating) 은행

지급은행은 개설은행과 예치환거래계약을 체결하여 자행에 개설은행 명의의 예금계정을 설치하여 두고 신용장의 조건과 일치되는 서류가 제시될 때 또는 그러한 서류가 첨부된 환어음이 자행을 지급인으로 하여 제시될 때 개설은행의 예금계정에서 차감하면서 지급을 이행하는 은행을 말한다.

인수은행은 신용장의 조건과 일치되는 서류가 첨부된 기한부 환어음을 발행하여 은행에 제시되면 이 기한부 환어음을 인수하도록 수권된 은행을 말한다. 그러므로 인수은행은 자행 앞으로 발행된 기한부 환어음을 인수한 경우에는 그 어음의 만기일에 반드시 지급할 의무를 지게 되므로 인수은행은 어음의 만기일에 가서는 지급은행이 된다.

매입은행은 매입신용장(negotiation L/C)이 발행된 경우 개설은행 앞으로 발행된 환어음이나 서류를 매입하도록 수권된 은행을 말한다. 또한 한 은행에서 매입한 환어음을 타은행에서 다시 매입하는 것을 재매입(renegotiation)이라고 한다. 신용장에 일람출급이나 기한부 환어음을 매입하도록 지정받은 은행이 없는 경우에는 모든 은행이 매입은행이 될 수 있다. 매입은행은 개설은행 앞으로 발행된 환어음이 신용장에 명시된 서류와 함께 제시되면 일정한 기간의 이자를 받고 그 어음을 매입하고 어음가액을 지급하게 된다.

3 신용장의 종류

신용장은 그 사용방법이나 결제기간 등에 따라 여러 가지로 분류되고 있으며, 따라서 여러 명칭으로 사용되고 있다. 은행실무에서 주로 쓰이는 신용장을 살펴보면 다음과 같다.

1) 취소불능신용장(irrevocable L/C)

신용장 관계 당사자 전원의 동의 없이는 취소 또는 변경할 수 없는 신용장을 말한다. 여기에서의 신용장 관계 당사자란 개설은행, 수익자(확인신용장의 경우 확인은행 포함)를 말하며 취소불능이란 개설은행의 지급확약의 취소불능이라는 중요한 의미로서 은행에서도 원칙적으로 취소불능 신용장에 한해서만 선적서류를 매입하도록 하고 있다.

취소불능신용장이지만 조건 중에 선적을 보류하거나 매입을 보류하고 있어 실질적으로는 취소불능으로 볼 수 없는 신용장이 있다. 예컨대 “Shipment is subject to further instruction” 이나 “Negotiation is subject to further instruction”과 같은 문구가 있는 경우가 그것이다. 이러한 신용장은 조건부 취소불능신용장(conditional irrevocable credit)이라 부른다.

2) 일람출급신용장 / 기한부신용장(sight credit / usance L/C)

신용장 조건에 일치하는 선적서류가 도착하는 즉시 대금을 지급하기로 되어 있는 것을 일람출급신용장이라고 한다.

한편 기한부신용장은 수익자가 서류 제시 후 일정기간이 경과한 후에 대금을 지급받는 형식이다. 기한부신용장을 개설한 경우 수입자는 수입대금결제를 유예하는 동안 수입물품을 매각하여 자금을 활용하고 결제만기에 물품대금을 상환할 수 있으므로 일정기간에 대한 기간의 이익을 향유할 수 있다.

이는 다시 일정기간에 대한 신용공여를 누가 하느냐에 따라 은행이 신용을 공여하는 은행인수신용장(banker’s usance credit)과 수출자 자신이 공여하는 무역인수신용장(shipper’s usance credit)으로 분류된다.

3) 확인신용장(confirmed L/C)

개설은행의 요청에 따라 제3의 은행이 신용장에 의한 대금의 지급을 추가로 확약한 신용장을 말한다. 개설은행의 신용도가 낮거나 이 은행 소재국의 정세가 불안하여 대금의 지급을 보장받을 수 없다고 판단한 경우 수익자 측에서 개설의뢰인에게 확인은행의 개입을 요청하게 된다.

일반적으로 확인수수료는 수익자가 부담하지만 무역당사자의 협상능력에 따라 수입자 측에서 부담하기도 한다.

참고

기준별 신용장 종류[3)]

(1) 취소가능여부 기준

취소가능신용장 (Revocable Credit)	신용장 개설은행이 수익자에게 사전통지 없이 언제든지 변경 또는 취소할 수 있는 신용장
취소불능신용장 (Irrevocable Credit)	신용장 관련 당사자 전원(개설의뢰인, 개설은행, 수익자(확인신용장의 경우 확인은행 포함))의 동의 없이는 취소 또는 변경할 수 없는 신용장

(2) 사용방법기준

종류		지급방법	어음	서류매입	배서여부
매입	일람출급	일람출급	유	매입은행 자유 또는 제한	필요
	기한부	기한부	유	매입은행 자유 또는 제한	필요
지 급		일람출급	무	지급은행지정	불필요
인 수		기한부	유	인수은행지정	불필요
연 지 급		기한부	무	연지급은행지정	불필요

(3) 대금지급시기기준

일람출급신용장 (Sight Credit)	서류 제시 즉시 대금을 지급하는 신용장
기한부신용장 (Usance Credit)	서류제시 후 일정기간이 경과한 후에 대금을 지급하는 신용장으로 일정기간에 대한 신용을 누가 공여하느냐에 따라 Shipper's Usance(수출자)와 Banker's Usance(은행)로 구분
자금선대신용장 (Advance Payment Credit)	수출자가 해당상품 선적 전에 대금을 선지급 받을 수 있도록 수권하고 있는 신용장. Red Clause Credit 이라고도 함
분할지급신용장 (Installment Payment Credit)	서류를 인도받을 때에는 착수금만 지급하고 잔액은 일정기간에 일정액으로 나누어 지급하는 신용장
지정신용장 (Straight Credit)	개설은행이 지정한 은행에서 어음매입이 가능하도록 발행된 신용장

(4) 확인여부 기준

확인신용장 (Confirmed Credit)	수출자가 발행한 어음의 인수, 지급 또는 매입에 대한 제3의 은행의 추가적 확약이 있는 신용장
무확인신용장 (Unconfirmed Credit)	개설은행이 발행한 신용장에 대해 제3의 은행의 확인이 없는 신용장

(5) 양도가능여부 기준

양도가능신용장 (Transferable Credit)	수출자가 신용장 금액 전부 또는 일부를 제3자(제2의 수익자)에게 양도할 수 있는 권한이 부여된 신용장
양도불능신용장 (Non-transferable Credit)	수출자가 신용장을 제3자에게 양도할 수 없는 신용장

3) 한국수출입은행 연수자료 (2012년) 참조

(6) 신용장의 경제적 기능에 따른 기준

상업신용장 (Commercial Credit) 무역거래에 이용	화환신용장 (Documentary Credit)	환어음에 서류 첨부를 요구하는 신용장
	무화환신용장 (Documentary Clean Credit)	서류첨부를 요구하지 않는 신용장
클린신용장 (Clean Credit) 무역외거래에 이용	여행자신용장 (Traveller's Credit)	여행자의 현금휴대의 위험성을 회피하기 위하여 이용
	보증신용장 (Stand-by Credit)	입찰보증금 등 각종 보증금의 적립에 대신하여 사용되거나 차입금의 상환을 보증하는데 사용

4) 자유매입신용장/매입제한신용장(freely negotiable credit/restricted L/C)

자유매입신용장이란 수익자가 아무 은행에서나 자유롭게 매입할 수 있도록 하는 신용장을 말하며, 매입제한신용장은 매입은행을 특정은행으로 제한하고 있는 신용장을 말한다.

매입제한신용장의 경우 수익자로부터 환어음을 1차 매입한 수익자의 은행은 매입제한은행에 재매입(re-nego)의 절차를 거쳐야 한다.

5) 양도가능신용장(transferable L/C)과 양도불능신용장(non-transferable L/C)

양도가능신용장은 수익자가 신용장금액의 전부 또는 일부를 제3자에게 양도할 수 있는 권한이 부여된 신용장으로 신용장상에 'Transferable'이라는 문구가 표시되어 있다. 한편 양도불능신용장은 수익자가 신용장을 제3자에게 양도할 수 없는 신용장을 말한다.

6) 동시발행신용장(back to back L/C)

원래의 뜻은 원 신용장(master L/C)을 견질로 하여 발행되는 제2의 신용장(back to back L/C)을 의미하는 것이나 수출과 수입을 연계하여 수출입의 균형을 기하기 위한 연계무역에서 사용되어지는 신용장을 말하기도 한다.

즉 한 나라에서 일정액의 수입신용장을 발행할 경우 그 신용장은 수출국에서 같은 금액 또는 그와 상응하는 일정액의 수입신용장을 발행하여 오는 경우에만 유효하다는 조건이 있는 신용장을 'back to back L/C'라고 한다.

제2절 신용장 발행업무

1 신용장 취급절차

신용장 종류에 따라 취급절차가 다소 상이한데 여기서는 신용장 중 가장 보편적으로 사용되는 은행인수신용장(banker's usance L/C)의 거래흐름을 통하여 신용장 취급절차를 살펴보고자 한다.

은행인수신용장은 수출자가 발행한 기한부 환어음을 만기일 전에 은행이 할인·매입하여 수출자에게는 대금을 일시불로 지급해주고 수입자에게는 기한부 환어음의 만기일까지 대금결제를 유예시켜주는 방식의 신용장을 말한다.

신용공여의 주체가 되는 은행이 국내의 개설은행이 되는 경우에는 국내은행인수신용장(domestic banker's usance credit)이라 하고, 신용공여의 주체가 해외의 인수은행인 경우 해외은행인수신용장(overseas banker's usance credit)이라 한다.

이 해외은행인수신용장의 경우를 통해 은행인수신용장의 흐름을 좀 더 구체적으로 살펴보면 신용장에 의해 발행된 환어음을 수출자가 매입은행에 매각하여 수출대금을 지급받게 되고, 이어서 매입은행은 신용장조건에 따라 인수은행 역할을 하는 해외은행 앞으로 매입어음을 제시하여 대금을 바로 수령하게 되는 절차를 갖는다.

그림 2-2 은행인수신용장 거래의 흐름

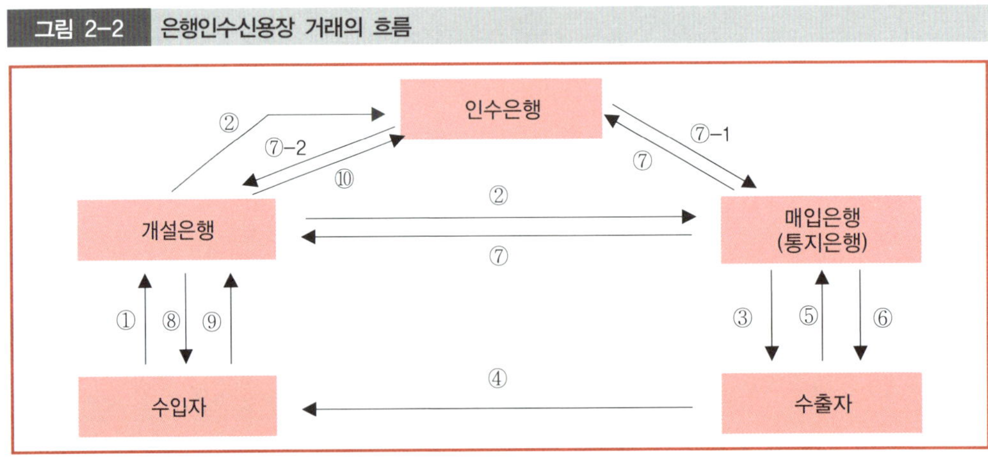

① 수입자의 Banker's Usance L/C 개설 신청

② 개설은행의 Banker's Usance L/C 개설 및 인수은행 앞 상환(결제)수권서 통지

* 개설은행과 인수은행간 Banker's Usance 인수에 대한 협약 기체결

③ 수출자 앞 Usance L/C 통지
④ 수출품 선적
⑤ 환어음, 선적서류 매입의뢰
⑥ 매입대금 지급(at sight)
⑦ 개설은행 앞 선적서류 송부 및 인수은행 앞 매입대금 인수요청(환어음 송부)
⑦-1 인수은행은 매입은행 앞 지급(at sight)
⑦-2 인수은행의 개설은행 앞 인수 통보
⑧ 선적서류 인도 및 만기일 통보
⑨ 만기일에 대금 결제
⑩ 인수은행 앞 만기일에 대금 지급

매입은행 앞으로 환어음대금을 지급한 인수은행은 제시된 기한부어음(usance bill)을 즉시 인수 및 할인하여 신용장 개설은행 앞으로 어음인수 사실을 통지하고 인수수수료와 할인료를 청구한다. 이렇게 인수된 어음을 은행인수어음(banker's acceptance bill)이라고 하며 인수은행에서는 인수한 어음을 자체 보유하거나 은행인수어음시장(B/A market)에서 할인하여 자금을 조달하기도 한다.

인수사실을 통지받은 신용장 개설은행은 신용장 개설의뢰인(수입자)으로부터 인수수수료 및 할인료를 지급받고 환어음을 인수시킨 후에 서류를 인도하게 된다. 서류를 인도받은 수입자는 선박회사로부터 수입물품을 찾아서 매각한 후 어음만기일에 수입대금을 지급하게 된다.

인수은행(결제은행)인 해외은행은 신용장 개설은행의 계좌를 가지고 있는 경우 어음만기일에 신용장 개설은행계정에서 어음금액을 인출하고 신용장 개설은행 앞으로 차기통지서(debit advice)를 송부하게 된다.

Banker's usance는 수출자의 입장에서는 일람불(at sight base)과 마찬가지로 매입대금을 즉시 지급받을 수 있는 장점이 있고, 수입자의 입장에서도 만기까지 발생하는 이자만 지급하고 원금은 만기일에 신용장 개설은행을 통해서 지급하므로 자금부담을 덜 수 있다.

2 신용장 발행업무

1) 신용장 개설시 유의 사항

취소불능신용장을 발행한 경우 개설은행은 매입은행이 신용장조건과 일치하는 선적서류를 제시했을 때 물품의 실질적인 거래나 수입자의 사정과 관계없이 반드시 수입대금을 지급해야 하는 우발채무를 부담하게 된다. 따라서 신용장을 개설하기 전 일정한 면책사항을 기재한 외국환거래약정을 맺어야 하며 수입자의 신용도에 대해서 철저한 조사를 시행하고 필요한 경우 수입보증금이나 담보를 획득함으로써 채권보전수단을 확보해야 한다.[4)]

개설금액은 건당 일정금액 이상이어야 하며 수입품목의 적합성은 수입계약서를 통해 확인한다. 신용장 개설금액이 회전한도 설정 범위를 초과할 경우는 신청인으로 하여금 별도로 수입보증금을 적립하도록 하며 신용장의 제 조건은 후일 분쟁발생의 원인이 되지 않도록 간단명료하게 작성하도록 한다.

2) 송부방법

신용장 개설방법에는 우편에 의한 개설(mail credit), 전신에 의한 개설(cable credit), SWIFT에 의한 개설 등이 있으나 현재는 통지 및 처리가 신속하고 보안유지 기능까지 갖추고 있는 SWIFT에 의한 개설이 가장 많이 사용되고 있다.

SWIFT시스템은 과거 TELEX에 의한 전신암호 해독방법 대신에 금융기관의 서버(server)사이의 인증암호(authentication key)를 이용하여 자동으로 전문의 진위를 확인할 수 있기 때문에 신속하고 정확하게 전문을 송수신할 수 있다.

SWIFT

Society for Worldwide Interbank Financial Telecommunication의 약자로 1973년 선진 15개국 239개 은행 공동출자로 설립된 국제은행간 컴퓨터 통신 시스템이다.

당초에는 유럽에 진출한 미국계은행들이 신속한 국제자금 이체시스템을 도입하여 유럽 내에서 영업기반을 구축하기 위한 목적과 이체 제도를 개선코자 하는 국내지로제도로부터의 압력에서 추진되었다.

1977년 영국, 프랑스, 벨기에의 15개 은행에 의해 최초 가동되었고 SWIFT 본부는 벨기에에 있으며, 우리나라는 1992년 3월부터 운영하고 있다.

SWIFT 시스템의 장점은 통신의 안전성, 표준양식사용에 의한 효율성, 타 컴퓨터결제시스템(CHIPS, Euroclear 등)과의 자동접속 가능성, 저렴한 비용 등이다.

3) 서류심사

매입은행은 수출자에게 지급한 매입대금을 상환받기 위하여 개설은행에 환어음과 선적서류를 송부하는데, 개설은행은 이들 서류가 도착하는 즉시 수입자에게 선

4) 물품을 수취할 수 있는 권리증권인 선하증권의 원본은 개설은행 측으로 송부되어오기 때문에 신용장 개설에 있어서 양도담보는 자연적으로 확보됨.

적서류 도착사실을 통지하고 서류를 심사한다.

개설은행은 신용장에서 요구하는 모든 서류가 신용장조건과 일치하는지 여부와 제시된 서류 상호간에 모순되는 항목이 있는지를 상당한 주의를 기울여 심사하여야 한다. 이 때 수출자가 직접 작성하는 상업송장, 포장명세서 등은 엄격일치성을 적용하며, 운송회사 또는 보험회사 등 제 3자가 작성하는 선하증권, 보험증권 등에 대하여는 실질일치성원칙[5]에 따라 심사한다.

4) 신용장클레임

서류심사기간은 원칙적으로 즉시(at once)이나 실질적 처리과정을 고려하여 7영업일을 초과하지 않는 범위를 인정하고 있다. 따라서 선적서류에 하자가 있을 경우에 개설은행은 이 기간 내에 매입은행에 클레임을 제기하여야 하며 이후에는 권리를 행사할 수 없게 된다.

하자있는 선적서류가 도착하는 경우에는 개설신청인에게 이를 인지시키고 하자수락여부에 관한 의사를 조회한다. 3영업일 이내에 아무런 회신이 없으면 선적서류를 수리한 것으로 간주하고 매입은행 앞 인수통보나 대금결제를 이행하게 된다.

상대은행 앞 지급거절을 통지하는 경우에는 선적서류 접수일 익일로부터 7영업일 이내에 거절사유를 명시하여 통지한다. 이 때 원칙적으로 선적서류 원본을 매입은행에 반송하여야 하며 만약 수입화물선취보증서를 취급한 경우라면 선적서류를 선박회사에 제출하기로 확약한 상태이므로 매입은행에 선적서류를 돌려줄 방법이 없으며 따라서 클레임을 제기할 수 없다.

5) 대금지급

매입은행이 제시한 모든 서류가 신용장 조건과 부합한다면 개설은행은 인수 및 결제의 과정을 진행해야 한다.

일람불 신용장의 경우 선적서류 내도일 익일로부터 7영업일 이내에 수입대금을 결제하여야 하며, 수입대금을 결제함과 동시에 수입자에게 선적서류를 인도한다. 기한부 신용장의 경우 개설은행은 SWIFT Message MT756(Advice of reimbursement or payment) 등을 통해 신용장 인수통지를 보낸 후 결제기일에 대금을 지급하며, 수입자로부터 서류인수증을 받은 즉시 서류를 인도한다. 만일 수입자가 이유 없이 대

---

5) 신용장통일규칙에서는 제 3자가 작성하는 증권에 대하여는 엄격일치의 원칙을 다소 완화하여 서류가 내용상 신용장 조건과 상호 모순되는 내용이 아닌 한 어느 정도까지 일치하면 은행은 이를 지급할 의무가 있다고 규정하고 있음.

금을 지불하지 않는 경우에도 해당기일에 개설은행이 당해 수입대금을 지급해야 하고 이를 대지급으로 처리하여 수입자로부터 지연배상금률을 적용한 대지급료를 징수한다.

3 신용장 관련서류

1) 서류의 개요

신용장 거래는 서류상의 거래이므로 신용장 개설은행은 수익자가 매입은행을 통하여 제시한 서류가 신용장 조건과 일치할 경우에는 대금의 지급을 거절할 수 없게 된다. 또한 매입은행은 매입된 환어음이 은행에 의해 지급거절 또는 인수거절을 당하면 어음발행인 또는 서류작성자인 수익자에 대해 상환청구권을 갖고 있으므로 어음채권 담보로서 서류가 중요한 의의를 갖는다.

신용장과 관련한 상업서류는 크게 나누어 기본서류와 부속서류로 구분된다. 기본서류란 화환신용장이면 어느 신용장에서나 공통적으로 제출을 요구하고 있는 서류로서 운송서류(transport document), 상업송장(commercial invoice) 및 보험서류(insurance document)를 가리킨다. 부속서류란 상기 서류 외에 영사송장(consular invoice), 세관송장(customs invoice), 원산지증명서(certificate of origin), 포장증명서(packing list), 검사증명서(inspection certificate) 등이 이에 해당된다.

기본서류 또는 신용장상에서 요구되는 부속서류 외에 거래에 따라 품목에 따라서 이상에 언급한 서류들 외에도 여러 가지 서류들이 추가로 요구된다. 수입자의 의사에 따라 신용장상에 요구되는 기타 부속서류들은 모두 은행의 매입에 필요한 서류의 일부가 된다.

2) 운송서류

서류 중에서도 가장 중추적 역할을 하고 있는 운송서류는 운송수단에 따라 해상운송서류, 항공운송서류와 육상운송서류 그리고 이들 두 가지 이상의 운송방법이 결합되어 이루어지는 복합운송서류와 특사송배달 또는 우편발송서류로 구분할 수 있다.

제5차 개정규칙에서는 수리 가능한 운송서류는 종전보다 다양해졌고, 특히 어떠한 운송서류든지 그 명칭에 관계없이 신용장에서 정한 요건들이 충족되면 수리한다는 점이 강조되고 있다.

표 2-4 운송서류의 종류

해상운송서류	해상선하증권(Ocean bill of lading)
	유통불능 해상화물운송장(Non-negotiable sea waybill)
항공운송서류	항공화물운송장(Air waybill)
	항공화물수탁서(Air consignment note)
육상운송서류	트럭화물상환증(Trucking company bill of lading)
	철도화물상환증(Railway bill of lading)
	내수로운송서류(Inland waterway transport document)
복합운송서류	복합운송서류(Combined transport document)
기타운송서류	특사배달수취증(Courier service receipt)
	우편수취증(Post receipt)

그 명칭이 어떠하든 운송서류는 운송인 또는 그 자격으로 발행하였느냐 그리고 그 운송인의 서명이 인증되었느냐가 매우 중요하므로 은행 및 수출입 당사자들은 이 점을 유념해야 한다.

(1) 선하증권

선하증권(B/L : bill of lading)이란 화주와 선박회사간의 해상운송 계약에 의하여 선박회사가 발행하는 유가증권이다. 즉 선주가 자기 선박에 화주로부터 의뢰받은 운송화물을 적재 또는 적재를 위해 그 화물을 영수(receipt of cargo)하였음을 증명하고 동 화물을 도착항에서 일정한 조건하에 수화인 또는 그 지시인에게 인도할 것을 약정한 유가증권이며 운송계약의 증거서류이다.

오늘날 국제무역에 있어서 대차결제 수단의 국제적 관례는 통상 화환어음(documentary bill)이며, B/L은 환어음을 취결하는데 상업송장 및 해상보험증권과 함께 그 기본이 되는 서류이다.

선하증권은 분류방법에 따라 여러 가지 종류로 구분할 수 있는데 이 중 자주 활용되는 것은 선적선하증권과 수취선하증권이다.

① 선적선하증권(shipped B/L)

화물이 실제로 선적된 후에 발행되는 증권으로 증권면에 ‘shipped’ 또는 ‘shipped on board’ 등의 문구가 표시되며 모든 선하증권은 선적선하증권으로 발행되어야 하는 것이 원칙이다.

② 수취선하증권(received B/L)

수취선하증권은 운송인이 선적을 약속한 화물을 화주가 지정된 창고에 입고시킨

후 화주가 요구할 경우 선적전에 발행하는 증권으로 예정된 선박에 선적이 안 되는 경우가 있기 때문에 L/C에 'received B/L acceptable'에 상응하는 문구가 없으면 은행에서 매입을 거절할 수 있다.

(2) 상업송장(commercial invoice)

상거래상 선하증권과 함께 필수적인 선적서류로 사용되는 송장은 불어의 'envoyer'에서 유래된 말로 상품의 매매가 원격지간에 행하여지는 경우 매도인이 매수인 앞으로 해당물품의 특성과 내용명세를 상세하고 정확하게 작성하여 송부하는 선적화물의 계산서 및 내용명세서(description of goods)이다.

국내 상거래에 이용되는 송장은 단순히 상품의 적요서나 안내장의 역할을 하지만 국제무역거래의 경우에는 적요서나 안내장의 역할뿐만 아니라 매매당사자의 이름과 주소, 발행일자, 주문번호, 계약상품의 규격 및 개수, 포장상태 등이 표시된 구체적인 매매계약서인 동시에 대금청구서이기도 하다. 따라서 송장은 무역거래상의 필수서류로 모든 신용장에서 요구하고 있으나 유가증권인 선하증권이나 보험증권과 같이 그 자체가 청구권이 있는 서류는 아니다.

송장의 이러한 성격 때문에 어떤 경우에는 그 거래계약의 존재 및 계약이행의 사실을 입증하는 유력한 자료가 되며 또한 수입물품의 정확성 및 진실성을 입증하기 위한 세관신고의 증명자료가 되기도 한다.

상업송장은 당해 상품의 명세서인 동시에 대금청구서의 구실도 겸하기 때문에 대체로 신용장의 발행의뢰인 앞으로 작성한다. 그러나 화물이 도착하기 전에 전매 등으로 인하여 상업송장에 기재되는 당사자가 반드시 실제 그 화물을 인수하는 자가 아닐 경우도 있다. 이러한 경우에는 신용장에 특별히 명기하여 제3자 앞으로도 송장을 발급할 수 있다. 신용장상에 about, approximately, circa 등의 용어를 사용한 경우에는 10%의 과부족을 허용한 것으로 간주한다.

3) 보험서류

국제무역거래는 국내와는 달리 물품의 이동거리가 멀고 또한 대부분 해상운송에 의해 운송되므로 위험도 훨씬 크고 복잡·다양하다. 화물운송 중에 발생할 수도 있는 각종 위험으로부터 보전 받을 필요가 생기는데 보험회사가 이 역할을 수행하게 되며, 보험서류는 보험기간 중 이러한 손해보전을 약속한 증서이다.

보험서류는 모든 신용장에 필요한 것이 아니고 매도인에게 부보의무를 부과하는 CIF계약과 CIP계약에서 필요로 하는 서류이다. FOB나 CFR계약 등에서는 운송중의 위험을 매수인이 부담하기 때문에 매도인은 부보할 필요가 없다.

무역가격 종류

① **본선인도가격**(FOB : Free on Board)

본선인도란 매도인이 상품을 매수인이 지정하는 본선에 적재함을 조건으로 하는 가격조건이다. 따라서 매도인의 위험과 비용부담은 상품이 본선의 난간(rail)을 통과할 때 종료된다.

② **운임포함인도가격**(CFR : Cost and Freight)

운임포함가격이란 본선인도가격에 목적지까지의 해상운임이 포함된 가격이다. 그러나 상품에 대한 위험부담은 상품이 본선의 난간을 통과하는 시점에서 매도인으로부터 매수인에게 이전된다.

③ **운임·보험료포함 인도가격**(CIF : Cost, Insurance and Freight)

이는 선적지까지의 상품 가격에 목적지까지의 해상운임 및 해상보험료를 가산한 가격조건이다. 이 조건에서 매도인은 선박을 수배하여 상품을 선적하고 도착항까지의 운임을 지급하며 적하보험에 부보하여 선적서류를 매수인에게 제공한다. 매수인은 선적이후의 위험을 부담하고 선적서류와 상환으로 대금을 지불한다.

④ **운송비보험료지급인도가격**(CIP : Carriage insurance paid to)

매도인이 운임을 지불하고 적하보험에 부보하는 것은 CIF와 같으나 위험부담의 이전시점이 상품이 본선의 난간을 통과하는 시점이 아니고 최초 운송인에게 수탁시키는 시점이 된다.

보험서류에는 보험증권(insurance policy), 보험증명서(insurance certificate) 등이 있다.

보험증권은 보험계약 성립의 증거로서 보험자가 피보험자의 청구에 의하여 교부하는 것으로 보험증권은 유가증권이 아닌 증거증권이고 통상 배서 내지 인도에 의하여 양도된다.

보험증명서는 개개의 보험내용이 미확정된 예정보험계약에 의하여 보험회사가 포괄적인 예정보험증권을 교부하고, 동 예정보험증권을 근거로 개개의 보험사실이 확정될 때마다 그 보험의 확정사실을 증명하여 보험계약자에게 발행하는 증명서이다.

예를 들어 플랜트 기자재 수출과 같이 일정기간 동안의 대량적이고도 반복적인 수출입거래의 경우에 선적시마다 개별적인 보험에 부보하지 않고 수출자가 보험회사와 일정조건의 예정보험계약을 체결하여 예정보험증권을 교부받고, 실제 물품이 선적되어 확정보험사실이 발생할 때 마다 동 예정보험증권을 근거로 보험회사로부터 보험증명서를 발급받는다. 이러한 보험증명서 발급은 시간과 비용이 절약되고 수수료가 저렴하기 때문에 최근 점차 일반화되고 있다.

4) 환어음(bill of exchange)

환어음이란 채권자인 어음의 발행인(drawer)이 채무자인 지급인(drawee)에 대하여 일정기일에 일정한 장소에서 그 채권 금액을 지시인 또는 소지인에게 무조건 지급할 것을 위탁하는 요식 유가증권이다. 따라서 환어음은 다음과 같은 네 가지 성질을 가지고 있다. 이는 ① 채권자가 채무자 앞으로 작성하고 서명한다 ② 일람출급 또는 기한부로 작성한다 ③ 서면으로 작성되어야 한다 ④ 무조건적으로 작성되어야 한다 등이다.

국제간의 환어음 거래는 1882년 영국에서 제정된 환어음법(Bill of exchange act, 1882)과 국제상업회의소에 의해 제정된 추심에 관한 통일규칙(Uniform rules for collection, 1995)에 의해 처리되고 있다. 이러한 외국환어음에 따르는 어음행위의 효력은 원칙적으로 행위지의 법률에 의해 처리하게 되어 있다.

환어음이 신용장조건에 의하여 다른 서류와 함께 발행되면 화환어음(documentary bill of exchange)이고 선적서류가 첨부되지 않은 것은 무화환어음(clean bill of exchange), D/A, D/P 등과 같이 추심할 경우 발행되는 환어음은 추심어음(bill of documentary collection)이라고 한다.

4 신용장 통일규칙(Uniform customs and practice for documentary credits)

신용장통일규칙(UCP)이란 국제상업회의소(ICC)가 제정한 신용장업무를 취급할 때 지켜야 할 제반사항 및 해석의 기준을 규정한 국제규칙이다.

무역계약을 원만하게 이행하고 사소한 분쟁을 해결하기 위해서는 국제상관습의 해석이 필요한데 이러한 요구에 부응하여 신용장 거래의 통일규칙을 국제상업회의소의 각국 은행협회의 대표로 구성된 상업화환신용장위원회(Banking committee on commercial documentary credit)가 범세계적으로 통용되는 신용장통일규칙을 제정하게 되었다.

그러나 국제상업회의소는 민간단체이므로 이들이 제정한 규칙은 법적구속력이 없다. 따라서 거래당사자가 이 규칙을 신용장 해석의 기준으로 삼겠다는 합의를 한 경우에만 UCP가 거래의 해석기준으로 효력을 발휘하게 된다.

2006년 10월 신용장통일규칙 제6차 개정안이 ICC 은행위원회의 승인을 거쳐 채택됨으로써 UCP 600이라 불리는 새로운 통일규칙이 탄생했으며 2007년 7월부터 시행되었다. 6차 개정 신용장통일규칙은 기존의 UCP 각 조항을 보다 간결하고 명확하게 하였으며 국제적인 은행 실무관행을 반영하여 신용장 실무를 표준화 시켰다. 또한 취소가능신용장 관련규정을 삭제하고, 통지은행의 책임을 확대하며 제2 통지은행의 개념을 도입함으로써 신용장의 신뢰성을 높였다.

5 내국신용장의 발행

1) 개념 및 특징

내국신용장(local L/C)은 국내에서 수출자가 수출용완제품을 구매하여 직수출하거나, 수출물품제조업체가 수출물품제조에 필요한 수출용원자재를 구매하여 가공한 후 직수출 또는 국내에 공급하고자 하는 경우 해당 업체의 의뢰에 의하여 외국환은행이 국내의 완제품 또는 원자재생산업체를 수익자로 하여 발행하는 지급보증서로서 국내업자 간 거래용 신용장을 말한다.

우리나라 현행 제도상 내국신용장은 신용장 본연의 물품대금 지급보증 기능 외에 금융, 세제 등 수출지원 수단으로서의 기능을 가지고 있다. 즉, 내국신용장 수익자는 거래 외국환은행에 내국신용장어음을 매각하거나 외국환은행을 통하여 추심하는 방식에 의해 물품대금을 신속·확실하게 회수할 수 있고, 내국신용장은 융자대상 증빙으로 인정되어 이를 수취한 물품공급업자가 생산자금 및 원자재금융을 융자받는 수단으로 활용되고 있다.

내국신용장은 국제적으로 통용되는 화환신용장과는 달리 다음과 같은 주요 특징을 갖고 있다.

첫째, 내국신용장 발행의뢰인은 수출신용장 등을 근거로 수평적으로 복수의 내국신용장을 발행할 수 있을 뿐만 아니라 물품의 제조공정에 따라 수직적으로 차수의 제한 없이 내국신용장의 발행이 가능하다.

둘째, 내국신용장은 일반수출입금융의 융자대상이 되는 금융용 내국신용장과 융자 대상에서 제외되는 비금융용 내국신용장으로 이원화되어 있다. 비금융용 내국신용장의 경우에도 원자재를 공급하는 업체의 입장에서는 은행의 지급보증을 통해 물품 대금회수가 보장되는 이점이 있다.

셋째, 내국신용장의 표시통화는 원화, 외화 또는 원화로 표시하되 발행일 현재 매매기준율로 환산한 외화금액을 부기하여 내국신용장 어음 매입시에 부기 외화액에 매입당시의 매매기준율을 곱한 금액을 수익자에게 지급하도록 되어 있다.

2) 내국신용장의 이해당사자

내국신용장의 관계당사자는 발행의뢰인, 발행은행 그리고 수익자로 나누어진다.

(1) 발행의뢰인

내국신용장의 발행의뢰인은 국내에서 수출용원자재와 완제품을 구매하고자 하는 자로 구체적으로 다음의 경우에 해당한다.

① 외국으로부터 수출신용장, D/A 또는 D/P 계약서 및 외화표시공급계약서를 수취한 자
② 원수출신용장의 수익자인 수출자로부터 내국신용장을 받은 자로서 소요원자재를 조달받기 위해 그 내국신용장을 담보로 제2의 내국신용장을 발행하고자 하는 자
③ 원수출신용장이나 내국신용장 없이도 '수출금융제규정'에 따라서 비축용원자재를 구매하고자 하는 자

(2) 발행은행

내국신용장의 발행은행은 다음과 같은 특징이 있다.

① 내국신용장의 경우 발행은행과 지급은행이 동일하다.
② 내국신용장 발행은행과 원수출신용장의 수출용원자재 수입승인은행은 동일해야 한다.
③ 동일한 원수출신용장이나 계약서를 근거로 2개 이상의 내국신용장이 발행될 경우 동일한 외국환은행에서만 발행할 수 있다.
④ 비축용 완제품의 구매를 위한 내국신용장은 주거래 외국환은행에서만 발행할 수 있다.

(3) 수익자

내국신용장의 수익자는 다음 경우 중에 하나이다.

① 국내에서 수출용원자재, 수출물품 또는 외화표시공급물자를 공급하기 위하여 매매계약을 체결한 공급자
② 제 2 내국신용장을 받고 수출용원자재를 공급하는 자
③ 단순임가공 위탁계약의 임가공 위탁자

3) 내국신용장의 결제

내국신용장의 수익자인 공급업자는 원자재 또는 완제품을 수출자나 그 대리인에게 납품하고 물품수령증을 교부받고 내국신용장에서 요구하는 기타 서류를 구비하여 자신이 거래하는 외국환은행에 어음매입을 요청한다.

그림 2-3 내국신용장 거래

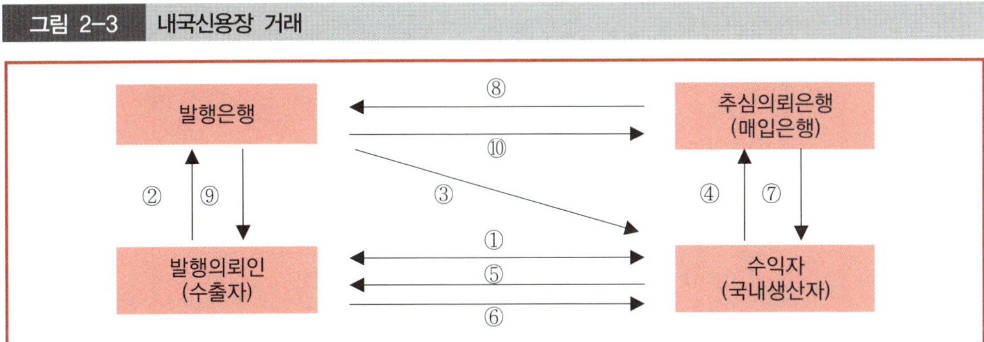

① 물품계약체결
② 내국신용장 발행의뢰
③ 내국신용장 발행통지
④ 무역금융신청
⑤ 물품공급
⑥ 물품수령증명서 발급
⑦ 내국신용장 네고 및 금융제공
⑧ 내국신용장 어음추심의뢰
⑨ 원자재금융융자 및 매입대금결제
⑩ 환어음교환결제

국내 외국환은행은 모두 내국신용장의 어음을 매입할 수 있으나, 내국신용장에 의하여 수출자금을 융자해 준 은행이 있을 경우에는 그 융자은행만이 어음매입이나 추심의뢰를 할 수 있다.

내국신용장어음을 매입한 외국환은행 또는 추심의뢰은행은 해당 내국신용장의 뒷면에 매입 또는 대금입금일자와 금액을 기재하여야 하며, 내국신용장 발행은행은 내국신용장어음 결제시마다 해당 내국신용장의 발행근거가 된 원수출신용장 등의 뒷면에 그 내용을 기재하여야 한다.

한편 내국신용장을 발행한 외국환은행은 해당 내국신용장어음이 지급제시되기 전에 발행근거가 되는 원수출신용장 등의 수출대금이 입금된 경우 내국신용장 어음금액 해당액을 수입보증금계정에 예치하여 이를 해당 내국신용장어음의 결제자금에 충당하여야 한다.

제5장

수출팩토링과 포페이팅

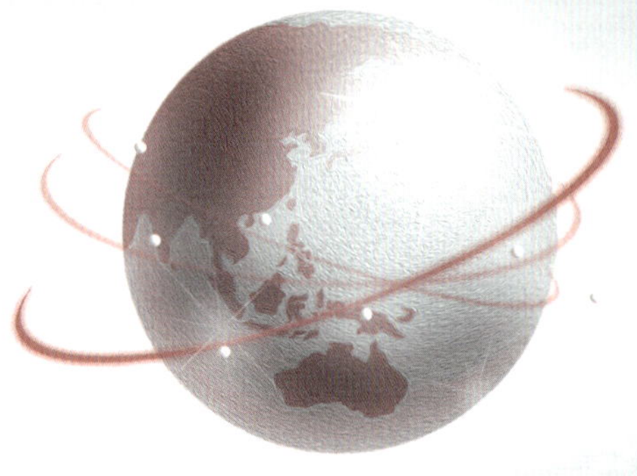

제1절 수출팩토링

1 수출팩토링의 개념

팩토링(factoring)은 팩토링회사(factor)가 물품공급자(seller)와 구매자(차주, debtor) 간의 거래에서 발생한 외상매출채권을 할인 매입하는 금융 업무이다. 여기서 팩터로서는 일반은행 및 그 자회사, 수출신용기관(ECA), 팩토링전문 금융회사 등이 참여하고 있다.

팩토링은 은행 대출과는 다음 세 가지 점에서 다른 성격을 갖는다.

첫째는 대출이 아닌 자산(매출채권)의 매입이라는 점, 둘째는 팩터는 거래기업의 신용도보다 매출채권의 가치에 더 초점을 두고 금융공여를 결정한다는 것이고, 셋째는 은행대출은 당사자가 둘(차주와 대주)인데 반해 팩토링은 당사자가 셋(물품공급자, 차주 그리고 팩터)이라는 점이다.

팩토링은 국내거래에서 뿐만 아니라 국제간 거래에서도 이용되는데 국제간 거래에서의 팩토링을 국제팩토링(international factoring)이라 한다. 국제팩토링은 팩터와 팩토링계약을 체결하는 계약자가 수출자인가 수입자인가에 따라 수출팩토링(export factoring)과 수입팩토링(import factoring)으로 나누어진다.

일반적으로 국제팩토링이라 하면 수출팩토링을 의미하며, 수입팩토링은 수출팩토링에 부수되어 수입국에 있는 수입팩터가 수입자의 신용상태를 조사하거나 수입자에게 신용을 제공하는 것을 말한다.

수출팩토링은 주로 사후송금방식 외상수출거래에 의해서 발생된 수출채권을 수출기업으로부터 소구 또는 무소구조건으로 매입하는 수출금융 상품으로 정의할 수 있다.

무소구(無溯求)조건

수입국은행(수입자)이 환어음의 만기일에 수출대금을 상환하지 못할 경우에도 팩터는 수출자에게 대금을 청구하지 않는 조건을 말함.

사후송금방식(open account 방식) 외상수출거래란 수출기업이 수출물품을 선적한 후 해외수입자에게 선적서류를 직접 발송하고, 해외수입자가 일정기간 경과(통상 180일 이내) 후에 수출대금을 수출기업의 은행계좌로 직접 송금하는 수출거래 방식으로 신용장(letter of credit) 거래에서처럼 수입자의 대금지급에 대한 보증은 이루어지지 않는다.

따라서 수출팩토링은 송장(invoice)에 근거하여 거래가 이루어지고 있는데 이는 신용장을 기초로 발행된 환어음이나 약속어음을 매입하는 포페이팅과 명확히 구별되는 점이다.

한편 수출팩토링은 대부분 무소구방식으로 취급됨으로써 수출기업은 외상수출채권을 매각하게 되면 해외수입자의 대금회수에 대한 위험에서 벗어나게 된다. 또한 수출팩토링은 사후송금방식 결제조건으로 동일 해외수입자와 고정적 거래관계를 유지하고 있는 수출기업에게 유용한 금융수단이다. 수출기업은 팩터의 수출팩토링 금융을 통해 안정적인 자금조달이 가능하게 되고 금융비용도 절감할 수 있게 된다. 특히 IT 등 성장잠재력이 높은 수출중소기업으로서 수출주문은 많으나 대부분의 해외수입자가 사후송금방식을 요구하는 경우에 효과적이다.

수출중소기업은 해외수입자의 신용위험과 수입국의 국가위험을 판단하는데 어려움이 있으며, 이에 따라 사후송금방식을 원하는 해외수입자의 요구를 받아들이기 어려워 수출을 포기하는 경우가 많이 발생하는데 이 경우 수출팩토링을 이용하면 해외수입자의 신용위험을 제거할 수 있기 때문에 해외수입자의 요구에 적극적으로 대응할 수 있다.

수출팩토링에는 수출팩터가 수입자와 직접 거래하는 직접방식(one-factor system)과 수출팩터가 외국의 수입팩터와 제휴하여 거래하는 제휴방식(two-factor system)

의 두 가지 지원방식이 있다.

2 수출팩토링의 이해당사자와 역할

수출팩토링은 전 세계 팩터의 회원망을 통하여 이루어지는 무신용장방식의 신용조건부 무역거래이므로 수출팩토링 결제가 원활히 이루어지기 위해서는 많은 관련 당사자들이 참여하게 된다. 그 중에서도 본 거래에 참여하게 되는 기본적인 거래당사자는 수출자, 수입자, 수출자와 팩토링 약정계약을 맺는 수출팩터(EF : export factor), 수입업자와 팩토링 약정계약을 맺는 수입팩터(IF : import factor)의 4자가 존재하게 된다.

1) 수출자(client)

수출자는 무역거래에서 매매계약상의 매도인이며 수출업자로서 물품을 외상으로 수출하는 조건으로 계약물품을 선적하고 송장 및 선적서류를 수출팩터에게 양도하면서 자금을 미리 제공(전도금융 : 前渡金融) 받는다. 팩터의 입장에서는 거래기업(client)으로 간주된다.

2) 수입자(customer)

수입자는 매매계약상의 매수인으로 수입팩터의 신용을 바탕으로 외상으로 물품을 수입하는 자를 말한다. 이는 만기일에 대금을 지급할 의무가 있으며 채권의 양도·양수에 따라 지급의무를 부담하게 되므로 채무자라고도 한다. 팩터의 입장에서는 고객(customer)으로 간주된다.

3) 수출팩터

수출팩터는 수출국의 수출자와 수출팩토링계약을 체결하고 이에 따라 수출자의 팩토링채권을 매입하여 전도금융을 제공한다. 수출팩터는 수입팩터와의 상호협약에 따라 수입업자에 대한 신용조사와 신용승인, 그리고 채권관리 및 대금회수 서비스를 제공받게 된다. 또한 회계업무를 대행함으로써 매출채권과 관련된 회계장부를 정리하는 일을 한다.

4) 수입팩터

수입팩터는 수입국에서 수입자와 수출팩토링 계약을 체결하고 수입자의 외상수입을 위하여 신용조사 및 신용승인의 위험을 인수한다. 또한 팩토링채권을 회수하여 수출팩터에게 송금하며 수입자에 대한 제반 회계서비스를 제공하게 된다.

3 수출팩토링의 지원절차

1) 거래절차

수출팩토링의 거래절차는 제휴방식과 직접방식에서 각각 다르게 진행된다.

제휴방식은 수출팩터가 수입국 팩토링회사를 통해 해외수입자의 신용위험을 인수하고 해외수입자로부터 수출대금을 추심하는 방식으로서 신용도가 비교적 낮은 해외수입자에 대한 수출거래에 적용된다. 제휴방식은 다양한 수입자와 중소규모로 반복적으로 거래하는 수출자에 적합한 지원방식이다.

직접방식은 수출팩터가 직접 수입자의 신용위험을 인수하고 수입자로부터 수출대금을 추심하는 방식으로서 신용도가 양호한 수입자에 대한 수출거래에 적용된다. 직접방식은 신용이 우량한 수입자와 대규모로 반복적으로 거래하는 수출자에 적합한 지원방식이다.

이 두 가지 방식에 의한 지원절차를 살펴보면 다음과 같다.

(1) 제휴방식

그림 2-4 수출팩토링(제휴방식) 거래 절차도

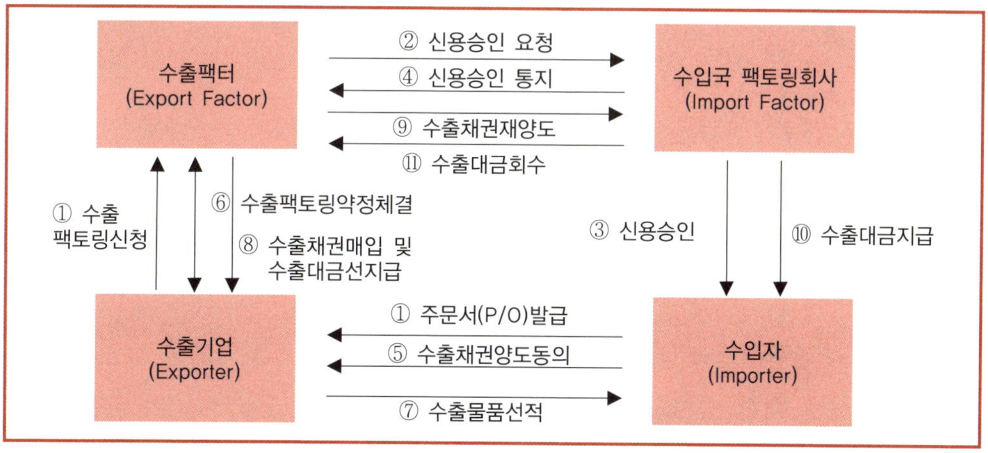

수출팩터
(Export Factor)
② 신용승인 요청
④ 신용승인 통지
⑨ 수출채권재양도
⑪ 수출대금회수
수입국 팩토링회사
(Import Factor)
① 수출
팩토링신청
⑥ 수출팩토링약정체결
⑧ 수출채권매입 및
수출대금선지급
③ 신용승인
⑩ 수출대금지급
수출기업
(Exporter)
① 주문서(P/O)발급
⑤ 수출채권양도동의
⑦ 수출물품선적
수입자
(Importer)

① 수출기업이 수입자로부터 주문서를 발급받은 후 사후송금방식 수출거래에 대하여 수출팩터에게 수출팩토링금융을 신청한다.
②③④ 수출팩터는 수입국 팩토링회사에게 해외수입자의 신용승인을 요청하고, 수입국 팩토링회사는 수입자의 신용조사 후 수출팩터에게 신용승인 한도를 통지한다.
⑤ 수출자는 수입자로부터 수출채권양도에 대한 동의를 얻는다.
⑥ 수출팩터와 수출자 간에 수출팩토링약정을 체결한다.
⑦ 수출자는 수출물품을 선적한다.
⑧⑨ 수출자가 수출채권매입신청서와 함께 상업송장과 선적서류를 제시하면, 수출팩터는 수출대금을 지급하게 되고 수출팩터는 수출채권을 수입국 팩토링회사에게 재양도한다.
⑩⑪ 수출팩터는 만기에 수입국 팩토링회사를 통하여 수입자로부터 수출대금을 회수한다.

(2) 직접방식

그림 2-5 수출팩토링(직접방식) 거래 절차도

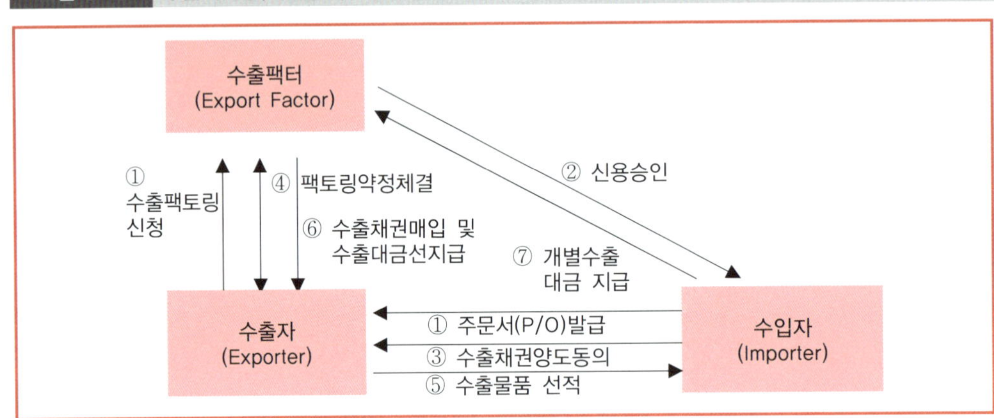

① 수출자가 해외수입자로부터 주문서를 발급받은 후 사후송금방식 수출거래에 대하여 수출팩터에게 수출팩토링금융을 신청한다.
② 수출팩터는 해외수입자의 신용조사 후 수출자에게 신용승인 한도를 통지한다.
③ 수출자는 수입자로부터 수출채권양도에 대한 동의를 얻는다.
④ 수출자와 수출팩터 간에 수출팩토링약정을 체결한다.
⑤ 수출자가 수출물품을 선적한다.
⑥ 수출기업이 수출채권매입신청서와 함께 상업송장과 선적서류를 제시하면, 수출팩터는 수출대금을 지급한다.
⑦ 수출팩터는 만기에 해외수입자로부터 수출대금을 회수한다.

2) 수출팩토링 지원가능 여부 평가

수출팩터는 수출팩토링 승인시 수출자, 수입자 그리고 수출거래의 팩토링 취급가능 여부 등에 대한 심사를 수행한다.

먼저 수출자에 대하여는 수출자의 연혁, 경영진 현황, 재무자료 등의 일반개황 조사와 판매 분석이 이루어지고, 수입자의 경우는 우량한 수입자를 제외하고, 대부분의 경우 제휴방식으로 진행되어 상대방 국가에 소재하고 있는 팩토링 회원사 앞으로 사전신용조회를 요청하게 된다.

다음으로 수출팩터는 해당 매출채권이 팩토링 취급이 가능한 것인지 여부를 확인하는데 여기에는 다음 세 가지 조건이 요구된다. 첫째는 양도가능(assignable)해야 한다. 즉 계약서 등에서 양도제한 문구가 없어야 하며, 양도제한이 있는 경우 수입자의 사전 동의를 얻어 처리할 수 있어야 한다. 둘째는 회수가능(collectable)해야 한다. 수출자가 파산하더라도 채권회수가 가능하여야 한다. 셋째는 대금회수에 제약이 없어야 한다(contractually complete). 이는 위탁판매 등 특별계약조건이 없어야 함을 의미한다.

4 수출팩토링의 효용성

수출팩토링 방식에 의한 무역결제는 은행이 지급을 보증하는 신용장의 발행 없이 수입자의 신용과 팩터의 신용조사에 의하여 거래되는 무신용장방식의 거래이기 때문에 수출팩토링을 통하여 수출자는 대금회수에 대한 불안을 제거할 수 있고, 수입자로서는 여러 가지 비용과 담보설정에 따른 부담을 덜 수 있다. 또한 수출자와 수입자는 모두 팩터가 제공하는 각종 서비스의 편익을 누릴 수 있기 때문에 자금관리나 관리업무에 드는 시간과 비용 등을 절감할 수 있다.

1) 수출자의 효용성

첫째, 수출자는 수출팩토링을 이용함으로써 수출대금을 조기에 회수할 수 있다.

수출팩터가 수출채권 매입 즉시 수입자를 대신하여 수출자에게 수출대금을 지급하게 되므로 수출자는 수출이행 후 수입자가 해당 수출대금을 상환할 때까지 기다릴 필요가 없으며, 수출대금 조기 회수에 따라 환차손을 예방할 수 있다. 또한 수출자는 수출팩터로부터 조기 회수한 수출대금을 다른 수출물품 생산에 필요한 운전자금으로 활용할 수 있다. 수출팩토링은 대부분 무소구조건으로 이루어지기 때문에 수출자는 수입자의 파산 또는 지급불능시에도 수출대금을 안전하게 회수할 수 있게 된다.

둘째, 거래규모의 확대와 새로운 신규거래처의 개발이 용이하다.

즉, 수출팩토링 결제방식은 본질적으로 수입자와 신용조건부 무역거래를 하는 것이지만, D/A, D/P 거래와는 달리 신용승인을 받은 경우에는 대금회수가 확실히 보장되며, 이 거래는 수입자에게 별도의 신용장 발행에 따른 금융 부담을 주지 않으므로 상대방의 외상거래 제의에 적극적으로 응하여 기존 거래처와의 거래규모를 확대함으로써 시장의 확대를 기대할 수 있다. 또한 이 거래는 별도의 비용 없이 수입자의 신용상태를 팩터를 통하여 손쉽게 확인할 수 있으므로 새로운 신규 수입거래처를 개발할 때에 특히 효용성이 있다.

셋째, 신용거래의 위험과 부실채권이 방지된다.

수출팩토링 방식은 수출팩터가 수출자에게 수출대금의 회수를 확실히 보증하기 때문에 신용거래에 따른 위험부담이 없을 뿐 아니라, 수입팩터가 수입자의 신용상태를 전문적인 방법으로 조사하여 보증해 주고, D/A, D/P 방식의 수출어음보험(채권금액의 90%까지 부보 가능)과 달리 수입자가 지급불능이거나 파산시에도 채권금액의 100%를 지급받을 수 있으므로 안심하고 수출할 수 있다.

넷째, 외상매출채권의 관리능력이 강화된다.

수출팩토링 방식은 외상매출에 따르는 채권관리서비스를 팩토링회사가 전적으로 대신하므로 편리하고, 원할 때 언제든지 채권관리 상황에 대한 자료를 요구할 수 있으며 이에 대한 정보를 전 세계에 걸친 팩토링 기구의 통신망을 통해 보다 신속하고 정확하게 제공받을 수 있다.

또한 수출자는 수출팩토링을 통해 재무구조를 개선시키고 자금조달 능력을 제고하는 효과를 얻는다. 외상매출채권을 현금으로 전환시키고 차입금으로도 계상되지 않기 때문에 수출기업의 재무구조가 개선되며, 수출팩토링은 수입자의 신용기준에 근거한 금융으로서 국내금융기관의 여신한도관리 대상이 아니므로 수출자의 자금조달능력이 강화되는 이점이 있다.

다섯째, 부대비용의 절감을 통한 경쟁력 강화를 들 수 있다.

즉, 수출팩토링 방식에 의한 대금결제는 신용장방식이나 추심결제방식에 비해 실무절차가 매우 간편하고 대금회수 및 매출채권의 기일관리 등 제반 회계업무를 팩토링회사가 담당하므로 수출자는 매출채권관리에 따른 제 비용을 절감할 수 있다. 또한 이 거래는 수입팩터가 최근 정보를 바탕으로 수입자의 신용조사를 하여 신용승인여부를 통지하므로 수출자로서는 별도의 신용조사비용을 절약할 수 있다.

2) 수입자의 효용성

첫째는 신용장 발행비용과 부대비용의 절감을 들 수 있다.

즉, 팩토링회사가 신용조사를 거쳐 대금지급을 보증하므로 신용장 발행에 따르는 자금 부담이 없으며, 팩토링 수수료(통상 신용장방식의 약 절반 수준)를 수출업자가 전액 부담하므로 부대비용이 절감된다.

둘째는 팩토링 거래의 경우 수입물품에 대한 대금지급이 일정시간 이후에 이루어지는 것이 일반적이고, 수입자의 일시적인 자금부족으로 대금지급이 어려울 경우에는 무역금융을 통해 수입품의 판매로부터 얻는 자금으로 추후에 결제할 수 있어 수입자로서는 즉각적인 대금조달에 따르는 자금압박을 피할 수 있다. 또한 선적서류는 즉시 수입자에게 양도되며 이에 따른 수입보증금 적립의 부담도 없으므로 수입에 따른 운영자금압박을 회피할 수 있다.

셋째, 수출팩토링 거래는 담보력 및 한도 제약이 해소되고 업무가 간편하다.

즉, 수입자는 신용승인 한도 내에서 신용구매가 가능하기 때문에 신용장의 경우와는 달리 담보 부족이나 은행여신한도에 제약이 없고, 신용장을 별도로 발행해야 하는 번거로움이 제거되어 수입업무가 비교적 간편하다.

넷째는 자금계획 및 운용이 편리하다는 점이다.

수입팩터가 만기일에 결제금액 등이 표시된 결제통지서를 미리 보내주는 등의 회계 관리서비스를 제공하여 주기 때문에 수입자로서는 만기일의 관리가 용이하고 따라서 자금계획을 안정적으로 운영할 수 있다.

3) 금융상품으로서의 효용성

수출팩토링은 중소기업이 활용하기 좋은 상품이다. 중소기업은 대기업에 비해 신용도가 낮고 담보력도 취약하기 때문에 은행대출을 얻기가 상대적으로 어렵다. 수출팩토링은 금융을 원하는 기업의 신용도나 담보력 보다는 이들의 매출채권의 가치를 더 중요시 하기 때문에 신용도가 낮은 중소기업도 매출채권이 양호하면 자금조달이 가능해 진다.

4) 수출팩토링의 단점

(1) 수출자의 수출비용 부담

수출팩토링 거래는 수입자에게는 비용부담이 거의 없는 반면 수출자는 금융비용을 포함한 많은 비용을 부담하게 된다. 무소구조건이므로 팩터에게 지급보증료에 해당하는 수수료를 지급해야 하며, 제휴팩토링을 이용할 경우 양 팩터의 수수료를 모두 부담해야 한다. 따라서 전체적인 금융비용이 다른 무역금융 비용보다 높아질 수 있다.

(2) 매출채권거래의 제한

무역당사자 사이에 분쟁이 발생할 경우, 팩터는 일정기간 동안(통상 90일) 지급을 유예할 수 있다. 그러나 팩터는 귀책사유가 누구에게 있는지 불분명한 상황에서 일정기간이 경과하면 수출자에게 상환청구권을 행사할 수 있기 때문에 수출자에게 귀책사유가 있을 때는 불리해질 수 있다.

(3) 거래국가의 제한

아직 전 세계적으로 국제팩토링에 의한 거래가 일반화되지 않고 있어 국제팩토링기구에 가입하지 않은 국가들이 많다. 따라서 국제팩토링기구에 가입하지 않은 국가들과의 수출입거래에는 국제팩토링거래 사용이 제한된다.

(4) 수입자의 채권양도 승인의 거절

팩토링을 무소구조건으로 진행하려면 팩터는 적법한 채권양수인의 지위를 갖기 위해서 채무자에게 채권양도에 대한 승인을 받아두는 것이 보통이다. 이 때 수입자가 이에 협조하지 않거나 거절할 때는 팩토링을 진행하기 곤란해진다.

5 팩터의 위험

1) 대금회수 위험

팩터는 수출팩토링 취급시 수출자로 하여금 수입자 앞으로 수출채권 양도 및 입금계좌 등을 통보하고, 상업송장상에 팩터에게 수출채권을 양도하는 취지의 문구를 기재하도록 하여 수출대금을 회수하게 된다.

대금만기일에 수출대금이 입금되지 않는 경우 제휴방식에서는 수출자 귀책사유가 아니면 수입팩터로부터 대지급을 받게 되나 직접방식에서는 현지 법규 및 소송절차 등을 거쳐 수입자로부터 직접 수출대금을 회수하여야 한다.

한편 수출팩토링은 기본적으로 수입자의 신용도를 바탕으로 외상수출채권을 매입하는 금융제도이므로 수입자의 신용도가 양호할 경우 수출자는 수출이행능력만 인정되면 지원이 가능하다. 그러나 수출·수입자간 상사분쟁 등 수출자 귀책사유로 수출대금이 입금되지 않을 경우 수출자로부터 대지급을 받아야 함에 따라 수출 · 수입자간 수출거래 관계, 수출자의 신용도 등에 대해서도 지속적인 사후관리가 필요하다.

2) 분쟁발생 위험

수출팩토링은 판매계약서상의 미비나 현지법 저촉, 허위 등의 이유로 분쟁을 겪을 가능성이 있다. 특히 팩터는 판매계약서가 완전치 못할 경우 많은 위험에 노출될 수 있는데 이 중 자주 발생할 수 있는 문제들은 다음과 같은 것들이 있다.

(1) 반품가능판매(sale or return)

금융을 제공한 팩터 입장에서는 반품가능 조건이 있는 경우 만기일에 금융을 전액 회수하지 못할 가능성이 있다.

(2) 공정도에 따른 대금지급(progress payments)

계약이행 완료 이전 시공사가 파산한 경우 구매자는 다른 시공사를 찾아야 하고, 그로 인한 손해 등으로 이전 미결제금액에 대해 지급을 거절하는 위험이 있다.

(3) 할인소급적용(retrospective discounts)

할인소급 적용시 팩토링 금융을 전액 회수하지 못할 위험이 있다.

(4) 마케팅비용(contribution to marketing)

구매자가 마케팅 비용을 물품대금에서 차감하여 지급할 경우 판매자가 이를 용인하지 않으면 분쟁이 발생하며, 이에 따라 팩토링 금융을 전액 회수하지 못할 위험에 노출된다.

이와 같은 분쟁을 피하기 위해서는 팩터는 수출팩토링 약정 계약 전에 위 조건들이 판매계약서상에 명확히 기술되어 있는지를 확인해야 한다. 또한 수출팩토링 약정 체결 후에는 송장의 상세내역 확인, 제품의 정상여부 확인 등을 통해 분쟁 가능성을 줄여야 한다.

6 수출팩토링의 비용

수출기업이 수출팩토링을 이용하고자 할 때 부담하는 비용에는 할인료와 수출팩토링수수료가 있다. 할인료율은 대출금리와 같은 개념으로 통상 연 Libor+가산율로 정해진다. 여기서 가산율은 거래형태, 해외수입자의 신용위험, 수입국의 국가위험, 대금결제기간, 수출기업의 수출이행능력 등을 고려하여 결정된다. 한편 수수료는 수출팩터가 수출팩토링을 취급하는 데 따른 관리비용과 마진 등이 포함되는데 수출채권금액의 일정 비율이 적용된다.

수출팩토링 비용은 수출환어음 매입이나 추심의 경우에 비해 높은 편이다. 한편 신용장방식과 비교할 때 수출팩토링 비용이 일반적으로 낮으나, 신용장발행비용은 수입자가 부담하는데 반해 수출팩토링 수수료는 수출자가 부담한다는 데 차이가 있다.

7 수출팩토링과 유사 무역금융상품과의 비교

오늘날 수출기업들은 국제무역환경의 변화에 능동적으로 대응해 나아가는 방안으로 송금방식, 추심결제방식, 수출팩토링 등 무신용장방식의 다양한 무역결제 수단을 실무거래에 활용하고 있다.

그 중에서도 최근 선진국을 중심으로 꾸준히 증가 추세를 보이고 있는 수출팩토링에 의한 무역금융은 본질적으로 신용장방식보다는 거래절차가 비교적 간편하고 조건이 유리하다. 또한 수출팩토링은 D/A·D/P 등보다는 대금회수 면에서 안전성이 더 높기 때문에 담보능력이 부족한 중소규모의 무역기업들에게 유리한 무역결제 수단이 된다.

수출자의 수출대금회수 안전성

사전송금방식 〉 수출팩토링 〉 신용장 〉 추심거래방식 〉 사후송금방식

표 2-5 수출팩토링과 유사 무역금융상품과의 비교

구 분		무역금융수단	
		금융상품	특 징
신용장 방 식	소구조건	수출환어음매입	• 높은 신용장발행비용(수입자 부담) • 수출자가 대금회수 최종 책임
	무소구 조 건	포페이팅	• 높은 신용장발행비용(수입자 부담) • 환어음 매입은행이 대금회수 최종책임
추심방식	소구조건	수출환어음매입	• 낮은 추심비용(수입자 부담) • 수출자가 대금회수 최종 책임
송금방식	소구조건	O/A 수출환어음 매입	• 낮은 추심비용(수입자 부담) • 수출자가 대금회수 최종 책임
	무소구 조 건	수출팩토링	• 높은 팩토링 수수료(수출자 부담) • 팩터가 대금회수 최종 책임

8 국내외 수출팩토링 시장 동향

1) 세계 수출팩토링 시장

(1) 팩토링시장의 발전

팩토링 업무는 1400년대 이전부터 영국에서 취급하기 시작한 것으로 알려지고 있으며, 1900년대 중반 미국에서 섬유산업의 자금조달 수단으로 크게 활용되기 시작하였다. 당시 미국은 작은 은행들이 많은 금융시스템을 갖고 있었고, 기업에 대한 대출한도도 소규모로 규제되어 있는 상황이어서 팩토링 업무가 발전하게 되었다. 1949년경 미국의 대다수 주정부들이 팩토링 취급시 구매자(차주)에게 외상매출채권의 매각 사실을 통보하지 않아도 된다는 법을 채택하였다.

최근 팩토링시장은 주로 대기업에 물품을 수출하는 중소기업들에 대해 선급금을 지급하는 금융수단으로 빠르게 성장하고 있다.

(2) 국제팩토링협회

세계 수출팩토링 시장은 국제팩토링협회의 회원사들간에 형성된 네트워크를 중심으로 발전하고 있다. 수출팩터들은 수입자의 신용도가 적격등급에 미치지 못한다고 판단하는 경우 국제팩토링협회 회원사인 수입팩터들과 제휴방식 팩토링을 추진하게 되는데 이들 수입팩터들은 수입자에 대한 신용상태 검토 후 팩토링 신용승인 여부 및 한도금액, 수입팩터 수수료율 등을 통보해 줌으로써 수출팩토링 거래를 이끌게 된다.

팩터들이 제휴방식(two-factor system)의 수출팩토링 업무를 취급하기 위해서는 국제팩토링협회에 가입하여 동 협회가 정한 규약을 준수하여야 한다. 회원사들은 회원사간 업무협약(inter-factor agreement)을 체결하고, 협회에서 제공하는 전자데이터 교환망(EDI : electronic data interchange)을 통해 통일된 형식의 메시지를 교환하는 방법으로 업무를 처리한다.

국제팩토링협회는 네덜란드에 소재한 FCI(Factors Chain International)와 벨기에에 소재한 IFG(International Factors Group) 등이 있으며 FCI가 회원사 및 거래규모 등에 있어서 세계 최대이다. 두 기관은 수출팩토링 거래와 관련된 통신수단 구축뿐만 아니라 실무처리에 있어서 상당한 표준화를 구축하여, 세계 수출팩토링 거래의 약 85%를 담당하고 있다. 두 기관의 개요 및 운영상황 등을 살펴보면 다음과 같다.

① FCI(Factors Chain International)

FCI는 1968년 설립된 세계 최대의 국제팩토링연맹으로서 2013년 말 현재 74개국의 275개 팩토링회사가 회원사로 등록되어 있으며, 회원사는 전 세계 수출팩토링거래의 60% 가량을 차지하고 있다.

팩터가 FCI에 가입하기 위해서는 가입조건에 대한 심사를 거쳐 FCI 집행위원회의 승인을 받아야 하며 가입 후에도 여러 가지 의무사항을 준수해야 한다. 주요 회원가입요건으로는 자본금 2백만 달러 이상과 수출팩토링 업무 전담조직 구성 등이 있고, 가입 후 준수사항으로는 수출팩토링 표준규범 등의 준수, FCI의 EDI 시스템 도입 등이 있다.

한편 회원으로 가입되면 웹 기반의 EDI 시스템(EDIFactoring.com)을 통해서 FCI의 회원사들과 수출팩토링 거래가 가능하며, 회원사간 분쟁 발생시 중재 서비스를 제공받을 수 있다. 또한 FCI는 정기적인 회의, 세미나, 연수프로그램 등을 통하여 세계 수출팩토링 업계 관계자와 정보교환 및 실무자 교육 기회를 제공하고 있다.

② IFG(International Factors Group)

IFG는 미국의 First National Bank of Boston과 영국의 Lloyds Bank가 중심이 되어 1963년 설립된 국제팩토링연맹으로서 벨기에 브뤼셀에 본부를 두고 있다. 1개국 1회원사 원칙의 폐쇄형 체인으로 운영되다 1987년 개방형으로 전환하였으며 세계 수출팩토링 거래의 30%를 차지하고 있다.

IFG는 원래 제휴방식 수출팩토링 하에서 수출, 수입팩터간 원활한 업무수행에 도움이 되도록 통일된 규칙 제정 및 통신수단 등의 제공을 목적으로 설립되었다. 1990년대 이후 직접방식 수출팩토링이 증가함에 따라 회원사를 대상으로 보험기관, 추심기관, 법률회사, 회계기관 등을 연결해 주는 기능을 수행하고 있다.

3) 수출팩토링 시장의 성장

전 세계 직접방식에 의한 수출팩토링 규모는 파악하기 곤란하나, FCI 회원사간 제휴방식에 의한 수출팩토링 시장 규모는 점증하는 추세에 있다. 2013년중 전 세계 FCI 회원사간 제휴방식에 의한 수출팩토링 취급규모는 5,559억 달러로 최근 5년간 연평균 약 20%의 증가세를 보였다.

최근 세계 무역규모의 증대, 사후송금방식 등 무신용장방식 거래규모의 증가 등을 감안할 때 세계시장에서 수출팩토링에 대한 수요는 더욱 늘어날 것으로 예상된다.

표 2-6 세계 팩토링 시장 규모 (단위 : 억 달러)

구 분	2009년		2011년		2013년	
	국내팩토링	국제팩토링	국내팩토링	국제팩토링	국내팩토링	국제팩토링
전 체	15,989	2,366	22,686	3,422	25,225	5,559

자료 : FCI

2) 우리나라 수출팩토링 시장

우리나라에는 1984년에 처음으로 수출팩토링이 도입되었다. 그러나 국내 상업은행들의 수출팩토링 업무취급 노력은 선진국들에 비해 미흡한 편이다.

수출팩토링을 취급하기 위해서는 수입국 국가위험 및 수입자 신용평가 그리고 채권회수, 상업분쟁에 관한 법적심사 등 해외리스크 관리능력이 요구되나, 국내 상업은행들은 해외리스크를 평가하고 관리할 수 있는 전담인력과 정보가 부족하고 해외수입자의 신용위험 인수 경험도 미미하기 때문에 수출팩토링 보다는 수출자 소구조건의 무역금융상품인 수출환어음 매입을 선호하고 있다.

2005년에 한국수출입은행과 신한은행이 국제팩토링 업무를 개시하였는데 순수 수입자 신용평가를 기반으로 한 직접방식에 의한 수출팩토링을 취급하는 은행은 한국수출입은행이 유일하다.

한편 도이치뱅크, BOA 등 국내진출 외국계은행은 대기업의 해외 우량기업에 대한 대규모 수출거래를 대상으로 직접방식의 수출팩토링 업무를 영위하고 있다.

외국계은행들은 국내 수출자에 대한 무역금융제공을 통한 수출증진 목적보다는 전 세계 네트워크를 통한 정보수집력과 자금력을 바탕으로 안정성, 수익성 위주의 영업전략을 구사하고 있다. 따라서 국내 대기업의 우량 수출거래 위주로 지원하고, 중소기업의 중소규모거래 지원에는 소극적인 자세를 보이고 있다.

우리나라의 팩토링 규모는 최근 크게 증가하고 있다. 2007년 약 12억 달러에서 2013년에는 약 150억 달러를 기록 약 6년 사이에 12배의 증가를 나타내었다. 이 중 국제팩토링 거래액은 2011년 81억 달러, 2013년 50억 달러를 기록하였다.

국내 수출팩토링 시장은 최근 세계무역 규모의 증대, 팩토링 취급대상인 사후송금방식거래의 증가 등으로 향후 늘어날 것으로 전망된다. 특히 국제회계기준(IFRS) 실시 후 수출환어음 매입은 기업들의 부채로 계상되므로 수출팩토링 수요가 증대할 것으로 보인다.

국가적으로 수출팩토링은 송금방식거래에 대한 대금회수위험 제거와 채권의 조기 현금화로 수출자의 수출경쟁력을 향상시키고, 무신용장방식이 일반적인 중남미

국가 등과의 거래를 촉진시켜 우리나라 수출증대에 기여할 것으로 보인다.

사례연구

1. 한국수출입은행의 수출팩토링 지원제도

한국수출입은행(수은)은 우리나라의 공적수출금융기관(ECA)으로서 해외리스크 평가 및 관리에 관한 풍부한 노하우와 전문인력을 보유하고 있다. 국내 유일의 국가위험(Country Risk) 평가기관으로서 매년 약 100여개국에 대한 국별신용도를 평가하고 있고, 80개국 400여개의 해외금융기관에 대한 신용평가를 수행하고 있다. 또한 포페이팅 등 개도국 금융기관의 신용위험을 인수하는 금융상품을 다년간 운용해 왔고, 실물거래의 국제계약에 대한 풍부한 경험을 바탕으로 수출채권회수 관련 분쟁 발생시 자체 해결능력을 보유하고 있는 것으로 평가받고 있다.

수은은 이러한 관련지식과 경험을 바탕으로 2005년 4월부터 수출팩토링 업무를 시작하였다. 외국계 은행이 독점하고 있는 수출팩토링시장에 수출입은행이 참여하여 국내수출자에 대한 안정적 단기 무역금융 공급과 외국계 은행에 대한 의존도 축소에 기여하고 있다. 또한 외국계 은행과 시장경쟁을 통한 할인료율 인하를 유도하여 수출자의 거래비용 절감을 도모하고 있다.

수은의 수출팩토링 업무규모는 2006년 6,118건에 10,152억 원에서 2013년에는 91,859건에 39,790억 원으로 크게 증가하였다.

표 한국수출입은행의 수출팩토링 지원 실적 (단위 : 억 원)

방 식	2006년		2012년		2013년	
	건수	금액	건수	금액	건수	금액
직접방식	4,592	8,648	58,622	51,993	91,794	39,683
제휴방식	1,149	1,504	79	100	65	107
합 계	6,118	10,152	58,701	52,093	91,859	39,790

수은은 수출팩토링을 다음과 같은 조건으로 취급하고 있다.

1. 대상거래

우리나라 수출기업이 해외수입자와 장기공급계약을 체결하였거나 구매주문서(pur chase order) 방식으로 해외수입자와 고정적 거래관계를 유지하면서 발생하는 사후송금방식 외상수출거래(D/A 거래 포함)를 지원대상으로 한다. 해외수입자에게 직접 수출하는 것 이외 해외현지법인을 경유한 수출거래도 지원대상이 된다.

2. 대상기업

수은은 금융공여 심사시 수출기업의 재무적 신용도보다는 수출기업의 상품경쟁력, 기술력 등 수출이행능력을 우선적으로 고려한다. 동종품목 수출경험이 1년 이상이거나, 동일 해외수입자와의 거래경험이 6개월 이상인 수출기업을 지원대상으로 하고 있다.

3. 수출채권 매입대금 지급

대상채권은 결제기간 180일 이내의 사후송금방식 수출채권이며 수입자의 신용도에 따라 결제기간 1년 이내 수출채권도 매입이 가능하다.

사후송금방식 수출거래에서는 해외수입자가 제품하자, 수량 부족 등을 사유로 수출대금 감액을 요청할 가능성이 있다. 수은은 수출기업의 수출이행능력, 수출제품의 하자발생 가능성 등을 고려하여 수출채권 매입시 수출대금의 80%에서 100% 선지급하며, 나머지는 유보금으로 보관하고 있다가 해외수입자가 만기일에 수출대금을 결제하면 수출기업에게 지급한다.

4. 수수료

수출팩토링 금융수수료에는 할인료와 수출팩터 수수료, 수입팩터 수수료(제휴방식 수출팩토링의 경우)가 있다. 할인료율 대출금리와 같은 개념으로 통상 연 Libor+가산율로 정해진다. 여기서 가산율은 거래형태, 해외수입자의 신용위험, 수입국의 국가위험, 대금결제기간, 수출기업의 수출이행능력 등을 고려하여 결정된다.

수출팩터 수수료는 수출팩터가 수출팩토링을 취급하는데 따른 관리비용과 마진 등이 포함되는데 대금결제기간에 따라 수출채권의 일정 비율이 적용된다. 수입팩터 수수료는 직접방식에서는 적용하지 않고 제휴방식 수출팩토링의 경우 부과하는 것으로서 국외팩토링회사로부터 통지받는 정액률로 정하고 있다.

수출팩토링의 총비용률(all-in cost)은 다른 금융상품 적용금리에 비해 약간 높은 편이다. 특히 할인료를 선취함으로써 이자를 후취하는 타 금융상품에 비해 금리가 높아지는 효과가 있다. 수출팩토링의 총비용률은 외화대출 등 다른 금융상품과 일률적으로 비교할 수는 없으나, 수은의 경우 시장에서의 외화조달 비용을 반영하여 수시로 조정 가능하도록 되어 있다. 즉 업체별 한도승인 후 개별 건 매입시마다 할인료 변경이 가능하다.

5. 징구서류

우선 수출팩토링 한도승인 신청서와 함께 수출계약서 사본, 과거 수출실적을 확인할 수 있는 자료를 제출하면 수은은 제출된 자료를 토대로 심사과정을 거쳐, 수출팩토링 승인한도(credit line)를 설정하고 수출자와 수출팩토링약정(Export Factoring Agreement)를 맺게 된다.

수출기업은 수출이행 후에 수출채권 매입신청서와 함께 수출거래에 수반되는 상업송장 및 선적서류 사본을 수은에게 제시하여 수출대금에서 유보금과 수수료를 차감한 잔액을 지급받게 된다.

6. 수출기업 책임 및 담보

수은의 수출팩토링은 무소구조건으로 운용되기 때문에 원칙적으로 수출기업에게 별도의 담보를 요구하지 않는다. 다만 수출자 귀책사유가 인정되는 경우 수출자에게 소구권을 행사할 수 있는 바 이를 감안하여 수출채권 매입 후 수출계약 불이행 사태가 발생하거나 상업분쟁이 해결되지 않을 경우 수출자가 책임을 분담한다는 내용의 확인서(Confirmation Letter)를 징구한다.

Confirmation Letter 문안

▶ CONFIRMATION LETTER

Date : January OO, 2008
To : The Export-Import Bank of Korea
16-1, Yoido-dong, Youngdeungpo-Gu
Seoul Korea 150-996

In connection with DULL/SUPPLIER MASTER PURCHASE AGREEMENT dated OO, 2003(the 'Agreement') entered into between Korea Semiconductor Inc. and Dull Products L.P., in relation to the supply of products including required service, and any software and/or documentation that accompany the products(collectively 'Products'), We, Korea Semiconductor Inc., state and confirm the following :

(A) The terms and conditions of the Agreement will apply to all transactions between Korea Semiconductor Inc.'s subsidiaries and affiliates(collectively 'Supplier') and Dull Products L.P. and Dull Products L.P.'s other subsidiaries and affiliates(collectively 'Dull')

(B) In connection with the above transactions, we state and confirm the followings related to the Factoring Agreement(s) to be entered between the Supplier(s) and the Export-Import Bank of Korea('KEXIM')

i) We assure KEXIM that the transactions between the Supplier and Dull will be in compliance with the terms and conditions of the above-mentioned Agreement.

ii) In case of any commercial dispute resulting in payment deduction, refusal, or delay is not resolved for longer than 90 days, or if KEXIM incurs any loss as a result of the Supplier's failure to comply with Representations and Warranties set out in Article 8 and 9 of the Factoring Agreement, we will recover the amount owed to KEXIM by Supplier on behalf of the Supplier in favor of KEXIM.

Korea Semiconductor Inc.
Name : J. K. Lee
Title : Chairman and CEO

2. 수출팩토링금융 지원 사례

P사의 이동통신단말기 수출지원을 위한 수출팩토링 제공

① 프로젝트 개요

수출자(신청인)	P사의 미국 현지법인
수 입 자	미국 A사
대 상 채 권	수입자앞 이동통신단말기 등의 공급에 따라 발생한 수출채권
한 도 금 액	US$50백만
결 제 기 간	45일 이내
채 권 보 전	수입자(미국 A사) 신용, 수출자의 귀책사유가 있는 경우에는 수출자 앞 소구

■ 수출거래 구조

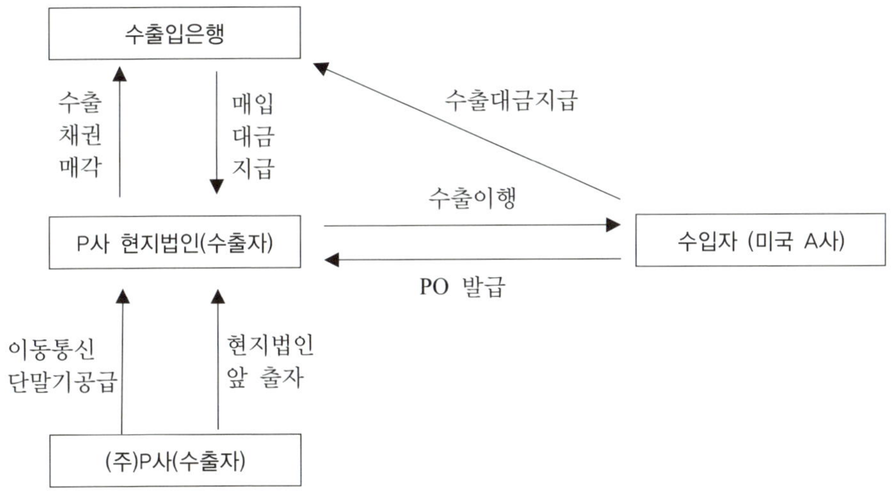

② 금융지원 효과

- P사는 2006년 3월부터 미국 판매법인을 통하여 A사와 이동통신단말기 장기공급계약을 체결하고 제품을 공급하여 왔음
- 그러나 동사는 경영악화로 2006년 12월, 10개 채권금융기관과 기업개선작업(work out)에 들어갔으며 이에 따라 동사를 차주로 한 신규대출은 매우 제한적으로 허용되었음
- 한편 동사의 수출이행능력은 그 동안의 실적을 바탕으로 충분히 인정되었고, 수입자는 미국의 유수한 이동통신회사로 무디스의 A2 등급으로 높은 신용도를 보유하고 있었음
- 수은은 실제 차주인 수입자의 신용도와 수출자의 수출이행 능력이 양호한 것으로 판단하여 수출팩토링을 승인하였음
- 이는 기업개선작업이 진행 중인 P사에 대해 수출금융을 제공함으로써 동사의 지속적인 수출을 가능케 하는 효과를 가져 옴

제2절 포페이팅

 포페이팅의 개념

포페이팅(forfaiting)이란 해외수입국 은행에서 개설한 신용장과 관련하여 발행된 환어음(bill of exchange) 및 선적서류를 포페이터(forfaiter)가 수출자로부터 무소구(without recourse)조건[6]으로 할인·매입하는 금융기법을 말한다. 포페이팅 금융기법은 맨 처음 유럽지역에서 도입되었으며 원래 포페이팅이란 뜻은 프랑스어 forfait(채권의 포기 또는 양도를 의미)에서 유래하였다.

수출자는 환어음의 만기일이 되기 전에 수입국 은행의 지급거절 위험을 회피하면서 수출이행 즉시 포페이터로부터 수출대금을 지급받게 된다. 환어음의 만기일에 수입국 은행으로부터의 수출대금 회수는 포페이터가 한다.

일반적으로 포페이팅의 대상은 미래의 일정시점에 만기가 도래하고 재화나 용역을 제공하는 거래관계에서 발행되는 외상매출채권(account receivables)이나 채권(bond) 등도 포함될 수 있으나, 통상 양도하기 쉽고 국제무역에서 많이 통용되는 환어음(bill of exchange)이나 약속어음(promissory note)이 주류를 이루고 있다.

무소구조건 무역금융은 1950년대에 처음 소개되었다. 당시 기계설비를 제작하여 동유럽으로 수출하려는 유럽의 제조업자들은 구매력이 부족한 동유럽 수입자들이 자본재를 구매할 수 있도록 무역금융도 제공해 주어야 했다.

1970년대 이후에는 선진국 제조업자들이 동유럽뿐만 아니라 중남미, 동남아시아, 중동 그리고 아프리카 일부 지역으로 자본재를 수출하기 위하여 무소구조건 무역금융을 이용하고 있다.

최근 포페이팅은 자본재 이외에 상품 수출과 같은 1년 이내의 단기무역거래를 지원하는 수단으로도 이용되고 있다. 더 나아가 무역거래와 관계없이 기업에 운전자금이나 장기자금을 제공하는 수단으로 무소구조건 금융이 이용되기도 한다. 이와 같이 포페이팅 금융은 거래에 따라 탄력적으로 활용될 수 있기 때문에 고객수요의 변화에 부응하면서 중요한 금융수단의 하나로 계속해서 발전하고 있는 것이다.

포페이팅은 신용장 방식 수출거래 뿐만 아니라 무신용장(계약서) 방식 수출거래에도 활용되는 데, 최근의 시장흐름은 아시아 지역에서는 신용장 방식을 선호하고,

6) 해외 수입국 은행(개설은행)이 만기일에 수출대금을 상환하지 못하더라도 수출기업에 수출대금 상환을 청구하지 않는 조건

유럽지역에서는 계약서 방식을 주로 활용하고 있다.

계약서 방식의 경우 신용도가 우량한 은행의 지급보증이 추가로 필요하다.

2 포페이팅의 지원절차

1) 포페이팅의 이해당사자

포페이팅의 이해당사자로는 수출자, 수입자, 포페이터 및 보증은행이 있다. 여기서 포페이터는 어음을 할인·매입하는 은행을 말하며, 보증은행은 수입자를 위해 어음보증 또는 지급보증서를 발급하는 은행을 말한다.

2) 거래절차

그림 2-6 포페이팅의 거래절차도

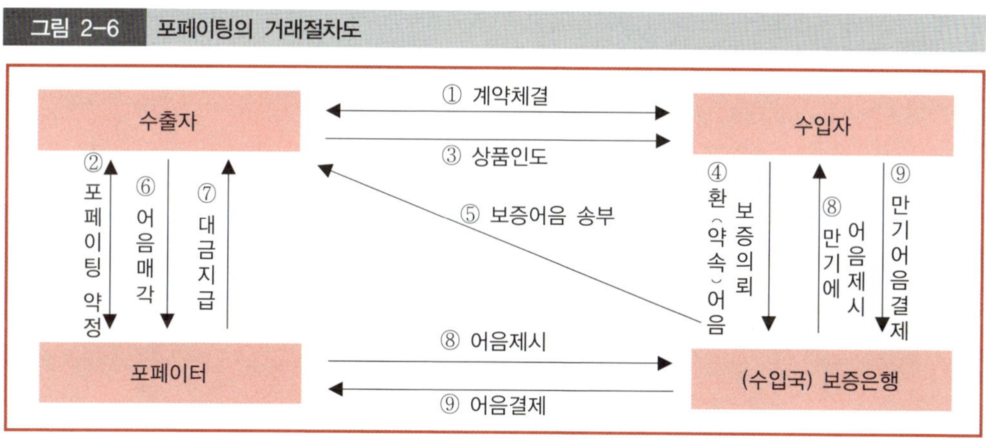

포페이팅의 거래절차는 다음과 같다.

첫째, 수출자와 수입자간 수출입계약을 체결한다. 수입자가 기한부 신용장(usance L/C)으로 거래를 원하는 경우 수출자는 수출계약 전에 포페이터와 협의하여 포페이팅 계약을 체결한다.

둘째, 수입자는 수입국 소재의 은행에서 신용장을 개설하고, 개설된 신용장은 수출국 은행을 통해 수출자에게 통지된다.

셋째, 수출자는 수출계약대로 수출물품을 선적하고, 선적 후 수출자는 환어음 및 선적서류를 신용장 조건과 일치하도록 작성하여 포페이터에게 제시한다.

넷째, 포페이터는 원칙적으로 환어음 및 선적서류를 수입국 개설은행에 송부하여 개설은행이 선적서류를 인수하겠다는 통지서(advice of acceptance)를 접수한 후, 할인료를 제외한 수출대금을 지급한다. 다만, 수출자의 신용등급, 거래관계 등을 감안하여 우량기업의 경우는 환어음매입과 마찬가지로 매입시점에서 수출대금을 지급한다. 한편, 신용장 개설은행으로부터 인수통지서가 도착하기 전까지는 수출자 소구조건이며, 인수통지서를 접수한 시점에서 무소구 조건으로 전환된다.

다섯째, 신용장 개설은행으로부터 선적서류의 인수가 이루어지면 수출자는 모든 대금회수 위험으로부터 자유로워지며 포페이터는 환어음의 만기일에 신용장 개설은행(수입자)으로부터 수출대금을 회수하게 된다. 한편 포페이터는 환어음 만기일 전에 매입어음을 유통시장에서 제2의 포페이터에게 재매각할 수도 있다.

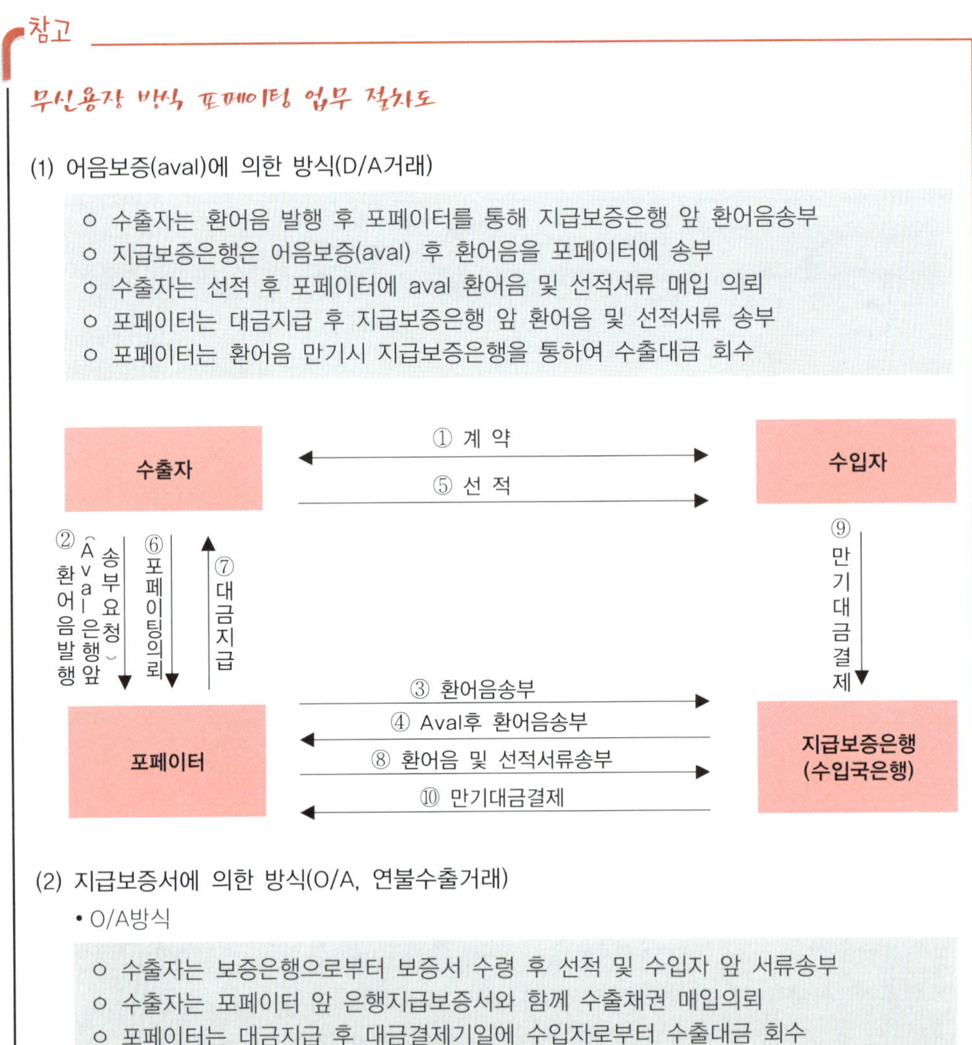

참고

무신용장 방식 포페이팅 업무 절차도

(1) 어음보증(aval)에 의한 방식(D/A거래)

- ○ 수출자는 환어음 발행 후 포페이터를 통해 지급보증은행 앞 환어음송부
- ○ 지급보증은행은 어음보증(aval) 후 환어음을 포페이터에 송부
- ○ 수출자는 선적 후 포페이터에 aval 환어음 및 선적서류 매입 의뢰
- ○ 포페이터는 대금지급 후 지급보증은행 앞 환어음 및 선적서류 송부
- ○ 포페이터는 환어음 만기시 지급보증은행을 통하여 수출대금 회수

(2) 지급보증서에 의한 방식(O/A, 연불수출거래)

• O/A방식

- ○ 수출자는 보증은행으로부터 보증서 수령 후 선적 및 수입자 앞 서류송부
- ○ 수출자는 포페이터 앞 은행지급보증서와 함께 수출채권 매입의뢰
- ○ 포페이터는 대금지급 후 대금결제기일에 수입자로부터 수출대금 회수

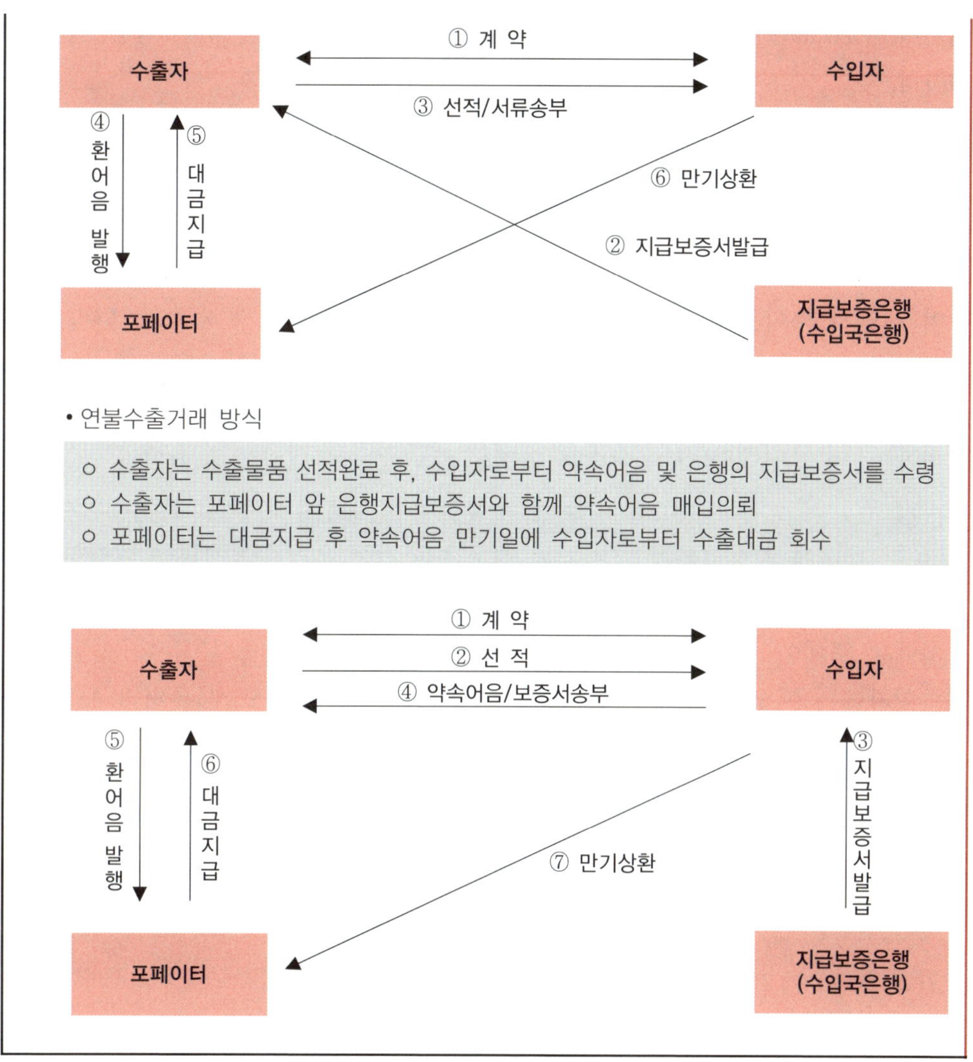

3) 포페이팅 제안서(forfaiting proposal)

통상 포페이터는 수출자에게 포페이팅 거래에 금융을 제공하겠다는 의사 표시로 예비제안서(indicative proposal)를 제시하며, 수출자는 예비제안서에 포함되어 있는 조건들을 기초로 포페이팅 거래를 할 것인지 여부를 결정한다.

예비제안서에는 거래당사자는 물론 보증인에 관한 구체적인 사항들이 명시되어 있다. 계산근거(basis of calculation)에는 수출대금의 통화, 금액, 선수금, 신용기간, 상환횟수, 수입자가 부담할 이자 등의 기본적인 계약조건들이 제시되어 있다. 또한 수입자와의 계약체결 예정일, 물품인도 예정일, 포페이터의 약정사항, 매입예정일 등도 상세하게 기재된다. 마지막으로 포페이터는 약정수수료(commitment fee), 유예기간(grace days), 할인방법, 할인율 등 수출채권을 할인하기 위한 금융조건을 제시한다.

계산개요(summary of calculation)는 포페이팅 예정일에 근거해서 수출자가 포페이터로부터 지급받을 금액을 계산해 놓은 것이다. 제안서의 어음내역(bill details)에는 인도예정일에 근거해서 작성된 대금상환의 만기 및 구매자가 상환할 원금과 이자금액, 포페이터가 각 어음에 대해 지급해야 할 금액 등이 기재된다.

이 제안서를 이용해서 수출자는 수입자와 협의를 계속하게 되고, 협의과정에서 계약조건의 수정이나 변경사항이 발생하면 포페이터는 이러한 사항들을 반영하여 포페이팅 제안서를 갱신하게 된다.

계약조건이 확정되면 포페이터는 확정된 무역계약에 대하여 포페이팅 금융을 제공하기 위한 확정제안서(firm offer)를 수출자에게 제공하게 된다. 확정제안서는 정해진 기간 내에 약정서류가 구비되는 경우 수출자는 외상수출채권을 매각하고, 포페이터는 무소구조건으로 외상수출채권을 매입하기로 상호 약정하는 것이다. 동 제안서에는 포페이터가 약정서류를 접수해야 할 최종일자가 명시되는데 실무적으로 최종일자에는 예정된 인도기간, 서류작업 기간 및 제조, 인도, 서류처리 중에 발생할 수 있는 지연기간 등이 고려되어야 한다.

참고

예비제안서 사례

① 수출계약
- 선수금 : 10%
- 수출대금결제 : 향후 2년간 연 2회 상환하는 반기 할부방식
- 이자율 : 수입자는 할부금 잔액에 대해 연 7% 이자 지급
- 수출계약 체결일 : 2008. 4. 1
- 물품 인도일 : 2008. 7. 1

② 예비제안서

From : Korea Forfaiting Co.
To : Korea Plant Co.
Importer : Poland-Drink Co.
Guarantor : Poland-Trade Bank
Re : Sale of Bottling Plant

Basis of Calculation

Currency	US$

Required Amount	1,000,000
Down-payment	10%
Number of Bills	4
Interest Paid by Importer(per annum)	7%
Commitment Date	Apr. 1, 2008
Interest/Shipment Date	Jul. 31, 2008
Discount Date	Aug. 14, 2008
Commitment Fee(per annum)	0.75%
Days of Grace	3
Method of Discounting	Straight Discount
Discount Rate	6.875924%
Equivalent Semi-annual Yield	7.375%

Summary of Calculation

Contract Value	1,000,000.00
Down Payment	100,000.00
Principal	900,000.00
Interest	79,975.00
Total Face Value	979,975.00
Discount Value	897,896.38
Total Proceeds to Exporter	997,896.38
Commitment Fee(135 days)	2,756.17
Final Proceeds	995,140.21

Bill Details

No.	Maturity	Principal	Interest	Face Value	Net Value
1	Jan. 31, 2009	225,000.00	32,200.00	257,200.00	248,701.43
2	Jul. 31, 2009	225,000.00	23,756.25	248,756.25	231,937.03
3	Jan. 31, 2010	225,000.00	16,100.00	241,100.00	216,325.32
4	Jul. 31, 2010	225,000.00	7,918.75	232,918.75	200,932.60
		900,000.00	79,975.00	979,975.00	897,896.38

4) 포페이팅 취급시 필요 서류

포페이터는 수출자에게 포페이팅 거래에 필수적인 관련서류의 제출을 요청한다. 국가에 따라서는 약속어음이나 환어음의 발행·인수 등에 법적인 제한이 부과되며, 이러한 제한은 해당어음의 유효성에 중대한 영향을 미치므로 포페이터는 이러한 내용을 확인할 수 있는 서류도 받아야 한다.

- 포페이팅 대상어음·증서 : 약속어음, 환어음, 외상수출채권 등
- 보증서 : 신용장, 지급보증서 또는 aval
- 포페이팅의 기본 계약서류
  - 신용장 또는 수출계약서 사본
  - 상업송장 사본
  - 선하증권 사본
  - 포장명세서
  - 수입허가서 사본(필요시)
  - 외환거래승인서(필요시)
- 서명확인서 : 포페이터는 기본서류의 서명에 대한 적법성, 유효성, 정확성 등을 확인하기 위하여 수출자 또는 수입자의 관련은행으로부터 서명확인서를 징구함

3 포페이팅의 효용성

1) 수출자

포페이팅 거래에서 수출자가 얻는 장점 중 중요한 것은 무소구조건의 어음매각으로 수출대금 미회수위험이 없다는 점과 수출상품 선적 후 즉시 수출대금을 회수할 수 있어 유동성이 제고되고, 금리 및 환율변동위험을 회피할 수 있다는 점을 들 수 있다.

이밖에 수출대금 회수를 위한 추가경비를 지출할 필요가 없고, 거래절차가 신속하며 수출자는 포페이팅 거래와 관련된 제반 위험요소를 수출계약금액에 미리 반영함으로써 포페이팅 거래비용을 수입자에게 전가시킬 수 있다.

그러나 단점으로 수출자는 무소구조건으로 수출채권을 포페이터에게 매각하므로 환어음 및 선적서류를 면밀히 점검한 후, 포페이터에게 제시하여야 한다. 서류제시 후 선적서류 하자 등으로 개설은행이 하자비용을 청구하면 추가비용을 수출자가 부담해야 하기 때문이다.

또한 무신용장 방식 포페이팅의 경우 수출자는 수입자에게 포페이터가 인정하는 지급보증서를 제출토록 요구해야 하며 이 경우 수입자는 별도의 지급보증서 발급비용을 부담해야 하므로 추가비용이 소요된다. 결국 이 때문에 수출거래 성사가 어려워질 수 있고, 수출가격 경쟁력이 약화될 가능성도 있다.

2) 수입자

장점으로 수입자는 고정금리로 수입 결제자금을 조달할 수 있으며, 포페이팅 관련 당사자들에 관한 정보를 비밀로 하는 포페이팅 시장의 관례에 따라 수입자는 자신의 재무상태 등에 관한 정보누출을 우려할 필요가 없다.

단점으로는 지급보증서(letter of guarantee) 발급비용 등이 포함된 포페이팅 비용은 여타 금융조달비용에 비해 다소 높으며 금융비용의 증가로 수입물품의 가격을 상승시킨다는 것을 들 수 있다.

3) 포페이터

장점으로는 상대적으로 간단하고 적은 분량의 서류를 받음으로써 신속한 금융지원이 가능하다는 것과 유통시장을 통해 할인 매입한 어음을 매각할 수 있으며 여타 투자자산에 비해 높은 수익률을 시현할 수 있다는 점이 있다.

한편 단점으로는 수입자의 채무불이행에 따른 위험을 포페이터가 부담해야 하며, 포페이팅에 관한 법률과 제도의 미비로 분쟁발생시 신속한 법적해결이 곤란하다는 점을 들 수 있다. 또한 수입자 및 보증은행의 신용위험을 부담하므로 이들에 대한 철저한 신용조사가 필요하고, 관련국가의 법률이 인정하는 환어음, 약속어음 및 보증서 등에 관한 정확한 법률지식이 필요하다.

4 포페이팅의 비용

1) 수출자의 비용

(1) 할인율(discount rate)

할인율은 어음의 할인가격으로서 대출의 이자율과 유사한 개념이며, 포페이팅 거래의 성사여부를 결정짓는 가장 중요한 변수이다. 일반적으로 할인율은 포페이터의 어음매입을 위한 자금조달비용률을 기본요율로 하고, 포페이팅 거래로부터 일어날 수 있는 각종 위험에 대한 위험가산율(risk premium)을 추가하는 형태로 결정된다.

이밖에 어음만기, 포페이터의 마진, 표시통화의 종류 등도 할인율을 결정하는 주요 변수이다. 포페이터는 이렇게 정해진 할인율을 포페이팅 거래에 적용하여 할인일로부터 어음 만기일까지의 기간에 대한 할인료를 구하고 이를 어음금액에서 차감한 할인금액을 어음매각인에게 지급한다.

위험가산율은 포페이팅 거래에서 발생할 수 있는 위험에 대한 보상이라고 할 수 있다. 일반적으로 고려되는 위험은 보증인 즉 수입국의 신용장개설은행 또는 발행어음 보증은행의 채무불이행(default)위험과 수입자 또는 보증은행 소재국의 외환통제 등 국가위험(sovereign risk)을 들 수 있다. 따라서 보증은행이 세계 일류은행이거나 수입국 국영은행인 경우 일반 상업은행보다 위험가산율이 낮고, 국가의 경우 국가신용도가 높은 나라일수록 위험가산율이 낮아진다.

할인방법에는 반기별수익률법, 연간수익률법, 직접할인법, 단순수익률법, 할인수익률법 등 다양하게 있다. 할인수익률은 포페이터가 어음에 대해 지급하는 금액에 대한 이자율 또는 수익률이다. 반면 직접할인율로 할인금액을 계산하는 방법은 단순하고 화폐의 시간가치를 고려하지 않는다. 직접할인율을 기간별로 복리계산하면 할인수익률과 같아지게 된다.

직접할인율은 액면가액에 기초하여 계산하는 반면 할인수익률은 액면가액보다 낮은 할인금액에 기초하여 계산되기 때문에 직접할인율이 할인수익률보다 항상 낮아지게 된다. 따라서 수출자는 포페이터들이 제시한 이자율을 비교할 때 모두 직접할인율로 바꾸어 비교하는 것이 유용하다.

앞서 본 제안서 사례에서 포페이터는 연 6.875924%의 직접할인율을 제시했는데 이것은 연 7.375%의 반기별 수익률에 해당한다. 한편 이 7.375%는 포페이터의 평균 2년의 신용기간에 대한 미달러화의 차입비용이 6.625%이고 위에서 열거한 위험들을 커버하기 위해 0.75%의 스프레드를 추가한 것을 전제로 산출된 것이다.

직접할인법을 이용하는 경우 첫 번째 만기일(2009년 1월 31일)에 수출자가 포페이터로부터 지급받게 되는 할인대금은 다음과 같이 계산된다.

먼저 할인 적용기간을 구해야 하는데 이는 2008년 8월 14일(할인매입일)부터 2009년 1월 31일(만기일)까지의 기간에 유예기간[7] 3일을 더하면 173일이 된다. 따라서 수출자가 받게 되는 할인대금은 아래와 같은 계산을 통해 US$248,701.43이 된다.

---

7) 유예기간(days of grace)은 포페이터가 수출자 또는 채권의 이전소지인에게 지급할 할인대금을 계산할 때 만기일에 추가하는 일수로서, 실제 만기일을 초과하여 대금이 지급될 가능성을 고려하여 포페이터가 추가로 확보해야 하는 기간임. 만약 대금지급이 실제 만기일에 일어났다면, 포페이터는 부수적인 수익으로 3일간의 이자를 얻게 됨. 그러나 만일 만기일 이후 5일이 지나도록 대금을 지급받지 못한다면 포페이터는 수출자에 대한 모든 소구권을 포기했기 때문에 2일간의 이자손실을 보게 됨. 이러한 경우 실무적으로는 포페이터 또는 만기 어음소지인은 수입자나 보증은행에 지연이자를 요구하게 될 것임.

US$257,200(액면가액) × 연 6.875924% × 173/360 = US$8,498.57
US$257,200 − US$8,498.57(할인비용) = US$248,701.43

(2) 약정수수료(commitment fee)

포페이팅 약정시부터 할인매입일까지의 기간을 약정기간(commitment period)이라고 하고, 이 기간에 대하여 수출자가 포페이터에게 지불하는 수수료를 약정수수료라고 한다. 약정수수료는 포페이터가 어음매입에 필요한 자금을 일정기간 대기시켜 놓음에 따라 더 높은 수익률이 기대되는 투자자산에 투자할 수 있는 기회를 포기하는 데에 따른 기회비용을 보상하기 위한 개념일 뿐만 아니라, 약정기간 중 금리나 환율의 급격한 변화에 대하여 포페이터가 부담하는 위험을 보상하기 위한 개념도 포함되어 있다.

앞서 본 제안서 사례에서 제시된 약정수수료는 다음과 같이 산출된 것이다.

약정금액은 US$979,975이고, 약정기간은 포페이터가 약정에 동의한 날인 2008년 4월 1일로부터 실제 할인매입이 일어나는 날인 2008년 8월 14일까지 135일이며 여기에 약정수수료율 연 0.75%를 적용한 것이다.

US$979,975 × 0.75% × 135/360 = US$2,756.17

앞서 본 제안서 사례에서 수출자는 2008년 4월 1일까지 수출계약을 체결하지 못할 경우 동 일자에 약정을 취소할 수 있는 옵션에 2008년 3월 1일자에 동의하였다. 옵션수수료는 포페이터와 수출자간 합의에 의해 결정되는데 약정수수료와 같이 연 0.75%를 적용하면 약정금액 US$979,975에 대하여 2008년 3월 1일부터 4월 1일까지 31일 동안 수출자가 부담하는 옵션수수료는 US$632.90이 된다.

옵션

수출자는 포페이터에게 옵션수수료를 지불하고 옵션(Option)을 요구하는 경우도 있다. 옵션이란 수출자가 수출계약을 진행하는 과정에서 포페이터가 금융을 제공할지 확신하기 어려운 경우, 수출자는 포페이터에게 계약체결에 앞서 금융제공을 확약할 것을 요구하는 것을 말한다. 수출자가 옵션을 가지는 경우 합의된 기간 내에 계약이 완료되면 수출자에게 이미 확약된 조건으로 무소구 조건 금융이 가능해지며, 약정수수료 비용은 옵션기간에 한정된다.

2) 수입자의 비용

수출자가 포페이팅을 이용함으로써 수입자가 추가적으로 부담하게 되는 직접비용은 보증료(guarantee fee)가 전부이다. 수입자 거래은행은 수입자를 위하여 포페이터에게 보증서를 제공하게 되므로 수입자는 그에 따른 보증료를 부담하여야 한다.

일반적으로 보증료는 어음금액에 대해여 일정률의 방식으로 징수하며, 보증료율은 수입자와 보증인의 협의에 의해 결정된다. 한편 포페이터가 보증서 없이도 포페이팅에 따른 수입자의 신용위험을 수용할 수 있다고 판단하는 경우, 포페이터는 자신의 신용위험 부담증가에 따른 비용을 수출자에게 추가로 요구할 수도 있다.

보증료는 일정 기간(평균 1년)마다 한 번씩 어음의 미상환잔액에 대해 선취하는 것이 일반적이나, 예외적으로 보증계약이 이루어지는 시점에 전액을 징구하거나 각 어음의 만기일에 징구하기도 한다.

5 포페이팅의 위험분석 및 관리

1) 수출자의 위험

수출자는 약속어음 또는 환어음을 포페이터에게 매각한 후에는 포페이팅 거래와 관련하여 발생하는 주된 위험으로부터 실질적으로 벗어나게 된다. 다만 수출자는 포페이팅 약정기간 중 수입자가 일방적으로 수출계약을 파기하여 포페이팅 약정이 취소되는 경우 수출자는 포페이터가 입게 되는 손실을 보상해야 한다. 그러나 이 경우 포페이터가 수출자와 지속적인 거래관계를 유지하고자 한다면 어렵지 않게 해결될 수 있다.

한편 수출자는 포페이팅 약정기간 중 이자율 및 환율변동위험 등을 겪을 수도 있다. 즉 약정기간 중 국제금리가 하락하여 결과적으로 할인율을 높게 적용받게 되는 경우도 생길 수 있고, 또한 매각 대상어음의 표시통화와 수출자의 결산통화가 다를 경우 환율이 수출자에게 불리하게 변동한다면 손해를 입을 수 있다. 그러나 이러한 위험은 포페이팅의 경우에만 발생하는 것이 아니고, 모든 국제간의 상품 및 금융거래에서 발생할 수 있는 일반적인 위험이라 할 수 있다.

2) 수입자의 위험

포페이팅 거래와 관련한 약속어음 또는 환어음에 대해 수입자가 지급약정을 한 경우, 수입자는 채무자의 입장에서 미래의 특정시점에 기확정된 어음금액을 어음표시통화로 상환하여야 한다. 이때 수입자는 이자율 변동에 따른 위험을 부담하지 않게 되는데, 이는 어음만기까지의 이자가 어음금액에 이미 반영되어 있기 때문이다.

한편 수입자의 결제통화가 자국통화가 아닌 경우 수입자는 자국통화 외의 통화로 어음을 발행해야 하기 때문에 환율변동위험에 노출된다. 수입자는 통화별로 어음대금 미상환잔액을 수시 파악하여 환율변동위험을 관리하여야 한다. 수입자가 만기가 서로 다른 여러 종류의 중장기 차입약정을 체결한 후 환율변동위험을 헤징하기 위하여 다수의 선물계약을 체결한 경우, 수입자는 차입약정과 선물계약 내용을 만기별로 구분하여 리스트를 작성 · 관리하여야 한다.

예를 들면, 2주내에 만기가 도래하는 차입금 또는 선물거래를 하나의 만기단위로 그리고 그 다음 1개월, 3개월, 또는 6개월 내에 만기가 도래하는 차입금 및 선물거래를 각각의 만기 단위로 구분하여 리스트를 작성 · 관리하면 만기별로 노출된 환율변동위험을 쉽게 관리할 수 있게 된다.

수입자의 또 다른 위험으로는 어음의 만기에 어음대금을 상환할 수 없게 되는 유동성위험이 있는데 수입자는 자신의 현금흐름을 만기별로 정확히 분석·관리하여 이러한 유동성위험을 최소화하여야 한다.

3) 보증은행의 위험

포페이팅 거래의 보증은행은 포페이팅 대상어음, 즉 환어음 또는 약속어음의 만기에 수출자 또는 채권자에게 어음금액을 지급할 의무를 가지게 됨과 동시에 해당 어음의 만기에 수입자 또는 채무자에 대해 어음금액의 지급을 요구할 권리를 갖게 된다. 따라서 수입자 또는 채무자가 어음금액의 지급의무를 지체하거나 이행하지 아니할 경우 심각한 유동성 위험에 노출될 가능성이 있다.

보증은행이 수입자 또는 채무자의 채무불이행위험을 가장 효율적으로 관리하는 방법은 고객별로 그리고 산업별로 각각 보증한도를 설정하여 익스포저(exposure)를 관리하는 것이다. 수입자 또는 채무자가 보증을 요청한 경우 보증은행은 고객별 및 산업별 보증한도 범위 내에서 승인여부를 결정하여야 한다.

국가위험(sovereign risk)도 보증한도와 마찬가지로 국가별로 설정한 한도 내에서 운영·관리한다. 다만 국가별 신용한도는 다른 한도에 비하여 한도금액이 훨씬 크고 또 여건변화에 따라 한도의 조정이 자주 이루어진다는 특징이 있다.

포페이팅 거래의 보증은행은 대부분 세계 일류은행이므로 유동성위험(liquidity risk)에 노출될 가능성은 별로 없다. 다만 어음만기가 기 도래하여 보증은행은 수출자나 채권자에게 보증채무를 이행하였으나, 수입자 또는 채무자가 어음대금을 상환하지 아니하는 경우가 일부 발생하는데 이 경우 연체중인 어음채권을 관리하고 적절한 대응조치를 취할 수 있도록 이에 대한 권한과 책임소재를 내부규정에 명문화시켜 놓아야 한다.

4) 포페이터의 위험

포페이터가 수출자에게 포페이팅 거래에 대한 옵션을 부여한 시점부터 포페이팅 대상어음의 상환이 완료되는 시점까지 포페이터는 위험에 노출되게 되는데 이러한 위험들을 살펴보면 다음과 같다.

(1) 이자율변동위험

포페이터의 이자율변동위험은 포페이터가 포페이팅 대상어음을 매입할 때 고정금리로 할인율을 적용하는 반면 어음매입자금은 변동금리로 조달할 경우 발생한다. 또한 금리방식이 동일하더라도 양 쪽의 만기가 다를 경우도 이자율변동위험이 발생한다.

대부분의 포페이터는 자금을 단기로 차입하여 장기로 대출하는 형태로 유동성을 관리하고 있다. 이와 같이 포페이터가 단기차입 및 장기대출의 형태로 자금을 조달 및 운용하는 이유는 일반적으로 단기차입금의 조달금리가 장기차입금보다 낮을 뿐만 아니라, 포페이팅 거래의 표시통화에 따라서는 포페이터가 중장기의 고정금리부 장기차입금을 조달하는 것 자체가 불가능한 경우도 있기 때문이다.

또한 포페이터는 포페이팅 자산을 탄력적으로 운용하기를 원하는데 이는 포페이터가 유통시장에서 자신의 포페이팅 자산을 좋은 조건으로 매각할 기회가 생겼을 경우, 포페이팅 자산 매입시 기체결한 장기차입금 조달계약 조건에 묶여 포페이팅 자산의 매각 기회를 포기하거나 장기차입금 조달계약의 파기에 따른 추가적인 비용을 부담하지 않기 위해서이다.

(2) 서류위험

포페이터는 어음을 매입하기 전까지는 어음 또는 어음의 보증에 하자가 있거나 포페이팅 거래가 일정 요건을 구비하지 못한 경우[8] 포페이팅 계약을 취소할 수 있다.

그러나 포페이터는 어음을 매입한 후부터는 자신이 매입한 어음에 하자가 발생한

8) 예를 들면 수입자가 해당 정부 관련기관으로부터 외환거래 승인을 받지 못하여 어음의 만기일에 어음금액을 송금하지 못하게 되는 등 포페이팅 거래와 관련하여 중대한 하자가 발생한 경우

경우 이에 따른 위험을 부담하여야 한다. 따라서 포페이터는 포페이팅 거래와 관련된 제반서류에 하자가 있는 지의 여부를 면밀히 점검하여야 한다.

포페이팅 거래와 관련된 서류에는 다음과 같은 것들이 있다.

- 수출자, 수입자간의 매매계약서(underlying sales contract)
- 운송서류 및 부속서류 작성(transportation and supporting documentation)
- 수출자와 수입자간의 대금지급 및 신용조건(payment & credit conditions)
- 포페이터, 수출자간의 포페이팅 계약서류 작성(forfaiting contract documentation)
- 만기시 대금지급과 관련된 서류작업

포페이팅 서류의 하자발생위험은 반드시 문서로 작성된 체크리스트에 의해 점검되어야 하며, 서류에 대한 보완조치도 계속 검증되어야 한다. 포페이터는 포페이팅 서류가 만족할 만한 수준까지 구비될 수 있도록 최선을 다하여야 하는데 이는 포페이터가 유통시장에서 어음을 다시 매각한 경우 나중에 서류의 하자나 제1차 포페이터로서의 의무 해태 등을 이유로 어음대금 지급을 거절하고 그 책임을 제1차 포페이터에게 소구할 가능성도 있기 때문이다.

(3) 신용위험

포페이팅 거래에서의 신용위험은 수입자 또는 보증은행의 신용위험과 수입국 또는 보증은행 소재국의 국가위험으로 구성된다.

대부분의 포페이팅 어음에 대하여 수입국의 상업은행들이 보증하고 있지만 수입자가 정부 또는 정부투자기관으로서 신용상태가 양호한 경우에는 포페이터가 은행보증을 요구하지 않을 수도 있다.

포페이터는 포페이팅 약정 전에 수입자 또는 보증은행의 신용도를 평가하여 신용위험에 대처하는데 이들의 신용도는 포페이팅 약정의 수락여부에 영향을 미칠 뿐만 아니라 할인율 수준을 결정하는데 중요한 구성요소가 된다.

포페이팅 거래의 국가위험은 보증은행의 소재국에 귀속되는 것이 일반적이며, 보증은행의 소재국은 대부분 수입자의 소재국과 일치하게 된다.

이와 관련하여 보증은행의 소재국은 어떠한 기준으로 구분하는가 하는 문제가 남게 된다. 예를 들면 영국에 본점이 있는 A은행의 인도지점이 포페이팅거래의 보증은행인 경우 A은행의 인도지점이 어음 만기일에 어음대금을 지불하지 않게 되면, 이 지급보증채무는 영국의 본점으로 이전되는 것이 국제관례 및 법률상 타당하다고 할 수 있다.

그러나 인도 중앙은행이 외환부족 등을 이유로 인도지점의 포페이터에 대한 어음

대금 송금을 승인하지 않을 경우 포페이터는 영국의 본점에 대해 인도지점을 대신하여 해당 어음대금을 지급할 것을 요구할 수 없게 된다. 포페이터가 소송을 통하여 어음대금을 회수하고자 하여도 이에 대한 재판판결은 보증은행측에 유리하게 결정되는 것이 관례이다. 왜냐하면 A은행의 인도지점이 보증채무 이행을 위해 인도 중앙은행에 자금을 이체한 행위는 인도의 국내법에 따라 A은행의 인도지점이 보증채무를 이행한 것으로 인정되기 때문에 그 후로는 인도 중앙은행을 상대로 소송을 제기하여야 한다.

외국계 은행의 현지법인인 경우에도 해외지점과 마찬가지로 현지법인의 보증채무를 본국의 모은행에서 인수하는 경우가 대부분이며, 이는 거래기업 및 코레스은행들과 원만한 거래관계를 유지하기 위해서는 당연한 조치이다. 그러나 현지법인과 해외지점의 모은행에 대한 법률적 지위는 크게 다르며, 이러한 법률적 지위의 차이로 인해 해외지점의 경우와는 달리 현지법인의 보증행위는 법률상 현지법인 모은행의 보증으로 귀속되지 않는다. 따라서 현지법인의 모은행이 현지법인의 보증채무를 인수하지 않는 것을 원칙으로 하는 경우, 포페이터는 이러한 은행의 현지법인이 보증한 포페이팅 거래에 대해서는 국가위험을 현지법인 소재국으로 귀속시켜야 한다.

이와 같은 두 가지 예를 살펴볼 때 진정한 의미의 국가위험이란 포페이팅 관련당사자들 국가의 법률이 적용되는 범위와 밀접한 관계가 있음을 알 수 있다. 따라서 포페이터는 보증은행의 여신정책, 포페이팅 거래 관련당사자들 국가의 법률제도 등을 종합적으로 고려하여 포페이팅 거래의 국가위험이 실질적으로 어느 국가에 귀속되는 지를 면밀히 분석하여야 한다.

6 포페이팅과 수출팩토링의 비교

포페이팅과 팩토링은 외상매출채권을 무소구조건으로 매각 또는 매입한다는 점 등 여러 면에서 유사하지만 몇 가지 점에서 차이가 있다. 이 중 중요한 차이는 외상매출채권의 대상을 팩토링의 경우 비유통증권으로 하는데 반해 포페이팅은 환어음과 같은 유통증권으로 한다는 점이다. 따라서 포페이팅은 신용장방식 거래를 주 대상으로 하고, 수출팩토링은 사후송금방식 거래를 주 대상으로 한다.

이 밖에 수출대금 상환기간에서도 차이를 보이는데, 수출팩토링은 통상 90~120일의 단기인데 반해 포페이팅은 2년까지의 중기 거래를 대상으로 한다.

표 2-7 포페이팅과 수출팩토링의 비교

구 분	포페이팅	수출팩토링
주 요 대 상	유통증권(negotiable instrument) 예 환어음, 약속어음	비유통증권 (non-negotiable instrument) 예 송장
대 상 채 권	개별적으로 확정된 매출채권	현재 뿐만 아니라 미래에 발생할 매출채권까지 포함한 포괄적이고 계속적인 채권의 매매
지 원 금 액	계약금액의 100% 지원	계약금액의 80% 정도 지원
지원거래의 성격	단기 및 중장기 국제무역거래	단기 국내외 물품판매거래 (30일~360일)
업무의 수행범위	채권의 할인매입과 관련된 제한적 업무수행	추심업무 등 부대서비스를 포함한 포괄적 업무 수행
거래의 비밀성	포페이팅 관련 당사자들에 대한 정보를 비밀로 하는 것이 관례이므로 거래의 비밀성이 보장됨	팩터가 매출채권의 매입을 구매자(수입자)에게 통지하는 경우가 일반적이므로 거래의 비밀성이 보장되지 않음
환 가 료	수출팩토링에 비해 높음	포페이팅에 비해 낮음

7 국내외 포페이팅 시장 동향

1) 세계 포페이팅 시장

(1) 포페이팅 시장의 발전

1970년대와 1980년대 포페이팅시장은 이태리, 독일, 스위스, 영국에 소재한 일부 포페이팅 금융기관을 중심으로 성장하였다. 당시 동유럽 국가들의 신용위험에 대한 인식이 개선되고 동서간 정치적 관계가 완화되면서 포페이팅 시장은 본격적으로 성장해 나갈 수 있었다.

포페이팅사업의 성공여부가 신용위험, 이자율위험, 서류위험 등을 어떻게 인식, 평가, 관리하는 지에 의해 좌우되면서 은행들은 무역금융부문에 포페이팅 전담부서를 설치하였고, 포페이팅 전문회사들이 설립되기 시작하였다.

초기단계의 1차 포페이팅(수출자와 1차 포페이터가 포페이팅 거래 추진)은 거래위험이 높은 개도국에 대한 수출에 주로 이용되면서 각국 정부의 수출지원금융의 보조수단으로 성장해 왔는데, 당시 OECD의 수출신용협약[9]에 의해 각국 정부의 수

9) 제14장 제1절 OECD 수출신용협약 참조

출금융 보조금 지원이 점차 감소됨에 따라 크게 성장하게 되었다.

2차 포페이팅시장은 금융시장 전문가들을 중심으로 수출채권을 증권화한 무소구조건 금융증서를 대상으로 발전하기 시작하였으며, 1980년대와 1990년대에 포페이팅 시장에 대한 인식이 점차 확산되면서 시장이 스스로 성장할 수 있는 수준까지 발전하게 되었다.

(2) 포페이팅의 변화

오늘날의 포페이팅시장은 대형 포페이터들과 틈새시장(niche market)을 점유하고 있는 중소형 포페이터들로 양분되어 있다. 중소형 포페이터들이 특정 시장에 강세를 보이고 있는 이유는 대형 포페이터에 비해 투자대상의 분산이 용이하고, 포페이팅 거래를 취급하는데 있어 융통성이 많다는 장점이 있기 때문이다.

대형 포페이터들은 단순한 거래보다는 고객의 모든 요구 및 상황을 고려한 복합적인 금융지원(hybrid solution)을 지향하고 있다. 또한 대형 포페이터들은 사업의 집중화를 위해 지점이나 소규모 사무소들을 폐쇄하고, 지방 수출자들을 위한 보증 및 신용평가 등의 업무를 지역은행들과의 협력관계를 통해 수행하고 있다.

(3) 포페이팅시장의 성장

세계 일부 지역에서는 포페이팅이 비교적 새로운 금융상품으로서 그 활용이 늘고 있다. 가장 눈에 뛰는 곳은 남미지역이다. 특히 브라질은 2000년대 이후 경기회복과 함께 포페이팅 수요가 크게 증가하고 있으며, 유럽의 대형 포페이터들이 브라질 자회사를 통해 시장의 상당 부분을 점유하고 있다.

동유럽 국가들과 CIS 국가들도 주목할 만하다. 루마니아, 불가리아, 세르비아, 마케도니아, 우크라이나, 카자흐스탄, 우즈베키스탄 등의 국가들이 이에 속한다. 이 국가들은 상대적으로 국가위험이 크다고 인식되고 있음에도 불구하고, 이 지역에 영업기반을 갖추고 있거나 네트워크가 좋은 은행들이 시장을 선점해 나가고 있다.

또한 중국의 포페이팅 시장도 중국경제의 확대와 맞물려 빠른 속도로 성장하고 있다. 대부분의 은행들이 포페이팅 취급에 관한 내부 기준을 갖추고 있으며, 외국계 은행과의 협력을 통해 포페이팅 업무를 확대하고 있다. 외국계 은행들은 중국 은행과의 협약을 통해 직접 포페이팅 거래를 취급하거나 유통증서를 매입하고 있으며, 한편으로는 포페이팅 자산의 일부를 중국 내 포페이터들에게 재매각하고 있다.

(4) 국제포페이팅협회

포페이팅 시장의 긍정적인 변화를 이끌어 내고 있는 원인 중의 하나는 국제포페이팅협회(IFA : International Forfaiting Association)가 포페이팅 거래의 국제관행을 정립하기 위해 제정한 포페이팅 가이드라인(Market Practice Guidelines)의 운영에 있다.

이 가이드라인은 다양한 국가들에서 서로 다른 법률적 적용을 받는 1차 및 2차 포페이터들 간의 거래를 조정하고 있다. 신용장통일규칙(Uniform Customs and Practice for Documentary Credits 2007 : UCP 600)과 같이 법적 구속력을 가지는 규범은 아니지만 국제적인 관행으로 인정된다면 포페이팅 시장의 안정과 확대에 크게 기여할 것으로 기대된다.

IFA는 전 세계 포페이팅금융기관들에 의해 포페이팅시장에 대한 정보 공유를 목적으로 1999년 8월 스위스에서 창설되었다. 2013년 12월 현재 140개 포페이팅 금융기관들이 회원으로 가입하고 있으며, 우리나라 금융기관으로는 유일하게 한국수출입은행이 회원으로 가입하고 있다.

IFA는 회원사들 간의 정보 공유 및 포페이팅 시장의 활성화를 위해 여러 가지 기능을 수행하고 있는데 국제규범의 제정, 연례회의 개최, 연수프로그램 제공, 지역위원회 설립 등 다양한 활동을 하고 있다.

2) 우리나라 포페이팅 시장

국내 수출자들의 포페이팅 활용은 아직까지 활발하지 않다. 이는 국내 상업은행들이 포페이팅 업무를 거의 취급하지 않고 있어 주로 외국계 은행들을 중심으로 운용되고 있는데 이들 외국계 은행들이 적용하고 있는 포페이팅 할인율(금리)이 비교적 높기 때문이다.

국내 상업은행들이 포페이팅 업무를 취급하지 않는 이유는 포페이터로서 갖추어야 할 기본 역량인 보증은행과 보증은행의 소재국인 개도국의 위험평가능력이 미흡하고, 가격결정에 대한 노하우와 경험이 부족하기 때문이다.

한편 2001년 한국수출입은행이 본격적으로 업무를 개시함으로써 국내 포페이팅 거래 규모가 늘어나기 시작하였고 또한 외국계 은행 위주의 가격결정에서 벗어나 포페이팅 할인율도 상당 폭 인하되었다.

사례연구

한국수출입은행의 포페이팅 지원 제도

1. 지원대상 국가와 은행

지원대상국은 수출입은행 해외경제연구소에서 평가하는 국별신용도 등급[10]이 D2이상인 국가(중계무역의 경우에는 국별신용도 등급이 C3이상인 국가)이며, 등급이 E급인 국가인 경우에는 적격대상국가에 소재하는 국외은행이 개설, 확인 또는 보증한 경우에 한하여 포페이팅 취급이 가능하다.

2. 지원대상 수출자

포페이팅의 대상이 되는 수출자는 수출입은행 신용등급이 P6이상이어야 하고 다음과 같은 조건을 갖추어야 한다.
- 1년 이상의 동종 품목 제작경험 및 수출실적이 있는 경우
- 동일 수입자와의 과거 1회 이상 거래 경험이 있는 경우
- 기타 수출자의 수출계약 이행능력이 있다고 인정되는 경우

3. 지원대상 환어음 등

포페이팅 대상 환어음은 어음금액이 건당 미화 1만 달러 이상 미화 5천만 달러 이하이고, 어음의 만기조건이 30일 이상 2년 미만의 환어음이 대상이 된다.
건별 포페이팅 한도를 승인시에는 ㉠ 수입국 및 국외은행의 이상징후 여부 및 국외은행의 여신한도 초과여부 ㉡ 품목, 대금지급조건, 신용장금액 및 포페이팅 한도 ㉢ 신용장 또는 수출계약서 원본에 타 금융 취급사실 여부 ㉣ 수출자의 신용상태 등을 정밀히 심사한 후 승인한다.
승인 후 다음과 같은 사항이 발생하는 경우에는 수출자 또는 국내은행에게 소구권을 행사한다. ㉠ 국외은행의 환어음 인수거절 ㉡ 수출자의 경우 수출자의 사기 및 수출계약 의무 불이행, 국내은행의 경우 선적서류의 위조 및 수입국법원의 지급정지명령 등

4. 대금의 지급

신용장방식의 수출거래에 대한 포페이팅 대금은 선적서류 접수 후 지급하며, 무신용장방식의 수출거래에 대한 포페이팅 대금은 선적서류 수령 등으로 수출이행여부를 확인하고 포페이팅 대상 어음 또는 수출채권 및 이에 대한 국외은행의 지급보증서 또는 지급보증부 어음을 양도받은 후 지급한다.
포페이팅 매입대금은 기간별 해당통화 1 은행영업일전 Libor에 기간별 조달비용률 및 시장조정률을 가산하여 직접할인법(Straight discount basis)을 이용하여 어음을 할인하여 지급한다.

---

10) 국별신용도등급은 9개 등급으로 나누어지며 신용도가 높은 순서로 A, B1, B2, C1, C2, C3, D1, D2, E로 매겨짐.

5. 할인료율

포페이팅의 할인료율은 변동금리를 적용하여 통화별 Libor에 기간별 조달비용률 및 시장조정률을 가산한 율로 하고 있다. 원칙적으로 할인료율은 수입국의 국가위험도, 신용장 개설은행의 신용도, 신용장금액 및 통화종류, 대금결제기간 등을 고려하여 결정된다.

표 한국수출입은행의 포페이팅 업무실적 추이 (단위 : 억원)

연도	2006년	2007년	2008년	2009년	2010년	2011년	2012년	2013년
실적	8,444	7,551	10,738	10,353	17,945	29,943	48,540	39,589

제6장

공적수출신용(대출, 보증, 보험)

제1절 공적수출신용 개관

공적수출신용(official export credit)은 ① 자국의 수출촉진이라는 정책적 목적을 달성하기 위하여 ② 재정자금을 재원으로 ③ 상업금융의 한계를 보완하는데 제공되는 ④ 대출·보증·보험으로 정의될 수 있다. 즉 공적수출신용지원제도는 민간금융시장의 무역금융을 보완하거나 기능을 강화하는데 목적이 있다.

공적수출신용의 금융형태 및 조건 등에 관해서는 OECD 수출신용협약(Arrangement on Officially Supported Export Credits)에서 정하고 있다. 동 협약에서는 공적수출신용을 "수출신용기관(ECA : export credit agency)이 재화와 용역의 수출을 위하여 상환기간 2년 이상의 공적인 지원(official support)을 할 경우"로 정의하고 있으며, 수출신용의 상품종류를 다음과 같이 열거하고 있다.

① 직접대출과 리파이낸싱(direct credit/financing and refinancing)
② 이자율지지(interest rate support)
③ 수출신용보증(export credit guarantee)
④ 수출보험(export insurance)

위 지원수단 중 ①과 ②는 자금을 제공한다는 점에서 공적금융지원(official financing support)으로 칭한다. 한편 ③의 수출신용보증은 채무자의 채무불이행시 채권자에 대하여 무조건부(unconditional) 지급보증을 하는데 비하여 ④의 수출보험은 담보위험에 해당되는 경우에만 지급하는 조건부(conditional) 보장이라는 점에서 차이가 있으나, 크게 보아 양자 모두 대지급 기능을 한다는 점에서 유사한 성격이며 OECD 수출신용협약에서도 이를 묶어 퓨어커버(pure cover)로 칭한다.

한편 OECD 수출신용협약에서는 수출신용을 전통적인 수출신용과 프로젝트 파이낸스 방식의 수출신용으로 구분하고 있다. 전자는 수입국 정부나 기존 기업이 수입자 및 차주가 되는 경우이며, 후자는 특정 신규 프로젝트를 추진하기 위해 설립된 프로젝트 회사가 수입자 및 차주가 되는 경우이다. 수출신용 금융조건 측면에서도 전자는 국가별·산업별 특성만 고려되었지만 후자는 프로젝트의 현금흐름을 고려할 수 있도록 보다 융통성을 부여하였다.

일반적으로 대형 플랜트 등의 해외공사 시 발주처는 공사자금 조달을 위하여 입찰자에게 다양한 금융조달 방안을 요구하고 있어 입찰자의 가격·기술경쟁력 외에 금융주선 능력이 수주에 관건으로 대두되고 있다. 특히 개도국 발주처의 경우 자체 재원조달 능력 부족으로 계약금액 전액에 대해 100% 금융주선을 요구하는 사례가 빈번해 지고 있다.

이러한 발주처의 금융주선 요구에 대응하여 입찰 참가자들이 주선할 수 있는 금융지원수단은 상업금융, 공적수출신용 및 원조자금 등이 있다. 그러나 상업금융기관들은 개도국 또는 신흥시장의 국가위험을 부담하면서 거액을 장기로 대출하기를 꺼려하고, 원조자금은 주로 저소득 개도국의 공공사업 지원에 사용되어지므로 그 대상과 규모에 제약이 있는데다 시일이 많이 소요되는 한계점을 안고 있다.

따라서 대부분의 해외공사에 있어서 공적수출신용이 주요한 금융지원 수단 역할을 하고 있으며, 이를 위해 미국, 일본, 영국 등 선진국과 중국, 인도 등 신흥 개도국들의 정부는 공적수출신용기관[11])을 설립하여 자국의 수출 진흥을 지원하고 있다.

한편 WTO는 각국 정부의 직·간접적인 수출지원에 대하여 엄격히 규제하고 있으나 OECD 수출신용협약에 따른 수출신용은 수출보조금 규제대상에서 제외되어 있어 공적수출신용은 국제규범에서도 허용된 공적 금융지원 수단이라 할 수 있다.

---

11) 제13장 제1절 수출신용기관 참조

제2절 직접대출(Direct credit)

1 직접대출의 개요

직접대출은 수출신용기관이 2년 이상의 중장기자금을 수입자 또는 수출자에게 직접 공여하는 것을 말한다. OECD 수출신용협약 상 수출계약의 15%[12)]는 선수금으로 충당되어야 하므로 수출신용기관의 금융지원 금액은 수출계약액의 85%이내에서 이루어진다. 수출신용 금액을 결정하는 수출계약액에는 제3국 조달분은 포함되며, 현지비용은 제외된다.

수출신용기관의 직접대출은 일반적으로 수입자를 차주로 하여 제공(구매자신용, buyer credit)되며, 수출자를 차주로 하여 제공(공급자신용, supplier credit)되기도 한다.

1) 공급자신용

공급자신용의 경우 수출자는 수출계약 이행 후 바로 대금을 지급받을 수 있어 절차가 신속하고 편리하다는 장점이 있다. 수출신용기관은 차주의 재무상태 등 상환능력에 대한 정보를 쉽게 접근할 수 있고, 담보설정, 사후관리 등이 용이하다는 이점이 있다. 그러나 공급자신용은 수출자가 금융을 직접 주선해야 하고, 상환부담을 져야 하며 이에 따라 부채비율이 상승한다는 등의 문제가 있다. 또한 이 방식은 수출신용기관이 수출대금 회수관련 위험을 부담한다는 기본 기능이 약화되어 거의 활용되고 있지 않다.

그림 2-7 공급자신용 거래구조

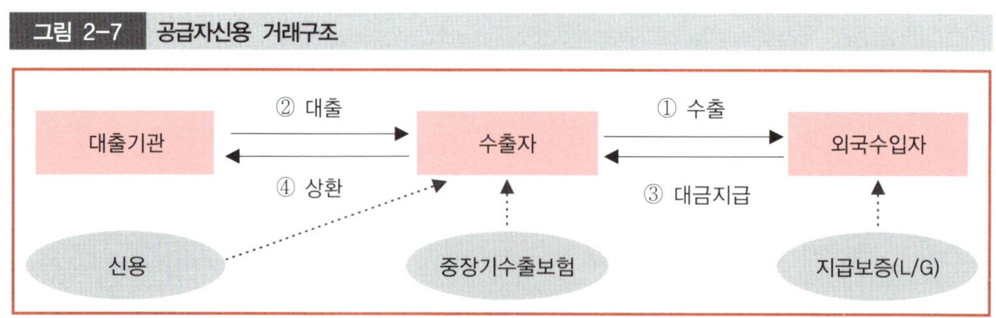

12) 선박수출거래의 경우는 20%

공급자신용 제공시 대출기관은 수출자가 신용도가 높을 경우 신용으로 취급하고, 신용도가 낮은 경우 중장기수출보험증서를 담보로 징구하기도 한다. 한편 실제 대금상환의 주체인 외국 수입자에 대해서는 수입국이 개도국인 경우 정부나 정부기관(중앙은행 등) 또는 세계 일류은행의 지급보증을 요구하는 것이 일반적이다.

2) 구매자신용

구매자신용(buyer credit)은 외국의 수입자가 국내 수출자로부터 제품 및 서비스를 수입하는 경우 그 수입에 필요한 자금을 수출신용기관이 외국의 수입자 앞 직접 대출을 통하여 지원하는 것이다. 국내 수출자는 수출을 이행한 후 수출신용기관을 통하여 수출대금을 직접 수령하게 되어 수출대금 상환위험을 회피하고 현금 일람불 거래(cash payment)와 동일한 결제조건을 갖는 이점이 있다.

구매자신용방식의 금융지원은 공급자신용과 달리 수출신용기관이 수출대금회수 위험을 부담하여 국내 수출자의 부채로 반영되지 않기 때문에 수출자 입장에서는 재무개선 효과를 갖는다.

그림 2-8 구매자신용 거래구조

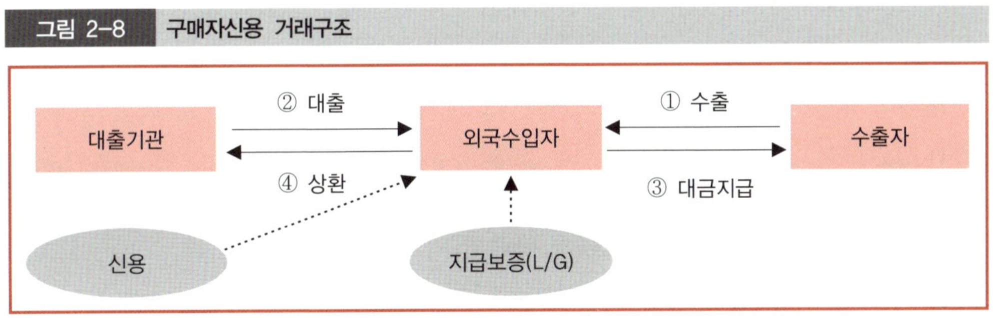

표 2-8 구매자신용의 장·단점(공급자신용과의 비교)

구 분	장 점	단 점
수출자 입장	• 재무구조 개선(현금결제베이스와 동일) • 수출대금 상환위험 및 사후관리 부담 회피	• 융자승인에 보다 많은 시간 소요
수입자 입장	• ECA와의 직접협상을 통한 유리한 금융조건 확보 • 이중과세방지협정이 체결되어 있을 경우 이자소득세 감면	• 금융계약 체결과정에서 추가 비용(심사출장비, 법률비 등) 발생 가능

한국수출입은행에서는 1990년대 말 IMF 외환위기 이전까지는 대부분 공급자신

용 방식으로 수출신용을 지원하였으나, 이후 수출자들이 금융상환 부담을 안게 되는 공급자신용을 기피함에 따라 대부분의 연불거래가 구매자신용 방식으로 이루어지고 있다.

2 직접대출의 금융요건 및 조건

직접대출 방식으로 수출신용을 지원하는 수출신용기관은 한국수출입은행과 미국수출입은행, 일본 국제협력은행, 캐나다 수출개발공사 및 일부 개발도상국 수출신용기관이며, 그 금융조건은 OECD 수출신용협약을 따르고 있다. 동 협약의 수출신용 금융조건은 전통적인 수출신용과 프로젝트 파이낸스 방식의 수출신용으로 구분하고 있다.

수출신용기관의 일반적인 직접대출 요건과 조건을 살펴보면 다음과 같다.

1) 지원대상국 및 대상자

각 수출신용기관은 자체적으로 여신적격국과 국가별 지원한도를 설정하여 운영하고 있다. 한국수출입은행의 경우 원칙적으로 국별신용등급[13]중 최하 등급인 E급을 제외한 국가를 여신적격국으로 정하고, 국가별 지원한도액도 별도로 설정하고 있다.

한편 직접대출의 대상자는 수입국 정부, 중앙은행, 공공기관, 지방자치단체 또는 민간 기업이 되며, 프로젝트 파이낸스 방식의 경우 민간 기업에 의해 수입국에 설립되는 프로젝트 회사를 차주로 하여 지원된다.

2) 지원적격거래(eligibility)

(1) 선수금(down payment)

최저 선수금률은 OECD 수출신용협약의 기준에 의거 현지비용(local cost)를 제외한 수출계약금액의 15%이다. 다만 선박수출거래의 경우는 최저 선수금율을 20%로 정하고 있다.

(2) 외화가득률

우리나라나 일본 수출신용기관의 경우 대상 수출거래의 외화가득률(지원대상 수

13) 제15장 제2절 국가위험의 측정 및 관리 참조

출거래의 수출계약금액에 대한 외화가득액의 비율)이 일정 수준 이상일 것을 규정하고 있으며[14] 이러한 외화가득률 요건이 없는 수출신용기관은 지원금액 결정시 자국 수출분을 기준으로 하고 있다. 이것은 수출신용기관이 자국 수출촉진이나 고용확대를 위한 정책금융기관으로서의 목적을 달성하기 위한 수단이다.

3) 채권보전

(1) 정부지급보증(sovereign guarantee)

중앙정부 또는 중앙은행이 지급보증을 제공하는 경우로서 통상 채무상환 관련 해당국 중앙정부의 신용도에 기반하여 전적으로 상환책임이 보장(full faith and credit of central government)되는 재무부나 중앙은행의 지급보증을 의미한다.[15]

(2) 신용대출과 프로젝트 파이낸스

전통적으로 수입국 정부나 중앙은행 또는 세계 일류은행의 보증을 전제로 한 프로젝트 발주보다는 수입자의 신용에 기반한 금융 주선을 요구하는 경우가 있다. 따라서 국제 전문신용평가회사가 평가한 신용등급이 투자적격등급 이상인 기업이 차주가 되거나 보증하는 경우, 또는 수출신용기관에서 차주 또는 보증인의 신용이 양호하다고 인정하는 경우 신용 취급이 가능하다.

특히 1990년대 이후 개도국의 인프라 민영화 추세 등에 따라 활성화된 프로젝트 파이낸스 방식 수출신용의 경우 수입국 정부나 중앙은행 또는 공공기관 등 제3자가 수출신용의 상환을 보장하지 않고, 대상 프로젝트 자체의 현금흐름과 프로젝트 회사의 자체 자산과 권리 등을 채권보전장치로 하여 지원된다.

4) 지원조건

OECD 수출신용협약에서는 국가간 공정한 경쟁의 장을 마련하고 보조금 지원에 따른 무역왜곡효과를 없애기 위하여 주요 금융조건을 규정하고 있으며, 모든 수출신용기관은 이를 준수하고 있다.

주요 금융조건에는 대출(보증)한도, 상환기간, 상환방법, 이자율, 위험수수료 등이 있으며, 선박·핵발전소·민간항공기·재생에너지·상수도 프로젝트는 별도로 규정되

---

14) 한국수출입은행의 경우 25% 이상인 거래를 적격대상거래로 하고 있으며, 수입자가 계약서상에 외자재 사용을 강제하는 등 부득이 한 경우는 예외적용이 가능

15) 지방정부의 지급보증은 정부지급보증으로 간주되지 않으며 해당 기관의 자체 채무상환능력 및 신용도에 대한 별도 심사가 요구됨.

어 있다. 또한 앞에서 설명한 바와 같이 전통적인 수출금융과 프로젝트 파이낸스 방식 수출금융의 주요 조건에는 차이가 있다.

(1) 대출한도

대출한도는 수출계약금액(export contract value)의 85%이내이며, 수출계약금액은 전체 공급계약 금액에서 현지비용(local cost)을 제외한 수출국 및 제3국산 조달비용을 말한다. 수출계약금액에 포함되지 않는 현지비용(local cost)은 수출계약금액의 30%내에서 지원이 가능하다. 또한 건설기간중 이자와 위험수수료는 원금화하여 지원이 가능하다.

(2) 대출기간

일반적으로 대출기간은 자금인출기간 또는 원금상환이 유예되는 거치기간과 원금상환기간으로 구분된다.

산업설비 등 대부분 수출거래는 수출목적물 제작기간과 상환기간으로 구분되며 OECD 수출신용협약에서는 원금상환기간만 규정하고 있다. 따라서 일반적으로 직접대출의 대출기간은 최초 대출취급일로부터 최종 상환일까지의 기간을 의미하며, 수출목적물 제작기간과 OECD 수출신용협약상 최장 상환기간, 해당 수출목적물의 거래규모 및 내용연수 등을 감안하여 결정된다.

대출기간 = 제작기간(자금인출기간) + 상환기간(연불기간)

① 신용기산일(starting point)

신용기산일은 최초원리금 상환기산일로서 OECD 수출신용협약에 따라 신용기산일로부터 6개월 이내 최초 대출원리금 상환이 이루어져야 한다.

신용기산일은 통상 기계류·선박의 경우 수출목적물의 인도(delivery)시점, 플랜트는 시운전(commissioning) 완료시점 또는 수입자의 인수증명서(acceptance certificate) 발급시점 등 수출자의 의무가 완료되는 시점을 의미한다.

한편 현지 시공의 지연 또는 시운전 테스트 지연 등으로 인하여 상환기산일이 무한정 지체되는 것을 방지하기 위하여 통상 대출계약상의 신용기산일 정의 조항에 특정 일자(backstop date)를 명기하여 공사 완공이 계속 지연되더라도 최초 원리금의 상환이 시작될 수 있도록 조치한다.

② **최장상환기간(maximum repayment terms)**

OECD 수출신용협약에서는 국가별·산업별로 최장 상환기간을 달리 정하고 있다. 예를 들어 고소득국의 경우에는 5년을 원칙으로 하되 OECD에 사전통지를 전제로 8.5년까지 허용되며, 저소득국의 경우 10년까지 허용된다. 또한 산업별로는 발전플랜트 12년, 선박 12년, 핵발전플랜트 18년, 민간항공기 12년, 재생에너지 등 환경친화적 에너지사업은 15년~18년 등이며, 프로젝트 파이낸스 방식의 경우 거치기간 2년을 포함하여 14년까지 허용된다.

(3) 상환방법

OECD 수출신용협약에서는 신용기산일 이후 6개월마다 원금균등분할상환을 원칙으로 하고 있으며, 전통적 수출신용은 평균상환기간 5.25년 이내에서, 프로젝트 파이낸스 수출신용은 평균상환기간 7.25년 이내[16]에서 탄력적으로 적용할 수 있다.

(4) 대출금리

직접대출의 기준금리는 OECD 수출신용협약에 의거 원칙적으로 고정금리(CIRR)를 적용하지만, 대부분 수출신용기관은 시장상황을 반영한 변동금리를 적용한다. 고정금리의 경우는 CIRR+위험수수료(exposure fee)가 적용되며, 변동금리의 경우는 Libor+마진[17]으로 결정된다.

상업참고금리(CIRR : Commercial Interest Reference Rate)

CIRR는 통화별로 정부가 발행한 채권의 유통금리에 1%(100bp)를 가산한 이율로 적용토록 하고 있다.

(예) 미달러화의 CIRR = 미국 정부채(Treasury Bond) 수익률 + 100bp, 이 때 CIRR 만기 5년까지는 3년 만기 채권, 8.5년 까지는 5년 만기 채권, 이후는 7년 만기 채권이 적용된다. 통화별 CIRR는 매달 15일에 OECD 사무국에서 고시하여 1개월간 적용된다.

(5) 위험프리미엄(risk premium)

위험프리미엄은 차주국의 국별신용위험(OECD 분류 국가등급[18]), 대출기간, 채권보전방식, 금융형태(대출, 보증, 보험) 등에 따른 최저프리미엄(MPR : minimum

---

16) 단 1회 상환분이 25%를 초과할 수 없으며, 최초 원금상환은 신용기산점 이후 2년 이내에 2% 이상 이루어져야 함.

17) 대출기관의 외화자금조달 스프레드, 차주의 신용, 대상 프로젝트의 사업성, 관리업무비용 율 등을 감안하여 산정

18) 제15장 제2절 국가위험의 측정 및 관리 참조

premium rate)[19]에 차주의 신용위험에 따른 신용할증율(또는 고객조정률)을 더한 요율을 적용하여 징구한다.[20]

3 직접대출 지원 절차

직접대출이 추진되는 과정은 각 국 수출신용기관들에 있어 유사하다. 여기서는 한국수출입은행(수은)에서 실제 이루어지고 있는 융자 절차를 중심으로 설명하고자 한다.

1) 대출상담

수출자 또는 수입자가 입찰 전에 추진 중인 거래에 대하여 금융지원을 받을 목적으로 수은의 금융제도나 지원조건 등에 관해 문의하거나 상담하는 단계이다. 이 단계에서는 주로 다음과 같은 사항들이 확인 또는 파악된다.

- 프로젝트 주요 내용, 목적
- 소요자금
- 지원요건(선수금, 외화가득률 등), 지원조건(금리, 상환기간 등) 관련사항의 확인
- 여신적격국가 해당 여부 및 국별여신한도 확인
- 채권보전장치
- 프로젝트 추진일정, 수주 전망 등 파악

2) 대출의향서(L/I : Letter of Interest) 발급

대출상담을 거친 거래로서 수입자 등 거래 상대방의 요청이 있거나, 거래추진을 위해 필요한 경우 수은은 대출의향서를 수입자 앞으로 발급한다.

일반적으로 사업주는 프로젝트를 발주할 때 프로젝트 건설비용을 조달하기 위하여 입찰 참가자 또는 EPC 계약자[21]에게 금융주선을 요구하며, 입찰안내서에는 입찰 참가자가 입찰제안서를 제출할 때 통상 수출신용기관(ECA)의 대출의향서를 첨부하도록 규정하고 있다. 이 경우 ECA는 자국기업의 수주 지원을 위하여 당해 프

19) 제14장 제1절 OECD 수출신용협약 참조

20) OECD 수출신용협약에서는 국가위험에 대한 최저 프리미엄(MPR)만을 규정하고 있으며, 차주의 신용위험에 대하여는 각 ECA별로 자체적인 신용할증율을 적용하고 있음.

21) EPC(Engineering, Procurement, Construction)는 설계, 구매, 시공 등을 담당하는 계약임.

로젝트가 사업성이 양호하고 채권보전장치 등이 지원기준에 부합하는 경우 대출지원을 고려하겠다는 내용의 대출의향서를 발급하게 된다. 이 대출의향서는 공식적인 대출약정 또는 대출 확약은 아니다.

대출의향서 표준 문안

Current information on the Project does not provide enough detail to enable us to evaluate the financeability of the Project. However, we would consider financial support for the Project, if it is financially, technically and economically sound and the terms and conditions of your transaction meet our requirments.

Any decision will be based upon legal and policy consideration in effect at such time as our loan commitment shall be made.

In the event we agree to provide financial support for the Project, our financing will be made available terms and conditions of our financing as follows :

(이하 지원조건 명기)
- Indicative Terms and Conditions

3) 대출심사 및 승인

수은은 당해 사업의 거래내용이 은행의 지원기준에 부합하는 여부 및 거래상대방의 채무상환능력, 사업계획의 타당성 등에 대하여 심사를 실시한다.

차주의 신용상태 확인을 위해서는 연차보고서 등 업체의 제출자료 이외에도 Dun & Bradstreet의 기업신용조사서 등이 참조되며, 지급보증은행의 경우 Banker지의 은행순위자료, BankScope의 신용조사자료 등이 참조된다.

이밖에 은행은 대출승인 전에 지원대상거래의 계약서에 대한 법적심사를 실시하고, 대상거래에 대한 제작 또는 사업이행능력(공정계획 포함) 심사를 위해 내부의 기술전문가 또는 국내외 전문용역기관에 기술 검토를 의뢰한다. 또한 OECD 수출신용협약에서 규정하는 바에 따라 환경심사가 실시된다.[22)]

한편 프로젝트 파이낸스의 경우 대상 프로젝트의 실사(due diligence)와 금융조건의 협상, 계약서 문안 협상 등 대출심사과정이 보다 복잡하고 장기간의 절차가 필요하다.[23)]

대출심사에서 지원 적격 프로젝트로 판명되면, 대출이 승인된다. 일반적으로 대

22) 제14장 제1절 OECD 수출신용협약 참조

23) 제7장 제4절 프로젝트 파이낸스의 이해당사자와 지원절차 참조

출승인은 수출자가 프로젝트를 수주하고 수출계약을 체결한 후에 이루어지게 되나, 수출자의 입찰 참여시 수입자가 금융지원여부 및 지원조건에 대한 은행의 확약(commitment)을 표시하는 수준의 지원의향서(firm offer)를 요구하는 경우 은행은 국내 수출자의 원활한 수주를 지원할 목적으로 예비승인을 거쳐 지원의향서를 발급하기도 한다.

대출승인이 이루어지면 당해 거래업무는 대출계약서 체결 및 자금집행단계에 들어간다.

4) 대출계약(Loan Agreement) 체결

대출계약서는 대출에 관한 주요 사항을 약정하는 금융계약서상의 가장 중요한 문서 중의 하나로서 은행 입장에서는 채권보전의 확실성을 확보할 수 있도록 작성되어야 한다.

대출계약서는 서문, 본문, 부속서류로 나누어진다. 서문에는 계약당사자, 작성일자, 계약체결 경위 등이 기술되고, 본문에는 대출금액, 지원조건, 대출금의 지급절차 및 용도 등 구체사항이 기술되며, 부속서류에는 약속어음, 지급보증서, 인출요청서 등이 포함된다.

▪ 대출계약서 본문 주요 내용

- 용어의 정의(Definition and Interpretation)
- 대출금액 및 용도(Amount and Purpose of the Facility)
- 인출절차, 인출기한, 인출통지(Disbursement Procedure, Availability, Notice of Disbursement)
- 이자 및 연체이자, 계산(Interest and Default Interest, Computation)
- 제 수수료 및 비용(Fees and Expenses)
- 상환 및 조기상환(Repayment and Prepayment)
- 지급 및 지급통화(Payment and Currency)
- 선행조건(Conditions Precedent)
- 진술 및 보장(Representations and Warranties)
- 채무의 불이행(Events of Default)
- 준거법 및 재판관할(Governing Law and Jurisdiction)

5) 대출실행

(1) 인출선행조건(conditions precedent)

은행은 대출금을 집행하기 전에 차주가 계약체결에 필요한 적법 절차를 거쳤는지, 차주가 계약에서 규정한 모든 조건을 충족시켰는지 등을 확인할 필요가 있다. 이를 위하여 대출계약에는 인출선행조건을 규정하고 있는데 주요 인출선행조건 서류로는 다음의 서류를 들 수 있다.

- 공급계약서(Supply contract)
- 차주 및 지급보증기관의 정관, 이사회 기채결의서
- 지급보증서
- 차주측 및 지급보증기관 변호사의 법률의견서(Legal opinion)
- 송달대리인의 승낙서(Acceptance letter of process agent) 등

(2) 대출집행(disbursement)

일반적인 현금대출의 경우에는 대출금의 지출절차에 관해 차주의 신청서류와 대주의 입금 조치만으로 간단히 규정할 수 있으나 직접대출과 같이 대출계약서 이외에도 공급계약이 관련되는 경우에는 공급계약의 대금결제 조건에 따라 대출금의 집행조건 및 절차가 달라질 수 있다,

대출집행방식으로 통상 신용장 방식 등 3가지가 사용되며, 지원대상 공급계약의 조건에 따라 대출계약서에는 이들 중 한가지만을 규정하는 것이 일반적이다.

① 신용장방식(letter of credit procedure)

신용장 방식은 공급계약의 대금결제가 신용장을 통해 이루어지는 경우에 사용된다. 통상 단순 물품을 공급하는 경우나 물품 또는 부품의 선적을 기준으로 대금이 지급되는 경우에 많이 사용된다. 대출은행은 선적서류를 매입 또는 재매입함으로써 수출대금을 결제하고 차주 앞 직접대출 기표 후 대출집행을 통지한다. 매입한 선적서류는 신용장 개설은행 앞으로 발송한다.

② 결제대행 방식(direct payment procedure)

기성고 조건[24](progress payment)에 의해 대금지급이 이루어지는 경우에 주로 사용되는 방식으로서 직접대출에서 가장 많이 활용된다. 수출자는 선적서류 또는 공

24) 기성고 조건이란 발주자가 공정의 진척에 따라 수출대금을 지급하는 것을 말함. 예를 들어 공정이 20% 진행되었다면 수출계약금액의 20%를 지급하는 것임.

정진행에 따른 기성대금 청구서를 수입자 앞으로 제출하고 이를 확인한 차주(수입자)는 대출은행 앞으로 결제의뢰서(request for disbursement)를 송부하여 직접대출 대출금에 의하여 수출자 앞 대금결제가 이루어진다.

③ **결제 후 상환방식(reimbursement procedure)**

이 방식은 대주측이 수출대금을 공급자에게 미리 지급하고 대주가 동 지급금액을 사후에 수입자와 직접 정산하는 방식으로 현지비용 지급 등과 관련한 자금 소요분에 대하여 사용되기도 하나, 일반적인 수출금융에서 흔하게 발견되지 않는다.

그림 2-9 직접대출의 취급절차

융자상담 (은행↔수출자)	수출자와 해당 거래 지원가능 여부 상담
대출의향서발급 (은행→수출자)	해당거래가 지원요건에 부합하는 경우 대출의향서 (L/I : Letter of Interest) 발급
입찰서류 제출 (수출자→수입자)	수출자는 L/I를 다른 입찰서류와 함께 수입자에 제출
수출계약 체결 (수출자↔수입자)	수출자가 낙찰자로 선정되면 수출계약 체결
금융지원신청 (수입자→은행)	구매자금융인 경우 수입자가 차주로서 차입신청
심사/지원조건 협의 (은행↔차주)	거래의 지원타당성, 채권보전방법 등 심사, 차주와 지원조건 협의
대출승인(은행)	해당거래에 대한 금융지원 결정
대출계약체결 (은행↔차주)	대출계약(Loan agreement) 체결
선행조건 서류제출 (차주→은행)	지급보증서 등 자금인출을 위한 선행조건 서류 제출
자금지출 (은행→차주)	대출계약에서 합의된 방식에 따라 자금지출
자금상환 (차주→은행)	대출계약에서 합의된 방식에 따라 분할 상환

참고

전대금융(relending facility)

전대금융(relending facility)은 수은이 외국금융기관에 대하여 일정한 규모의 신용한도(credit line)를 설정하고, 동 금융기관을 통하여 우리나라에서 상품 및 용역을 수입하려는 불특정 다수의 수입자에게 금융을 제공하는 제도이다. 즉 수은이 수입자의 거래은행인 외국은행에 한국산 상품·용역 수입자금을 대출하고 외국은행은 동 자금을 수입자에게 전대(轉貸:onlend 또는 relend)하는 제도이다.

수입자는 자국 내 거래은행을 통하여 구매대금을 대출받아 우리나라의 상품을 구매할 수 있고, 수출자는 수출이행과 동시에 수은으로부터 수출대금을 결제 받을 수 있어 대금회수의 위험을 경감하고 자금 부담을 덜 수 있다.

한편 수은은 신용도 파악이 어려운 수입자들을 직접 차주로 하지 않고, 신용도 파악이 용이하고 또한 신용도가 상대적으로 양호한 금융기관을 차주로 함으로써 대출 위험을 크게 줄일 수 있다. 따라서 전대금융은 개도국의 중소 수입자들에게 소액의 상품 및 용역을 수출하고자 할 때 유용한 금융수단이 되고 있다.

그림 전대금융의 지원절차도

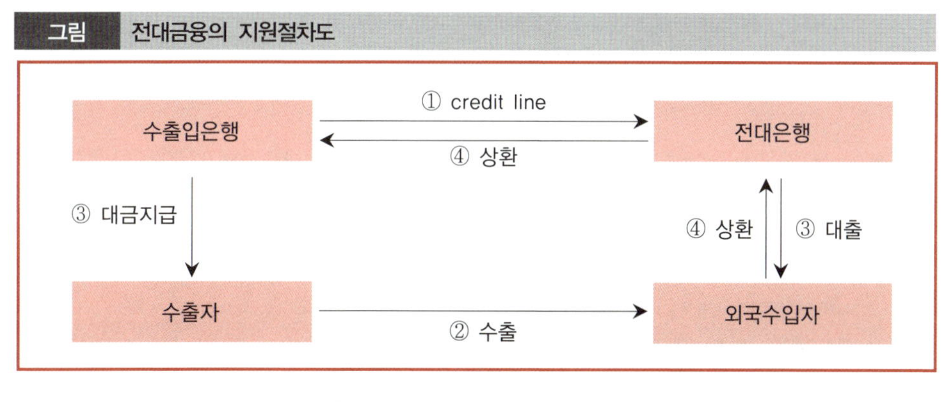

제3절 수출보험

1 수출보험의 개요

수출보험(export insurance)은 수출거래에서 발생할 수 있는 대금회수와 관련된 위험으로 수출기업(또는 수출자금을 지원한 금융기관 포함)이 입게 되는 금전적 손실을 보상하여 수출을 지원하는 수단이다.

수출기업이 수출거래 시 직면하게 되는 위험은 대부분의 경우 국내거래에 비해 크고 다양하다. 수출보험은 이 위험 중 수입자의 계약파기, 파산, 대금지급지연 또는 거절 등 신용위험(credit risks)과 수입국의 전쟁, 내란 또는 환거래제한 등의 비상위험(political risks)과 같이 대금결제(payment)와 관련된 위험을 담보하는 보험제도이다.[25)]

비상위험과 신용위험의 구체적 사례는 각 수출보험별로 운영되는 보험약관에 정의되어 있으며, 그 범위가 매우 포괄적이다. 실무적으로 보면 수출자의 고의 또는 과실로 발생한 경우는 제외하고, 대부분의 대금 미지급은 다음 약관상 열거된 위험 중 하나 또는 복수의 사유로부터 발생하게 된다.

참고로 한국무역보험공사(이하 공사)의 단기수출보험약관상 담보하는 위험 규정 내용은 아래와 같다.

약관상 비상·신용위험의 정의

(담보위험) 이 약관이 담보하는 위험은 다음 각호와 같습니다.

1. 비상위험
   가. 차주 소재국(지급지 소재국을 포함하며, 이하 "차입국" 이라 함) 정부 또는 그 대리인에 의한 모라토리움 선언, 또는 우리나라 정부와 차입국 정부간에 채무의 감면, 상환기일의 연장, 기타 조건의 변경 등을 내용으로 하는 채무조정에 관한 협정 체결
   나. 차입국에서 발생한 상환대금의 송금을 지연시키는 정치적 사건, 경제적 어려움 또는 법적·행정적 조치
   다. 현지화에 의한 상환이 환율변동으로 인해 금융계약통화에 의한 상환대금에 부족하더라도 현지화 납입일 기준으로 금융계약의 상환의무가 종결된다는 차입국 정부의 법률 채택 또는 행정조치
   라. 차입국에서 발생한 전쟁, 내란, 수용, 혁명, 소요, 파업, 태풍, 홍수, 지진, 화산폭발, 해일, 원자력사고 등과 같은 불가항력 사태
   마. 상기 "가" 내지 "라" 목 이외에 금융계약과 관련한 상환을 제한하는 차입국 정부의 기타 조치 또는 결정
   바. 상기 "가" 내지 "마" 목 이외에 대한민국 밖에서 발생한 사유로서 금융계약당사자에게 책임이 없는 경우
2. 신용위험
   가. 차주의 파산
   나. 차주의 다음 세목의 1에 해당하는 사유로 인한 지급불능
      (1) 차입국 법원에 의한 차주의 채무동결 또는 채권자의 개별적인 채권집행을 금지하는 공식적인 조치

25) 수출거래 시 발생되는 위험 중 또 다른 것은 수출계약의 상대방에게 수출상품을 운송(delivery)하는 과정에서 발생하는 위험으로 이를 커버하기 위한 보험은 운송보험 등이 있음.

(2) 보험계약자를 포함한 채권단과 차주간에 채무의 상환연기, 감면 등을 내용으로 하는 채무조정에 관한 협약 체결
다. 상기 "가" 및 "나" 목 이외에 보험계약자가 채권회수를 위해 합리적인 주의의무를 다하고 필요한 조치를 이행하였으나 상환기일부터 1월동안 상환되지 않은 경우

수출자가 위 약관상 담보하는 위험 중에 열거된 사유들을 이유로 수출대금을 회수하지 못하게 되면 보험금을 청구할 수 있다.

보험은 단기수출보험과 중장기수출보험으로 구분되는데 단기수출보험은 대금결제기간 2년 이내의 단기수출계약에 관해 주로 수출자를 피보험자로 하여 수출자가 입게 되는 금전적 손실을 보상해 주는 반면 중장기수출보험은 결제기간이 2년을 초과하는 중장기수출계약을 대상으로 한다.

중장기수출보험은 수출자를 피보험자로 하는 것 보다는 수출자(또는 수입자)에게 수출금융을 제공하는 상업금융기관들을 피보험자로 하여 이들이 대출원리금 회수 불능시 입게 되는 금전적 손실을 보상해 주는 제도로 보다 많이 활용되고 있다. 따라서 중장기수출보험은 수출신용보증과 기능면에서 유사한 형태를 띠고 있다.

2 보험계약의 주요 내용 및 조건

1) 보험가액

보험가액(insurable value)은 보험사고의 발생으로 인하여 피보험자(수출자 또는 금융기관)가 보상받을 수 있는 최고한도액, 즉 보험의 대상이 되는 전체 금액으로서 일반적으로 수출대금이 된다.

보험가액 = 선적금액

2) 보험금액

보험금액(insured amount)은 보험계약자가 보험에 부보하는 금액, 즉 손해가 발생하였을 때 보험자가 보험계약에 의하여 보상하여야 할 금액의 최고한도로서, 계약 당사자간에 보험계약에 의거 약정된 금액을 말한다. 보험금액은 보험가액과 일치하는 것이 보통이나 보험가액을 초과하거나 미달하는 경우도 있다.

보험금액의 전부를 부보한 경우를 전부보험(full insurance), 보험금액이 보험가액

을 초과할 경우를 초과보험(over insurance), 그리고 미달된 때에는 일부보험(under insurance)이라고 한다.

수출보험에서 실시하는 각 보험종목은 일부보험으로 특징되는 바, 보험목적물의 평가액 즉, 보험가액에 일정률을 곱하여 보험금액이 산출된다.

보험금액 = 보험가액 × 부보율

3) 부보율

부보율(percentage of cover)은 보험의 목적에 관하여 그 보험가액에 대한 보험금액의 비율을 말하며, 또한 보험사고 발생 시에 보험금을 산정하기 위하여 손실액에 곱하여야 할 보상비율이 되는 비율을 말한다.

부보비율은 고정되는 경우(고정부보비율)도 있고, 상한 또는 하한을 정한 후에 당사자인 보험계약자가 임의로 선택할 수 있는 경우(약정부보비율)도 있다.

4) 보험금

보험금(claims paid)은 보험계약상의 보험사고로 인해 손해가 발생한 경우, 보험자가 보험금 수익자에게 지급하는 보상액을 말한다. 수출보험에서의 보험금은 실제 손해액에 대응한 보험금액의 범위 내에서 산정된다.

보험금은 각 보험종목마다 다소 차이는 있지만 단기수출보험에 있어 중소기업의 경우, 보험사고가 발생하였을 때 손해액의 전부를 보상하지 않고 최고손실액의 97.5%까지 보상한다.

보험금 = 손실액 × 95%(중소기업: 97.5%) ≦ 보험금액

보험자가 보험책임을 지는 보험기간은 선적 후인 경우 수출일(일반적으로 선적일)로부터 결제기일까지 이다.

5) 보험료

보험료(insurance premium)는 보험회사가 보험인수에 대한 대가로 보험가입자로부터 받는 요금으로, 일반적으로 보험계약 체결시에 확정되나, 경우에 따라서는 계

약체결 후에 확정되기도 한다. 보험료는 통상 보험가입금액에 대한 백분비로 표시되며 이 비율을 보험요율(rate of premium)이라 하는 데 이 비율에 보험가입금액을 곱하면 보험가입자가 부담할 보험료가 산출된다.

단기수출보험의 보험요율체계는 기본요율, 특별할인율, 할증율 및 중소기업할인율로 되어 있다. 보험료 계산은 수입자 등급 및 수입국 등급과 결제기간에 동시에 해당하는 부분에 정하여진 보험요율에 부보율을 곱하여 계산한다.

보험요율은 거래형태(예를 들어 D/A거래, D/P거래, L/C거래 등), 수입자 신용등급, 결제기간 등에 따라 다른데, 기본적으로 거래손실 위험이 클수록 요율이 높다.

중장기수출보험의 보험료는 연불원금에 수입국 등급 및 보험료 기간에 따른 OECD 최저기준 프리미엄(MPR)을 적용한다.[26]

3 수출보험 이용절차

1) 개별보험과 포괄보험

수출보험을 개별 수출건별로 들 것인가 아니면 전체적인 수출거래를 통합하여 함께 들 것인가에 따라 개별보험과 포괄보험으로 구분된다. 각 방식마다 장점과 단점이 있으므로 수출자는 자신의 수출구조 및 특성에 따라 개별보험방식 또는 포괄보험방식을 선택할 수 있다.

(1) 개별보험

개별보험에 있어서 공사와 보험계약자(수출자)는 보험부보(보험을 청약하는 것)와 보험인수(수출기업의 청약을 승낙하여 보험계약을 체결하는 것)에 있어 각각 선택할 수 있는 권리가 있다. 따라서 수출자로서는 위험이 크다고 생각되는 거래만 선택해서 부보하려는 반면, 보험자로서도 자신이 부담하는 위험이 크다고 판단되는 거래에 대하여 인수를 거절할 수 있다.

(2) 포괄보험

포괄보험은 미리 보험계약자와 보험자가 포괄보험특약을 체결하여 보험계약자는 일정기간 동안 부보대상거래를 의무적으로 포괄부보하고 보험자는 인수에 하자가 없는 건에 한해 이를 포괄 인수하는 방식이다.

포괄보험은 모든 수출거래를 보험에 들게 하므로, 개별보험보다 위험의 분배가

---

26) 제14장 제1절 OECD 수출신용협약 참조

잘 되기 때문에 수출기업에 대하여 혜택을 부여하고 있다. 그러나 모든 수출자가 포괄보험을 이용할 수 있는 것은 아니며, 포괄보험을 이용하기 위해서는 수출자의 신용등급과 전년도 수출실적, 수입자의 신용상태 등이 공사가 정하는 일정요건을 충족시켜야 한다.

2) 수출보험 이용절차

신규로 단기수출보험을 이용하고자 하는 수출자는 다음과 같은 절차에 따라 보험에 부보하게 된다.

그림 2-10 단기수출보험(개별보험) 이용절차도

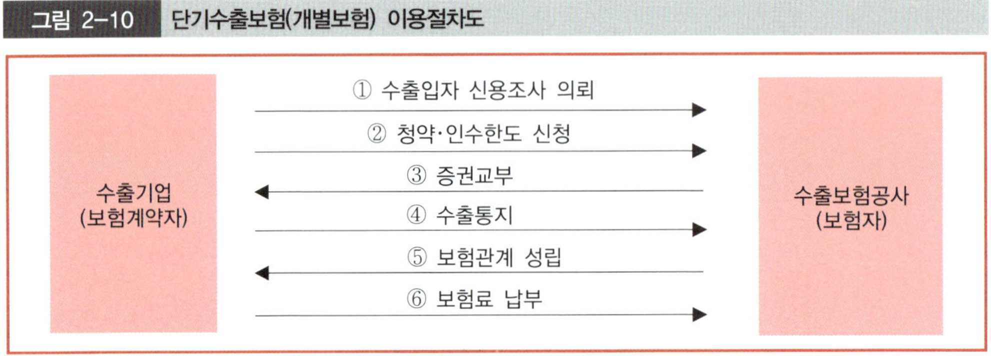

(1) 수출입자 신용조사의뢰(수출자 → 공사)

• 구비서류 : 수출자신용조사의뢰서, 최근 3년간 재무제표
수입자신용조사의뢰서(신용장거래인 경우 제외)

(2) 단기수출보험청약·인수한도신청(수출자 → 공사)

• 구비서류 : 단기수출보험청약서, 수출거래실적증명서(실적이 없는 경우 제출하지 않음), 거래경위서(중계무역만 해당)
• 심사내용 : 공사에서는 수출기업 및 수입자(또는 L/C개설은행)의 신용도와 수출자가 제출한 청약서상의 신청내용, 결제실적 등을 고려하여 보험에 부보할 수 있는 최대한도인 인수한도 금액을 책정한다.

(3) 단기수출보험증권교부(공사 → 수출자)

공사는 신청내용 및 신용조사결과를 종합적으로 심사하여 단기수출보험증권을 보험계약자(수출자) 등에게 교부한다. 일반수출, 위탁가공무역인 경우에는 인수한도를 부여하며, 중계무역, 재판매거래인 경우에는 수출계약 건별로 승낙하게 된다.

(4) 수출통지(수출자 → 공사)

보험계약자는 선적 전인 경우 수출계약체결 후 10영업일 이내에 청약서를 제출하여야 하며, 선적 후인 경우 수출통지서를 수출일로부터 10영업일 이내에 제출해야 한다.

수출통지가 있어야만 구체적인 보험관계가 성립하게 되며, 비로소 보험계약자는 보험자에게 보험료를 지급할 의무가 발생한다. 따라서 보험증권을 받았다 하더라도 수출통지를 위 통지기간 내에 공사에 하지 않으면 추후 보험관계 불성립을 이유로 보상받지 못하게 된다.

(5) 보험관계성립(공사 → 수출자)

공사는 수출계약통지서 또는 수출통지서를 심사하여 보험관계를 성립시킨다. 보험책임은 선적 전인 경우 수출계약통지일부터, 선적 후인 경우 수출일로부터 개시된다. 단 재판매거래는 인도일로부터 개시된다.

(6) 보험료 납부(수출자 → 공사)

공사는 매월 1일부터 말일까지 통지를 받은 건에 대하여 보험료 납부통지를 하며, 보험계약자는 다음달 25일까지 해당 보험료를 납부하여야 한다.

한편 포괄보험을 이용할 때는 개별보험 절차와 비슷하나, 특약체결(단기수출보험 포괄보험특약)과 보상한도 책정이 새로이 추가된다.

3) 보상절차 및 사후관리

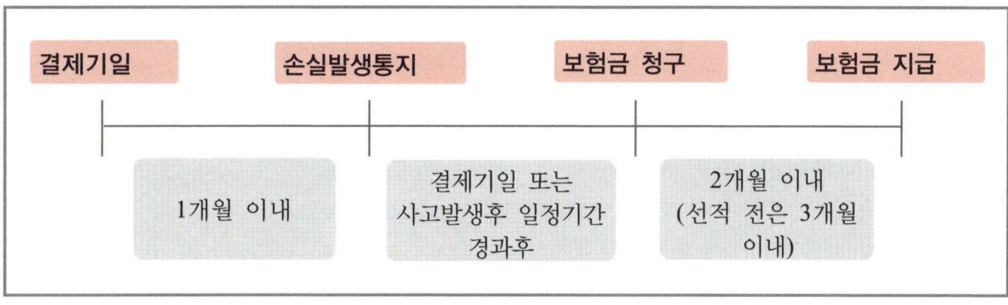

(1) 사고발생통지

수출자는 수출대금이 결제되지 않은 경우에는 결제일로부터 1개월 이내에 공사에 통지하여야 한다. (결제기일 이전에 비상위험 또는 신용위험이 발생한 사실을 안

때에는 안 날로부터 1개월 이내에 공사에 통지하여야 함)

(2) 공사의 사고조사

사고발생 통지서 접수 후 수출기업 및 매입은행 등을 통해 수출입자간 거래경험 및 최근 수입자와의 접촉사항 등 기본적인 사항 등에 대해 국내조사 실시한 후, 해외전문조사기관을 통해 구체적인 사고원인 등을 조사한다.

(3) 보험금 청구

수출자는 사고발생 통지 후 1개월 경과 후에 공사에 보험금을 청구할 수 있는데, 약관상 사고 사유별로 보험금 청구가능시점은 다소 차이가 있으며, 보험금 청구권은 청구가능시점으로부터 2년간 행사하지 않으면 시효 소멸한다.

■ 약관상 보험금청구 가능시점

- 사고원인이 비상위험, 수입자의 지급거절, 지급불능인 경우 : 결제기일 경과 후
- 사고원인이 수입자의 인수불능 또는 인수거절인 경우 : 사고발생 통지일로부터 1개월 경과 후

(4) 보상심사 및 보험금 지급

공사는 보험금 청구를 받은 다음, 수출입 당사자의 귀책여부 등을 심사하여 보험금 지급여부를 결정한다. 보험금 지급기한은 공사가 보험금 청구를 받은 날로부터 2개월이나, 보상심사에 필요한 자료의 제출을 공사가 요구한 경우의 보험금 지급기한은 자료를 요구한 날로부터 제출한 날까지의 기간을 더한 날까지 연장된다.

보험금은 기본적으로 손실액의 95%가 지급되며, 원칙적으로 원화 또는 외화로 지급받을 수 있다. 만약 수출자가 공사의 승인 하에 보험금 수취권을 매입은행 등에 양도한 경우에는 보험금 수취권자에게 보험금이 지급된다. 다만 사고발생 사유가 담보위험에 해당되지 않아 공사의 면책사유가 되는 경우 공사는 보험금 지급을 거절하며, 수출자가 이를 수용하지 못하는 경우 이의신청이나 소송을 제기하여 해결한다.

(5) 채권회수

수출자는 보험금을 지급받은 후에도 채권회수 노력을 하여야 하며, 회수된 금액이 있을 경우에는 해당금액을 공사에 납부하여야 한다.

4) 보험자의 주요 면책사항

수출보험은 은행의 채무보증과 달리 보험계약자의 손실발생에 대해 무조건적으로 보상하는 것이 아니며 보험기관의 면책사항에 해당하는 경우에는 보험금이 지급되지 않는다. 보험기관의 주요 면책사항으로 다음과 같은 것을 들 수 있다.

(1) 본지사 거래에서 신용위험으로 발생한 손실
(2) 연속수출로(이전 수출건의 만기일로부터 20일 이상 미결제상태에서 추가로 수출한 경우)인한 손실
(3) 물품의 멸실, 훼손 또는 기타 물품에 대해 발생한 손실
(4) 보험계약자가 법령을 위반하여 취득한 채권에 대해 발생한 손실
(5) 수출거래가 다음 각 호의 하나에 해당되는 경우
- 신용장방식 수출거래에서 신용장조건으로 명시된 서류가 당해 신용장 조건에 일치하더라도 그와 별도로 신용장개설은행의 대금지급책임이 면제 또는 경감될 수 있는 내용을 포함하고 있는 거래
- 무신용장방식 수출거래에서 수출계약 등에 의하여 수출계약상대방의 대금지급책임을 면제 또는 경감한다는 내용을 약정하고 있는 거래

(6) 기타 보험계약자, 보험계약자의 대리인이나 피사용인의 고의 또는 과실로 인하여 발생한 손실
(7) 보험계약자가 손실방지, 경감의무, 지시에 따를 의무, 조사에 따를 의무, 사고발생통지의 의무이행을 태만히 하여 발생한 손실
(8) 보험계약자가 보험계약 전 알릴 의무 또는 보험계약의 내용변경에 의해 공사에 알려야 할 사실을 알리지 않았거나 사실과 다르게 알린 경우에는 보험관계가 해지 될 수 있다.
(9) 공사에 수출 통지를 하지 않아 보험관계가 성립되어 있지 않은 경우
(10) 해당 보험료를 납부하지 않은 경우 보험관계가 해제된다는 통지를 발송하였음에도 불구하고 해당 납부기일까지 납부하지 않은 경우

4 중장기수출보험

1) 개요

수출대금 결제기간이 2년을 초과하는 중장기 수출계약에서 수출기업 또는 금융

기관의 대금미회수 위험을 담보하는 제도이다. 보험수혜자가 수출기업인 경우는 공급자신용, 금융기관인 경우는 구매자신용이라 한다.

그림 2-11 중장기수출보험 구조

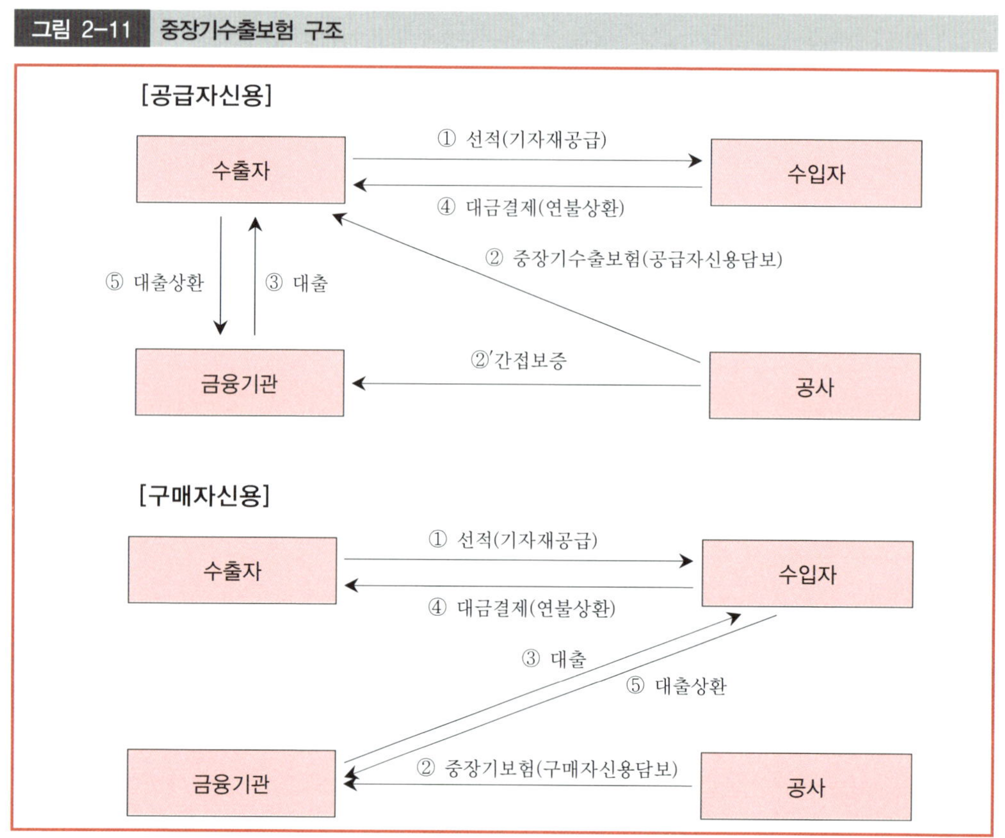

즉 중장기수출보험(공급자신용)은 수출자가 결제기간 2년을 초과하는 중장기 연불조건으로 자본재상품 등을 수출하는 경우 수입국 비상위험 및 수입자 신용위험으로 인한 수출자의 대금 미회수 위험을 담보하는 제도이며, 중장기수출보험(구매자신용)은 자본재상품 등 중장기수출과 관련하여 국내외 금융기관이 수입자 또는 수입국 은행 앞으로 결제기간 2년을 초과하는 연불금융을 제공하는 구매자신용 방식에 대하여 대출원리금 회수불능위험을 담보하는 제도이다.

2) 담보위험 및 보험료

담보위험은 국가신용위험(country credit risk)인 비상위험과 수입자 위험인 신용위험 모두를 포함한다.

한편 보험료는 연불원금에 수입국 등급 및 보험료 기간에 따른 OECD 최저기준 보험요율(Minimum Premium Rate: MPR)을 적용한다.

3) 중장기보험 이용절차

보험가입상담	- 보험계약자는 거래추진 단계에서 인수타당성 및 조건에 대하여 공사와 상담을 진행 - 공사는 수출자 등의 요청이 있거나 거래추진에 필요한 경우 상담결과 통지 또는 인수의향서(L/I) 발급가능
⬇	
예비신청	- 보험계약자는 공사의 예비승인을 얻기 위하여 수출계약(또는 금융거래) 체결 전에 구비서류와 함께 예비신청서 제출 - 공사는 수출거래(또는 금융거래) 내용, 수출입자 및 지급보증기관의 신용도 등과 기타 필요한 사항을 심사한 후 보험요율, 부보율, 인수적격조건 등을 기재한 예비승인서 발급
⬇	
청약	- 수출계약 (또는 금융계약) 체결 후 보험계약자는 구비서류와 함께 중장기수출보험에 대한 청약서 제출 - 공사는 청약서 접수 후 수입자 및 차주의 계약이행능력 및 신용상태, 지급보증기관의 채무이행능력을 심사하고 청약을 승낙
⬇	
선적(자금인출)의 통지	- 수출목적물의 선적 완료(또는 금융계약에 따른 자금인출)후 그 사실을 공사에 서면 통지

제4절 수출신용보증

1 수출신용보증의 개요

수출신용보증(export credit guarantee)은 국내기업의 수출거래에 대하여 수출신용기관이 대출을 취급하는 대신 국내외 금융기관으로 하여금 대출을 취급하도록 하고, 수출신용기관이 동 대출금 및 발생이자에 대해 지급을 보증하는 것을 말한다.[27]

---

27) '수출신용보증'이란 용어는 OECD 수출신용협약에서 사용되는 용어이며, 한국수출입은행에서는 '수출금융보증'이라 사용하며, 금융시장에서는 일반적으로 금전채무를 보증하는 '채무보증(repayment guarantee)'이라는 용어로 통칭됨.

즉, 수출신용보증(수출금융보증) 업무는 우리나라로부터 물품을 수입하는 외국정부나 외국인에게 수입결제대금을 대출하는 상업금융기관에 대하여 수출신용기관이 동 대출금의 상환을 보증하는 제도로 정의할 수 있다.

해외시장에서 자본재 수주경쟁이 치열해지면서 수입자(발주처)가 수출자에게 수출대금은 물론 선수금 및 현지비용 등에 대한 금융주선을 요구하는 경우가 늘고 있으나, OECD 수출신용협약에서는 수출신용의 지원한도를 제한하고 있어 이를 초과하는 부분에 대하여는 상업금융기관으로부터 금융을 조달할 필요가 있다. 또한 최근 수출거래규모가 대형화되면서 수출신용기관이 단독으로 대출하기 어려운 상황이 늘어나 상업금융기관과의 협조융자 필요성도 크게 늘어나고 있다.

그러나 상업금융기관들은 장기 거액의 금융거래에 대한 리스크 부담을 꺼리므로 상업금융기관들이 참여하도록 유도하기 위해서는 수출신용기관의 채무보증이 필수적이다.

한편 발주처는 금리하락세가 예상되는 경우 또는 입찰조건이 변동금리로 명시되어 있는 경우에는 고정금리 조건의 수출신용기관 직접대출보다는 수출신용보증 제도를 활용하여 상업금융기관의 변동금리 대출을 제공할 필요가 생긴다.

수출신용보증은 OECD에서 정하는 공적수출신용의 한 종류로 운용되고 있으며 이에 따라 OECD 수출신용협약의 규제를 받는다. 구체적인 금융조건은 직접대출의 경우와 같다.

2 수출신용보증의 특징

수출신용보증은 보증수혜자(대출은행)의 청구가 있으면 무조건적인 지급의무가 발생하게 되는 소위 독립적 은행보증(independent bank guarantee)이다. 따라서 앞서 무역보험공사가 취급하는 수출보험과는 달리 보증기관이 어떠한 면책사유로도 대항하지 않는다.

법적으로 보증서에 기재된 조건에 따라 보증수혜자가 그 보증서가 요구하는 서류를 첨부하여 지급을 청구하면 은행은 보증수혜자가 제출한 서류가 보증서의 문언상 조건과 일치하는 한 보증채무를 이행하여야 한다. 즉 보증채무 이행의 조건은 발행의뢰인과 보증수혜자간의 계약내용에 영향을 받지 아니하고, 보증수혜자가 단지 "발행의뢰인이 계약상의 채무 이행을 지키지 못했다"고 진술하기만 하면 충분한 것이 일반적이다.

수출신용보증은 이해당사자별로 이점을 갖고 있다. 먼저 보증수혜자 입장에서는 원래의 계약상의 권리 의무에 관한 다툼이 발생한 경우에도 보증서에 기재된 요건을 충족시키면 보증은행으로부터 신속하게 지급을 받을 수 있다는 점이 가장 큰 이점이다.

보증은행의 경우는 형식적인 심사만으로 보증채무를 이행하더라도, 보증수혜자(대출은행)와 보증의뢰인(차주)간 원래 계약상의 다툼에 관계없이 보증의뢰인으로부터 구상을 받을 수 있다. 보증은행이 보증금액을 대지급한 이상, 보증의뢰인은 자신이 원래의 계약에 따른 채무를 불이행한 사실이 없다는 점 등을 이유로 하여 보증은행의 상환청구를 거절할 수 없는 것이 원칙이다.

한편 보증의뢰인의 경우는 은행의 보증이 요구되는 것은 보증의뢰인의 신용 내지 계약상 의무이행능력에 대하여 보증수혜자가 불안을 느끼고 있기 때문인데, 채무보증에 의하여 보증의뢰인은 자신의 신용력을 보완하여 계약을 성사시킬 수 있게 되는 이점이 있다.

3 수출신용보증의 지원 절차 및 요건

수출신용보증은 국내에서 한국수출입은행이 주로 취급하고 있어 현재 한국수출입은행의 보증 제도를 살펴보기로 한다.

1) 지원절차

그림 2-12 수출신용보증 지원절차

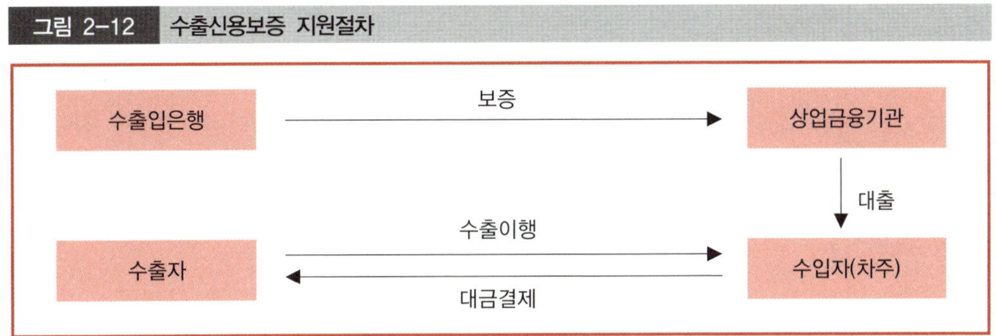

수출신용보증은 통상 직접대출과 함께 제공된다. 즉, 플랜트, 선박 등 대형 자본재 수출거래에서 발주자(수입자)가 한국수출입은행(수은)에게 자금제공을 요청하게 되면 수은은 전체 요청금액에서 가능한 직접대출 제공액을 산출하고, 나머지 부분은 수출신용보증을 통해 지원하게 된다.

통상 해당 프로젝트의 금융주선기관이 수은의 수출신용보증을 담보로 대출에 참여할 상업은행들을 물색하고, 대출참여은행들은 수입자 앞으로 대출을 하고, 수은은 이들 대출은행에 지급보증서를 발급한다.

수출자는 수입자 앞으로 수출을 이행하고 수입자로부터 수출대금을 회수하며, 금융거래에는 관여하지 않는다. 한편 수입자가 차입금을 모두 상환하게 되면 수은의 보증의무는 해지된다.

2) 지원 요건

(1) 지원기준

- 보증대상거래 : 국내외 금융기관 등이 대출을 취급하는 수은 지원 적격거래
- 보증의뢰인 : 차주 또는 차주를 대신하여 국내기업, 외국정부, 국내외 금융기관 등
- 보증수혜자 : 지원대상사업에 대출을 취급하는 국내외 금융기관 또는 외국인
- 보증금액 : 보증대상 대출의 원금과 그 이자를 합한 금액 범위 내
- 보증기간 : 보증대상거래의 대출기간

(2) 보증료

수출신용보증의 경우 보증원금에 대하여 OECD 프리미엄 체계에 따라 보증료를 징수하며, 보증료율은 OECD 최저기준요율(MPR)에 고객조정률을 더한 율로 한다.

보증료에 대한 최저 기준요율은 OECD에서 분류한 7등급의 국가등급에 의거하여 산출된다. 또한 고객조정률은 보증대상채무의 차주 또는 그 보증인의 신용도에 따라 정해진다.

보증료는 보증대상 대출이 최초로 집행되기 이전에 전액 선취하는 것이 일반적이다. 다만, 보증의뢰인의 요청 등 필요한 경우에는 보증대상이 되는 대출의 집행 시마다 그 집행비율에 따라 분할하여 받을 수 있다. 보증료는 보증표시 통화로 받는다.

(3) 필요서류

- 보증승인 신청 시 받는 서류 : 보증승인신청서, 대상거래계약서, 담보제공명세서
- 보증거래약정 체결 시 받는 서류 : 채무보증거래약정서, 대상거래계약서, 약속어음, 담보제공관련 계약서
- 보증서 기재사항 : 보증약속문구, 채권자의 주소 및 이름, 보증금액, 보증기간, 주채무의 내용, 주채무자의 주소 및 이름

4 수출신용보증과 중장기수출보험의 특성 비교

앞서 언급한대로 수출신용보증과 중장기수출보험은 수출신용기관을 대신하여 수출금융을 제공하는 상업금융기관의 대금회수 불능 시 이를 보상해 준다는 점에서 동일한 기능을 갖는다. 그러나 보상내용, 절차 등에 있어서는 다음과 같은 차이점이 있다.

첫째, 보증과 보험의 가장 큰 차이점은 보상조건으로 보증은 연체이자를 포함한 전액을 무조건적(unconditional)으로 보상하는데 반해 보험은 사고조사 후 면책사유가 없는 경우에 한해서(conditional) 보상하는데 있다.

둘째, 보상시기에 있어 보증은 대지급 요청 시 즉시 보상하는데 반해 보험은 사고조사를 위한 보상유예기간 경과 후에 보상한다.

셋째, 보상대상에 있어 보증은 대지급 시까지의 원리금을 모두 보상하는데 반해 보험은 손실액 중 부보비율(통상 80%~100%) 상당액을 보상하며 일반적으로 보상유예기간(waiting period : 사고발생 후 약 4~6개월)중 발생한 이자는 제외한다.

넷째, 기한의 이익 상실 인정여부에 있어 보증은 대출원리금 전액을 즉시 보상하는데 반해 보험은 대출원리금 상환기일 도래분만을 보상한다. 또한 보증은 보증의뢰인(상업금융기관)에게 주채무자앞 채권회수 의무를 부과하지 않는데 반해 보험은 보험계약자(상업금융기관)에게 채무불이행과 관련한 손실경감 및 채권회수 의무를 부과한다.

표 2-9 수출신용보증과 수출보험의 주요 특성 비교

구 분	수출신용보증	수출보험
OECD협약	Above standard	Below standard
조건성 여부	무조건 대지급	조건부 대지급
보상조사	없음	있음
보상시기	청구후 5일이내	청구후 2개월이내
보상비율	100%	80~100%

이처럼 보증과 보험을 비교할 때 보증이 보다 강력한 보장수단이 되는 것을 알 수 있다. 따라서 OECD 수출신용협약에서도 두 가지 상품의 성격을 구분하고 수수료의 차이를 두고 있다. 동 협약은 수출신용상품을 표준미만상품(below standard product), 표준상품(standard product) 그리고 표준초과상품(above standard product) 등 세 가지로 분류하고 있는데 보험은 표준미만상품에, 대출은 표준상품에, 그리고

보증은 표준초과상품에 각각 포함시키고 있다.

세 가지 상품의 수수료 차이는 최저프리미엄(MPR : minimum premium rates)[28]이 대출을 1.0으로 할 때 보험은 0.9825, 그리고 보증은 1.0175 등으로 보증의 가격이 가장 높다.[29]

제5절 이행성보증(Performance guarantee)

금융기관의 보증은 수출입계약에 있어서 수입자의 대금지급을 담보하기 위하여 이용되는 경우 외에 플랜트건설과 같은 수출물 제작에 많은 시일이 소요되는 수출계약에 있어서 여러 가지 수주자의 계약불이행 위험(risk)을 담보하기 위한 이행성보증에 많이 이용된다.

예를 들어 국제적인 플랜트건설계약에 있어서 ① 낙찰자가 계약을 체결하지 않을 경우에 발생하는 손해에 대비하여 요구하는 입찰보증(bid bond) ② 수주자가 계약을 이행하지 못 할 경우에 대비한 계약이행보증(performance bond) ③ 수주자가 선수금을 받은 경우에 해당 선수금을 반환하여야 할 사유가 발생한 경우에 대비한 선수금환급보증(advance payment bond) 등이 이에 해당하다.

1 이행성보증의 종류

1) 입찰보증(bid bond)

입찰보증은 국제입찰에 참여한 수출자가 입찰서상 규정된 내용을 위반할 경우 이에 대한 발주자의 손해를 보상할 것을 보증하는 것을 말한다.

입찰보증금은 이러한 경쟁입찰에의 참가자(bidder)의 성실한 의무이행 확보수단으로 적립케 하는 계약금이다. 입찰보증금은 계약위반 시 몰수되는 조건으로 계약가격의 1% 또는 2% 해당액을 현금, 유가증권이나 지급보증서 등으로 적립하는 것이다. 그러나 보증금을 현금으로 적립하는 경우는 드물며, 외국환은행의 보증신용장(stand by L/C) 또는 무화환신용장(clean L/C)을 제공하는 경우도 있다.

---

28) 제14장 제1절 OECD 수출신용협약 참조

29) 동일한 조건의 5등급 국가의 경우임.

건설계약 입찰참가자들은 보증금을 미리 내야 입찰에 참가할 수 있으며, 만약 낙찰자가 계약의 체결을 거절할 경우 그 보증금을 몰수함으로써 부실업자의 응찰을 방지하고 있다. 보증금의 몰수 시기는 응찰자가 유효기일(bid validity)전에 또는 낙찰 후 계약에의 참가를 포기하거나 소정기일 내에 해당계약 이행보증금을 적립하지 않을 때 발생한다.

2) 선수금환급보증(advance payment bond, or refund guarantee)

수입자가 수출목적물 인도전에 지급하는 선급금(수출자 입장에서는 선수금)에 대하여 수출자 귀책사유로 인하여 계약조건대로 수출목적물을 인도하지 못하는 경우에 그 선수금을 반환할 것을 보증하는 것을 말한다.

선박, 플랜트 등 대형 자본재 수출시는 선수금이 중요한 요소를 차지한다. 예를 들어 해외건설공사에서는 공사의 원활한 진행을 위하여 발주자가 사전에 건설회사에게 미리 계약의 일정금액(대개 10～20%)을 선수금으로 지급한다.

3) 계약이행보증(performance bond)

수출자가 자신의 귀책사유로 계약조건(성능, 납기 등)대로 수출을 이행하지 못할 경우, 수출금액의 일정비율을 보상할 것을 보증하는 것을 말한다. 통상 보증금은 계약가격의 일정비율(5% 또는 10%)이며, 입찰보증의 경우와 마찬가지로 실제 현금이 적립되는 경우는 드물고, 보증서(L/G) 또는 무화환 신용장을 발급하는 방식을 취한다.

프로젝트 회사는 공사이행 보증서에 의해서 수주자의 신용상태나 거래실적에 대한 신뢰를 얻을 수 있다. 왜냐하면 발급 은행은 시공회사가 양호한 신용상태나 거래실적을 보유하고 있지 않으면 보증서를 발급하지 않을 것이기 때문이다. 만약 시공회사가 계약을 이행하지 않을 경우에는 손해에 대하여 보증서 발급은행으로부터 전액을 보상받을 수 있게 된다.

4) 유보금보증(retention bond)

유보금보증은 계약이행 후 일정기간 동안 공사의 하자에 대하여 수출자가 책임을 지는 하자보증금조의 유보금 환급에 대한 보증이다.

사업주가 하자 보수를 위해 공사대금의 일정 비율을 유보시킬 경우, 이 유보금은 하자보증 기간이 끝나는 시점에서 되돌려 주도록 되어 있다. 그러나 공사 완공시점에서 건설시공회사는 유보금 환급보증을 제공하고 동 대금을 환급받을 수 있다. 건설시공회사는 종종 유보금이 없는 경우에도 일정비율에 해당하는 금액의 환급보증서를 제공하기도 한다.

5) 하자보수보증(warranty bond or maintenance bond)

하자보수보증서는 공사완공 또는 물품인도 후 일정기간 동안 하자보수 등 유지를 담보하기 위하여 발급되는 보증서이다. 하자보수보증은 하자보수기간 동안 해당 물품이나 설비의 정상적인 작동을 보장하기 위한 것이므로 그 기능에 있어서 계약이행보증과 동일하다. 따라서 하자보수보증은 계약이행보증과 동시에 발급하지 않는 것이 원칙이다.

특히 건설공사계약에서는 최종 결제대금을 유지보수기간 종료 후 지급하는 것으로 규정하는 경우가 많은데 건설회사는 건설공사 종료 시에 하자보수보증서를 발주처에 제공하고 최종결제대금의 지급을 요청하는 것이 일반적이다.

2 보증서의 주요 조항

보증으로 담보되는 주채무가 금전채무인 경우를 채무보증이라고 하면, 비금전채무를 담보하는 것을 이행성보증이라 말할 수 있다. 따라서 이행성보증서의 주요 조항도 독립적 은행보증서와 맥을 같이 한다.

1) 원인계약의 설명

모든 보증서 문안은 예외 없이 보증서 서두부분에 원인계약을 언급한다. 이는 당해 보증서가 담보하는 피담보채무를 명시하기 위한 것으로 원인계약에 관하여는 계약당사자, 계약체결일이나 입찰예정일, 계약서번호 등 간단한 사항만을 언급하는 것이 일반적이다.

2) 즉시지급조항

즉시지급조항은 "If the borrower defaults....., the guarantor shall forthwith pay on demand to the Lender..."와 같이 표현되는 조항이다. 보증서에 주채무자의 채무불이행이 있다는 주장과 함께 보증금을 청구하는 대로 이를 즉시 지급한다(pay on demand)는 내용의 문언이다. 즉시지급조항은 절대적이고 무조건적인 보증조항과 함께 은행보증의 중심적 내용을 이루는 조항이다.

3) 절대적이고 무조건적인 보증

보증서상의 “The guarantor hereby absolutely and unconditionally guarantees to the Lender...”는 동 보증이 절대적이고 무조건적인 보증임을 표시하는 문언이다. 절대적이고 무조건적인 보증이란 주채무자에게 먼저 항변하지 않고 주채무자의 채무불이행이 있고 채권자의 청구가 있으면 즉시 보증채무를 이행하겠다는 의미이며 우리나라 법상의 연대채무와 유사하게 된다.

보증서상에 이러한 문언이 있는 경우에도 보증 책임에 일정한 조건이 부가되어 있는 경우가 있다. 이 경우에는 그러한 조건 이외의 점에 있어서만 무조건적인 보증으로 보아야 할 것이다. 그러므로 선수금환급보증이나 계약이행보증의 경우에 보증인으로서는 발주자가 보증채무 청구 전에 수주자의 계약불이행 내용을 통지한 서면 사본, 수주자가 치유기간 내에 치유하지 못했다는 서한 및 수주자에게 보증채무 이행을 청구하겠다고 통지한 발주자의 서한 등을 첨부하도록 하는 것이 바람직하다.

4) 보증수혜자

보증의뢰인의 채권자 내지 계약상대방이 보증수혜자가 된다.

5) 유효기간

보증서의 유효기간은 당사자들 사이에서 중요한 의미가 있다. 유효기간은 보증인에게는 보증수혜자의 보증금 지급청구에 따라 보증채무를 이행하고 이를 위해 준비금(대손충당금)을 적립해야 하는 기간이고, 보증의뢰인에게는 보증인의 보증채무 이행에 따른 구상권 행사에 대비하여야 하고 보증인에게 보증료를 지급하여야 하는 기간이다.

보증수혜자에게는 이 보증서를 이용하여 자신이 입은 손해를 보전받을 수 있는 기간이 된다. 특히 보증서의 만기일(expiry date)은 보증인 자신의 보증서상 권리의무가 소멸되는 시점이므로 더욱 중요하다.

6) 효력발생일

명시적으로 달리 정하지 않은 한 보증서는 발급일로부터 효력을 발생한다고 하는 것이 일반적이다. 그러나 계약이행보증이나 선수금환급보증 등의 경우에는 원인계약상 채무가 발생하지 않은 경우에도 보증금 지급의무가 발생할 수 있으므로 이 경우에는 효력발생일을 발급일 이외의 일자로 정하는 경우가 많다.

7) 보증금액 및 통화

보증한도액이나 보증통화를 특정하는 것이 일반적인데 보증한도액을 정한 경우에는 보증수혜자의 실제 손해액이 한도액을 초과할지라도 한도액을 초과하여 지급되지는 않는다.

보증서는 원인계약상 채무이행에 따라 점진적으로 감액하도록 명시적으로 규정할 수 있으며 이러한 경우 감액에 따라 보증인 및 보증의뢰인(주채무자)의 채무는 감소한다.

특히 선수금환급보증은 동 보증서가 계약이행보증서로서의 기능도 수행하고 있는 경우를 제외하고는 계약이행 정도에 따라 차차 감액되어 선수금에 해당하는 정도의 계약이 이행되면 해지되는 것이 일반적이다.

감액방법은 보증서에서 정하는 것이 일반적인데 보통 선적서류 등을 제출하여 감액을 요청한다. 그리고 보증금액이 완전히 감액된 경우에는 보증이 종료되는 것으로 명시하는 것이 바람직하다. 한편 보증통화를 반드시 원인계약상의 통화와 일치시킬 필요는 없다.

참고

선수금환급보증 문안

ADVANCE PAYMENT BOND
(LETTER OF GUARANTEE NO. : [•])

[*DATE*]

Gentlemen,

We, XXX, hereby issue our irrevocable Letter of Guarantee No.[•] in favour of [*Name and Address of the Buyer*] (hereinafter referred to as "the Buyer") in connection with the shipbuilding contract (hereinafter referred to as "the Contract") dated the [•] day of [•] made by the Buyer and [*Name and Address of the Builder*] (hereinafter referred to as "the Builder") for the [*Description of the Project*] (hereinafter referred to as "the Vessel").

We, XXX, do hereby irrevocably and unconditionally guarantee that we will pay to the Buyer on demand the amount equivalent to the first installment of [•] United States Dollars (US$ [•]) together with interest of [•] percent ([•] %) per annum thereon as provided in the Contract from the date of the receipt of the said installment by the Builder to the date of our payment to the Buyer hereunder on and when the said installment becomes refundable to the Buyer by the Builder under and pursuant to the terms and conditions of the Contract.

The amount of this Guarantee will be automatically increased upon the Builder's receipt of the respective installment due under the contract, not more than [•] ([•]) times, each time by the amount equivalent to [•] ([•]) installment of [•] United States Dollars (US$ [•]) together with interest thereon as provided in the Contract but the amount of this Guarantee shall not exceed the total sum of [•] United States Dollars (US$ [•]) plus interest at [•] percent ([•] %) per annum thereon as provided in the Contract from the date of the Builder's receipt of each installment to the date of remittance by telegraphic transfer of the refund.

Payment under this Guarantee is available against the Buyer's written simple signed statement certifying that the Buyer's demand for refund has been made in conformity with Article [•] of the Contract and the Builder has failed to make the refund.

The following terms shall be applied to this Guarantee:

1. All payments to be made to the Buyer hereunder shall be made in United States Dollars to such account as may be designated by the Buyer, in immediately available funds free and clear of and without deduction for and on account of any present or future taxes of any nature now or hereafter imposed, levied, collected, withheld, deducted or assessed by any taxing and/or governmental authority whatsoever or wheresoever unless we are compelled by law to deduct such taxes, in which event all such taxes shall be borne by us or, if under the provisions of any applicable law this stipulation cannot be applied, we shall increase any payment(s) to the Buyer hereunder so that the net amount(s) received by the Buyer shall be equal to the full amount(s) which the Buyer would have received had such payment(s) not been subject to such taxes.
2. This Letter of Guarantee shall be in force and effect from the date of the Builder's Actual receipt of the first installment amount of [•] United States Dollars (US$ [•]) until such time as the Vessel is delivered by the Builder to the Buyer in accordance with the provisions of the Contract.
3. This Letter of Guarantee shall become null and void and shall be forthwith returned to us upon receipt by the Buyer of the full amount of the sum hereby guaranteed or upon our receipt of an original of Protocol of Delivery and Acceptance of the Vessel duly signed by the Buyer and the Builder or upon issuance of the Letter of Indemnity (as referred to in the Contract) in favour of a western bank in replacement of this Letter of Guarantee.
4. This Letter of Guarantee shall remain valid in respect of the sums hereby guaranteed, notwithstanding any contract variations or any other matter whatsoever which might otherwise (but for this clause) discharge our liability hereunder.
5. The benefit of this Letter of Guarantee may be assigned or transferred by the Buyer freely at any time to any bank or financial institution. Written notice of any such assignment or transfer should be given to us, which we agree to acknowledge in writing.

This Letter of Guarantee shall be governed by and construed in accordance with the laws of [*Name of the Country*] and the undersigned hereby submits to then on-exclusive jurisdiction of the courts of[•] and any proceedings commenced in the [•] court may be served on us at our office for the time being and from time to time in [•]. Notwithstanding the foregoing, if at the time of the Buyer's demand an arbitration has been initiated by either or both of the parties to the Contract to determine whether the Buyer is entitled to refund the advance payment in accordance with the Contract, our payment under this Guarantee shall be made upon the arbitration award being issued in favor of the Buyer. The Buyer shall submit to us a certified copy of such arbitration award for this purpose.

Yours faithfully,
For and on behalf of
X X X

3 간접보증(복보증)

이행성보증은 당사자의 수에 따라 직접보증(direct guarantee)과 간접보증(indirect guarantee)으로 나눌 수 있다.

직접보증은 보증의뢰인의 보증서 발급의뢰에 따라 보증인이 보증수혜자에게 보증서를 발급하는 경우로서 보증과 관련 채권자와 주채무자 및 보증인의 3인만이 개입하게 된다.

간접보증이란 주로 보증수혜자가 소재하는 국가의 은행이 보증서(원보증, primary guarantee)를 발급하고 의뢰인의 거래은행이 그 보증은행에 대하여 제2차적인 보증(복보증, counter guarantee)을 하는 것으로서 보증의뢰인과 보증수혜자 및 보증인 이외에 보증인에게 보증서 발급을 지시하는 지시은행(instructing bank)이 개입하게 되는 보증이다. 따라서 보증수혜자에게 보증채무를 이행한 보증인은 지시은행에게 보증채무의 이행을 청구하고, 지시은행은 다시 보증의뢰인에게 구상권을 행사하게 된다.

간접보증, 즉 복보증은 중동국가들과의 거래에서 특히 많이 요구되고 있는데 이는 보증인(예 한국의 상업은행)이 보증수혜자(중동의 발주처)와 다른 국가에 소재하기 때문에 지급청구 등 보증수혜자가 권리를 행사하는데 있어서 준거법이나 환전 등과 관련한 현실적인 어려움이 존재할 수 있고, 특히 보증인이 보증의뢰인과 밀접한 관계에 있기 때문에 보증금 지급청구 등과 관련한 문제가 발생할 경우 보증수혜자보다는 보증의뢰인의 입장을 옹호할 가능성이 높다는 우려에서 요구되고 있다.

한편 발주자가 보증인을 잘 모르는 경우나 국내법으로 자국은행을 보증인으로 한다는 등의 이유로 보증인을 수혜자 자신이 소재한 국가의 금융기관으로 정하고, 그 보증인의 보증채무를 담보하기 위하여 보증의뢰인의 거래 금융기관이 다시 보증하는 사례도 종종 나타난다.

이러한 복보증시 보증의뢰인은 이중의 보증료를 지불해야 하기 때문에 비용부담이 크다는 문제가 있다.

제7장

프로젝트 파이낸스

제1절 프로젝트 파이낸스의 개요

1972년 영국 British Petroleum사가 북해 유전개발사업의 소요자금을 프로젝트 파이낸스 방식으로 조달한 이래 40여 년간 대규모 경제적 투자나 금융방식의 한 수단으로서 프로젝트 파이낸스에 대한 세계적 관심은 새로운 조류로 형성되어 왔다. 국내에서도 1995년 인천 신공항고속도로 사업을 시작으로 항만과 유료도로 사업 등 인프라 사업을 중심으로 프로젝트 파이낸스 방식의 금융이 널리 활용되고 있다.

프로젝트 파이낸스는 사업주의 직접적인 지급보증 없이 프로젝트 자체의 수입(cash flow)과 자산을 바탕으로 자금조달을 가능하게 함으로써 대규모 신규투자를 촉진하는 역할을 한다. 특히 이해당사자간 프로젝트 위험을 합리적으로 배분한다는 기본 원리와 전통적인 기업금융에 비해 기업의 금융 가용성을 증대시키는 장점은 세계적인 인프라 민영화 추세에 힘입어 기업이 대규모 프로젝트를 할 수 있도록 커다란 동기를 제공하고 있다.

일부에서는 공공부문 민영화에 따른 국민 부담의 증가나 1997년 중반 시작된 아시아 경제위기로 많은 개발도상국 시장이 급격히 악화된 상황에서 이러한 프로젝트 파이낸스의 활용 가능성에 대해 의문이 제기된 적도 있었다. 그러나 이후 10년이 채 되지 않아 프로젝트 파이낸스 규모는 3배 가까이 증가하였으며, 앞으로도 대규모 자원개발과 인프라 민영화 사업의 증가에 따라 그 활용도가 더욱 확대될 것으로 전망되고 있어 이제는 프로젝트 파이낸스에 대한 신중론은 찾아보기 쉽지 않다.

특히 우리나라 기업은 개발도상국의 인프라사업과 해외 자원개발사업의 확대와 더불어 지금까지 해외 플랜트·건설공사에서의 EPC 역할에서 한 걸음 더 나아가 프로젝트의 개발과 지분투자까지 담당하는 이른바 해외 개발투자형 프로젝트를 선도적으로 개발하는 데도 관심이 커지고 있어 이러한 프로젝트의 소요자금을 조달하는 데 가장 적합한 금융방식으로 프로젝트 파이낸스가 주목을 받고 있다.

제2절 프로젝트 파이낸스의 개념 및 특징

1 개념

1) 기업금융과의 비교

기업이나 사업주가 프로젝트를 수행함에 있어 소요자금을 조달하는 방법을 사업주가 자금을 제공하는 금융기관(lenders)에 대해 부담하는 법적인 상환책임(recourse)의 범위를 기준으로 분류할 때 '기업금융(corporate finance)'과 '프로젝트 파이낸스(project finance)'로 나눌 수 있다.

이를 금융기관 입장에서 보면 일정 프로젝트에 대한 금융지원에 있어 프로젝트 회사(project company)가 아닌 사업수행의 주체 또는 프로젝트 회사의 모기업인 사업주 등 제3자에게 대출 원리금 상환을 청구할 수 있는지 없는지에 따른 구분이라 할 수 있다.

예를 들어 A기업이 사업을 확장할 목적으로 해외에 자회사(프로젝트 회사)를 설립하는 경우 자회사 설립에 소요되는 자금을 조달하는 방법에는 여러 가지가 있다.

먼저 A기업(모기업, 사업주)이 스스로 자금을 조달(내부 유보금 또는 금융기관 차입)하여 자회사의 지분에 투자함과 동시에 자회사에 대출형식으로 지원하는 방법이 있다. 이 때 금융기관으로부터 차입한 자금의 차주는 A기업으로 그 원리금을 상환할 책임이 있으며, 금융기관 입장에서는 해외 자회사의 성공여부와 관계없이 A기업의 신용만을 바탕으로 자금을 제공한 것이다. 이러한 방식을 기업금융이라 한다.

그림 2-13 프로젝트 파이낸스와 기업금융의 비교

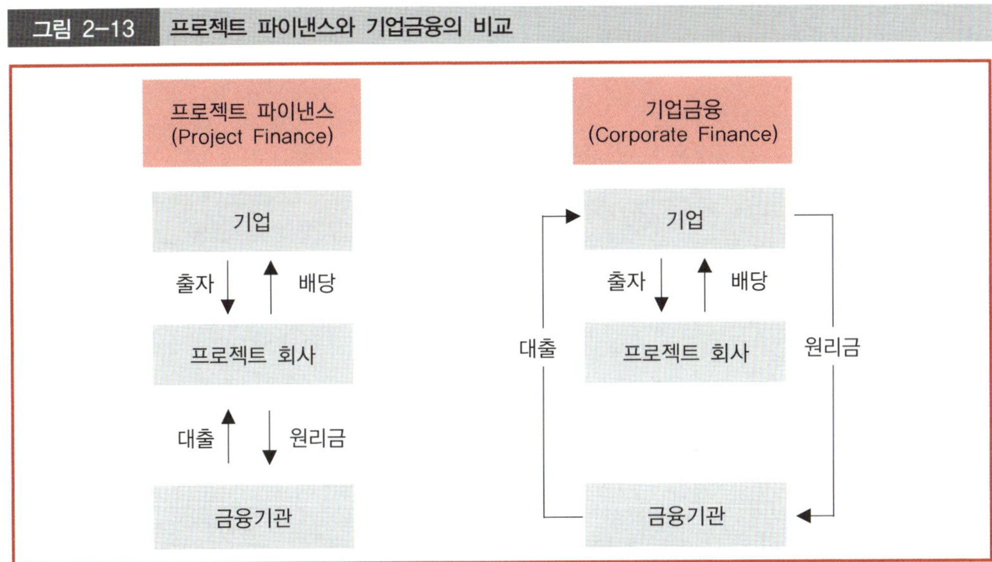

또 다른 방법으로 A기업은 자회사에 지분 투자만하고, 나머지 소요자금은 금융기관이 자회사를 차주로 직접 대출하도록 하는 방법이 있다. 전자와 달리 금융의 차주가 모기업이 아닌 자회사가 되는 것이다. 이러한 금융기관의 대출에 대해 모기업이 원리금 상환을 보장한다면 궁극적으로 전자의 기업금융과 다르지 않다.

그러나 모기업이 그 원리금 상환을 보장하지 않는다면 금융기관은 차주인 자회사로부터 원리금을 직접 회수하여야 한다. 결국 대출 원리금의 회수여부는 A기업의 신용도보다 자회사의 영업성과에 좌우되며 자회사가 상환능력이 없는 경우라도 금융기관은 모기업에게 직접 상환을 청구할 수 없다. 이러한 금융방식을 프로젝트 파이낸스라 한다.

프로젝트 파이낸스는 금융기관 입장에서 해당 사업이나 프로젝트 자체에서 발생하는 미래의 수익을 상환재원으로 할 뿐 사업주에게 아무런 상환청구를 할 수 없는 금융형태인 반면, 기업금융은 궁극적으로 상환책임을 사업주가 책임지도록 하는 금융, 다시 말해 당해 프로젝트뿐만 아니라 다른 프로젝트를 수행하는 사업주 전체의 수익을 상환재원으로 제공되는 금융형태를 말한다. 결국 프로젝트 파이낸스란 신설 프로젝트 회사를 차주로 하고, 그 프로젝트 자체에서 발생하는 미래 수익을 주요 상환재원으로 하는 금융형태를 말한다.

그러나 일반적으로 금융기관은 대출의 상환재원을 프로젝트의 미래수익에만 한정하는 것은 아니며, 프로젝트 회사가 보유한 유·무형 자산에 대한 담보 취득, 사업주 등 이해당사자의 프로젝트 지원 보장 등 간접적인 수단도 확보한다. 다만 이러한 자산 담보나 이해당사자의 지원보장이 원리금 상환에 직접 연계되어 있는 것이 아니라 제3자에 대한 권리 확보나 프로젝트 사업성을 보완하는 간접적인 방식으로 활용될 뿐이다.

표 2-10 프로젝트 파이낸스와 기업금융의 비교

구 분	프로젝트 파이낸스	기업금융
차 주	프로젝트 회사 (특수목적회사)	사업주 자신
사 업 성 분 석 대 상	프로젝트 자체의 미래 현금흐름	사업주의 전반적인 신용도
상 환 재 원	프로젝트 수입(현금흐름)	사업주의 전체 재무능력
사업주 앞 상환청구권	비소구 또는 제한적 소구	완전소구(구상권, 연대보증)
채권보전	프로젝트 자산, 이해당사자의 지원보장, 주요 계약상 권리의 양도 등	모기업의 연대보증, 물적 담보 등
현금흐름 통제	약정에 의한 통제	사업주의 재량권 허용
금융구조	복잡(이해당사자 다수)	단순
비용·시간	고 비용, 장기간 소요	저 비용, 단기간 소요

2) 수출금융에서의 프로젝트 파이낸스

수출신용기관은 정부기관(government agency)으로서 이들이 취급하는 전통적인 수출금융은 수입국 정부나 중앙은행, 또는 공공기관을 차주로 하거나 지급보증자로 하여 궁극적으로 수입국의 정부위험(sovereign risk)을 부담하는 금융이다. 이에 반해 프로젝트 파이낸스 방식의 수출금융은 민간 기업에 의해 수입국에 설립되는 프로젝트 회사를 차주로 하는 금융형태로 여기에는 전통적인 수출금융과 달리 수입국 정부나 중앙은행 또는 공공기관 등 제3자가 수출금융의 상환을 보장하지 않는다.

전통적으로 수출신용기관은 상업금융기관이 부담하기 어려운 개발도상국의 정부위험 또는 정치적 위험을 부담하기 위해 설립되어 개발도상국 정부나 공공기관이 추진하는 국영사업에 중점을 두었다. 그러나 1990년대 이후 개발도상국의 인프라 민영화 추세와 대규모 자원개발 사업이 활성화되면서 이러한 거래에 대한 프로젝트 파이낸스 방식의 수출금융도 활발히 추진되고 있다.

3) 구조화 금융과 자산담보부 금융과의 비교

프로젝트 파이낸스와 유사한 금융방식으로 구조화 금융(structured finance)과 자산담보부 금융(asset-based finance)이 있다. 광의의 구조화 금융은 별다른 채권보전장치가 없는 기업의 운전자금 지원과 같은 순수한 의미의 기업금융을 제외한 모든 금융형태로 프로젝트 파이낸스를 포괄하는 의미로 사용된다. 하지만 구조화 금융을 좀 더 협의의 의미로 본다면 기존 기업을 차주로 하되, 프로젝트 파이낸스에서 활용되는 채권보전장치를 활용하여 차주의 신용을 보강하는 방식의 금융으로 프로젝트 파이낸스와 기업금융의 중간형태(hybrid finance)라 할 수 있다.

한편 자산담보부 금융은 금융대상 자산의 가치와 그 자산을 이용한 수익을 바탕으로 한 금융으로 담보 취득과 담보권 활용이 용이하다는 점에서 프로젝트 파이낸스와 구별되며, 일종의 구조화 금융이라 할 수 있다. 선박금융(ship finance)이나 항공기금융(aircraft finance)이 대표적인 자산담보부 금융에 속한다.

2 특징

프로젝트 파이낸스는 대규모 플랜트나 사회기반시설, 자원개발 프로젝트 등을 대상으로 기업을 창업하는데 소요되는 자금을 해당 프로젝트 사업성을 바탕으로 지원하는 금융방식이므로 그 자체의 성격과 복잡성, 금융기관이 부담하는 위험을 해결하는 방법 등에서 기업금융과 다른 여러 가지 특징이 있다.

1) 상환청구권[30]의 제한

사실상의 사업주체인 사업주는 대주에 대하여 직접적인 원리금 상환의무를 지지 않으며, 단지 프로젝트에 대해 지원(공사완공보증, 원재료 공급, 생산물 인수, 운영과 관리 지원)을 확약한 범위 내에서만 책임을 진다. 이를 상환청구권이 제한된 금융(non or limited recourse finance)이라 하며, 프로젝트 파이낸스의 가장 큰 특징은 금융기관(대주)이 사업주나 정부 등 프로젝트 이해당사자 그 누구에게도 원리금 상환에 대한 청구권을 행사하지 않는다는데 있다.

2) 프로젝트 위험의 효율적 배분

프로젝트 파이낸스를 실무적 측면에서 본다면 프로젝트에 내재되어 있는 리스크를 분산, 각 이해당사자에게 이전시키는 과정으로 이해된다. 이 과정에서 사업주는

---

30) '소구권(遡求權)'과 동일한 의미로 '비소구(non-recourse)' 또는 '제한소구(limited recourse)' 등의 용어로 사용되기도 함.

한정된 범위 내에서 프로젝트를 지원하려는 반면, 대주인 금융기관은 가능한 한 충분한 지원을 요구하게 되어 양자의 이해가 상반되므로 양자 간에 적절한 프로젝트 리스크 분담이나 제3자의 프로젝트 지원을 통한 리스크 감소 방안이 요구된다.

원칙적으로 프로젝트 리스크는 프로젝트에 참여하는 이해당사자간에 합리적으로 배분되는 것이 바람직하다. 프로젝트 위험의 합리적 배분이란 해당 위험을 적절히 관리할 수 있고, 그 위험발생의 주체가 되거나 영향을 받는 이해당사자가 위험을 부담하는 것인데, 이를 위해서는 이해당사자의 신뢰유지와 위험부담 능력이 전제되어야 한다. 그러나 현실적으로 프로젝트 위험의 배분은 이해당사자의 상대적 지위나 시장환경, 금융관행 등에 따라 좌우된다.

3) 전문가에 의한 실사 필요

프로젝트 파이낸스는 일반적으로 신설 프로젝트(green-field project)를 대상으로 하는 금융방식으로 대상 프로젝트의 미래 현금수입을 주요 상환재원으로 한다. 따라서 사업의 타당성 분석이 필수적이며, 이를 위해서 프로젝트 추진 초기단계부터 '객관화된 사업 타당성'을 확보하기 위한 시스템을 마련하는 것이 중요하다. 단지 프로젝트의 재무적, 기술적 내용뿐만 아니라 법률·제도적 영향과 모든 이해당사자와의 역할 분담 등 프로젝트 타당성에 영향을 미치는 모든 요소(리스크)들이 명확히 파악되고, 객관화되어야 한다. 이러한 일련의 과정을 실사(due diligence)라 한다.

아무리 경험이 많은 기업이라 할지라도 기업 내부에서 검토된 정보나 자료는 객관화 되었다고 할 수 없다. 또한 금융기관 입장에서도 사업주가 제시한 프로젝트의 모든 정보를 검증할 수 있는 전문가를 갖춘다는 것은 불가능하다. 따라서 합리적인 due diligence를 위해서는 초기단계에서부터 각 분야별 독립 전문가의 고용이 필수적이다.

여기서 독립 전문가라 함은 금융, 재무, 법률, 기술, 산업조사 등 각 분야에서의 전문기업, 즉 금융주선기관(financial advisor), 법률자문기관(legal advisor), 기술자문기관(technical consultant), 산업분석 전문기관(market consultant) 등을 의미한다. 특히 프로젝트 파이낸스에 있어 금융자문기관과 법률자문기관의 역할은 거의 절대적이고 프로젝트 효율적 추진 여부에 많은 영향을 미치므로 그 선정에 신중을 기하여야 한다.

금융자문기관은 단순히 금융이나 재무관련 사항만을 자문하는 것이 아니다. 프로젝트 추진방법, 프로젝트 구조화, 자금조달방법 등 프로젝트 전반에 걸쳐 사업주에게 자문하여 프로젝트의 효율적 추진을 도모한다. 또한 프로젝트 파이낸스 모든 내용이 궁극적으로 계약서로 작성된다는 점에서 얼마나 경험 있고 영향력 있는 법률 자문기관을 고용하느냐가 프로젝트 파이낸스의 성패를 가름할 수도 있다. 물론 전문가 고용에 따르는 비용이 적지 않으나 이는 프로젝트 전체 소요비용 중 일부를 구성하는 것으로 인식되어야 한다.

4) 복잡한 계약 구조와 다수의 이해당사자

프로젝트 파이낸스는 프로젝트의 사업성을 기초로 하는 금융방식이므로 프로젝트 사업성 검토에 많은 시간이 소요되고, 각종 컨설턴트와 변호사 고용이 필요함에 따라 비용 부담도 큰 편이다. 또한 프로젝트의 이해당사자가 많고, 프로젝트를 합리적으로 구성하기 위해서는 이해당사자의 권리와 의무, 이해관계를 모두 계약서로 작성하여야 한다. 따라서 계약관계가 복잡해지고 이로 인해 장기간의 협상과정이 필요하게 된다.

5) 적용분야의 다양성

프로젝트 파이낸스는 전통적으로 자원개발 프로젝트나 대규모 플랜트 프로젝트에 적합한 금융수단으로 활용되어 왔다. 이것이 본격적으로 활성화된 계기는 사회기반시설의 민영화 추세에 있다. 1980년대 들어와 선진국은 발전과 통신사업의 민영화를 추진하여 왔으며, 이어서 도로, 철도, 항만 등 사회기반시설도 효율성 증대와 재정 부담을 줄이기 위한 목적으로 민영화하기 시작하였다. 이러한 민영화 사업은 대규모 장기 프로젝트의 속성을 지니고 있어 소요자금의 조달방식으로 프로젝트 파이낸스가 가장 적합한 방식으로 활용되었다. 최근에는 학교나 교도소와 같은 공공시설의 확충과 함께 대규모 도시나 관광시설의 건설 사업에 이르기까지 광범위하게 활용되고 있다.

이렇게 프로젝트 파이낸스가 대규모 프로젝트에 광범위하게 활용되고 있는 것은 프로젝트 리스크를 이해당사자 사이에 합리적으로 배분한다는 기본적인 속성에 기인한다. 반면에 프로젝트 파이낸스가 많은 부대비용과 시간이 소요된다는 점에서 소규모 프로젝트에 적용하는 것은 바람직하지 않다.

3 프로젝트 파이낸스의 효용성

프로젝트 파이낸스는 사업주나 금융기관 입장에서 상반된 속성을 가지고 있으며,

이로 인해 프로젝트 파이낸스를 활용하는 이유가 서로 다르다.

1) 사업주의 입장

(1) 사업주가 원리금 상환을 직접 보증하지 않으므로 프로젝트 위험이 금융기관(대주)에게 전가되는 효과가 있다.
(2) 프로젝트 파이낸스의 차주는 일반적으로 신설 기업인 프로젝트 회사가 되고 모기업으로서의 사업주는 차입금에 대해 지급보증을 하지 않으므로 자신의 재무상태에는 아무런 영향을 미치지 않는다. 즉 부외금융(off balance sheet) 효과가 있어 사업주의 부채에 직접적인 영향을 미치지 않는다.
(3) 프로젝트 파이낸스는 프로젝트 자체의 수익성을 바탕으로 이루어지므로 사업주의 신용도에 크게 구애받지 않고 대규모 자금의 조달이 가능하다.

2) 금융기관(대주)의 입장

(1) 금융기관은 프로젝트 파이낸스 방식의 금융을 통하여 사업주가 수행하는 모든 사업에 대한 위험을 부담하는 것이 아니라, 수익성이 있다고 판단되는 특정 부문(프로젝트)에 대한 위험만 부담함으로써 다른 부문의 부실여부에 관계없이 대출금을 상환 받을 수 있다. 특히, 외채 부담이 큰 개발도상국에서 시행되는 프로젝트에 대한 프로젝트 파이낸스는 위험에 대한 적절한 대응책만 마련된다면 전통적 금융보다 안정성이 높다고 할 수 있다.
(2) 프로젝트 파이낸스는 전통적 금융보다 이자율, 수수료 등의 수준이 높아 금융기관은 높은 수익을 얻을 수 있다.
(3) 프로젝트 파이낸스 전문 금융기관이 세계적으로 제한되어 있다는 점에서 프로젝트 파이낸스를 실시하는 기관은 국제금융계에서 차별화의 이익을 얻을 수 있다.

사업주와 금융기관 입장에서 프로젝트 파이낸스의 장점과 단점은 [표 2-11]과 같이 정리할 수 있다.

표 2-11 프로젝트 파이낸스의 장점과 단점

구 분	장 점	단 점
사업주 입장	• 프로젝트의 사업위험 분산 • 대규모 자금 조달 가능 • 부외금융	• 금융비용 등 사업추진비용 증대 • due diligence 등 금융추진에 장시간 소요
금융기관 입장	• 전문 금융기관으로서의 차별화 지위 확보 • 수익 증대 • 금융 안전성 제고 가능	• 프로젝트 위험 부담

제3절 프로젝트 파이낸스의 발전배경과 시장 동향

1 세계 프로젝트 파이낸스 발전 배경

프로젝트 파이낸스의 원형은 1930년대 미국 텍사스 주를 중심으로 시행되었던 석유개발사업에서 시작되었다고 할 수 있다. 당시 석유생산 기술면에서는 굴착기술과 매장량 평가방법이 진보하여 사업의 신뢰성이 높아졌지만, 경제 대공항으로 피폐된 석유기업은 신용도가 크게 낮아졌다. 이러한 상황에서 금융기관은 기업의 신용도에 직접 의존하지 않고 상품(석유) 또는 프로젝트(채굴사업)에 의존한 금융을 취급하게 되었다. 이것이 제 2차 세계대전 이후 특정 석유광구에서 장래 산출될 석유의 일부 또는 전부를 취득하는 권리를 바탕으로 한 소위 '생산물지급(Production Payment)' 방식의 금융으로 발전되어 지금의 프로젝트 파이낸스 원형을 이루게 되었다.

미국 석유개발 산업에서 발달한 생산물지급방식의 금융이 대규모 국제금융기법으로 세계무대에 등장한 것은 1970년대 북해 유전개발 프로젝트이다. 1970년 포티즈 유전을 발견한 British Petroleum사가 개발자금의 조달에 미국의 생산물지급방식 금융을 응용(장래 석유대금에 대한 선지급금으로 개발소요자금 충당)하여 66개 국제금융기관의 신디케이션을 성공시킨 것이다. 이것이 본격적인 국제 프로젝트 파이낸스의 시작이었다.

이후 1978년 미국이 '공익사업 규제 정책법(PURPA : Public Utility Regulatory Policies Act)'을 시행하여 민간 발전사업자가 생산한 전력을 공공 전력회사가 의무적으로 구입하였는데 이 과정에서 민간사업자는 대규모 투자에 따른 리스크를 모두 부담하기 어렵게 되자 그 소요자금 조달에 프로젝트 파이낸스를 활용하게 되었다. 이것이 가스·통신 등 공공사업의 민영화 사업과 대규모 정유·석유화학사업에 대한 프로젝트 파이낸스로 확대되어 오늘날에 이르게 되었다.

한편 1980년대 후반부터 개발도상국 정부는 재정수지 악화 및 외채누적 문제와 사회기반시설의 비효율성 등을 해결하기 위해 사회기반시설의 민영화·자유화와 더불어 민간 참여를 위한 규제완화 정책을 추진하게 되었다. 1987년 터키 정부는 세계 최초로 BOT(Build-Operate-Transfer) 관련 법규를 제정하여 발전 등 공공사업에 민간 기업의 참여를 허용하였으며, 이후 중남미 국가 등 많은 개발도상국에서도 사회기반시설 사업을 민영화하는 정책을 추진하였다. 이 과정에서 민간 기업은 회임기간이 길고 위험이 크며, 투자자본 규모가 대규모인 공공사업을 보다 효율적으로 추진하기 위하여 프로젝트 파이낸스 시장을 활용하게 되었다.

1990년대에 들어와 인프라 사업에 대한 프로젝트 파이낸스 시장은 영국의 PFI(Private Finance Initiative)와 PPP(Public Private Partnership) 정책을 중심으로 확대되었으며, 선진국뿐만 아니라 개발도상국에서도 BOT와 PFI/PPP 시스템을 받아들여 자국의 실정에 맞게 응용함으로써 프로젝트 파이낸스 시장이 확대되는 계기가 되었다. 1997년 후반 아시아 경제위기와 2001년 9·11 사태, 그 이후 세계 금융위기와 유럽 재정위기, 중동의 정치적 갈등 등으로 산업설비나 사회기반시설 프로젝트 시장이 축소됨에 따라 프로젝트 파이낸스 시장의 규모가 감소되기도 하였지만, 세계 각국의 사회기반시설 수요의 급증과 민영화 추세, 대규모 자원개발사업, 산업설비 프로젝트의 대형화 등으로 시장규모는 꾸준히 증가하고 있다.

우리나라의 경우도 1990년대 후반 경제위기를 극복하면서 사회기반시설의 민간 참여 허용과 지방자치제의 발전에 따라 유료도로와 항만 등 사회기반시설 사업을 중심으로 프로젝트 파이낸스 시장이 크게 확대되고 있다. 2000년대 이전 초기단계에서 우리나라의 프로젝트 파이낸스는 오히려 기업금융에 가까웠다. 즉 공사완공과 관련하여 사업주가 폭넓은 보증을 제공하였을 뿐만 아니라 운영기간 중 사업주의 부족자금 보충 의무도 전 대출기간에 걸쳐 한도제한 없이 적용되었으며, 특별한 해지조건도 없었다.

2000년대 들어와 인천 남항 프로젝트와 부산 신항만 프로젝트가 추진되면서 세계 프로젝트 파이낸스 시장과 유사한 비소구 또는 제한소구금융(non or limited recourse finance) 방식이 자리를 잡기 시작하였으며, 시중의 풍부한 자금 유동성을 바탕으로 대규모 인프라 사업이 계속 추진되면서 국내 프로젝트 파이낸스 시장은 국내·외 금융기관 사이에 경쟁이 가속화되고 있다.

2 세계 프로젝트 파이낸스 시장의 동향

세계 프로젝트 파이낸스 시장은 1997년 아시아 경제위기와 2001년 9·11 사태 등에 따라 부침을 반복하여 왔으나, 2003년 이후 지속적으로 증가하여 2008년에는 2,600억 달러를 넘어섰다. 이후 글로벌 금융경색과 유럽 재정위기, 중동의 정치적 갈등 등 정치적·경제적 요인으로 시장규모가 일시적으로 축소되었으나, 세계 각국의 교통·발전 등 사회기반시설 사업 민영화 추세, 자원개발사업 증가, 신재생에너지 사업의 증가 등으로 프로젝트 파이낸스 수요는 꾸준히 증가하고 있다.

한편 2003년부터 2013년까지 최근 11년 동안 프로젝트 파이낸스 시장을 산업별로 살펴보면 민자발전사업이 전체의 35% 수준으로 가장 큰 비중을 차지하고 있으며, 교통 프로젝트와 석유·가스개발사업이 각각 20% 수준을 차지하고 있다. 그밖에 일반 플랜트사업, 석유화학사업, 상·하수사업, 자원개발사업, 민관합동프로젝트 등이 각각 5% 안팎을 차지하고 있다.

지역별 프로젝트 파이낸스 시장은 유럽 약 40%, 미주지역 약 20%, 아시아(중동 포함) 약 30%, 오세아니아·아프리카 약 10% 수준의 분포를 보이고 있다. 선진국권인 유럽과 북미지역의 프로젝트 파이낸스 시장은 전체의 55% 수준을 차지하고 있다.

선진국에서는 유료도로를 비롯한 교통 사회기반시설 사업과 민자발전사업에 대한 프로젝트 파이낸스가 대부분을 차지하고 있으며, 개발도상국의 경우 유료도로사업보다는 민자발전사업에 치중되어 있다. 또한 석유·가스개발사업은 중동지역을 중심으로 활발하게 이루어져 왔으며, 최근 미국 등에서 셰일가스개발이 활발해짐에 따라 이에 대한 프로젝트 파이낸스 수요도 증가하고 있다.

프로젝트 파이낸스 적용 사업의 건수는 최근 11년 동안 5,605건, 프로젝트 파이낸스 방식의 대출규모는 약 1조 8,300억 달러로[31] 프로젝트 건당 평균 대출규모는 약 3억 3천만 달러 수준이다. 그러나 2013년 호주 익시스(Ichthys) LNG 프로젝트에는 200억 달러 규모의 프로젝트 파이낸스 자금이 조달되는 등 수십억 달러 규모의 대규모 프로젝트도 적지 않다.

자금조달수단 측면에서 보면 금융기관 대출이 채권발행 방식보다 크게 활용되고 있는데 이는 채권발행의 경우 공식적인 신용평가등급이 필요하고, negative arbitrage(자금소요시기와 채권발행 시기의 불일치로 인한 추가 금융비용) 등이 발생할 수 있기 때문이다. 또한 개발도상국의 경우 선진국에 비해 상대적으로 채권시

31) 2003년부터 2013년까지 프로젝트 파이낸스 방식의 상업금융 대출로 이루어진 프로젝트로, 채권발행 규모는 제외

장이 발달되어 있지 못하여 채권발행에 의한 프로젝트 파이낸스 자금조달은 선진국에 집중되어 있다.

프로젝트 파이낸스 시장은 전통적으로 국제상업금융기관이 주도하여 왔으나, 글로벌 경제위기 이후로 수출신용기관, 개발금융기관, 기관투자가 등의 비중이 커지고 있다. 특히 개발도상국의 대규모 프로젝트에 대한 프로젝트 파이낸스 시장은 수출신용기관이 주도하고 있다.

그림 2-14 세계 프로젝트 파이낸스 시장 규모(연도별)

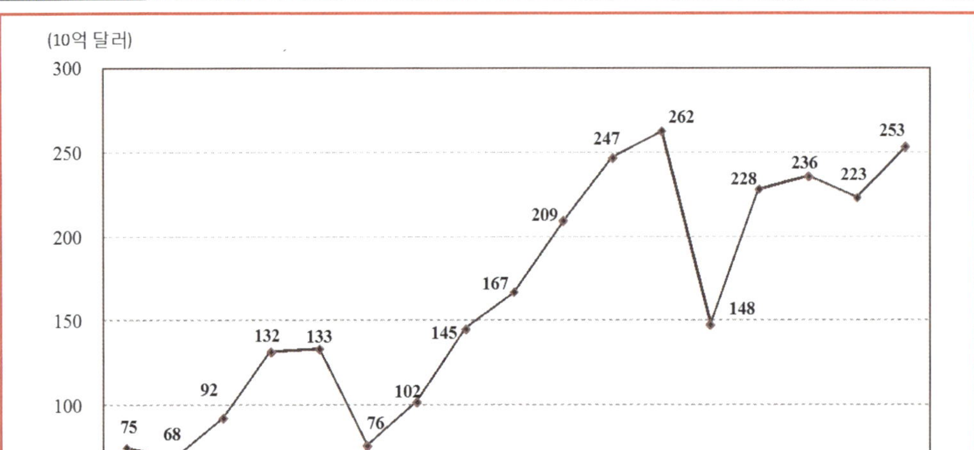

자료 : Project Finance International, Thomson, 각 호

제4절 프로젝트 파이낸스의 이해당사자와 지원절차

프로젝트 파이낸스는 프로젝트 회사를 설립하고 운영되는 과정과 관련이 있는 여러 이해당사자와 각 이해당사자의 역할이나 권리와 의무를 기술한 여러 종류의 계약서로 구성된다. 이를 하나의 그림으로 나타낸 것을 프로젝트 구조도라 하며, 프로젝트의 전반적인 내용을 이해하거나 프로젝트 위험을 분석하는 기초가 된다. 일반적인 형태의 프로젝트 파이낸스의 구조도는 [그림 2-15]와 같다.

그림 2-15 프로젝트 파이낸스 구조도

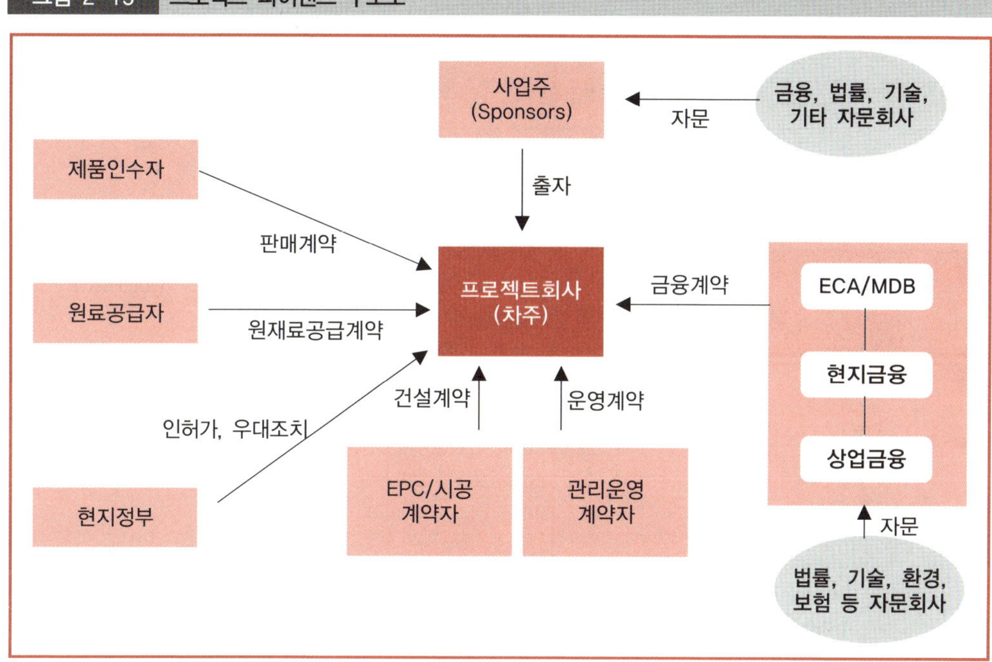

프로젝트 파이낸스를 구성하는 이해관계자는 프로젝트 회사를 중심으로 크게 사업주 그룹, 대주단과 제3의 그룹 등 3개 그룹으로 나눌 수 있으며, 각각의 그룹은 여러 분야의 전문기업을 포함하고 있다.

1 이해당사자

1) 프로젝트 회사(project company)

먼저 프로젝트 회사는 사업주가 프로젝트 수행을 위해 설립한 회사로서 프로젝트의 개발과 운영의 형식적, 법률적 주체[32]이며, 프로젝트 파이낸스의 차주가 된다. 프로젝트 회사의 형태는 사업소재국의 법률이나 사업주의 투자 목적, 사업의 성격 등에 따라 결정된다.

일반적으로 프로젝트 회사는 주식회사(limited liability company)나 합작기업(incorporated joint venture)의 형태로 설립되나, 법인격이 없는 합작기업(unincorporated joint venture), 파트너쉽(partnership), 신탁구조(trust structure) 등의 형태로 설립되기

32) 프로젝트 회사는 독립된 법인으로서 자체 인력으로 사업을 운영하기도 하지만 사업주나 전문 운영업체를 고용하여 프로젝트의 운영을 위탁하기도 함.

도 한다.

표 2-12 프로젝트 파이낸스 이해 당사자

사업주 그룹	대 주 단	제3그룹
• 사업주(sponsor) • 금융자문기관 (FA: financial advisor) • 법률자문기관(legal advisor) • 시장·기술·환경·보험 컨설턴트	• 금융주선기관(MLA*) : 상업금융기관 • 수출신용기관(ECA*) • 국제개발금융기관(MDB*) • 법률자문기관(legal advisor) • 시장·기술·환경·보험 컨설턴트 * MLA: mandated lead arranger * ECA: export credit agency * MDB: multilateral development bank	• 사업소재국 정부 • 설비건설업체 (EPC contractor) • 제품구매자(off-taker) • 원재료공급자 (feedstock supplier) • 설비운영업체 (O&M contractor) • 보험회사(insurer) • 신용평가기관

2) 사업주(sponsor/developer)

사업주는 프로젝트를 개발하고, 운영하는 실질적인 주체이며, 프로젝트 회사의 모기업으로서 건설과 운영기간 중 프로젝트를 지원하는 역할을 한다. 따라서 이해당사자 사이에 프로젝트 위험을 배분하는 과정에서 가장 중심 역할을 하며, 정부나 대주로부터 프로젝트 성공을 위한 상당한 지원을 요청받게 된다.

프로젝트 파이낸스는 사업주의 신용에 직접 관련이 없는 금융방식이지만 사업주의 사업운영 경험과 능력이나 재무적 안정성은 프로젝트 성공의 기본이 되므로 사업주의 역량과 신용도는 프로젝트 파이낸스를 성공적으로 이끌어내는 기본 요소가 된다.

프로젝트 위험을 효율적으로 배분한다는 프로젝트 파이낸스의 기본 속성을 유지하기 위해서 프로젝트의 건설과 운영에 관련된 여러 역할을 서로 독립된 기업이 담당하는 것이 바람직하지만 정유나 석유화학사업 등과 같은 분야에서는 사업주가 프로젝트 건설계약자, 원재료 공급자나 생산제품 인수자로서의 역할도 동시에 수행한다.

한편 사업주는 주주(지분 출자자)의 역할과 구분되는데, 일반적으로 사업주는 대주주가 되지만 지분에 참여한다고 해서 모든 주주가 사업주의 역할을 담당하는 것은 아니다. 여러 기업이 컨소시움을 구성하여 프로젝트 회사를 설립하더라도 특정 기업만이 프로젝트 추진에 주도권을 가지며, 다른 주주는 프로젝트 추진방법에 의사결정권을 갖지 못하고 수동적인 역할을 한다. 후자가 프로젝트의 주주라 할지라도 사업주라 하지는 않으며, 이와 같이 지분을 출자하지만 사업주 역할을 하지 않는 주주로는 사업개발 경험이 적은 기업이나, 정부, 국제개발금융기관 등이 있다.

3) 금융자문기관(financial advisor)

금융자문기관은 프로젝트 개발 초기부터 사업주를 위해 프로젝트 구조, 프로젝트 위험의 배분, 사업 타당성 평가, 자금조달방법 등 사업 전반에 대해 사업주에게 자문하는 전문기관을 말한다. 이러한 금융자문기관은 프로젝트 파이낸스 시장에서 경험이 풍부한 상업금융기관이나 투자은행이 담당하며, 얼마나 유능한 금융자문기관을 선임하느냐는 문제는 프로젝트를 얼마나 효율적으로 추진하느냐에 직접적인 영향을 미친다.

금융자문기관은 법률·산업분석·기술 분야 등에서 사업주를 자문하는 다른 자문기관을 이끌어 가는 역할을 하며, 프로젝트 예비설명서(PIM : preliminary information memorandum)를 작성하고 대주단과의 협상에 주도적 역할을 담당한다. 따라서 사업주는 가급적 프로젝트 개발 초기단계에서 경험과 능력이 있는 금융자문기관을 선임할 필요가 있다.

4) 대주단(lender group)과 금융주선기관(mandated lead arranger)

대주단은 프로젝트 회사에게 자금을 대출이나 보증하는 금융기관을 말하며, 국제상업은행, 현지 금융기관, 국제개발금융기관(WB, IFC, ADB 등), 수출신용기관, 펀드, 채권(bond) 투자자 등이 참여한다. 일반적으로 대규모 프로젝트의 대주단은 10개 이상의 여러 종류 금융기관이 필요한데 사업개발 초기에 대주단을 한꺼번에 구성한다면 협상과정에서 프로젝트 추진에 많은 어려움을 겪게 된다. 따라서 프로젝트 진행단계별로 대주단을 구성하는 방법과 역할이 다르게 이루어진다.

먼저 사업주는 사업개발 초기에는 차주로서의 사업주 측과 직접 협상하는 소수의 금융기관을 선임하는데 이런 목적으로 선임된 금융기관을 금융주선기관(MLA : mandated lead arranger)이라 한다. 금융주선기관은 대주의 입장에서 프로젝트 사업성을 평가하는 과정, 즉 due diligence를 주도적으로 추진하며 사업주를 상대로 금융조건을 협상하는데 이때 각자의 역할에 따라 기술담당은행(technical bank), 보험담당은행(insurance bank) 재무모델담당은행(financial modelling bank), 계약서담당은행(documentation bank) 등으로 구분되기도 한다. 이러한 금융주선기관은 주로 상업금융기관이나 투자은행이 담당하는데 IFC와 같은 국제개발금융기관이나, 수출신용기관도 금융주선기관으로서 역할을 담당하기도 한다.

금융주선기관은 프로젝트에 소요되는 자금을 주선하는 역할을 하므로[33] due diligence 이후 신디케이션 과정에서 금융주선기관은 주간사은행(lead manager)으로서의 역할을 하게 된다.

신디케이션이 클럽딜(club deal) 방식으로 이루어진다면 타 금융기관에게 주선금액을 매각하는 절차는 이루어지지 않지만 일반적인 신디케이션 과정에서는 타 금융기관을 간사은행(manager)이나 참여은행(participant bank)으로 참여시킨다. 결과적으로 간사은행과 참여은행은 주간사은행과 함께 프로젝트 파이낸스 대주단을 구성하지만, 전자는 프로젝트의 due diligence에는 참여하지 않는다.

프로젝트의 건설이나 운영기관 중에 대주단은 대주간 간사(inter-creditor agent)[34], facility agent[35], ECA 간사[36], 담보관리은행(security agent)[37] 등 각각 역할을 분담하여 자금의 인출과 프로젝트에 대한 제반 계약조건이 순조롭게 이행되고 있는지의 여부를 점검하는 등 프로젝트의 사후관리 등을 담당한다.

5) 법률자문기관(legal advisor)과 전문컨설턴트(independent consultant)

금융기관이 due diligence를 효율적으로 추진하기 위해서는 법률, 기술, 환경, 산업분석, 보험, 회계 등 여러 분야에 걸친 철저한 심사과정이 필요하다. 이를 위하여 대주는 각 분야의 전문가를 고용하여 이들로부터 각 분야별로 조언을 받는다. 특히 경험 있는 법률 자문기관의 활용은 프로젝트 성공에 직접적인 영향을 미치는데 이는 프로젝트 파이낸스가 모든 이해당사자의 역할과 권리·의무를 계약서화 한다는 속성에서 비롯된 것이다.

대주단을 위한 법률 자문기관은 프로젝트 구조나 관련 계약서에 대해 그 문제점과 해결방안을 제시하며, 각 이해 당사자의 역할이나 프로젝트 위험의 합리적 배분을 비롯한 금융구조의 설계, 채권보전장치의 마련에 대해 대주단에게 조언하는 역할을 담당한다. 또한 금융관련 계약서나 담보관련 계약서의 초안을 작성하고 사업주 측과 협상하는 역할을 수행한다.

---

33) 금융주선방식은 주선기관의 의무정도에 따라 전액인수기준(full underwriting basis)와 최대노력기준(best effort basis)으로 구분됨.

34) 자금의 인출과 회수, 프로젝트 사후관리, 의사결정과정에서 모든 대주의 대표 역할을 담당

35) 특정 facility(상업금융, 현지금융, 수출금융 등)의 대표 역할을 담당

36) 수출신용기관의 agent 역할을 담당

37) 대주가 채권보전장치로서 확보하고 있는 담보를 관리함. 담보와 관련하여 대주간 이해관계 조정이 필요한 경우 독립신탁회사(security trustee)를 선임하여 활용하기도 함.

표 2-13 사우디 Shuaibah 민자 담수·발전 프로젝트의 이해당사자

구 분	관 련 기 관	비 고
사 업 주	ACWA(사우디) 14.4% Mada Company(사우디) 7.2% 기타 사우디 투자자 8.4% Tenaga Nasional Bhd.(말) 6.0% Malakoff Bhd.(말) 12.0% Khazanah National Bhd.(말) 12.0%	• 사업주 출자비율은 60% • 나머지 40%는 사우디 PIF (32%), SEC(8%)가 출자
금융자문기관 법률자문기관 기술컨설턴트 보험컨설턴트 환경컨설턴트 세금컨설턴트	SCB, Riyad Bank Trowers & Hamlins, Allen & Overy Mahassni(현지법) ILF Consulting Aon WSP Environmental Ernst & Young	• 환경컨설턴트는 대주단과 공동 활용
대 주 단 (금융주선기관) (수출신용기관)	ABN Amro, Riyad Bank, Arab Bank, Saudi Hollandi Bank, Al-Rajhi Banking & Inv. Corp., 한국수출입은행(K-EXIM), Hermes(독일)	
법률자문기관 기술컨설턴트 보험컨설턴트 현금흐름표 검증 시장컨설턴트	Milbank(국제법), Alliance(현지법) Black & Veatch INDECS KPMG(model auditor) CRA International	
국영기업 (발주자/제품인수자/ 연료공급자)	WEC(Water & Electricity Company)	• SEC(50%)와 SWCC(50%)의 JV
금융자문기관 법률자문기관 기술자문기관	HSBC Clifford Chance(국제법), Yousef(현지법) Fichtner	
설비건설업체	담수부문 : 두산중공업 발전부문 : Siemens(독일)	
설비운영업체	컨소시엄 업체 (ACWA, Tenaga, Malakoff)	• sub-contractor : Sogex (오만)

6) 제3자 그룹

프로젝트 파이낸스에는 사업주와 대주단 이외에도 사업소재국 정부, 설비 건설업체(EPC contractor), 운영업체(O&M contractor), 보험회사, 신용평가 전문기관, 원재료 공급업체, 제품 구매자 등 다양한 당사자가 참여한다.

특히 인프라 사업의 민영화 프로젝트나 개발도상국 프로젝트에서는 사업소재국 정부의 역할이 중요하다. 정부는 특정 사업을 수행할 사업자를 선정하여 사업권(concession)을 부여하며, 관련 법률의 제정이나 개정을 통해 세제상 혜택을 부여한다. 또한 대출 원리금이나 투자 배당금의 송금을 위한 환전 보장과 외화 송금을 보장하는 주체이며, 사업부지와 용수, 전력 등 인프라 시설을 제공하는 역할을 하기도 한다. 특히 개발도상국에서 추진되는 프로젝트의 경우 사업소재국 정부의 프로젝트에 대한 지원은 프로젝트 파이낸스의 전제조건이 되기도 한다.

2 프로젝트 파이낸스의 절차

사업주가 내부적으로 프로젝트의 추진을 결정하고 금융자문기관을 선정하는 시점부터 금융조달을 완료하는 시점(financial closing)까지 일반적으로 1년 이상의 시간이 소요된다.

대규모 사회기반시설 민영화 사업으로 구체적이고 합리적인 관련 법률이 준비되어 있다하더라도 사업주 선정을 위한 입찰에서부터 금융조달 완료시점까지 수년이 걸리는 경우도 많다.

프로젝트 파이낸스의 진행단계도 간단하지 않다. 사업주의 프로젝트 추진 목적이나 대상 프로젝트 성격, 사업주 입찰 방식, 실물시장과 금융시장 환경, 참여하는 금융기관 성격, 그리고 사업소재국의 관련 규정 등 여러 요소에 따라 상이한 절차로 진행된다. 또한 어떤 절차에 의해 추진되느냐에 따라 due diligence 방법, 소요시간 뿐만 아니라 이해당사자의 협상력에도 영향을 미칠 수 있다.

사업주 입장에서 효율적인 절차란 ① 비용과 시간을 절약할 수 있도록 due diligence를 최소화함과 동시에 ② 이해당사자, 특히 금융기관의 기본 요구에 부응하여 자금조달 리스크(funding risk)를 최소화할 수 있어야 하며, ③ 협상력을 제고하여 위험부담을 최소화할 수 있어야 하며, ④ 계약서의 수와 양을 가급적 최소화할 수 있는 방향으로 이루어져야 한다.

일반적으로 나타나고 있는 프로젝트 파이낸스 절차는 다음과 같다.

그림 2-16 프로젝트 파이낸스의 진행과정

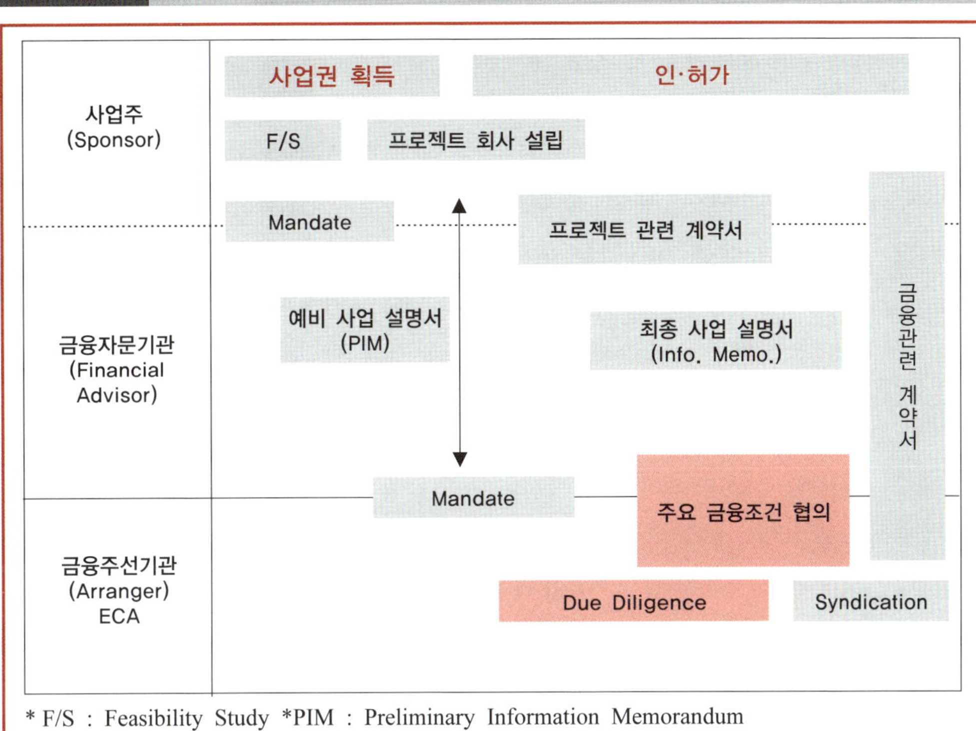

* F/S : Feasibility Study *PIM : Preliminary Information Memorandum

1) 금융자문기관의 선정

사업주는 내부적으로 사업타당성 검토가 끝난 후 금융자문기관을 선정하여 프로젝트 파이낸스의 주선을 요구하는 교섭의뢰서(mandate)를 발급하고, 프로젝트 추진을 위한 제반 자문과 함께 금융주선기관 선정을 위한 지원을 요청한다. 이때 금융주선기관은 금융자문기관의 하나로 참여할 수 있는 옵션을 가지는 것이 일반적이다.

사업주로부터 위임장을 받은 금융자문기관은 사업주와 함께 프로젝트의 구조와 이해당사자 등을 구성하며, 금융주선기관을 선정하기 위하여 예비 사업설명서(PIM)를 마련한다. 이 PIM은 사업주 입장에서 작성된 사업설명서로 사업주의 타당성 검토 보고서나 사업주의 사업계획 내용을 바탕으로 작성되며, 이후 대주단이 due diligence를 통해 검토해야할 기본적인 자료이다. 보다 구체적이고 신뢰성 높은 자료를 작성하기 위해서 사업주는 법률, 기술, 환경, 산업분석 등 모든 관련분야의 전문 컨설턴트를 고용하여 활용할 필요가 있다.

2) 금융주선기관의 선정

금융주선기관은 프로젝트에 소요되는 자금을 주선하는 금융기관으로 사업주에 의해 입찰방식이나 단순 초청방식으로 선정하게 된다. 프로젝트별로 선임되는 금융주선기관의 수는 프로젝트 규모나 성격, 금융환경에 따라 다르지만 통상 2~5개 정도이다. 조달금액의 규모에 비해 그 수가 너무 적으면 금융주선기관의 부담이 커지게 되며, 너무 많은 경우 프로젝트 파이낸스 진행에 많은 시간이 소요될 수 있다. 금융주선기관은 사업주 그룹의 직접적인 협상대상자이기 때문이다.

사업주는 선정된 금융주선기관에게 사전에 합의된 위임장을 주는데 여기에는 금융주선기관의 권리와 의무가 기술되며, 금융주선방법과 함께 금리, 수수료나 대출기간과 같은 금융조건이 기술되기도 한다.

해외와 현지 프로젝트 파이낸스 시장에서의 금융주선기관 경험이 있는 금융기관은 세계적으로 200여개에 이르고 있지만, 해외 프로젝트 파이낸스 경험이 있는 금융기관은 50여개에 지나지 않으며, 상위 30대 금융기관이 세계 시장규모의 70% 정도를 점유하고 있다.

3) 금융주선기관의 Due diligence

사업주에 의해 선정된 금융주선기관은 대주의 대표로서 프로젝트 사업성을 검토하고 평가하는 업무를 수행하게 된다. 이러한 일련의 과정을 '실사(due diligence)'라 하며, 프로젝트 파이낸스에서 가장 중요한 과정의 하나이다. due diligence란 프로젝트 내용과 구조, 사업성 등을 법적, 기술적, 재무적 측면에서 검토하는 일련의 실사과정으로 금융주선기관이 단독으로 수행하는 것이 아니라 다음과 같은 분야별 외부 전문가(independent advisors/consultants)의 보고서나 검토의견에 바탕을 둔다.

- 법적 검토 : 법률 자문기관(legal advisor)
- 기술적 분석 : 기술 자문기관(technical consultant)
- 산업 분석 : 산업분석 자문기관(market consultant)
- 환경영향 검토 : 환경 자문기관(environmental consultant)
- 보험 : 보험 자문기관(insurance consultant)
- 세금 : 회계 자문기관(accounting firm)
- 재무모델 분석 : 재무모델 자문기관(financial modeling auditor)
- 이해당사자 신용분석 : 신용평가회사(rating agency)

이러한 due diligence는 사업주가 제시한 주관적인 프로젝트의 내용과 사업성을 객관화하는 과정이라 할 수 있으며, 그 결과는 최종 사업설명서(IM : information memorandum)로 작성된다. 최종 사업설명서는 신디케이션에 참여하는 금융기관에게 제공되어 의사결정의 기초자료로 활용된다.

4) 금융관련 조건의 협상과 계약서 작성

프로젝트 파이낸스의 계약내용은 프로젝트 운영과 관련된 계약과 금융과 관련된 계약으로 나눌 수 있다. 전자는 사업주가 주도하여 설비 공급자, 원료 공급자, 제품 인수자, 정부 등과 체결되며, 후자는 금융주선기관이 주도하여 사업주와 협상과정을 통해 이루어진다.

금융관련 계약서는 종류가 많고, 내용도 방대하여 매우 복잡한 구조로 이루어져 있어 계약서 문안을 작성하기 이전에 주요한 금융조건을 먼저 결정하는데 이러한 주요 금융조건을 기술한 계약서를 'term sheet'이라 한다. 일반적으로 term sheet의 초안은 대주단의 법률 자문기관이 작성하며, 사업주 측에 제시되어 그 문안에 대해 협상한다.

금융조건은 금융시장 환경과 더불어 프로젝트의 구조 및 사업성과 긴밀한 관계가 있으므로 due diligence가 이루어지지 않은 상황에서는 그 협상과정이 효율적으로 이루어지기 어렵다.

term sheet 문안 협상이 완료되면 이를 바탕으로 대주단 법률 자문기관이 금융관련 계약서를 작성하여 사업주 측과 최종 협상과정을 거친다.

금융관련 계약서는 공통 금융계약서, 개별 금융계약서, 대주단 계약서, 담보관련 계약서 등 여러 종류로 나뉘어 체결되므로 최종 협상과정에서는 이 계약서에 term sheet의 내용이 제대로 반영되었는지 여부와 각 계약서 사이에 불일치하는 내용이 없는지를 중점적으로 검토하여야 한다.

5) 신디케이션(syndication)과 금융관련 계약서 체결

조달자금의 규모가 상대적으로 작아 금융주선기관만 대주단에 참여하는 클럽 딜(club deal) 방식을 적용할 경우 공모방식의 신디케이션을 하지 않고 금융관련 계약서가 체결된다. 그러나 대규모 자금이 소요되는 프로젝트 파이낸스에 있어서는 하나의 금융기관이 모든 프로젝트 자금을 지원하는 것은 양적인 면에서나 위험부담의 면에서 곤란하므로 신디케이션에 의해 자금을 조달하는 것이 일반적이다. 신디케이션 과정에서 금융주선기관은 주간사은행 역할을 담당하며, 신디케이션에 참여하려는 금융기관은 금융주선기관의 due diligence 결과물인 최종 사업설명서와 관련 계약서의 내용을 바탕으로 의사결정을 한다.

신디케이션을 통해 참여은행이 결정되면 비로소 대주단 구성이 완료되고 금융관련 계약에 서명함으로써 계약이 체결된다. 계약서는 그 내용에 따라 차주인 프로젝트 회사 또는 사업주와 대주단 간사은행, 담보관리은행, 전체 대주단 등이 서명한다.

6) 금융조달 완료

차주인 프로젝트 회사는 금융관련 계약서가 체결되었다고 해서 차입금을 인출할 수 있는 것은 아니며, 계약서상에 명기된 인출선행조건을 모두 이행하여야 한다. 차주가 인출선행조건을 모두 이행하여 차입금 인출이 가능한 상태를 금융조달 완료(financial closing)라 한다. 금융조달이 완료 되면 대주단은 비로소 계약조건에 따라 대출을 실행하고 프로젝트가 계약조건대로 수행되는지 여부와 원리금 회수를 관리한다.

제5절 프로젝트 파이낸스의 재원 조달

1 개요

일정한 사업 또는 프로젝트를 추진하기 위해서는 기업이나 사업주는 반드시 소요자금의 조달이 필요하게 되며, 이 문제는 사업의 효율적 운영뿐만 아니라 사업을 시작할 수 있는지 없는지의 문제이기도 하다. 다시 말해 프로젝트를 추진하는데 있어 자금조달문제는 사업수행의 전제조건이며, 동시에 프로젝트의 1차적 종착역이 되는 것이다. 또한 어떤 종류의 금융을 어떤 방법을 통해 누구로부터 조달하는가에 따라 자금조달과정에서 소요되는 시간과 자금조달비용이 달라지므로 자금조달을 효율적으로 하기 위해서는 이러한 문제에 대한 충분한 인식이 있어야 한다.

자금을 제공하는 금융기관별로 금융제공(financing)의 목적이 서로 다르고, 금융기관 자체의 경험이나 정책에 의해 수용할 수 있는 사업위험의 정도가 다르며, 위험에 따라 요구하는 이자율이나 각종 비용의 수준도 다르다. 따라서 동일한 사업이나 프로젝트라 할지라도 자금조달방법에 따라 시간과 비용 면에서의 효율성에 많은 차이가 있으며, 이로 인해 사업의 성공에도 많은 영향을 받는다.

한편 금융기관 입장에서 보면 어떤 프로젝트에 어떤 방식으로 얼마의 수익을 목표로 금융을 제공하느냐의 문제는 그리 간단하지 않다. 먼저 경쟁적인 금융시장에서 금융제공의 기회를 획득해야 하며, 자금회수위험에 대한 면밀한 검토와 이에 대한 충분한 대응방안이 있어야 한다. 또한 금융제공에 있어 위험과 수익의 관계(risk-return trade-off)에 따라 안전성과 수익성이 동시에 달성될 수 있도록 하여야 한다.

최근 금융자유화에 따라 금융시장의 경쟁이 치열하게 되었으며, 이에 따라 금융기관, 특히 우리나라 상업금융기관은 수익의 감소뿐만 아니라 금융제공의 기회마저 위협받게 되었다. 이러한 상황에서 상업금융기관이 프로젝트 파이낸스, 인수합병(M&A), 파생상품(derivatives) 등 새로운 기법의 금융상품과 금융자문 등과 같은 고수익부문에 관심을 갖는 것은 너무 당연한 일일지도 모른다.

그러나 이는 결코 금융의 안전성보다 수익성을 강조하는 것은 아니다. 왜냐하면 새로운 금융을 제공하는데 있어서 금융기관은 나름대로의 위험분석과 이에 대한 충분한 대응방안을 모색한 후에야 안전한 금융제공이 가능하기 때문이다. 결국 금융기관이 새로운 금융상품을 제공하여 고수익을 얻는다는 것은 기업의 연구개발(R&D)과 마찬가지로 새로운 기법에 대한 연구와 경험·지식(know-how)에 대한 대가인 셈이다.

2 자금조달방법의 중요성

프로젝트를 수행하는 사업주가 사업계획을 수립하고 금융자문기관을 고용하는 궁극적인 목적은 사업의 성공에 있으며, 사업의 성공을 위해 필수적인 요소 중의 하나가 바로 자금을 효율적으로 조달하는 것이다. 따라서 모든 프로젝트 위험은 자금조달위험(funding risk)으로 귀착된다고 할 수 있다.

반대로 자금조달방법에 따라 프로젝트 진행과정이나 위험요소의 중요성이 달라질 수 있으므로 자금조달방법은 프로젝트 위험분석의 선행요소라고도 할 수 있다. 또한 어느 금융기관으로부터 어떤 방식으로 자금을 조달하느냐에 따라 프로젝트 소요비용이 증감될 수 있을 뿐만 아니라 프로젝트의 위험이 감소되기도 한다.

1) 프로젝트 위험에의 영향

프로젝트 위험은 프로젝트 자체가 지니고 있는 속성이므로 어떤 경우에도 불변적인 것이지만 특정 프로젝트 이해당사자 개별 입장에서 볼 때 금융제공자 등 프로젝트에 참여하고 있는 다른 이해당사자의 성격에 따라 프로젝트 위험이 감소되는 효과를 얻기도 한다.

인도의 최초 민자발전사업(IPP : independent power project)인 Hub Power Project나 인도네시아 최초의 민자발전사업인 Paition Ⅰ Project와 같이 세계은행 등 국제개발금융기구 또는 수출신용기관이 자금을 공급하거나 상업금융기관에게 정치적 위험에 대한 보증을 제공하는 경우 보증 수혜자인 상업금융기관 뿐만 아니라 사업주나 프로젝트 위험을 부담하고 참여하는 모든 상업금융기관들 조차도 이러한 사업에 대해 최소한 사업소재국 정부에 의한 프로젝트의 몰수나 수용, 정부의 계약위반 등에 대한 위험이 상당히 감소되는 것으로 인식한다.

세계은행의 자회사인 국제금융공사(IFC)가 1달러를 지원하는 프로젝트의 경우 30달러 이상의 상업금융이 조달된다는 이른바 IFC의 촉매역할(catalytic role) 역시 국제금융기구가 참여함으로써 상업금융기관은 프로젝트 위험이 상당히 감소된 것으로 인식하는데서 나오는 것이다. 이러한 영향은 비록 정치적 위험에만 한정된 것이 아니며 상업위험(commercial risk)에도 적용될 수 있다.

2) 프로젝트 수익에의 영향

프로젝트 자금조달과 관련된 주요 금융조건인 이자율, 상환기간, 상환방법과 각종 수수료 수준 등은 프로젝트 자체의 경제성(ROI)보다 사업주의 자기자본수익률(ROE)과 원리금 상환능력(DSCR)[38] 등에 커다란 영향을 미친다. 한편 프로젝트에 자금을 지원하는 금융기관은 각각 지원목적과 지원조건이 상이하므로 프로젝트 성격에 따라 가장 효율적인 금융을 조달하는 것이 프로젝트 수익을 향상시키는데 도움이 될 것이다.

예를 들어 개발도상국에서 추진되는 민자발전사업의 경우 발전설비 도입과 관련된 수출금융을 적절히 활용한다면 비교적 저리의 고정금리로 15년 이상의 장기자금을 조달할 수 있다. 또한 전통적인 대출(loan)형식의 자금 대신 자본시장(capital market)에서 채권(bond) 형식으로 자금을 조달한다면 상환기간 20년 정도의 장기자금을 조달할 수도 있다. 그러나 수출금융은 원금상환시기와 상환방법 등이 제한되어 있어 지원조건상 융통성이 적으며, 채권발행을 이용하는 경우 상환금액을 프로젝트의 현금흐름에 일치시키기 어렵다는 문제가 있다.

---

38) ROI(return on investment), ROE(return on equity), DSCR(debt service coverage ratio)은 서로 다른 현금흐름을 대상으로 계산됨.

한편 관련 플랜트를 리스형식으로 조달하여 리스금융을 통한 절세효과를 누린다거나 국제개발금융기관이나 수출신용기관 등 특정 금융기관[39]과 협조융자(co-financing)를 통하여 이자에 대한 원천징수세(withholding tax)를 감소시킬 수도 있다.

3) 프로젝트 추진과정에의 영향

프로젝트 소요자금을 어떤 성격의 금융으로 조달할 것인가는 프로젝트의 초기단계에서 결정하는 것이 바람직하다. 금융종류별로 지원정책이나 지원절차가 상이할 뿐만 아니라 지원결정시 주요 고려요소에 차이가 있기 때문이다. 특히 국제개발금융기구의 경우 자체적으로 공식적인 지원절차가 있고 환경문제를 중요시하며 추진과정상 투명성을 요구하고 있어 시간이 많이 소요된다.

수출금융은 지원대상거래와 지원금액 등이 제한되어 있으므로 프로젝트 이해당사자 및 제반 계약내용 등 프로젝트의 구조가 갖추어진 상태에서 이들 기관을 접촉하면 자금조달에 실패할 우려가 있다.

3 자금조달의 원천

프로젝트 소요자금을 조달하는 원천에는 사업주의 자기자금(출자금)과 금융기관의 차입금이 있으며, 이들의 중간적 성격인 혼합자본도 활용되고 있다.

1) 출자금(equity)

출자금은 사업주와 함께 해당 프로젝트에 직·간접적으로 이해관계를 갖고 있는 투자자와 순수한 투자수익을 목적으로 하는 투자자 등으로부터 조달된다.

- 사업주(sponsor)
- 시공회사(contractor), 원료공급자(feedstock supplier), 제품구매자(off-taker)
- 인프라 펀드(infrastructure fund)
- 국제개발금융기구(MDB : IFC, ADB 등)
- 현지 자본시장에서의 공모주(IPO) 발행 등

프로젝트의 신뢰도를 높이기 위해서는 지분참여자들이 재무적으로 건실하며 신

39) 원천징수세의 면제대상이 되는 기관으로 fronting bank의 역할을 수행할 수 있는 금융기관

용도가 높고, 프로젝트와 긴밀한 이해관계가 있어야 한다. 또한 금융기관 입장에서는 총 소요비용 중 출자금이 차지하는 비중이 클수록 대출 원리금 상환이 안정적이며 지분투자자가 사업으로부터 이탈하려는 것을 억제할 수 있지만, 반대로 지분투자자의 입장에서는 출자비율이 적을수록 재무 레버리지(financial leverage) 효과에 의해 자기자본 수익률(ROE)이 높게 된다.

그림 2-17 출자금과 차입금의 비교

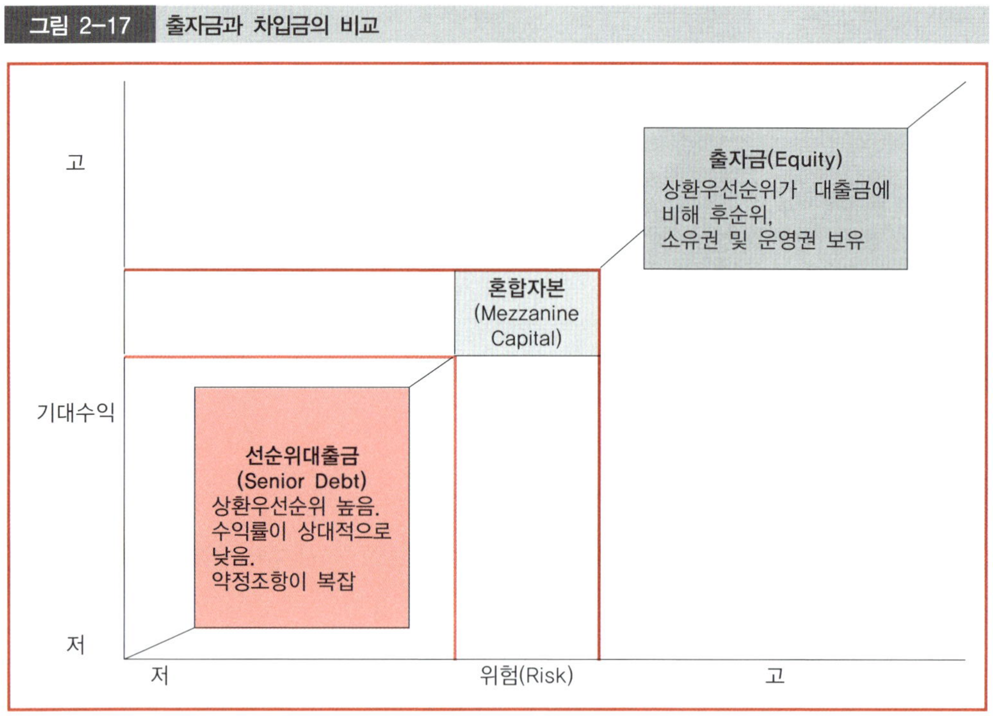

총 소요비용에 대한 자기자본의 비중은 프로젝트 성격이나 위험, 사업성에 따라 다르지만 일반적으로 자기자본의 규모는 총 소요비용의 30% 정도로 이루어진다.

한편 국제개발금융기구는 지분출자를 하더라도 통상 프로젝트 경영에는 참여하지 않지만 국제개발금융기구의 지원은 상당한 전시효과와 상업금융을 유인하는 촉매역할을 하게 되며, 현지금융시장에서 주식을 발행하여 자금조달을 하는 경우 환리스크와 정치적 위험이 감소되는 효과가 있다.

2) 혼합자본(mezzanine capital)

'혼합자본'(또는 중간 자본)이란 다소 애매한 표현이긴 하지만 일반적으로 전통적인 차입금(senior debt)과 출자금(equity) 사이의 특성을 지닌 일종의 'hybrid financing instrument'를 의미한다. 이러한 혼합자본은 출자금과 차입금이라는 전통적인 자본구조를 대체할 수 있다는 개념이 아니라 전통적인 자본구조에 보완적인 요소로 이용되고 있다.

프로젝트 파이낸스에 있어 혼합자본은 아직 일부에 한정되어 이용될 뿐 보편적으로 활용되고 있지는 않지만 프로젝트의 신인도를 높이는데 중요한 역할을 하기도 한다. 가장 일반적인 경우는 프로젝트의 공사비용이 예상보다 초과되거나 운영자금이 부족할 경우 사업주가 일정 한도 내에서 현금부족분을 지원(cash deficiency support) 하는 경우이다. 이때 사업주는 현금부족분을 추가 지분출자의 형태로 제공하는 것이 일반적이나 후순위채무(subordinated debt) 형식으로 제공하기도 한다.

표 2-14 혼합자본의 종류

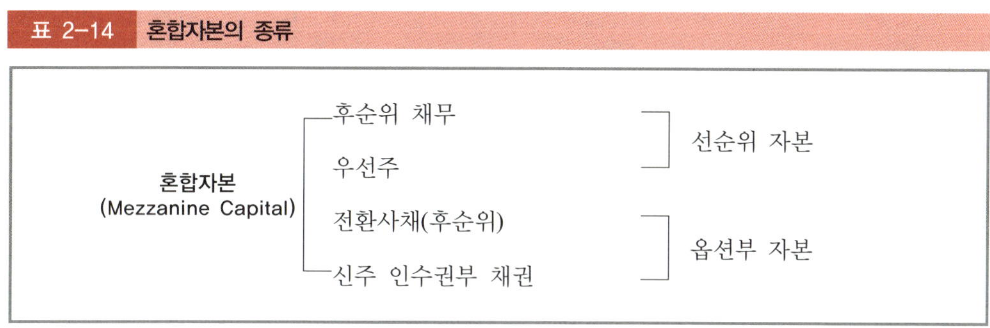

한편 금융기관이 후순위 채무를 지원하는 경우도 있는데 IFC로부터 자금을 조달한 필리핀 북 민다나오 발전 프로젝트가 그 예이다. 또한 세계은행과 파키스탄 정부가 주축이 되어 구성한 민간부문 에너지 개발기금(PSEDF : Private Sector Energy Development Fund)은 파키스탄의 Hub River Power Project와 Uch Power Project에 각각 452백만 달러, 187백만 달러의 자금을 23년간 후순위채무 형식으로 지원한 바 있다.

인도의 금융시장에는 이른바 부분전환채권(PCD : partly convertible debenture)이 있는데 이 채권은 전환가능한 부분과 전환되지 않는 부분으로 나누어져 있다. 아직까지는 프로젝트 파이낸스에 본격적으로 활용되고 있지 않지만 인도 민자발전사업 등에서 이용될 수 있을 것이다. 전환사채로 자금을 조달한 프로젝트로는 IFC, ADB 등이 지원한 네팔의 Himal Power Project[40]가 있다.

중국 광동성 주해시는 1996년 주해고속도로사업을 수행하면서 SEC 144a의 사모채권을 통해 200백만 달러를 조달하였는데, 이중 115백만 달러는 만기 12년의 후순

40) 만기 6년, 이자율 연 13.34%(고정금리)

위채무 형식으로 이루어졌다. 이러한 인프라사업은 자본회임기간이 장기이므로 비교적 낮은 이자율의 전환채권을 통한 자금조달이 매우 유용할 수 있다.

혼합자본은 프로젝트나 사업주의 입장에서 출자금 규모를 줄일 수 있어 재무레버리지 효과를 증가시킬 수 있으며, 일반적인 차입금보다는 지원조건 면에서 융통성이 크다는 장점이 있는 반면 계약구조가 복잡해지며, 사업주의 재무위험(financial risk)이 증가된다는 단점이 있다. 결국 혼합자본은 일반적인 차입금의 조달비용보다 높지만 일반적인 차입금의 조달이 어려울 경우 지분출자 대체 수단으로 의미가 있다.

3) 차입금(debts)

차입금을 조달하는 방법에는 앞에서 설명한 바와 같이 기업금융(corporate finance)과 프로젝트 파이낸스(project finance)를 들 수 있다. 이것은 사업주가 프로젝트의 차입금에 대해 실질적인 상환책임을 부담하는지 여부에 의한 구분이며, 인프라 사업이나 대규모 산업설비를 필요로 하는 사업의 경우 프로젝트 파이낸스 방식으로 자금을 조달하는 것이 일반적이다.

또한 재원조달 형식을 기준으로 할 때 차입금 조달방법에는 금융기관 대출(loan)에 의한 형식과 자본시장에서의 채권(bond)발행에 의한 형식으로 구분할 수 있다. 전통적으로 프로젝트 파이낸스는 금융기관으로부터 대출에 의해 이루어지는 것이 일반적이지만 최근 금융기관의 대출보다 장기의 차입금 조달이 가능한 SEC Rule 144A와 같은 사모방식의 채권발행이 자주 이용되기도 한다.

프로젝트 파이낸스에 있어 국제상업금융기관, 현지금융기관, 수출신용기관(ECA), 국제개발금융기구(MDB), 인프라 펀드(infrastructure fund) 등이 대출을 제공하는데 상업금융의 경우 위험분산 목적으로 신디케이션(syndication)을 통하여 이루어지는 것이 일반적이며, 비교적 소규모 자금인 경우에는 클럽 딜(club deal) 방식이 이용되기도 한다.

4 재원별 자금의 특성

1) 현지금융(local financing)

현지금융은 사업소재국에서 현지금융기관으로부터 프로젝트 소요재원을 조달하는 것을 말한다. 개발도상국 프로젝트인 경우 프로젝트 건설자금의 일부를 현지화로 조달하기도 하며, 초기 운영기간 중 운전자본소요액(working capital facility)을 충당하려는 목적으로 조달하는 경우도 있다. 후자의 경우 현지금융은 해외상업금융기관이나 ECA 등의 외화금융(foreign currency debt)에 대해 후순위채무(subordinated debt)가 되기도 한다.

개발도상국에서 현지금융을 이용하는 경우 프로젝트의 정치적 위험이 어느 정도 완화되는 효과가 있으며, 내수산업이나 인프라 프로젝트의 경우에는 통화 갭을 감소시킬 수도 있다. 그러나 개발도상국 현지금융은 조달비용이 높고, 유동성이 부족하여 대규모 자금을 조달하기 어렵다는 문제점도 있다.

2) 상업금융(commercial bank loan)

상업금융은 프로젝트 파이낸스에서 가장 일반적으로 사용되는 재원으로서 유동성이 풍부하고, 지원조건 및 지원절차 등에 있어 융통성이 매우 큰 특징을 지니고 있다. 상업금융의 대출기간은 일반적으로 10년~15년 정도이지만 최근 중동 GCC 국가 프로젝트에는 20년 이상을 적용한 사례도 있다.

그러나 상업금융기관은 단일 금융기관이 하나의 프로젝트에 대규모 자금을 지원하지 않으며 다수의 금융기관이 참여하는 신디케이션에 의해 조달된다. 유로터널 프로젝트의 경우 250여개의 상업금융기관이 참여하는 신디케이션에 의해 자금을 조달한 바 있다. 이와 같은 신디케이션은 금융기관의 위험분산효과와 효율적 자금운용 차원에서 이루어지고 있다.

또한 상업금융은 프로젝트의 정치적 위험을 부담하는데 한계가 있어 개발도상국 프로젝트 파이낸스 시장에서는 수출신용기관이나 국제개발금융기관이 제공하는 정치적 위험 보증(PRI/PRG : political risk insurance/guarantee)에 의존한다.

3) 국제개발금융기구(MDB) 금융

프로젝트 파이낸스를 지원하는 국제개발금융기구(MDB : multilateral development bank)로는 세계은행(World Bank), 국제금융공사(International Finance Corporation), 국제투자보증기관(Multilateral Investment Guarantee Agency), 아시아개발은행(Asia Development Bank) 등이 있다. 이들은 지분출자(equity), 대출(loan) 또는 보증(guarantee)의 형식으로 개발도상국에서 추진되는 프로젝트를 지원하고 있다.

국제개발금융기구는 프로젝트 파이낸스에 있어 하나의 프로젝트에 대규모 자금을 지원하지는 않지만 전시효과(demonstration effect)와 상업금융으로부터 대규모 투자를 유인하는 촉매역할(catalytic role)을 한다. 또한 국제개발금융기구가 지원하는 프로젝트는 정치적 위험이 감소되며, 프로젝트 신인도가 높아지는 효과를 누리게 된다. 이것은 국제개발금융기구가 국제기구로서의 특별한 지위가 있을 뿐만 아니라 사업소재국의 정치·경제사정에 대한 지식이 풍부하고 사업소재국 정부와의 관계 등으로 상업금융기관이 안심하고 투자에 참여할 수 있기 때문이다.

프로젝트 파이낸스로 프로젝트 재원을 조달할 때 이용할 수 있는 국제개발금융기구의 지원제도는 다음과 같다.

- 세계은행 : 정치적 위험 보증(political risk guarantee), 장기상환분 보증(partial credit guarantee)
- IFC : 대출(상업금융과 협조융자), 지분출자, 혼합자본, 보증(partial credit guarantee), 금융자문
- ADB : 대출(상업금융과 협조융자), 지분출자, 보증(political risk guarantee, partial credit guarantee)
- MIGA : 정치적 위험 보증(송금위험, 몰수위험, 계약위반위험, 전쟁위험 등 비상업적 위험을 부보)

그러나 국제개발금융기구로부터 프로젝트 재원을 조달하는 경우 그 절차가 간단하지 않으며, 추진과정에 융통성도 부족하고, 환경문제 등 프로젝트 위험에 상대적으로 보수적인 입장을 가지고 있어 시간과 비용이 많이 소요될 뿐만 아니라 원조자금(aid)을 제외하고는 조달비용도 상업금융과 비슷한 수준이라는 단점이 있다.

Political Risk Guarantee

채무국 정부의 의무불이행이나 불가항력으로 인한 원리금 상환 불이행 위험을 담보(개발도상국 정부가 제공하는 각종 프로젝트 지원내용에 대한 보증)

Partial Credit Guarantee

민간부문이 지원하기 어려운 장기의 상환조건을 갖는 사업에 있어 대출금의 일정부분(예 : 10년을 초과하여 상환될 부분)에 대한 모든 상환불이행 위험을 담보

4) 수출신용기관(ECA : export credit agency)[41] 금융

수출신용기관(ECA)은 자국의 수출촉진 및 고용확대를 목적으로 설립된 공적금융기관(government agency)으로서 주로 자국 기업의 자본재수출을 위한 수출금융

41) 제13장 제1절 수출신용기관 참조

(export credit)을 직접대출이나 보증, 보험의 방식을 통해 지원하고 있다.

전통적으로 ECA는 개발도상국 정부나 공공기업이 수행하는 공공부문(public sector) 프로젝트를 주로 지원하였으나, 1990년대 이후 개발도상국에서 공공부문의 민영화가 추진되고 프로젝트 파이낸스 기법이 발달함에 따라 개발도상국의 민간부문에 대한 지원도 강화하고 있다.

이는 개발도상국 경제개발에 민간부문의 참여도가 높아지면서 ECA는 자국 수출촉진을 위해서 민간부문 프로젝트에 적극 참여하지 않을 수 없게 되었을 뿐만 아니라 ECA는 프로젝트에 대한 관련정부의 지원 이외에 프로젝트 자체의 현금흐름으로부터 추가적인 채권확보가 가능하기 때문이다. 또한 ECA는 프로젝트 파이낸스에 참여하는 경우 상업금융기관이나 사업주가 프로젝트의 정치적 위험이나 신용위험의 일부를 부담해 줄 것을 희망하고 있기 때문에 사업소재국 정부나 금융기관의 지급보증(repayment guarantee)을 전제로 한 전통적인 수출금융과 더불어 프로젝트 파이낸스에도 적극적인 지원체제를 갖추게 되었다.

ECA 수출금융은 자국 수출자를 보호하기 위한 특수금융의 일종으로 사업주는 개발도상국의 프로젝트에 대하여 대규모 자금을 비교적 낮은 고정금리로 장기의 상환기간동안 이용할 수 있다는 성격을 지니고 있다. ECA 수출금융을 제공하는 수출신용기관이 정부 또는 국영기관이라는 면에서 수출금융은 국제개발금융과 마찬가지로 프로젝트의 정치적 위험을 감소시키는 효과가 있으며, 상업금융을 유인하는 효과도 있다.

ECA 수출금융의 주요 지원조건은 수출보조금으로 인한 무역왜곡을 방지하기 위하여 마련된 OECD 수출신용협약에 의해 규제를 받고 있으며, 전통적인 수출금융과 프로젝트 파이낸스 방식의 수출금융을 달리 적용하고 있다. 이것은 전통적인 수출금융은 개발도상국 정부가 주도하는 공공사업을 대상으로 하므로 금융상환방법이 정부의 예산과 관련이 있는 반면 프로젝트 파이낸스 방식은 민간 프로젝트를 대상으로 하여 프로젝트 현금흐름을 고려해야 하기 때문이다.

5) 채권발행

개발도상국의 인프라사업 등 프로젝트 파이낸스로 추진되는 대규모 사업의 재원조달방법으로 채권발행방법을 고려할 수 있다. 그러나 최대의 채권시장인 미국에서 공모발행(public offering)을 하는 경우 미국 증권거래소(SEC : Securities and Exchange Commission)에 등록해야 하며, 이때 채권발행자는 연결재무제표의 작성, 미국회계원칙의 적용, 사업부문별 정보제공의 의무가 뒤따른다. 또한 최초 공모 발행시 SEC의 심사에 수개월이 걸리게 되어 개발도상국 프로젝트를 위한 재원조달방법으로 활용되지 못하였다.

사모발행(private placement)의 경우 SEC 등록의무는 면제되지만 조달비용이 크고 채권의 유동성이 부족하다는 문제점이 있다.

이러한 공모와 사모의 문제점을 감안하여 1990년 4월 Rule 144a가 신설되었는데 이는 유통시장에서의 거래에 적용되는 규정으로 등록되지 않은 유가증권(non-fungible securities)을 일정한 자격을 갖춘 기관투자가(QIB)[42]에게 재매각하는 경우에 연방증권법상 SEC 등록의무를 면제해주는 규정이다. 이에 따라 Rule 144a에 의한 비등록증권의 발행은 ① 등록증권 만큼 풍부한 유동성을 가질 수 있으며, ② 공모발행에 비해 발행비용이 감소되고, ③ 최초 발행시 SEC의 심사과정이 필요없으므로 시장접근이 유리하며, ④ 공모와 비슷한 가격(pricing)으로 발행될 수 있어 개발도상국 프로젝트의 적절한 재원조달수단으로 자리 잡아 가고 있다.

사모발행의 경우 투자자는 개인의 판단에 의해 채권인수여부를 결정하지만 Rule 144a에 의한 경우에는 가격의 결정을 위해 S&P, Moody's 등으로부터 신용평가등급을 받아야만 하며, 기채설명서(offering circular)에서는 프로젝트(채권 발행자)의 내용이 명확히 나타나 있어야 한다.

채권이 대출보다 유리한 점은 시장접근이 용이하고 비교적 낮은 비용으로 장기자금을 조달할 수 있다는데 있다. 그러나 프로젝트의 자금은 공사기간에 걸쳐 소요되는데 반해 채권을 발행하는 경우 일시에 자금이 조달되기 때문에 지나치게 많은 여유자금이 발생하게 되어 소위 '손실포지션비용[43](negative carry 또는 negative arbitrage)'의 위험이 나타난다. 이와 함께 채권인수자의 공사완공위험 수용곤란으로 인해 프로젝트 파이낸스에 있어 채권은 공사완공시점 또는 착공 후 일정기간이 경과된 뒤 기존의 금융기관 대출을 대체(refinancing)하는 역할에 치중되어 있다.

사업주는 프로젝트의 소요재원을 조달하는 경우 조달조건으로 고정금리의 장기자금(long-term fixed rate funding)을 선호하게 되는 한편 연금·기금이나 보험회사는 자금운용상 유동성이 높고 안전한 장기투자대상을 선호하게 된다. 이러한 측면에서는 연금·기금이나 보험회사를 상대로 한 채권발행이 인프라사업의 프로젝트 파이낸스에 가장 적합한 조달수단이 된다고 할 수 있다. 또한 채권발행으로 프로젝트

42) QIB(Qualified Institutional Buyer) : 유가증권 투자자산 규모가 1억달러 이상인 은행, Savings & Loan Association, Registered Broker-Realers, 보험회사, Registered Investment Companies 등으로서 자기 고유계정으로만 비등록증권의 매매가 가능

43) 투자포지션을 유지하는데 드는 비용이 그 투자로부터 나오는 현재의 수입을 초과하는 경우 그러한 투자포지션의 순비용을 말함.

재원을 조달하는 경우 조달비용이 상대적으로 낮아지며, 전통적인 대출에 있어 복잡하고 광범위하게 규정되어지는 특별약정조항(covenants)을 완화시킬 수 있어 사업주가 프로젝트를 운영함에 있어 제약이 적어지는 장점도 있다.

그러나 현실적으로는 프로젝트 파이낸스에 있어 채권발행이 아직은 활성화되어 있지 못한 상태이다. 이것은 채권인수자는 은행과 같은 금융기관과는 달리 프로젝트 위험을 스스로 분석하여 투자여부를 결정하기 보다도 채권의 신용등급(credit rating)에 의존하기 때문에 신용평가 전문기관의 평가가 필요하며, 사업주나 금융자문기관의 입장에서는 채권발행만으로 소요자금을 조달하는데 대한 경험이 적어 확신을 갖지 못하기 때문이다. 최근 BOT/BOO 프로젝트에 있어 채권발행을 통해 소요자금을 조달하는 경우가 증가하고 있지만 아직까지는 금융기관의 대출과 더불어 또는 대출에 종속되어 프로젝트 금융조달의 일부분으로 이루어지고 있다.

프로젝트 파이낸스에 있어 채권발행은 국제금융의 추세인 증권화(securitization)의 일종이며, 직접적인 채권발행뿐만 아니라 수출금융 등의 대출채권을 증권화하여 조달비용을 감소시키려는 방법도 시도되고 있다.

6) 인프라 펀드(infrastructure fund) – 사회기반시설기금

최근 아시아와 중남미를 중심으로 한 개발도상국에서는 전력, 통신, 교통 분야 등 인프라사업의 개발이 촉진되고 있으며, BOT/BOO 등 민영화과정에 있어 민간자금의 수요가 급증하고 있다. 이에 따라 세계은행, 아시아개발은행 등은 개발도상국의 민영화사업을 지원하기 위한 방법으로 보증제도의 신설과 함께 민간기금의 설립을 지원하여 왔다. 한편 기업, 기금, 금융기관 등 민간부문에서도 개발도상국 인프라사업의 자금수요가 급증하고 있어 이에 부응코자 국제개발금융기구와 함께, 또는 민간부문 단독으로 인프라기금을 설립하고 있다.

이러한 인프라 기금은 영리법인 형태로 프로젝트 컨설팅업무를 하거나 프로젝트에의 출자와 프로젝트 파이낸스 방식의 대출을 통하여 프로젝트에 투자하고 있으며, 민간부문의 지식과 경험을 바탕으로 예상수익률을 15~25% 정도로 기대하고 있다.

국부펀드(sovereign wealth fund)가 발달한 중동지역 국가나 싱가포르에서 추진되는 프로젝트는 그 나라의 국부펀드가 지분 출자나 대출 등의 형식으로 타 금융기관과 함께 참여한다. 특히 사우디아라비아는 이슬람금융 형태의 국부펀드가 발달되어 있으며, 민자 발전·담수프로젝트, 석유화학프로젝트 등 현지 프로젝트에 국가 정책적으로 국부펀드가 지분이나 대출에 참여하도록 하고 있다.

한편 우리나라도 1990년 대 후반 해외건설협회가 주관이 되어 ‘세계 프로젝트 투자기금(GPIF : Global Project Investment Fund)'의 설립을 추진[44]하였으나 당시의 경제위기로 인해 무산되었으며, 2000년 대 들어와 국내 민자도로 등 사회기반시설 민영화 사업이 활발히 추진됨에 따라 금융기관을 중심으로 한 인프라 펀드가 설립·운영되고 있다. 또한 2009년 정부가 주도하여 민관합동으로 글로벌인프라펀드(Global Infra Fund)가 조성되어 투자개발형 해외 인프라 및 플랜트 개발사업에 출자와 대출 투자를 하고 있다.

7) 이슬람금융

(1) 이슬람금융의 개념과 특징

이슬람금융이란 이슬람 샤리아(Sharia) 율법을 준수하여 행해지는 융자나 채권발행 등의 금융을 말한다. 이슬람 금융시장은 고유가에 따른 오일머니 급증, 전통적인 금융기관의 이슬람금융 활용 확대와 동서간의 무역·투자 활성화 등에 따른 영향으로 급성장세를 보이고 있다. 특히 근대적 이슬람금융은 1970년대 고유가를 바탕으로 출범하였으며, 이후 아시아 금융위기에 따른 서방 금융에 대한 불신과 9·11 테러 이후 미국 내 이슬람 자산의 동결, 글로벌 경제위기로 인한 전통금융의 위축 등을 계기로 급성장하였다.

이슬람금융시장은 이슬람권에서는 바레인, 말레이시아 등이 중심이 되어 이슬람금융의 시장기반 확충, 상품 개발과 더불어 회계 및 건전성 등에 대한 통일 기준 마련 등을 추진하고 있다. 비이슬람권에서는 영국과 싱가포르가 정부 차원에서 이슬람금융의 육성에 힘쓰고 있으며 일본, 중국 등도 이슬람 금융의 성장성에 주목하고 이슬람 국가와의 제휴 등을 통해 이슬람금융시장에 진출하고 있다.

이슬람금융은 다음과 같은 샤리아 율법을 따른다는 점에서 전통적인 금융과 차이가 있다.

- 금융이자 금지 : 자금이용의 대가로 지급이자 대신에 참여지분에 따른 수익(return)을 렌트, 리스, 배당금 등의 형태로 수수
- 과도한 위험과 불명확성 배제 : 현실성이 없거나 가격책정이 불가능한 거래는 배제되며, 관계 당사자 간에 미래의 현금(재화) 흐름 등을 계약 당시에 명확히 규정
- 도덕적, 사회적, 종교적 판단에 부합되는 금융거래에 한정 : 이자를 수취하지 않는 실물거래라 하더라도 도박, 포르노, 술, 돼지고기 유통 등과 관련된 업종에

44) 아시아개발은행과 국내 기업, 금융기관 등이 3억 달러를 투자할 예정이었음.

대한 금융거래는 엄격히 금지

• 이익과 손실의 공유 : 금융기관과 고객이 사업 파트너로 참여하여 이익과 손실을 공유하는 것을 원칙으로 하며, 원금보장 약정은 금지

그림 2-18 이슬람금융의 개요

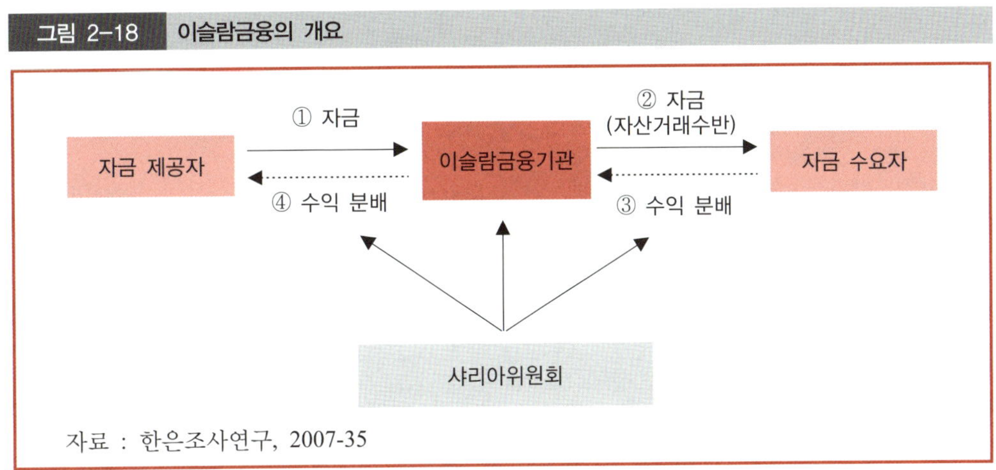

자료 : 한은조사연구, 2007-35

간단히 말하면 이슬람금융은 이자 개념을 배제하고, 금융기관과 자금이용자 간의 유·무형자산을 매개로 거래가 이루어져야 하며, 자금 중개의 각 단계가 이슬람 교리에 부합되는지 여부를 심사하기 위하여 샤리아 위원회(Shariah Board)를 의무적으로 설치한다는 특징을 갖고 있다.

(2) 이슬람금융의 종류

이슬람금융의 구조와 내용은 일반 금융방식보다 복잡하며, [표 2-15]와 같이 금융기관과 자금 이용자 간의 거래 매개방식에 따라 소비자 금융, 생산자 금융, 리스 및 출자 금융 형태가 있다. 이 중 소비자 금융인 무라바하가 가장 대표적으로 이슬람은행 자산의 70% 정도를 차지하고 있다.

이슬람의 원리에서 보면 이슬람금융은 무라바하(Murabaha), 이스티스나(Istisna'a), 무다라바(Mudarabah), 무샤라카(Musharaka), 이자라(Ijara) 등으로 구분할 수 있다. 무라바하(Murabaha)는 이슬람은행이 고객이 필요한 상품을 사서 이윤을 붙여 고객에게 분할상환 조건으로 상품을 팔고, 상품명의는 고객이 대금을 전부 지불할 때까지 은행이 가지며, 고객은 상품대금의 분할 지급이 완료될 때 비로소 상품의 명의를 갖는 금융방식이다.

표 2-15 이슬람금융의 종류

종 류	금 융 방 식	유사 금융
무라바하 (Murabaha)	금융기관이 제품구입자에게 구입자금을 제공하고, 동 자금과 수수료를 할부로 회수하는 방식	소비자 금융 (할부금융)
이스티스나 (Istisna'a)	금융기관이 생산자에게 자금을 제공하고, 생산 후 제품판매 수입으로 동 자금을 회수(미래자산 매매계약)	생산자 금융 (설비제작자금)
무다라바 (Mudarabah)	금융기관이 예금을 이용하여 사업자에게 출자형식으로 자금을 제공하고, 발생수익에서 원금과 수익을 회수	투자신탁 벤처캐피탈
무샤라카 (Musharaka)	금융기관이 거액 투자자를 모집하여 사업에 투자하고, 수익을 출자비율에 따라 분배	투자금융 공동출자
이자라 (Ijara)	금융기관이 제품을 구입하여 수요자에게 이용권을 이전(리스)하고 제품 이용료(리스료)로 자금을 회수	리스금융

그림 2-19 이슬람금융의 기본계약 구조

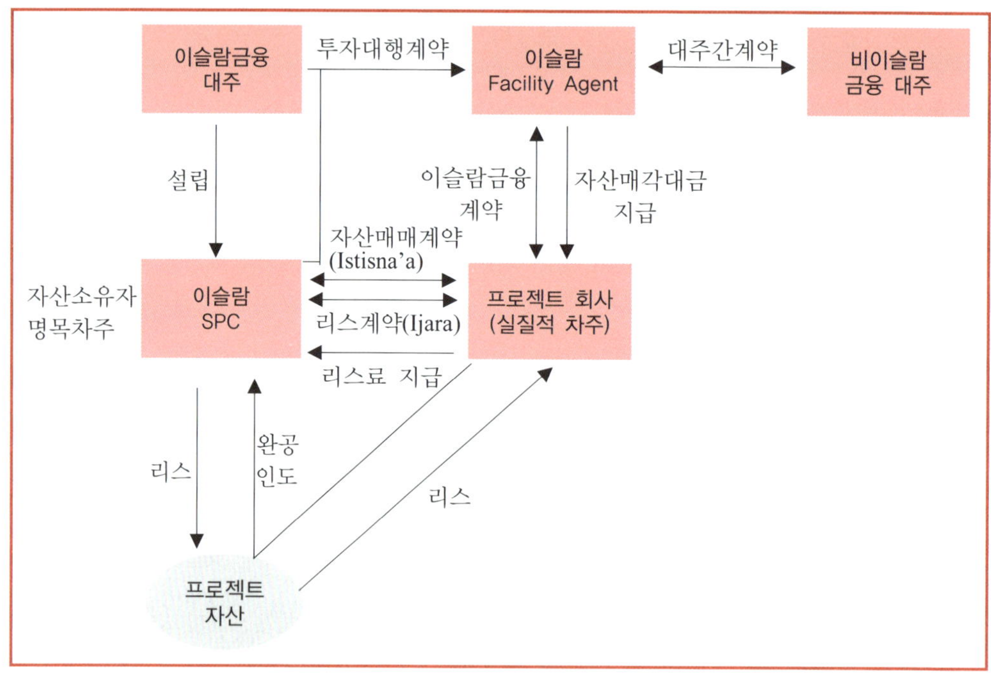

무샤라카(Musharaka)는 은행과 고객이 이익과 손해의 처리를 사전에 정하고 공동으로 자본을 출자하여 사업을 벌이는 것과 같다. 무다라바(Mudarabah)는 은행과 고객이 손해와 이익의 처리를 사전에 정하고 공동으로 기업을 만드는데, 보통 은행은 자본을 공여하고 고객은 땅이나 기계 혹은 기술을 제공하면서 사업을 추진하는 방식이다. 또 은행은 자산을 사서 고객에게 빌려주고 고객은 고정된 가격을 매달 지불하는 방식이 이자라(Ijara)이다.

한편 다수의 대주가 참여하는 프로젝트 파이낸스 방식 거래에서 이슬람금융은 이스티스나(미래자산 매매계약)와 이자라(리스계약)라는 방식이 주로 사용되며, 비이슬람금융과 pari-passu(동등조건)로 지원된다. 이슬람 금융기관은 프로젝트 자산의 소유권을 취득하고 사업자 앞 판매나 리스를 위하여 특수목적회사(SPC)를 설립하며, 이슬람 금융기관과 SPC는 이슬람금융 대리인을 선정하여 이슬람금융의 조건에 부합하는 금융을 취급한다.

지금까지 설명한 프로젝트 소요자금을 조달하는 재원이 되는 금융의 종류별 특징을 정리하면 [표 2-16]과 같다.

표 2-16 금융종류별 주요 특징

구 분	내 용	
국제상업금융	금융주선기관(MLA)가 주축이 되어 다수 금융기관 참여 (신디케이션, 클럽 딜 방식 이용)	
	지원조건·방법의 융통성이 큼.	개발도상국 정치위험 수용 한계(ECA·MDB 지원 필요)
ECA수출금융	자국의 자본재수출을 지원하기 위한 공적금융 - 구속성 금융 전통적으로 정치위험 지원을 중심으로 운영 상업위험 등 프로젝트의 모든 위험부담	
	OECD 수출신용협약에 의한 고정금리 장기대출·보증	지원조건상 융통성 부족 상업금융과 협조융자가 일반적
국제개발금융	IFC, ADB, MIGA 등 - 대출, 보증, 지분출자, 준자본 지원 등	
	상업금융 유인 촉매역할 프로젝트 신뢰도 제고 정치위험의 감소	지원절차 복잡, 심사기간 장기 상업금융과 협조융자 필요
현지금융 (현지화 금융)	현지금융기관·국제개발금융기관의 대출·보증 국제상업금융·수출금융과 동등조건 또는 이 보다 후순위채권	
	통화갭 해소 정치위험 감소(eyes & ears)	개발도상국에서는 차입비용이 높고, 유동성 부족으로 대규모 장기자금 조달 어려움.
사모채권 (Private Placement)	미국을 중심으로 한 기관투자가	
	15년 이상의 장기차입 가능 자체분석에 의한 투자결정	선택적 지원, 차입비용이 높음 채권의 유동성 불충분 손실포지션비용 발생
미국 증권 거래법 144A	비등록증권의 공모발행형식으로 제한적 매매가능	
	미 증권거래소 등록 불필요 QIB에 의해 거래 - 유동성 제고 15년 이상의 장기차입 가능 특별약정조항의 융통성	S&P/Moody's의 신용등급 필요 선택적 지원 손실포지션비용 발생

제6절 프로젝트 리스크 분석과 대응방안

1 프로젝트 리스크의 정의와 종류

일반적으로 예측 불가능한 미래의 불확실성을 포괄적으로 리스크라 하며, 프로젝트 리스크란 프로젝트를 운영하는 과정에서 발생하는 모든 부정적인 미래 상황을 말한다. 좀 더 구체적으로 말하자면 프로젝트의 미래 수익에 영향을 미치는 모든 불확실한 상황이라 할 수 있다.

프로젝트 리스크를 크게 구분하면 상업위험과 정치적 위험, 그리고 불가항력위험으로 나눌 수 있다. 상업위험은 실물시장이나 금융시장의 불확실한 환경에서 발생하며, 정치적 위험은 정부의 정치적 행위, 즉 법규의 변경이나 정치적 영향력에 의해서 발생한다. 한편 불가항력 위험은 어떤 이해당사자도 예측할 수 없으며, 통제할 수 없는 자연재해 등을 말한다.

표 2-17 프로젝트 위험의 종류

상 업 위 험		정치적 위험	불가항력 위험
• 공사완공위험 • 원재료조달위험 • 사업운영위험 • 판매위험	• 신용위험 • 재무위험 • 인프라위험 • 환경위험	• 전쟁, 내란 • 국유화, 몰수 • 법령, 정책의 변경 • 국제수지 악화	• 천재지변 • 자연재해 • 제3국 전쟁 등으로 인한 통제 불능

프로젝트 리스크는 사업주나 대주단 입장에서 충분히 분석되고 검토되어야 하며, 그 대응방안이 적절히 이루어져야 프로젝트의 기술적, 경제적, 재무적 타당성이 확실해진다. 따라서 금융기관의 due diligence 과정에서 핵심을 이루는 것이 바로 프로젝트 리스크의 분석과 대응방안을 마련하는 것이다.

2 프로젝트 리스크의 내용과 감소방안

1) 공사완공위험(completion risk)

공사완공위험이란 공사완공의 시기나 공사비용, 설비의 성능에 영향을 주는 제반

위험을 말하며, 준공위험이라고도 한다. 이를 구체적으로 설명하면 '당초의 예상된 비용과 기간이내에 프로젝트를 건설하여 예상된 품질의 생산물을 일정한 조업비로 일정한 물량만큼 생산하여 구매자에게 판매할 수 있는 체계를 완성하는데 발생하는 위험'이라고 할 수 있다.

이러한 공사완공위험의 발생요인은 다음과 같이 분류할 수 있다.

- 사업주의 책임 : 계획이나 설계의 오류, 관리능력 부족, 자금지원 부족 등
- 시공업체의 책임 : 공사능력 부족(기술력, 관리력), 도산 등
- 불가항력·정치적 위험 : 전쟁, 몰수, 파업, 천재지변 등
- 경제 환경의 변화 : 시장여건, 인플레이션 등

이들 요인에 의해 ① 초과비용(cost overrun) 발생, ② 프로젝트의 생산능력이나 효율성(performance)의 저하, ③ 공사완공 지연(delay) 등의 문제가 발생하게 되어, 결국 추가비용 부담이나 수입 감소의 결과로 나타나게 되며, 프로젝트 운영이 불가능한 경우까지 발생할 수 있다.

한편 공사완공위험은 시공업체나 사업주에 기인되는 경우가 많고, 다른 모든 위험이 공사완공위험에 연결되어 있으며, 대주인 금융기관 자체에서의 기술 분석에는 한계가 있으므로 금융기관의 입장에서는 공사완공위험을 가장 크고 부담하기 어려운 위험으로 간주하고 있다. 이러한 이유로 금융기관은 공사완공시기까지의 위험을 부담하기를 꺼려하며, 사업주나 제3자에게 이 위험을 전가시키려 하는 것이 일반적이다.

공사완공위험은 사업주와 시공업체 등 제3자에게 부담시키거나 공사완공위험이 적은 프로젝트를 선택하는 등의 방법으로 그 위험을 최소화 할 수 있다. 공사완공위험을 사업주에게 부담시키는 일반적인 방법으로 사업시행자의 '공사완공보증'(completion guarantee)이 있다. 여기에는 ① 사업시행자가 공사완성에 책임을 지는 것으로 일정기간 중에 공사가 완공되지 않을 경우에는 사업시행자가 원리금 전액 또는 일부의 지급을 보증하는 형태와 ② 초과비용이 발생할 경우 사업시행자가 출자금 또는 후순위채무(subordinated loan) 등을 지원하여 프로젝트를 완공시킨다는 것을 서약(covenant)하는 방식이 있다.

한편 인프라 프로젝트의 경우 천재지변 등 불가항력 위험이나 정치적 위험에 따른 공사완공위험에 대해서는 사업소재국 정부가 보증 또는 지원하는 경우가 많은데, 국별 신용도가 낮은 국가에서 시행되는 프로젝트에 대해서는 이러한 정부의 지원이 필수적이라고 할 수 있다.

시공업체에게 공사완공위험을 부담시키는 일반적인 방법으로 계약방식을 고정가

격조건의 일괄계약(fixed price lump-sum contract)과 턴키계약(turn-key contract)으로 하는 경우가 있다.

고정가격조건의 일괄계약은 계약 체결과 동시에 프로젝트 건설비용이 확정되므로 초과비용이 발생할 여지가 감소될 수 있으나, 시공업체는 인플레이션 등에 대비해 건설비용을 높게 요구하기 쉬우므로 계약금액이 높아질 가능성도 있다.

턴키계약은 단일 시공업체가 모든 설비를 완성하고 운영에 대한 교육도 실시하므로 건설기간중의 관리책임이 시공업체에게 전가되는 이점이 있어 자주 이용되고 있다. 그러나 시공업체의 계약 위반, 공사 지연, 보증 성능 미달 등의 경우 당연히 손해배상책임이 발생하지만, 통상 책임한도가 일정한 금액으로 한정되어 있고 불가항력 등 면책사유가 있으므로 주의하여야 한다. 이 손해보상책임은 시공업체의 거래은행에 의한 선수금환급보증(advance-payment bond)과 계약이행보증(performance bond) 등으로 담보되지만, 그 금액이 계약금액의 20%~30% 정도로 한정되므로 이것이 사업주나 사업소재국 정부의 공사완공보증을 대신할 수 있는 것으로 생각하는 것은 위험하다.

한편 공사완공위험을 감소시킬 수 있는 또 다른 방법으로 각종 보험에 부보하는 방법이 있는데, 여기에는 화물해상보험, 공사보험, 제3자 배상책임보험, 화재보험 등이 있으며, 계약내용에 따라 사업주나 시공업체가 부보한다.

공사완공위험은 앞서 설명한 대로 가장 높은 프로젝트 리스크이므로 상업금융기관에서는 프로젝트 파이낸스 대상사업을 프로젝트 자체에 공사완공위험이 적은 사업에 한정하고 있다. 공사완공위험이 적은 프로젝트란 ① 신뢰성 및 상업성이 인정된 기술(commercially proven technology)을 사용하는 프로젝트, ② 경험 있고 신용도가 높은 시공업체가 건설하는 프로젝트, ③ 적정수준의 예비비가 유지되어 있는 프로젝트 등을 말한다.

공사완공위험의 내용과 감소방안을 정리하면 다음과 같다.

(1) 위험내용

당초의 예상된 비용과 기간이내에 프로젝트를 건설하여, 예상된 품질의 생산물을 일정의 조업비로 소정의 물량만큼 생산하고 구매자에게 판매할 수 있는 체계를 완성하는데 발생하는 위험

- 초과비용 발생
- 프로젝트의 생산능력이나 효율성 저하
- 공사완공 지연

(2) 위험 감소방안

① 사업주에게 부담시키는 방법
- 사업주의 공사완공보증
- 초과비용이 발생할 경우 사업주가 일정한도 내에 추가출자 또는 후순위대출을 프로젝트 회사에게 제공토록 약속하는 방법
- 사업주가 공사기간동안 대출금의 일부에 대해 상환을 보증하는 방법
- 출자금의 비율을 높게 설정하는 방법

② 대주가 일정한도 내에서 초과비용을 부담하는 방법(이 경우 대출금을 미리 기본 대출금(base loan)과 초과비용용 대출금(over-run loan)으로 구분)

③ 제3자에게 부담시키는 방법
- 고정가격 조건부 일괄도급 계약(fixed price lump-sum turn-key contract)의 체결
- 화물해상보험, 공사보험, 제3자 배상책임보험, 화재보험 등의 보험부보

④ 공사완공위험이 적은 프로젝트의 선정
- 신뢰성 및 상업성이 인정된 기술을 사용하는 프로젝트
- 경험 있고 신용도가 높은 시공업체가 실시하는 프로젝트
- 적정수준의 예비비가 계상되어 있는 프로젝트

2) 원재료조달위험(feedstock supply risk)

원재료 조달위험이란 프로젝트의 최종 제품을 생산하기 위하여 사용되는 원재료를 조달하는 과정에서 발생하는 위험, 즉 원재료 조달의 확실성, 가격 변동성, 조달계약의 타당성과 운송수단의 완비 여부 등을 말한다.

자원개발 프로젝트에서는 매장량 위험(reserve risk)이라 한다. 여기에는 지하자원의 소재지, 매장량, 품질, 등급, 부존상태 등의 내용이 포함되며, 이의 판단은 지극히 기술적인 문제이므로 전문가의 평가에 의존할 수밖에 없다. 또한 자원개발 프로젝트에 있어 매장량은 이른바 재고자산이라 할 수 있으며, 새로운 매입이 불가능하므로 금융기관은 자원의 매장량 파악에 보다 신중을 기하여야 한다.

일반적으로 원재료 조달위험은 가격위험(price risk)과 물량위험(volume risk)의 두 가지로 나눌 수 있는데 가격위험에는 원재료의 품질위험도 포함된다. 광물자원의 경우 자원의 품질에 따라 가격이 크게 달라지므로 가격과 품질은 연계하여 고려되어야 한다. 한편 교통(도로, 항만, 철도 등)·통신 프로젝트 등의 경우에는 특별한 원재료가 소요되지 않으므로 원재료 조달위험이 발생할 여지가 적다.

가격위험은 원료가격의 절대적·상대적 상승을 제품가격에 반영할 수 없는 위험이다. 예를 들어 정유 사업에서 원유가격이 상승했는데도 정책적으로 제품가격이 억제되는 경우나 석유화학사업에서 나프타가 천연가스에 대해 경쟁력을 잃는 경우, 알루미늄 제련업에서 전력비용이 비싼 지역에 위치하고 있는 공장이 경쟁력을 잃는 경우 등이 있다.

물량위험은 대부분의 경우 가격위험에 전가되지만 특정 공급원과 연계되어 있다든지, 공급자측이 카르텔을 형성하고 있다든지 하면 공급 두절의 경우가 발생할 수도 있다.

원재료조달위험은 일반적으로 원재료 장기조달계약(feedstock supply agreement)에 의해 그 위험을 감소시킨다. 이 경우 공급량, 가격, 품질보증, 계약기간, 계약 불이행시 손해보상규정 등 계약내용의 분석 및 원재료 공급업자의 신용도 등을 고려하여 원재료 수급의 안정성을 파악해야 한다.

이러한 장기공급계약의 한 형태로 'put-or-pay' 방식이 있는데, 이는 당해 프로젝트의 공급자가 당초 계약에 따른 원재료 공급의무를 수행하지 못하는 경우 원공급자는 프로젝트가 다른 공급자로부터 원재료를 조달하는데 따른 추가비용을 부담한다는 내용의 계약형태로 원재료조달위험을 감소할 수 있는 방법이 된다. 'put-or-pay' 방식의 계약은 불가항력 조항 등 공급자의 의무면제 범위를 어떻게 구성하느냐에 따라 위험의 크기가 결정되므로 이의 타당성을 충분히 검토해야 하며, 공급자의 최소 공급 의무량이 원리금 상환을 위해 필요로 하는 생산 활동 수준에 충분한 양인지 여부, 원재료 공급자의 추가비용 부담 능력 및 의지 등에 대해서도 검토가 필요하다.

한편 개발도상국의 민자발전 프로젝트의 경우 사업시행자는 전력판매대금으로 발전연료(석탄, 가스, 기름 등) 비용이 직접 보상(pass-through)되도록 함으로써 연료조달에 따른 가격위험을 회피하는 것이 일반적이다. 또한 사업주가 스스로 나프타 등 원료를 공급하고 그 생산물을 인수하는 석유화학 프로젝트에서도 원료조달 의무를 사업주가 부담토록 하여 그 위험을 제거하는 것이 일반적이다.

원재료 조달위험의 내용과 감소방안을 정리하면 다음과 같다.

(1) 위험내용

① 원재료의 원활한 조달과 관련된 불확실성으로 원재료 조달의 확실성, 가격 변동성, 조달계약의 타당성과 운송수단의 완비 여부 등

② 자원개발 프로젝트의 경우에는 매장량 위험이라 하며, 여기에는 지하자원의 소재지, 매장량, 품질, 등급, 부존상태 등의 내용이 포함

(2) 위험감소방안

put-or-pay 방식의 장기공급계약 체결 : 공급자가 스스로 원재료를 공급할 수 없을 경우 프로젝트가 다른 공급자로부터 원재료를 조달하는데 따른 추가비용을 부담한다는 내용의 계약

3) 사업운영위험(operation risk)

사업운영위험은 원료공급과 판매에 문제가 없는 것을 전제로 일정수준 이하의 비용으로 계획된 품질과 물량의 제품을 생산할 수 있는지의 여부, 즉 프로젝트의 원활한 운영 및 관리와 관련된 위험을 말한다. 이 위험이 발생할 수 있는 요인에는 다음과 같은 것이 있다.

- 내부요인
  - 경영자(management)의 관리능력
  - 기술자나 노동자의 수, 능력, 숙련도와 파업가능성
  - 설비의 예상외 성능 악화, 기술적 결함
  - 환경오염
- 외부요인
  - 불가항력 : 전쟁, 천재지변, 제품수송의 두절(파업 등)

사업운영위험은 사업 경영자의 경영과 기술능력에 따라 크게 좌우된다. 따라서 무엇보다도 경험과 신용이 있는 기업에 의한 운영이 중요하다. 일반적으로는 사업주가 사업운영의 주체가 되지만 사업주의 사업운영능력이 떨어지거나 운영위험을 별도로 독립시킬 필요가 있는 경우에는 신뢰성 있는 전문 운영업체와 사업운영계약(operation & management contract)을 체결하는 방법도 있다. 이 사업운영계약에는 운영을 효율적으로 하였을 경우 보너스를 지급하고, 그 반대의 경우 페널티를 부과하는 등의 조항을 포함시켜 사업운영위험의 부담 주체를 명확히 할 필요가 있다.

한편 관리측면에서도 능력있는 경영자의 구성이 필요하며, 의사결정체계가 합리적으로 이루어져야 한다. 또한 프로젝트 운영 중에 발생할 수 있는 각종 사고에 대비하여 보험에 부보하는 것이 필요한데 여기에는 설비보험(property insurance), 조업정지 손해보험(consequential loss insurance), 손해배상 책임보험(liability insurance) 등이 있다.

표 2-18 프로젝트 단계별 주요 위험과 보험

[건설단계]

주요사항	부지정지	건설 및 조립	시운전	준공
프로젝트 리스크	정치적 리스크 : 몰수, 수용, 국유화, 법률변경, 양허계약의 취소 등			
	건설 및 준공리스크: 비용초과, 설계변경, 자금차입비용의 증가, 환경피해, 불가항력, 준공지연, 성능미달, 설비파손, 운송중 리스크, 제조업체 현장에서의 사고 등			
해당보험	적하보험(Cargo Insurance) 적하운영지연보험(MDSU : Marine Delay in Start-Up)			
	건설공사(Construction All Risks) 조립보험(Erection All Risks) 운영지연보험(DSU : Delay in Start-up) ALOP(Advance Loss of Profit)			
	배상책임보험(Third Party Liability / General Liability)			
	전문인 배상책임 보험(Professional Indemnity) 정치적 위험 보험(Political Risks Insurance) 테러리즘 보험(Terrorism Insurance)			
	이행보증보험, 자동차보험, 근재보험 등			

[운영단계]

주요사항	운전 및 유지 (Operation & Maintenance)
프로젝트 리스크	정치적 위험: 몰수, 수용, 국유화, 법률변경, 양허계약의 취소 등
	운영 위험: 파산, 불가항력, 환경피해, 기계고장, 파업, 운영비용의 증가, 시장 리스크 등
해당보험	재물손해보험(Property Damage & Machinery Breakdown)
	기업휴지보험(Business Interruption)
	배상책임보험(Commercial General Liability)
	정치적 위험 보험(Political Risk Insurance) 테러리즘 보험(Terrorism Insurance)
	이행보증보험(Performance Bond), 자동차보험, 근재보험 등
	날씨보험(Weather Insurance) 등

사업운영위험의 내용과 감소방안을 정리하면 다음과 같다.

(1) 위험내용

원료공급과 판매에 문제가 없는 것을 전제로 일정수준 이하의 비용으로 계획된 품질과 물량의 제품을 생산할 수 있는지의 여부, 즉 프로젝트의 원활한 운영 및 관리와 관련된 위험

(2) 위험감소방안

- 능력 있는 경영진의 구성과 합리적인 의사결정체계 구축
- 경험과 신용이 있는 전문 운영업체에 의한 운영(사업운영계약 체결)
- 사업주의 관리·운영 지원
- 프로젝트 운영과 관련된 각종 보험 부보

4) 판매위험(market risk)

판매위험은 생산제품의 판매와 관련된 위험으로 생산제품의 장기수급과 가격 변동, 경쟁과 시장진입, 관세 및 무역장애, 제품의 진부화 등에 의해 영향을 받는다. 프로젝트의 유일한 수입은 생산제품의 판매대금이므로 판매위험은 가장 큰 프로젝트 수입의 변동요인이 된다.

판매위험은 원재료조달위험과 마찬가지로 가격위험과 물량위험으로 나눌 수 있는데, 물량위험은 일반적으로 가격위험으로 전환되는 경우가 많으며 제품인수자 입장에서는 물량위험만을 부담하는 경우가 대부분이다. 따라서 대주로서의 금융기관은 물량위험보다 가격위험을 부담하는 경우가 많게 되며, 이 경우 판매위험의 분석은 장기간동안의 생산제품가격에 대한 정확한 예측에 초점을 두어야 한다.

판매위험은 본래 프로젝트의 외부, 즉 사업주나 금융기관이 통제할 수 없는 영역에 있고, 더구나 그 동향은 다수의 요인이 복잡하게 얽혀 있으므로 가격이나 수요에 대한 정확한 예측이 쉽지 않다. 가격과 수요의 예측은 통상 금융기관이 독자적으로 하지 않으며, 외부 전문 컨설턴트에 의뢰하여 수행한다. 물론 최종적으로는 판매위험의 수용 여부는 금융기관 자신이 판단해야 한다.

판매위험을 감소시키기 위하여 신뢰성 있는 제품인수자와 장기판매계약(offtake agreement)을 체결하는 방법이 있다. 이 경우 계약상에 인수물량, 가격결정방법, 계약기간 및 계약 불이행시 손해보상방법 등에 관한 규정이 원리금상환에 충분할 정도로 합리적으로 규정되어 있는지 세심한 검토가 필요하다. 특히 발전설비, 도로 등 인프라 프로젝트나 내수기반이 약한 사업과 정부가 가격을 통제하는 사업의 경우에는 사업소재국 정부로 하여금 가격보장, 수입규제 등의 지원을 확약하도록 하는 방법으로 판매위험을 정부에게 전가시키는 것이 바람직하다.

개발도상국에서 유료도로사업(toll road project)을 시행하는 경우 교통량에 대한 예측이 쉽지 않으므로 사업소재국 정부에게 최소 교통량에 대한 보증을 요구하기도 한다. 이때 교통량이 예상보다 적어 프로젝트의 수입이 불충분하게 되는 경우 정부가 일정금액을 보상하거나, 사업운영기간을 연장하여 채무상환이나 투자수익 회수

에 별 문제가 없도록 하여야 한다.

한편 개발도상국의 민자발전 프로젝트의 경우 일반적으로 국영 전력회사가 전력을 인수하게 되며, 프로젝트 회사는 전력회사와 전력구매계약(PPA : power purchase agreement)을 체결하게 된다. 이 계약의 내용은 통상 'take-or-pay' 방식을 취하는데, 이때 프로젝트 회사가 전력을 생산하지 못할 경우에도 전력회사는 일정금액을 지급해야 하는 의무가 있으므로 프로젝트의 판매위험을 상당부분 감소할 수 있다.[45] 일반적으로 개발도상국 정부가 추진하고 있는 민자발전사업의 경우 전력구매가격을 [표 2-19]와 같이 결정하고 있는데, 이때 설비용량가격(capacity purchase price)이 'take -or-pay' 방식에 의한 대금지급방법에 해당되며, 전력인수자는 프로젝트 회사의 전력공급여부에 관계없이 프로젝트의 고정운영비용, 투자수익 및 원리금 상환 등에 충당할 수 있는 수준의 대금지급의무를 지게 된다.

Take-or-Pay Contract

프로젝트의 생산제품 인수자가 실제물량의 공급여부에 관계없이 일정 기간 동안 일정 물량을 일정한 가격으로 인수하기로 약정하는 계약

현실적으로 무조건적인 지급약정을 하는 계약은 거의 없으며, 제품의 인수물량도 한정하므로 다음과 같은 사항을 검토하여야 함.

① 계약상의 최저가격 및 최저인수물량이 대출 원리금 상환과 운영비용에 충당할 수 있을 정도가 되는지 여부
② 불가항력 조항 등 제품인수자의 면책범위가 지나치게 광범위하지 않은지 여부
③ 인수자의 제품수요가 충분한지 여부
④ 시장가격이 계약상 최저가격 이하로 하락하는 경우에도 인수자가 제품을 인수할 능력 및 의지가 있는지 여부

표 2-19 전력구매가격의 종류 및 결정방법

가 격 종 류	보 상 범 위	지 급 방 법
에너지 판매가격 (energy purchase price)	발전 연료비	실제 공급한 전력량에 대해 매월지급
	관리운영비중 변동비	
설비용량가격 (capacity purchase price)	관리운영비중 고정비, 보험료 및 투자자 수익	전력공급여부에 관계없이 설비용량에 대해 매월지급
	상환 원리금	
	환차보험료	

45) 이것은 판매위험이 전력인수자의 대금지급위험(payment risk)으로 전환되는 것을 의미하며, 이 때 사업소재국 정부가 전력인수자의 계약이행을 보증하게 되면 상당부분이 정치적 위험으로 전환됨.

판매위험의 내용과 그 감소방안을 정리하면 다음과 같다.

(1) 위험내용

생산제품의 장기 수급과 가격 변동, 경쟁업체의 신규 시장진입, 관세 및 무역장애, 제품의 진부화 등에 의한 영향

(2) 위험감소방안

- 장기판매계약(offtake agreement)의 체결 : 인수물량, 가격결정방법, 계약기간 및 계약 불이행시 손해배상방법 등에 관한 내용이 원리금상환에 충분한 수준으로 규정되어야 함.
- 인프라 사업의 경우 사업소재국 정부의 최소 가격과 물량 보장 등 지원 확약

5) 재무위험(financial risk)

재무위험은 'Cash Flow Risk'라고도 하며, ① 인플레이션에 의한 임금인상 등 운영비용의 증가 위험, ② 환율 및 이자율의 변동에 따른 원리금 상환부담의 가중 등을 그 내용으로 한다. 사업운영위험이 주로 내부적 요인에 의해 발생하는 것이라면, 이 재무위험은 사업주가 통제할 수 없는 외부요인에 의해 발생하는 위험으로 구분할 수 있다.

재무위험을 회피하는 방법으로는 먼저 사업주로 하여금 운전자금이 부족할 경우 이를 지원(cash deficiency support)토록 하거나, 미리 특정 금융기관으로 부터 금융지원(stand-by credit facility)을 확보하는 것 등이 있다. 사업주가 부족자금을 지원하는 방법으로는 법적 구속력이 없는 단순한 협조서한(keep-well letter)의 형식에서부터 조건부 지원, 무조건부 지원에 이르기까지 그 형식이 다양하다.

다른 방법으로 원가가산 가격방식(cost plus margin)이나 서비스 원가방식(COS : cost of service)과 같이 제품판매가격을 비용에 연동하여 결정함으로써 비용의 증가를 제품가격에 직접 반영하는 방법도 있다. 또한 환율이나 이자율의 변동위험을 회피하기 위해서는 스왑 등과 같은 헤징을 이용하는 방법을 고려할 수 있다.

사회기반시설 프로젝트는 그 성격상 대부분의 수입이 현지화로 이루어지기 때문에 외화수입을 기대할 수 없으며, 개발도상국의 경우 환율변동이 심한 편이므로 환율변동위험이 크다. 따라서 이에 대한 정부의 지원이나 보증, 생산물의 대가를 외화로 지급토록 하는 등의 조치가 필요하며, 가능하다면 환차보험(foreign exchange insurance) 부보를 통해 환율변동위험을 감소시키는 것이 바람직하다.

재무위험의 내용과 그 감소방안을 정리하면 다음과 같다.

(1) 위험내용

- 인플레이션에 의한 임금인상 등 운영비용의 증가 위험
- 환율이나 이자율의 변동에 따른 원리금 상환부담의 가중

(2) 위험감소방안

- 운전자금 부족에 대한 사업주의 지원
- 특정 금융기관으로부터 신용공여한도(stand-by credit facility)의 설정
- cost plus margin이나 COS와 같이 제품판매가격을 비용에 연동하여 결정하거나, 비용의 증가를 제품가격에 직접 반영하는 방법
- 환율 및 이자율의 변동위험을 회피하기 위해 헤징을 이용하는 방법
- 원리금 상환이 가능한 시기까지 거치기간을 인정 또는 원리금 상환방법을 균등분할 방식이 아닌 원리금 점증 상환(tail-heavy repayment) 방식을 적용하는 등 적절한 상환 스케줄의 작성

6) 정치적 위험(political risk)

정치적 위험이란 사업소재국 정부의 정책이나 제도가 프로젝트의 수입과 원리금 상환에 미치는 영향으로 프로젝트의 외부 영향요소중의 하나이다.[46] 정치적 위험의 수준은 선진국과 개발도상국에서 상당히 다르게 나타나며, 기본적으로 다음과 같은 사항이 확보되어 있어야 한다.

- 사업수행과 관련된 모든 정책과 제도가 명확하고 합리적이며, 안정성과 지속성이 있어야 하고, 가능하면 사업수행에 유리할 것
- 원리금 상환을 위한 외화 환전과 대외송금이 제도상으로 확실히 보장되어 있을 것
- 사업 활동에 지장이 없도록 치안환경 등이 확보되어 있을 것 등

특히 개발도상국의 인프라 프로젝트나 자원개발 사업은 개발단계에서 소재국 정부의 사전 인·허가가 필요하고, 이 인·허가가 사업운영기간 동안 지속되어야 한다. 그러나 정부의 인·허가는 획득과정에 상당한 시간이 소요되며, 정치·사회·환경 등의 문제가 연계되어 있어 획득에 실패하는 경우도 있다. 또한 인도의 민자발전사업에서 보여주듯이 정부의 인·허가를 받아 공사를 시작하였으나, 정권 교체나 환경위

46) 정치적 위험과 유사한 개념으로 국가위험(country risk)과 주권위험(sovereign risk)이 있음. 국가위험은 정부부문과 민간부문을 포함하는 한 국가의 포괄적인 대외 신용도이며, 주권위험은 주권을 가진 국가의 정부와의 거래에서 발생하는 위험을 의미함.

험 등 정치·사회적 문제로 프로젝트 추진이 중단되는 경우도 발생하고 있다.

민자발전사업이나 유료도로사업과 같은 인프라 프로젝트는 정부가 직접 참여하고 대부분의 위험에 대한 손실을 정부가 보상하도록 확약하거나, 최종적으로는 정부가 프로젝트를 인수하고 일정금액(통상 대출 원리금 이상)을 지급(termination payment)토록 하는 경우[47]도 있다. 이 경우 인프라 프로젝트에 대한 모든 위험이 정치적 위험, 특히 사업소재국 정부의 계약불이행위험으로 귀결된다 해도 과언이 아니다.

프로젝트 파이낸스에 있어 정치적 위험을 감소시키기 위해서는 해당국의 신용도 평가와 더불어 현지 법률가 등 현지 법규에 정통한 전문가를 고용하여 외환, 세제, 인·허가 등 해당국의 관련 법규나 정책에 대한 이해가 선행되어야 하며, 이를 바탕으로 다음과 같은 방안을 고려하여야 한다.

- 사업소재국 정부나 중앙은행으로부터 사업수행과 관련된 제반 인·허가, 몰수 및 국유화 방지, 현지화의 경화로의 태환성 보장, 외화송금 허용 등에 관한 보증 또는 확약(comfort)의 확보
- 정치적 영향력을 행사할 수 있는 국제개발금융기관, 수출신용기관, 대규모 금융기관이나 기업의 참여 또는 여러 나라 기관들에 의한 신디케이션의 구성
- 현지 금융기관이나 국영기업의 참여
- 제3국 금융기관에 결제위탁계정(escrow account)의 개설
- 수출신용기관이나 국제개발금융기관의 정치적 위험 보증제도(PRC/PRI : political risk guarantee/insurance) 활용

특히 국제상업금융기관은 민간부문으로서 국가차원에서 정치적 협상력에 한계가 있어 신용도가 낮은 개발도상국의 정치적 위험을 수용하기 어렵다. 따라서 상업금융기관이 정치적 위험을 회피하기 위한 조치가 불가피하며, 수출신용기관이나 국제개발금융기관의 정치적 위험 보증제도가 가장 유용하고 일반적으로 활용되고 있다.

결제위탁계정(escrow account)

- 목적 : 출자금과 대출금을 차주가 유용하지 못하도록 하며, 프로젝트 운영수입을 적극적으로 확보하고 운영비용의 초과발생을 억제함으로써 궁극적으로 대출 원리금의 상환재원을 확보

47) 이러한 계약상의 조항을'Buy-out clause'라고 하며, 일반적으로 개발도상국 민자발전 프로젝트에서 활용됨.

- escrow는 특정 조건이 충족될 때까지 중립적인 제3자에게 서류증서와 자금을 예치하는 것을 의미하며 대출은행을 수탁자로 하여 프로젝트와 관련한 모든 자금의 입출금을 관리하는 특별예금구좌를 개설
- 국제금융의 경우 채무자의 수출대금 수수를 위한 은행계정을 제3국의 해외은행에 개설토록 하여 다른 채권자 등의 압류를 방지하고 개발도상국의 외화지급 정지 등의 송금위험을 회피
- 대출 원리금의 상환을 용이하게 할 수 있는 수단의 하나로, 프로젝트의 영업수입이 약정한 은행구좌에 직접 예치되도록 하고 대주의 승인에 따라 예치금이 인출되도록 한 구좌를 말함. 특히 외환사정이 좋지 않거나 외화송금의 자유가 제도적으로 보장되어 있지 않은 개발도상국에서의 프로젝트 파이낸스에 대해 많이 사용됨. 그러나 외화수입이 없는 인프라 프로젝트에서는 그 실익이 적음.
- 결제위탁계정은 수입계정, 운영계정, 유보계정, 적립계정, 담보계정 등으로 구분하여 운영됨.

정치적 위험의 내용과 그 감소방안을 정리하면 다음과 같다.

(1) 위험내용

사업소재국 정부의 정책이 프로젝트의 수익이나 원리금 상환에 미치는 영향으로 다음 내용이 확보되어야 함.

- 사업수행과 관련된 모든 제도·정책이 명확하고 합리적이며, 안정성 및 계속성이 있어야 하며 가능하면 사업수행에 유리할 것
- 원리금 상환을 위한 대외송금이 제도상으로 보장되어 있을 것
- 사업 활동에 지장이 없도록 치안환경 등이 확보되어 있을 것

(2) 위험감소방안

- 수출신용기관이나 국제개발금융기관의 정치적 위험 보증제도 활용
- 사업소재국 정부 및 중앙은행으로부터 사업수행과 관련된 제반 인·허가, 몰수 및 국유화 방지, 현지화의 경화로의 태환 보장, 외화송금 허용 등에 관한 확약 확보
- 정치적 영향력을 행사할 수 있는 국제개발금융기관, 수출신용기관, 대규모 금융기관이나 기업의 참여 또는 여러 나라에 걸친 신디케이션의 구성
- 현지 금융기관이나 국영기업의 참여
- 제3국 금융기관에 escrow account의 개설
- 현지 법률가 고용 및 관련 법규의 이해

7) 인프라 위험(infrastructure risk)

프로젝트를 원활히 수행하기 위하여 전력, 통신, 교통, 공업용수 등 인프라 부문

이 잘 정비되어 있어야 하며, 충분히 이용 가능해야 함은 물론 이용에 아무런 제약이 없어야 한다. 만일 인프라 시설이 충분하지 않을 경우에는 해당 프로젝트 수행에 필요한 인프라 시설을 함께 건설하는 방안도 강구되어야 하며, 필요한 경우 사업소재국 정부와 비용을 분담한다든지 장기이용계약을 체결하는 방안도 고려되어야 있다.

대상 프로젝트가 잘 정비된 산업단지에 위치하고 있다면 인프라 설비 등 입지조건이 좋아 인프라 위험이 크지 않지만, 자원개발사업과 같이 원격지에 위치하고 있다면 관련 설비를 건설하는 과정에서부터 많은 난관에 봉착할 수 있다. 이로 인해 시간과 비용이 더 많이 투입되어야함은 물론이다.

8) 사업주 신용위험(sponsor risk)

프로젝트의 실제 운영은 사업주에 의해 이루어지므로 프로젝트 내부적 영향요인에 의한 위험은 궁극적으로 사업주의 사업수행 능력과 신용도에 달려 있다고 할 수 있다. 따라서 사업시행자의 신용도는 프로젝트 파이낸스를 실시하는 전제조건이 된다. 사업주의 신용위험은 다음의 세 가지로 구분할 수 있다.

① 사업주가 프로젝트를 효과적으로 수행할 수 있는 의지, 경험, 능력을 지니고 있는지 여부
② 출자금, 후순위 채무, 공사완공보증, 부족자금 지원 등과 같은 재무적 책임을 이행하기에 충분한 재무적 능력이 있는지 여부
③ 파산, 타 채무의 불이행위험은 없는지 여부

사업주의 일반적인 신용도는 국제전문기관의 평가등급을 이용할 수 있으며, 사업시행자가 사업운영능력이나 경험이 부족할 경우에는 경험 있는 전문운영기업을 고용하여 프로젝트의 운영을 위탁하는 방법도 고려할 수 있다. 또한 사업주의 사업수행 의지는 프로젝트가 사업주의 기업전략상 어느 위치에 있는지 검토함으로써 파악될 수 있다. 만일 사업주가 프로젝트를 포기할 위험이 있는 경우에는 출자금의 비중을 높이거나, 사업주의 각종 지원을 금융기관 등 제3자가 보증, 확약토록 하여 이에 대비하여야 한다.

9) 환경위험(environmental risk)

최근 개발도상국에서도 환경에 관한 관심이 높아지고 있어 환경관련 법규가 강화되고 있으며, 특히 우리나라 기업이 주로 지원하고 있는 정유나 석유화학사업 또는

화력발전사업의 경우 환경위험은 무시할 수 없다.

또한 금융기관이 지원한 프로젝트가 환경문제를 유발할 경우 프로젝트 수행자체가 어려워지는 경우도 있으며, 대주로서의 책임을 져야 하는 이른바 'lender's liability'(대출자 책임)가 적용되는 경우도 있으므로 이에 대비하여야 한다. 프로젝트 파이낸스에서 금융기관은 차주의 모든 자산을 담보로 취득하고, 그 현금흐름을 통제하는 등 사업운영에 깊게 개입하기 때문에 대주인 금융기관에게 환경책임을 야기할 가능성이 크다.

환경위험은 주로 화재나 폭발에 의한 영향, 환경규제나 지침의 위배, 사업지 오염 또는 원주민에 대한 불리한 영향 등에 의해 발생되며, 이러한 사유가 발생하였을 경우 사업비용의 증가, 사업성 악화뿐만 아니라 국민의 여론에 의한 프로젝트 자체의 중단 등 프로젝트 추진이 심각한 상황에 처할 수 있다.

이러한 위험을 감소시키기 위해서 ① 전문가의 환경평가를 통해 프로젝트에서 발생할 수 있는 환경위험을 파악하여 관련 설비를 갖추는 등 이에 적절히 대응해야 하며, ② 사업소재국에서 요구하는 환경관련 제반 인·허가를 획득하고, ③ 대출계약서에 인출선행조건, 진술과 보장조항이나 특별 약정조항에 차주가 환경의무를 이행한다는 조항을 명시하는 등 lender's liability를 회피할 수 있는 조항을 계약내용에 삽입하는 등의 조치가 필요하며, ④ 제3자 책임보험 등 적절한 보험에 부보해야 한다.

한편 세계은행 및 IFC 등은 환경위험의 평가를 위하여 '세계은행 그룹의 환경지침'을 마련하여 개별 프로젝트의 평가에 이를 적용하고 있으며, 미국수출입은행 등 각 국의 공공기관도 이 지침을 준용하고 있는 것으로 알려져 있다.[48]

10) 불가항력 위험(force majeure risk)

불가항력이란 천재지변이나 자연재해와 같이 계약당사자가 예측할 수 없고 통제할 수 없는 일체의 우발사고로 인해 의무이행을 할 수 없는 경우를 말하며, 이 경우 계약당사자는 통상 면책이 된다.[49]

불가항력의 사유는 계약에 따라 약간의 차이가 있으며, 경우에 따라서는 이를 규정하지 않거나 채무불이행 사유로 규정하는 경우도 있다. 따라서 불가항력 위험과 관련하여서는 규정의 유무, 불가항력 사유의 범위, 불가항력 발생에 대한 대처방법을 검토해야 하며, 보험부보의 대상이 되는 경우(화재·홍수·지진 등) 이를 활용하여야 한다.

48) 제14장 제1절 OECD 수출신용협약 참조

49) 금융관련 계약에서는 불가항력 사유가 발생하더라도 차주의 채무상환 의무는 면책되지 않음.

불가항력 위험의 범위는 정치적 위험과 중복되는 경우가 있어 계약상 명확한 정의가 필요하다. 예를 들어 민간부문 사이에 상품거래 계약에서 전쟁위험은 어떤 계약당사자도 예측할 수 없으며, 통제할 수 없다는 점에서 불가항력 위험으로 분류될 수 있지만 정부의 행위라는 점에서 정치적 위험으로 분류될 수도 있다.

개발도상국 민자발전사업 등 인프라 사업에서는 불가항력 위험의 발생으로 사업운영이 더 이상 불가능하게 되는 경우 정부가 출자자와 대주에게 투자수익과 대출원리금을 보상(termination payment)하는 것이 일반적이다. 이 경우 불가항력 사유의 범위와 정부의 보상내용이 보다 명확하게 규정되어야 한다.

이상에서 살펴본 프로젝트 리스크의 종류, 내용 및 감소방안을 정리하면 다음의 [표 2-20]과 같다.

표 2-20 프로젝트 위험의 종류 및 위험감소방안

리스크 종류	내 용	감 소 방 안
공사완공위험	• 프로젝트 생산 능력, 효율성 저하 위험 • 초과비용 발생 가능성 • 공사완공 지연 위험	• 사업주의 공사완공보증 • 초과비용발생에 대한 사업주의 추가자금 지원확약(추가 출자 또는 대출) • 시공업체의 완공보증(이행성 보증, 손해배상 의무 등) • Fixed price lump-sum turn-key 계약 체결 • 경험 있고 신용도가 높은 시공업체의 고용 • 적정 예비비(contingency)의 확보 • 능력 있는 컨설턴트의 고용 • 신뢰성 및 상업성이 입증된 기술의 사용 (신기술이 적용되는 프로젝트의 배제) • 보험 부보
원재료조달위험	• 원재료 수급의 안정성 (가격, 물량) • 매장량 부족 가능성	• 장기공급계약(long-term supply agreement)의 체결 • 공급량, 가격, 품질보증, 계약기간 등의 합리적 결정 • 계약불이행시 손해배상조항 규정 • 신뢰성 있는 원재료 공급업자의 선정
사업운영위험	• 프로젝트의 원활한 운영 및 관리 가능성 • 기계적·기술적 결함에 따른 사고발생 가능성	• 경험있고 신용있는 운영업체에 의한 운영과 사업주의 적절한 지원 • Operation & Management Support Agreement • 프로젝트 운영위험관련 보험 부보 (operational all risk insurance, business interruption insurance, casualty risk insurance 등) • 능력 있는 경영진 구성
판매위험	• 생산제품의 장기 수급 및 가격 변동 • 경쟁업체의 신규 시장 진입 가능성 • 관세 및 무역장애 • 진부화 위험	• 장기판매계약(offtake agreement) 체결 - 합리적인 인수물량, 가격구조 및 판매기간 규정 - 계약불이행시 손해배상조항 규정 - 정부의 이행보증(민자발전사업 등) • 신뢰성 있는 제품인수자의 선정 • 전문기관에 의한 수요예측

리스크 종류	내 용	감 소 방 안
재무위험	• 운영비용의 증가 위험 • 환율이나 이자율 변동으로 원리금 상환부담의 증가	• 적정한 상환 스케줄 작성(상환기간, 거치기간, tail-heavy repayment 적용 등) • 사업주의 부족자금 지원 확약 • 제품판매가격을 비용에 연동
정치적 위험	• 정책의 변동가능성 (인·허가의 지연, 관련 법규의 개정, 세율증가 등) • 대외송금 제한 • 국제수지 악화	• 정부나 정부기관, 중앙은행의 comfort letter - 제반 인·허가 - 몰수 및 국유화 방지에 대한 확약 • 정치적 영향력을 행사할 수 있는 국제금융기관, 선진국 수출금융기관, 대규모 국제 상업은행 또는 세계적 다국적 기업의 참여 • 현지 금융기관이나 국영기업의 참여 • 국제개발금융기관이나 수출신용기관의 PRG/PRI 활용 • 역외 escrow account의 개설 • 현지화의 외화로의 태환 및 외화송금 보장
인프라 위험	• 전력, 통신, 교통, 용수 등 인프라 부문의 이용가능성과 편리성	• 장기이용계약의 체결
사업시행자 신용위험	• 사업주, 시공업체, 제품 인수자, 원재료 공급자 등의 신용위험	• 경험과 신용 있는 사업주가 추진하는 프로젝트에 참여 (신용평가전문기관의 신용평가등급 확인) • 가능한 한 높은 자기자본비율 요구
환경위험	• 환경관련법규의 저촉 • lenders' liability 적용 위험	• 필요한 인·허가의 획득 (환경평가 실시) • 보험부보(제3자 책임보험) • lenders' liability 회피조항을 포함한 적절한 계약조건 반영
불가항력 위험	• 보험부보 가능 불가항력 사유 : 화재, 홍수, 지진 등 • 보험부보 불가능 불가항력 사유 : 전쟁, 내란, 소요, 파업 등	• 손해보험부보 • 사업 소재국 정부의 보상 • 타당성 있는 불가항력 사유의 규정

제7절 프로젝트의 현금흐름 분석

프로젝트의 사업성은 기술적, 경제적, 재무적 측면에서의 타당성으로 구분되며, 이 중 재무적 타당성은 현금흐름분석(cash flow analysis)에 의해 이루어진다. 여기서 프로젝트의 현금흐름이란 출자자 입장에서는 투자 수익을 의미하지만, 대주의 입장에서는 원리금 상환에 충당할 수 있는 자금을 말한다. 따라서 현금흐름 분석이란 프로젝트 리스크 분석 결과를 바탕으로 프로젝트에 영향을 미치는 모든 요소를 계량화하여, 해당 프로젝트에서 투자 수익자금 또는 원리금 상환에 필요한 자금이 충분히 확보될 수 있는지 여부를 검토하는 것이다.

프로젝트 파이낸스에서 일반적으로 활용되는 현금흐름분석 지표는 총투자수익률(ROI : return on investment), 자기자본 수익률(ROE : return on equity)과 부채상환계수(DSCR : debt service coverage ratio) 등이 있다.

ROI는 프로젝트에 투입된 총 투자자산에 대한 프로젝트의 수익률로서 자본구조의 변경에 관계없이 일정하여 프로젝트 자체의 사업성을 나타내며, ROE는 출자자가 투자한 자기자본에 대한 투자수익률을 의미한다. DSCR은 대주가 제공한 대출금의 원리금 상환 능력을 나타내는 지표이다. 각 지표를 자세히 설명하면 다음과 같다.

1 총자산 투자수익률(ROI: return on investment)

(1) 의의 : 프로젝트 자체의 사업성으로 출자자나 대주 어느 일방의 입장이 아닌 프로젝트 자체의 입장에서 본 사업 수익성을 나타낸다.

(2) 계산방법 : 프로젝트 투자 시점부터 경제적 내용연수까지 프로젝트 투자비용과 수익(지급이자에 의한 절세효과 제외) 흐름의 내부수익률(IRR)

(3) 판정기준 : 이론적으로 가중평균자본비용(WACC)을 사용하여야 하나, 실제로는 「차입금리 + α」를 사용

(4) 해석 : ROI는 프로젝트 자체의 수익성을 파악하거나 프로젝트의 투자우선순위 등의 비교를 위한 지표로 자기자본 투자수익률(ROE)이나 차입금 상환가능성을 파악하기 위한 지표(DSCR)와 다르며, ROI가 높다는 것은 해당 프로젝트가 채권자에 대해 상환의 안정성(높은 DSCR)을 제공하면서, 출자자도 만족할 수 있는 수익(ROE)을 제공할 수 있음을 의미한다.

2 자기자본 투자수익률(ROE: return on equity)

(1) 의의 : 자기자본 투자에 대한 수익률, 자기자본 운용 수익률

(2) 계산방법 : 투자개시 이후 출자자의 투자비용과 출자자에게 귀속되는 수익 흐름의 내부수익률

(3) 판정기준 : 자기자본 비용의 상회 여부

(4) 해석 : 일반적으로 출자자의 수익과 대주에 대한 차입금 상환의 안정성은 상충(trade-off) 관계에 있어, 출자를 늘리면 차입금 상환의 안정성은 제고되나 ROE는 낮아지므로 대주의 입장에서 ROE를 검토함으로써 출자자의 자기자본비율의 적정 수준을 추정할 수 있다.

3 대출원리금 상환계수(DSCR: debt service coverage ratio)

(1) 의의 : 프로젝트의 차입금 상환능력을 나타내는 지표로, 대주의 입장에서 프로젝트에 대한 대출 원리금 회수가능성을 판정하는데 유용하게 사용
(2) 계산방법 : 특정기간(매년 또는 대출기간) 중 원리금 상환액에 대한 그 상환에 사용할 수 있는 수익의 비율(배수로 표시)
(3) 판정기준 : DSCR이 1을 초과하면 특정기간 중 차입금 상환이 가능함을 의미
(4) 해석 : DSCR이 1을 초과하는 것이 바람직하며, 1 미만인 경우 자기자본 비율 증가, 대출기간의 연장, 추가 출자, 판매계약의 조건변경 등을 통해 DSCR을 높일 수 있다.

일반적으로 각 금융기관은 DSCR에 대해 목표수준을 가지고 있으며, 이 수준은 프로젝트 현금흐름의 안정성 정도에 따라 다르다. 일반적으로 현금흐름의 안정성은 시장위험에 따라 상이하며, 시장위험은 각 산업별로 차이가 나므로 DSCR 목표수준은 각 산업별로 달리 적용된다. 예를 들어 상대적으로 시장위험이 적은 민자발전사업의 DSCR 목표수준은 1.2~1.3이며, 시장위험이 큰 통신사업은 1.5~2.0 이상이 적용된다.

DSCR은 사업성 평가단계에서만 활용되는 것이 아니라 사업운영 단계에서도 활용되는데 대출금 인출이나 배당금 지급의 전제조건으로도 적용된다. 또한 금융관련 계약서에 향후 6개월 또는 1년 동안 DSCR을 일정수준 이상으로 유지하도록 하여 DSCR이 동 수준 이하가 되면 채무불이행 사유로 규정하는 경우도 있다.

프로젝트 파이낸스는 궁극적으로 프로젝트의 현금흐름에 의존하는 금융형태이므로 현금흐름분석이 무엇보다도 중요하지만, ① 현금흐름 계산을 위해서 모든 변수를 계량화할 수 없다는 점, ② 계량화된 변수의 예측 자체가 완벽할 수 없다는 점 등과 같은 현금흐름분석의 한계로 프로젝트 타당성 분석을 현금흐름분석에만 의존하는 것은 바람직하지 않다. 다양한 방식의 민감도 분석(sensitivity analysis)[50]을 하

50) 기본가정에 의한 분석 결과(base case)를 프로젝트 위험의 정도에 따라 여러 변수의 변동

더라도 이러한 한계를 극복하기는 쉽지 않다. 현금흐름분석의 결과가 만족할 만한 수준이라 해도 원재료 조달계약, 제품 판매계약과 사업주의 지원확약 등 프로젝트의 전반적인 구조나 채권보전장치 등에 대한 검토가 병행되어야 한다.

제8절 프로젝트 파이낸스 조건의 결정

프로젝트 파이낸스는 사업주의 사업계획과 프로젝트 구조, 금융주선기관의 due diligence로 파악된 프로젝트 사업성 등을 바탕으로 사업주와 대주단이 프로젝트 파이낸스 조건을 결정하는 일련의 협상과정이라 할 수 있다. 협상대상인 프로젝트 파이낸스 조건에는 프로젝트 리스크의 분담, 출자비율, 금융조건과 채권보전장치 등이 포함된다.

1 프로젝트 리스크의 분담

프로젝트 리스크를 경감 또는 완화한다는 것은 결국 프로젝트 리스크를 각 이해당사자가 일정한 범위 내에서 부담한다는 것을 의미하며, 이는 프로젝트 파이낸스 조건을 결정하는 기초가 된다.

사업주는 한정된 범위 내에서 프로젝트 리스크를 부담하려는 반면, 대주는 사업주에게 가능한 충분한 지원을 요구하게 되어 양자의 이해가 상반된다. 따라서 양자간에 적절한 프로젝트 리스크 분담이나 제3자의 프로젝트 지원을 통해 리스크를 완화하여야 한다. 이것은 결국 대주가 사업주에 대해 어느 정도의 상환청구권(recourse)을 요구하느냐의 문제와 같다.

프로젝트 리스크를 가장 합리적으로 배분하는 기준은 해당 리스크를 가장 잘 인지할 수 있고, 가장 잘 통제할 수 있는 당사자가 자신의 능력 범위 내에서 그 리스크를 부담하는 것이다.

내용을 반영하여 그 결과를 분석·평가하는 방법

그림 2-20 상환청구권 수준별 금융 형태

(1) 건설기간 중

비소구 금융 (Non Recourse)	제한소구 금융 (Limited Recourse)		완전소구 금융 (Full Recourse)
	사업주의 공사완공보장		원리금상환 보증 (repayment guarantee)
	조 건 부	무조건부	
	일정금액 한도 내에서 지분 추가 출자 또는 후순위대출	부족분 전액에 대하여 지분 추가 출자 또는 후순위대출	

금융기관이 인정하는 신용이 양호하고
경험이 충분한 시공업체 선정

시공업체의 완공보장
Lump-sum, fixed cost, full turn key
performance bond : 계약금액의 10～20%
refund and maintenance bond
충분한 손해배상(liquidated damages) 조항 등

(2) 운영기간 중

비소구 금융 (Non Recourse)	제한소구 금융 (Limited Recourse)			완전소구 금융 (Full Recourse)
	장기구매약정(Offtake Commitment)			무조건적 구매 약정 (Hell or High Waters)
	Take and Pay		Take or Pay	
	Market Price	Floor Price	Cost Plus Margin	
	사업주의 사업지원 약정			완전연대보증 (on b/s)
	Keep Well Letter (off-b/s, non-binding)	조건부 지원	Unconditional Cash Deficiency Support With Limit ↔ Without Limit(B/S 주석 사항)	

제3자의 사업지원 약정
(정부, 원재료공급자, 운영자 등)

프로젝트 회사 소유 은행계좌
Monitoring A/C Reserve A/C Escrow A/C

대주는 자체 분석력, 평가력이 미치는 범위 내에서 프로젝트 리스크를 확인하고, 부담할 수 있는 리스크의 범위를 결정하며, 이외의 리스크는 사업주나 제3자가 부담하는 것이 일반적이다. 금융기관이 부담하기 어려운 사업완공위험에 대해 사업주가 보증하거나 원재료 조달이나 생산물 판매와 관련 각 당사자에게 일정한 의무를 부담시키는 것이 이러한 예이다. 정부가 주도하는 인프라 프로젝트의 경우 정부에게 정치적 위험에 대한 보장을 요구할 수도 있다.

2 출자비율의 결정

출자비율이란 프로젝트에 소요되는 총 소요자금에 대한 출자금의 비율, 즉 출자자가 자본금으로 납입하는 금액의 비율을 말한다. 출자비율이 높다는 것은 대주 입장에서 대출금 회수가 보다 안전해 지는 것을 의미하나, 사업주 입장에서 투자수익이 저하되는 동시에 출자금의 회수위험이 증가됨을 의미한다.

출자비율을 결정하는 절대적인 기준은 없으며 프로젝트의 사업성 평가(시장위험의 정도 등)에 따라 사업주와 대주의 교섭에 의해 결정되나, 다음과 같은 사항을 고려하여야 한다.

- 대출금 상환의 안정성, 즉 DSCR이 목표수준을 상회하는 수준
- 프로젝트에 대한 사업주의 책임을 명확히 하기 위해 일정비율(예 20%) 이상의 출자비율을 요구
- 프로젝트에 대한 사업주의 이해관계와 관심을 유지하기 위해 일정금액 이상의 자본금 납입을 요구

1) DSCR 수준에 따른 조치

앞서 설명한 바와 같이 DSCR 수준의 검토는 프로젝트 사업성 평가과정에서만 이루지는 것이 아니라 사업운영기간에도 프로젝트 사후관리의 일환으로 이루어져야 한다.

일반적으로 차입금 상환이 종료되기 전까지 연1회 이상 DSCR 수준을 계산하고 DSCR이 일정수준 이하로 예상되면 적절한 조치를 취할 수 있도록 계약서에 반영하여야 한다. 이러한 조치에는 대출집행의 중지, 출자자의 추가 출자 요구, 배당 제한, 채무불이행 선언 등이 활용된다.

2) 추가 차입 제한

원칙적으로 프로젝트 회사는 금융조달이 완료(financial closing)된 이후에는 통상적인 거래 이외의 차입이 금지되며, 대주에 의해 허용되는 경우에도 추가 차입금은 후순위채무로 규정토록 하고 있다. 설비 확장이나 대규모 보수 등에 사용되는 자금을 차입하는 경우에도 대주의 동의와 같은 제한을 두는 것이 좋다. 이렇게 함으로써 프로젝트에 대한 권리관계를 간소화하여 채무불이행이 발생했을 때 대주 사이에서 법률관계가 복잡해지고 프로젝트에 대한 통제가 어렵게 되는 점을 회피할 수 있다.

3 채권보전장치

프로젝트 파이낸스에서 채권보전장치(security package) 또는 담보란 프로젝트 리스크에 대한 법적 안전장치를 의미하며, 대주의 입장에서는 원리금 상환에 대한 직접적인 보증과 유사한 효과가 있도록 하여야 한다.

프로젝트 파이낸스에 있어서 채무불이행이 발생한 경우라도 즉각적으로 담보권을 실행하는 경우는 없으며, 오히려 사업주 등 프로젝트 이해관계자와 프로젝트의 유지 또는 처분에 대해 교섭과정을 거치는 것이 일반적이다. 따라서 프로젝트에 대한 충분한 채권보전장치를 강구하는 목적은 담보권의 원활한 실행보다도 교섭과정에서의 교섭력을 강화하거나 프로젝트를 통제할 수 있도록 하고 제3자에 대해 대항력을 갖기 위한 것이다.

채권보전장치를 효율적으로 설정하기 위해서는 먼저 사업소재국 담보제도를 정확히 파악하여야 하며, 프로젝트 전체를 총체적으로 담보화하여 그 내용이 제3자에 대해 충분히 대항할 수 있어야 할 뿐 아니라 법적으로 손쉽게 집행이 가능하여야 한다.

프로젝트 파이낸스에 활용되는 채권보전장치에는 크게 프로젝트 자산 자체에 대한 담보와 보완적인 채권보전장치(사업주, 정부나 제3자의 보장, direct agreement, comfort letter, negative pledge 등)로 구분되며 그 주요 내용은 다음과 같다.

① 프로젝트 관련 제반자산에 대한 담보 : 플랜트, 토지, 건물 등 프로젝트 회사 자산에 대한 담보로 프로젝트 전체를 통제할 수 있도록 프로젝트 전체를 일괄하여 담보로 취득

② 관련계약의 권리 양도 : 원재료공급계약, 제품인수계약, 건설계약 등 주요 계약상 프로젝트 회사 권리의 양도

③ 프로젝트 회사의 발행주식에 대한 질권 설정
④ 보험청구권의 양도
⑤ 사업주의 각종 지원확약 : 공사완공비용 보전, 현금이 부족할 경우 추가 출자, 원재료 공급이나 제품인수 확약, 프로젝트의 운영과 관리 지원, 프로젝트 회사에 대한 채권의 양도
⑥ 사업소재국 정부의 지원 : 세금과 법률적 비 차별화, 외환 환전과 송금 허용, 국유화 및 몰수 금지, 필요한 인·허가 제공 등
⑦ 직접계약서(direct agreement)
- 프로젝트 회사가 이해당사자인 계약이 프로젝트 회사의 귀책사유로 종료될 경우 대주가 개입할 수 있는 근거 마련
- 프로젝트 회사가 이해당사자인 계약상 권리를 대주가 직접 행사할 수 있는 근거 마련(계약해지 보상금 수령권 등)
⑧ 제3자에게 담보 제공 금지(negative pledge)

4 현금흐름의 통제와 배분

프로젝트 파이낸스는 프로젝트 자체의 미래 현금흐름을 주요 상환재원으로 한다. 미래현금은 불확실성을 내포하고 있으므로 대주는 프로젝트 현금흐름을 적절히 통제하며 배당을 엄격히 제한하고 모든 잉여현금을 대출금 회수에 먼저 사용하기를 원한다. 마찬가지로 사업주는 투자자본을 빨리 회수하려 노력한다. 이러한 이유로 사업주와 대주는 프로젝트 현금흐름의 통제방법과 배분과정에 대한 협상이 필요하게 된다.

프로젝트 운영으로 얻어지는 수익은 일정한 관리계좌에 예치되어 합의된 자금 배분방법이나 자금인출 순서(cash waterfall)에 따라 사용된다. 프로젝트 수입현금을 사용하는 순서는 일반적으로 다음과 같다.

① 운영비용과 세금
② 차입원리금 상환
③ 준비금 적립 : 차입원리금 상환 준비금, 유지·보수비용 준비금, 자본비용 준비금, 복구비용 준비금, 세금 준비금
④ 배당

한편 프로젝트 파이낸스에 적용되는 원리금 상환방법이나 대출기간은 프로젝트

의 현금흐름에 기초하여 사업주와 협상을 통해 결정되는데 일반적으로 원금균등분할 방식, 원리금균등분할 방식(연금 방식)이나 원리금 점증 상환(tail-heavy repayment) 방식[51]이 사용된다. 프로젝트 초기부터 현금흐름이 일정한 프로젝트에는 균등분할 방식이 적합하나, 정상운영까지 상당한 기간이 소요되거나 출자자가 빠른 기간에 투자수익금을 회수하려는 경우에 tail-heavy repayment 방식이 적용된다.

한편 프로젝트 파이낸스에는 미래 현금흐름의 불확실성을 보완하기 위하여 몇 가지 특별한 조건이 활용되기도 한다. 출자자에 지급되는 배당을 엄격히 제한한다거나, 강제적 조기상환(mandatory prepayment) 조항을 규정해 실제 현금흐름이 예상보다 큰 경우 그 초과분을 조기상환에 활용한다.

Cash sweep

차입금이 전액 상환될 때까지 배당을 하지 않고 모든 잉여 현금을 차입금 상환에 우선 사용하는 방식

Clawback(Recapture)

상환재원이 부족한 경우 이미 지급한 배당금 등 사업주의 수익금을 차입금 상환에 사용하는 방식

자원개발 프로젝트에서 매장량 고갈위험이 클 경우나 미래 현금흐름이 매우 불확실한 경우에는 cash sweep 방식이나 clawback (recapture) 방식을 적용할 수도 있다.

제9절 프로젝트 파이낸스 관련 계약서

프로젝트 파이낸스에서 사용되는 계약서는 그 종류가 매우 방대[52]하고 복잡한데 일반적으로 프로젝트관련계약서, 금융·담보관련계약서, 프로젝트지원보장서 등으로 구분할 수 있다.

모든 계약서에는 계약 당사자의 권리와 의무, 의무불이행 사유와 조치 등을 규정하고 있으며 이는 프로젝트 리스크의 배분내용과 직결된다. 즉 계약서에는 프로젝

51) 상환 원리금의 규모를 상환기간 초기보다 후반에 상대적으로 크게 하는 방식

52) 일반적으로 대규모 프로젝트에 사용되는 계약서의 종류는 30~50개 정도이나, 프로젝트 구조나 사업소재국의 법규에 따라 그 이상이 되는 경우도 있음.

트 리스크의 내용과 그 부담주체, 치유방법 등이 구체적으로 명시되어 프로젝트 리스크의 배분과정이 충분히 나타나야 한다. 따라서 프로젝트 파이낸스 관련 계약서는 프로젝트 due diligence의 결과물이라 할 수 있다.

모든 계약서의 초안은 전문 변호사에 의해 작성되고, 그 법적 효력에 대한 사항도 전문 변호사가 작성하는 법률 의견서(legal opinion)에 나타난다. 유사한 프로젝트라 하여 변호사에게 자문을 받지 않고 그 계약서 문안을 그대로 활용한다면 계약내용에 오류가 발생할 수 있고, 계약 문안 사이에 상호 모순이 발생할 수 있어 위험하다.

계약서 문안을 협상하는 과정에서 전문 변호사의 역할이 매우 크다. 예를 들어 대주단의 법률 자문기관은 프로젝트 파이낸스에 대해 대주에게 법률 자문을 할 뿐만 아니라 사업주와 협상에도 직접 나서 대주의 의견이 충분히 반영되도록 노력한다. 따라서 경험 있고 유능한 법률 자문기관의 선정이 프로젝트 파이낸스의 성공 여부에 직접 영향을 미칠 수 있어 사업주와 대주는 자문기관을 선정하는 과정에서 종종 서로 경쟁하게 된다.

프로젝트 파이낸스에 전문적으로 참여하는 국제 법률회사의 수는 세계적으로 상당히 제한되어 있으며, 그 수수료도 높은 편이다. 사업주나 대주는 계약의 준거법을 고려하여 국제 법률회사를 법률 자문기관으로 선정하여야 하며, 현지 법률회사도 별도로 고용하여 이용 가능한 담보의 형태, 담보권 설정 요건과 담보의 강제집행 가능성 등 현지 담보제도에 대해 자문을 받아야 한다. 일반적으로 사업주와 대주는 국제 법률회사를 공유하지 않으나, 현지 법률회사를 공유하는 경우는 있다.

표 2-21 프로젝트 파이낸스 관련 계약 및 서류

1. 프로젝트관련계약서(project documents)
• 합작투자계약서(joint venture agreement, shareholders agreement) • 사업권/사업실시계약서(concession agreement, implementation agreement) • 사업 운영·유지계약서(operation & maintenance contract) • 사업 관리·기술지원 계약서(management / technical consultancy contract) • 설비건설계약서(construction contract, EPC contract) • 제품판매계약서(offtake agreement) • 원재료조달계약서(feedstock supply agreement) • 전기·가스·수도 공급 계약서(utility supply agreement) • 환경관련 인·허가(environmental consents/permits) • 토지소유권계약서(documents of title to land) • 보험계약서(insurance document)

2. 금융관련계약서(finance documents)

- 대출계약서(loan agreement, common terms agreement, facility agreement)
- 대주간계약서(inter-creditor agreement)
- 담보계약서(security document)
- 담보관리인계약서(security trust/agent agreement)
- 프로젝트지원계약서(support document, guarantee, comfort letter)

2-1. 담보계약서(security documents)

- 자산저당권(mortgages over land, buildings and other fixed assets)
- 계약상 권리 양도계약서(assignment of right under project documents)
- 프로젝트 보험계약 양도계약서(assignment of project insurances)
- 결제위탁계좌 계약서(escrow account agreement)
- 프로젝트 지분질권 계약서(pledge of shares of project company)

2-2. 프로젝트지원계약서(support documents)

- 사업주 지원(direct support by sponsors)
  - 원리금상환보증(repayment guarantee)
  - 사업완공보증(completion guarantee)
  - 운전자금유지보증(working capital maintenance agreement)
  - 현금부족자금지원(cash deficiency support)
  - 사업 관리·운영지원(management and operation support)
- 사업소재국 정부 지원(support by host government)
  - 사업권, 인·허가 지원
  - 몰수·국유화 금지
  - 환전·외화송금 지원

사례연구

프로젝트 파이낸스 금융지원 사례

1. 사우디 Ma'aden 화학비료 생산 프로젝트(2009. 2. financial closing)

사우디 국영 광업회사인 Saudi Arabian Mining Company("Ma'aden")가 중동 최대 석유화학회사인 Saudi Basic Industries Corporation("SABIC")과 합작으로 추진하는 화학비료 생산 프로젝트(연산 2.9백만 톤)

Al Jalamid 광산의 인광석 처리 설비와 Ras Az Zawr 산업단지 내의 인산·황산·암모니아·인산이암모늄 생산설비, 담수·발전설비 등 6개 설비로 구성

① 프로젝트 개요

구 분	내 용
사업주	- Ma'aden(사우디 정부 지분 100%) : 70% - SABIC(사우디 정부 지분 70%) : 30%
프로젝트회사	Ma'aden Phosphate Company
총사업비용	55.3억 달러 [Debt(38.7억 달러) : Equity(16.6억 달러) = 70 : 30]
EPC 계약	- 총 EPC 금액 : 32.0억 달러 • 암모니아 설비 9.5억 달러 • 담수발전 설비 2.8억 달러 • 인산/황산/DAP 등 19.7억 달러
원료공급	- 인광석 : Al Jalamid 광산에서 직접 채굴 - 천연가스, 황 : Saudi Aramco(국영석유회사)
제품인수	- SABIC : 인산이암모늄(DAP)의 77%, 인산 및 암모니아의 100% - Ma'aden : DAP의 23%

② 프로젝트 구조

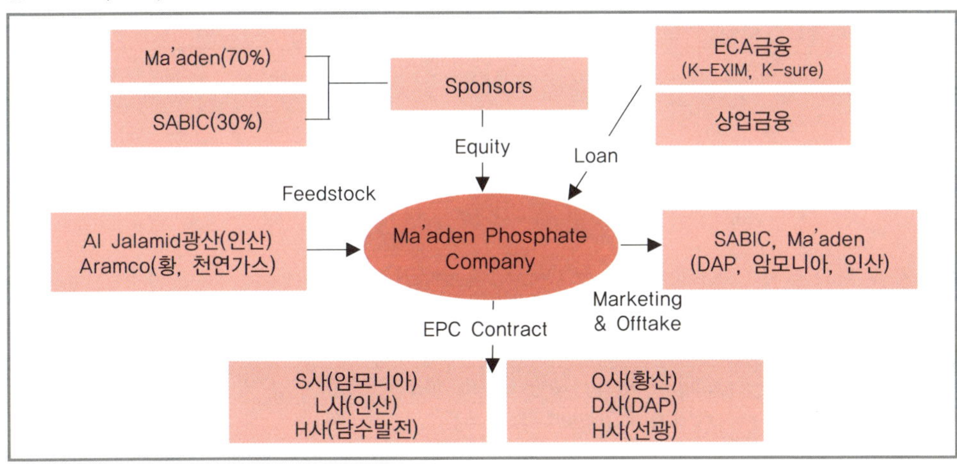

③ 자금소요 및 조달계획

(단위 : 백만 달러)

자 금 소 요		자 금 조 달	
총자본비용	**4,540**	자본금(30%)	**1,658**
– EPC	3,207	– Ma'aden(70%)	1,161
– 인프라시설	707	– SABIC(30%)	497
– 프로젝트 관리	396	차입금(70%)	**3,867**
– 예비비	230	– 상업금융/이슬람금융	1,865
총금융비용	**985**	– PIF	1,067
		– SIDF	135
– 금융비용	673	– ECA 금융	800
– 준비금	133	(한국수출입은행)	(400)
– 기 타	179	(한국무역보험공사)	(400)
합 계	5,525	합 계	5,525

④ 주요 채권보전장치
- Ma'aden 및 SABIC의 지분율별 완공보장(completion support)
- 프로젝트 관련 계좌(onshore·offshore a/c)에 대한 질권
- 생산물 마케팅 계약에서 정한 차주권리에 대한 양도담보
- 사업부지내 건물, 공장, 설비 및 관련 기술계약에 대한 양도담보
- 차주의 보험금 수취권 양수

⑤ Due Diligence를 위한 컨설턴트

구 분	대 주 측	사업주측
법률자문	Clifford Chance(두바이)	Baker&Mckenzie(미국)
환경컨설턴트	Behre Dolbear(호주)	GHD(호주)
기술컨설턴트	Behre Dolbear(호주)	Worley Parsons(호주)
마켓컨설턴트	BSC(영국)	-
보험컨설턴트	Miller(영국)	AON(미국)
재무모델자문컨설턴트	PWC(미국)	-

2. 필리핀, Ilijan 민자발전 프로젝트(2000. 11. financial closing)

필리핀 최초의 Camago-Malampaya 가스전 개발(20억 달러)과 가스전에서 생산된 천연가스를 발전연료로 이용하는 에너지개발사업

① 프로젝트 개요

구 분	내 용
프로젝트회사	K Ilijan Power Corporation(KEILCO)
사업주	- 한국 K사(51%) - Mitsubishi(21%, 일본) - Mirant(20%, 미국) - Kyushu(8%, 일본)
사업내용	1,200MW 가스복합 화력발전소의 건설·운영 및 양도 (사업기간 20년, BOT방식)
총사업비용	711백만 달러(자본금 236백만 달러, 차입금 475백만 달러)
전력인수자 연료공급자	필리핀 국영전력공사(NPC)
발전소운영자	KEILCO(한국 K사가 인력파견, 경영 및 기술지원)
발전소건설사	- Raytheon(REOL, UEI), Mitsubishi Corporation(MC) • REOL(Raytheon Ebasco Overseas Ltd.) : 건설 • UEI(United Engineers Int'l) : 자재공급 • MC : 가스터빈 공급 • 한국 D사 : REOL과 UEI의 하청으로 참여

② 프로젝트 구조

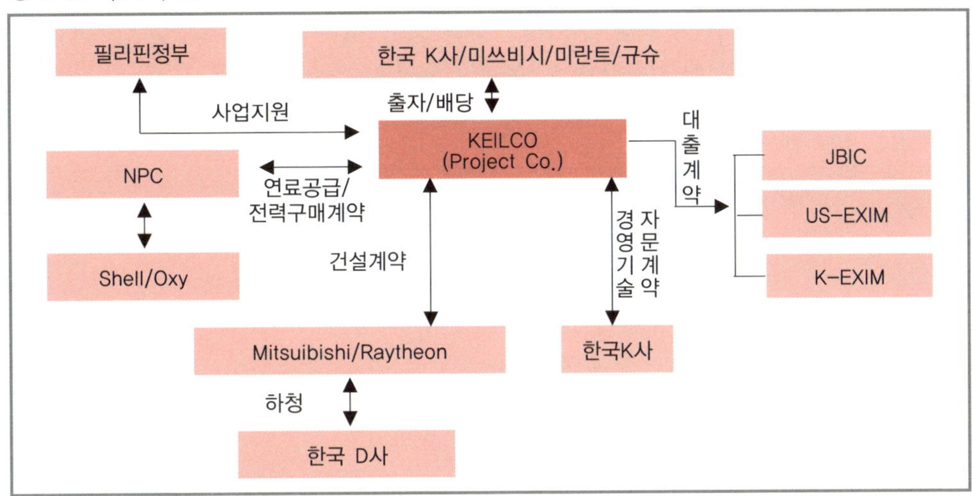

③ 자금소요 및 조달계획

(단위 : 백만 달러)

자 금 소 요		자 금 조 달	
		차입금(66.8%)	475
		– K-EXIM	(70)
EPC 계약금액	500	– JBIC	(153)
– REOL(건설)	(101)	– US-EXIM	(150)
– UEI(BOP)	(152)	– 4개 상업은행	(102)
– MC(주요기기)	(247)	자본금(33.2%)	236
금융비용, 수수료	92	– 한국 K사	(80)
예 비 비	15	– MC	(33)
세금, 보험료 등	82	– Mirant	(31)
운전자본	22	– Kyushu	(13)
		– 후순위대출	(79)
합 계	711	합 계	711

④ 프로젝트의 특징 및 위험발생 내용

- 복합금융 : 3개 수출신용기관, 상업금융기관 참여
- 건설기간 동안 정치적 위험(대통령 탄핵 사태)과 기술적 위험(시운전중 발전기 고장), 건설사의 법정관리 신청 등 중대한 상황이 발생
- 공사완공 지연으로 정부 및 건설사와의 갈등
  - NPC는 공사완공 지연을 이유로 손해배상 요구, 차주는 NPC의 송전선로 건설지연에 따른 책임을 주장, 30일간의 전력 무상공급으로 합의
  - 건설사는 설계변경에 따른 계약금액 증액을 요구, 차주는 건설사의 귀책사유(가스터빈 고장 등)로 인한 penalty를 추가비용과 상쇄

3. 사우디 Shuaibah 민자 발전·담수 프로젝트(2007. 7. financial closing)

사우디에서 최초의 민자 방식의 발전·담수 프로젝트(IWPP : independent water and power project)로 이후 다른 사우디 IWPP의 모델이 되었음.

① 프로젝트 개요

구 분	내 용
사 업 주	- 사우디 정부(PIF, SEC) : 40% - ACWA(사우디), Malakoff(말련) 등 : 60%
총사업비용	24.5억 달러 [Debt(19억 달러) : Equity(5.5억 달러) = 78 : 22]
EPC계약	- 총 EPC 금액 : 18.9억 달러 • 담수설비(한국 D사) 8.5억 달러 • 발전설비(Siemens, 독일) 10.4억 달러
O&M계약	TNB·Malakoff·Sogex 컨소시엄
연료공급	- WEC가 제공(Saudi Aramco로부터 조달) (사우디 재무부가 이행보증 제공)
제품인수	- WEC가 인수(SEC, SWCC가 최종 인수) (사우디 재무부가 이행보증 제공)

② 프로젝트 구조

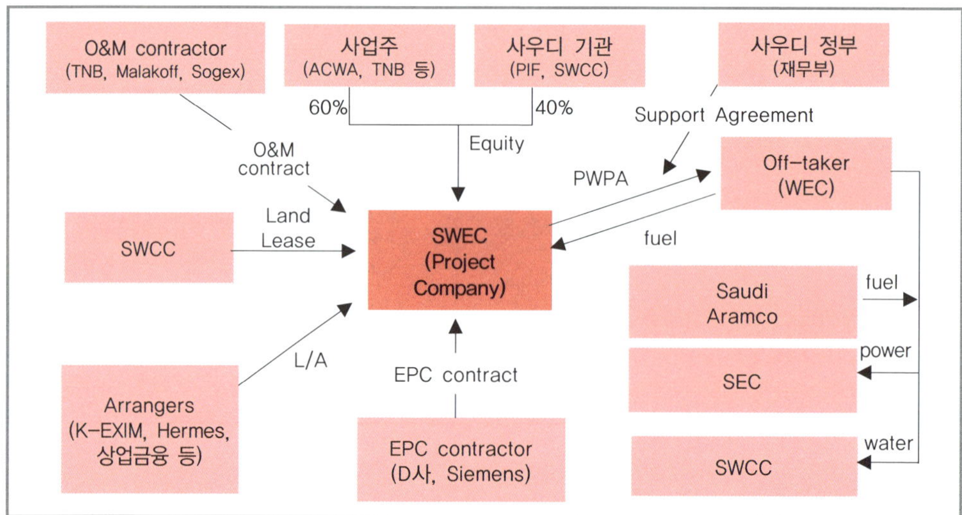

③ 주요 이해당사자와 컨설턴트

구 분	관 련 기 관		비 고
사 업 주	ACWA(사우디) Mada Company(사우디) 기타 사우디 투자자 Tenaga Nasional Bhd.(말) Malakoff Bhd.(말) Khazanah National Bhd.(말)	14.4% 7.2% 8.4% 6.0% 12.0% 12.0%	- 사업주 출자비율은 60% - 나머지 40%는 사우디 PIF (32%), SEC(8%)가 출자

구 분	관 련 기 관	비 고
금융자문기관 법률자문기관 기술컨설턴트 보험컨설턴트 환경컨설턴트 세금컨설턴트	SCB, Riyad Bank Trowers & Hamlins, Allen & Overy Mahassni(현지법) ILF Consulting Aon WSP Environmental Ernst & Young	- 환경컨설턴트는 대주단과 공동 활용
대 주 단 (금융주선기관) (수출신용기관)	ABN Amro, Riyad Bank, Arab Bank, Saudi Hollandi Bank, Al-Rajhi Banking & Inv. Corp., 한국수출입은행(K-EXIM), Hermes(독일)	
법률자문기관 기술컨설턴트 보험컨설턴트 현금흐름표 검증 시장컨설턴트	Milbank(국제법), Alliance(현지법) Black & Veatch INDECS KPMG(model auditor) CRA International	
국영기업 (발주자/제품인수자/ 연료공급자)	WEC(Water & Electricity Company)	- SEC(50%)와 SWCC(50%)의 JV
금융자문기관 법률자문기관 기술자문기관	HSBC Clifford Chance(국제법), Yousef(현지법) Fichtner	
설비건설업체	담수부문 : 한국 D사 발전부문 : Siemens(독일)	
설비운영업체	컨소시엄 업체 (ACWA, Tenaga, Malakoff)	- sub-contractor: Sogex (오만)

④ 자금소요 및 조달계획

(단위 : 백만 달러)

자 금 소 요		자 금 조 달	
E P C 금 액 기 타 건 설 비 용	1,884 96	자 본 금 [22.5%]	551
금 융 비 용	380	차 입 금 [77.5%]	1,902
개 발 비 용	93	o K-EXIM(24%)	(455)
초 기 운 전 자 금	22	o Hermes(21%)	(400)
예 비 비	61	o 상업금융(55%)	(1,047)
합 계	2,453	합 계	2,453

⑤ 프로젝트 리스크 분석표

구 분	위험경감 내용	검토의견
사업주신용위험	- 사우디 국영기업 참여 - 말레이시아 전력회사와 사우디 발전·담수 개발회사 합작 : 경험 풍부 - 출자금 전액 납입 이후 대출금 인출	- 경험 충분 - 출자의무 이행 후 인출로 사업주 출자의무 보장
공사완공위험	- 한국 D사(담수)·지멘스(발전), 세계 유수의 EPC 계약자(라이선스 보유) - 일괄턴키 계약, 이행성 보증, 손해배상조항 등 포함 - 예비비 설정 및 사업주 지원 - 기 실용화된 기술로 기술성 입증 - 손해보험 부보	- 공사이행에 따른 위험 적음
연료조달위험	- WEC가 사우디 정유공사(세계 최대 원유생산업체)로부터 구입하여 제공 - 연료공급 불능시에도 WEC가 대금 지급	- 사우디 정부가 최종 책임 부담
사업운영위험	- 전문 O&M 계약자 고용(TNB/말라코프 : 발전 전문업체, 소젝스 : 세계 최대 담수운영업체) - 운영상 기술적 위험 적음 - 운영관련 손해보험 부보	- 기술적 측면과 운영업체 능력 고려시 안정적 운영 가능
판 매 위 험	- 전력·담수 수요 충분 - WEC가 20년 장기구매(사우디 재무부가 이행보증 제공) • 불가항력 사유 등으로 설비운영 불능 시에도 원리금 보상 • 계약 중도해지의 경우(프로젝트 회사의 귀책사유 포함) 최소 원리금 이상 보상	- 사우디 정부가 최종 책임 부담
재 무 위 험	- 변동금리 헤징을 위한 금리스왑 - 생산물 대금은 현지화로 지급되나, 환율과 물가변동에 연동 - 계약해지 보상금을 미 달러화로 지급 - 1회 원리금 상환분 역외계좌에 예치	- 금리·환율·물가 변동위험에 대한 대비 충분
정 치 적 위 험	- 사우디아라비아 : A(S&P, 투자적격), 2등급(OECD) - ECA, 현지기업 및 동일 종교 사업주 참여로 정부와 갈등우려 감소 - 정책우선순위가 높음 - PWPA의 준거법을 영국법으로 변경	- 국가신용도 양호
인 프 라 위 험	- SWCC가 자체부지 제공(리스방식) 및 완공전까지 전력 및 용수 공급 - 기존 발전·담수설비 지역에 위치하여 인프라 공유 가능	인프라시설 양호
환 경 위 험	- 환경위험 분류상 Category A에 해당 - 국제기준에 의한 환경평가 실시(인출선행조건) - 연 1회 환경이행보고서 제출(covenant 조건)	- 환경위험 대응책 적절
불가항력위험	- 자연재해·정치적 불가항력(전쟁·테러 위험 포함)의 경우 WEC가 원리금 지급 보장(사우디 재무부가 이행보증 제공)	- 전쟁·테러위험 상존 - 정부 보장으로 수용

⑥ 관련 계약서

i) 금융·담보 관련 계약

계약서명	계약 당사자	주 요 내 용
Common Terms Agreement	- 프로젝트 회사 - 대주단 - 담보관리은행	- 공통 금융조건
Credit Agreements – Commercial Facility – Hermes Covered Facility – K-EXIM Facility – Islamic Facility	- 프로젝트 회사 - 각 해당 대주	- 개별 금융조건
Hedging Agreement	- 프로젝트 회사 - 헤징금융기관	- 변동금리 차입금의 금리스왑
담보 관련 계약	- 프로젝트 회사 - 담보관리은행	- 차주발행 주식 질권 - 사업주의 후순위채무 양도 - 프로젝트 계약, 헤징계약, 은행계좌, 보험, 지적재산권, 제반 인·허가 등에 대한 권리양도 - 공장, 설비에 대한 담보
Direct Agreements[주)]	- 담보관리은행 - 해당계약 당사자	- 프로젝트 관련계약상 프로젝트 회사 권리 보장·양도 - 프로젝트 회사의 불이행 사유로 해지될 경우 대주에게 우선권(step-in right 등) 인정 등

주) 대상 계약 : PWPA, 부지리스계약, EPC 계약, O&M 계약

ii) 프로젝트 건설·운영 관련계약

계약서명	계약 당사자	주 요 내 용
전력·담수 구매계약 (PWPA)	• WEC - 프로젝트 회사	- WEC의 전력·담수인수 및 연료공급 관련 기간, 가격 등 제반 조건 - 계약해지 보상금 지급조건
사우디 재무부 보증서 (Support Agreement)	• 사우디 재무부 - 프로젝트 회사	- PWPA상 WEC의 대금지급 의무를 보증
전력·담수 인수 계약	• SEC/SWCC - 프로젝트 회사	- 담수 및 전력 인수 관련 당사자 의무 및 계측 장소·방법 등
부지 리스계약	• SWCC - 프로젝트 회사	- SWCC가 사업부지를 리스로 제공
사업주 출자계약	• (PIF/SEC 사업주) - 프로젝트 회사	- 사업주의 지분출자 비율, 사업관리·운영조직 등
지분매매계약	• PIF/SEC - 사업주	- PIF·SEC가 프로젝트 회사 설립 후 금융 조달이 완료되는 시점에 사업주앞 일부 지분(60%) 인도
EPC 계약	• 프로젝트 회사 - EPC contractor	- 프로젝트 설비공급 관련 사업범위, 가격, 손해배상 등
O&M 계약	• 프로젝트 회사 - O&M 컨소시엄(ACWA, TNB, 말라코프, 소젝스)	- 프로젝트 운영·관리 관련 사업범위, 비용, 손해배상 등

4. 중국 대하빌딩(2000. 11. financial closing)

① 프로젝트 구조도 : 한국 L그룹이 북경 중심상업지구인 장안대로변에 지상 30층, 지하 4층, 연면적 4.5만평 규모의 쌍둥이 빌딩을 건설, 동 그룹의 중국 본부 건물로 사용코자 하는 사업

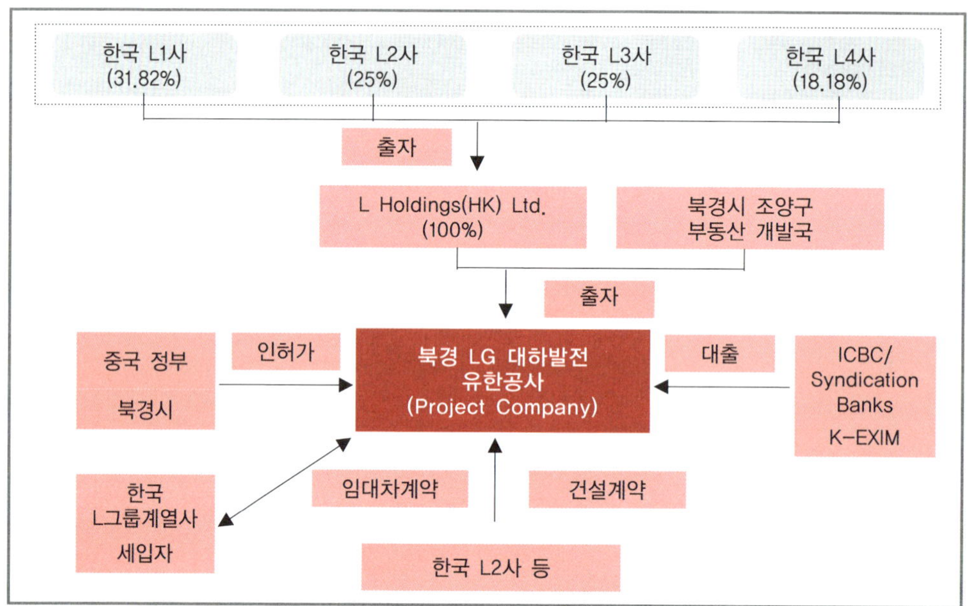

② 자금소요 및 조달계획

(단위 : 백만 달러)

총 소 요 자 금		조 달 방 안	
- 건설비용	159	- 자본금	120
- 설계 및 엔지니어링	11	- 주주사 대여금	46
- 철거비용	60	- 차입금	150
- 토지사용권	42	• K-EXIM	50
- 토지개발권	18	• ICBC 주선금융	100
- 일반관리비 등 기타	26		
합 계	316	합 계	316

③ 주요 프로젝트 위험 분석

구 분	내 용 및 경 감 조 치
사업자금 조달위험	- 총사업비 전액에 대하여 출자금, 주주사 대여금, 차입금 등으로 전액 조달 계획 - 출자분 및 주주사 대여금은 기납입되어 공사대금으로 사용되었고, 차입금은 ICBC로부터 자금지원확약 확보
공사완공 위 험	- 한국 L2사는 국내/해외에서 풍부한 건설 경험 보유 - 실사업주의 공사완공보증, 초과비용(cost overrun) 보증 및 확약서(comfort letter) 제공

구 분	내 용 및 경 감 조 치
시장위험	- A급 사무실에 대한 수요가 2003년부터 증가 추세 - 2001. 11월 중국의 WTO 가입이 5년간 유예되어 동 효과가 2005~2006년경부터 가시화 예상 - 중국의 빠른 경제성장세로 인한 외국인 투자 및 투자기업 수의 꾸준한 증가로 오피스 수요량 증가 전망 - 외국계 부동산 전문 대리인이 마케팅 및 임대 계획 수립
상환위험	- 대출원리금 상환 계수는 최저 1.26배, 최고 3.32배, 평균 1.67배로서 비교적 양호한 사업성 - 프로젝트의 모든 자산에 대한 공동 1순위 저당권 • 프로젝트 자산가치, 최소 3억 달러 유지 ⇒ 대출원금/담보가치 비율을 50% 미만 유지

④ 주요 채권보전장치

- 프로젝트 자산에 대한 1순위 저당권 설정
- 실사업주의 본건 사업지원 확약서(comfort letter) 취득
- 프로젝트 건설계약의 양수
- 실사업주의 공사완공보증(completion guarantee) 및 초과비용보증(cost overrun guarantee) 취득
- 주주사 대여금의 차입금에 대한 후순위 유지 및 대여금 중 30백만 달러의 출자전환의무(2004. 12. 25까지) 부과
- 프로젝트 수입 및 자산매각대금의 양수
- 유보금계정(retention a/c) 개설·질권 설정, 차기 1회분 대출원리금 유지의무 부과
- 모든 보험증서의 양수
- 차주사에 대한 주주사 출자지분에 대한 질권설정
- 주주사(L Holdings(HK))에 대한 사업주의 출자지분 유지 및 사업내용 변경금지 확약서 취득(Letter of Undertaking)

제8장

선박금융

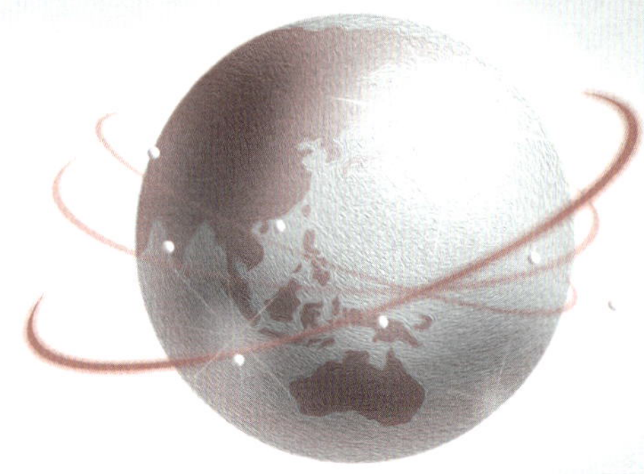

제1절 선박금융의 개요 및 특징

1 선박금융의 개요

선박은 인간의 활동영역을 육지에서 강이나 바다로 넓히는 교통수단으로 활용되어 왔으며, 신대륙의 발견, 무역의 발달에 기여하였을 뿐만 아니라 전쟁 등에서도 유용한 수단으로 이용되어 왔다. 이러한 선박에 대한 금융은 16세기 유럽에서 부호가 개인적으로 선박의 건조자금을 지원한데서 출발한다. 그러나 현재와 같은 본격적인 금융형태를 띠기 시작한 것은 19세기 중반으로 선박의 운영과 유지를 위하여 선박을 담보로 소규모 자금을 차입하면서 부터이다.

1950년대에는 미국과 유럽, 일본의 산업경제 발전에 따라 선박시장은 자본집약적 산업으로 발달하였으며, 이에 따라 선박의 건조와 운영을 위한 자금수요가 급속하게 증가하였다. 하지만 이때까지는 차입금의 비중이 선체가격의 50% 이하로 낮은 수준이었으며, 대출기간도 3~5년 정도에 머물렀다. 1960년대 이후 선박금융 시장은 비약적으로 발달하였는데 용선계약을 채권보전수단으로 하여 대출규모가 선체가격의 80%에 이르게 되었으며, 대출기간도 7~15년으로 장기화 되었다.

최근 세계 신조선 시장의 규모는 시장상황에 따라 많은 차이를 보이고 있으나, 연 약 1,000억~2,000억 달러 수준이다. 탱커(tanker), 건화물선(bulker), 컨테이너선(container), LNG선 등이 대부분을 차지하고 있으며 최근에는 석유시추선과 같은 해양플랜트의 발주도 늘어나고 있다.

2 선박금융의 특징

선박금융(ship finance)이란 금융기관이 선주(shipowner)에게 선박의 건조나 수리, 중고선 구입과 리파이낸싱(refinancing)을 목적으로 제공하는 금융을 말한다.

금융기관은 선박금융의 채권보전을 위하여 선박의 저당권(ship mortgage), 실선주의 지급보증, 용선주(charterer)[53]와 체결하는 용선계약의 양도담보와 더불어 선박건조와 운영과 관련된 손해보험 등에 대한 권리를 취득한다. 즉 선박금융은 선박을 운영하여 얻는 수익을 원리금 상환재원으로 하며, 선박 자체의 가치와 실선주의 신용도를 주요 신용보강장치로 하는 구조화 금융(structured finance)의 한 형태이다.

또한 선박금융의 차주는 일반적으로 선박 1척만을 소유하는 특수목적회사(SPC: special purpose company)로 중고선 시장이 발달되어 있어 실물담보로서 가치가 있으며, 그 선박이 사라지면 차주도 함께 사라진다는 점에서 항공기 금융(aircraft finance)과 더불어 대표적인 자산담보부 금융(asset-based finance)으로 분류된다.

▪ 구조화금융(Structured finance)

특별히 한정된 의미를 갖는 금융형태를 일컫는 것이 아니라 기업금융(Corporate finance)을 제외한 모든 형태의 맞춤금융을 의미한다. 이러한 점에서 프로젝트 파이낸스도 넓은 의미의 구조화 금융에 속한다고 할 수 있다.

또한 좁은 의미로 사용되는 구조화 금융은 프로젝트 파이낸스와 기업금융의 중간형태, 즉 기존 기업을 차주로 하되, 해당 프로젝트에서 창출되는 현금흐름을 상환재원으로 하는 등 프로젝트 파이낸스에서 활용되는 여러 채권보전장치를 적용하여 차주의 신용을 보강하는 중간형태의 금융을 일컫는다.

---

53) 선박을 관리, 운영하는 주체로 차주(실선주)와 선박 용선계약을 체결하고, 용선료를 지불함. 용선계약 없이 실선주가 직접 선박 운영을 담당하기도 함.

■ **자산담보부금융(Asset-based finance)**

금융대상 자산의 가치와 그 자산을 이용한 수익을 바탕으로 한 금융을 말한다. 담보자산의 가치가 대출금 회수에 충분하고, 담보 취득과 담보권 실행이 용이하다는 점에서 프로젝트 파이낸스와 구별된다. 선박금융(ship finance)이나 항공기금융(aircraft finance)이 대표적인 자산담보부 금융에 속한다.

이와 같이 선박금융은 대표적인 자산담보부 금융으로 구조화 금융의 하나라는 특징 이외에 다음과 같은 특징을 지니고 있다.

1) 대규모 국제금융

일반적으로 선박의 건조와 운영은 국제적으로 이루어지며, 선박 규모가 대형화됨에 따라 선박금융은 국제적으로 대규모 신디케이션을 통하여 이루어진다. 독일소재 기업이 투자를 하고, 파나마에 선박 등기를 하며, 한국의 해운회사가 그 선박을 운영하는 거래에 대해 여러 국가의 금융기관이 금융에 참여하는 것은 이상한 일이 아니며, 가장 일반적인 선박금융의 형태이다.

선박금융의 주요 상환재원은 해당 선박이 창출하는 경제적 이익이므로 선박의 사용연수(수익 창출기간)를 고려할 때 10~20년간의 장기금융이 필요하다. 선박의 일반적인 사용연수는 선종 즉, 적재화물의 종류에 따라 달라지는데 초대형유조선(VLCC: very large crude oil carrier)을 포함한 원유와 석유제품수송선은 약 20년, LNG 수송선은 35~40년, LPG 수송선은 약 30~35년, 광탄선 및 일반 건화물선(dry bulk carrier)은 약 20~25년이다.

한편 통상적인 선박금융에서는 조달 금리의 최저화를 위하여 실선주 또는 신용이 양호한 제3의 회사가 지급보증을 제공함으로써 기업금융의 성격을 가미하는 것이 일반적이다.

2) 경화(미 달러화) 거래

한 국가에서만 운영되는 소규모 선박을 제외한 대부분 선박의 경우 그 건조대금은 미 달러화로 지급되며, 선박의 운영수입 역시 미 달러화로 수취하게 된다. 따라서 선박금융 역시 미 달러화로 차입하고 미 달러화로 원리금을 지급함으로써 환율변동위험을 커버하게 된다.

3) 준거법으로서 영국법(English law) 적용

영국은 전통적으로 선박거래의 중심지였으며, 선박관련 법규나 보험제도가 발달되어 아직까지 선박금융의 중심지로 역할을 하고 있다. 비록 선박의 건조나 운영이 영국과 아무런 관련이 없는 거래라 할지라도 선박금융 관련 계약서의 준거법과 중재는 영국법을 적용하는 것이 일반적이다.

4) 선박의 등기와 편의치적 제도

선박금융의 가장 큰 특징은 선박의 등기와 관련된 제도의 특수성에 있다. 일반적으로 부동산은 소유와 거래를 명확히 하기 위하여 등기제도가 발달되어 있다. 반면 동산은 등기제도가 발달되어 있지 않지만 선박은 동산이면서도 예외적으로 등기제도가 잘 발달되어 있다. 선박은 국경과 관계없이 전 세계를 항해하며, 고가의 자산일 뿐만 아니라 전쟁 등 유사시에 국가차원에서 전략적으로 활용할 수 있으므로 정부는 이러한 정치·경제적 이유로 자국선의 등기를 의무화하여 왔으며, 자국선 선원의 국적도 제한하여 왔다.

그러나 2차 세계대전 이후 파나마를 비롯한 소위 'PanLibHon'(파나마, 라이베리아, 온두라스) 국가는 전통적인 선박의 국적취득 요건(자국민 소유, 자국민 승무 조건)을 갖추지 않더라도 선주의 신청에 따라 선박의 등록을 인정해 주는 이른바 '편의치적(flag of convenience) 제도'를 도입하였는데 이들 국가를 '편의치적국'이라 하며, 편의치적국에 등록된 선박을 '편의치적선'이라 한다.[54]

이러한 편의치적 제도는 다음과 같은 특징을 지니고 있다.

- 선박에 대한 외국인의 소유와 관리를 인정한다.
- 선주 소재국가에 있는 편의치적국의 영사관에서 선박등록을 할 수 있어 등록절차가 간단한다.
- 선박의 운항수입, 처분과 양도 소득에 대하여 면세이거나 최소한의 세금만 부과하며, 최초의 등록세와 매년 톤세[55]만을 징수한다.
- 편의치적국의 국민이 아닌 선원들의 승선에 제한을 두지 않는다.

---

54) 세계 10대 편의치적국은 파나마, 라이베리아, 바하마, 그리스, 홍콩, 싱가폴, 몰타, 마샬군도, 키프러스, 중국으로 대부분 선박 관련 등록세와 톤세 수입이 국제수지의 중요한 비중을 차지하고 있는 국가임.

55) 해운소득에 대한 법인세 과세표준을 영업이익이 아닌 운항선박의 순톤수와 운항일수를 기준으로 산출한 금액

편의치적 제도를 통해 선주는 배당소득과 선원의 급여소득이 비과세됨으로써 운영비용을 절감할 수 있으며, 자국선원을 고용하여야 하는 의무도 면제되어 인건비가 저렴한 제3국인을 고용하여 인건비를 절감할 수 있게 되었다.

또한 편의치적선의 선주는 교역대상 선택과 기항지에 제약이 없어 서비스 항로의 개척과 변경이 자유롭다는 이점이 있다. 한국 국적선의 경우 미수교국이나 적성국 등으로의 해상 서비스는 어려우나, 편의치적선의 경우 자유로운 해상 서비스가 가능하게 된다.

등록국가의 선박운항과 안전기준에 대한 규제가 비교적 심하지 않다는 점도 비용을 절감하는 요소가 되나, 제3국 저임금 선원을 주로 승선시킴으로써 선원 수준의 저하와 선박 운항 안전기준에 대한 소홀한 관리로 각종 사고의 위험에 노출될 수 있어 특정 국가에서는 편의치적선에 대하여 입항 허가에 제한을 두거나 특별 관리를 하는 경우도 있다.

한편 대주로서의 금융기관 입장에서는 편의치적 제도를 활용함으로써 선박 저당권에 대한 권리 보장이 보다 확실해지고 각종 권리행사에 특별한 제약을 받지 않는 이점을 갖게 된다. 이에 따라 편의치적국에 설립된 SPC를 차주로 하여 금융을 제공하고, 편의치적국에 선박을 등록하는 경우 선박의 국유화 위험의 완화 등 채권보전 수단으로서의 선박 저당권의 유효성을 보다 확실히 할 수 있게 된다.

일반적으로 편의치적국에 선박저당권을 설정하는 경우 다음과 같은 장점이 있다.

- 선박 등록과 저당권 설정 절차가 간단하고 신속하다.
- 저당권자가 선박을 점유하거나, 경매 또는 임의 매각하는 경우 명시적 제한조건이 없어 채권행사가 수월하다.
- 선박저당권의 실행에 필요한 신뢰성 있는 법률제도와 법률사무소가 있어 절차가 간단하다.
- 선박저당권에 우선하는 선박우선특권(maritime lien)이 선원의 체불임금, 해난구조 및 해상충돌 배상금으로 제한되어 있어, 선박 저당권의 효력 측면에서 상대적으로 유리하다.

5) 1 선박 1 회사(one-ship company)

일반적으로 하나의 회사는 한 척의 선박만을 소유하고 있는 특수목적회사로 설립된다. 하나의 회사가 여러 선박을 소유할 경우 특정 선박이 사고가 나거나 클레임을 당할 경우 나머지 다른 소유 선박에도 영향을 미칠 수 있다. 이 경우 정상적으로 운영되어 수익을 창출하는 선박이 운영 중단이나 대주의 저당권 실행에 대상이 되는 사태가 발생할 수 있다. 그러나 각각의 선박을 서로 다른 회사로 등록함으로써 독립적인 운영이 가능하게 된다.

대주 입장에서는 타 선박의 사고로부터 자신이 저당권을 지니고 있는 선박을 보호할 수 있다는 장점이 있으나, 해당 선박 1척의 자산 이외 어떠한 자산담보도 확보할 수 없게 된다는 단점도 있다. 이 경우 자신과 관련된 선박에 문제가 발생할 경우 채권행사를 할 대상이 없어지게 되므로 대주는 채권보전에 불안할 수 있다. 따라서 대주는 채권보전을 강화하기 위하여 실선주로부터 원리금 지급보증서를 징구[56]하거나 시리즈로 발주된 선박에 대해서는 선박간에 교차담보권(cross-collateralization)[57]을 설정하여 담보권을 보완하는 것이 일반적이다.

제2절 선박금융의 이해당사자와 계약 구조

1 이해당사자

선박금융의 이해당사자와 계약구조는 [그림 2-21]과 같다.

그림 2-21 선박금융의 이해당사자와 계약구조

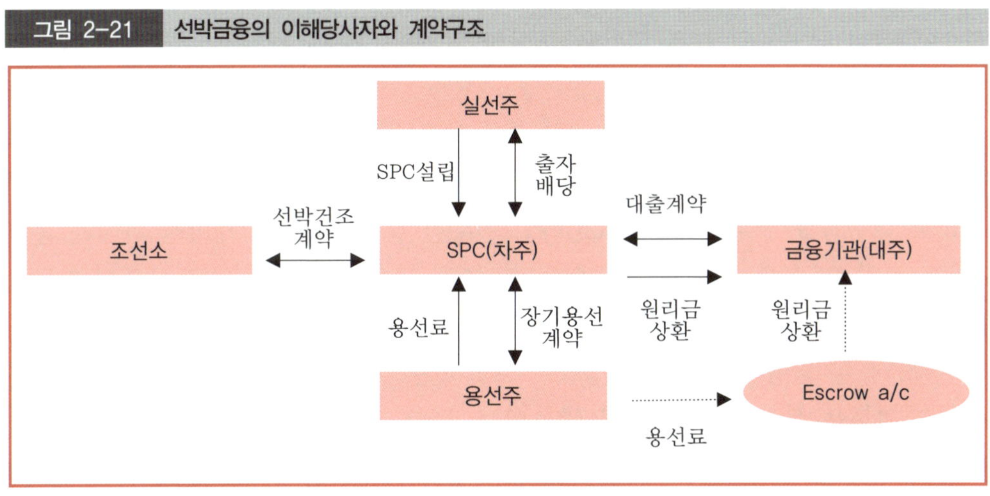

56) 실선주가 지급보증서를 제공하는 것은 차입조건을 유리하게 할 수 있는 근거도 됨.

57) 이를 통하여 채권금융기관은 금융을 제공한 선박별로 설정된 저당권을 마치 한 개의 저당권을 설정한 것과 같은 효과를 얻게 됨.

1) 차주

먼저 선박금융의 차주는 선박의 법적 소유주(선주)로 실선주가 선박 소유를 위해 편의치적국에 세운 SPC이며, 경우에 따라 실선주(해운회사) 자신이 차주가 되기도 한다.

2) 실선주

실선주는 선박의 실질적인 소유주로 SPC앞 자본금 출자를 통하여 SPC 설립을 주도하며, 후순위 대출 등으로 자본금 출자를 보완하기도 한다. 또한 실선주는 대주의 요구에 의해 대주의 대출금에 대해 지급보증을 제공하기도 한다.

3) 용선주

용선주는 차주와 선박 용선계약을 체결하고 용선료를 지불하며, 선박을 관리하고 운영하는 해운회사이다. 경우에 따라서는 용선계약 없이 실선주가 직접 선박의 운영을 담당하기도 한다.

4) 대주(금융기관)

선박금융에서 금융기관은 금융주선기관(arranger)과 대주로서의 역할 뿐만 아니라 대출금과 담보물의 관리 역할을 분담하게 되며, 선수금환급보증을 제공하는 역할도 한다.

먼저 금융주선기관은 대주단의 대표로서 차주나 실선주와의 협의를 통하여 프로젝트 구조를 개발하고, 대출조건이나 채권보전장치 등 모든 금융조건을 결정한다. 그리고 대출금을 인수(underwriting)하고 인수한 대출금을 신디케이션 과정을 통하여 타 금융기관에게 판매한다. 최종적으로 선박 구입대금 중 차입금 부분의 자금을 대출하는 금융기관이 대주(채권자)가 된다.

선박금융은 금융기관의 대출금으로 조달하는 것이 대부분이나 최근에는 채권(bond) 발행을 통한 조달도 늘어나고 있다.

한편 대주 중 한 금융기관은 대출금의 집행과 관리와 관련된 일체의 업무를 담당하는 대출금 관리은행(agent bank)으로서의 역할을 수행하며, 담보물 수탁은행(security trustee)은 대출계약에 따른 담보물을 관리하는 역할을 담당한다. 담보물의 관리는 대출금 관리은행이 담당하기도 한다.

전통적으로 선박금융기관은 선박산업에 대한 노하우와 선주와의 오랜 유대관계를 바탕으로 참여하여 왔다. 1970년대와 1980년대 선박산업의 장기 불황으로 선주가 파산하고 금융기관이 막대한 손실을 경험하는 등 선박산업은 사회기반시설 사업에 비해 경기의 부침이 심한 편이다. 그럼에도 불구하고 금융기관의 여신심사(due diligence)는 프로젝트 파이낸스의 경우보다 상대적으로 간단하다. 이는 선박금융이 전형적인 자산담보부 금융이며, 오랜 역사적 경험을 통해 금융형태나 계약구조가 비교적 정형화되어 있기 때문이다.

5) 조선소

차주는 선박의 구입을 위하여 선박건조회사(조선소)에게 선박 건조를 의뢰하는데, 이 때 차주는 선박구입대금의 일부를 선수금으로 조선소에 지급한다. 만일 조선소의 건조능력 미비 등 조선소의 귀책사유로 선박을 인도하지 못하는 경우 차주는 기 지급한 선수금을 환급받게 되며, 이의 안정성을 위하여 조선소에게 신인도가 높은 금융기관이 발급한 선수금환급보증서(R/G: refund guarantee)를 요구한다. 따라서 금융기관은 이러한 선수금환급보증서 발급기관으로서의 역할도 수행한다.

2 계약 구조

선박금융과 관련된 계약서 체계는 일반 수출금융에 비해 다소 복잡하고 계약서의 수가 많다. 선박금융 관련 계약서는 크게 프로젝트의 근간을 이루는 계약서, 보조계약서, 그리고 담보관련 계약서로 나눌 수 있으며, 주요 계약서로는 선박건조계약, 대출계약, 장기용선계약과 채권보전장치로서의 계약이 있다.

1) 선박건조계약

선박건조계약은 선박 구매자(차주)와 공급자(조선소) 사이에 체결되는 계약으로 여기에는 건조 선박의 사양, 계약금액과 지급방법, 계약 당사자의 권리와 의무관계, 책임의 소재와 범위 등을 명시하게 된다. 특히 선박건조계약에서는 분쟁이 발생할 소지를 없애기 위하여 다른 물품구매계약과 달리 검사와 승인, 계약 목적물 변경과 수정, 시운전, 인도, 품질보증, 특허·상표·판권 등에 관한 조항에 유의하여야 한다.

표 2-22 선박건조계약의 주요 조항[58]

- ▹ 선박의 명세와 등급(Description & Class)
- ▹ 계약금액(Contract Price)
- ▹ 계약금액의 조정(Adjustment of the Contract Price)
- ▹ 검사와 승인(Inspection and Approval)
- ▹ 변경·수정 등(Modifications, Charges and Extras)
- ▹ 시운전과 완성(Trials and Completion)
- ▹ 인도(Delivery)
- ▹ 인도지연과 기간연장(불가항력)(Delays and Extensions of Time(Force Majeure))
- ▹ 품질보증(Warranty of Quality)
- ▹ 대금지급(Payment)
- ▹ 구매자의 채무불이행(Buyer's Default)
- ▹ 구매자 공급품(Buyer's Supplies)
- ▹ 중재(Arbitration)
- ▹ 보험(Insurance)
- ▹ 계약의 양도(Successors and Assigns)
- ▹ 제세공과금 등(Taxes and Duties)
- ▹ 특허·상표·판권(Patents, Trademarks and Copyrights)
- ▹ 계약의 해석 및 준거법(Interpretation and Governing Law)
- ▹ 통지(Notice)
- ▹ 계약의 효력발생(Effectiveness of the Contract)
- ▹ 완전계약조항(Exclusiveness)

2) 금융계약

대출계약은 선박구입대금의 마련을 위해 차주(선박 구매자)와 대주가 체결하는 계약으로 대출금액, 금리, 상환방법, 채무불이행 사유, 차주의 의무사항, 대주의 권리 등 일반적인 국제금융계약에서 규정하는 조항과 함께 선박금융에서의 특별한 약정조항(covenants)이 포함된다.

또한 대출계약과 관련 대주의 채권보전 강화를 위해 선박에 대한 저당권 설정계약(ship mortgage, 본선담보계약), 각종 보험 양도 계약(insurance assignment), 선박수익 양도계약(earnings assignment), 차주 계좌에 대한 질권 설정(account charge), 차주 주식에 대한 질권 설정(share pledge) 등 담보관련 계약서도 포함된다.

3) 용선계약

선박금융의 주요 상환재원은 장기용선계약에서 발생하는 용선료 수입이므로 대주 입장에서 이 계약은 가장 중요한 계약서라 할 수 있다. 장기용선계약은 선주와

58) 각 조항의 구체적인 내용은 "영문국제계약해설", 한국수출입은행, 2006년(개정증보판) 참조

선박 이용자(용선주)간의 계약으로 다음과 같은 종류가 있다.

- 항해용선(Voyage Charter) : 특정한 항해에 한해서 선박을 용선하는 것으로 실제로 수송되는 화물량(톤수 기준)에 따라 운임을 계산한다.
- 정기용선(Time Charter) : 일정기간 동안 선박을 용선하는 것으로 선주는 선원을 고용하고 선박의 운항 상태를 관리하며, 용선주는 용선료를 지급함은 물론 연료비, 항비, 화물비 등의 운항비를 부담한다.
- 나용선(Bareboat Charter) : 용선료의 대가로 용선주가 선박의 점유와 지배를 일정기간 양수받는 계약으로 용선주는 모든 운항비를 부담하고, 선장의 임명, 선원의 승선, 선박운항에 관한 일체의 책임을 인수하여 관리한다.
- 소유권취득조건부나용선(Bareboat Charter Hire Purchase) : 나용선계약과 동일하나 나용선계약기간 만료시에는 용선주가 일정금액을 선주에게 지불하고 소유권을 가지게 되는 권리를 행사한다.

표 2-23 용선계약 종류별 비용부담 주체

비용의 종류	Voyage Charter (항해용선)	Time Charter (정기용선)	Bareboat Charter (나용선)
자본비용 - 대출원금 및 이자 상환	선박 소유자	선박 소유자	선박 소유자
운영비용 - 선원 급료, 보험료, 수선유지비, 윤활유, 식비, 일반관리비 등	선박 소유자	선박 소유자	용선주
항해비용 - 연료비, 하역비, 항비, 운하이용비 등	선박 소유자	용선주	용선주

한편 용선료는 금융기관이 발달한 제3국 등에 개설된 결제위탁계좌(escrow account)[59]에 입금되어 원리금 상환에 직접 사용된다. 동 계좌는 차주 명의의 계좌이나 금융기관이 동의하지 않으면 인출이 제한되도록 질권이 설정되어 있으므로 대주가 현금수입의 사용을 통제하는데 유용한 수단이 된다.

59) 제7장 제6절 프로젝트 리스크 분석과 대응방안 참조

표 2-24 선박금융관련 계약서의 종류

① 프로젝트의 근간을 이루는 계약서

계 약 서	계약 당사자	주 요 내 용
대 출 계 약 (Loan Agreement)	금융기관(대주) SPC(차주)	선박 건조에 소요되는 자금의 대출/차입을 약정
선박건조계약 (Ship Building Contract)	SPC(구매자) 조선소(판매자)	선박의 건조/인수 약정
용 선 계 약 (Charter Agreement)	SPC(소유주) 해운사(용선주)	소유주는 일정기간동안 용선주에게 선박의 사용권을 부여하고, 용선주는 동 선박에 대한 사용의무를 부과한 임대차계약
운 송 계 약 (Transportation Agreement)	해운사(운영사) 화주	선박 운영사는 일정기간동안 화주의 화물 수송을 책임지고, 화주는 화물을 제공할 의무를 부담

② 보조계약

계 약 서	계약 당사자	주 요 내 용
감 리 계 약 (Supervision Agreement)	SPC(구매자) 건조 감리자	감리자는 SPC를 대신하여 선박건조에 대한 감독 및 감리를 행함(통상적으로 해운회사가 Supervisor의 역할을 함)
선박관리계약 (Ship Management Agreement)	SPC(소유주) 선박관리자	선박관리자는 소유주를 대신하여 선박의 유지/수리를 대행(특정한 경우에만 체결)

③ 담보관련 계약서

계 약 서	계약당사자	주 요 내 용
선박건조양도계약 (Ship Building Assignment Agreement)	SPC(양도자) 금융기관(양수자)	선박건조계약, 감리계약, 환급보증 등의 SPC(차주) 권리를 양도
환 급 보 증 (Refund Guarantee)	SPC(수혜자) 금융기관(보증제공자)	조선소의 선수금 환급보증
기 업 보 증 (Corporate Guarantee)	선주 등(보증제공자) 금융기관(수혜자)	대출계약서상 특별목적법인의 의무를 선주 등이 보증
화 주 각 서 (Cargo Owner's LoU)	화주(undertaker) 금융기관(수혜자)	화주가 수송계약서 체결 및 대체선사 지명 의무를 수행 하겠다는 각서
주식질권약정 (Option for Pledge of Share)	주주 금융기관	금융기관이 요구하면 특별목적법인의 주식에 대한 점유를 허용하겠다는 내용
보험양도계약 (Insurance Assignment Agreement)	SPC(양도자) 금융기관(양수자)	제반 보험 및 강제수용보상금에 대한 권리를 금융기관에게 양도
저당권 계약서 (Mortgage Agreement)	SPC(mortgagor) 금융기관(mortgagee)	선박에 대한 저당권 설정계약서

계 약 서	계약당사자	주 요 내 용
용선계약양도계약 (Assignment of Charter Agreement)	SPC(양도자) 금융기관(양수자)	용선계약상의 모든 권리를 금융기관에게 양도
운송계약양도계약 (Assignment of Transportation Agreement)	해운사(양도자) 금융기관(양수자)	운송계약상의 모든 권리를 금융기관에게 양도
계좌에 대한 질권설정 (Pledge Agreement for Accounts)	해운사/SPC (질권설정자) 금융기관 (질권수혜자)	해운사/SPC의 관련계좌에 대하여 금융기관의 질권설정을 허용 각종 적립금을 포함한 현금의 사용을 규제

제3절 선박금융의 재원과 지원절차

1 선박금융의 재원

선박 건조에 소요되는 자금을 조달하는 방법은 SPC(차주) 입장에서 자기자본과 타인자본(차입금)으로 구분할 수 있으며, 자기자본은 전체 소요자금의 20~40%, 차입금은 60~80% 수준으로 조달된다. 자기자본은 실선주의 지분투자로 이루어지거나 선박투자회사(선박펀드)를 통해 이루어지며, 차입금으로는 금융기관의 대출금이나 선박펀드가 활용된다.

1) 자기자본과 선박펀드

자기자본은 실선주인 전문 선박운용회사에 의해 제공되는 것이 일반적이나, 선박투자회사(선박펀드)를 통해 조성되기도 한다.

선박투자회사 제도란 개인이나 기관 투자자로부터의 투자 자금으로 설립된 선박투자회사(선박펀드)가 선박펀드의 조달자금과 금융기관으로부터의 차입금을 합하여 선박을 건조 또는 매입한 후, 해운회사(용선주)에 임대하여 해운회사로부터 수취하는 용선료로 차입금을 상환하고 나머지를 투자자에게 배당하는 제도이다. 이러한 제도는 특히 독일과 노르웨이 등의 국가에서 크게 발달되어 왔다.

독일에는 KG(Kommandit Gesellschaft) 펀드라는 유한책임회사 형태의 투자제도가 활성화되어 일반인이 부동산·항공기·인프라 등에 투자해 왔다. 독일은 전후방

산업연관효과가 큰 선박건조에 투자하는 사람에게 세제혜택을 부여하였고 1980년대부터 이 펀드의 선박에 대한 투자가 크게 증가하였다. KG펀드는 소득공제, 임의고속상각, 양도소득세 감면, 투자손실의 상계처리 등 많은 조세혜택으로 크게 활성화 되었다. 펀드 투자초기에 4~5년간 선박장부가의 40% 정도를 임의 특별상각할 수 있도록 하고 이로 인한 손실을 투자자의 소득공제로 보상해 주어 실제 투자금액의 125% 소득공제 효과가 나타났다. 1990년대 말 이 기금은 세계 컨테이너 용선시장의 75%를 점유하고 있을 정도로 시장지배력이 강하였다. 이처럼 KG펀드가 활성화되자 1999년부터는 세제감면을 점차 줄여가고 있지만 이 제도는 대중적인 투자제도로 완전히 정착되었다.

한편 노르웨이에도 KS(Kommandit Selskap) 펀드라는 유사한 제도가 있다. 이 또한 초기 세제혜택으로 인해 활성화되었다. 노르웨이의 총 등록선박 중 50% 이상이 KS펀드에 의해 운영되고 있다.

우리나라의 경우에도 국적선박 보유 증대를 통한 조선·해운산업 육성 및 시중부동자금의 산업자본화를 목적으로 2002년 선박투자회사법을 제정하고 선박투자회사 제도를 도입하였다. 2004년 3월 첫 선박투자 펀드인 '동북아1호 선박투자회사'가 출범한 이래 2012년 말까지 한국선박운용, KSF선박금융, 세계로선박금융, 국제선박투자운용 등의 선박운용회사가 133여개 선박펀드를 조성하였다.

그림 2-22 선박투자회사 제도를 이용한 구조도

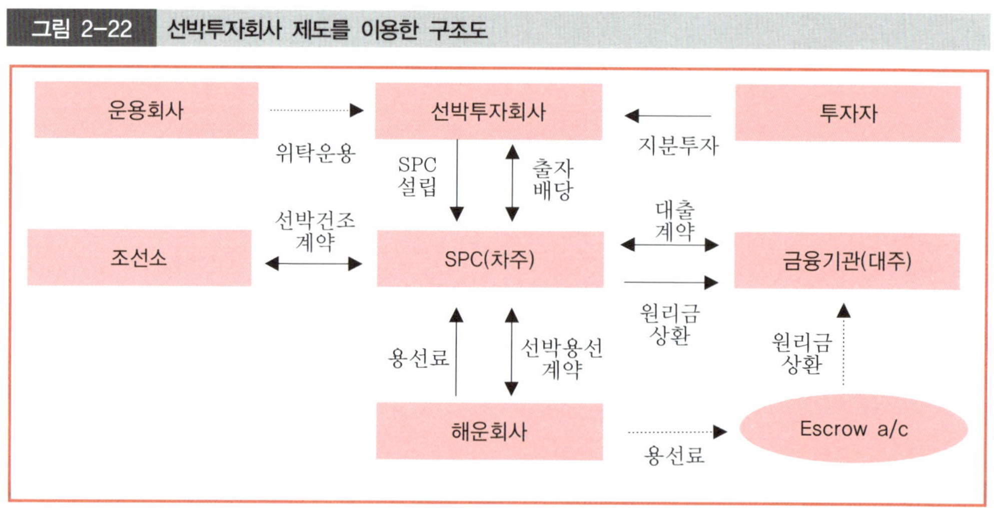

이러한 선박투자회사 제도를 활용함으로써 실선주는 자기자금 부담을 최소화하면서 자기선대 확보가 가능하게 되었으며, 또한 선박운용회사의 선박금융 노하우, 선박관리능력과 해운관련 네트워크 등과 같은 무형의 자산을 활용할 수 있어 영업

기반을 안정적으로 구축할 수 있게 되었다.

투자자 입장에서 보면 기금의 배당률이 고정금리 형태로 확정되어 있어 장래 수익예측이 가능하고, 용선주의 파산 등 극단적인 상황 하에서도 투자원금의 회수기반인 선박이 천재지변에 따른 실종 및 파손에 대해 모두 보험 처리되는 점 등을 고려할 때 일반 주식에 비하여 상대적으로 안정성이 높다는 장점이 있다.

2) 차입금

차입금중 가장 큰 비중을 차지하고 있는 자금은 상업금융기관의 신디케이션(syndicated loan)으로 총 소요자금의 40% 정도를 차지하고 있다. 상업금융은 가장 일반적이고 유동성이 풍부한 금융형태이며, 소수의 금융기관이 자금의 주선을 약정(인수, underwriting)하고, 이를 여러 금융기관에게 신디케이션 하는 방식으로 이루어진다. 최근 금융구조가 복잡해짐에 따라 금융기관은 신용보강장치를 더욱 강화하고 있으며, 정치적 위험이 상대적으로 큰 개발도상국 금융의 경우에는 정치적 위험을 회피하기 위한 여러 수단을 강구하고 있다.

그림 2-23 한국수출입은행 선박금융(대출과 보증) 지원도

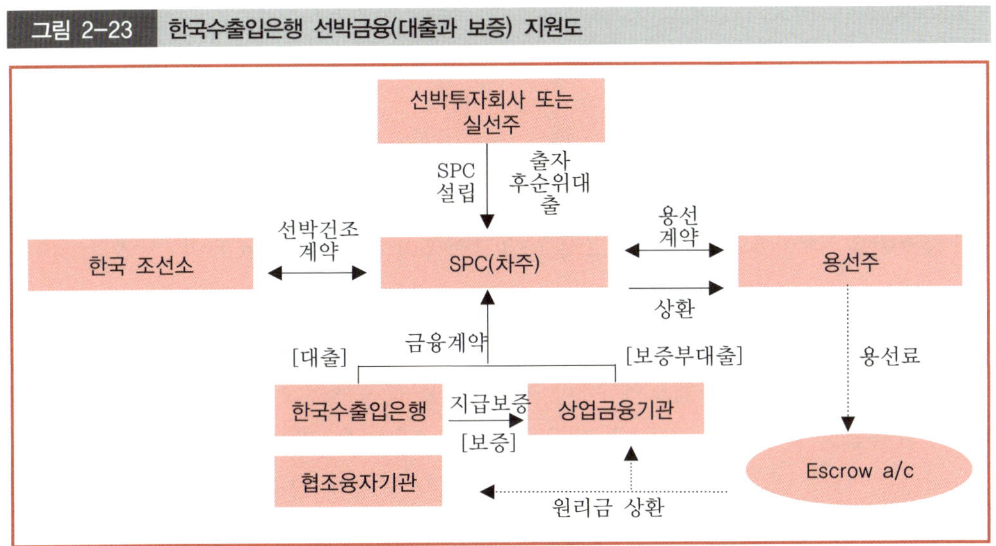

상업금융이 부담하기 어려운 정치적 위험을 해결하는 가장 효율적인 방법은 수출신용기관(ECA: Export Credit Agency)을 활용하는 것이다. ECA는 자국의 선박 수출지원을 위하여 수출금융을 취급하는데 이의 주요 금융조건은 'OECD 선박양해'(OECD Sector Understanding on Ship Financing)를 기준으로 하고 있다. 우리나라에서는 한국수출입은행이 대출과 보증의 형태로, 한국무역보험공사가 보험의 형태로 수출금융을 제공하고 있다.

그림 2-24 한국무역보험공사 선박금융(보험) 지원도

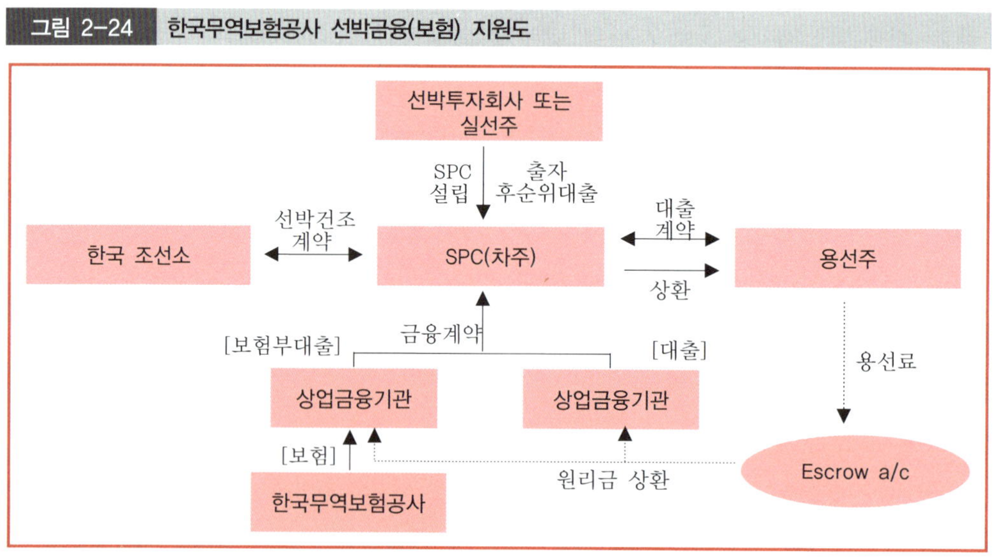

한국수출입은행에서 취급하고 있는 선박금융의 주요 조건은 다음과 같다.

- 차주 : 국내 조선소가 건조한 선박을 구매하는 해운사 또는 그 SPC[60)]
- 대출(보증)금액 : 선박건조계약 금액의 80% 범위 내
- 대출기간과 상환방법 : 상환기간은 선박 인도 후 12년까지[61)]이며, 연 1회 이상 정기균등분할상환 방식
- 대출이율 : 변동금리 또는 고정금리(고정금리의 경우 OECD의 상업참고금리 (CIRR: Commercial Interest Rate of Reference)를 적용)
- 위험 프리미엄 : 국가 신용도, 차주 또는 실선주의 신용도, 대출기간, 채권보전장치 등 프로젝트 위험도에 따라 차등 적용
- 채권보전장치 : 선박 운용에 따라 발생하는 수익을 기본으로 하여 본선 담보, 차주의 각종 권리 양도, 차주발행 주식 질권, 보험금 청구권 양도, 실선주 지급보증 등의 신용보강장치를 마련

3) 후순위금융

후순위금융은 대출과 출자의 중간단계로 고수익을 원하면서 어느 정도 안정성을

60) 국내선사의 경우 선박이 해외로 항해하는 외항선박에 한함.
61) 선박 건조기간이 3년인 경우 총 대출기간(door-to-door tenor)은 15년이 됨.

바라는 투자자들에 의해 제공된다. 상업은행과 자산운용회사, 사모펀드 등이 후순위금융에 참여하고 있다.

선순위 금융기관들이 선가의 급격한 하락시 선박의 잔존가치가 대출잔액에 미달할 것을 우려하여 대출비율을 감소시키는 경우 선주는 차입액의 부족분을 후순위금융을 통해 조달하게 된다. 예를 들어 선박 확보를 위한 자금조달이 선주의 부담분 10~20%, 선순위 금융이 50%에 그칠 때 나머지 30~40%는 후순위금융을 통해 이루어지게 된다.

후순위금융은 원리금상환의 순서나 담보권 실행시 선순위금융에 비해 뒤지는 대신 이자율이 높아 선박투자자들의 참여도가 늘어나고 있다.

2 선박금융의 지원 절차

전통적으로 선박금융에 참여하는 금융기관은 선박산업에 대한 노하우와 선주와의 오랜 유대관계를 갖고 있고, 선박금융 관련 계약서의 내용과 형식이 상당 부분 정형화되어 있어 선박금융의 due diligence 과정이나 지원 절차는 인프라 사업이나 대규모 플랜트 사업의 프로젝트 파이낸스 절차에 비해 상대적으로 덜 복잡하다. 선박금융의 지원 절차는 실선주 또는 금융자문기관이 금융주선기관을 선정하여 주요조건을 협의하고 계약서를 작성하는 과정으로 진행된다.

1) 금융주선기관(arranger)의 선정

실선주가 조선사와 선박건조계약을 체결하고, 그 소요자금을 조달하기 위하여 금융주선기관의 역할을 할 수 있는 금융기관을 접촉하여 금융지원 가능성과 인수가능금액 등 기본적인 지원조건을 문의하는 과정이다. 실선주는 입찰방식으로 금융주선기관을 선정할 수도 있지만 자신과 유대관계가 있고 선박금융에 많은 경험이 있는 금융기관을 금융주선기관으로 선정하는 것이 보다 일반적이다.

2) Term sheet 초안 작성과 문안 협의

실선주와 금융주선기관 사이에 기본적인 조건에 대해 협의가 이루어진 후 자문변호사를 활용하여 Term sheet 또는 Offer letter를 작성하고 그 내용에 대해 협의한다. Term sheet 또는 Offer letter는 금융계약서 작성의 기본이 되며, 여기에는 선박의 종류 및 계약금액 등 선박금융 대상거래, 관련 당사자, 대출금액, 대출기간, 이자율, 상환방법, 채권보전방법 등의 내용이 포함된다.

선박금융의 Term sheet은 선종에 따라 정형화되어 있으며, 그 주요 내용은 [표 2-25]와 같다.

표 2-25 선박금융 Term sheet의 주요 내용

구 분	주 요 내 용
대상 거래	SPC/차주, 건조 선박의 종류와 계약 내용, 사업주, 용선주와 용선계약, 선수금 환급보증, 조선소, 대주, 계약금액, 선박 운영사와 관련 계약, 사업부의 사업 보장 내용, 선박의 국적, 자금조달방법 등
금융 조건	대출금액, 통화, 대출기간과 만기, 이자율과 이자기간, 수수료, 인출기간, 상환방법, 조기상환 조건, 인출선행조건, 채권보전방법(부보보험, 인도전/인도후 채권보전방법), 진술과 보증조항, 특별약정조항, 준거법 등

3) Term sheet 확정과 금융계약서 협의

실선주와 금융기관 사이에 Term sheet 문안 협상이 마무리되면 금융기관은 자문 변호사를 활용하여 Term sheet 내용을 바탕으로 보다 구체적인 계약조건을 담은 대출계약서와 각종 담보관련 계약서를 작성하고 실선주 또는 차주와 그 내용에 대해 협의한다. 또한 용선계약서의 내용에 대해서도 협의하여 그 최종 문안을 마무리한다.

4) 신디케이션과 금융계약 체결

조달자금의 규모가 상대적으로 작아 금융주선기관만 대주단에 참여하는 클럽 딜(club deal) 방식을 적용할 경우 공모방식의 신디케이션을 하지 않고 금융계약서가 체결된다. 그러나 대규모 자금이 소요되는 거래는 하나의 금융기관이 모든 프로젝트 자금을 지원하기에는 양적인 면에서나 위험부담의 면에서 곤란하므로 신디케이션에 의해 자금을 조달하는 것이 일반적이다. 신디케이션 과정에서 금융주선기관은 주간사은행(lead manager) 역할을 담당한다.

신디케이션을 통해 참여은행이 결정되면 비로소 대주단 구성이 완료되고 금융관련 계약에 서명함으로써 계약이 체결된다. 계약서는 그 내용에 따라 차주인 SPC 또는 실선주와 대주단 간사은행(agent bank), 담보관리은행(security bank), 전체 대주단 등이 서명한다. 대주단 간사은행은 대출집행 이전에 선행조건이 충족되었는지 검토하여야 하며, 선박인도 시점에서의 선행조건서류도 면밀히 확인하여야 한다.

제4절 선박금융의 위험분석과 채권보전장치

1 선박금융의 기본 고려요소

금융기관이 선박금융을 취급함에 있어 기본적으로 고려하여야 할 요소는 ① 선박의 수익창출 능력(cash flow), ② 선박의 잔존가치, 그리고 ③ 실선주나 제3자 보증(corporate guarantee) 등 크게 3가지로 구분할 수 있다. 선박금융이 대상 선박을 운항하여 얻는 수익을 상환재원으로 하는 금융이라는 점에서 cash flow 분석이 가장 기본요소라 할 수 있으며, 선박의 잔존가치나 제3자 보증은 채권보전장치의 하나라 할 수 있다.

선박의 현금흐름 분석은 대출 원리금을 제대로 상환할 수 있는지 여부를 판단하는 기준이 되며, 이는 조선산업 동향에 영향을 받는다. 조선시황을 결정하는 요인으로는 해상 물동량, 해상운임, 금리와 환율 등이 있다.

1) 해상물동량

해상물동량이 증가함에 따라 조선산업은 활황을 보이게 된다. 일반적으로 글로벌 아웃소싱의 확대, 자유무역협약(FTA)의 확대 등 국가 간 경제의존도가 상승하면서 세계 물동량의 수준은 상승하는 추세이며, 청정에너지에 대한 요구가 커져 천연가스의 수요가 증가하고 주요 소비국의 천연가스전 고갈로 생산지와 소비지간 지리적 불균형이 심화됨에 따라 LNG선 수요도 증대하여 왔다. 하지만 글로벌 금융위기 등으로 세계 경제가 위축되면 해상 물동량이 급격히 감소하기도 한다.

2) 해상운임

해운업은 조선산업의 전방산업으로 해상운임은 물동량(수요)와 선복량(공급)에 따라 주기적으로 변동하는 데, 2002년 이후 중국 물동량 증대, 선복 공급부족 등으로 인해 컨테이너선의 운임이 저점 대비 300% 이상 급등, 신조 선박 발주가 증가하여 선가 상승이 유도되기도 하였으나, 글로벌 경제위기로 해상운임이 급격히 감소하기도 하였다.

또한 유조선 운임은 유가(OPEC의 생산량 조절)와 계절적 요인(동절기 난방유 수요)에 의해 변동성이 큰 특성이 있다. LNG선은 현재 운항중인 대부분이 장기운송

계약에 의해 운항되고 있어 타 선종과 달리 전체 해운시황과의 상관관계가 비교적 낮다.

해상운임 수준을 나타내는 지수는 선종별로 다양한데 대표적인 지수로는 건화물선 운임지수(BDI : Baltic Dry Index)가 있으며, 이밖에 컨테이너선 운임지수(HRI : Howe Robinson Index)[62]와 유조선 운임지수(WS : World Scale Rate)[63]가 사용된다.

Baltic Dry Index(BDI)

발틱해운거래소(The Baltic Exchange)가 종전 건화물시황 운임지수로 사용해 온 Baltic Freight Index(BFI)를 대체한 종합운임지수로서 세계 26개 주요 해상 루트를 이동하는 선박 물동량의 운송비를 지수화하여 1999년 11월 1일부터 발표하고 있다.

이 지수는 선형별로 대표항로를 선정하고 각 항로별 톤마일 비중에 따라 가중치를 적용하여 1985년 1월 4일을 기준(1,000포인트)으로 산정하며 선형에 따라 Baltic Capesize Index(BCI), Baltic Panamax Index(BPI), Baltic Handy Index(BHI) 등 별도의 선형별 지수로 구성되어 있다.

3) 금리와 환율

금리와 환율도 조선시황에 큰 영향을 미친다. 선박은 부동산의 하나로 거액의 자금이 소요되어 주요 선주들의 신조선 발주 물량은 국제금리 수준에 크게 좌우된다. 저금리 기조 시에는 선박 건조비용 절감에 따른 선주들의 대량 발주 및 조기 발주 수요가 증가하며, 급격한 국제금리 상승 시에는 선박 건조비용 부담증가로 인해 발주수요가 감소된다.

주요 조선국인 우리나라, 일본 및 중국의 환율은 신조선 발주에 영향을 주나, 그 영향의 정도는 주로 조선사와 가격협상에 따라 달라진다.

4) 선박의 잔존가치

선박의 잔존가치는 중고선가 동향으로 판단할 수 있으며, 이는 해상운임, 신조선가와 전반적인 조선산업 동향에 따라 영향을 받는다. 금융기관 입장에서 선박의 잔

62) 영국의 해운 컨설팅과 컨테이너 전문 중개업체인 Howe Robinson C.I. 사가 1997. 1. 15을 기준(HR=1,000)으로 발표하는 컨테이너선 용선료 지수이며, 510TEU에서 3,500TEU까지 세계 컨테이너선 용선시장에서 주로 거래되는 12개 선형별 지수와 종합지수가 있음.

63) 유조선의 운임단위로 사용되며, 각종 유조선의 운임율을 세계적으로 통일하기 위해 1969년 World Scale Association이 제정한 것으로 매년 1회 산정기준이 발표되고 있음.

존가치는 언제나 대출금의 잔액보다 커야 채권보전장치로서의 의미가 있다.

일반적으로 조선산업은 인프라산업 등 타 분야에 비해 변동성이 심하고 경기 예측이 어려워 선박 잔존가치의 평가 역시 쉽지 않다. 따라서 금융기관은 좀 더 보수적 관점에서 실선주에게 선박가치를 연도별로 일정한 수준 이상으로 유지할 의무를 부담시켜 채권보전의 안정성을 높이는 방법을 활용하고 있다.

실선주나 제3자의 지급보증은 기업금융의 성격을 가진 것으로 담보력을 보완함으로써 레버리지 비율(부채비율)을 올리거나, 금융조건(금리, 현금흐름 통제 조건 등)을 개선하는 역할을 한다.

2 위험분석과 대응방안

선박금융과 관련된 프로젝트 위험은 조선시황, 금융동향과 함께 실선주, 용선주, 화주 등 이해당사자의 신용위험에서 비롯되며, 선박이 인도되는 시점을 전후하여 상이하므로 선박 건조기간과 선박 운영기간으로 나누어 위험내용과 그 대응방안을 살펴 볼 필요가 있다.

1) 선박 건조기간의 위험요인과 대응방안

먼저 조선소가 선박 건조계약을 이행하지 않거나 위반하는, 즉 조선소의 선박건조 의무 불이행 위험이 있다. 이 위험에 대비하여 무엇보다도 먼저 조선소의 선박건조 능력을 검토하여야 한다. 또한 금융기관은 조선소가 그 동안 수령한 선수금의 환급을 요청하고, 환급금을 건조기간에 인출한 원리금 상환에 충당할 수 있도록 선박건조계약상 차주의 권리를 양도받아야 한다. 만약 조선소가 선수금 환급을 하지 못할 경우에 대비하여 신용 있는 금융기관이 발행한 선수금 환급보증서를 징수하여야 한다.

차주(SPC)나 실선주의 파산 등 신용위험과 조선시황 등의 이유로 차주가 선박을 인수하지 못하거나 거부할 위험이 있다. 이에 대비하여 실질적인 선박의 소유주인 해운회사(실선주)나 신용도가 높은 제3의 회사에게 SPC의 대출계약 의무에 대해 지급보증(payment guarantee)이나 이행보증(performance guarantee)을 요구할 수 있으며, 실선주가 자기자금으로 지급키로 한 SPC에 대한 지분출자나 선급금을 금융기관 대출을 인출하기 전에 선행하여 지급토록 함으로써 선박 인도전의 채권회수불능위험을 최소화 할 수도 있다.[64)]

표 2-26 선박 건조기간의 위험요인과 대응방안

이해당사자	위 험 내 용	위 험 관 리 방 안
조 선 소	선박건조 의무 불이행	• 선박건조계약서상 차주의 권리 양수 • 선수금환급보증상 차주의 권리 양수
SPC(차주) 실 선 주	파산 등 신용위험 선박인수 거부	• 제3자의 지급보증서/이행보증서 징구 • 건조기간동안 자기자본 선투자 요구 • 용선주의 LoU 징구(대체선사 수배 등 관련계약 유지 의무 부과)
용 선 주	파산 등 신용위험 용선계약 체결의 지연, 거부	• 용선주의 LoU 징구(선박 인도 이전까지 용선계약 체결) • 용선계약서와 금융계약서간의 교차채무 불이행(cross-default) 조항 규정

건조기간에 SPC나 실선주가 선박인수 등 계약상 의무를 불이행할 경우 이는 프로젝트의 중단을 초래하고 채권회수불능 위험으로 이어질 수 있다. 이러한 경우를 대비하여 금융기관은 용선주에게 실선주를 대신할 수 있는 대체선사를 수배하고 용선계약을 포함한 모든 관련 계약서상 실선주가 가지고 있는 권리와 의무를 승계하게 하여 선박이 정상적으로 인도되어 수익을 창출할 수 있게 하겠다는 각서나 보증(LoU : Letter of Undertaking)을 담보로 요구하는 경우가 있다. 이 경우 프로젝트 유지에 대한 의무가 용선주에게도 부과되므로 프로젝트에 대한 신용도를 향상시킬 수 있다. 이와 같은 용선주의 LoU는 주로 다음과 같은 경우에 제공된다.

- 실선주와 용선주 사이에 특별한 관계가 있는 경우
- 해당 LoU를 제공함으로써 금융비용을 절감하고 이를 통해 운임율을 낮추고자 할 경우

한편 선박금융은 용선계약을 전제로 추진되는데 조선시황의 악화나 용선주의 재무상태 악화 등으로 용선주가 계약상의 의무를 이행할 수 없을 때에는 당초 예상했던 해당 선박의 안정적인 수익 창출이 불가능하게 된다. 이와 같은 상황에 대비하기 위하여 용선주에게 선박인도 이전에 용선계약 체결의 의무 이행을 보장받는 한편 용선계약서와 금융계약서간의 교차채무불이행(cross default) 조항을 규정하여 용선주의 파산 시 금융기관이 채권회수에 나설 수 있는 권리를 가지게 할 수 있다.

64) 신용 있는 실선주의 경우 대출금액과 자기자본을 일정 비율대로 인출하는 경우도 있음.

2) 선박 운영기간의 위험요인과 대응방안

금융기관은 선박 인도 후 성능상의 문제가 발생하여 선박운영이 어렵게 될 위험에 대비하여 선박건조계약서에 성능보장조항을 규정하고, 이 권리를 양수받음으로써 조선소의 배상책임이 발생할 경우 이 권리를 행사할 수 있다. 또한 선체보험과 용선료보상보험(Loss of Hire ; LoH)과 같은 보험에 부보하여 선박의 멸실이나 손상으로 인한 손해를 보전할 수 있도록 하며, 피보험자(실선주, SPC, 선박관리인)의 보험 상 권리를 양수함으로써 선박사고관련 보험금을 수령할 수 있는 권한을 금융기관이 보유할 수 있다.

선박금융은 구조화금융의 하나로 선박운영으로 창출되는 수익(cash flow)이 주요 상환재원이므로 금융기관 입장에서 수익창출 규모도 중요하지만, 창출된 수익을 효율적으로 관리하고 통제할 수 있는 시스템을 마련하는데도 관심을 가져야 한다. 예를 들어 용선계약 상 차주의 권리를 양수하고, 운임과 용선료 수령구좌에 질권을 설정하여 차주의 원리금 상환 재원에 대한 담보권을 확보하여야 한다.

표 2-27 선박 운영기간의 위험요인과 대응방안

이해당사자	위험 내용	위 험 관 리 방 안
선 박	성능 미달 사고(손상, 멸실)	• 선박건조계약서의 성능보장 조항 권리 양수 • 보험(선체보험, LoH 등) 부보, 권리 양수
차 주 실선주	원리금 지급의무 불이행 파산 등 신용위험	• 선박에 대한 저당권 • 연도별 최소 선박가치 유지 의무 부여 • 보험(P&I) 부보, 권리 양수 • 실선주나 제3자의 지급보증서 징구 • 용선주의 LoU 징구(대체선사 수배 등 관련계약 유지 의무 부과) • 용선계약상의 권리 양수 • 운임, 용선료 등 cash flow의 통제 : 운임/용선료 수령구좌에 대한 질권 설정, 일정기간동안 선박유지와 원리금 상환에 소요되는 자금 적립의무 부과 • 주식의 양도와 매각 금지
용선주	계약의무 불이행 용선계약중도해지 파산 등 신용위험	• 용선주의 LoU 징구(계약기간동안 용선계약서 유지) • 용선계약서상 계약해지비용 부담 의무 • 차주가 대체용선주를 물색할 수 있는 유예기간을 규정 • 용선계약서와 금융계약서간의 교차채무 불이행(cross-default) 조항 규정

이와 더불어 일정기간동안 선박유지와 원리금 상환에 소요되는 자금을 의무적으로 적립토록 하여 선박의 유지·관리와 차입금 상환의 안정성을 확보하여야 한다.

차주는 충분한 차입금 상환재원을 확보하기 위하여 용선계약에 휴항(off hire)[65]을 금지하는 조항을 규정하는 소위 “hell or high water clause”[66] 개념을 활용할 수도 있다.

한편 SPC의 주주인 실선주의 신용위험을 담보하기 위한 조치로 실선주가 보유한 SPC 주식의 제3자 앞 양도나 매각을 제한하는 규정을 두거나 주식 질권을 설정하여 SPC의 채무불이행 발생 시 대주가 주주로서의 권리를 행사하여 선박을 직접 운영할 수 있도록 하는 방안도 있다.

시장상황의 변경 등으로 용선주가 용선료를 지급하지 않거나 용선계약을 중도에 해지할 위험이 있다. 이러한 용선주의 계약의무 불이행, 용선계약의 중도해지 또는 파산 등 신용위험이 발생할 경우 당초 예상했던 해당 선박의 안정적인 수익창출이 불가능하게 된다. 이와 같은 상황에 대비하기 위하여 용선주가 계약기간동안 용선계약을 유지할 수 있도록 LoU를 징구하는 한편 용선계약서에 용선주가 계약해지에 따른 손실을 부담토록 하며, 차주가 대체 용선주를 물색할 수 있는 시간을 갖도록 유예기간을 규정하는 등 용선계약 해지에 따른 조치를 미리 마련해 놓은 것이 바람직하다.

또한 용선계약서에 교차채무불이행 조항을 규정하여 해당 사유가 발생할 경우 금융계약서의 채무불이행 사유에 해당되도록 하여 금융기관이 즉시 채권을 회수할 수 있는 권리(기한의 이익 상실)가 발생토록 할 필요가 있다.

3 채권보전장치(security package)

선박금융은 프로젝트 파이낸스 또는 구조화금융에 그 기반을 두고 있어 채권보전장치가 기업금융보다 복잡하다. 그러나 선박금융은 오랜 역사를 가지고 있어 그 채권보전장치가 상당부분 정형화되어 있다. 선박금융의 일반적인 채권보전장치는 기본 고려요소인 ① 선박 저당권(ship mortgage), ② 실선주의 지급보증(guarantee), ③ 운임수입 등 미래 현금수입(cash flow)의 통제와 더불어 ④ 선박관련 보험(insurance)의 양도, ⑤ 금융계약상 특별약정조항(covenants)을 들 수 있다.

위 채권보전장치 중 선박 저당권, 실선주의 지급보증, 미래 현금수입에 대해서는

65) 정기용선계약에서 용선을 일시 정지한 기간을 말하며, 선박의 고장이나 해난으로 인하여 용선주가 선박을 사용할 수 없게 된 기간으로 일반적으로 용선기간에서 제외되어 용선료의 지급이 중지되는 것으로 간주됨.

66) 리스거래에서 임차인이 리스물건의 사용여부와 관계없이 임대인에게 리스료를 무조건적으로 지급하는 조항으로 일종의 지급보증 성격이 있음.

위에서 기술하였으므로 여기서는 선박관련 보험과 금융계약상 특별약정조항에 대하여 설명한다.

1) 선박관련 보험의 내용과 양도담보

선박관련 보험은 선박 저당권과 보완관계를 이루는 선박금융의 기본이 되는 담보로 담보권을 설정한 선박이 전손 처리되거나 중대한 피해를 입었을 경우 차주가 수령하는 보험금을 대주에게 양도하게 하는 중요한 채권보전장치이다. 선박이 전손되는 경우나 중대한 선박 사고로 보험금이 일정 금액 이상인 경우 보험금을 대주에게 직접 지급토록 하여 채권보전에 활용할 수 있도록 한다.

선박의 건조와 운영과 관련된 보험은 플랜트나 인프라 프로젝트 부문에 비해 정형화되어 있지만 선종이나 거래규모, 계약조건에 따라 적절한 보험종목을 선정하고 합리적인 부보금액을 결정하여야 한다.

일반적으로 활용되는 선박관련 보험은 다음과 같다.

① **선박건조보험**(Builder's risk Insurance)

건조중인 선박이 불가항력 사유로 입은 손해나, 진수 또는 시운전 등 선박건조중에 발생하는 손해를 담보

② **선체보험**(Hull & Machinery Insurance)

보험종목 중 가장 기본적인 것으로 주요 담보인 선박의 멸실 또는, 손상에 대비한 보험으로 선박 선체와 기관, 의장품을 포함한 선박 자체에 대해 보험기간 중 발생된 담보위험에 대하여 물적 손해, 비용 손해 및 법적 충돌 배상책임을 담보(전쟁보험특약을 수반하는 것이 일반적임.)

보험금액으로는 잔존 원금의 110%~120%가 일반적이다.

③ **초과책임보험**(Excess Liabilities Insurance)

실제 손해액이 선체보험에 따른 보상액을 초과하는 경우 선주 자신이 부담해야 하는 부분을 담보

④ **전쟁보험**(War & Strike Insurance)

선체 보험에서 담보하지 않는 전쟁과 동맹파업으로 인한 선박 손해에 대해 해당 지역을 항해하는 경우 동 위험을 별도로 담보

⑤ P&I **보험**(Ship owners' mutual protection and indemnity Insurance)

선체보험과 함께 기본적인 보험 종목으로 선박과 관련한 배상책임을 담보한다.

즉 선박 소유자, 운항자, 용선주 등이 선박 소유와 운항에 수반하는 사고로 인하여 선체 보험에서 담보되는 부분을 제외한 화주에 대한 책임, 충돌 상대선과 그 적하, 제3자와 선원에 대한 책임을 담보하는 상호보험

해상오염으로 인한 배상책임은 현재 U$10억을 한도로 하고 있다. 실선주나 SPC의 배상책임 발생은 대주에게 직접적인 피해가 없으나, 차주에게 거액의 배상책임이 발생할 경우 채무불이행으로 이어질 수 있다.

⑥ **운임보험**(Freight Insurance)

해난사고로 항해를 중단·포기하는 경우 사고가 발생하지 않았다면 취득하였을 운임을 보상

⑦ **저당권 보호 보험**(MII : Mortgagee's interest Insurance)

보험사고가 발생하였으나 실선주나 SPC가 보험증권상의 담보조항 등을 위반하여 보험금 지급이 거절되었을 경우 해당 보험금을 지급하는 보험

⑧ **선박불가동 손실보험**(LOH : Loss of Hire)

선체보험에서 담보하는 위험의 발생으로 인하여 해당 선박이 현금창출 능력을 상실(휴항, off hire)하였을 경우, 일정기간 동안의 수익을 보상

⑨ **저당권자 추가위험담보 보험**(MIAP : Mortgagee's interest additional Peril)

선박의 기름유출로 선박이 몰수 또는 수용되거나 경매 후 경락대금이 몰수되는 경우 저당권자 보호를 위해 부보

2) 선박금융계약상 특별약정조항

국제금융계약에서 특별약정(covenants) 조항은 대출금이 전액 상환될 때까지 차주나 보증인이 하여야 할 의무사항을 규정하는 조항으로 일정한 행위를 이행하겠다는 적극적 약정(affirmative covenants)과, 하지 않겠다는 소극적 약정(negative covenants)으로 구분된다.

이 조항에는 차주가 관련 계약서나 법규에 따라 프로젝트를 추진하고, 프로젝트를 정상적으로 관리·운영하며, 대주의 이익을 해치는 행위를 하지 않으며, 재무상황과 경영정보 등을 제 때에 통지한다는 내용이 포함된다.

선박금융계약서에는 위와 같은 일반적인 의무사항과 함께 다음과 같은 사항을 규정하여 금융기관의 채권보전을 강화하고 있다.

- 국제규범에 따른 선박의 운영과 관리 의무
- 일정 수준의 선박가치 보전 의무

• 해당 선박의 담보제공이나 처분 금지
• 최소 자기자본비율, 최소 대출금상환계수(DSCR) 유지 의무
• 수입계좌(earnings account) 등 관련 계좌의 유지 의무
• 실선주의 SPC 발행 주식 보유 의무
• 환경규범 준수 의무[67] 등

사례연구

선박금융지원 사례

■ 그리스 LNG선(4척) 프로젝트

① 프로젝트 개요
- 차주 : 실선주가 설립한 마샬아일랜드 소재 4개 SPC
- 실선주 : Oceanus LLC(그리스 선주사 George Economou와 미국 사모펀드 Matlin-Patterson이 설립한 합작 해운회사)
- 조선사 : 한국 D사
- 선박관리 : TMS Cardiff Gas (일본, 러시아 등 LNG선 용선계약 수행)
- 선박의 종류 : 159,800㎥급 LNG선 4척
- 계약금액(선가) : 880백만 달러(220백만 달러×4척)
- 건조기간 : 약 3년

② 프로젝트 금융계약 구조

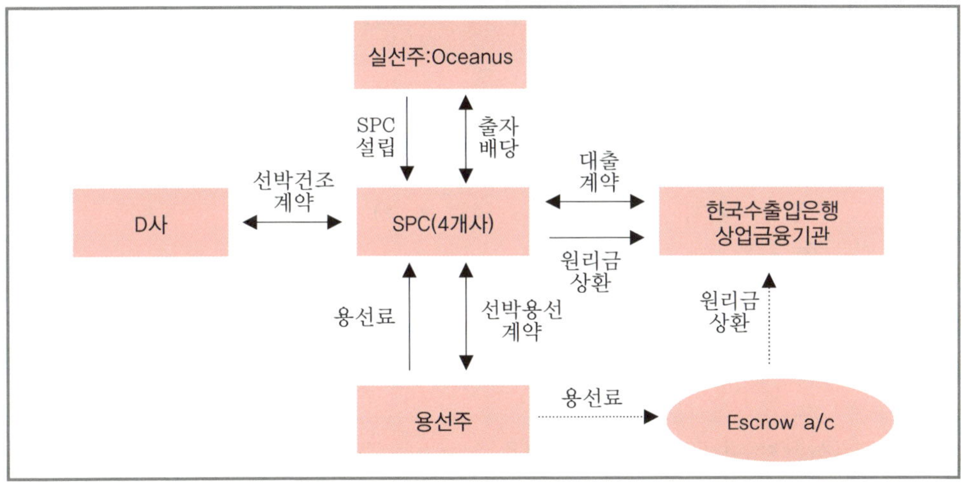

67) 해당 선박의 운영과정에서 환경문제가 발생하여 대주가 책임을 지는 경우(lender's liability) 차주나 실선주가 이를 보상하도록 의무를 부여하는 경우도 있음.

③ 자금 소요와 조달 계획

(단위 : 백만 달러)

자 금 소 요		자 금 조 달	
○ 수출계약금액	880	○ 자기자금 [35.0%]	308
		○ 차입금 [65.0%]	572
		- K-EXIM (40.1%)	353
		• 대출 (23.1%)	(203)
		• 채무보증 (17.0%)	(150)
		- 상업금융기관 (24.9%)	219
합 계	880	합 계	880

④ 위험분석 내용

위험요소	분석내용
공사완공위험	- 건조자인 D사는 세계적 수준의 LNG선 건조기술과 경험을 보유(LNG선 건조 실적 : 86척)
사업운영위험	- 용선계약은 없으나, 실선주의 30년 이상 선박운영경험과 에너지기업과의 유대관계를 고려할 때 안정적 운영 가능 - 선박관리회사는 안정적인 LNG선 관리경험과 기술을 보유
시 장 위 험	- LNG 등 대체에너지에 대한 수요 증가, 미국 셰일가스 등 세계 주요 LNG 프로젝트의 상업생산 개시로 LNG선에 대한 수요가 지속적 증가 전망 - 본 LNG선의 용선료/일의 손익분기점은 50천 달러/척 이하로 예상 최저 용선료/일 수준(85천 달러/척)을 고려할 때 LNG 운영수익은 충분
재 무 위 험	- 용선료 시장동향과 운영비용 예상을 통하여 대출 원리금 상환계수를 분석한 결과, 원리금상환 능력은 양호한 수준 ○ 연도별 최저 상환계수(DSCR) : 1.13 ○ 전대출기간 상환계수(LLCR) : 1.34 - 본선담보(선박가치 유지의무비율 145%), 실선주 지급보증, 수익금양도담보 등 채권보전장치 확보

⑤ 주요 채권보전장치

- 본건 선박에 대한 제1순위 저당권 설정
- 실선주의 지급보증
- 실선주의 선박가치 유지의무(대출잔액의 145%)
- 선박운용 수익금에 대한 양도담보
- 차주의 다음 계좌에 대한 질권 설정
  - 본건 선박관련 수익금 계좌
  - CMA(Charter Maintenance Account)[68]
- 차주발행 주식에 대한 질권 설정

⑥ 원리금상환계수(DSCR·LLCR) 분석

- 본건 프로젝트의 사업성 분석을 위해 선박인도 후 대출 만기일까지 연도별 최저상환계

68) 용선계약 미체결 등에 대비하여 원리금 상환재원 추가 확보를 목적으로 차주로 하여금 일정수준의 현금을 사전에 적립하도록 하는 예치금 계좌

수(DSCR)와 전 대출기간 상환계수(LLCR)를 측정

(단위 : 천 달러)

구 분	1년	3년	4년	5년	7년	9년	11년
운항수익	98,640	98,640	98,640	98,640	98,640	98,640	98,640
운항비용	16,440	17,104	17,446	17,795	18,514	19,262	20,040
영 업 이 익(A)	82,200	81,536	81,194	80,845	80,126	79,378	78,600
상환원리금(B)	72,950	68,601	66,426	64,251	59,902	55,552	51,203
DSCR(A/B)[1]	1.13	1.19	1.22	1.26	1.34	1.43	1.54
LLCR[2]	1.34						

주 : 1. DSCR = (운항수익－운항비용) / (상환원리금)

2. LLCR = $\sum_{n=1}^{12}$ {(운항수익－운항비용) / (1+할인율)n} ÷ 대출원금

⑦ LNG선 담보가치 적정성 검토

- LNG선 발주현황 : 세계 주요 LNG 프로젝트 상업생산 개시 및 비용절감 경쟁 등으로 고연비 LNG선 발주가 증가 (2013년 150,000㎥급 이상 LNG선 수주실적은 전년 대비 17% 증가)
- 신조선가 : LNG선은 여타 선종에 비해 선가 변동이 적은 선종으로, 2008년 척당 2.5억 달러를 고점으로 기록한 이래, 최근 수년간 2억 달러 이상 유지
- 중고선가 : LNG선은 중고선 거래가 활발하지 않으나, LNG 시장 호황에 따라 2004년 건조된 LNG선(건조가 : 1.7억 달러)이 2011년 1.9억 달러에 매매되는 등 선가변동이 크지 않음.
- 담보가치 : 유사 선박의 최근 신조선가 및 중고선가를 감안할 때, 본건 선박의 담보가치가 여신금액을 크게 상회(담보비율 154% 이상)
- 가치평가액 : LNG선의 가치평가액 추이는 인도 후 건조계약가 이상으로 유지되고 있는 바, 최근 LTV(loan to value ratio, 대출금에 대한 선박가치 비율) 비율은 171~204% 수준

제9장

해외자원개발금융

제1절 해외자원개발금융의 개요

해외자원개발금융은 원유나 천연가스, 광물자원 등을 개발, 생산하기 위하여 필요한 자금을 조달하거나 융자하는 금융을 포괄적으로 일컫는 말이다. 자원 확보를 위하여 국가차원에서 지원하는 정책금융은 타 산업분야에 비해 발달되어 있으며, 금융기관의 채권보전방법 측면에서 타 분야와 마찬가지로 기업금융이나 프로젝트 파이낸스 방식의 금융이 활용되고 있다. 광산개발사업은 1930년대 미국에서 프로젝트 파이낸스가 최초로 도입된 분야이기도 하며, 북해유전 등 세계적인 유전개발 사업에 프로젝트 파이낸스가 널리 이용되고 있다.

일본, 프랑스, 독일 등 해외자원 빈국은 1950년대부터 해외자원개발 사업의 중요성을 인식하고 본격적으로 해외자원개발 사업을 추진하여 왔다. 우리나라는 1977년 한국전력공사가 파라과이 산 안토니오(San Antonio) 우라늄 탐사사업에 참여하면서 해외자원개발 사업이 시작되었다. 이후 동력자원부의 발족을 계기로 해외자원개발 사업의 담당 조직이 구성되고, 해외자원개발 촉진법이 제정·공포되어 지원제도가 마련되는 등 본격적인 해외자원개발 사업에 대한 제도적 지원이 마련되었다.

원유·가스나 광물자원은 모든 산업의 근간이 되는 에너지원으로 대부분 국가적 차원에서 관리되고 있으며, 이를 대상으로 하는 해외자원개발 사업은 그 속성상 일반 플랜트나 제조업과 다른 특성을 지니고 있다. 따라서 해외자원개발금융의 구조나 성격, 절차 등을 이해하기 위해서는 먼저 해외자원개발 사업 자체의 특성을 이해하는 것이 필요하다.

제2절 해외자원개발 사업의 특성과 프로젝트 위험

1 해외자원개발 사업의 특성

1) 자원의 유한성 및 편재성

세계 지하자원은 그 물량이 한정되어 있으며, 지역적 편재성이 심하다. 지하자원은 태고의 지질활동으로 생성된 것으로 채굴하면 없어지고 재생되지 않는 유한성을 지니고 있다.

자원의 종류에 따라 가채연수가 50~100년 이상으로 큰 차이를 보이고 있으며, 기술의 발달로 확인매장량이 늘어나고 있지만 가까운 미래에 석유 생산이 정점에 도달하면서 공급이 줄어들 것이란 이른바 '피크 오일(peak oil)론'까지 제기되고 있는 실정이다. 또한 석유자원 전체의 약 ⅔가 중동지역에 편중되어 있으며, 천연가스의 매장량도 70% 이상이 구소련과 중동지역에 편중되어 있다. 광물자원도 전체 매장량의 90% 이상이 46개국에만 분포되어 있는 등 지역적 편중성이 심하여 국가별로 자원 생산국과 자원 소비국이 극명하게 나뉘어져 있다.

이와 같은 자원부존의 유한성과 지역적 편재성은 항상 세계시장 수급의 불안정성을 야기하고 있으며, 사업개발을 위하여 무엇보다도 자원 매장량 평가는 사업의 추진 여부에 가장 중요한 위험요소가 된다. 또한 사업의 위치를 입지조건에 따라 임의로 선정할 수 없어 인프라 시설이 충분한지 여부와 상관없이 특정지역에서 개발을 추진할 수밖에 없다. 많은 광산이 원격지나 오지에 소재하고 있어 수송과 전기·통신 등 인프라 시설에 많은 투자비가 소요되어 사업성이 저해되기도 한다. 예멘과 같이 사회적으로 불안한 국가에서는 원유 수송을 위한 파이프라인을 관리하는 것도 프로젝트 위험의 하나로 대두된다.

2) 정치적 리스크에 노출

주요 자원을 보유한 많은 개도국들은 정치·사회가 불안정하거나 전쟁과 내란 등에 시달리고 있으며, 외국과의 정치·외교적 관계에 쉽게 영향을 받는다. 이로 인해 해외자원을 개발하기 위한 인·허가 과정이나 자원을 공급하는 과정에서 다른 산업보다 정치적 리스크에 크게 노출되어 있다. 또한 자원보유국끼리 결속을 강화하는 경우도 적지 않아 정치적 이해관계에 많은 영향을 받고 있다.

3) 대규모 다국적 기업의 과점 형태

원유·가스나 광물자원을 경제적으로 생산하기까지는 대규모 투자가 선행되어야 하며, 탐사기간이 길고 그 성공률이 낮아 해외자원개발 사업은 석유 메이저와 같은 대규모 다국적 기업에 의한 과점형태를 취하고 있다.

철광석 산업의 경우 2000년 이후 기업합병 및 구조조정을 통해 세계해상교역량의 70% 이상을 BHP Billiton, Vale, Rio Tinto 등 3개 회사가 차지하고 있다. 또한 자원의 해외의존도가 높은 서유럽, 일본 등의 선진국은 일찍이 우수한 기술력과 거대한 자본력을 바탕으로 자원 개발에 참여하여 이미 생산과 유통을 선점하고 있다.

이와 같이 해외자원개발 사업은 자본집약적이고 생산과 판매를 위해 장시간의 개발기간이 소요된다는 점과 투자리스크가 커 진입장벽이 높다는 특징을 가지고 있다. 우리나라 해외자원개발의 대표적 성공사례로 꼽히는 삼탄의 인도네시아 파시르탄광개발사업은 1982년부터 시작하여 10여 년간 준비기간을 거쳐 1993년부터 상업생산에 돌입하였고, 총 1.3억 달러 이상의 투자비가 소요되었다.

4) 높은 국제무역 비중

세계적으로 자원이 편재되어 있어 국제무역의 비중이 높으며, 자원생산국과 자원소비국간 자원의 최적배분을 위하여 국제적인 유통시장이 발달되어 있다. 따라서 대부분 해외자원개발 사업은 그 생산물이 수출에 연계(export-oriented project) 되어 사회기반시설사업에 비해 환위험과 같은 정치적 위험을 회피하기 쉽다는 특징을 가지고 있다.

5) 장기계약구매 체제와 선물시장 발달

자원 소비국과 자원생산국간에 지역적 괴리로 인해 상대적으로 수급의 적시성이 떨어지므로 자원의 교역은 소비시점에서 구매하는 단기계약구매 방식보다 공급의 안정성을 우선하는 장기계약구매 체계 위주로 일어난다. 또한 공급과 조달을 보다 안정적으로 하고 가격변동 위험을 회피하기 위하여 선물시장이 발달되어 있다.

예를 들어 원유·가스개발 사업에는 사업권 계약의 독특한 형태로 생산물분배계약(PSA : product sharing agreement) 방식이 활용되고 있다. 이는 개발권자가 프로젝트를 직접 건설하고, 제품의 판매수익에서 개발과 운영비용을 공제한 후 남는 생산물을 자원 보유국 정부와 분배하는 방식으로 개발관련 위험은 개발권자가 부담하고, 자원 보유국 정부는 생산물을 분배받을 권리를 보유하는 방식이다.

이러한 생산물분배계약 방식은 러시아의 원유·가스개발 사업에 주로 활용되고 있다. 또한 원유시장은 선물시장과 더불어 현물시장도 발달되어 있지만, 천연가스시장은 현물시장이 발달되어 있지 않아 천연가스개발사업은 확실한 장기구매계약(offtake agreement) 체결이 프로젝트 개발의 전제조건이 된다.

6) 참여업체의 다양성

해외자원개발 사업에 참여하는 기업은 참여 목적에 따라 다양하다. 먼저 자원의 장기 수요처를 안정적으로 확보하기 위하여 투자를 하는 자원 수요업체가 있다. 포항제철, 한국전력, 고려아연과 같은 기업이 여기에 해당된다.

우리나라의 경우 국가차원에서 자원을 안정적으로 확보하기 위하여 자원별로 특화된 전문업체를 두고 있으며, 한국광물자원공사와 한국석유공사가 여기에 해당된다. 또한 종합상사는 투자와 마케팅을 목적으로 자원개발 사업에 참여한다.

자원 수요업체나 유통망을 확보한 종합상사가 사업주로서 역할을 하는 프로젝트에서는 buy-back 방식의 계약이 활용된다. 이 방식은 사업주가 자체적으로 개발자금을 조달하여 프로젝트를 건설하고 정부는 사업주에게 일정 수준의 투자수익률을 보장해 주는 개발방식으로 주로 이란의 원유·가스개발 사업에 많이 활용되고 있다. 물론 투자금액의 회수는 판매수익이나 생산물 인수를 통해 이루어진다.

Buy-back 방식

프로젝트의 개발, 건설, 자금조달을 담당하는 개발자(사업주)가 생산물을 별도의 생산물 구매자에게 판매하지 않고 자체적으로 구매하는 방식으로 초기 개발자가 자체 판매능력이 있을 때 가능하지만, 프로젝트에 따라 별도의 생산물 구매자를 선정하는 경우에도 이 용어를 관례적으로 사용하고 있음.

7) 환경위험에 취약

해외자원개발 사업에서 가장 중요한 프로젝트 위험 중의 하나는 환경위험이다. 원유·가스개발 프로젝트는 기름유출, 탱커사고, 파이프라인 부설에 따른 환경파괴 가능성이 매우 크며, 광물자원 개발사업은 생태계에 미치는 영향이 크고, 광물 가공 과정에서 유해물질 배출 가능성이 높아 환경 운동가의 주된 관심분야가 된다. 비록 천연가스가 환경 친화적이지만 그 개발과정에서 해양오염 등 환경이나 생태계에 매우 민감한 영향을 미칠 수 있다.

2 해외자원개발사업 위험의 유형과 내용

해외자원개발 사업에서 프로젝트 위험은 산업설비나 인프라 사업에서 프로젝트 위험과 유사하나, 매장량 위험, 정치적 위험, 시장위험, 환경위험 등이 상대적으로 중요한 위험요소이다. 각 프로젝트 위험의 내용과 감소방안은 '제7장 프로젝트 파이낸스'에서 설명하였으므로 여기서는 해외자원개발 사업에서 나타나는 위험의 유형과 내용을 중심으로 설명한다.

1) 매장량위험

매장량은 자원개발 사업에서 가장 중요한 위험요소이며, 매장량 크기의 변동과 생산의 난이도가 검토의 대상이다.

일반적으로 매장량은 그 크기를 확인매장량, 추정매장량, 가능매장량으로 구분한다. 금융기관 입장에서 본다면 확인매장량은 대출 원리금을 상환하는데 충분한 수준이어야 하며 매장량 실패예비금(reserve tail)[69]도 충분히 고려하여야 할 뿐만 아니라, 추정매장량도 일정한 수준 이상인 것이 바람직하다. 또한 단순히 위와 같은 3단계 구분뿐만 아니라 신기술이 적용된 상태에서 생산이 어려운 정도까지도 면밀히 파악할 필요가 있다. 금융기관은 사업주가 평가한 매장량을 그대로 인정하지 않는다. 별도로 독립 컨설턴트를 고용하여 매장량을 검토하고 그 위험을 관리한다.

---

69) 확인매장량 평가액의 25~30% 정도 차감

확인매장량(proved reserve)

현재의 경제적 조건과 개발된 기술로 상업적으로 회수 가능할 것이 합리적으로 확실시 되는 매장량('1P'라고도 함.)

* 실제 회수량이 평가량 이상일 확률이 90% 이상 : P90

추정매장량(probable reserve)

회수가능성이 확인매장량보다는 낮으나, 가능매장량보다는 높은 추가 평가량

* 실제 회수량이 2P(확인매장량+추정매장량)이상일 확률이 50% 이상 : P50

가능매장량(possible reserve)

회수 가능성이 추정매장량보다 낮은 추가 평가량

* 실제 회수량이 3P(확인매장량+추정매장량+가능매장량)이상일 확률이 10% 이상

광산업에서는 매장량 위험과 함께 광상위험(ore body risk)도 충분히 고려하여야 한다. 광상은 기술적, 경제적으로 개발 가능한 매장량을 뜻하는 것으로 매장량의 정확한 예측과 광석의 등급, 복원가능성, 희석도에 대한 정확한 측정은 광상위험을 파악하는데 매우 중요한 요소이다.

매장량 산출을 위해서 일반적으로 타당성 검토를 실시하는데, 타당성 검토를 위해 매장량 샘플링을 실시할 경우 그 과정이 매우 복잡하다. 현재 매장량 예측 기술이 발전하였다고 해도 여전히 많은 가정에서 출발하여 매장량을 추정하므로 적절한 매장량 샘플링을 통한 타당성 검토는 광상 위험을 측정하는데 매우 중요한 절차가 된다.

매장량 측정과 등급 분석을 정확히 하고 예비시험(pilot test) 역시 성공적으로 이루어졌음에도 불구하고 상당기간 채굴이 진행된 후에는 광석의 경제성이 떨어지게 되어 엄청난 운영비용을 초래하는 경우가 종종 발생한다.

광석과 관련된 위험을 측정하기 위해 이용되는 요인들은 원광석의 복잡성, 샘플 추출물의 양과 질, 독립된 전문가의 원광석 분석, 희석요인과 등급 복원율의 적절성, 주변 광산의 유사한 광상 유무, 광상의 구조, 부채의 만기와 광산의 채굴수명과의 비교, 금속가격의 변화에 대한 예상 매장물의 민감도 등이 있다.

2) 공사완공위험

공사완공과 관련한 위험은 그 프로젝트가 정해진 기간 내에 완수되지 못할 위험

(완공지연 위험)과 비용이 예산을 초과할 위험(비용초과 위험)을 말한다. 이 위험의 분석을 위해서는 채용기술이 타당한지 여부와 시행업체의 시공능력, 공사계약의 타당성, 관련 인·허가 내용 등이 점검되어야 한다. 특히 개발지가 원격지에 위치한 경우 공사지연의 가능성이 크며, 해상시추설비를 이용하는 경우 높은 투자비용과 그 변동성에 따른 초과비용 발생에 유의하여야 한다.

개발단계의 석유개발 프로젝트에서 확인해야 하는 중요한 사항으로는 적기 완공, 예산 준수, 시방사항과 공사 진행의 적정성 여부 등이 있다. 또한 계약 형태가 산유국 정부, 광구개발권 보유자 또는 운영권자와 건설업체간의 직접계약인지 또는 프로젝트 대행사, 컨설턴트 등 용역업체를 통한 간접계약인지를 확인하고, 고정가격 또는 변동가격 계약 여부의 확인을 통해 공사비의 변동성을 점검함으로써 그 위험을 분석하여야 한다.

광산업에 있어서 공사완공위험은 원광석의 독특한 특징으로 발전 사업이나 유전개발 사업에 비해 일반적으로 노출범위가 더 넓다. 또 한편으로 광산업은 시공기간이 경과하면서 원광석의 특징이 파악되고, 시공기술이 숙련되며, 시공 경험이 축적됨에 따라 점차 리스크가 감소되는 이른바 학습곡선의 형태를 보이는 것이 일반적이다. 따라서 사업초기 단계에서 일반적으로 비용초과 요인과 생산지연 원인이 자주 발생하게 된다. 이들 비용초과와 건설완공지연을 초래하는 요인들은 다음과 같다.

- 환경훼손과 관련된 민원 제기
- 채굴(mining), 분쇄(crushing), 공정(processing), 생산(production), 인접도로 등 기반시설 완공에 이르기까지 각 시공 과정에서 기술적 결함 발견, 예기치 않은 설계변화, 비용이 고정되어 있지 않은 공사도급계약 구조
- 험난한 개발지역과 열악한 기후조건 등 자연환경과 연관된 영향
- 숙련공의 부족

3) 시장위험(물량위험과 가격위험)

시장위험은 생산물량을 흡수할 만한 충분한 시장이 존재하는지(물량위험)와 판매가격이 변동하더라도 적정 수익을 창출할 수 있는지 여부(가격위험)와 관련된 위험이다.

석유판매에 따른 위험은 물량위험보다 가격위험이 크게 작용하나, 일정 수준이하의 저급 원유나 석탄은 판매 불가로 인한 시장위험이 더 크게 작용할 수도 있다. 천연가스 사업은 장기판매계약이 선호되며, 구매자에 대한 생산물의 수송, 전달이 용이하게 이루어지는지 여부 또한 점검 대상이다.

시장위험을 가장 효과적으로 감소시키는 방법으로 프로젝트 회사와 제3구매자를 연결시켜 특정기간에 최소물량을 강제 인수하도록 하는 take-or-pay 방식(생산 인수도 조건)의 계약이 많이 이용된다. 이 계약으로 물량위험을 회피할 수 있지만 가격결정방식은 일반적으로 판매시점의 시장가격을 적용하므로 그 변동성에 따라 시장위험이 크게 나타날 수 있다.

광산업에서 생산물에 대한 장기계약은 일반적으로 판매시점의 시장가격에 기초하여 이루어지고 있다. 그런데 광산물의 가격은 변화의 증감폭이 큰 편이므로 금융계약을 체결할 경우 광물가격 사이클의 최저점을 기준으로 검토하여 시장가격위험을 최대한 감소시키는 것이 중요하다. 광물가격을 제외하고 시장위험을 위해 검토해야 할 요소로 부채의 만기와 장기계약 기간과의 관계 및 생산물 구매자의 신용도 등을 들 수 있다.

4) 인프라위험

프로젝트를 원활히 수행하기 위하여 전력, 통신, 교통, 공업용수 등 인프라 부문이 잘 정비되어 있어야 하며, 충분히 이용 가능해야 함은 물론 이용에 아무런 제약이 없어야 한다. 만일 인프라 시설이 충분하지 않을 경우에는 해당 프로젝트 수행에 필요한 인프라 시설을 함께 건설하는 방안도 강구되어야 하며, 필요한 경우 사업소재국 정부와 비용을 분담한다든지 장기이용계약을 체결하는 방안도 고려되어야 한다.

유전이나 광산이 산업단지와 같이 입지조건이 좋은 곳에 위치하고 있다면 인프라위험이 크지 않겠지만, 자원개발 사업은 일반적으로 해양이나 원격지에 위치하고 있어 인프라 위험이 상대적으로 크며, 이에 따라 해외자원개발 사업에서 인프라 시설에 대한 투자는 전체 투자규모에서 차지하는 비중이 매우 높다.

원격지에 시추설비를 설치하여야 하는 경우 그 운송방법부터 어려움을 겪을 수 있으며, 정글이나 늪지대에 파이프라인을 설치하여야 하는 경우, 용수 확보의 어려움 등으로 시간과 비용을 예상보다 더 많이 투입해야 하는 사례가 종종 발생한다.

5) 환경위험

해외자원개발 사업에서 환경위험은 주로 원유 유출사고나 유독물질 배출, 폐기물 처리문제 등에 의해 발생되며, 생태계 파괴나 주민의 건강에의 악영향 등과 같은 심각한 문제를 야기 시킨다. 이는 결국 사업비용의 증가, 사업성 악화뿐만 아니라 국민의 여론에 의하여 프로젝트 자체를 중단해야 하는 등 사업추진에 심각한 영향을 미칠 수 있다.

특히 해외자원개발 사업은 개발과정에서부터 해양오염 등 환경이나 생태계에 매우 민감한 영향을 미칠 수 있으므로 사전에 충분하고 객관적인 환경검토와 관련 인·허가 획득뿐만 아니라 주민 및 NGO와의 의사소통과 설득이 무엇보다도 중요하다.

6) 사업주신용 위험

사업주가 성공적으로 광산을 개발하고 운영한 경험과 기술을 보유하고 있거나 프로젝트 수행 예정지역에서의 사업 경험을 가지고 있으며, 재무적으로도 양호한 기업이라면 사업주 위험이 낮다고 할 수 있다. 즉 사업주 위험을 검토하기 위해서는 사업주의 재무적 안정성, 특정분야의 경험보유 여부, 유사한 광물이나 광산 사업의 경험 여부 등을 검토하여야 한다.

원유·가스나 광물자원을 경제적으로 생산하기까지는 대규모 투자가 선행되어야 하며, 탐사기간이 길고 그 성공률이 낮아 해외자원개발 사업의 개발자(사업주)는 석유 메이저와 같은 다국적 기업이나 특화된 기술을 보유하고 있는 대규모 기업이다. 그러나 이들 기업이 사업을 단독으로 추진하는 경우는 드물며, 여러 기업과 컨소시엄을 구성한다. 이때 메이저가 아닌 기업의 재무능력이나 기술, 경험 등도 충분히 검토해야 하며, 필요한 경우 메이저 기업이나 금융기관의 보증서 등을 확보하여야 한다.

7) 정치적 위험

정치적 위험은 투자대상국의 정치, 경제적 불안정성 위험과 해당 현지정부가 투자사업의 존속이나 현금흐름에 부정적인 영향을 미칠 위험을 의미한다. 국가간 투자에서 투자대상국의 정치질서 붕괴, 세금 신설, 외환송금의 제한, 국유화 또는 송금과 회수를 위험하게 할 만한 법률의 존재 등이 검토의 대상이다. 개발도상국 정치적 위험은 크게 경제적 환경, 정치규제 상황 및 외환관련 위험으로 구분하여 검토가 이루어져야 한다.

특히 주요 자원을 보유한 국가들 중에는 정치·사회가 불안정한 국가들이 많다. 또한 자원 확보를 위한 각 국의 경쟁이 치열하여 외국과의 자원협력 관계도 자주 변한다. 이러한 정치적 요인들로 인해 해외자원개발 사업은 자원개발을 위한 인·허가 과정이나 자원을 공급하는 과정에 있어 다른 산업보다 정치적 리스크에 크게 노출되어 있다. 또한 자원보유국끼리 결속을 강화하는 경우도 적지 않아 정치적 이해관계에 많은 영향을 받고 있다.

해외자원개발 사업에서 나타나는 정치적 위험의 사례를 좀 더 구체적으로 살펴보면 다음과 같다.

- 석유자산(지분)의 국유화 또는 징발
- 석유개발 프로젝트의 착공, 완공 및 운영 등과 관련한 정부의 승인, 인허가 취득 실패
- 프로젝트나 생산물과 관련한 관세와 내국세의 중과세
- 송금제한과 환전제한 등 외환통제 부과조치
- 프로젝트와 관련한 기타 의무부담행위 증가(안전·보건·환경기준 부과, 장비나 공정에 강제적인 필수 변경사항 부과 등)
- 정치적 파업, 테러 등

이러한 정치적 위험을 감소시키기 위한 가장 효율적인 방법으로 국제개발금융기관이나 수출신용기관이 제공하는 정치적 위험 보증제도(PRC/PRI : political risk guarantee /insurance)를 활용하는 것과 국제개발금융기관의 투자를 유도하는 방법을 들 수 있다. 이외에도 정치적 위험을 감소시키기 위하여 다음과 같은 방법이 활용되고 있다.

- 사업소재국 정부 및 중앙은행으로부터 사업수행과 관련된 제반 인·허가, 몰수 및 국유화 방지, 현지화의 경화로의 태환 보장, 외화송금 허용 등에 관한 확약(comfort letter) 확보
- 정치적 영향력을 행사할 수 있는 국제금융기관, 대규모 금융기관/기업의 참여 또는 여러 나라의 기관이 포함된 신디케이션의 구성
- 현지 금융기관이나 국영기업의 참여
- 제3국 금융기관에 결제위탁계정(escrow account)의 개설
- 현지 법률가 고용 및 관련 법규의 이해

최근 자원의 수요가 증가하고 기존 개발지역에서 자원이 고갈되어 감에 따라 남미나 아프리카와 같은 개발도상국에 대한 개발이 점차 확대되어 가고 있는데, 이는 해외자원개발의 새로운 기회를 작용하는 한편으로 해외자원개발 사업의 정치적 위험을 증가시키고도 있다. 예를 들어 베네수엘라, 볼리비아 등 중남미 국가에서 석유·가스 산업 국유화 조치가 늘어나고 있으며, 아프리카에서는 자원개발 사업을 볼모로 한 반군세력이 점차 강화되는 등 이들 지역에서의 자원과 관련한 정치적 위험은 지속되고 있다.

표 2-28 원유·가스 프로젝트의 주요 위험 고려요소[70)]

위 험 유 형	검 토 사 항
매 장 량 위 험	매장량 정보 부족, 매장량 대비 생산가능 회수비율, 유전·가스전의 연계, 성분 테스트, borrowing-base loan
엔 지 니 어 링 위 험	매장량, 생산, 복잡한 공정
공 사 완 공 위 험	원격지 : 공사지연, 해상시추설비 : 높은 투자비용
운 영 위 험	유정이나 매장량의 수평구조 여부, 유정 완공, 정유의 경우 공정 라이선스 계약 유무, 정제·판매에서의 공정 마진과 운임, 원유·가스 운반선의 임대 계약, 생산기술 보유 의무
시 장 위 험	원유가격 변동성(일반적으로 금융기관이 수용), LNG 가격의 원유가격 연동성
인 프 라 위 험	원격지 시추설비, 파이프라인 건설, 정글이나 늪지 유무
환 경 위 험	원유 유출
사 업 주 신 용 위 험	메이저 기업의 공급 통제 여부, 낮은 탐사 성공률
정 치 위 험	국유화 가능성, 조세 압력, 생산물분배계약의 변경 가능성, OPEC의 영향력
외 환 위 험	경화수익 여부, 경화차입에 대한 자연 헷징 효과
법 적 위 험	이국간 거래
금 리 위 험	변동금리 여부, 자본시장 동향
불 가 항 력 위 험	원유 유출

제3절 자금조달방식

해외자원개발 사업에 소요되는 자금을 조달하는 방식은 산업설비 프로젝트와 마찬가지로 기업금융과 프로젝트 파이낸스 방식으로 구분되며, 생산물의 현재가치를 기초로 하는 구조화금융 방식인 매장량기초금융(RBF: reserved-based finance)도 활용되고 있다. 일찍이 광산업에 있어 프로젝트 파이낸스 방식은 자본투자와 관련한 리스크를 적절하게 분산하고 개발자의 이익을 줄일 수 있는 방안으로 광산업체에게 널리 활용되어 왔다. 한편 자원을 안정적으로 확보하려는 국가적 차원에서의 중요성 때문에 해외자원개발 사업 자금에는 정책금융이 활용되기도 했다. 우리나라는

70) 서극교, '프로젝트 파이낸스 원리와 응용', 한국수출입은행, 2004, 107쪽 참조(원문: Richard Tinsley, Project Finance(2nd ed.) Sector Protocols, Euromoney Publication PLC, 2000, p.11), 일부 문언 조정

해외자원개발을 위한 정책금융으로 '에너지 및 자원사업 특별회계'를 설치하여 운용하고 있다.

1 에너지 및 자원사업 특별회계(에특회계)

우리나라 에특회계는 중요 자원을 안정적으로 확보하기 위하여 정부 재정으로 운영되는 자금으로 그 주요 조건은 다음과 같다.

- 지원 대상 : 조사(탐사), 개발, 생산 사업(조사와 개발권리의 취득에 필요한 자금, 시설의 설치와 운영자금 등)
- 융자비율 : 소요자금의 50~100%
- 대출기간 : 10년~15년(거치기간 5년 이내)
- 대행기관 : 한국석유공사(석유·가스), 한국광물자원공사(일반 광물자원)

한편 정부는 석유나 광물 부존을 확인하기 위한 탐사나 시추활동에 소요되는 탐사비용을 성공불 방식으로 지원하기도 한다.[71] 이 성공불 융자는 해외자원개발 사업자가 당해 사업의 실패로 융자금 상환이 불가능할 경우에는 그 원리금의 전부 또는 일부를 면제하며, 탐사에 성공하여 생산 활동이 가능한 경우에는 대출 원리금 이외 별도로 특별 부담금을 징수하는 방식이다. 이 성공불 융자의 지원조건은 다음과 같다.

- 지원 대상 : 석유나 광물 부존 확인을 위한 탐사·시추 등의 탐사비용
- 융자비율 : 탐사비의 80% 이내(석유공사는 100% 이내)
- 대출기간 : 15년 이내
- 대출금리 : 분기별 변동금리 적용(국고채 3년물 평균 수익률)

성공불 융자 방식에서 탐사사업이 실패하면 원금을 감면받게 되므로 탐사기업의 도덕적 해이가 발생할 가능성이 높다. 이러한 문제점으로 최근 우리나라 정부는 성공불 융자 방식보다 출자방식이 더 바람직한 지원방식으로 평가하고 있다. 또한 해외자원개발과 유사한 벤처기업에 대해 정부는 출자와 펀드를 통한 간접출자방식으로 지원하기도 한다.

71) '에너지 및 자원사업 특별회계법'과 '해외자원개발 사업법'에 근거하고 있음.

2 기업금융과 프로젝트 파이낸스[72)]

세계적 자원개발기업인 BP사와 Amoco는 1998년 합병 과정[73)]에서 프로젝트 파이낸스(PF)에 대한 상이한 입장을 취하였다. 먼저 BP사는 프로젝트 파이낸스에 소극적이었으며, PF거래를 해 본 적이 없는 사람만이 PF 방식을 선호한다고 비난하였다.

이에 비해 Amoco사는 프로젝트 파이낸스에 비교적 전향적인 자세를 취하고 있었다. 결국 합병 후 BP Amoco사는 내부회의를 통해 기업금융방식을 통한 자금조달을 원칙으로 하고, 특별한 경우에만 프로젝트 파이낸스 방식 통해 자금을 조달하기로 결정하였다. 자원개발 사업의 자금조달 방식에 대하여 당시 BP Amoco사가 검토한 내용은 다음과 같다.

1) 프로젝트 파이낸스 방식이 불리한 점

① 비용의 과다 발생 : BP Amoco사의 신용상태와 차입능력이 우수하므로 기업금융 방식으로 자금을 조달하는 것이 훨씬 유리하며, 프로젝트 파이낸스 방식은 상대적으로 차입조건이 불리하다. 부대비용(법률수수료 등)이 과다하여 약 100bp의 조달비용 상승 요인이 발생한다.

② 자금조달에 장기간 소요 : 프로젝트 파이낸스는 다수의 이해당사자 때문에 신속한 의사결정이 어려우며, 이로 인해 순현재가치(NPV)가 감소하고 기회이익을 상실할 우려가 있다.

③ 경영상 의사결정의 제약 : 프로젝트 파이낸스 방식으로 자금을 조달하면 사업운영상 탄력성이 제약되고, 보고서 제출 의무가 지나치게 부과되어 경영상 의사결정이 제약된다.[74)]

④ 영업기밀 누설 우려 : 사업주가 금융기관에게 프로젝트 정보를 제공할 때 금융

---

72) 제7장 프로젝트 파이낸스 참조

73) 1909년 앵글로-페르시아 석유회사로 설립하였으며, 1932년 이란이 이 회사의 기본 권리를 취소한 후인 1935년 앵글로-이란석유회사로 개칭하였음. 다시 1954년 상호를 브리티시석유유한회사로, 1982년 BP(영국국영석유회사: The British Petroleum Co., PLC, 런던)로 변경하고, 1999년 미국의 아모코를 흡수 합병하여 BP Amoco로 회사명을 변경함으로써 세계 3대 석유회사로 발돋움하였음. 2000년 2월에는 세계 최대 규모의 정유시설을 보유한 ARCO(아코)를 흡수 합병함으로써 엑슨-모빌에 이어 세계 제2위의 민간 석유회사가 되었음.

74) BP사 재무담당자는 '프로젝트 파이낸스 방식으로 자금을 조달하면 금융기관의 과도한 요구로 서류더미에 파묻히게 되는데, 그 서류더미라는 것은 사업의 환경 변화에 적절하게 대응하는 것을 방해하는 내용으로 가득 있다.'라 언급

기관과 비밀유지 약정을 맺지만 영업기밀이 누설될 위험은 여전히 상존한다.

2) 프로젝트 파이낸스 방식이 유리한 점

① 프로젝트 위험부담 감소 : 금융기관이나 제3자와 프로젝트 위험을 배분하므로 사업이 부진해도 손실범위가 한정되며, 결국 프로젝트에서 빠져 나올 수 있는 옵션(walk-away option)을 구매하는 효과가 있다. 특히 국제개발금융기관이나 수출신용기관의 참여로 기업이 부담하기 어려운 정치적 위험을 회피할 수 있다.
② 절세 효과 : 프로젝트 회사를 설립하여 프로젝트 파이낸스 방식으로 자금을 조달하는 경우 상대적으로 높은 부채비율이 가능하며, 높은 이자비용으로 세금을 절약하는 효과가 있다.

3) 프로젝트 파이낸스 방식의 활용

BP Amoco사는 위와 같은 검토를 통하여 자원개발 사업에 프로젝트 파이낸스 방식의 금융은 다음의 경우에만 활용하기로 결정하였다.

① 대형 프로젝트 : 회사의 수익창출 능력, 신용등급, 향후 생존에 심각한 영향을 미칠 수 있는 규모의 프로젝트[75)]
② 정치적으로 민감한 지역에서 행해지는 프로젝트 : 전쟁, 파업, 사보타지, 재산권 미보호, 몰수, 환전 불능 등의 정치적 위험이 높은 지역에서 행해지는 프로젝트로 국제개발금융기관이나 수출신용기관의 참여를 유도
③ 사업 소재국 정부나 기업이 사업 참여를 희망하는 경우나 신용도가 떨어지는 파트너와 합작 추진되는 프로젝트

한편 세계적으로 신용도를 인정받고 있는 국내 대기업이 인도에서 대규모 광산개발 사업을 추진하면서 자금조달 방식으로 기업금융과 프로젝트 파이낸스 방식의 금융을 비교하여 검토한 적이 있다. 이 회사는 자신의 자산 규모나 시장 신인도로 수십억 달러 규모의 자금을 경쟁력 있는 조건으로 손쉽게 조달할 수 있다는 이유와 프로젝트 파이낸스 방식 금융의 복잡성 등으로 기업금융 방식으로 추진하기로 결정하였다.

그러나 프로젝트의 인·허가 절차가 지연되고 국제금융시장 상황이 악화되면서 프로젝트 자체가 원활히 추진되지 못하고 있다. 아직 본격적으로 자금조달 절차를

75) BP Amoco사는 약 30억 달러 이상 프로젝트를 대형 프로젝트로 간주

시작하지는 않았지만, 인도의 정치적 위험이나 프로젝트 위험분산 측면에서 본다면 프로젝트 파이낸스 방식의 금융이 더 적합하였을 것이다.

3 매장량기초금융

매장량기초금융(RBF: reserved-based finance)은 일정한 유·가스전에서 채굴이 예상되는 생산물(원유·가스)의 현재가치 금액을 기반으로 금융을 제공하는 일종의 비소구권 방식의 구조화금융이다. 따라서 금융적합성을 판단하기 위해서 매장량 평가와 함께 미래현금흐름분석이 이루어져야 하며, 아울러 운영·기술능력 검토, 법적 검토 등 프로젝트 파이낸스 방식과 유사한 due diligence가 이루어져야 한다.

매장량기초금융이 프로젝트 파이낸스와 다른 점은 ① 상대적으로 소규모이며 생산단계에 접어든 유·가스전 프로젝트에 주로 활용되므로 ② due diligence와 채권보전장치가 상대적으로 간단하고, ③ 대출금액이 회전한도방식으로 이루어져 일정한 한도금액 범위 내에서 차입과 상환이 자유롭다는데 있다. 개발단계에 있는 유·가스전 프로젝트에도 적용이 가능하지만 이 경우 프로젝트 파이낸스와 큰 차이가 없다.

그러나 생산단계에 있는 프로젝트의 경우 금융기관 입장에서 완공위험이 배제되고, 사업주(운영권자)의 운영능력과 기술능력에 대한 검증이 상대적으로 용이할 뿐만 아니라 판매계약 등이 체결되어 있거나 판매경험이 있어 미래현금흐름분석도 상대적으로 어렵지 않다. 매장량기초금융은 이러한 배경으로 이루어지므로 전형적인 프로젝트 파이낸스보다 due diligence 기간이 짧고(3~6개월) 채권보전장치도 완화될 수 있다.

한편 개발·생산단계에 있는 다수의 유·가스전을 대상으로 그 생산물의 현재가치를 기초로 금융을 제공(borrowing base facility)하는 매장량기초금융은 단일 유·가스전을 대상으로 하는 경우보다 포트폴리오 효과로 위험이 경감될 수 있다.

매장량기초금융은 생산물의 미래현금가치를 기초로 하는 금융이므로 이를 계산하기 위해서는 생산물 가격과 적정 할인율 등 경제적 요소와 자본비용, 운영비용, 매장량 등 경제적 요소를 정기적으로 평가하여야 한다. 이 평가는 일반적으로 6개월 단위로 이루어지며, 특히 매장량의 경우 독립 기술컨설턴트에 의해 연 1회 이상 평가되어야 한다.

4 개발단계별 금융

해외자원개발 사업은 탐사단계, 개발단계, 생산단계로 구분되며, 단계별[76]로 프로젝트 위험에 많은 차이가 있다. 먼저 지질구조를 연구하여 탐사지역을 선정하고 매장량 확인을 하는 탐사나 시추단계에서는 개발타당성 자체가 매우 불확실하다. 아무리 탐사기술이 발달하였더라도 실제로 이 단계에서 성공률은 매우 낮다. 따라서 이 단계에서 프로젝트 파이낸스 방식으로 개발자금을 조달한다는 것은 거의 불가능하며, 개발자의 자기자금 또는 기업금융이나 우리나라 성공불 융자와 같은 정책금융이 활용된다.

상업금융이나 국제개발금융, 수출신용 등의 프로젝트 파이낸스는 일단 매장량이 확인된 후 개발타당성과 상업성이 있다고 판단되는 경우에 비로소 활용될 수 있다. 개발타당성이나 상업성이 부족한 사업은 개발을 포기할 수밖에 없으며, 이 경우 프로젝트의 수익을 기대할 수 없기 때문이다. 따라서 금융기관의 due diligence는 사업주가 상업성을 확인한 후 이를 바탕으로 금융기관이 상업성을 재검토하는 과정에서 시작된다.

사례연구

해원자원개발금융 지원사례

1. 마다가스카르 암바토비 니켈광산 개발사업(2007. 7. financial closing)

캐나다 Sherritt(합병 전 Dynatec), 일본 Sumitomo, 한국 N사 등이 공동으로 마다가스카르의 암바토비 지역에서 광산을 개발하여 니켈과 코발트를 생산·판매하는 사업

① 프로젝트 개요

구 분	내 용
사 업 주	Sherritt(40%), 한국 N사(27.5%), Sumitomo(27.5%), SNC Lavalin(5%)
가채광량	매장량 125백만톤(채광기간 27년) (니켈 60천톤/년, 코발트 6천톤/년)

76) 일반적으로 석유개발은 ① 탐사지역 선정 ② 물리탐사 ③ 탐사정 시추 ④ 평가정 시추 ⑤ 매장량 평가 ⑥ 개발타당성 검토 ⑦ 상업성 검토 ⑧ 개발 추진 등의 단계로 이루어진다.

구 분	내 용
총사업비	3,688.5백만 달러(2007년 승인 시점) - 자본금 : 1,588.5백만 달러(43.1%) - 차입금 : 2,100.0백만 달러(56.9%)
EPC 계약자	SNC-Lavalin(캐나다, "SNC")
프로젝트운영자	Sherritt
생산물구매자	니켈(15년) : 한국 N사(50%), Sumitomo(50%) 코발트 : 현물시장에서 판매

② 프로젝트 구조

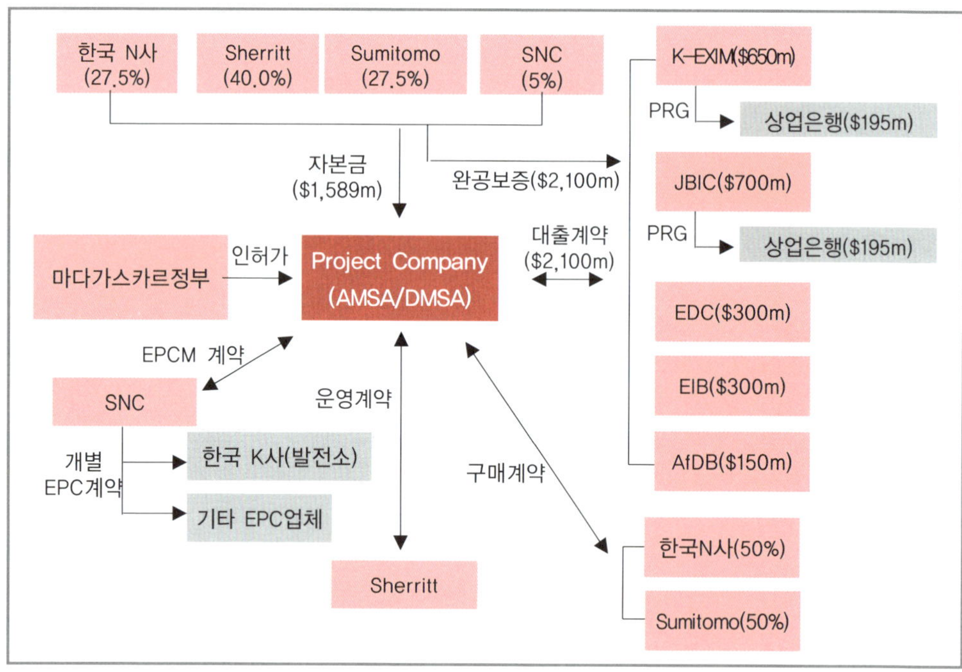

③ 자금소요 및 조달계획

(단위 : 백만 달러)

자 금 소 요		자 금 조 달	
설 비 투 자 [87.4%]	3,225.0	자 본 금 [43.1%]	1,588.5
– 광산 (7.9%)	(254.5)	차 입 금 [56.9%]	2,100.0
– 파이프라인 (5.8%)	(185.6)	– K-EXIM (30.0%)	(650.0)
– 플랜트 (52.5%)	(1,693.4)	– JBIC (33.3%)	(700.0)
– EPC Service (10.3%)	(330.7)	– EIB (14.3%)	(300.0)
– 예비비 (7.8%)	(252.0)	– EDC (14.3%)	(300.0)
– 기타 (15.7%)	(508.8)	– AfDB (7.1%)	(150.0)
건설기간 금융비용 [8.7%]	322.0		
운전자금 등 [3.9%]	141.5		
합 계	3,688.5	합 계	3,688.5

④ 주요 채권보전장치

- 사업주의 완공보증 : 금융계약서 서명일로부터 6년 이내에 프로젝트가 완공테스트(completion test)를 통과하지 못할 경우 차주의 채무(정치적 위험으로 인한 채무불이행 제외)에 대한 지급을 보증
- 플랜트, 기계, 유동자산 등 차주의 제 자산에 대한 저당권 설정
- 차주의 프로젝트 계약상 권리에 대한 양도담보
- 보험계약(재보험 포함)상 차주의 보험금 청구권 양수
- 차주 보유 Escrow 계좌에 대한 질권 설정
- 사업주의 차주에 대한 출자지분 및 사업주의 차주 앞 후순위대출에 대한 양도담보

⑤ 프로젝트 회사(차주)의 구조

- 대규모광산투자법(LGIM) 상 세제혜택*을 극대화하기 위해 2개의 프로젝트 회사(AMSA, DMSA)를 마다가스카르 현지에 설립
  * 마다가스카르 조세법상 법인 소득세율이 30%이나, LGIM 적용을 받을 경우 채굴법인(AMSA)은 25%, 가공법인(DMSA)은 10%의 세율이 적용
- AMSA는 광산을 개발하여 파이프라인을 통해 광물을 DMSA에 판매하며, DMSA는 제련, 정련 공정을 거쳐 생산된 니켈·코발트 등을 판매

⑥ 주요 위험발생 내용

본 사업의 공사완공시점까지 실제 소요된 자금은 금융기관 대출승인시점에 예상되었던 사업비용(37억 달러)의 2배가 넘는 약 80억 달러에 이르렀다.

이것은 주로 공사기간 동안 자원시장이 과열되어 관련 설비와 기자재 가격, 그리고 인건비가 크게 증가한데 기인하지만 설계가 완료되지 않은 상황에서 공사를 시작하여 적정 공사비 산정에 실패한 것, 사업 진행일정 준수를 위해 장기의 제작기간이 소요되는 설비를 미리 발주할 수밖에 없었던 점도 원인으로 지적되었다. 또한 쿠데타에 의한 정권 교체 등 정정불안으로 공사가 지연된 것도 비용이 크게 증가한 원인이었다.

2. 예멘 LNG(YLNG) 프로젝트(2008. 5. financial closing)

- 1994년 예멘정부는 가스개발을 위한 국제입찰을 실시, 프랑스 TOTAL을 개발 추진업체로 선정하고, 1995년 9월 가스개발계약(Gas Development Agreement : GDA)을 체결
- TOTAL 등 사업주는 Yemen LNG Company(YLNG)를 설립하고, YLNG가 가스개발 사업권을 부여받아 프로젝트 파이낸스 방식의 자금조달을 통하여 프로젝트를 건설한 후, 이를 25년간 소유·운영하는 형태로 추진
- YLNG는 ① 예멘 Marib 광구 가스전에서 천연가스를 공급받아, ② 동 천연가스를 신설 파이프라인을 통해 Balhaf 지역으로 수송(325km), ③ 연산 6.7백만톤 규모의 LNG 플랜트에서 액화 처리한 후, ④ 동 LNG를 장기판매계약에 따라 미국과 한국 등으로 수출

① 프로젝트 개요

구 분	내 용
사 업 주	• 프랑스 TOTAL(39.62%), 미국 Hunt(17.22%), • 예멘 가스공사(16.73%) • 예멘 사회보장 연금청(5.00%) • 한국 컨소시엄(21.43%)
사업지역	예멘 Marib 가스전 및 Balhaf 플랜트
생 산 규 모	LNG 연 6.7백만 톤 생산(생산용량 : 연 6.9백만 톤)
총 사 업 비 용	5,000백만 달러
EPC업체	Technip(프)/JGC(일)/KBR(미) 컨소시움
LNG구매자	한국가스공사(2백만톤), Suez(2.55백만톤), TOTAL(2백만톤)

② 프로젝트 구조도

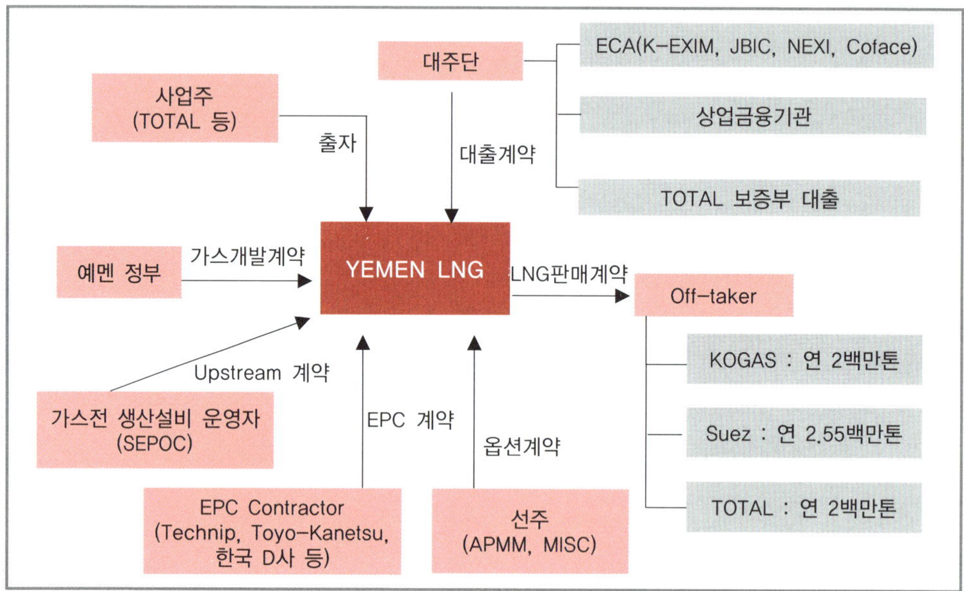

③ 자금소요 및 조달계획

(단위 : 백만 달러)

자 금 소 요		자 금 조 달	
Phase Ⅰ 투자비용	150	출 자 금(40%)	2,000
설비투자(EPC)	3,600	차 입 금(60%) - ECA 수출금융 COFACE K-EXIM	3,000 (1,050) (450) (400)
운전자금	500	JBIC / NEXI	(200)
금융비용 등	750	- 상업금융 - TOTAL 보증부 대출	(850) (1,100)
계	5,000	계	5,000

④ 주요 채권보전장치
- 사업주 보유 차주발행 주식에 대한 질권 설정
- 사업주의 차주 앞 후순위대출 채권 양도담보
- 프로젝트 관련 계약상의 차주권리 양도담보
- 차주의 가스개발계약, 가스전생산설비 사용계약, 원료가스공급계약, 가스전 생산운영 계약상 권리
- 차주의 토지리스사용계약상 권리
- 차주의 LNG 장기판매계약상 권리
- 차주의 LNG Tanker 장기용선계약상 권리
- 차주의 EPC 계약상 권리
- 위 프로젝트 관련 계약상 차주권리 양도담보 및 대주단의 개입권(step-in right) 승낙관련 예멘정부와의 Direct Agreement
- 차주의 보험금 청구권 양수
- 차주의 역외 수익금 입금계좌(Offshore Escrow Account) 및 현지화 계좌(Onshore Account)에 대한 질권 설정
- 대주단은 가스판매대전을 역외계좌로 입금시키고 자금지출을 관리
- 기계설비 등 프로젝트 설비자산에 대해 예멘 국내법상 허용되고 실행 가능한 범위 내에서 저당권 설정

⑤ 프로젝트 리스크 분석

구 분	내 용 및 경 감 조 치
매장량 위험	- 매장량컨설턴트(D&M)는 사업운영에 필요한 가스를 20년 이상 공급할 수 있으며, 가스 증산시에도 매장량이 충분한 것으로 평가
사 업 주 신용위험	- 신용도가 양호한 Oil & Gas 회사가 주요 사업주 • 프랑스 TOTAL(Aa1) : 세계적으로 유수한 석유기업 • 미국 Hunt(Baa2) : 예멘에서 20년 이상 유전개발 주도 • 한국 사업주 : 에너지 관련 공기업과 예멘 진출 기업으로 구성 • 예멘가스공사, GASSP : 일반적 Oil & Gas 사업의 자국 지분율(40~50%)에 비해 낮은 지분 보유
공사완공 위 험	- 가스액화 및 가스터빈, 컴프레서 등에 이미 검증된 기술 사용 - EPC 업체(프 Technip/ 일 JGC/ 미 KBR)는 세계 최고 수준의 엔지니어링 기업으로, 기술능력이 충분히 검증된 상태 - 사업주들이 완공보증(Completion Guarantee) 제공
원료가스 공급위험	- 기술컨설턴트(S&W)는 현재 가스전 생산설비 유지 및 운영 상태가 양호한 것으로 평가
사업운영 위 험	- 프랑스 TOTAL이 사업운영을 주도하여 향후 문제 해결능력이 높은 것으로 평가되며, 동사는 이미 여러 LNG 플랜트를 운영 중으로 경험이 풍부 - 기술인력 상시대기, 교체부품 구비 등 자체 유지보수 체계완비
LNG 판매위험	- 장기구매계약(20년) 체결 완료 : Take-or-pay 조건 • 한국가스공사(2백만톤), Suez(2.55백만톤), TOTAL(2백만톤) - 장기적으로 세계 LNG 수요는 계속 증가할 것으로 전망

구 분	내 용 및 경 감 조 치
재무위험	- Citibank에서 분석 결과, 원리금 상환능력이 양호한 것으로 평가(DSCR 최저 : 1.92, 평균 : 2.97, LLCR : 2.39) - 역외 Escrow Account를 설정하여, 가스판매대전을 동 구좌로 입금관리 예정이며, 예멘 재무부는 환전·송금의 자유를 보장
정치적 위험	- 예멘 정부는 본 사업을 적극 지원 - 테러위험에 대비, YLNG는 예멘 정부와 Security MOU를 체결하였으며 사업지역을 예멘군이 경비
인프라 위험	- 도로, 항만, 전력시설 등을 모두 사업범위에 포함하여 공사 중

[예멘 정부 지원 내용]

- 예멘 석유부는 '가스전 생산설비 운영에 관한 양해계약(HOA)'을 체결하여 YLNG에게 원료가스의 장기 안정적 공급을 보장하고, '가스전 개발 등과 관련한 대주단의 차주권리 양수승낙서(Direct Agreement)'를 체결하여 대주단의 사업개입권(step-in right)을 인정
- 예멘 재무부는 '사업지원확약서(Comfort Letter)'를 체결하여 본 프로젝트의 성공적 완공과 운영을 위해 최대한 지원할 것을 보장하며, 예멘 사업주를 대신하여 대주단에게 완공보증(Completion Guarantee)을 제공

[사업주앞 배당 조건]

- 채무불이행(events of default)이 발생하지 않을 것
- 사업운영에 필요한 각종 비용 및 금융비용을 충당하고도 현금 여유가 있을 것
- 배당 이후, LNG 수입계좌 및 운영계좌에 30일간 예상 운영자금 이상이 남아있을 것
- 배당 이후, 대출 상환예비금 계좌에 규정된 금액 이상이 있을 것
- 전 회계연도의 DSCR 및 다음 회계연도의 예상 DSCR이 1.35 이상
- 상환기일 중간에 배당이 이루어질 경우, YLNG가 대출상환 축적금 계좌에 규정된 금액을 예치
- LNG 생산량 중 기본물량(Base quantity) 이상에 대해서 장기판매계약이 체결되어 있어야 하며, 그렇지 못할 경우 배당과 동시에 대출금도 일정액 상환

⑥ 주요 컨설턴트 고용 현황

컨설턴트	주요 역할	회사 개요
Milbank (법률자문)	- 프로젝트 계약 및 금융계약 검토 - 금융계약서 작성 - 법률의견서 - 현지법상 계약의 적법성과 실행가능성	- 1866년 설립(미국) - 금융 등 각종 사업관련 법률 자문 - 7개국에서 국제계약업무
Alwazir Law Office (현지 법률자문)		- 1974년 설립(예멘) - 예멘법 및 이슬람법(Sharia) 자문
Caylon Bank (재무)	- 금융조건 분석	- Credit Agricole 그룹의 자회사로 Investment Banking 업무

컨설턴트	주요 역할	회사 개요
Stone & Webster (기술 및 환경)	- 플랜트/가스생산 설비 설계 및 운영현황 점검 - 사업비용/스케줄 검증 - 환경영향평가 수행	- 1889년 설립(미국) - 에너지 관련 엔지니어링, 환경 및 플랜트 운영 컨설팅 - 2000년 Shaw 그룹 계열로 편입
DeGolyer & MacNaughton (매장량)	- 매장량 추산 및 채굴가능성 분석 - 지리 기술적 조사	- 1859년 설립(미국) - 매장량 평가, 경제성 분석 - 유전지역, Upstream 기술 분석
Gas Strategies Consulting (마케팅)	- LNG 시장분석 및 수요공급 예측 - 가격경쟁력, 마케팅 점검	- 1982년 설립 - LNG 사업전략, 시장분석, 사업성 분석, 가격 예측 및 제도연구 등
Miller Insurance Service Limited. (보험 컨설턴트)	- 계약내용·위험 분석 - 부보 목록 구성 - 보험 증서 문안 분석	- 1902년 설립(영국) - 보험, 재보험 주선, 보험컨설팅 서비스
Control Risks (보안 컨설턴트)	- Security Plan 분석 - 훈련, 무장 평가 - 위협 분석	- 위협요인과 위험도 분석 및 예측 - 국가 위험도 및 특정 사업지역 Security 관련 컨설팅
Poten & Partners (Shipping)	- 용선/선박 계약 분석 - 항로/선적시설 분석	- 1970년 설립 - 원유, LNG, LPG 관련 컨설팅

⑦ 주요 보험 부보 현황

구 분	보 험 부 보 내 용
완공전	① Construction All Risk Insurance - EPC 계약 관련 발생한 피해 - 보상금액 : 피해 재산 복구 혹은 교체에 소요되는 비용 ② Marine Cargo Open Cover Insurance - 사업관련 장비, 부품의 운송중 파손피해 - 보상금액 : CIF 가격의 110% 까지 ③ Third Party Liability Insurance - 사업시행 관련 제3자가 입은 피해(우발적인 환경오염 포함) - 부보기간 : 최종인수서(FAC) 발급일 + 24개월
완공후	① Property All Risk Insurance - 사업 관련 건물, 기계, 재고 등 모든 재산에 대한 피해 - 보상금액 : 교체 및 복구비용(단, 재산파손에 따른 최대예상 손실액(EML)과 영업중단 EML 합계의 125%이내) ② Business Interruption - 이자비용, 선적비용, 고정비용 관련 손실 ③ Marine Cargo Open Cover Insurance - YLNG가 운송책임을 지고 있는 LNG 선적물량에 대한 피해 - 보상한도 : CIF 가격의 110%까지 ④ Third Party Liability Insurance - 사업과 관련하여 제3자가 입은 물질적 피해, 혹은 상해

- 대주단과 YLNG의 합의에 따라 완공전 Delay-in Start Up 보험 및 Business Interruption 보험은 부보 면제(완공보증으로 대체)
- 대주단은 YLNG앞 Sabotage & Terrorism Cover 부보를 요구했으나, 시장에서 합리적인 가격 조건의 보험이 판매되지 않아, 부보면제에 동의
  - 대신, 사업주는 완공전 S&T 상황으로 인한 피해 발생시 3억불을 예치하는 조건으로 완공보증 의무를 면제받을 수 있도록 절충

⑧ 프로젝트 계좌관리 및 자금출금순서(Cash Waterfall)

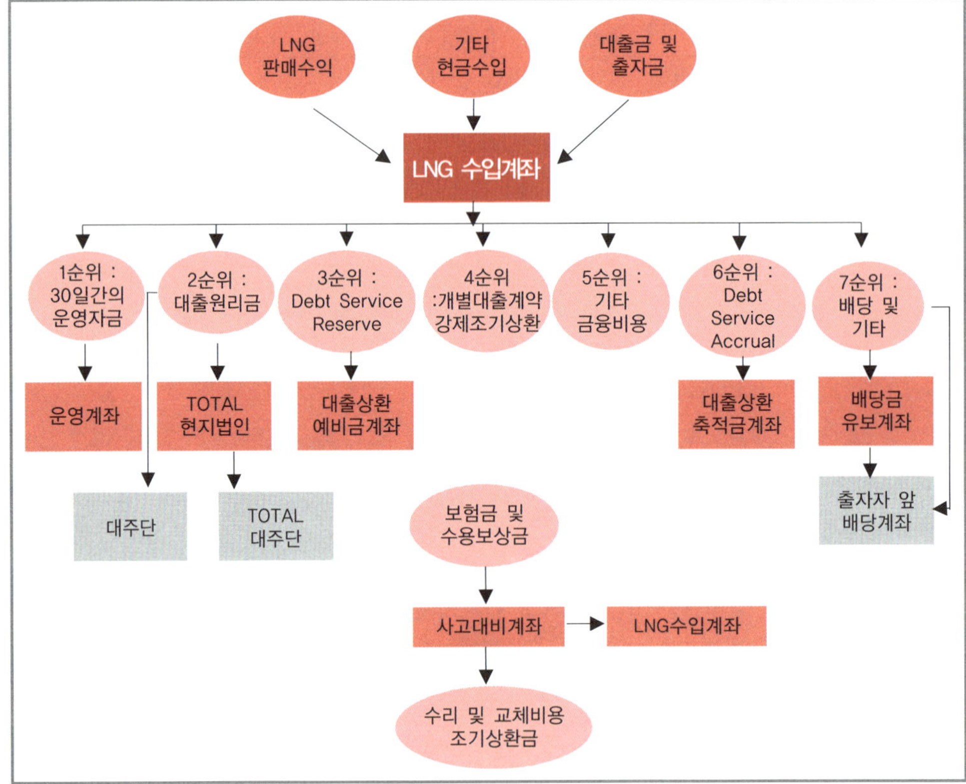

- 대주단은 본 프로젝트 상환재원 확보를 위해 YLNG의 국내외 현금흐름을 Escrow A/C를 통해 관리하고, 위 현금흐름 순서대로 입·출금을 통제
- 대주단은 효율적인 Escrow A/C 관리를 위해 예멘 국내 담보수탁인과 국외 담보수탁인을 각각 지정할 예정
- Project Default 상황 발생시 담보수탁인은 YLNG로부터 Escrow A/C를 인수 받아 직접 자금 출납을 관리

⑨ 주요 위험발생 내용

본 사업은 공사기간 중 예멘의 정치적 불안으로 불가항력 사유가 발생, 공사완공일이 1년 연장되었으며, LNG 플랜트로 원료가스를 수송하는 파이프라인에 테러로 추정되는 폭발이 발생하여 가스 수송과 LNG 생산이 중단되는 사건이 발생하였다. 사건발생 즉시 파손된 파이프라인 복구 작업이 이루어져 열흘 만에 정상조업이 재개되었으나, 일시적인 선적 취소가 발생하였다.

제10장

인프라금융

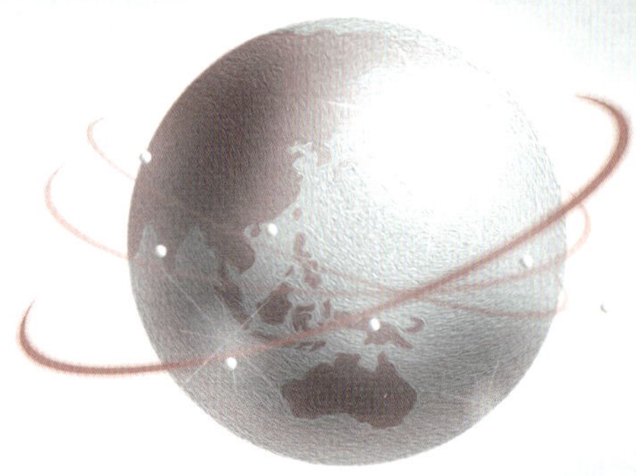

제1절 인프라금융의 개요

1 인프라금융의 개념과 배경

세계 각국은 오랫동안 사회기반시설을 공공재(public goods)로 간주하여 정부가 직접 재정자금을 이용하여 개발, 관리하여 왔다. 1970년대 들어와 이와 같은 공공서비스는 경제적으로 독점이윤을 발생시킬 뿐만 아니라 경쟁체계가 미흡하여 민간부문에 비해 운영의 효율성이 떨어지는 것으로 인식되었다. 또한 사회기반시설 수요가 증가함에 따라 정부재정 부담도 늘어갔다.

이러한 배경에서 정부는 사회기반시설의 민영화를 시행하게 되었다. 초기에는 발전과 통신부문을 중심으로 이루어졌으며, 이후 교통부문 등 거의 모든 사회기반시설로 확대되었다. 민간부문에게 소유권과 운영권을 모두 무제한 이양하는 완전 민영화 형태는 아니더라도 민간부문투자를 유치하기 위하여 여러 단계별로 민영화되고 있다.

인프라금융(infrastructure finance)이라는 용어는 이러한 사회기반시설(인프라사업)의 민영화 과정에서 사용되기 시작하였으며, 도로, 철도, 항만, 공항, 전력, 통신 등 사회기반시설과 학교, 병원, 교도소 등 사회공공시설에 대한 금융을 포괄적으로 일컫는다.

그러나 선박금융이나 해외자원개발금융과 달리 그 대상사업의 범위가 광범위하고 아직 정형화된 금융용어로 사용되고 있지는 않다. 또한 발전사업의 경우 프로젝트 파이낸스 시장에서 차지하는 비중이 매우 크고 금융방식이 어느 정도 정형화되어 있어 인프라금융에서 제외되기도 하며, 에너지기반사업(파이프라인 등)과 부동산개발사업 등에 사용되기도 한다.[77)]

인프라금융이 사회기반시설의 민영화 과정에서 발달되었고, 프로젝트 파이낸스 시장의 한 축을 담당하고 있다는 점에서 이를 사회기반시설 프로젝트를 대상으로 하는 프로젝트 파이낸스 또는 구조화금융이라 포괄적으로 정의할 수 있다.

2 인프라사업의 민영화 형태

1980년대 이전까지 교통시설, 발전, 통신, 상·하수시설 등 사회기반시설은 정부조달, 또는 공공조달(public procurement) 형태로 정부가 사업을 계획하고 재정을 확보하여 민간부문에 발주하였다. 시설이 완공되면 정부가 소유권과 운영권을 보유하여 직접 관리·운영한다. 이러한 사회기반시설을 민영화한다는 것은 민간부문이 스스로 자금을 조달하게 하여 시설을 건설하고, 소유권이나 운영권을 민간부문에게 이양하여 그 투자자금을 회수토록 하는 것이다. 이것은 정부가 재정자금 부담을 피하고, 시설운영을 민간부문에 맡겨 효율성을 도모하는 것을 목적으로 한다.[78)]

사회기반시설의 완전 민영화 이전단계로 BOT 계열의 민영화 방식이 널리 활용되고 있는데 여기에는 소유권이나 운영권을 민간에게 이양하는 방법이나 기간, 투자비를 회수하기 위한 시설운영수입의 재원에 따라 [표 2-29]와 같이 여러 형태로 분류된다.

또한 1990년대 이후 영국 정부가 공공서비스의 효율성을 높이기 위한 정책으로 시행한 민자주도제도(PFI: private finance initiative)와 민관합동투자제도(PPP:

---

77) 우리나라 민관합동으로 조성된 글로벌인프라펀드(Global Infra Fund)는 투자개발형 해외인프라 및 플랜트 개발사업을 포괄하고 있음.

78) 우리나라의 경우 민간투자사업을 다음과 같이 정의하고 있음.(민간투자사업 회계처리지침, 기획재정부, 2011. 12)
"민간투자사업은 도로, 학교, 병원 등 사회기반시설을 민간자금으로 건설하고 민간이 운영하는 제도로서 정부의 공공기능과 민간의 자본 및 기술이 융합되어 공공시설물들을 건설, 운영하여 국민들에게 주요 공공시설을 적기에 공급하여 사회적 효용을 제공하고 정부는 부족한 재정을 보완하는 역할을 수행한다."

public-private partnership)가 있다. 우리나라를 비롯한 많은 국가들은 사회기반시설 민영화 제도를 마련함에 있어 이 PFI와 PPP제도를 기본으로 하여 자국 실정에 맞는 제도를 갖추고 있다.

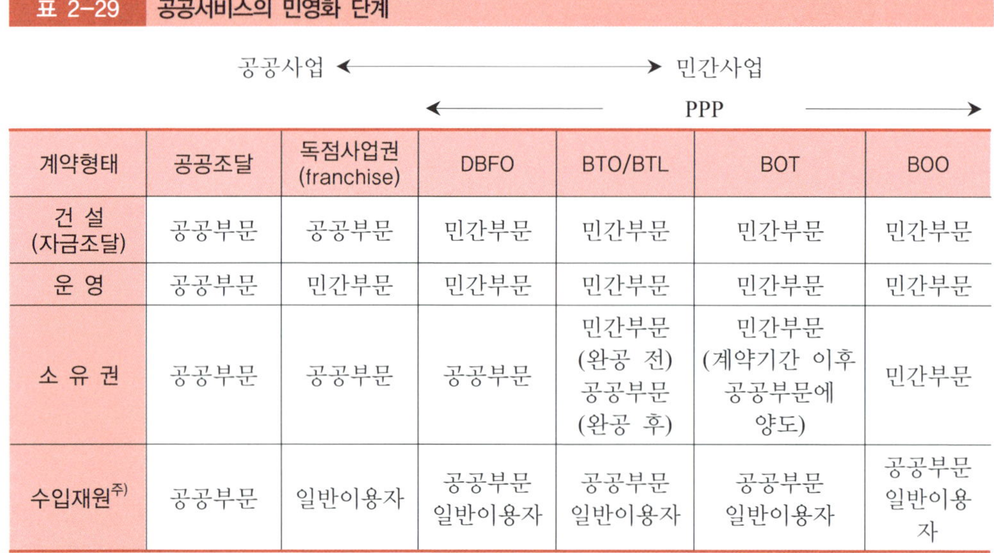

표 2-29 공공서비스의 민영화 단계

공공사업 ←→ 민간사업

← PPP →

계약형태	공공조달	독점사업권 (franchise)	DBFO	BTO/BTL	BOT	BOO
건 설 (자금조달)	공공부문	공공부문	민간부문	민간부문	민간부문	민간부문
운 영	공공부문	민간부문	민간부문	민간부문	민간부문	민간부문
소 유 권	공공부문	공공부문	공공부문	민간부문 (완공 전) 공공부문 (완공 후)	민간부문 (계약기간 이후 공공부문에 양도)	민간부문
수입재원[주)]	공공부문	일반이용자	공공부문 일반이용자	공공부문 일반이용자	공공부문 일반이용자	공공부문 일반이용자

주 : 수입재원이 공공부문이라 함은 정부가 서비스를 이용하고 그 이용료를 지급한다는 의미이며, 일반이용자라 함은 민간 사업주가 사업의 생산물을 시장에서 특정 또는 불특정 다수에게 판매함을 의미함.

자료 : 국제 프로젝트 파이낸스, 배인성, 범서북스, 2014. 6.

1) BOT 계열 방식

BOT(build-operate-transfer, 건설-운영-양도)[79] 방식이란 민간기업으로 하여금 사회기반시설을 건설토록 하고, 사업권 기간(concession period) 동안 민간기업에게 관리·운영권을 부여하여 투자비용을 회수토록 하며, 사업권 기간 종료 후 관련 시설을 정부 등 공공부문에게 무상으로 양도토록 하는 사업방식이다.

정부는 사회기반시설을 BOT 방식으로 추진함에 따라 투자재원의 조달책임과 투자위험 등을 민간부문에 넘기게 되며, 민간부문의 경쟁체제를 유도하여 설비운영의 효율성을 기대할 수 있다. 반면에 민간투자유치를 위해 일정한 수익률 보장, 세금감면 등 인센티브를 부여해야 하며, 이에 따라 소비자 요금의 인상 가능성이 높아 운영기간 동안 정치적 부담이 되기도 한다.

한편 BOT 사업의 사업권(운영권)을 획득한 민간기업은 투자위험을 부담하는 대

79) BOOT(build-own-operate-transfer)도 동일한 의미임.

신에 정부의 인센티브 등으로 상대적으로 높은 수익을 기대할 수 있다. 일반적으로 민간기업은 대규모 투자위험을 줄이기 위해 프로젝트 파이낸스 방식으로 소요자금을 조달한다.

BOT 방식과 유사하나 소유, 운영, 수입재원이 변형된 구조로 추진되는 방식도 활용되고 있는데, 여기에는 다음과 같은 형태가 있다.

- BOO(build-own-operate) : 사업권을 부여받은 민간기업이 설비를 건설하여 직접 소유하고, 운영하여 투자비용을 회수하는 방식으로 사업권 기간 이후에도 설비를 정부에게 양도하지 않고 계속 운영하거나 처분할 수 있는 권리를 갖는다는 점에서 BOT 방식과 차이가 있다.
- BTO(build-transfer-operate) : 설비완공과 동시에 소유권을 정부에게 양도하고 그 사업권 기간에 운영권만 갖는 방식으로 우리나라와 같이 법률상 소유권이 정부에게만 허용되는 국가에서 활용된다.
- BTL(build-transfer-lease)/BLT : 민간 사업주가 사업기간 동안 시설 이용자(정부)로부터 리스료를 받아 투자자본을 회수하는 방식으로 공공건물 등 정부가 시설을 직접 이용하는 사업에 활용된다.
- ROT(rehabilitation-operate-transfer)/RLT : 민간 사업주가 기존 시설의 성능을 개량·복구하고, 그 시설의 운영수익으로 투자비용을 회수하는 방식이다.

2) PFI/PPP 제도

PFI(private finance initiative) 제도는 1992년 영국 정부가 도입하여 유럽 등 전 세계로 확산된 방식으로 공공사업을 민간 사업주에게 포괄적으로 위탁하는 정책[80]이다. 이 방식에서 대상시설은 정부나 공공기관이 이용하고, 그 이용료를 민간 사업주에게 지급하게 된다. 영국정부가 민간부문의 시장원리나 경쟁원리를 공공부문에 적용하여 보다 효율적이고 비용절감형 공공서비스 제공을 목적으로 도입한 제도이다.

한편 PPP(public-private partnership) 제도는 1999년 영국정부가 정부의 분권화, 공공서비스의 성과 평가를 통한 효율성 증대, 공공서비스 민영화 등을 목적으로 한 공공부문 개혁정책(New Public Management)의 일환으로 추진한 방식이다. 이 제도는 PFI를 바탕으로 하여 정부 등 공공부문이 출자에 참여하는 민관합동프로젝트의 구체적인 추진방법이라 할 수 있다.

---

80) PFI는 일반적으로 DBFO(design-build-finance-operate) 형태로 민간 사업주에게 사업의 설계도 포괄적으로 위탁하므로 BOT 방식보다 정부의 위험부담이 적음.

PFI/PPP는 영국 정부의 공공시설 민영화 또는 민자유치정책으로 그 목적과 내용이 BOT 계열 방식과 크게 다르지 않으며, 그 주요 내용은 다음과 같다.

- 공공부문과 민간부문간 사업실시계약(implementation agreement) 또는 사업권계약(concession agreement) 등 장기계약으로 성립
- 민간부문이 설계, 건설, 금융조달, 운영(DBFO)을 담당
- PPP 계약기간 중 공공부문 또는 설비를 이용하는 최종 사용자(공공부문/일반대중)가 그 대가를 민간부문에게 직접 지급
- 서비스 요금을 결정하는 방법은 설비사용량(usage-based payment)을 기준으로 하거나, 설비용량(availability-based payment)을 기준으로 함.
- 설비의 소유권은 공공부문이 갖거나, 계약기간 종료 후 또는 설비완공 후 공공부문에게 이전

한편 여러 국가에서는 PFI/PPP 제도를 도입하여 자국의 실정에 맞게 변형하여 활용하고 있으며, 이에 따라 사용하는 용어도 다소 상이하다.

- PPI(private participation in infrastructure) : 세계은행, 우리나라
- PSP(private sector participation) : 개발금융기관
- P3 : 북아메리카
- PFP(private-financed project) : 호주
- P-P Partnership : "purchasing power parity"(구매력 지수)와 구별
- PFI(private finance initiative) : 영국, 일본, 말레이시아

3) 우리나라 민간투자사업의 시행방식

우리나라 민간투자사업은 일반적으로 BTO 방식(수익형 민자사업)과 BTL 방식(임대형 민자사업) 등으로 이루어진다.

먼저 BTO 방식은 민간이 자금을 투자하여 사회기반시설을 건설(build)하고 소유권은 정부로 이전(transfer)되며 그 대가로 민간사업자에게는 일정기간동안 사용수익권이 인정된다. 민간 사업자는 동 시설을 운영(operate)하면서 사용료 징수로 투자비를 회수하게 되며 주로 도로, 철도 등 수익(통행료 등) 창출이 용이한 시설에 적용되는 방식이다.

이에 반해 BTL 방식은 민간자금으로 건설(build)하고 소유권은 정부로 이전(transfer)되며 협약된 기간 동안 민간이 관리운영을 하고 정부는 민간 사업자에게

시설임차(lease) 및 사용료를 지급한다. 민간사업자는 시설물의 설계와 건설만을 책임지는 것이 아니라 장기간에 걸쳐 운영서비스를 정부에 제공하므로 정부가 민간사업자에게 지급하는 지급금에는 시설물 건설 대가 뿐 아니라 운영서비스 제공에 대한 보상도 포함된다. 학교, 문화시설 등 수요자(학생, 관람객 등)에게 사용료 부과로는 투자비 회수가 어려운 시설에 적용되는 방식이다.

BTO 방식과 BTL 방식은 [표 2-30]에서 보는 바와 같이 많은 차이가 있다. 첫째, 고속도로, 철도 등 수익성이 있는 사업, 즉 시민이 부담하는 사용료 징수를 통해 시설비·투자비를 회수할 수 있는 시설의 경우에는 BTO 방식으로 시행되고, 수익성은 떨어지나 직접적인 공공서비스를 제공하는 학교, 병원, 군 막사, 박물관 및 과학관 ,하수관 등의 사회기반시설의 경우에는 BTL방식으로 시행된다. 결국 민간사업자의 투자비 회수의 경우 BTO사업은 최종사용자의 사용료를 기반으로 하나 BTL 사업은 정부의 시설임대료를 통해 이루어지게 된다.

또한 BTO 사업은 해당 시설 수요 변동에 따른 수익 변화의 위험을 원칙적으로 민간 기업이 부담하는 반면, BTL사업의 경우 시설에 대한 수요 변동위험을 정부에서 부담한다. 따라서 해당시설에 대한 수요가 감소하더라도 정부가 사전에 약정한 수익률을 포함한 리스료를 민간사업자에게 지불한다

한편 우리나라 정부는 민간투자사업을 지정·추진할 때 다음과 같은 사항을 고려하고 있다.[81)]

① 수익자부담능력 원칙 : 기존 저부담의 이용시설에 대비해 양질의 서비스 제공이 가능하고, 이용자가 이와 같은 고편익에 상응하여 고부담 사용료를 부담할 의사가 있다고 판단되는 사업

② 수익성 원칙 : 정부가 허용 가능하고 이용자가 지불 가능한 사용료, 정부가 지원 가능한 건설보조금 범위 내에서 민간사업자의 투자를 충족시킬 수 있는 수익률을 확보할 수 있는 사업

③ 사업편익 원칙 : 정부 재정사업 추진시 예산제약 등으로 조기 시설건설과 서비스 제공이 어려우나 민간투자사업으로 추진시 목표 연도내 사업을 완료함으로써 사업편익의 조기 창출효과가 기대되는 사업

④ 효율성 원칙 : 민간의 창의·효율을 활용함으로써 재정사업으로 추진하는 경우에 비해 사업편익 증진 및 사업비용 경감, 정부재정시설과의 경쟁촉진으로 서비스질 제고 등이 기대되는 사업

---

81) 「민간투자사업 추진 일반지침」(기획재정부) 제4조(민간투자사업 지정의 일반원칙)

표 2-30 BTO 방식과 BLT 방식의 비교

구 분		BTO 방식	BTL 방식
소유권	준공시	정 부	정 부
	운용기간 종료후	정 부	정 부
관리운영권		민간 사업자	민간 사업자
대상시설성격		최종사용자에게 사용료 부과로 투자비 회수가 가능한 시설(도로, 철도, 항만 등)	최종사용자에게 사용료 부과로 투자비 회수가 어려운 시설(학교,박물관, 군인아파트 등)
투자비 회수		최종이용자의 사용료	국가의 시설임대료
사업리스크		민간이 수요위험 부담	민간의 수요위험 배제
사용료 산정		• 총사업비 기준(고시·협약체결시점 가격) • 기준사용료 산정 후, 물가변동분을 별도 반영 • 사용료는 이용자가 부담	• 총민간투자비 기준 (시설의 준공시점 가격) • 임대료 산정 후, 균등 분할하여 지급 • 임대료는 정부가 지급
재 정 지 원		• 건설기간 중 건설분담금 • 운영기간 중 운영수입보장(정부고시사업에 한함) • 용지보상비 등	• 필요시 재정지원 가능 • 토지 무상 제공 등

자료 : "민간투자사업 회계처리지침", 기획재정부, 2011. 12.

제2절 인프라금융의 위험과 대응

1 인프라사업의 성격

민간자본으로 추진되거나 민관합동방식으로 추진되는 사회기반시설사업(인프라사업)은 산업설비, 선박 등과 비교할 때 상대적으로 위험이 적은 반면 자본회임기간이 장기이며, 장기적으로 수익이 크다는 특징이 있다. 이는 인프라사업의 수요와 가격이 일정하여 비교적 안정적이며, 보조금이나 투자수익 보장 등 정부의 지원이 크기 때문이다.

그러나 인프라사업은 그 수입이 대부분 현지화로 이루어지기 때문에 해외사업의 경우 환위험에 크게 노출되며[82], 재무적 타당성 측면보다 정치적 이해관계에 의해

82) 국제공항과 항만 프로젝트는 대부분 경화수입으로 운영됨.

추진되는 경우가 있어 제도나 계약 변경 등에 의한 정치적 위험이 상대적으로 높게 나타난다.

한편 인프라사업의 소유권은 정부가 보유하는 것이 일반적이며, 민간기업은 설비 운영권 등을 통하여 수입을 보장받는다.

2 인프라금융의 위험과 대응

인프라금융의 대상사업 중 가장 비중이 큰 분야는 민자도로사업을 중심으로 한 교통분야이다. 특히 교통분야 프로젝트는 선진국과 우리나라의 프로젝트 파이낸스 시장에서 가장 큰 비중을 차지하고 있다. 민자도로사업을 중심으로 한 인프라금융의 특성을 정리하면 다음과 같다.

1) 정부의 역할과 지원

민자도로사업은 정부로부터 사업권(concession)을 부여받아 시행된다는 점에서 민자발전사업과 동일하지만 이용자가 불특정다수이므로 전력판매계약에 해당하는 장기계약이 없다. 따라서 교통량 등 시장수요에 대한 평가와 함께 정부의 지원이 요구되며, 민간사업주와 정부가 체결하는 사업권계약서에는 정부와 사업주의 역할과 의무, 사업권 기간과 통행요금결정방법이 명시된다.

한편 정부 또는 특별담당기관은 사업주 입찰과정에서 발주자로서 입찰평가 등 사업주 선정관련 모든 과정을 주관하며, 이후 사업관리자로서 역할을 수행한다. BOT 방식으로 추진되는 민자도로사업은 사업권 기간 이후에는 소유권이 정부로 이양되며, 우리나라의 BTO 방식은 건설공사 완료시점에 소유권은 정부가 보유하며 프로젝트 회사는 운영권만을 가진다.

통행요금 수준과 인상은 정치적·사회적으로 민감한 사안으로 계약에서 정한 권리범위를 넘어 정부의 통제가 따를 수 있으므로 정치위험이 크게 나타난다. 또한 정치적 상황변화나 프로젝트 회사의 귀책사유로 사업권계약이 중도에 해지되어 소유권이 정부로 귀속될 경우 금융기관은 정부의 계약해지보상금(termination payment) 등을 통하여 대출채권을 확보할 수 있어야 한다.

민자도로사업에서 정부의 재무적 지원방법은 일반적으로 잠재가격과 최소통행량보장(minimum traffic guarantee), 최소수익보장(minimum revenue guarantee), 후순위채무·건설보조금 지원 등이 활용된다. 우리나라는 2009년 민간사업자에 대한 최소수익보장제도가 전면 폐지되었으며, 이로 인해 민자도로사업이 크게 감소하였다.

그림 2-25 정부의 민자도로사업 지원방법

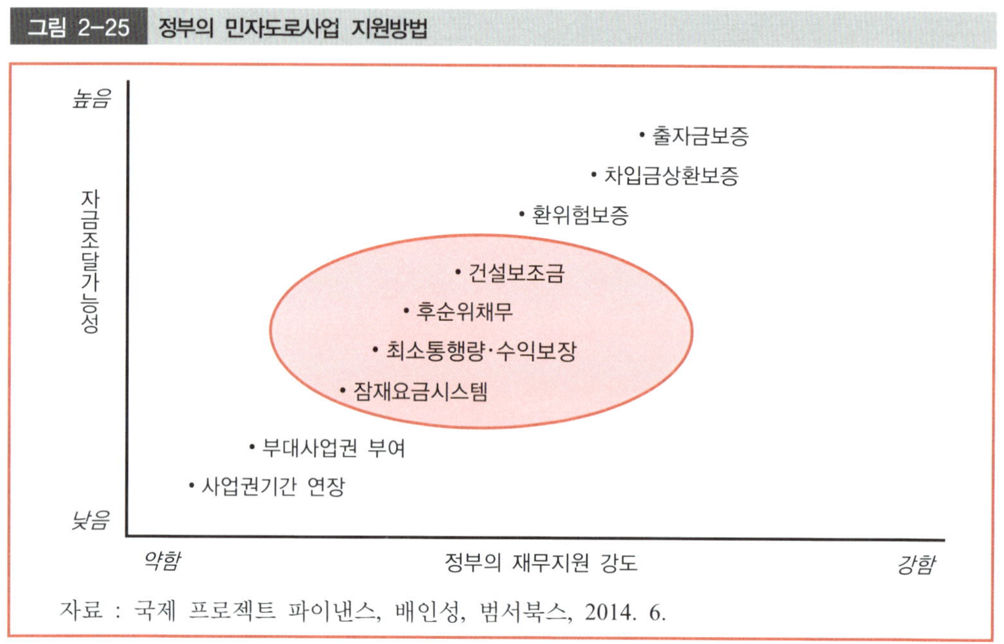

자료 : 국제 프로젝트 파이낸스, 배인성, 범서북스, 2014. 6.

2) 현지화 수입에 따른 환위험

민자도로사업은 수입이 현지화로 이루어지므로 외화차입금이 있을 경우 환위험에 크게 노출될 수 있다. 개발도상국의 경우 일반적으로 환율변동위험이 큰 반면 환위험 감소를 위한 스왑 등 헤징수단이 용이하지 않고 역외 결제위탁계좌(escrow account)를 활용하기도 어려우므로 요금체계에 이를 반영할 필요가 있다.

3) 공사관련 위험

도로사업은 주로 토목공사로 이루어지므로 기술적 어려움은 크지 않으나, 지반구조에 따른 설계위험이 상존하여 지반조사가 정확히 이루어져야 한다. 주민 거주지 주변의 소음이나 터널공사에 따른 환경위험도 주요 검토대상이다. 도로를 신설하는 사업이라면 무엇보다도 사업부지 확보가 중요하다. 이는 사업비용뿐만 아니라 공사기간에도 상당한 영향을 미친다.

4) 시장위험 – 통행량 예측

민자도로사업의 수입은 불특정 다수의 통행자로부터 직접 징수(real toll payment)하거나 정부가 통행량이나 도로운영상태 등을 기준으로 지급하는 금액에서 발생한다. 일반적으로 도로사업의 수입은 통행료 수입이 95%로 대부분을 차지하고 있으며, 광고나 부대시설로부터 얻는 수입은 5% 정도에 불과하므로 통행량 예측이 무엇보다 중요하다. 실패한 사업의 대부분이 정치적 의도에 따른 통행량 과대예측에서 비롯되었다는 점이 통행량 예측의 중요성을 보여주고 있다.[83)]

일반적으로 통행량 예측은 계획대상지의 교통 상황과 통행량을 파악하는데서 시작되며, 도로가 신설되었을 때 이용자의 편익과 통행료 지급 의향 등을 기준으로 교통의 분포와 차량별 분담률, 대체도로와의 관계 등을 예측하고, 인구변화나 경제상황을 고려하여 미래 수요를 예측하는 방식으로 이루어진다.

통행량 예측에는 여러 기법이 있고, 단계별로 다양한 모델이 사용되지만 아직까지 신뢰할 만한 예측모델은 부족하다. 더구나 민자도로사업이 경제성보다 정치적 결정에 의해 추진되고 교통량 위험을 정부가 부담한다면 통행량 예측이 형식에 치우치거나 부실하게 이루어질 수밖에 없다.

최근 모든 국가에서 통행량 위험을 프로젝트 회사가 직접 부담하는 방향으로 사업이 추진되고 있어 통행량 예측이 민자도로사업의 성패를 좌우하는 핵심요소가 되므로 전문가에 의한 객관적인 분석이 이루어져야 한다. 호주의 민자도로사업에서 컨설턴트의 낙관적인 통행량 예측이 문제를 야기시킨 사례가 있다. Lane Cove Tunnel 사업 등 여러 프로젝트에서 컨설턴트의 통행량 예측을 바탕으로 투자한 투자자들은 실제 통행량이 예측치에 크게 미치지 못하여 프로젝트 회사에 대규모 손실이 발생하자 컨설턴트를 대상으로 소송을 제기하였다. 컨설턴트는 선의를 가지고 당시 활용 가능한 자료를 바탕으로 최선의 예측을 한 것일 뿐 투자결과에 대해 책임을 질 수 없다는 입장이지만 투자자들은 잘못된 정보와 방식으로 예측치가 산출되었으므로 투자 손실을 보전해야 함을 주장하고 있다.

83) 우리나라 대부분 민자도로사업의 실제 통행량은 당초 예상 통행량의 절반 수준 이하에 머물고 있음.

제3절 인프라금융의 자금조달원

1 재정자금과 민간자금

정부나 기업이 개발투자사업을 추진하기 위해서는 그 소요자금을 조달하여야 한다. 투자금액을 모두 정부의 재정자금이나 기업의 자기자본으로 충당할 수 있으나, 개발도상국은 외채를 도입하여 상당부분을 조달하며, 일반기업은 현지금융기관이나 국제금융기관으로부터 차입하여 활용한다. 정부가 외채를 조달하는 방법은 일반적으로 각국 원조기관이나 국제개발금융기관의 개발원조자금을 활용하는 방법과 대출이나 채권발행 등의 방법으로 국내외 금융기관에게 조달하는 방법이 있다. 정부가 재정이 부족하고 외채부담이 가중된다면 사회기반시설을 민영화하여 민간기업에 사업권을 부여함으로써 소요자금을 민간기업에게 부담시킬 수 있다.

한편 기업은 투자자금을 현지 상업금융기관을 비롯하여 국제 상업금융기관, 수출신용기관, 국제개발금융기관 등으로부터 융통할 수 있다. 각 금융기관은 금융의 목적이 서로 다르므로 대상사업의 성격과 구조, 그리고 기업의 상황에 맞는 금융기관을 활용하는 것이 중요하다. 예를 들어 기업이 비교적 소규모의 설비투자자금이 필요하고, 재무적으로 부담이 없다면 현지금융기관을 활용하는 것이 시간과 비용 측면에서 유리하며, 현지 금융시장의 유동성이 부족한 경우라면 기업신용 또는 현지거래은행의 지급보증을 바탕으로 국제 상업금융기관에게 차입할 수밖에 없을 것이다. 또한 설비를 해외에서 수입하는 경우에는 수출국의 수출신용기관이 취급하는 수출금융을 활용할 수 있다.

사회기반시설의 사업권을 획득한 기업이 투자자금을 융통하는 방법 역시 마찬가지이다. 대상사업의 성격과 구조, 기업의 전략과 상황, 그리고 금융시장 여건 등에 따라 활용대상 금융기관과 금융방식을 결정하여야 한다. 활용 가능한 금융기관에는 현지 상업금융기관이나 정책금융기관, 국제 상업금융기관, 수출신용기관, 국제개발금융기관, 인프라펀드 등이 있다.

금융기관의 채권보전방법을 기준으로 한 금융방식으로 기업금융과 프로젝트 파이낸스 방식이 있는데, 인프라금융은 대부분 프로젝트 파이낸스 방식의 금융이 활용되고 있다. 다만 정부의 역할과 사업에 대한 재정지원 측면에서 일반 산업설비 프로젝트보다 폭넓은 정부의 보장이 있어야 한다. 특히 사업이 중도에 해지될 경우 민간부문 투자비용이나 금융기관 대출금을 보장하는 제도가 일반적으로 활용되고 있다.

2 국제개발금융과 원조자금

인프라금융의 대상이 되는 사회기반시설 프로젝트는 상대적으로 정치적 위험이 높고, 재무적 사업성이 떨어지며 현지화 수입에 의존한다. 이에 따라 국제 상업금융기관이 개발도상국의 사회기반시설 프로젝트에 적극적으로 참여하는 것은 쉽지 않으므로 국제개발금융기관 및 현지금융기관과의 협조융자가 필요하다.

특히 재정자금이 부족한 개발도상국에서는 사회기반시설 프로젝트에 대한 정부지원금을 원조자금으로 조달하거나, 프로젝트 소요자금을 원조자금을 활용한 혼합신용(mixed credit) 방식의 복합금융을 활용할 필요성도 있다. 결국 인프라금융에서 국제개발금융과 원조자금은 다른 분야보다 그 유용성이 더 크다고 할 수 있다.

3 인프라 펀드·기금

전 세계적으로 민자로 추진되는 사회기반시설사업의 소요자금을 조달하는 방식의 하나로 인프라 펀드가 폭넓게 활용되고 있다. 인프라 펀드는 다수의 투자자로부터 자금을 모집하여 특정한 사회기반시설사업에 투자(지분 또는 대출), 그 수익을 투자자에게 배분하는 것을 목적으로 하는 펀드를 말한다. 인프라 펀드는 호주 등 선진국뿐만 아니라 인도 등 개발도상국에서도 자국의 사회기반시설 확충을 위해 활성화되어 있으며, 특히 국제금융공사(IFC)와 아시아개발은행(ADB) 등 국제개발금융기관을 중심으로 조성되어 국제적으로 활용되고 있다.

우리나라에서도 한국인프라자산운용, 맥쿼리신한인프라스트럭쳐자산운용, 다비하나인프라펀드자산운용, KB자산운용 등 많은 인프라 펀드 운용사가 국내 사회기반시설 프로젝트에 투자하고 있다. 또한 정부가 주관한 민·관 공동펀드로 글로벌인프라펀드(Global Infra Fund)가 있는데 이는 개발투자형 해외 인프라 및 플랜트개발 프로젝트에 투자를 목적으로 2009년 설립되었다.

우리나라에서는 산업기반신용보증기금 제도를 마련하여 민간투자사업주가 소요자금을 조달하기 위하여 금융기관으로부터 대출을 받을 때 이 대출을 보증함으로써 사업주에게 원활한 자금을 조달할 수 있도록 지원하고 있다. 이 산업기반신용보증기금은 신용보증기금이 관리운영하고 있으며, 금융기관에 대한 대출보증을 중심으로 시설자금보증, 운영자금보증, 재정지원보증, 리파이낸싱보증, 사회기반시설채권보증, 민간선투자대출보증, 브릿지파이낸싱보증, 산업기반유동화회사보증 등의 방식으로 운용되고 있다.

인프라 펀드는 일반적으로 투자자금을 미리 모집하고, 그 이후 투자대상사업을 물색하여 투자하는 블라인드 펀드(blind fund)이며, 자금을 모집하는 방법도 총 투자금액을 미리 모집하지 않고 약정만 한 상태에서 필요할 때마다 증자를 통해 자금을 투자하는 방식(capital call)이 이용된다. 인프라펀드는 재정이나 상업금융의 유동성과 개별 민간투자의 한계를 보완하여 투자재원을 확충하고 효율성을 제고하기 위한 목적으로 이용되며, 공공기금과 달리 투자목적이 공공성보다 수익추구에 있으므로 상업금융과 유사한 성격을 지니게 된다.

우리나라 글로벌인프라펀드(Global Infra Fund) 개요

▶ 조성목적

o 개발투자형 해외 인프라 및 플랜트 개발사업 진출 촉진을 통한 해외건설의 지속가능한 신성장 동력 확보

▶ 추진경과

o 2008. 7. 4 : 해외건설지원 종합대책 보고 (경제정책조정회의)
o 2009.12.22 : 1호 펀드 (2,000억원) 조성(운용사 : 한국투자신탁운용)
o 2010. 7.30 : 2호 펀드 (2,000억원) 조성(운용사 : 신한BNP파리바)

▶ 주요 내용

o 펀드조성
- 민관공동 투자로 4,000억원을 조성(정부 400억원, 공공기관 1,600억원, 민간 2,000억원)
o 투자대상 및 방법
- 해외 인프라시설관련 공사(도로, 상하수도, 발전소, 공항, 댐, 도시개발 등) 및 해외플랜트 사업에 대한 자본 및 대출 투자
o 펀드운영
- 블라인드(blind) 캐피탈 콜(capital call)* 방식으로 운영
  * 투자대상이 정해지지 않은 상태에서 투자자의 투자금액을 약정하고 투자대상 발굴 시 투자하는 방식으로 의사결정이 신속하여 정책펀드로 운영하기 적합

▶ 투자실적

o 파키스탄 파트린드 수력사업 400억원 투자(2011. 7)
o 포르투갈 리스본 태양광 발전사업 400억원 투자(2012. 5) 등

* 자료 : 국토교통부 보도자료, 2014. 5. 23

4 프로젝트 채권

채권(bond)은 장기자금이며 고정금리로 발행된다는 점에서 프로젝트 파이낸스 조달재원으로 적합하지만, 일반적으로 개발도상국 채권시장이 발달되어 있지 않았다는 점과 프로젝트 소요자금은 공사기간에 걸쳐 발생되는데 반해 채권을 발행하는 경우 원칙적으로 일시에 자금이 조달되기 때문에 지나치게 많은 여유자금이 발생하여 손실포지션비용[84](negative carry 또는 negative arbitrage)의 위험이 나타난다는 점에서 크게 활용되고 있지는 못하다. 특히 주요 채권투자자인 기관투자가에게는 다음과 같은 걸림돌이 있어 신설 프로젝트(green field project)보다 위험이 적은 부동산 등 실물자산이나 채권 등의 투자를 선호한다.

- 프로젝트 건설·운영의 모든 과정과 현금흐름을 관리할 수 있는 경험과 전문인력 필요
- 프로젝트 완공위험 부담 회피
- 전통적인 채권발행방식은 negative carry 등으로 프로젝트 속성과 불일치하며, 의사결정과정과 절차가 복잡
- 일반적으로 민영화사업의 신용도는 BBB등급 수준으로 평가되나, 기관투자가는 공식 평가등급 또는 의제 평가등급(implied credit rating) A등급 이상을 요구하여 신용보강장치(credit enhancement) 필요

2008년 이후 글로벌 금융위기와 유로 재정위기, 그리고 Basel Ⅲ의 시행 임박 등으로 상업금융의 유동성이 떨어지고, 프로젝트 특성에 맞는 인프라금융이 위축되었다. 인프라금융의 유동성을 확보하기 위하여 수출금융기관과 개발금융기관(DFI)이 활용되고 있지만 사회기반시설 민영화사업을 원활히 추진하기 위해서는 채권투자 활성화 필요성이 제기 되었다.

이러한 배경에서 유럽투자은행(EIB)은 'Europe 2020 Project Bond Initiative'를 마련하여 기관투자가의 프로젝트 채권투자를 촉진하였다.[85] EIB가 직접 채권을 발행하는 것은 아니지만 '프로젝트채권 신용보강(PBCE: Project Bond Credit Enhancement)' 제도를 통하여 프로젝트 채권투자의 안정성을 높임으로써 기관투자가가 인프라금융에 보다 안정적으로 참여할 수 있도록 하였다.

---

84) 투자포지션을 유지하는데 드는 비용이 그 투자로부터 나오는 현재의 수입을 초과하는 경우 그러한 투자포지션의 순비용을 말함.

85) EIB 이외에도 UK Guarantee Scheme, Italian Government's Project Bond Initiative 등이 있음.

EIB의 프로젝트 채권 신용보강 제도

PBCE 제도는 두 가지 방식으로 운영되는데 ① EIB가 프로젝트에 후순위채권자로 참여(funded PBCE)하거나, ② 공사초과비용과 채권상환부족분에 대한 보증(L/C)을 제공(unfunded PBCE)하는 방식이다.

PBCE는 채권투자금의 원리금 상환을 직접 보증하는 제도는 아니며, 선순위채권의 신용보강 역할을 하기 위한 제도이다.

융자한도는 선순위채권의 20%(2억 유로 이하)이며, 지원대상사업은 신규 프로젝트(greenfield project)만을 대상으로 유럽지역의 교통사업, 에너지사업, 정보통신기술사업에 한정된다.

또한 금융기관의 대출금으로 조달되는 프로젝트는 지원되지 않고 채권발행 방식으로 자금을 조달하는 프로젝트를 대상으로 한다.

사례연구

인프라금융 지원 사례

- 인도 델리국제공항 프로젝트(2008. 5. financial closing)86)

인도 델리국제공항(Indira Gandhi International Airport)을 민관합동방식(PPP)을 통하여 민간 사업주가 공항을 확장·현대화하고 30년 동안 운영하여 투자수익을 회수하는 사업

① 프로젝트 개요

구 분	내 용
사 업 내 용	공항 현대화·확장(연인원 12백만명 → 1억명, 2단계 구분 추진), 운영·유지관리(운영기간 : 30년, 30년 연장 가능) * 민간부문 사업주에게 프로젝트 총수익의 45.99%를 할당
사 업 주	민간(74%) : GMR Group(50.1%), Fraport AG(10%), Malaysia Airport(10%), India Development Fund(3.9%) 공공(26%) : Airports Authority of India (인도 공항청)
프로젝트회사	DIAL(Delhi International Airport Pvt. Ltd.)
총 사 업 비	900억 루피(약 23.3억 달러) - 자본금 : 400억 루피(44%) - 차입금 : 500억 루피(56%, 현지화 및 달러)
건 설 공 사	Larsen & Toubro(인도)
공항운영자	Fraport AG(독일 프랑크푸르트 공항 소유 및 운영)

86) PFI, Special Report - Asia Best Practice, 2014. 5

② 프로젝트 구조

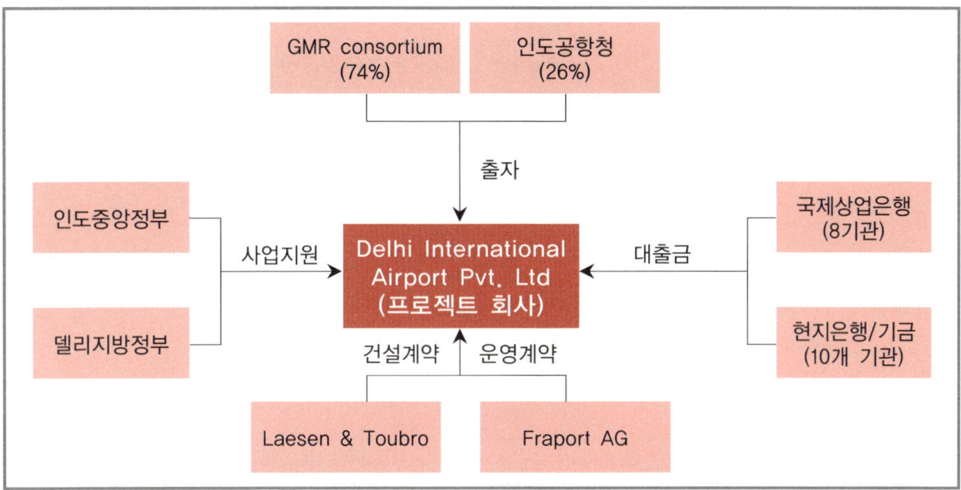

③ 자금조달 내역

구분	대출기간	대출금액	이자율	참여은행
현지화 대출 (Rupee term loan)	17년	365억 루피 (약 9.5억 달러)	10.5% p.a.	10개 현지금융기관
국제상업금융 (dollar term loan)	13년	3.5억 달러 (약 135억 루피)	Libor+1.85%	8개 국제상업은행
계		500억 루피 (약 13억 달러)		

④ 프로젝트관련계약 내용

계약서	체결당사자	주요 내용
사업권계약 (OMDA: Operation, management and development agreement)	• DIAL(프로젝트 회사) • AAI(인도 공항청)	• 프로젝트 회사의 공항 운영권 보장(기본 30년, 이후 30년 연장 가능)
리스계약 (Lease deed agreement)	• DIAL(lessee) • AAI(lessor)	• 공항 제반 시설을 프로젝트 회사에게 리스로 제공
사업주계약 (Shareholders' agreement)	• 민간 사업주 • AAI(공공 출자자)	• 사업주로서 프로젝트 회사의 운영방법
중앙정부지원계약 (State support agreement)	• DIAL • GoI(인도 중앙정부)	• 프로젝트 회사가 AAI와 체결한 OMDA의 계약을 보장 • 공항이용료 결정, 인·허가 제공, 세관·입출국수속 등 사업 지원
지방정부지원계약 (State government Support agreement)	• DIAL • GoNCT(델리 지방정부)	• 프로젝트 회사에게 토지확보, 유틸리티 제공 등 사업 지원

계약서	체결당사자	주요 내용
공항운영계약 (Airport operator agreement)	• DIAL • Fraport AG(프랑크푸르트공항)	• Frapoer AG가 공항 운영 담당
위성항행시스템이용계약 (CNS/ATM facilities and services agreement)	• DIAL • AAI	• 인도 공항청(AAI)이 프로젝트 회사에게 위성항행시스템 제공

* CNS/ATM : Communications(항공통신), Navigation(항공항법), Surveillance(항공감시), Air Traffic Management(항공교통관리)
* GoNCT : Government of National Capital Territory of Delhi

⑤ 프로젝트 위험 및 대응

위험의 종류	대응방안	관련 계약
시장위험	인도 중앙정부가 민간 투자자의 적정 수익을 보장할 수 있는 수준의 공항이용료 책정	중앙정부지원계약
건설위험	인도 최대 건설회사(Larsen & Toubro)가 공사 담당	건설계약
운영위험	프랑크푸르트 공항을 소유·운영하고 있는 Fraport AG가 본 공항의 운영을 담당	공항운영계약
자금조달위험	사업주의 지분출자 약정 외화·현지화 차입금 조달 완료	지분출자 및 지원 계약 금융계약
경쟁위험 (대체공항 신설 등)	150km 이내 공항을 신설할 경우 사업주가 반대할 권한 보유	중앙정부지원계약
정책변경위험	공항경제적관리기관(AERA: airports economic regulatory authority)을 신설하여 관리 일원화	

제11장

복합금융

제1절 복합금융의 개념

산업설비나 사회기반시설, 선박, 자원개발 등의 사업은 대규모 자금이 소요되고 자본회임기간이 장기인 이른바 '프로젝트'라는 특징이 있다.

금융시스템이 잘 발달되어 있고, 자본의 유동성이 큰 선진국에서 추진되는 프로젝트는 현지상업금융만으로도 대규모 소요자금을 충분히 조달할 수 있지만, 금융시스템이 상대적으로 취약하고 자본력이 부족한 개발도상국의 경우 자본의 유동성 부족이나 정치적 위험 등 여러 가지 이유로 현지금융이나 소수의 국제상업금융만으로 소요자금을 조달하기에는 충분하지 않다. 최근 단일 프로젝트의 규모가 수십억 달러 또는 수백억 달러에 이르는 등 프로젝트 규모가 대형화되면서 이러한 현상은 더욱 확대되고 있으며 동일 프로젝트에 다양한 금융기관이 동시에 참여하는 것이 일반화되고 있다.

이와 같이 단일 프로젝트를 추진하는데 현지금융기관, 국제상업금융기관[87], 수출신용기관, 국제개발금융기관, 국부펀드 또는 채권발행 등 목적이 다른 다양한 금융기관이나 금융 형태를 동시에 활용하여 소요자금을 조달하는 것을 '복합금융(multi-

87) 국제상업금융기관은 신디케이션(syndication)을 통하여 단일 금융기관과 유사한 형태(single bloc)를 보임.

source finance)'이라 한다.

다시 말하면 복합금융이란 동일 프로젝트에 대해 서로 성격이 다른 금융기관이 협조융자 방식으로 금융을 제공하는 것을 말한다.[88] 이러한 복합금융은 금융시장의 상황뿐만 아니라 사업소재국의 정치적 위험도, 국가 경제정책상 프로젝트의 중요도, 해당산업의 특성이나 프로젝트 당사자의 이해관계와 성향 등에 따라 다양한 형태로 이루어진다.

한편 복합금융 중에는 동일 금융기관이 여러 가지 금융방식으로 프로젝트에 참여하는 경우도 있다. 하나의 금융기관이 대출과 보증 방식의 금융을 동시에 제공하거나, 채권자로서 대출을 제공하면서 동시에 지분 출자자로서 역할을 하는 경우도 넓은 의미의 복합금융이라 할 수 있다.

제2절 복합금융의 필요성과 형태

1 복합금융의 필요성과 효과

프로젝트 소요자금을 복합금융방식으로 조달하는 것은 이해관계가 같은 단일 종류의 금융기관만을 통하여 조달하는 것에 비해 시간과 비용이 많이 소요되고 프로젝트 구조가 복잡해진다는 단점이 있다. 하지만 개발도상국에서 추진되는 대규모 프로젝트라면 프로젝트 위험이나 자금의 유동성 측면에서 어느 한 종류의 금융기관만이 감당하기는 쉽지 않다. 따라서 프로젝트의 소재국이나 산업의 특성, 관련 정부나 사업주의 이해관계 등에 적합한 다양한 성격의 여러 금융기관이 참여함으로써 자금조달을 보다 원활히 하고, 프로젝트 위험을 감소 또는 완화시킬 필요성이 있다.

1) 사업주의 입장 - 자금의 유동성 및 프로젝트 신인도 제고

개발도상국은 국가신용도가 낮고, 정치적 위험이 커 국제상업금융기관에서 자금을 조달하는데 한계가 있다. 더구나 대규모 프로젝트인 경우 금융시장의 유동성 제약과 금융기관의 위험관리 시스템 등으로 국제상업금융기관이나 현지금융기관의 참여만으로는 충분하지 않으며 국제개발금융기관, 수출신용기관, 국부펀드 등이 함

88) 각 금융기관별 금융의 특성, 지원절차 등은 제7장 프로젝트 파이낸스 참조

께 참여하는 복합금융이 불가피하다.

상업금융이 단독으로 참여하기 어려운 개발도상국 프로젝트에 영향력 있는 국제개발금융기관이 참여한다면 그 전시효과(demonstration effect)로 더 많은 상업금융을 끌어들일 수 있다. 국제개발금융과 협조융자로 이루어지는 상업금융은 채권의 우선순위에서 국제개발금융과 동일한 지위를 갖기 때문이다. IFC의 분석에 따르면 IFC가 개발도상국 프로젝트에 1달러를 지원하면 그 프로젝트에 상업금융 30달러 자금이 모집되어 30배의 승수효과를 얻을 수 있다.[89)]

한편 개발도상국에서 프로젝트를 추진하는 사업주는 대상 설비를 조달하는 과정에서 입찰자에게 수출신용의 제공을 요구할 수 있다. 즉 설비공급자에게 입찰 참여조건으로 수출신용의 주선(contractor arranged finance)을 요구함으로써 프로젝트 소요자금의 상당부분을 설비도입과 연계하여 조달할 수 있다. 수출신용기관은 금융지원을 통한 자국의 수출 촉진을 목적으로 하는 정책금융기관으로 단일 프로젝트에 대규모 자금을 지원하고 있어 개발도상국 프로젝트의 소요자금 조달에 중요한 재원이 된다.

특히 글로벌 금융위기로 상업금융의 유동성이 제약을 받는 경우 사업주는 수출금융뿐만 아니라 채권시장, 기관투자가 등 보다 다양한 금융수단을 강구하여야 한다. 사업주가 단일 금융만으로 사업비용을 조달할 수 있다면 시간과 비용 측면에서 유리할 수 있지만 앞서 설명한 여러 이유로 복합금융이 불가피하다. 그러나 이러한 복합금융을 통하여 프로젝트 신인도를 향상시킬 수 있으며, 수출신용기관이나 국제개발금융기관이 제공하는 대출이나 보증과 같은 금융은 이자소득에 대한 원천징수세(withholding tax)가 면제되어 프로젝트의 재무적 수익성이 향상되는 효과도 있다.

2) 상업금융기관 입장 – 정치적 위험의 완화

국제상업금융기관은 민간부문으로서 국가차원에서의 정치적 협상력에 한계가 있어 신용도가 낮은 개발도상국의 정치적 위험을 수용하기 어렵다. 따라서 이를 해결하기 위해서 상업금융기관은 수출신용기관이나 국제개발금융기관의 참여에 의존할 수밖에 없다.

수출신용기관은 자국의 기업이 참여하는 프로젝트에 대해 직접 대출하는 채권자로서의 역할도 하지만 상업금융에 대해 지급보증(payment guarantee)을 제공함으로써 상업금융을 대신하여 프로젝트 위험[90)]을 부담하기도 한다. ADB, MIGA 등 국제

89) 이를 국제개발금융기관의 촉매역할(catalytic role)이라 함.

90) 정치적 위험만을 담보하는 것을 PRG(political risk guarantee)라 하며, 상업위험도 함께 담

개발금융기관 역시 회원국 프로젝트에 대해 상업금융의 정치적 위험을 부담하는 보증방식의 금융을 운용하고 있다.

한편 국제개발금융기관이나 수출신용기관은 정치적 협상력이 크기 때문에 이들이 어떤 프로젝트를 지원한다는 사실 자체가 국제상업금융기관 입장에서는 정치적 위험이 완화된 것으로 인식될 수 있다. 즉 상업금융기관이 국제개발금융기관으로부터 보증을 받지 않고 협조융자[91] 형태로 운영하더라도 그 효과는 충분하다. 국제상업금융기관은 원칙적으로 수출신용기관이나 국제개발금융기관과 동일한 채권자 지위(pari passu)를 가지고 있으며, 정치적 위험으로 프로젝트에 문제가 발생하는 경우 국제개발금융기관이나 수출신용기관이 상대국 정부와 협상을 통해 그 문제를 해결하면 상업금융기관도 동일한 수혜를 받을 수 있기 때문이다.

특히 상업은행이 국제개발금융기관의 협조융자에 참여하는 경우 국제개발금융기관의 선순위 채권자 지위(PCS: preferred creditor status)를 공유하게 되어 정치적 위험이 실질적으로 완화되는 효과가 있다.

PCS: preferred creditor status

국제개발금융기관 회원국이 외환부족으로 채무불이행시 국제개발금융기관의 채권은 수출신용이나 상업금융에 대해 우선적 상환 권리를 보유(외환부족 이외의 상황에서는 동등조건(pari passu) 적용)

국제상업금융기관이 정치적 위험을 완화하는 또 다른 방법으로 현지금융기관, 특히 국부펀드와 같은 현지국 정책금융기관과 협조융자를 하는 복합금융이 활용되기도 한다.

현지금융기관은 현지 정책과 이해관계를 같이하며, 국제상업금융기관은 현지금융기관과 동일한 채권자 지위를 갖고 있으므로 현지금융기관의 참여로 프로젝트의 정치적 위험을 완화하는 효과를 얻을 수 있다. 또한 현지금융기관은 현지 사정에 밝으며, 현지 정책의 움직임을 신속히 파악할 수 있을 뿐만 아니라 정책 변경에 대해 신속히 대응할 수 있어 국제상업금융기관의 부족한 부분을 보완할 수 있다.

이와 같이 상업금융기관 입장에서 정치적 위험을 회피함으로써 프로젝트 신인도가 높아지고, 소요자금의 조달이 원활해 질 뿐만 아니라 상업금융의 융자조건이 개선되는 효과가 있다.

보하는 것을 comprehensive guarantee라 함.

91) 국제개발금융과 협조융자에 참여하는 상업금융을 'B loan'이라 함.

3) 수출신용기관 및 국제개발금융기관의 입장 – 상호 보완역할

비록 수출신용기관이 단일 프로젝트에 대규모 자금을 지원할 수 있지만 자국의 수출과 연계된 프로젝트에 한하며, 그 융자규모도 자국 수출효과에 해당하는 규모로 한정되거나 국제규범에 의해 제한되어 있기 때문에 상업금융기관 등 타 금융기관과의 협조융자가 불가피한 경우가 많다. 또한 수출신용기관이 보증방식으로 지원할 경우 자금 공급을 위해 상업금융기관과 연계될 수밖에 없다.

국제개발금융기관은 원칙적으로 소액을 지원하면서, 상업금융의 참여를 촉진하는 촉매역할에 중점을 두고 있으므로 국제개발금융기관 단독으로 프로젝트를 지원하기 어려우며 국제상업금융기관이나 수출신용기관과 협조융자 형태의 복합금융이 일반적이다. 또한 수출신용기관이나 국제개발금융기관이 제공하는 대출이나 보증과 같은 금융상품은 이자소득에 대한 원천징수세가 면제되어 프로젝트의 재무적 수익성이 향상되는 효과도 있다.

2 복합금융의 형태

복합금융은 일반적으로 상업금융기관이 다른 금융기관과 협조융자를 하는 형식으로 이루어진다. 국제상업금융은 국제금융시장에서 가장 규모가 크며, 중심적 역할을 하고 있기 때문이다. 또한 현지 금융시장이 잘 발달되어 있고, 자금의 유동성이 풍부한 국가[92]는 자국 현지금융만으로도 프로젝트 소요자금을 조달할 수 있지만 일반적으로 개발도상국은 현지금융만으로 대규모 자금조달이 쉽지 않아 국제상업금융이나 수출신용과 협조융자가 불가피하다. 한편 국제개발금융기관이나 수출신용기관 역시 단일 프로젝트를 단독으로 지원하는 경우는 드물며, 국제상업금융이나 현지금융 등과 협조융자를 통하여 프로젝트에 참여한다.

금융기관은 대출형식으로만 프로젝트에 참여하는 것이 아니라 보증방식이나 출자에도 참여하여 동일 금융기관이 단일 프로젝트에 채권자와 보증인, 또는 채권자와 출자자로서 역할을 동시에 갖는 경우도 있다. 원조자금인 공적개발원조(ODA: official development assistance)와 수출신용이 혼합되어 단일 프로젝트를 지원하는 혼합신용(mixed credit) 형태도 있다.

92) 아시아 개발도상국에서는 중국, 홍콩, 말레이시아, 인도, 태국 등이 해당됨.

1) 상업금융과 수출금융

개발도상국 프로젝트에서 가장 일반적인 복합금융 형태는 상업금융과 수출금융이 연계된 것이다. 이는 사업주가 대상 설비를 수출국 수출신용을 활용하여 조달하는 한편 상업금융기관이 개발도상국의 정치적 위험을 회피하기 위하여 수출신용기관으로부터 정치적 위험 보증이나 보험(PRG/PRI: political risk guarantee/ insurance)을 받기 위한 목적이다. 서울-부산 간 경부고속철도 건설 사업에 테제베(TGV)를 도입하면서 프랑스 수출신용기관인 Coface의 수출신용과 국제상업금융을 활용한 것이 하나의 예이다.

국내기업의 경우 국가재정이 충분하지 않고 현지 금융시장의 유동성이 작은 개발도상국 플랜트 사업[93]에 설비공급자로 참여하는 프로젝트에는 한국수출입은행이나 한국무역보험공사와 같은 수출신용기관의 수출금융과 국내외 상업금융기관의 상업금융이 결부되어 활용된다.

국제상업금융기관이 단독으로 진출하기 어려운 개발도상국 프로젝트에 수출신용기관이 상업금융에 대해 보증을 제공함으로써 개발도상국 금융시장의 유동성이 증가한다. 그 증가 규모는 수출신용기관 보증부 대출금액(covered loan 또는 sweet portion)에만 한정되는 것이 아니라 이 보증을 지렛대로 하여 추가의 상업금융(uncovered loan 또는 sour portion)을 이끌어내는 효과가 있다.

2) 국부펀드와 이슬람금융

국부펀드(sovereign wealth fund)가 발달한 중동국가나 싱가포르에서 추진되는 프로젝트는 그 나라의 국부펀드가 지분 출자나 대출 등의 형식으로 타 금융기관과 함께 참여하게 된다. 특히 사우디아라비아는 이슬람금융 형태의 국부펀드가 발달되어 있으며, 민자 발전·담수 프로젝트, 석유화학 프로젝트 등 현지 프로젝트에 국가 정책적으로 국부펀드가 지분이나 대출에 참여하도록 하고 있다.

예를 들어 사우디아라비아의 공공투자기금(PIF: Public Investment Fund)은 사우디아라비아 재무부 산하 국영투자기금으로 석유, 가스, 화학, 발전, 철강 등 다양한 사업에 지분 참여 또는 중장기 저리 대출 등의 금융지원을 하고 있으며, 특히 민자 발전 프로젝트에는 지분 32% 참여를 의무화하고 있다.

---

93) 국내기업 주로 수출하는 대규모 플랜트는 정유·석유화학설비, 발전·담수설비 등임.

3) 공적개발원조와 수출신용의 혼합신용

공적개발원조는 개발도상국의 경제개발을 위해 무상 또는 장기 저리로 지원되는 원조자금이며, 수출신용은 자금 공여국의 수출촉진을 위한 정책금융이다. 서로 다른 목적을 지닌 두 개의 공적자금이 단일 프로젝트를 동시에 지원하는 것을 혼합신용(mixed credit)이라 한다.

OECD는 이 두 개 자금이 목적에 맞게 사용될 수 있도록 규제하고 있는데 원조자금은 개발도상국에 좀 더 양허적인 조건[94]으로 지원되도록 하며, 수출금융은 상업금융 수준과 큰 차이 없이 지원되어 보조금에 의한 무역왜곡이 발생하지 않는데 목적을 두고 있다. 또한 OECD는 혼합신용 제공시 일정한 수준 이상의 양허성 수준을 요구하고 있어 보다 원조자금 성격에 가깝도록 유도하고 있다. 이것은 원조자금을 악용해 자국의 수출을 촉진하여 무역질서를 해치려는 것을 방지하기 위한 조치이다.

우리나라는 한국국제협력단(KOICA : Korea International Cooperation Agency)에서 무상원조를 담당하고, 대외경제협력기금(EDCF : Economic Development Cooperation Fund)에서 유상원조를 담당하고 있다. EDCF는 정부의 위탁을 받아 한국수출입은행(수은)에서 운영하고 있으며, 수출신용은 수은에서 본 업무로 취급하고 있다. 이러한 조직상의 특성으로 수은은 개발도상국 인프라 사업에 EDCF와 수출신용의 혼합신용을 제공하고 있으나, 여러 가지 제약요인[95]으로 지금까지 혼합신용 활용 건수는 많지 않다.

양허성 수준(CL: Concessionality Level)

원조자금의 질을 나타내는 지표로 원조자금의 지원조건이 시장조건에 비해 수혜자에게 유리한 정도를 지수화 한 것. 대출기간이 장기일수록, 이자율이 낮을수록 CL이 높아지며, 상업금융이나 수출신용은 0%로 간주

OECD는 혼합신용을 CL 35%(최빈국은 50%) 이상으로 지원할 것을 요구하고 있음.

---

94) 대출기간이 보다 장기이고 이자율이 보다 낮은 조건, 즉 원조 수혜자에게 유리한 조건

95) 원조자금은 원칙적으로 사업성이 부족한 사업에만 지원이 가능하며, 수출신용은 그 반대 입장임. 또한 수출신용은 양허성이 없는 것으로 인정되어 혼합신용이 일정 수준의 영허성 이상으로 지원되기 위해서는 원조자금의 규모를 증가시키거나 지원조건을 더욱 양허적으로 하여야 함.

4) 대출과 보증

미국이나 유럽 대부분 국가의 수출신용기관은 상업금융에 대해 보증이나 보험 방식으로 수출금융을 제공한다. 그러나 우리나라 수은은 단일 프로젝트에 대출과 보증을 동시에 제공하는 특징을 가지고 있다. 수은이 제공하는 플랜트 프로젝트나 해외자원개발 프로젝트는 대부분 자체자금에 의한 대출과 상업금융에 대한 보증 방식이 혼합된 형태로 지원된다.

그림 2-26 한국수출입은행 수출신용 구조도

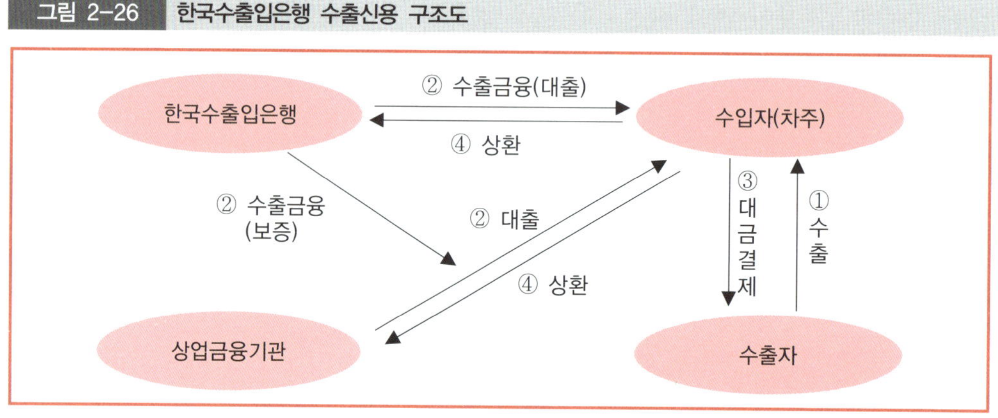

[그림 2-26]에서 보는 바와 같이 수은이 상업금융기관과 함께 복합금융 방식으로 지원하는 프로젝트의 자금조달 방법은 ① 수은의 대출(direct loan), ② 수은 보증부 상업금융기관의 대출(covered loan), ③ 상업금융기관의 대출(uncovered commercial loan) 등으로 구분된다.

5) 대출과 출자

국제개발금융기관은 개발도상국 프로젝트에 상업금융을 최대한 유인하기 위하여 단일 프로젝트에 대출과 출자를 동시에 지원한다. 단일 프로젝트에 동일 금융기관이 주주와 채권자 역할을 동시에 갖는다는 것은 프로젝트 due diligence나 금융조건을 협의하는 과정에서 상충된 이해관계의 두 역할을 동시에 수행하는 결과를 낳게 된다.

이러한 문제를 해결하기 위하여 국제개발금융기관은 대상 프로젝트의 대주주가 되지 않으며, 이사회 참여와 투표권 행사 등 프로젝트 운영과 관련한 어떠한 경영권도 행사하지 않는다. 결국 국제개발금융기관은 프로젝트 due diligence와 금융조건 협상에서 채권자의 입장에서 프로젝트를 추진하게 된다. 또한 프로젝트 지원목적이 달성되면 자신의 지분을 제3의 투자기관에 매각하거나 사업주에 일정한 금액으로 매각할 수 있는 권리(put option)를 미리 확보하는 경우도 있다.

한편 프로젝트 파이낸스에서 사업주(주주)가 채권자의 역할을 하는 경우가 있다. 프로젝트를 운영하는 과정에서 부족한 자금을 일시적으로 대출하는 경우도 있지만 자본금 출자 대신 대출을 제공하는 사례도 있다. 이는 사업주가 프로젝트 회사에 제공하는 대출이 금융기관 대출금에 비해 후순위이기는 하나 직접 출자보다 투자 자본을 회수하기 용이하고 프로젝트 회사의 부채비율을 산정할 때 출자분으로 인정될 수 있기 때문이다.

그러나 사업주가 자신의 출자 규모에 비해 대출규모를 일정비율 이상으로 하면 프로젝트 소재국의 법률에 따라 과소자본(thin capitalization)으로 인정되어 프로젝트 회사가 사업주에게 차입한 차입금에 대한 지급이자가 배당으로 간주될 수 있다. 이렇게 되면 프로젝트 회사의 지급이자가 비용으로 인정받지 못하여 세금 감면효과가 없어지며, 이는 결국 프로젝트의 재무적 타당성이 낮아지는 결과를 초래하게 된다.

과소자본세제(Thin capitalization rule)

동일 투자자가 자본을 과소하게 하고 대출을 과다하게 하여 세금을 줄이는 것으로 판단되는 경우 지급이자 중 일부를 배당으로 간주하여 비용으로 인정하지 않는 제도로 외국인 투자자가 조세회피 수단으로 이용되는 것을 방지하기 위한 목적으로 시행

제3절 채권자간 이해관계의 조정

복합금융은 개발도상국에서 추진되는 대규모 프로젝트에 일반적으로 활용되고 있지만, 금융 조건과 방법, 절차 등이 서로 상이한 여러 종류의 금융기관이 공동으로 참여함으로써 상호 이해관계(inter-creditor issues)의 조정이 필요하게 되어 시간과 비용이 지나치게 많이 소요될 우려가 있다. 따라서 이러한 경우에는 지원 조건과 방법 등에 대해 채권자간 이해관계의 조정이 사업초기부터 중요한 문제로 대두된다. 금융기관 상호 이해관계의 조정문제가 사업주에게는 프로젝트 지연, 비용 상승 등 프로젝트에 직접적인 영향을 미치기 때문이다.

복합금융에 있어 채권자간 이해관계의 문제로 대두되는 주요 내용과 금융방식별로 반드시 조정되어야 할 고려요소는 다음과 같다.

① 대출만기, 원리금상환방법 등 융자조건
② 인출선행조건
③ 자금인출순서
④ 프로젝트 수익의 배분 순서
⑤ 기한이익상실(acceleration)과 담보실행 주체
⑥ 담보처분 또는 청산 대금의 채무변제 순서
⑦ 개별계약 내용의 수정에 대한 제한
⑧ 권리포기(waiver)와 계약 수정에 대한 의결권
⑨ 채권보전장치

1 금융방식별 이해관계

일반적으로 국제상업금융은 국제금융시장에서 가장 규모가 크며, 중심적 역할을 하고 있다. 프로젝트 파이낸스나 기업금융 등 중장기 금융시장에서도 국제상업금융의 업무절차나 금융조건 등 의사결정과정은 일정한 관행에 따라 동일하여 마치 단일 금융기관과 같은 싱글블록을 형성하고 있다. 따라서 국제상업금융기관 사이에 이해관계가 충돌하는 경우는 드물며, 국제상업금융기관이 그 성격이나 지원조건과 절차 등이 다른 국제개발금융기관, 수출신용기관, 또는 이슬람 금융기관 등과 협조융자를 할 때 이해관계가 충돌되어 그 조정이 필요하게 된다.

1) 수출금융과 국제개발금융

수출신용기관은 대부분 고유 양식의 금융계약서 체결을 주장하고 있으므로 계약수정, 권리포기, 담보실행 등의 주요 조건이 타 채권자와 상이하게 될 우려가 있다. 이에 따라 수출신용기관이 별도의 계약을 체결하는 경우라도 공통적인 지원조건에 대한 공통금융계약(common terms agreement)과 대주간 계약(inter-creditor agreement)을 별도로 체결하는 것이 일반적이다.

수출신용기관이나 국제개발금융기관이 상업금융에게 정치적 위험 등에 대한 보증을 제공한 거래에서 채무불이행이 발생하여 대출 원리금 상환이 불가능하게 되면 보증기관인 수출신용기관이나 국제개발금융기관은 상업금융기관에게 대출 원리금을 지급하고 대위(subrogation)나 채권양도(assignment)에 의해 해당 프로젝트에 대해 구상권을 갖게 된다. 이와 관련 담보위험의 범위나 업무처리 절차 등에 대해 계약서에 명확히 규정하지 않으면 사유발생시 논란이 되므로 세심한 주의가 필요하다.

또한 수출신용기관이 제공하는 수출금융은 융자금액의 결정방법과 인출절차가 상업금융과 상이하다. 특히 상업금융은 각 기관별 승인금액 비율별로 자금이 인출되지만 수출금융의 지원은 원칙적으로 자국 기업이 수출하는 설비에 한정되므로 인출금액이 상업금융과 달리 비율별로 결정되지 않는다. 이로 인해 의결권 결정에 있어 상업금융과 이해관계가 충돌할 수 있다.

국제개발금융기관이 출자지분에 대해 보증을 제공하는 경우 보증인은 보증사유 발생으로 보증의무를 이행하고 사업주의 지분을 양도받게 된다. 이때 채권자도 사업주의 출자지분을 담보로 취득하였을 경우 보증인과 채권자사이에 채무변제 우선순위에 대한 논란이 발생할 수 있다. 더구나 사업주중 일부만이 출자지분에 대해 보증을 받았거나 서로 다른 보증기관이 있을 경우 이해당사자간 권리문제는 더욱 복잡해진다.

2) 후순위채권

프로젝트 담보를 관리하는 담보수탁인은 선순위채권뿐만 아니라 후순위채권의 담보도 공동으로 관리하게 된다. 후순위채권은 담보처분대금과 청산대금의 변제 순위가 후순위이지만 후순위채권 상환 준비금 계정(mezzanine debt service reserve account)과 같은 후순위채권을 위한 특정 담보에 대해서는 우선순위를 가질 수 있다.

선순위채권을 보유한 금융기관은 일반채무의 대출 원리금 상환이 제대로 이행되지 않을 경우나 담보처분 금액이 부족한 경우 또는 대출 원리금 상환계수가 상당히 낮은 경우에는 후순위채무의 상환을 제한하게 되는데 이때 제재조치의 적용기간과 적용대상은 양자가 협의하여야 할 사항이다.

한편 후순위채권에는 일반적으로 의사결정권이 부여되지 않으나, 중요한 의사결정의 경우나 선순위채권자가 자신의 계약내용을 수정하거나 권리를 포기(waiver)하여 이것이 후순위채권에 영향을 미칠 경우에는 의사결정에 참여할 수 있도록 하여야 한다. 또한 후순위채권은 일반채무의 증가를 원치 않으며, 가능한 한 차입금의 조기상환이나 담보실행을 억제하려는 경향이 있다.

영국과 프랑스를 잇는 유로터널 프로젝트의 경우 채무불이행 사유에 따라 제재조치의 적용기간이 다르며, 8억 파운드의 후순위 채무를 보호하기 위해 7억 파운드의 일반채무를 조기상환 할 수 없도록 규정하고 있다.

3) 채권(bond)

채권은 자금인출이 일시에 일어나며, 익명으로 발행되고 금융기관 대출에 비해 특별약정조항이나 채무불이행사유가 간단하다는 특징이 있다. 또한 채권소유자가 불특정다수이고 채권소유자의 의사결정을 위해서는 상당한 시일 이전에 사전통지를 해야 하므로 채권소유자의 의사결정과정이 복잡해진다.

따라서 채권소유자의 의사결정은 특정기관에 위임하는 방법과 동일 프로젝트에서 대출채권을 보유한 금융기관에게 위임하는 방법이 사용되고 있다. 전자의 경우 영국의 DBFO 도로 프로젝트에서 활용되었으며, 후자는 인도네시아의 파이톤 발전 프로젝트에서 활용된 적이 있다.

4) 이슬람금융

다수의 대주가 참여하는 프로젝트 파이낸스 방식 거래에서 이슬람금융은 Istisna'a (미래자산 매매계약)라는 방식이 주로 사용된다. Istisna'a에 따르면 사업주(실질적 차주)는 프로젝트 자산을 개발·건설하고, 이슬람 금융기관은 사업비용을 동 자산 매입대금의 성격으로 사업주에게 지급하며, 사업주는 프로젝트 건설 완공 후 동 자산을 이슬람 금융기관이 설립한 SPC(특수목적회사)앞으로 양도하게 된다.

여기서 국제상업금융기관이 이슬람 금융기관과 협조융자를 하는 경우 채권 우선순위에서는 동등조건이 적용되지만, 이슬람 금융기관이 대상설비 자산을 소유하므로 법률적 채권보전 차원에서 국제상업금융기관이 불리하게 된다. 따라서 양 금융기관은 이해관계의 조정을 위하여 담보물 처분금액을 분배하기 위한 계약(sharing agreement) 등을 체결한다.

이슬람금융은 확정된 이자수취를 원칙적으로 금지하고 있으므로 금융계약서에 이자와 관련하여는 이자 대신 리스료 또는 수수료 등의 용어를 사용하며, 금융 계약서를 별도로 작성하는 것이 일반적이다.

중동지역 민자발전 프로젝트에서 정치적 위험이나 불가항력 사유로 프로젝트 운영이 어려워지면 정부는 금융기관의 대출 원리금 상환을 보장한다. 그러나 사우디아라비아 등 이슬람 국가는 이자 지급, 미래 수익의 손실 등 파생적 손실은 원칙적으로 금지할 뿐만 아니라 영국법이나 뉴욕주법 등에 비해 계약 불이행시 보상범위가 제한적이다. 이러한 점을 고려할 때 이슬람금융 계약구조에서 정부의 원리금 지급 보증의무는 법률적 효력 문제를 야기할 수 있다.[96]

---

96) 이를 해결하기 위하여 '대출 원리금의 보증'이라는 표현 대신 '손실(liquidated damages) 보전' 등의 용어를 사용하기도 하며, 계약구조를 변경하기도 하지만 아직까지 완전한 해결방법이 없어 이러한 상황이 실제 발생할 경우 이슬람금융 당국이 어떻게 판결할지는 의문임.

2 공통금융계약(CTA: common terms agreement)

복합금융에 있어서 채권자들은 서로 다른 성격을 지니고 있으므로 이들의 이해관계를 조정할 수 있는 공통적인 지원조건에 대한 합의가 있어야 한다. 이를 '공통금융계약' 또는 '표준금융계약(standard terms agreement)'이라 하며, 이 계약은 개별금융계약서 작성의 단순화, 복잡한 채권자간 이해관계(inter-creditor issue)의 해결, 신속한 금융조달완료(financial closing) 등을 위해 사용되고 있다.

한편 여기에는 차주, 채권 금융기관, 대리인(agents), 담보관리인(security trustee) 등 모든 이해당사자가 참여하게 되며, 다음과 같은 내용을 정한다.

① 정의조항(definitions)
② 선행조건(conditions precedent)
③ 자금인출방법/인출순서(drawdown mechanism)
④ 진술 및 보증조항, 특별약정조항(representations, covenants)
⑤ 채무불이행사유(events of default)
⑥ 재원조달방법 및 프로젝트 개요(financial and project information)
⑦ 소요예산(budgets)
⑧ 제반 보증 및 보험관계(guarantee, insurance)
⑨ 프로젝트 관련 구좌 및 수익배분순서(project accounts provisions, including the order of disbursing revenues to creditors)
⑩ 선순위 채권자와 후순위 채권자간 이해관계조정 조항(inter-creditor provision)

위의 내용에 따라 채권자간 이해관계를 합의한다 할지라도 유럽투자은행(EIB : European Investment Bank)이나 리스금융 또는 국부펀드와 같이 금융종결 이후에 참여하게 되는 경우 사전에 이들의 이해관계를 고려할 수 없으며, 공사가 끝난 이후 채권(bond) 등을 통해 리파이낸싱을 할 경우에도 채권인수자의 요구사항을 예측하기 어려워 공통금융계약은 어느 정도 제약요인이 있다.

3 대주간 계약(Inter-creditor Agreement)

일반적으로 대출계약은 다수의 대주와 차주 사이에 공통적인 금융조건을 정하는 공통금융계약(Common Terms Agreement)과 각 대주의 특별사항을 정하는 개별금융계약(Individual Facility Agreement), 그리고 대주간의 관계를 정하는 대주간 계약(Inter-creditor Agreement)으로 구분된다.

대주간 계약은 대주간의 권리관계를 명확히 하여 향후 발생할 수 있는 의견의 불일치나 분쟁을 미리 방지하고 채권회수에 공동보조를 취하기 위한 목적으로 대주간에 별도로 체결된다. 서로 다른 성격이나 이해관계를 가지고 있으며, 지원조건과 절차가 다른 복수의 금융기관이 단일 프로젝트에 동시에 참여하는 복합금융에서는 많은 부분에서 대주사이에 이해관계가 상충될 수 있기 때문에 이 계약은 반드시 체결되어야 한다.

대주간 계약은 모든 대주와 담보관리 대리인, 자금관리 대리인 등이 참여하여 체결되며, 이 중 대주간 간사(inter-creditor agent)를 선정하여 이 계약의 실행을 주관토록 한다. 사업주가 융자한 후순위채무가 있을 경우 금융기관의 채권지위를 확실하게 하기 위하여 사업주도 계약당사자로 참여하도록 한다.

대주간 계약서에서는 대상 프로젝트에 대한 자금의 인출절차, 상환의 우선순위와 절차, 담보물 처분절차, 사안별 의결권과 의사결정방법, 상호 정보교류, 대리인 역할 등의 내용을 정하여 분쟁의 소지를 없애야 한다. 후순위채권자는 가급적 선순위채권자의 권한을 축소하려는 경향이 있으므로 채권의 지위에 따른 권리와 의사결정권한 등을 명확히 하여야 한다.[97)]

프로젝트 운영과 채권보전방법에 대한 의사결정은 만장일치가 원칙이지만 사안의 중요도에 따라 85%, 67%(⅔) 등의 최소의결권 비율을 정한다. 상업금융, 정부, 수출신용기관, 국제개발금융기관, 기관투자가 등의 그룹별 의결절차를 통한 의사결정방법도 있으며, 필요에 따라 특정기관이 거부권을 갖는 경우도 있다.

---

97) 기한의 이익 상실, 담보물 처분 등 채권보전에 직접 영향을 미치는 중요한 의사결정에서 선순위채권자와 후순위채권자의 이해관계가 상반될 경우 후순위채권자는 선순위채권을 매입(buy-out)할 수 있는 권리를 갖기도 함.

사례연구

복합금융 지원사례

■ 인도 Mundra 발전 프로젝트(financial closing 2008. 4.)

- 인도 정부는 2006년 해안 및 내륙지역에 총 28,000MW 규모의 7개 대규모 발전소 건설 사업을 추진(Ultra Mega Power Project, "UMPP")
- 본 프로젝트는 UMPP 선도 사업으로, 인도 서부 Gujarat州 연안의 Mundra지역에 4,000MW 규모의 석탄화력 발전소를 BOO방식으로 건설·운영하는 사업

① 프로젝트 개요

구 분	내 용
사업내용	Mundra 지역에 4,000MW 규모(800MW급×5기)의 석탄화력 발전소 건설·운영(BOO 방식)
사업주	Tata Power Co.(인도 Tata그룹의 전력 자회사)
차주	CGPL(Project Company) * 사업주가 100% 지분 보유
총사업비용	42.6억 달러 [차입금(31.9억 달러) : 출자금(10.7억 달러) = 75 : 25]
EPC계약 및 공급계약	주요 공사금액 : 32.7억 달러 보일러(한국 D사) : 12.4억 달러 터빈발전기(도시바 등) : 7.8억 달러 탈염설비(Reggiance), 현지공사 등 : 12.5억 달러
전력구매자	Gujarat, Maharashtra 등 5개 주정부 산하 7개 전력회사 * 장기 전력판매계약 체결(2007. 4월, 계약기간 : 25년)
연료조달	석탄 장기공급계약 체결 * 인도네시아(60%), 모잠비크, 남아공 등에서 수입

② 프로젝트 자금소요 및 조달계획

(단위 : 백만 달러)

자금소요		자금조달	
자본비용	3,707	자본금 [25%]	1,064
• 보일러	1,242	차입금 [75%]	3,191
• 터빈	778	• K-EXIM(22%)	700
• 인프라시설	754	– 직접대출	(500)
• 기타건설비용	492	– 보증(ADB 대출)	(200)
• 예비비	341	• KEIC 보험(BNPP)	300
• 준비금	100	• ADB	250
금융비용	548	• IFC	450
• 금융비용(IDC 등)	414	• 현지금융(7개사)	1,491
• 기타	134		
합계	4,255	합계	4,255

③ 프로젝트 구조도

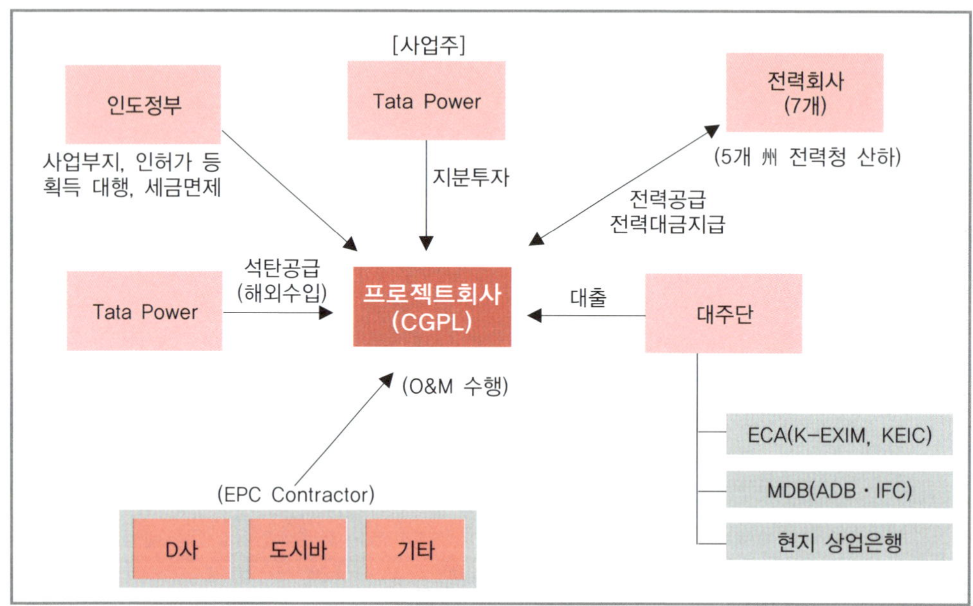

④ 주요 채권보전장치

- 프로젝트 관련 건물, 공장, 설비에 대한 저당권 설정
- 사업주(Tata Power Co.)의 공사완공(completion support) 보장
- 사업주의 석탄조달 추가비용 지불 보장
- 전력판매계약 등 프로젝트 관련 계약상의 차주 권리의 양도
- 사업주 보유 차주발행 주식 51%에 대한 제 1순위 질권 설정
- 사업주의 차주 앞 후순위대출 채권에 대한 양도담보
- 프로젝트 관련 계좌에 대한 질권 설정
- 차주의 보험계약상 보험금 수취권 양수

⑤ 프로젝트 리스크 분석

구 분	위험 요소	위험 경감방안
사업주 위험	• 사업주 신용 위험 • 자본금 미납 위험	• 인도 최대 민간전력회사로, 90년간 전력사업 수행 • 모그룹(Tata) 지주회사 등에 의한 증자, 투자 자산 매각 등으로 출자금 조달 • 출자금의 15% 투입 완료
공사완공 위험	• 공사수행 능력 • 비용 초과 및 공사 지연	• 주요설비 공급업체들의 풍부한 경험 (보일러 : 한국 D사, 터빈발전기 : 도시바) • 한국전력기술, TEC 등이 관련 기술 자문 • 예비비(341백만 달러) 및 Contingent Equity(총사업비의 5%, 약 213백만 달러) 확보 → 총사업비의 13% • 사업주의 공사완공 보장 • 공사완공 보험 부보

구 분	위험 요소	위험 경감방안
기술위험	• 기술적 결함	• 안정성이 입증된 기술 사용 • 프로젝트 보험 부보
석탄조달 위 험	• 석탄 확보, 가격 변동 • 선박 확보, 비용 변동	• 총소요량 12백만톤중 7백만톤 기확보 • 잔여 5백만톤, 최초 대출 집행 후 1년내 장기계약 체결 • 석탄운송 전문자회사 설립 • 비용상승으로 인한 DSCR 악화분 보전을 위한 사업주 추가 출자 등
전력판매 위 험	• 장기 전력판매 • 전력구매자 신용	• 주정부 7개 전력회사와 장기전력판매계약 체결 • 잉여전력의 타 전력회사, 제3자 앞 판매 허용 • 본건 전력요금의 높은 가격경쟁력 • 구매자는 차주앞 1개월 전력대금에 대한 Stand-by L/C 개설 • 차주는 구매자의 전력판매수입 계좌 질권 설정(당행은 동 질권을 양도받음)
인 프 라 위 험	• 송전망, 항만, 하역 설비 보강 필요	• 국영송전망공사와 송전망 구축 계약 체결 • 항만회사와 필요시설 장기사용계약 체결
사업운영 위 험	• 프로젝트 완공 후 운영 위험	• 사업주가 90년의 운영경험 보유 • 운영기간중 보험 부보
재무위험	• 불충분한 현금흐름에 따른 미상환 위험	• 최저 DSCR 1.26 • 대출상환예비금 계좌(DSRA)에 원리금 상환액 예치
정 치 적 위 험	• 국가위험	• 양호한 국가 신용도 및 IFC·ADB 협조융자
환경위험	• 각종 규정 미준수	• 세계은행, 인도 내 환경 관련 규정 준수 • 환경보호대책 강구(인출 선행조건)
불가항력 위 험	• 비자연적 불가항력 • 자연적 불가항력	• PPA상 고정비용 보상 또는 원리금 상환액 보조 • 건설·운영기간중 보험가입
환·이자율 변동 위 험	• 환율 변동위험 • 이자율 변동위험	• 통화 및 금리 헷징계약 추진

[사업주의 완공보장 내용]

구 분	내 용	비 고
자본금 납입	• 차입금과 비례(pro-rata)하여 Debt:Equity 비율(75:25)로 자본금 투입 • 첫 대출집행 전까지 출자예정액의 15%(160백만달러) 이상 투입	자본금의 15% 투입 완료
석탄 조달 및 운송수단 확보	• 최초 대출 집행 후 1년 이내에 석탄 구매 및 운송 관련 장기계약 체결 완료	
석탄가격 및 운송 추가비용 지불 보장	• 상기 장기계약상의 석탄가격 및 운송비용이 Financial Model의 가정치보다 상승하는 경우 당초 DSCR 수준을 유지할 수 있도록 사업주(또는 제3자)의 추가출자 또는 후순위대출	전액 일시 납입

구 분	내 용	비 고
재무적 완공을 위한 자금부족분 지원	• 재무적 완공을 이루기 위하여 필요한 비용부족분(공사비용 초과분 포함) 또는 재무적 완공까지의 모든 채무상환(원리금 상환의무 포함) 이행 부족분에 대하여 다음의 방식으로 지원 보장	재무적 완공까지
	• Contingent Equity(총사업비용의 5%, 약 213백만 달러)에 대하여 사업주의 추가 출자(또는 후순위대출)	대주단의 통지 수령 후 30일 내에 납입
	• 상기 금액이 부족할 경우, 해당 비용 부족분에 대하여 사업주(또는 제3자)가 추가 출자(또는 후순위대출)	

주 : 차주의 후순위대출의 원리금 상환에는 배당금 지급조건과 동일한 제약이 적용되며, 차주의 채무불이행 발생시 대주 채권에 대한 채무이행이 완료된 이후에 후순위대출 상환 가능

⑥ 프로젝트 관리계좌와 Cash Waterfall

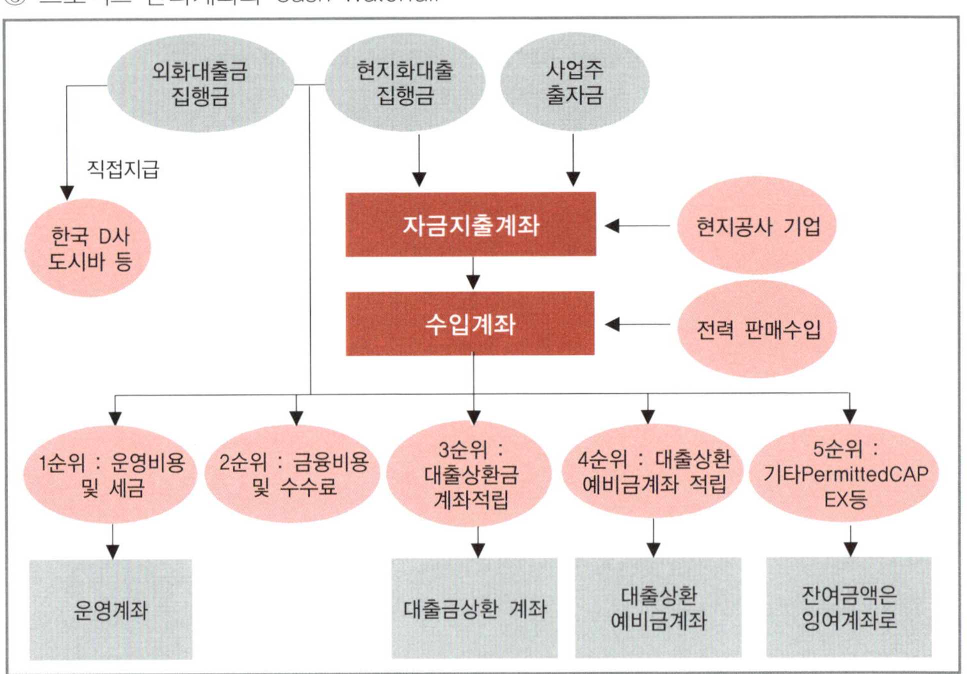

⑦ 주요 컨설턴트 선정 내용

구 분	대 주 측	사업주 측
법 률 자 문	국제 : Chadbourne & Parke, LLP 현지 : Amarchand(인도)	J. Sagar Associates
기술 컨설턴트	Black & Veatch	자체 인력
보험 컨설턴트	Marsh India Private Limited	대주 컨설턴트와 공유

⑧ 주요 위험발생 내용

본 사업은 상업적·기술적으로는 별 문제가 없었으나, 다음과 같은 경제적 요인으로 인하여 프로젝트의 재무적 완공을 달성하지 못하였다.

① 인도 현지화 환율의 급등
② 석탄가격의 상승
③ 자기자본비율 및 DSCR 요건 미충족

특히 발전연료인 석탄의 경우 전력가격결정체계에 석탄가격 변동분의 45%만 반영(pass-through)되어 인도네시아 정부의 정책변경(고정가격 수출을 금지하고, 시장가격으로 수출)과 시장가격의 상승으로 연료비 부담이 가중되었다.
그 결과 차입금을 전액 인출하지 못하였으며, 사업주의 완공보장 약정에 따라 사업주가 원리금 상환분 등 추가 소요자금을 직접 부담할 수밖에 없었다.

제12장

해외직접투자 금융

제1절 해외직접투자

1 해외직접투자의 개요

해외투자는 국제간 장기자본이동의 한 형태로서 경영참가 및 투자수익을 목적으로 외국에 자본을 투자하는 것을 말한다. 해외투자는 한 나라의 기업이 외국에서 새로운 기업체를 신설하거나 기존 외국기업의 지분인수에 의해 이루어지며, 자본의 이동과 함께 경영의 참여정도에 따라 해외직접투자(FDI : Foreign Direct Investment)와 해외간접투자(FPI : Foreign Portfolio Investment)로 구분된다. 해외간접투자는 해당사업체의 경영에 참가하지 않고 단순히 배당금이나 이자 및 자본이득을 목적으로 하는 주식 또는 채권투자를 의미한다.

우리나라에서는 외국환거래법 및 동법시행령에서 해외직접투자를 정의하고 있는데, 해외직접투자는 외화증권 취득, 외화대부채권 취득, 외국에서 영업소 설치 또는 확장을 위한 자금지급 등 크게 세 가지 유형이 있다.

외화증권 취득은 거주가가 취득하는 주식 또는 출자지분이 당해 외국법인 발행주식 총 수 또는 출자총액에서 차지하는 비율이 10% 이상이어야 한다. 다만 실질적인 경제관계를 수립하는 경우, 즉 ① 당해 현지법인 또는 외국법인에의 임원파견 ② 동 법인과 원자재 또는 제품의 1년 이상 매매계약 체결 ③ 중요 제조기술의 제공·도입 또는 공동연구개발 계약 체결 ④ 해외건설 및 산업설비공사 수주계약 체결의 경우에는 10% 미만도 가능하다.

외화대부채권 취득은 기 설립한 현지법인 또는 국내투자자와 실질적인 경제관계가 있는 외국법인에 대하여 동 외국법인에 투자한 거주자가 상환기간 1년 이상으로 금전을 대여해 주는 방식이다.

개인 및 개인사업자의 해외직접투자는 증권취득에 의한 현지법인의 설립이나 인수 없이 개인기업을 외국에서 경영하는 경우를 말하며, 해외이주 수속중인 개인 또는 개인사업자는 제외된다.

2 해외직접투자의 동기

해외직접투자의 동기는 거시경제학적인 입장과 경제외적인 변수를 강조하는 개별기업의 입장으로 나누어 볼 수 있는데 이러한 동기가 개별적으로 작용하기보다는 여러 요인이 복합적으로 작용하게 된다.

거시경제학적인 자본이동이라는 관점에서 볼 때는 자본은 자본의 한계수익률이 낮은 국가에서 높은 국가로 이동하는 것으로, 국제간의 자본이동은 국제간의 한계수익의 차를 이용한 이익의 극대화가 투자의 동기가 된다는 것이다. 반면 투자기업 입장에서는 투자기업이 소유하고 있는 경영능력을 최대한 활용하여 이윤을 극대화하는데 있다고 볼 수 있다.

따라서 해외직접투자의 동기는 기업의 경영상태 및 경영전략, 현지의 투자환경 및 요인 등에 따라 변화하며, 이러한 동기가 복합적으로 작용하여 해외직접투자가 이루어진다고 볼 수 있다. 여기에서는 개별투자기업의 입장과 국민경제적 필요성 측면에서의 해외직접투자 동기를 살펴보기로 한다.

1) 투자기업의 전략적 동기

(1) 시장 지향형

교역상대국의 수입장벽(수입쿼타제, 수입관세 등 수입제한조치)에 대응하여 기존 시장과 판매망을 유지하면서 새로운 시장을 개척하기 위하여 현지에 진출, 현지 생산체제를 구축하는 것을 말한다. 또한 투자대상국 시장뿐만 아니라 제 3국 시장 진출을 위한 우회수출기지로도 활용할 수 있다.

한편 투자대상국 정부의 현지조달비율 제고 요청이 늘어남에 따라 투자국내에서 협력관계에 있던 관련기업(원재료, 부품업체 등)을 동반 진출시키는 경우도 이러한 동기의 해외직접투자라고 할 수 있다.

(2) 생산원가절감형

생산성에 비하여 생산요소가격이 상대적으로 저렴한 지역에 진출코자 하는 것으로 노동집약적 산업에서 이러한 동기로 투자가 많이 이루어지고 있다. 일반적으로 노동력이 풍부하고 임금이 저렴한 국가에 투자하는 형태를 말한다.

(3) 원자재 조달형

각종 생산원료가 풍부하고 저렴한 지역을 찾아 투자하는 것으로, 당해 생산물은 현지수요에 충당되기도 하나 주로 본국 또는 제 3국에 수출되며 원유, 광업, 농림업 등의 투자가 주종을 이룬다. 우리나라나 일본과 같은 자원부족국에서는 주로 자국의 부족한 부존자원을 안정된 가격으로 장기공급 받기 위하여 자원개발업체가 현지에 진출하여 자원을 개발, 수입하기 위한 투자가 많다.

(4) 선진 기술·경영기법 습득형

외국의 선진기술이나 경영기법 등을 습득하기 위한 동기에서 투자가 이루어지는 것으로 첨단기술을 보유한 현지기업을 인수합병(M&A)하는 방식의 해외투자사업에서 이러한 동기가 많다. 이러한 예는 개도국 기업의 선진국에 대한 투자에서 나타난다.

(5) 글로벌 네트워크(global network) 추구형

세계시장의 글로벌화에 맞추어 모기업과 해외자회사간의 글로벌 네트워크의 구축, 외국기업의 전략적 제휴 등을 위하여 이루어지는 해외투자 형태를 말한다.

2) 국민경제적 동기

(1) 해외시장 기반의 구축 및 확장

해외직접투자는 국내 생산기지의 해외이전을 통해 선진국과의 통상마찰 없이 계속적인 사업활동을 전개토록 함으로써 현지시장 진출을 용이하게 하고, 수입제한 등과 같은 무역장벽을 회피하여 해외시장을 확보할 수 있게 한다. 특히 대외지향적인 경제구조를 갖고 있는 우리로서는 이러한 목적의 해외직접투자가 절실히 요구된다.

(2) 주요 자원 및 원자재의 안정적 확보

부존자원이 부족한 우리나라는 주요자원 및 원재료의 안정적 확보를 위해서도 해외직접투자가 요구된다. 이는 자원보유국의 수출제한 강화 등 자원 내셔널리즘에 능동적으로 대처하고, 원자재 등을 장기간 안정적으로 확보함으로써 국민경제의 안정적 발전을 도모하기 위해서이다.

(3) 산업 구조조정 촉진

해외직접투자는 국내 비교열위산업의 개도국 이전을 통한 제품의 수명주기 연장, 첨단기술의 개발·습득을 통한 국내 산업구조 고도화 등 국내산업 구조조정 촉진을 위한 중요한 정책수단으로도 활용되고 있다.

(4) 경제협력의 강화

해외직접투자는 투자대상국의 외국인투자 유치를 위한 각종 인센티브의 활용과 투자대상국과의 경제협력 강화를 위한 수단으로 활용되고 있으며 또한 외교협력까지도 확대해 나가는 계기가 되기도 한다.

3 해외직접투자 자금조달

1) 소요자금 산정

해외투자사업의 소요자금은 크게 시설자금과 운전자본으로 구분된다.

(1) 시설자금

시설자금은 계획사업의 목적, 내용, 단위사업에 따라 결정되는데 주로 토지, 건물 구입이나 신축 또는 임차비용과 기계설비 설치비용 등으로 구성된다.

① 토지 및 관련비용

확정된 계약서상의 토지구입비를 말하며 취득세, 등록세 등 관련비용이 포함된다. 또한 현지의 수도, 전기, 도로 등 공공지원시설의 정지비용 등도 포함되며, 농업부문 투자시에는 관개에 소요되는 비용도 포함된다. 임차인 경우에는 임차보증금 및 임차료가 그리고 토지의 소유가 원칙적으로 인정되지 않는 사회주의 국가에 진출하는 경우에는 토지사용료 등이 계상된다.

② **건물**

공장건물 구입 또는 신축을 위하여 필요한 자금을 말하며 기타 공장건설을 위하여 필요한 상·하수도 급배수관 설치, 매립(Land filling)비용 등의 토목공사비도 포함된다. 공장건물 신축인 경우에는 제반 설계 등에 의거 공사자재의 소요량을 산출, 사업계획서에 반영하게 된다.

③ **기계설비**

계획된 생산능력과 대비하여 적정한 규모의 기계설비 구입에 필요한 자금을 말하며 국산기자재 또는 외산기자재 사용에 따라 비용이 달라진다.

(2) 운전자본(Working capital)

운전자본이란 원재료 구입, 임금 및 경비 지출 등 기업의 정상적인 생산 및 판매 활동을 수행하는데 필요한 운영자금으로서 대개 유동자산에서 유동부채를 공제한 순운전자본(net working capital)으로 표시되며, 매출규모가 늘어남에 따라 운전자본도 늘어나는 것이 일반적이다.

운전자본 규모 산정시 유의할 점은 초기운전자본 규모가 설정되면 정상가동(full capacity) 이전의 초기가동단계(start-up phase)에서는 가능한 월별 현금흐름 예측을 통해 현금부족 발생 유무를 확인한 후 만약 특정 월에 부족이 발생하는 경우 그만큼 초기운전자본을 상향 조정해야 한다. 생산개시 이후 정상가동단계로 접어들면서 생산 및 매출규모가 증가함에 따라 운전자본의 규모도 늘어나게 되는데 이 경우 연도별 운전자본 계획 수립시 현금을 제외한 순운전자산(net working assets : 매출채권 + 재고자산 − 매입채무)의 개념에서 작성하여 연도별 현금흐름 예측에 반영할 필요가 있다.

한편 건설 시작부터 가동시까지 기간이 2~3년이 소요되는 경우에는 건설기간중 이자 비용도 상당액에 달하므로 소요자금계획에 포함하여 산정한다.

2) 자금의 조달

신규로 설립되는 현지법인의 자본은 자본금과 차입금으로 구성되는데 투자자본을 어떻게 구성하느냐에 따라 기대수익과 위험률이 달라지므로 이 문제는 현지의 세제, 즉 법인세율, 배당원천세율, 이자원천세율 등과 기업의 경영방침(배당정책, 성장정책) 등을 면밀히 검토하여야 한다.

(1) 자기자본(equity)

자본의 형태에 따라 자기자본의 조달과 타인자본의 조달로 나눠지는데 자기자본은 기업의 소유자에게 귀속될 자본으로서 출자자에 의해 갹출된 자본(equity capital)뿐만 아니라, 기업의 내부에서 경영활동의 결과 발생된 이익을 사내에 유보한 부가자본으로 구성된다. 신규로 설립하는 경우는 출자자에 의한 주식자본에 의존해야 하며, 출자 형태는 다음과 같다.

① 현금출자(payment in cash)

현금으로 출자하는 것으로 모든 회사형태의 기업에 있어서 가장 보편적으로 행해지는 출자형식이다.

② 현물출자(goods contribution)

상품, 원료, 토지, 건물 또는 특허권, 상표권, 영업권 등의 유형, 무형의 재산을 출자하는 형식으로 이 경우 재산평가의 문제가 대두되는데 과대평가로 인한 기업의 이익률 저하 등과 같은 폐단을 고려, 관련법에 의해 정관상에 현물출자사항 기재의무 또는 검사인 선임조건을 통해 제한하고 있다.

(2) 차입금(debt financing)

차입금의 원천으로는 출자자에 의한 대부투자, 투자국 은행으로부터의 차입, 현지금융 제3국 은행을 통한 역외금융(offshore financing), 해외에서의 채권발행 등이 있다.

차입금 종류별로 거치기간, 상환기간 등의 차입조건에 따라 연도별 원금상환계획이 수립되어져야 하며, 동시에 차입이자율에 의거 연도별로 부담해야 할 예상이자비용이 산출된다. 국내기업의 원활한 해외투자사업 활동을 적극 지원하기 위해 한국수출입은행 등 국내 금융기관에서는 각종 해외투자 관련자금을 제공하고 있다. 또한 한국광물자원공사, 한국석유개발공사 등과 같은 에너지 공기업들은 자원개발과 관련한 해외투자사업에 장기의 대출을 취급하고 있다.

한편 일반적으로 차입금의 비중이 높을수록 이자지급액의 손비처리(tax shield)효과로 인한 높은 세후이익을 기대할 수 있으나 재무레버리지(financial leverage)의 확대로 기업의 위험이 높아지는 경향이 있으므로 과다한 수준의 차입은 바람직하지 않다. 또한 나라에 따라서는 대외이자지급을 구실로 한 세금회피와 과다한 외화유출을 방지하기 위하여 외환관리법상 해외로부터 도입된 외국자본에 대한 이자율을 제한하고 있다. 또 세법 등으로 현지법인의 타인자본 대 자기자본 비율의 허용범위를 정해두기도 하므로 현지국의 관련법에 대하여 숙지하고 대처하여야 한다.

① 해외투자 자금대출

국내 외국환은행들은 해외투자 자금대출에 있어서 대출한도, 대출형식, 대출기간 등을 자체적으로 정하여 운용하고 있다. 대출대상은 해외직접투자 소요자금으로 증권취득자금(현지법인 신설, 인수 또는 증자를 위한 주식 또는 출자지분 취득자금) 또는 융자자금(외국법인에 투자한 거주자가 당해법인에 상환기간 1년 이상으로 융자하기 위한 자금) 등이 있다.

② 역외금융(offshore financing)

외국환은행이 비거주자로부터 외화자금을 조달하여 비거주자를 상대로 운용하는 금융으로 역외계정과 일반계정은 구분계리하고 계정 간 자금이체의 경우 기획재정부 장관의 허가[98]를 받아야 한다.

대출대상은 국내기업이 투자한 해외 현지법인 및 지점, 외국의 국내 물품 수입업자, 외국정부 및 기업, 다른 역외계정 보유자 등이며 자금용도는 제한이 없다.

③ 현지금융(local financing)

거주자(개인 제외), 거주자의 해외지점, 거주자의 해외 현지법인이 투자대상국에서 사용하기 위하여 현지에서 현지통화로 자금을 차입하거나 지급보증을 받는 것을 말한다. 현지금융으로 조달한 자금은 국내에 예치하거나 유입할 수 없으며 다만 현지법인 등과 국내 거주자간의 인정된 경상거래에 따른 결제자금의 국내유입은 가능하다.

대출대상은 거주자나 거주자의 해외지점 또는 현지법인이며 용도는 제한이 없다.

④ 모기업에 의한 직접차입과 현지차입과의 비교

해외투자자금의 차입과 관련하여 특히 신중한 고려가 필요한 분야는 현지차입과 모기업에 의한 직접차입방식 중 어느 것을 택할 것인가 하는 문제이다.

현지차입은 환차손이 발생할 염려가 없고, 차입금 상환에 현지정부의 저항이나 규제가 매우 적은 반면, 대부분의 개도국의 경우 현지 차입비용은 상대적으로 매우 높아 재무구조 악화 및 수익성 저하를 초래하게 된다.

모기업의 자금대여는 투자형태의 하나로 투자위험의 분산과 수익률의 증가를 위해 행해진다. 모기업의 간접대출은 출자에 비해 원리금상환이 용이하고 현지기업의 운영이 여의치 않을 경우에 최소한의 회수가능액이 될 수 있다는 점에서 유리하다.

---

98) 다만 직전 회계연도중 역외 외화자산평잔의 100분의 10 범위내에서의 자금이체는 허가사항이 아님(외국환거래 규정 제2-10조)

따라서 모기업이 일부는 출자하고 일부를 대출하는 것은 위험회피 및 수익성 향상을 도모한다는 점에서 해외투자 재원조달과 관련하여 고려해야 하는 중요한 요소가 된다.

4 해외투자금융 지원제도

1) 금융지원 개요

금융기관의 해외투자금융 지원 서비스는 해외진출 기업이 해외투자를 계획하고 실행에 옮기는 단계에 맞추어 제공될 수 있는데, 해외투자의 흐름도와 이에 따른 금융지원절차는 [그림 2-27]로 요약될 수 있다.

2) 금융기관들의 대출심사

금융기관이 해외투자금융을 심사하는 데 있어 주요 고려요소는 '프리즘(PRISM)'으로 요약할 수 있다. 프리즘이란 PRISM의 각 글자가 의미하는 사업전망(Perspective), 상환능력(Repayment), 대출목적(Intention), 담보력(Safeguards) 그리고 경영능력(Management)의 다섯 글자를 합성한 것으로 차주의 대출상환과 관련된 질과 양적인 문제를 심사한다는 뜻이다.

해외투자금융 심사의 주요 내용을 살펴보면 다음과 같다.

(1) 대출자금의 용도 및 한도

은행들의 기업에 대한 대출심사에서 가장 기본이 되는 것은 신용상태 등 기업내용을 정확하게 파악한 후 대출금이 얼마나 필요한지, 대출한 자금은 어디에 쓰이는가를 분석하는 것이다. 해외투자관련 대출의 자금용도는 크게 시설자금과 운영자금으로 나누어진다.

해외투자자금의 대출한도는 해외직접투자 신고수리서상 신고된 해외투자금액을 기준으로 산정된다. 해외직접투자 신고수리기관은 ① 해외투자금액이 당해 사업 영위에 실제로 소요되는 금액이내인지 여부 ② 투자계획이 시설규모, 시장규모, 국내 동일업종의 수익률·자본비용 등에 비추어 적정한지 여부를 심사하여 해외직접투자 신고수리서를 발급하고 있다. 따라서 대출은행은 대출심사 시 해외투자신고수리서 사본을 징구하여 동 신고수리서상 해외투자금액을 소요자금으로 인정하고 대출한도를 산정하고 있다.

그림 2-27 해외직접투자 흐름과 금융지원절차도

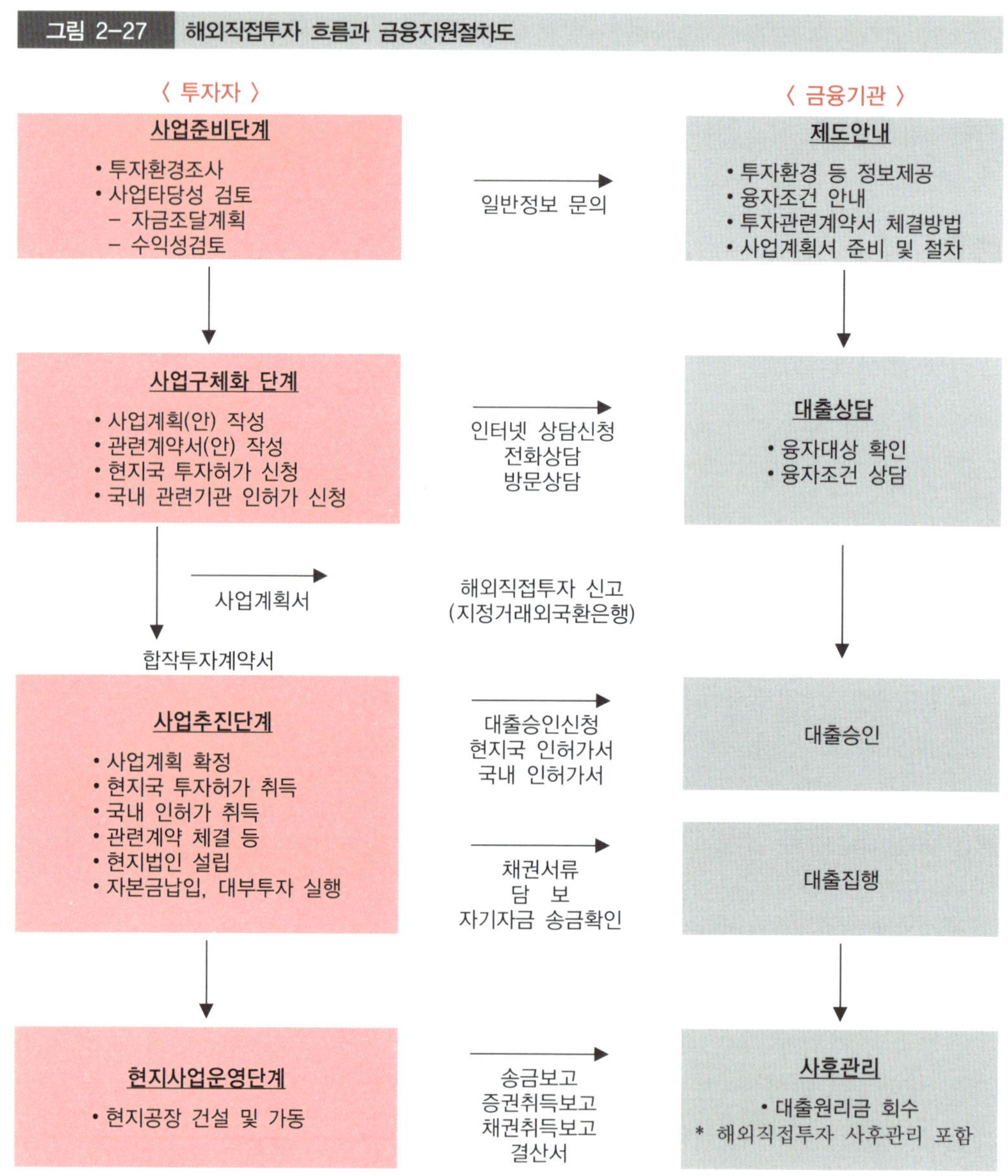

① 시설자금

시설자금은 공장건물, 사무소, 점포, 종업원합숙소, 각종 후생시설 등 영업활동의 기초가 되는 고정시설에 투자하는데 소요되는 자금을 말한다. 시설자금 심사 시 고려되는 일반적 사항은

- 수급관계에 비추어 투자효과는 기대 가능한가?
- 타사의 시설투자로 인한 공급과잉은 없겠는가?

- 설비증가에 따라 종업원 확보와 기존설비와의 균형은 이루어지는가?
- 새로운 설비의 진부화나 기술혁신의 영향은 어떠한가?
- 시설투자에 따른 손익예상은 타당한가?
- 시설투자에 대한 경영진과 종업원간의 태도는 어떠한가? 등이다.

대출은행은 이상의 제반사항을 고려하면서 생산/판매계획, 자금수지계획, 생산성 향상과 원가절감계획 등을 종합적으로 검토한다.

② 운영자금

운영자금은 시설자금에 해당되지 않는 사업에 필요한 제반 소요자금(임금, 경비, 원자재 구매, 매입채무 결제, 차입금상환 등)이다. 운영자금의 소요는 반복적으로 일어나기 때문에 은행들은 운영자금 대출시 개별대출방식 외에 회전한도방식을 사용하는 경우도 있다. 회전한도방식은 차주가 한도설정기간 중에 한도설정금액 범위 내에서 수시로 자금을 대출받고 또 상환하는 것을 말한다.

(2) 투자사업의 사업성 평가

신규 투자사업에 대한 시설자금의 투융자의사를 결정할 경우에 해당 투자사업의 장래 성공가능성을 투자자 또는 융자자의 입장에서 평가하는 것이다.

일반적으로 투자사업을 통해 생산할 예정인 제품이 물리적으로 생산 가능한 가 그리고 원가와 품질의 양면에서 경쟁력 있는 제품을 생산할 수 있는가를 기술적인 측면에서 분석하는 기술성 분석과 제품의 판매가능성 즉, 시장수요 가능성을 검토하고 적정한 가격에 적정한 양의 매출이 가능할 것인가를 분석하는 시장성 분석, 투자수익성의 관점에서 계획사업의 투자타당성 여부를 검토하는 경제성 검토 등으로 이루어진다.

① 기술성 검토

기술성 검토는 투자사업에 대해 기술적 측면에서 그 타당성을 평가하는 것으로서 일반적으로 계획제품의 효율적 생산가능성과 관련된 여러 가지 기술적 사항을 검토한다. 즉, 계획제품을 물리적으로 생산 가능한가, 그리고 원가와 품질면에서 경쟁력 있는 계획제품을 생산할 수 있는가를 평가하는 부문이 기술성 검토이다.

기술성 검토의 주요 항목을 살펴보면 다음과 같다.

가. 계획제품의 특성

기존 경쟁제품과 비교하는 관점에서 계획제품의 물리적, 화학적 특성과 용도, 품질상 특성 및 장단점을 기술적 측면에서 분석하여 계획제품의 경쟁력 확보가능성을 평가한다. 또한 표준규격 획득에 의한 품질향상 문제가 중요하므로 제품의 성격상 표준규격에 의한 생산이 필수적인지 여부와 규격 또는 표준품질이 제품판매에 미치는 영향 등을 조사한다.

나. 입지

입지는 제품의 품질 및 원가결정의 중요한 요소가 된다. 특히 공장입지가 일단 결정되면 주변 여건에 급격한 변화가 없는 한 개별기업체로는 수동적인 입장에서 주어진 여건을 감수해야 하므로 입지조건에 따라 생산, 판매 등 주요 경영활동이 제약을 받을 수 있다. 입지 검토 시에는 일반적으로 위치 및 부지상태, 교통 및 도로망, 상권형성 정도, 용수 및 전력사정, 노동력 확보가능성, 원재료 조달가능성, 환경문제 등이 포함된다.

다. 생산능력

생산능력을 정확히 산정하고 동 생산능력이 적정 생산규모인가 그리고 현재 또는 미래의 수요상황에 비해 적합한가를 검토한다.

이론적으로 볼 때 장기 평균생산비용이 최소가 되는 생산량에 도달하는 규모가 최적생산규모라고 할 수 있으나 시장수요량, 경쟁업체의 생산능력, 경영관리능력, 자본조달능력 등에 따라 현실적으로 적정 생산능력을 결정하는 것은 매우 어려운 일이다. 다만, 투자사업의 생산능력이 경쟁업체와 비교할 때 원가경쟁력을 크게 저하시키는 수준이거나 또는 현실적 시장수요와 대비할 때 부적절한지 여부를 평가하는 수준에서 시설능력의 적정성을 검토할 필요가 있다.

라. 시설계획

계획제품을 계획된 생산능력 및 생산공법에 적합하게 생산하기 위해 투입되는 토지, 건물, 기계장치 등 고정자산의 질적·양적인 적정성 여부를 평가하고, 공사 진행일정 및 절차, 공사소요기간, 착공 및 완공시점, 시운전기간 등 시설공사 진행계획이 합리적이고 현실적으로 타당한지를 평가하며 아울러 실행가능성 여부를 현재의 진행상황 등을 고려하여 검토한다.

마. 생산요소

원재료, 노동력, 유틸리티, 생산기술 등 계획제품생산에 투입될 주요 자원의 소요량 확보가능성, 동 자원 사용의 효율성 등을 검토하여 적정 생산원가에 의한 적정품질의 계획제품 생산가능성을 검토한다.

바. 소요시설 자금

생산시설 투자에 소요되는 자금이 과다할 경우 감가상각비 및 차입금이자 등 고정비 부담을 증가시켜 생산원가 부담증대 및 수익성 저하를 초래하게 된다. 또한 시설

투자에 따라 발생되는 고정비는 그 영향이 장기간에 걸쳐 나타나고 자체적으로 조정 통제가 불가능한 비용이 되므로 투자사업의 사업성에 부정적인 영향을 주는 중요한 실패요인이 될 수 있다. 따라서 시설소요자금의 적정성 여부를 철저히 검토해야 한다.

토지, 건물, 기계장치 등 각종 고정자산 투자금액을 각 자산별 거래계약서 및 견적서 등의 금액으로 확인하고, 경쟁업체 투자사례 및 유사거래실적 등을 감안하여 소요금액의 적정성 여부를 검토하며, 생산단위당 투자액을 경쟁업체 등과 비교함으로써 전체 투자액의 적정성 여부를 평가한다.

② 시장성 검토

계획제품의 판매가능성을 분석하는 것으로 즉, 계획제품의 중장기 수급예측, 계획제품 생산업계의 경쟁상황, 가격동향 등의 분석을 토대로 계획제품의 매출액을 추정하고 추정매출액의 변동가능성을 검토한다.

가. 시장수급 및 예측

계획제품의 시장수요 추이 및 공급 상황을 주로 통계자료를 중심으로 분석함으로써 계획제품 시장수요의 성장추세 및 수급과부족 실태를 파악하고 아울러 시장수요 결정요인을 파악한다.

시장전체 수요량 예측기법으로는 과거의 판매액 또는 판매추세를 기초로 미래수요를 예측하는 방법인 판매실적법과 과거의 판매량 또는 수요량의 변동과 주요 거시경제변수와의 상관관계를 통계적으로 분석하고 그 관계를 이용하여 수요예측을 하는 상관관계분석법, 설문조사(field survey)에 의하여 얻은 주관적 판단을 토대로 수요를 예측하는 주관적 예측방법이 있다.

나. 업계의 현황분석

계획사업의 제품판매에 영향을 미치는 시장여건으로는 전반적인 시장수급상황 이외에도 동 업계내의 수급구조, 유통구조, 경쟁상황, 가격동향 등을 평가한다.

다. 매출액 추정

시장수급현황 및 전망, 업계의 현황 등 계획 제품이 판매될 목표시장의 여건 분석을 토대로 계획제품의 매출액을 추정하는 것으로 사업성 평가에서 가장 핵심적인 부문이다. 시장 총수요와 공급전망, 업계동향 및 계획사업의 판매전략 등을 감안하여 개별기업이 총수요에서 차지할 수 있는 시장점유율을 추정함으로써 매출액을 추정하여 계획제품의 판매가능성을 검토한다.

③ 경제성 검토

투자사업에 대한 기술성 및 시장성 검토가 완료되면 이로부터 얻은 여러 가지 정보와 판단을 기초로 투자수익성의 관점에서 투자사업의 투자수익률 분석을 통한 투자사업의 투자타당성 여부를 평가하는 것으로 동 평가결과에 의해 투융자 의사결정이 이루어지게 되므로 경제성 검토는 사업성 평가의 결론을 도출하기 위한 것이라고 할 수 있다. 투자수익률 검토기법을 개괄적으로 살펴보면 다음과 같다.

가. 회수기간법(payback period method)

투자안에 투입될 총비용을 완전히 회수하는데 소요되는 기간을 기준으로 투자결정을 하는 기법으로 투자 금액을 되찾는데 걸리는 기간으로 투자안의 가치를 평가한다.

회수기간법은 이해하기 쉽고 간편하기 때문에 기업 현장에서 자주 사용된다. 예를 들어 100억 원을 투자하면 1년째 20억 원이 들어오고, 2년째 30억 원, 3년째 40억 원, 5년째 60억 원이 들어오는 프로젝트의 회수기간을 계산하면 3.2년이 걸린다.

회수기간법은 위와 같이 간단하게 계산해 볼 수 있는데다가 현금흐름을 감안한 투자안 평가 방법이며, 리스크가 고려된 방법이라는 장점을 갖는 대신 화폐의 시간가치가 고려되지 않고 있다는 점과 회수기간 이후의 현금흐름에 대해 고려하지 않는다는 단점이 있다.

나. 평균이익률법

연평균 순이익을 연평균 투자액으로 나눈 평균이익률을 기준으로 투자의사결정을 하는 방법으로서 사용이 간편하며 회계장부상의 자료를 직접 활용할 수 있는 장점을 가진 반면 현금의 흐름이나 화폐의 시간적 가치를 무시하는 점과 감가상각방법의 상이에 따른 평균이익률의 변동 등의 문제점이 있으므로 투자의사결정의 보조적 수단으로 유용성을 갖는다.

다. 순현재가치법(NPV Method : Net Present Value)

투자안에 대한 미래 현금흐름을 기업의 최저 필수수익률(가중평균 자본비용)로 할인한 순현가(NPV)를 기준으로 투자안의 의사결정을 하는 기법으로 화폐의 시간가치를 고려한 방법이다. NPV의 산출은 모든 예상되는 현금 유입에서 모든 현금 유출을 차감하여 이를 현재가치로 할인하면 된다. 산식은 다음과 같다.

$$NPV = \sum_{t=0}^{n} CI_t/(1+r)^t - \sum_{t=0}^{n} CO_t/(1+r)^t$$

CI는 현금유입, CO는 현금유출, r은 할인율이다. 미래의 모든 현금 유입의 현재가치에서 미래의 모든 현금 유출의 현재가치를 뺀 값이 바로 순현재가치(NPV)이고, 이때 판단기준은 NPV가 0보다 크면 투자안 채택, 0보다 작으면 투자안이 기각된다.

예를 들어 어떤 프로젝트가 450억 원을 투자하면 다음과 같은 현금흐름이 예상되고 할인율이 15%라면, NPV는 다음과 같이 구할 수 있다.

(단위 : 백만 원)

기간	투자시	2년째	3년째	4년째	5년째	6년째
현금흐름	-45,000	5,000	10,000	15,000	20,000	40,000

$$NPV = -45{,}000 + 5{,}000/(1.15) + 10{,}000/(1.15)^2 + 10{,}000/(1.15)^3 + 10{,}000/(1.15)^4 + 10{,}000/(1.15)^5$$
= 8,094백만 원

라. 내부수익률법(IRR Method : Internal Rate of Returns)

내부수익률법은 투자로 인한 기대현금유입의 현가와 투자에 지출되는 예상현금유출의 현가를 동일하게 하는 할인율인 내부수익률(IRR)을 기준으로 투자안의 경제성 평가를 하는 기법으로 화폐의 시간가치를 고려한 방법이다.

즉, $\sum_{t=0}^{n} CI_t/(1+IRR)^t = \sum_{t=0}^{n} CO_t/(1+IRR)^t$를 만족하는 IRR의 값을 기준으로 의사결정을 하는 기법이다. 현금유입(cash inflow)의 현재가치의 합과 현금유출(cash outflow)의 현재가치의 합이 같게 되는 할인율, 즉 NPV=0이 되게 하는 할인율이 내부수익률이다.

위 NPV에서 예를 들었던 프로젝트의 IRR을 구해보면 IRR은 20.38%이다.

$$-45{,}000/(1+IRR)^0 = 5{,}000/(1+IRR) + 10{,}000/(1+IRR)^2 + 15{,}000/(1+IRR)^3$$
$$+ 20{,}000/(1+IRR)^4 + 40{,}000/(1+IRR)^5$$

단일투자안의 경우에는 최저 필수수익률과의 비교에 의해, 그리고 복수투자안의 경우에는 각 투자안의 내부수익률간의 상호 비교에 의해 투자안의 타당성 및 우선순위를 결정한다.

최저 필수수익률 즉, 가중평균자본비용은 기업의 전체 가치를 하락시키지 않는 범위내에서 신규 투자가 획득해야 할 최소한의 수익률을 말한다. 동 수익률의 측정방법은 일반적으로 투자안에 투입된 자금의 원천별로 각각 개별 계산된 자본비용을 각 자본의 구성비율로 가중 평균하여 계산된다. 예를 들면 신규 투자안에 소요되는 자금이 증자 500억 원과 차입금 800억 원으로 조달되고 자본비용이 각각 18%[99]와

99) 자기자본비용은 타인자본비용에 비해 측정하기 어려워 다양한 측정방법이 제시되고 있으나 대표적으로 자본자산가격결정모형법 (capital asset and pricing model : CAPM)이 이용

12%이며 법인세 효과를 무시한다면 가중평균 자본비용은 다음과 같이 산출된다.

가중평균자본비용률 = (500 × 18% + 800 × 12%) / (500 + 800) = 14.3%

(3) 사업수행능력 분석

일반적으로 사업수행능력 분석은 회사연혁, 주주와 경영진 현황, 영업현황, 생산현황, 관계회사 현황, 재무현황 등을 검토함으로써 사업추진 주체의 사업의지와 종합적인 사업추진능력을 검토한다. 특히 신규사업의 경우 사업추진 초기에 있어 최고경영자의 역량은 계획사업 성패에 결정적인 영향을 미치는 것이 일반적이므로 사업성 평가 시 사업추진 주체의 사업추진 의지와 사업수행능력을 철저히 검토할 필요가 있다.

① 연혁

과거 그 기업의 역사를 살펴봄으로써 기업의 성격과 잠재능력을 유추할 수 있다. 일반적으로 볼 때 업력이 오래된 기업은 업력이 짧은 기업 또는 신설기업에 비해 상대적으로 조직체계가 잘 정비되어 있고 경영상의 노하우와 생산기술의 축적 등이 충분히 이루어져 있다고 볼 수 있다. 특히 상호의 잦은 변경, 지분이동에 따른 빈번한 조직변동, 피합병 등은 경영에 불리한 요소로 작용할 가능성이 높다.

② 주주와 경영진 현황

국내기업의 소유구조의 특성은 대주주가 경영의사결정을 배타적으로 행사하는 소유 경영체제가 일반적이므로 실질적인 최고 경영자인 대주주의 성격, 부의 축적과정, 사업경험, 피교육정도, 기업경영에 대한 열의, 경영의사결정 및 경영관리상의 특성 등을 각종 자료, 사회적 평판 등에 의해 직·간접적으로 입수하여 분석함으로써 대주주의 경영의지와 경영능력을 평가한다.

그리고 대주주이외 경영진들에 대해 대주주와의 관계, 과거 사업경험, 경력 등을 중심으로 조사하여 경영진의 전반적인 업무추진능력을 검토한다. 특히 생산기술부문, 연구개발부문과 경영기획 및 조정을 담당하고 있는 경영진에 대해 중점적으로 조사할 필요가 있다.

되고 있다. 이것은 무위험이자율에 위험프리미엄을 합한 값을 자기자본비용으로 이용하는 방법이다.

③ **조직구성 및 인원현황**

사업부문별로 적정한 인원이 배치되어 있는지 여부와 숙련 기술인력의 확보정도를 검토하고, 현재의 조직이 투자사업의 추진에 미치는 영향과 노사관계의 안정성에 대해서도 살펴본다.

④ **영업 및 생산현황**

기존 생산품목에 대한 생산실적, 생산능력, 가동률과 생산기술의 상대적인 우위정도, 생산제품에 대한 표준 규격을 획득하였는지 여부와 특허권, 상표권의 출원여부 등 기술개발 추진상황 등을 검토한다.

⑤ **재무현황**

재무비율을 중심으로 기업의 전반적인 수익성, 재무구조의 안정성, 자산운용의 효율성, 현금흐름의 적정성, 유동성, 재무적 융통성 등을 분석한다. 이를 통하여 신규 사업의 안정적인 추진 능력과 자금동원능력 등을 파악할 수 있다.

3) 대출실행

(1) 대출승인신청

해외투자기업의 금융기관 앞 대출승인 신청은 해외투자자가 해외투자와 관련된 제 계약을 관련 당사자와 체결한 후에 하는 것이 일반적이다.

해외투자금융을 제공받기 위해 기업이 은행에 제출하는 서류 중 국내금융과 다른 사항들을 살펴보면 다음과 같다.

① **대출승인신청서**

대출승인신청서의 내용상에 현지사업의 자금소요 및 조달계획, 생산 및 판매계획 등 제 사업계획이 해외직접투자 신고수리서 상의 내용과 일치하여야 한다.

② **대상거래 계약서 사본**

은행은 단독투자시에는 별도의 투자계약서가 없으므로 현지법인 설립증명서[100]를 징구하여 현지법인의 설립 또는 존재 여부를 확인한다. 합작투자시에는 합작투자계약서의 내용상에 국내투자자에게 불리한 조항이 없는지를 확인한다.

한편 대부투자의 경우에는 모기업과 현지법인간에 체결된 대부투자계약서(금전소비대차계약서)에 대해서 은행은 합작계약서와 마찬가지로 국내투자자에게 불리

---

100) 현지국 변호사가 현지국 관할법원에 신청한 회사등록신청서류, 현지국 등기소에서 발행한 회사 등기부등본, 회사정관 등

한 조항이 없는지를 확인한다.

③ **국내외 관계기관의 인·허가 또는 추천서류**

해외직접투자사업은 외국환거래규정상 국내거래 외국환은행의 신고수리를 받아야 하므로 은행은 대출승인 신청서 접수 시 동 신고서류 사본을 징구하여 국내에서 신고수리 완료 여부를 확인해야 한다.

또한 해외직접투자사업이 공시대상사업, 해외자원개발사업인 경우에는 관련 정부부처 또는 관계기관으로부터 사전심의 또는 사전허가를 득하여야 하므로 동 서류 사본도 함께 징구된다. 한편 투자대상국 중에는 현지국 외환당국으로부터 외국인투자허가를 별도로 득해야 현지사업을 추진할 수가 있으므로 은행은 이들 국가 내에서의 투자허가절차 완료 입증서류도 함께 징구하여 현지사업 추진에 문제가 없는지를 검토해야 한다.

(2) 대출실행 및 사후관리

대출실행 시에는 자기자금과 대출금의 분담비율이 유지되어야 하므로 은행은 차주로부터 자기자금송금확인서를 제출받아 자기자금의 투입사실을 확인한 후 대출을 집행한다.

대출은행은 대출금이 당초의 자금용도로 사용되었음을 확인하기 위하여 해외송금확인서 등 다음의 서류를 징구한다.

- 해외송금확인서(송금 후 즉시)
- 외화증권취득보고서(법인설립보고서 포함)
- 외화채권취득보고서(대부상대방의 영수증명서 또는 약속어음)
- 주요 기계·설비의 구입증명서
- 토지·건물 구매 또는 사용권 취득증명서
- 현물출자 시 통관확인서

대출금이 당초 자금용도 외로 유용되었음이 확인된 경우에는 은행은 차주를 약정위반으로 간주하여 대출승인의 취소, 대출금 기한의 이익상실 등 필요한 조치를 취할 수 있다.

5 해외직접투자 위험 분석 및 관리

해외투자사업은 국내에서와는 달리 현지국 정부의 세제, 외환통제, 투자자산의 몰수와 문화적 차이에 따른 노무관리의 문제 등 정치, 경제, 사회, 문화적인 다양한 리스크를 수반하고 있다. 따라서 이들 제반 리스크를 사전에 철저히 규명하고 또한 이들 위험요인들을 사전에 분산 또는 회피할 수 있는 방안들도 강구되어야 한다.

해외투자의 위험은 본질적으로 현지의 투자환경으로부터 기인하는 것과 투자기업 내부의 운용과정에서 비롯되는 위험으로 대별할 수 있다. 전자는 기업외부의 전략적 통제범위 밖에서 발생하는 투자위험으로서 기업의 적극적인 위험관리가 매우 어려운 반면, 후자는 기업의 전략적 경영성과에서 비롯되는 만큼 어느 정도까지는 관리가 가능한 투자위험이다.

해외투자에 따르는 위험을 검토하는 목적은 사전에 해외투자의 위험을 감안한 사업계획을 수립함으로써 투자위험을 최소화하는 한편, 적극적으로는 해외투자의 위험요소를 제거하는 전략을 수립하거나 헤징과 같은 위험 상계처리를 통하여 투자위험 요소를 통제관리 수준으로 조정하는데 있다. 이러한 위험관리의 입장에서 먼저 해외투자에 따르는 위험의 유형별 특성을 살펴보는 것이 중요하다.

1) 투자위험의 발생유형

(1) 정치적 위험(political risk)

정치적 위험은 국가위험(country risk)의 핵심적인 사항으로서 다음과 같은 두 가지 측면과 투자대상국 내의 경제 환경과 사업조건을 형성하며 또한 영향을 주고 있다.

먼저 정치적 위험은 기존의 경제체계에 급격한 변동을 초래하는 통치행위에 관한 것이다. 예컨대 전쟁, 혁명에 의한 정권교체, 특정 외국인재산의 몰수(expropriation), 특정 산업의 국유화(nationalization) 등을 들 수 있다. 과거 남미국가들과 인도네시아, 이란 등에서의 외국인 재산몰수는 그 대표적인 사례로서 해외투자 관련 위험 중 가장 부담이 크고 예측이 곤란한 위험이다.

다음으로는 이러한 통치행위에는 미치지 못하나 직접 또는 간접적으로 투자기업의 경제활동에 영향을 끼치는 경제제도나 환경에 의한 정치적 위험이다. 예를 들면 경제적 제국주의, 종교적 계율이나 문화적 이질성 등을 말한다.

(2) 정책적 위험(policy risk)

정책적 위험은 현지금융에 대한 통화규제, 조세 및 공과금 등에 대한 재정적 규제, 관세 및 비관세장벽과 외환관리에 대한 규제, 장비나 시설재 또는 부품의 현지화 요청 등 단기적인 투자운용과 관련되어 투자대상국의 일반적이고 일상적인 정책들에 대한 변수이다.

정치적 위험이 주로 장기적인 투자효과에 영향을 끼치는 기업 외부적 정책변수라면 정책적 위험은 투자유치국 정부와 해외투자기업간의 상호 협상에 의한 변수라는 점에서 구별된다.

(3) 외환위험(foreign exchange risk)

해외투자에 따른 자금 및 상품 이동에는 다양한 외환거래가 개입되는데, 국내와 달리 해외투자에는 환율의 급격한 변동으로 예상하지 못한 손익이 발생된다. 이러한 환율변동에 따른 위험은 경제적 노출(economic exposure), 거래적 노출(transaction exposure), 환산노출(translation exposure)에 의해 나타난다.[101)]

(4) 진입장애 위험

명시적, 혹은 묵시적으로라도 투자대상국 정부는 내국기업과 차별적으로 해외투자기업을 대우하기 쉽다. 예컨대, 투자가능 산업분야의 제한, 국산화율 또는 현지조달비율의 지속적인 제고 요구, 외국인 소유지분의 연차적인 감축, 투자국의 모기업과의 내부거래에 대한 일정한 규제 등 해외투자기업은 다양한 분야에서 직·간접적으로 특별한 간섭과 통제가 있을 수 있다. 이러한 차별적 조치에 따른 진입의 장벽과 경영 및 소유권에 대한 위험을 진입장애위험이라 한다.

2) 투자위험의 관리

해외투자 위험관리는 위험요인별로 세심한 분석을 통해 최적의 방안을 찾아야 한다. 먼저 정치적 위험 및 정책적 위험은 정부간 투자보장협정 체결 등 정부차원에서의 지원이 필요한 부분이나, 투자기업 스스로도 사전에 투자대상국의 국가위험 분석이나 투자지역 다변화 등에 관심을 기울여야 한다.

한편 외환위험의 경우는 재원조달의 다각화, 파생금융상품을 이용한 헤징 등의 회피 수단을 강구할 필요가 있다.

(1) 2국간 투자보장 협정

투자보장협정은 전쟁, 수용, 송금제한 등 비상위험으로부터 해외직접투자자를 보호함으로써 협정체결국간 투자교류를 증진하기 위한 것이다. 이 협정의 주요 내용에는 ① 최혜국 대우 ② 내·외국인 차별금지 ③ 투자재산 및 수익의 보호와 보장 ④ 국유화의 조건과 보상 ⑤ 국가에 의한 구상대위권 ⑥ 분쟁해결의 처리, 수속, 중재 등의 규정이 포함되어 있다.

---

101) 제15장 제1절 환리스크 측정과 관리 참조

현재 세계 여러 국가에서 채택, 운용하고 있는 이 협정은 해외투자의 안전보장을 도모하는데 중요한 역할을 하고 있는 것은 사실이지만 이 협정에도 다음과 같은 한계가 있다는 점에 주의할 필요가 있다.

첫째, 전쟁, 내란, 혁명, 재해 등 투자대상국 정부가 의도하지 않은 사태가 발생하는 경우 이 협정의 효과는 미약해 진다. 둘째, 갑작스런 정책변경에 의한 수용 등 현지 정부의 의도적인 행위에 의한 경우라도 이 같은 사태의 공공목적에 의한 수용 및 정당한 보상여부 등의 해석은 최종적으로 현지 정부의 판단에 따를 수밖에 없다는 점이다. 셋째, 간접수용에 대처하기 위한 명확한 규정이 없다는 점이다.

2국간 투자보장협정은 해외투자의 안전을 보장하는 절대적인 방법은 아니지만 동 협정의 체결은 국유화의 견제 및 보상에 있어 정부의 구상대위라는 중요한 의의를 갖고 있다.

(2) 지역별·국별 위험분산

위험분산은 현재 해외투자기업이 리스크 대책상 가장 중요시하는 방법으로 각 기업은 이에 대한 꾸준한 조사와 연구를 하고 있다. 최근까지 발생한 컨트리 리스크 발생사례를 보면 지역별, 국별 발생시기별로 집중화되는 경향을 보이고 있다. 즉 국유화는 1960년대의 중남미 그리고 1970년대 전반의 아프리카에서 집중적으로 발생하였다. 또한 전쟁위험은 1980년대 중동, 중미, 아프리카에서 집중적으로 발생하고, 동일 지역에서도 특정국에서 집중적으로 발생하는 경향을 나타내고 있다. 중동지역의 이스라엘, 레바논, 이란, 이라크 등이 대표적이라 할 수 있다.

이에 따라 지역별, 국별로 투자위험을 분산하는 것이 리스크 관리차원에서 매우 중요한 수단이다. 그러나 이같은 위험분산방식에는 다음과 같은 한계가 있다.

첫째, 자원개발투자의 경우 자원의 부존상황과 직결되어 있기 때문에 투자대상국을 선택할 여지가 많지 않다. 동일한 자원이 선진국에도 부존되어 있는 경우에는 기업은 채산상 다소 불리한 점이 있더라도 선진국에의 진출을 선호하게 되는데 이는 투자위험분산을 도모하기 위한 것이다.

둘째, 특정국에 대한 해외투자의 집중인데 최근 우리나라의 해외투자는 중국, 동남아 등에 집중되고 있다.[102] 이 같은 국별집중화는 현지의 투자 환경 및 성장잠재력 등을 반영하는 면이 적지 않으나 때로는 우리나라 기업의 특정국 선호 태도에도 기인한다.

셋째, 중소기업의 해외투자이다. 중소기업의 경우는 각 기업당 1건의 투자건수를 갖는 경우가 대부분을 점하고 있고, 투자지역도 중국과 동남아에 집중되어 있다. 지

102) 2004~2008년 우리나라 해외투자의 약 40%는 중국에 집중되었다.

역별, 국별 위험분산은 당연히 투자건수의 증가를 전제로 하고 있으나 자본과 인력 등이 부족한 중소기업으로서는 이러한 위험분산효과를 누리기는 한계가 있다.

(3) 외환·금리 위험관리

기업 내부적인 환·금리 위험관리 방식은 재무구조 조정을 통하여 행해진다. 이는 해외투자 소요자금 전체를 놓고 볼 때의 총체적인 위험관리를 말하는데, 여기에는 재무구조의 최적화(leverage approach), 즉 재무구조와 부채비율(leverage)의 조정에 따른 총 소요자금부담의 분산방식과 재원조달의 다각화를 통한 방식(netting approach)을 들 수 있다.

한편 기업의 외부적인 위험관리방식으로는 선물환거래(forward contract), 선물거래(future), 스왑거래, 옵션거래 등 다양한 파생금융상품을 활용한 헤징거래가 이용된다.[103)]

사례연구

해외직접투자금융 지원사례

■ P사의 베트남 제철사업 해외직접투자

① 해외직접투자사업 개요

- 사업내용 : P사가 글로벌 경영전략의 일환으로 총 532백만 달러를 투입, 베트남 붕따우 지역에 연산 120만 톤 규모의 냉연공장과 전용항만을 건설·운영하는 사업
- 현지법인 개요

법 인 명	P Vietnam Co., Ltd.		
소 재 지	Vung Tau, Vietnam		
투 자 자	P사(단독투자)	납입자본금	211백만 달러
사업내용	냉연공장, 전용항만 운영	생산품목	냉연강판 70만톤/년 미소둔강판 50만톤/년
공장규모	공장부지 130ha(40만평) 항만부지 28ha(8.5만평)	종업원 수	190명
주요일정	- 2006. 11월 베트남 정부 승인 및 현지법인 설립 - 2007. 5월 공장부지(130ha) 임차계약 체결 - 2007. 8월 공장 건설 착공, 파일 본 항타공사 개시 - 2009. 9월 냉연공장 준공 및 본격 생산 개시(예정)		

103) 제15장 제1절 한리스크 측정과 관리 참조

② 자금 소요와 조달 계획

(단위 : 백만 달러)

자 금 소 요		자 금 조 달	
토 지	36	자 본 금 (P사 100%)	211
건 물	60		
기 계 설 비	237		
공 사 비	134	차 입 금	321
차 량 운 반 구	2	1차(2008년)	(200)
집 기 비 품	3	2차(2009년)	(121)
기 타 투 자 비	60		
계	532	계	532

③ 주요 금융조건

- 차주 : 현지법인(P Vietnam Co., Ltd.), 지급보증인 : 모기업(P사)
- 대출기간 : 5년
- 주요 약정(covenants)
  - 재무제표 등 정기적인 정보제공 의무(감사보고서 제출 등)
  - 보증인의 차주에 대한 지분은 66⅔% 이상 유지
  - 자산처분 제한, 타 금융기관에 대한 담보제공 금지(negative pledge)
- 인출선행조건(conditions precedent)
  - 지급보증인의 보증서 제공, 베트남 중앙은행 신고서
  - 차주의 투자허가증, 정관, 이사회 기채 결의서, 대리위임장 관련 확인서, 송달대리인(process agent)의 수락 확인서 등
  - 지급보증인의 정관, 사업자 등록증, 이사회 입보결의서 등
  - 법률의견서 : 한국・영국・베트남 법률회사
- 준거법 : 영국법(Engish Law), 관할법원 : 영국 법정(Court of England)

④ 주요 사업위험 분석

구 분	사 업 내 용
입 지 여 건	- Phu My 공단은 철강·중화학 공업단지로 발전, 용수 등 제반 인프라가 양호하며, 인근지역에 수요처가 위치 - 전용항만을 이용한 원재료 반입과 제품 판매를 위한 물류기반 확보
사업수행능력	- P사는 1960년대 설립된 철강기업으로 수익성, 성장성, 시장지배력, 생산성과 효율성에 있어 세계 최고 수준의 경쟁력을 보유 - 해외 경험 풍부(해외 철강 생산기지, 원료확보 법인, 철강가공센터 등 해외법인을 성공적으로 운영)
시 장 동 향	- 세계 철강시장은 신흥경제국 및 자원수출국의 견조한 성장으로 조강생산 증가세가 지속되고 있고, 원료가격 상승 및 성수기 진입으로 세계 철강 가격 강세가 지속 - 베트남 철강산업은 1990년대 중반 이후 연간 20% 이상의 고도성장을 지속하고 있으나, 설비능력 부족으로 수입의존도가 심화

구 분	사 업 내 용
사업전망 사업성	- 베트남과 동남아시아 시장을 목표시장으로 모기업의 통합 마케팅 전략과 연계 - 수급상황이나 모기업의 동남아 철강가공센터를 활용한 영업망 등을 감안할 때 사업전망이 양호 - IRR 12.2%, NPV 55백만 달러로 사업의 경제성이 양호
환리스크	- 원재료는 미달러화로 구매, 내수(60%)는 미달러화로 계약
원리금상환능력	- 2013년 이후 현금 순유입이 가능할 것으로 예상 - 차주는 대출금 만기시점까지 일부 리파이낸싱을 고려 - 본 사업의 양호한 현금흐름과 모기업의 신용도 등을 감안할 때, 리파이낸싱이나 원리금 상환능력은 인정

제2절 해외 M&A

1 해외 M&A의 유형 및 장단점

M&A는 인수·합병을 뜻하는 Mergers and Acqusitions를 줄인 말로 해외 M&A는 한 나라의 기업이나 투자자가 다른 나라의 기존기업이나 사업부문을 매입하는 거래를 말한다.

따라서 해외 M&A는 국내 기업의 해외직접투자의 한 방법이라 할 수 있는데, 해외 M&A와 구별하기 위해 회사를 신설하는 해외직접투자를 'Green field investment'로 부르기도 한다.

1) M&A의 유형

M&A는 성격에 따라서 우호적 M&A와 적대적 M&A로 나눌 수 있으며, 매수대상에 따라서 자산매수와 주식매수, 교섭방법에 따라서 개별교섭과 공개매수(tender offer) 등으로 나누어 볼 수 있다. 보다 자세한 M&A 유형은 [표 2-31]에 나타나 있다.

표 2-31 인수·합병의 유형

분류방법	유 형	내 용
성격에 따른 분류	우호적 M&A	인수기업과 피인수 기업의 합의에 의함
	적대적 M&A	피인수기업의 의사와 관계없이 이루어짐
매수대상에 따른 분류	자산매수	피인수기업의 자산을 매입
	주식매수	피인수기업의 자산 및 법적 의무를 총체적으로 인수
교섭방법에 따른 분류	개별교섭	피인수기업에 대한 개별적 매수교섭에 의함
	공개매수	피인수기업의 의결권 주식을 일부 또는 전부 취득함으로써 경영권 획득
결합형태에 따른 분류	수평적 결합	동종기업간의 결합
	수직적 결합	동종기업에 속하나 생산활동단계가 다른 기업간 결합
	다각화	이종기업간의 결합
결합구조에 따른 분류	흡수합병	인수기업이 피인수기업을 합병하여 피인수기업이 소멸되는 경우
	신설합병	인수·피인수기업이 모두 소멸되고 새로운 기업으로 합병
회계방식에 따른 분류	매수법	피인수기업을 취득한다는 인식으로 회계처리
	지분풀링법	인수기업이 피인수기업의 권리·의무를 포괄적으로 승계하여 두 기업이 하나의 기업으로 되는 회계처리
지역에 의한 분류	국내·해외합병	국내기업이 해외기업 합병
	해외·국내합병	외국기업이 국내기업 합병

자료 : 글로벌경영의 이해, 이상근·고경일, 2008

적대적 인수(hostile takeover)는 1989년 후반까지 미국에서 많이 이루어진 형태로서 피인수기업의 경영진과 협상을 시도하지 않고 강압적으로 인수·합병을 시도하는 방식을 말한다.

자산매수(asset acquisition)는 피인수기업의 자산만 매입하거나 자산과 영업권(goodwill)을 같이 매입하는 것을 말하며, 특정자산이나 법적의무를 제외한 사업이나 사업의 일부를 매입하는 경우도 이에 포함된다.

주식매수(stock acquisition)는 피인수기업의 자산, 법적책임, 계약사항, 종업원, 현직 및 전직 종업원의 연금 등 회사의 모든 것을 매입하는 것으로 대부분의 국가에서 가장 널리 이용되는 방법이다.

공개매수란 공개시장에서 의결권 주식을 일부 또는 전부 매입함으로써 경영권을 획득하는 것을 말하는데, 미국에서는 효과적인 인수·합병수단으로 여겨진다. 그러나 우리 기업과 같이 국제 인수·합병 초기단계에 머물러 있는 경우 선진국 증권시장에 상장되어 있는 대기업을 매수한다는 것은 쉽지 않은 일이다.

수평적 결합이란 같은 업종에 속한 기업간의 결합을 말하는데, 이를 통하여 인수·합병방식 장점의 하나인 시너지 효과를 발휘할 수 있고, 경제학적인 측면에서 볼 때 규모의 경제를 누릴 수 있는 결합형태이다.

수직적 결합이란 같은 업종에서 생산활동 단계가 다른 기업간의 결합을 말하는데, 예를 들어 자동차 완제품 제조업체가 새로운 기술이나 특허를 가진 자동차 부품업체를 인수·합병할 때의 결합 형태이다. 다각화는 서로 무관한 사업을 영위하는 기업이 결합함으로써 사업의 다양화를 이루는 경우를 가리키는데, 1970년대 중반 이후 구미지역의 많은 기업들이 수익 기반을 안정시키고, 경영위험을 줄이기 위하여 이 전략을 적극 전개하였다.

흡수합병은 2개의 기업이 하나의 기업으로 합병되어 피인수기업이 소멸되는 경우이다. 우리나라에서 행해지는 대부분의 인수·합병이 이 방식을 취한다. 신설합병은 인수기업·피인수기업이 모두 소멸되고 두 기업의 자산·부채를 승계한 새로운 기업으로 합병되는 형태를 말한다. 이 경우에 인수기업이나 신설기업은 피인수기업의 자산·부채를 자동적으로 인계받는 장점도 있지만, 반면에 예상 밖의 부채나 우발채무를 함께 인계해야 하고, 브랜드 등의 기존 자산을 잃게 되는 단점도 있다. 양자의 경우 모두 사전에 인수·피인수기업의 주주총회에서 승인을 얻어야 한다.

회계처리에 의한 인수·합병으로서 매수법은 기업간 결합시 기업을 취득한다는 인식을 하고 회계 처리하는 방법을 말한다. 인수·합병시 인수기업은 피인수기업의 자산·부채를 공정가치로 평가하는데, 공정가치로 평가된 자산총액에서 부채총액을 공제하면 순자산이 된다. 이 때 피인수기업의 순자산을 초과하거나 미달하는 금액을 현금으로 혹은 주식으로 교부하게 되는데, 초과된 금액은 피인수기업의 영업권을 감안한 것이고, 미달되는 것은 부(負)의 영업권에 기인한다.

국내·해외합병(in-out)은 우리나라 기업이 해외에 진출하여 외국기업과 인수·합병하는 것을 말하는데, 1990년대 들어 국내기업의 해외직접투자의 한 방식으로 자리 잡아가고 있다. 해외·국내합병(out-in)은 외국기업이 국내에 들어와 국내기업들을 인수·합병하는 것으로 이러한 경우는 1990년 후반부터 시행된 외국자본 유입의 자유화조치 이후 급격히 증가되고 있다.

2) 해외 M&A 장단점

기업이 해외직접투자방식 중에서 M&A 방식을 선택하는 이유는 여러 가지가 있으나, 경영자원의 확보에 따른 시간적 제약을 극복함으로써 사업기회의 상실을 방지하려는 것과 특별한 비교우위의 경영자원을 갖고 있지 못한 상황에서의 제휴에 따른 불리함을 보완하려는 목적이 크다 하겠다. 해외 M&A의 장점과 단점을 살펴보면 다음과 같다.

(1) 해외 M&A의 장점

해외 M&A의 장점으로는 첫째, 기존의 해외기업을 인수함으로써 신속하게 신규분야에 진출이 가능하기 때문에 기술혁신 및 제품수명주기가 단축되고 있는 최근 경영환경변화에 적절한 해외진출방식이라는 점을 들 수 있다.

둘째, 오늘날과 같은 기술혁신시대에는 기술이나 노하우를 보유하고 있는 인재의 확보가 매우 어려운 일이지만, 기업인수에 의하여 기존기업에 종사하고 있는 경영자와 숙련된 기술자들을 흡수하여 경영의 연속성을 기할 수 있다.

셋째, 기업매수는 기업 전체 가격을 지불하지 않아도 일정지분을 취득하여 경영권을 획득할 수 있기 때문에 투자자금을 절약할 수 있다.

넷째, 신규로 시장에 진입하는 것은 사업에 대한 투자성과의 예측이 어려울 뿐만 아니라 위험도 매우 크다. 그러나 기존기업을 인수하면 위험을 어느 정도는 회피할 수 있으며, 신규진입에 따른 기존업체와의 마찰도 회피할 수 있다.

다섯째, 기존 해외기업을 인수함으로써 자사가 보유하고 있는 경영자원과 매수기업이 갖고 있는 경영자원과의 결합에 의한 상승효과, 즉 시너지 효과를 발휘할 수 있다.

이외 해외 M&A는 생산시설뿐만 아니라 연구개발·유통·제품·인력 등 기업의 전반적인 분야를 단기간에 확보할 수 있는 이점이 있기 때문에 우리나라 기업들이 선진국에 진출할 수 있는 전략 수단으로 평가되고 있다.

(2) 해외 M&A의 단점

해외 M&A의 단점으로는 먼저 인수 대상기업에 대한 매수가격을 정확하게 산정하기 어렵다는 점을 들 수 있다.

다음 두 번째로는 자사의 경쟁력 있는 경영 노하우가 없을 경우에는 시너지 효과를 창출할 수 없으며, 단기적인 이익지향에만 치중하게 되어 신제품개발에 어려움이 있을 수 있다.

셋째, 자기자본보다 차입금에 의한 기업인수의 경우 전체 기업의 재무구조가 취약해 질 수 있다.

넷째, 적대적인 기업인수의 경우에는 인수 후 피인수기업의 기술인력 등 인력유출이 발생할 위험이 있다.

2 해외 M&A 절차

1) M&A 전략의 선택

기업의 합병·매수전략을 수립하기 위해서는 우선 기업 합병·매수의 목적(예 경영다각화 도모 등)을 명확하게 하여, 특정 목적에 맞는 추진 전략을 선택하게 된다.

2) 대상기업의 선택

기업경영전략으로서 M&A 전략을 선택하고 매수대상 기업의 업종, 규모 등을 구체화 시킨 후 합병 매수 대상기업을 선정하는 단계이다. 이 단계에서는 투자은행이나 M&A 전문기관에 매수 대상기업의 선정을 의뢰하는 방법과 자사가 스스로 선정하는 방법이 있다. 대상기업 선정을 위한 평가 기준은 다음과 같다.

- 매수대상 기업의 규모(매출액, 영업이익, 총자산, 종업원수 등)
- 대고객 관계, 원자재 조달상의 문제점, 판매망, 시장점유율, 시장의 지리적 위치
- 업종, 기술수준(노하우, 특허 등)
- 경영자의 인격과 평판, 종업원의 질, 노동조합 유무
- 성장 잠재력, 수익력, 재무구조의 건전성
- 투자가능 금액, 국가, 지역 등

3) 접촉 및 교섭

(1) 매각의사 확인

선정된 매수 대상기업의 소유자가 진정한 매각 의사가 있는 지를 확인하는 단계이다. 이 때 매각기업의 소유자의 숨겨진 매각 동기 파악이 M&A 성공을 위해 꼭 필요한 사항이다. 동시에 새로운 법률이나 조례의 시행, 소송 관여, 중요 종업원의 퇴직 또는 경쟁사 입사, 원재료 구입 및 제품 판매상의 문제점 등 기업의 존속에 중대한 영향을 주는 사항을 세밀히 검토하여야 한다.

(2) 프로젝트 팀의 구성

매수기업 내에 기업 합병 매수 절차를 책임지고 추진해 나갈 매수 프로젝트 팀(project team)을 구성하고, 그 책임자는 신속한 의사 결정과 효율적인 업무추진을 위해 기업의 최고 경영자와 접촉이 용이한 사람을 임명한다. 투자은행, 대형 상업은

행, 증권회사 등 외부중개기관은 기업합병 매수의 전 과정을 조직 주도하며, M&A 전문기관, 공인회계사, 변호사 등과 긴밀한 협조 하에 중개업무를 추진한다.

(3) 비밀유지약정(C/A : confidential agreement) 체결

비밀유지약정이란 매수회사 및 매수 관련자들과 매수대상 기업이 체결하는 약정으로 매수대상기업의 평가를 위해 매수회사에 제공하는 정보 등에 관하여 비밀을 유지하겠다는 약정을 의미한다. 비밀유지 약정의 주요 내용은 다음과 같다.

- 제공받은 정보의 비밀을 유지하겠다는 합의
- 법상 요구되는 경우를 제외하고는 사전교섭의 내용이나 교섭중의 매수조건을 외부에 누설하지 않겠다는 합의
- 매수대상회사 이사회의 동의 없이는 매수대상회사의 주주총회에 의안을 제출하거나 주식을 매수하지 않기로 하는 합의
- 매수에 이르지 못한 경우 비밀 정보의 사본 등을 모두 반환하기로 하는 합의

(4) 법률 및 세무문제 검토

매수 프로젝트팀은 외부중개기관, 변호사, 공인회계사의 도움을 받아 대상기업의 매수를 불가능하게 하거나 지연시키거나 그 가치를 감소시킬 수 있는 법적 장애 요인이 있는지 여부를 조속히 확인하여야 한다.

(5) 비밀자료(C/M : confidential memorandum) 징구 및 교섭개시

비밀유지약정 체결 후 매수기업 및 중개기관이 매수 대상회사로부터 동 회사의 내부 경영자료를 징구하여 동 자료를 분석 검토한다. 이 검토에 기초하여 매수기업은 기본 매수가격(base price), 매수형태 및 방법(영업양수, 주식취득, 합병 등), 매수 후 임원 및 종업원에 대한 처우 등에 관한 교섭안을 작성한 후 상대방과 교섭하게 된다.

4) 기본합의서(L/I : letter of intent)의 체결

정식 기업매매계약 체결에 앞서 제반 합의사항에 관한 각서를 교환하는 단계이다. 기본합의서는 원칙적으로 법적 구속력은 없으나 기본적 의무사항을 이행하지 않을 경우 불이행자의 신용이 크게 손상될 수 있으므로 주의하여야 한다. 일반적으로 기본합의서에는 다음과 같은 내용이 포함된다.

- 매수계획 실행에 대한 원칙적 합의(제 3자와의 교섭 금지)
- 매수의 형태, 대가지불수단 및 가격(주식 또는 자산 매수, 합병, 주식 또는 현금)
- 계약 체결까지의 수속 절차(매수 완료까지의 유효기간)
- 매수에 관련된 회계, 세무상의 특기사항 및 관련 법규상의 고려
- 기업에 대한 실사(due diligence)의 이행

5) 기업에 대한 실사(due diligence)

기본합의서 체결 후 기업 매수 절차상 가장 중요한 단계로서 재무고문, 변호사, 공인회계사 등을 동원하여 매수 대상기업의 모든 내용을 상세히 조사하는 절차이다. 이 절차는 기본합의서 내용에 따라 매도인이 매수인에게 장부 및 기록의 열람과 시설에의 출입을 허용하고 기타 정보와 서류를 제공할 것을 약속함으로써 실시된다. 한편 매도측 경영진 또는 그 대리인인 공인회계사와 변호사로부터 주요한 회사의 내용에 대해 서면에 의한 사실의 진술 및 보장(representation & warranties)을 받아 두는 것이 필요하다.

6) 매수계약(D/A : definitive agreement)의 체결

기업 내용의 상세한 조사 후 양 당사자가 기업 매수에 합의하고 구체적 매매조건의 교섭을 완료하면 기본합의서(L/I)에 갈음할 정식 매수계약을 체결한다.

7) 기업매수의 실행

(1) 매매대금의 지급(closing)

기업매수의 마지막 단계는 관련당사자와 법률고문이 모두 참석한 회의에서 필요한 서류를 교환하고 매매대금을 지급함으로써 모든 절차가 끝난다. 매수기업은 인수 후 기업을 운영하기 시작하는데 사후 정산절차로서 매수가격 조정을 하기도 한다.

(2) 대내외적 절차의 실행

대내적 절차는 대상기업의 매수 후 경영의 성공을 위한 준비과정으로서 각 부분을 조정하여 전사적으로 통합하는 과정이다. 또 대내외적 절차는 각종 관계 법령에 따른 의무로써 각종 공시, 보고, 통지 등 다양하다. 예를 들면 기업매수내용을 종업원, 주주 및 채권자에게 공표하여야 한다. 또 거래처에 통보, 은행에 대한 보고 등의 절차가 필요하다.

3 기업가치의 평가

1) 자산에 의한 평가

자산에 의한 가치의 평가는 몇 가지 방법이 있으나 순자산에 의한 평가방법이 그 중 대표적이다. 순자산평가방법은 대차대조표상의 자산과 부채를 비교하여 산출하는 방법이다. 순자산은 기업의 매수합병거래에서 '실제로 순자산가격의 몇 배수로 거래가 되었는가'로 자주 표시되기 때문에 순자산가격은 기업의 자산가치를 평가하는데 있어 중요한 요소이다.

또한 순자산가치 평가 시 이용되는 대차대조표는 어떠한 회계원칙으로 작성되었는가를 정확히 파악하여 실질적인 순자산은 정확히 얼마가 될 것인가를 판단하는 것이 중요하다. 이 경우 회계사나 감정사 등 전문가에게 위촉하여 객관적 평가도 받을 수 있는데, 순자산 평가 시 주로 많이 검토하여야 하는 회계원칙은 다음과 같다.

(1) 수익의 인식(revenue recognition)

매출액 및 수익은 어떻게 기장되고 있는가? 수익을 과대 계상한 흔적은 없는가?

(2) 재고자산평가(inventory valuation)

선입선출법(FIFO)을 사용하고 있는가 아니면 후입선출법(LIFO)을 사용하고 있는가?

상기 두 방법 중에 어떤 것을 자의적으로 사용함으로써 자산이나 수익을 과대 또는 과소평가하고 있지는 않는가?

(3) 감가상각(depreciation)

유형고정자산, 무형고정자산, 이연자산 등의 상각은 수익의 조정항목으로 수익을 과대 또는 과소평가할 소지가 많으므로 합리성과 보수성에 입각하여 면밀히 검토할 필요가 있다.

(4) 비용이나 영업권의 자본적 처리(capitalization of expenses and goodwill)

이는 어떤 뚜렷한 회계원칙이 없는 분야이다. 여기서 한 가지 고려해야 할 것은 자본적 처리 비용은 자산의 가치를 증가시켜야 하며, 영업권의 상각기간은 상당히 합리적이어야 한다는 것이다.

(5) 재무제표의 통합(consolidation)

2011년부터 국제회계기준에 따라 모회사와 자회사간 연결재무제표가 주된 재무제표로 의무화 되었다.

2) 수익에 의한 평가

(1) P/E 방법(price/earning ratio)

이 방법은 기업의 과거, 현재 또는 미래의 일정 기간 동안 실제로 발생하였거나, 발생할 것으로 기대되는 이익을 투자가가 기대하는 자본수익률(capitalization rate)로 나누어 기업가치를 산출하는 방법이다.

기업의 가치(value) = 기대순이익/자본수익률

여기에서 자본수익률이란 투자자가 기대하고 있는 예상수익률을 말하며, 예금금리나 채권수익률 등이 그 기준이 될 수 있다. 예를 들면 세후 순이익이 US$400,000, 예상수익률이 10%라고 가정하면 그 기업체의 평가가치는 US$4,000,000이라고 보는 것이다.

(2) 배당률(dividend yield)

1주당 배당금을 1주당 순주가로 나누어서 산출하는 방법이다. 투자자들이 기업을 평가할 때는 어떤 기업, 예컨대 이미 성숙한 기업에 투자하느냐, 아니면 앞으로 계속 빠른 성장을 할 수 있는 기업에 투자하느냐에 따라서 기업의 평가방법이 달라질 수 있다. 전자의 경우에는 주식에 대한 배당을 기대할 수 있으므로 배당률 방법으로 평가할 수 있으며, 후자의 경우에는 기업의 이익이 남더라도 배당금을 지급하기 보다는 재투자할 가능성이 많으므로 전술한 P/E방식의 평가가 더 적절하다.

배당률에 의한 평가방법은 대개 자본금의 외형적 성장보다는 현금배당을 더 선호하는 투자자들이 즐겨 쓰는 방법이다. 대개는 P/E방식과 배당률방식을 혼합해서 사용하는 방법이 보다 더 유용하다.

(3) 현금흐름방법(DCF : discounted cash flows)

이 방식은 회사의 미래 영업계획을 바탕으로 추정된 영업현금흐름을 현재가치로 할인하여 가치를 평가하는 것이다. 실제 기업의 M&A 거래 시 현금흐름은 기업의 가치를 평가하는데 있어 중요한 자료가 되는데 빠른 평가를 요할 때는 총 현금흐름 평가가 많이 쓰이고 좀 더 세부적으로 평가하려고 할 때는 가처분 현금흐름(disposal cash flow) 평가가 많이 사용된다.

이러한 현금흐름은 다음과 같이 계산된다.

- 세후순이익 + 감가상각비, 이연상각비 등 현금이 지급되지 않는 비용 = 총 현금흐름
- 총 현금흐름 − 자본적 지출 − 운전자본의 추가투자액 = 가처분 현금흐름

(4) 시장 프리미엄(market premium)

투자자들은 당연히 현재의 주가보다 높은 가격을 받기를 원한다. 그 가격의 범위는 천차만별일 수밖에 없는데 이러한 프리미엄을 결정하는 요인은 매우 다양하다. 매수자가 어느 정도로 꼭 매수를 성공시키려고 마음먹고 있느냐 하는 것도 중요한 요인 중의 하나이다. 매수가격을 높게 제시하면 확률은 많게 마련이고 낮게 제시하면 매수할 확률은 적게 마련이다.

우호적 M&A나 사전에 합의된 M&A의 경우에는 적대적 M&A 보다 매수가격이 대개 높다. 따라서 어떤 경우에는 매수비용을 절감하기 위하여 고의로 적대적 M&A를 하는 매수자도 있다. 따라서 이러한 적대적 매수제안의 경우에는 대상 기업의 경영진들도 보다 높은 값을 받기 위하여 제 3의 인수기업을 찾는 등 각별한 노력을 하게 된다.

4 해외 M&A에 대한 금융지원

해외 M&A에 있어서 금융기관의 역할은 주선업무와 직접참여를 들 수 있다. 주선업무로는 ① 해외 M&A 발굴 ② 해외실사 및 협상 주도 ③ 인수금융 조달 등을 꼽을 수 있는데 이 중 가장 중요한 역할은 인수금융 조달(M&A financing)에 있다.

M&A를 추진하는 기업은 대상기업의 인수자금을 기본적으로 내부유보자금에 의존하지만 적정 자본구조를 고려하거나 인수규모가 클 경우 부족자금을 충당하기 위해 다양한 형태의 외부자금 조달수단을 사용하는데 이러한 자금조달 행위를 M&A financing이라 한다.

표 2-32 거래형태별 차입금융(debt financing) 수요

<table>
<tr><th colspan="2">구분</th><th>자금수요형태</th><th>거래형태</th></tr>
<tr><td rowspan="2">자산인수방식</td><td rowspan="3">일반적 M&A</td><td>채무승계</td><td>• 양수인은 신규차입 불요
• 양도인은 매각액과 부채금액의 차액만 수취</td></tr>
<tr><td>신규차입</td><td>• 양수인은 인수자산을 담보로 제공하고 신규자금조달
• 양도인은 매각대전으로 채무상환</td></tr>
<tr><td rowspan="2">주식인수방식</td><td>양수인 주식취득 자금 직접 차입</td><td>• 양수인 자산을 담보 제공하고 목표기업 주식취득 자금 차입</td></tr>
<tr><td>LBO</td><td>차입매수</td><td>• 양수인은 목표기업 인수를 위한 SPC 설립
• SPC 명의로 목표기업 주식인수자금을 차입(브릿지 론)하여 매수한 뒤 명목회사의 목표기업 합병후 기채</td></tr>
</table>

M&A financing 수단으로는 내부유보이익을 활용한 자기자본, 재무적 투자자들의 출자, 은행차입, 회사채발행, 우선주발행 등 여러 가지가 있다. 이 중에서 재무적 투자자들의 지분 투자는 사모펀드(PEF : private equity fund)를 중심으로 해외 M&A 시장에서 주도적인 활동을 하고 있다. 한편 부채를 이용한 자금조달(debt financing)로는 LBO(차입매수) 방식이 많이 활용되고 있다.

여기서는 M&A financing과 관련하여 사모펀드(PEF), 차입매수(LBO) 등에 관해 살펴보기로 한다.

1) 차입매수(LBO)

(1) 개념

차입매수(LBO : leveraged buy-out)란 인수금융의 한 방법으로, 대상기업의 전체 주식이나 전체 자산 매입에 소요되는 자금의 대부분을 매수대상기업의 자산을 담보로 한 차입금(은행대출금이나 공모 및 사모 회사채)으로 충당하여 매수하는 것을 말한다.

일반적으로 바이아웃(buy-out)은 부실기업을 인수해 구조조정을 거쳐 기업가치를 높인 뒤 되팔아 수익을 거두는 방식이며 이 때 매수자 측에서 인수자금을 스스로 마련해야 한다. 이에 반해 LBO는 매입대상 회사의 자산을 담보로 해서 인수자금을 조달할 수 있어 매수자들이 좀 더 손쉽게 M&A를 시도할 수 있다. 특히 사모펀드(PEF) 등 전통적인 바이아웃 투자자들에게는 LBO 방식을 이용할 경우 적은 자금으로 기업을 사들일 수 있어 더욱 매력적이다.

(2) 프로젝트 파이낸스와의 비교

LBO는 프로젝트 파이낸스와 마찬가지로 SPC를 설립하지만 프로젝트 회사가 영업을 하기 위한 신설 법인인 반면에 LBO의 SPC는 서류상 일시적으로 설립되고 영업활동을 하지 않는 일종의 서류회사(paper company)라는 점에서 차이가 있다.

LBO와 프로젝트 파이낸스와의 중요한 차이는 대출금 회수재원과 실사(due diligence)에 있다. 프로젝트 파이낸스는 프로젝트 회사의 미래 현금흐름을 회수재원으로 하여 현금흐름분석이 중요하며, 실사과정이 복잡하다. 이에 비해 LBO는 기존 기업을 인수하여 기업가치를 제고한 후 매각한 대금을 회수재원으로 하며, 실사과정이 비교적 정형화되어 있고 인수대상기업의 재무제표를 대상으로 한다.

또한 프로젝트 파이낸스에서는 프로젝트 회사의 자산처분, 배당금 지급, 추가차입 등 현금흐름과 관련된 사항에 대한 제한이 엄격하지만 LBO에서는 기업가치를 높이기 위하여 비핵심자산 등의 처분이 이루어질 수 밖에 없다.

(3) 차입매수 절차

① 특별목적회사(SPC : special purpose company) 설립

차입매수 투자자는 차입매수를 위해 우선 매수대상기업을 인수해 합병할 기업을 설립한다. 이 신규 설립회사는 단순히 차입매수를 위해 서류상 일시적으로 설립되어 전혀 영업을 하지 않는 서류상 회사(paper company)로서 대상기업을 인수해 합병하는 합병기업이 되거나 반대로 역합병의 소멸기업이 된다.

이 때 차입매수를 하는 투자자는 주로 해당 기업의 최고경영자나 차입매수 전문회사로 구성된다. 1차 금융으로 자본금을 조달하고 나서 금융기관으로부터 인수대금 가운데 약 50~60%의 타인자본(부채)을 조달하는데 이를 2차 금융이라 한다. 2차 금융은 주로 상업은행에 의해 이루어지며, 2차 금융의 자금제공자는 차입매수 대상기업의 기계, 공장, 재고자산 또는 매출채권 등의 유형자산과 장래의 현금흐름을 담보로 대출해 준다.

차입매수는 단기간에 이루어지는데 반해 인수금액은 매우 커, 단기간에 자금을 모두 조달할 수 없는 경우가 발생한다. 이 때 상업은행이 일시적으로 시간적인 차이를 메워주기 위해 브리지 론(bridge loan)을 제공한다. 브리지 론은 차입매수 후 곧바로 채권발행 등을 통해 상환되는 것을 전제로 한다.

② 주식인수 및 상장폐지

이상과 같이 인수를 위한 SPC 설립과 인수대금 자금조달이 끝나면 대상기업을 인수하게 된다. 대상기업을 인수하는 방법에는 두 가지가 있는데 자산을 매입하는 방법과 주식을 모두 인수해 합병하는 방법이다.

자산을 매입하는 형식을 취할 경우 자산을 인수한 서류회사는 비상장기업으로서 차입매수 투자가가 조달한 타인자본을 상환하기 위해 불필요한 사업부문이나 재고자산을 매각한다. 한편 자산을 매각한 대상기업은 자산으로서 오로지 매각대금으로 받은 현금만 보유하고 있으므로 청산절차를 밟고 주주에게 청산배당금을 지불한다.

주식을 인수하는 방법은 SPC가 대상기업의 주식을 100% 공개 매수해 모두 인수하고 대상기업을 흡수 합병해 상장 폐지하는 것을 말한다.

③ 합병기업의 경영

차입매수 후 합병을 하고 나면 경영진은 부채 상환의 재원이 되는 수익과 현금흐름을 증대시키기 위해 마케팅 전략을 변화시키거나 일반 관리비를 삭감하는 등의 노력을 경주하게 된다.

④ 재상장

투자자 그룹은 상장폐지 후 경영을 통해 소기의 목적을 달성하고 부채 상환이 이루어지고 나면 기업을 공개해 재상장을 추진하게 된다. 이러한 재상장을 역차입매수(reverse LBOs)라고도 한다.

역차입매수의 목적은 주로 기존의 차입매수 투자자에게 주식에 대한 유동성을 제공해 애초에 목표한 투자차익을 회수하기 위한 것이다.

2) 사모펀드(PEF : private equity fund)

(1) 개념

PEF는 사모(private)의 방식으로 자금을 모집하여 기업에 사적으로 투자한 후 기업가치 제고 과정을 거쳐 이의 매각을 통해 투자수익을 취하는 중장기 투자자금(fund)을 말한다.

PEF의 특징으로는 비밀보장, 고수익, 안전한 포트폴리오 제공 등을 들 수 있다. 이를 좀 더 자세히 살펴보면 첫째, PEF는 투자회사 등 여타 간접투자상품에 비해 설립, 계약, 이익분배 등에 있어 자유로운 구조를 제공함과 동시에 모든 과정에 있어 높은 수준의 비밀보장이 가능하며 유사한 투자성향을 지닌 소수 투자자들에게 사적인(private) 투자환경을 제공한다.

둘째, PEF의 오랜 역사를 가진 미국, 유럽 등의 경험에서 볼 수 있듯이 PEF는 전 세계 주식시장의 수익률보다 더 높은 수익을 시현한 것은 물론 PEF의 편입에 따른 위험분산효과도 동시에 기대할 수 있어 주요 연기금, 재단, 금융기관 등의 장기운용자산 중 필수 편입자산으로 자리잡고 있다.

셋째, 기존의 채권이나 주식중심의 포트폴리오에 PEF 자산을 편입함으로써 절대적 수익제고 효과를 기대할 수 있는 것은 물론 자산 포트폴리오상 리스크 분산효과를 가져다주어 보다 안전한 자산운용을 보장한다.

(2) PEF 참여자의 역할

PEF의 참여자로는 투자자, 중개자, 투자대상기업, 대리인 및 자문단 등이 있다. 이들의 역할을 보면 다음과 같다.

① 투자자(Investors) : 연금, 기금, 공제회, 은행, 보험사, 증권사, 일반기업 등 통상 3~5년 이상의 장기자금운용 수요를 가진 기관 및 개인이 주류를 이루고 있다.

② 중개자(Intermediaries) : 투자자로부터 자금을 위탁받아 운용하는 주체로 선진국의 경우 PEF 전문 운용사, 투자은행, 금융자회사, 벤처캐피탈 등이 그 역할을 담당하며 운용효율의 극대화 및 본체와의 Chinese wall(차단벽)[104] 구축 등의 이유로 별도의 독립적인 유한책임사원제(limited partnerships) 형태의 펀드로 운영되는 것이 일반적이다.

③ 투자대상기업(Issuers) : 펀드가 투자하는 대상으로 펀드의 성격에 따라 벤처기업 등에 대한 primary 투자, 성숙기업에 대한 구조조정, 혼합자본(Mezzanine) M&A, LBO, MBO 등 다양한 형태의 기법을 통해 투자가 실행된다.

④ 대리인 및 자문단(Agents and Advisers) : PEF가 발달된 선진국의 경우는 자금조달(fund raising) 등만을 전담하는 상당수의 대리인들이 존재하여 자금의 모집, 투자자와 운용자와의 연결 등을 전담하며 시장내에서의 정보 비대칭의 문제를 해결하고 있다. 이들은 단순한 자금모집 뿐만 아니라 자문단으로서의 역할도 수행하여 펀드구조, 거래 타이밍, 가격협상 등에 조언을 주는 역할을 담당한다.

(3) 투자펀드 설립방안

투자펀드는 설립지역에 따라 국내펀드와 역외펀드로 나누어지며, 각각의 경우는 해당 국가의 관련 법규에 따라 펀드 성격 및 운용내용 자체가 크게 달라진다.

펀드 조성 전에 투자대상 프로젝트를 미리 선정하는지, 아니면 펀드를 조성한 후 운용주체가 투자대상 프로젝트를 선정하고 투자내용을 결정하는지에 따라 project

---

104) 증권회사에서는 인수부문과 영업부문, 그리고 금융기관에서는 융자부문과 자금운용부문 사이의 정보벽에 비유해서 사용되는 말로 내부자거래를 방지하기 위한 것임

fund와 blind fund로 나누어진다.

① **국내펀드 설립 방안**

간접투자자산운용업법에 의한 사모투자전문회사(PEF)만 가능하며, 인프라펀드(사회기반시설투융자회사)는 법규상 국내 인프라시설에만 투자가 가능하여 해외프로젝트에 적용이 불가능하다.

② **역외펀드 설립 방안**

국내법과는 상관없이 조세회피국(tax heaven) 지역에 조성하는 펀드로서 해외에서의 펀드설립 형태는 거의 대부분이 국내 사모투자전문회사 제도의 모델인 유한책임사원제(limited partnership)[105] 형태의 법인이 된다.

역외펀드의 경우에는 펀드운용에 있어 국내펀드와 비교하여 상당한 자율성을 가질 수 있다. 지분 및 주식에만 국한된 투자가 아니라 대출 등도 가능하다. 금융기관, 정부투자기관 등의 투자자가 해외에 펀드를 설립한 후 해외 M&A를 주관하는 SPC에 국내 기업과 공동투자하거나 M&A에 소요되는 비용을 대출하는 등 자율적인 형태의 투자가 가능할 것이다.

3) 은행차입 및 채권발행

(1) 은행차입금(Bank loan)

은행차입금에는 브리지 론을 이용한 단기금융과 신디케이티드 론을 이용한 중장기 금융이 있다.

이 금융의 장점으로는 낮은 금융비용으로 대규모 자금을 조달할 수 있다는데 있다. 반면 단점은 기업의 재무적 유연성을 급격히 감소시킨다는 것과 일반적으로 담보가 요구된다는 것이다.

(2) 회사채 발행(Bond)

이는 국제자본시장에서 유로채권, 양키본드, 글로벌본드 등의 발행을 통해 인수금융을 조달하는 것이다.

장점으로는 낮은 비용으로 대규모 자금을, 장기(10년 이상)로 조달할 수 있다는 점을 들 수 있다. 단점은 은행차입과 마찬가지로 기업의 재무적 유연성을 크게 감소시키며, 만기시 시장 상황에 따라 리파이낸싱이 어려울 수 있다.

105) 투자액에 대해서만 책임이 있는 소수의 고객 개인 및 기관투자자

(3) 전환사채 발행(CB : convertible bond)

이는 일정 시점 이후 미리 정해진 가격에 자사 또는 타사의 보통주로 전환되는 사채를 발행하는 것을 말한다.

전환사채의 장점은 금융비용이 은행차입금·회사채 보다 낮고, 다양한 투자그룹을 참여시킨다는 것이다. 단점으로는 지명도가 낮은 기업은 전환사채 발행이 어렵고, 전환 전까지는 부채로 인정되어 재무적 유연성을 떨어뜨린다는 점을 들 수 있다.

(4) 우선주 발행 (Preferred shares)

우선주는 고정 배당률에 경영 참여권이 없는 주식을 말한다. 장점으로는 재무적 유연성을 떨어뜨리지 않고, 경영권 지분을 희석시키지 않으며, 배당 지급 불가시 부도처리 되지 않는다는 점을 들 수 있다. 한편 단점은 일반적으로 보통주에 비해 높은 현금 금융비용이 발생한다는 것이다.

(5) 전환우선주 발행(Convertible preferred shares)

이는 일정 시점 이후 미리 정해진 가격에 보통주로 전환되는 우선주를 발행하는 것을 말한다. 우선주 발행과의 차이점은 보통주로의 전환으로 잠재적 지분이 희석된다는 점을 들 수 있다.

사례연구

해외 M&A 금융지원 사례

■ D사의 미국 건설 중장비 제조업체(IR사) 인수 사업

① M&A 개요와 목적

- 개요 : 중·대형 건설장비 제조업체인 D사가 미국 IR사의 소형 건설 중장비 사업부문을 49억 달러에 인수하는 사업
- 목적 : 건설 중장비 부문의 국제 경쟁력 확보를 통한 세계 Top 5 도약
  - * 건설 중장비 부문 세계시장 점유율/순위 :
    - ○ D사(1.2%/19위)
    - ○ IR사(3.3%/9위)

    ⇒ 현재 7위 ⇒ 향후 TOP 5 도약
- D사의 기존 중·대형 건설 중장비 사업 외에 IR사의 소형 건설 중장비 사업 인수에 따른 생산·판매 시너지 효과 창출을 기대
- 광범위한 건설 중장비 제품 포트폴리오와 세계 수준의 첨단기술 확보로 글로벌 경쟁력 확보 전망

② M&A 주요 이해당사자

구 분	관 련 기 관	비 고
사업주(차주)	D사	
Advisor	Citibank(금융자문) 김&장, Paul&Weiss(법률) PwC(회계) Mckinsey(F/S) Aon(보험)	 commercial report 작성 insurance report 작성
기업 양도인	IR사(미국)	매출 : 114억 달러, 순이익 : 10억 달러
대 주 단	산업은행 한국수출입은행, 우리, 신한, 기업 외환, 하나, 국민, 두산캐피탈 HSBC	mandate lead arranger arranger co-arranger security agent
Advisor	법률 자문 : Linklaters(국제), 태평양(국내) BCG(F/S)	

③ 특별목적회사(차주)의 설립

- 사업주인 D사는 아일랜드와 미국에 특별목적회사(SPC: special purpose company) 성격의 지주회사를 설립하고, 지주회사별로 해당 지역에 소재하는 인수대상기업의 주식과 자산을 인수
- 아일랜드와 미국에 HoldCo 1 Ireland(차주)와 HoldCo US를 설립하고, 인수 대상회사의 주식과 자산을 인수하기 위하여 HoldCo 2 Ireland, 2개의 HoldCo(프랑스, 독일), IPCo (지적재산권 관리회사)를 설립

④ 자금소요 및 조달 계획

- 기업 인수자금 49억 달러와 운영자금 2억 달러 등 총 51억 달러가 소요될 예정으로 자본금 22억 달러는 D사의 자체자금(14억 달러)과 재무적 투자자(8억 달러)에 의해 조달되고, 나머지 29억 달러는 신디케이트 론에 의한 차입금으로 조달

(단위 : 백만 달러)

자 금 소 요		자 금 조 달	
주식과 자산 인수	4,900	자 본 금 - 사 업 주 - 재무적 투자자	2,200 (1,400) (800)
운영자금	200	차 입 금 - 신디케이트 론	 2,900
합 계	5,100	합 계	5,100

⑤ 주요 금융조건

구 분	HoldCo-Level Term Loan Facilities			Shareholder-Level Term Loan Facilities
차 주	HoldCo 1			D사
대출 성격	중기대출	장기대출	회전한도대출	장기 대출
금 액	12억 달러	14억 달러	3억 달러	10억 달러
용 도	인수관련 소요자금			HoldCo 자본금
기 간	5년	7년	5년	7년
금 리	변동금리	변동금리	변동금리	변동금리
상환방법	만기 일시상환	5년 거치 2년 분할	한도대출	2년 거치 5년 분할

⑥ 주요 계약서 내용

계약서명	계약 당사자	주 요 내 용
Facility Agreement (Shareholder Level)	사업주(D사) Shareholder 대주단	- 외화 신디케이션 금융 지원조건과 채권 보전
Facility Agreement (Holdco Level)	HoldCo 1 HoldCo 대주단	
Security Agreement	Security Agent 차 주	- Security Agent인 HSBC와 인수대상회사가 관할법원별(아일랜드, 미국, 프랑스, 독일, 캐나다, 영국)로 체결
Inter-creditor Agreement	HoldCo 1 지주회사(4개) Security Agent, Agent Intercompany Borrowers	- 채권순위명시, 후순위 권리 보장, 담보 실행의 변제충당 순서
Asset & Stock Purchase Agreement	사업주(D사) 인수대상회사(IR)	- 주식 및 자산 양수도 계약

⑦ 주요 채권보전장치

- 사업인수부문 자산 및 지적재산권에 대한 담보 취득
- 사업인수관련 계약서상 제 권리에 대한 양도담보 취득
- 차주에 의해 설립되는 4개 지주회사의 연대입보
- 차주와 미국 지주회사의 100% 지분소유 子·孫회사의 연대보증
- 차주와 미국 지주회사의 100% 지분소유 子·孫회사앞 출자주식에 대한 담보 취득
- 사업주의 차주와 미국 지주회사앞 출자주식에 대한 담보 취득
- 사업주와 차주가 설립한 IPCo앞 출자주식(100%)에 대한 담보 취득
- 차주 및 차주에 의해 설립되는 4개 지주회사와 IPCo의 은행계좌에 대한 질권 설정
- 사업주의 대출금 상환능력 보장(letter of support) – 사업주인 D사는 차주가 대출금 상환시점에서 대출금 상환에 충분한 자금을 확보하도록 하고, 상환재원 부족시 자본금 투입, 주주 대여, 리파이낸싱 주선 등 필요한 조치를 취할 것임을 보장

⑧ 프로젝트 위험분석

구 분	사 업 내 용
사업수행능력	- 국내 최대 건설 중장비 생산업체로 글로벌 비즈니스 경험이 풍부
사업운영위험	- 사업주의 '인수 후 통합작업 프로그램'에 따라 문화적 통합 추진 - 현지 전문인력을 중심으로 운영 - 운영관련 보험 부보
판 매 위 험	- 인수대상 기업은 지역별로 선도적 지위 유지하고 있으며, 전문딜러를 통해 판매 - 글로벌 건설기계 시장은 2006년 기준 79만대 규모로, 선진 시장의 소형 유지·보수공사와 신흥시장의 대규모 인프라 구축공사 수요로 향후 2015년까지 연평균 5.1% 수준으로 성장할 전망
재 무 위 험	- 연 영업이익 450백만~840백만 달러 규모[주)]
정치적 위험	- 인수대상 기업의 사업장 소재국(미국 등 9개국)은 국가 신용도가 양호
환 경 위 험	- 기업 설립 이후 환경관련 분쟁이 없었음.

주 : 원리금 상환능력 분석 결과
- 대출원리금 상환기간 중(2012년~2014년) 연도별 원리금 상환계수 및 全대출기간 원리금 상환계수(DSCR) 수준은 다소 미흡 - 상환기간이 차입규모에 비해 상대적으로 단기인 것이 주원인
- 만기시점에서 리파이낸싱을 전제로 할 경우 상환능력은 양호 - 사업주에게 보장서(letter of support)를 징구하여 사업주가 대출금 상환시점에서 대출금 상환에 충분한 자금을 확보하도록 하고, 상환재원 부족시 자본금 투입, 주주 대여, 리파이낸싱 주선 등 필요한 조치를 취할 것임을 보장

제3부

글로벌 무역금융 지원제도

제13장

글로벌 무역금융 취급기관

제1절 수출신용기관(ECA : Export Credit Agency)

1 수출신용기관의 개요

수출신용기관[1]이란 자국의 수출촉진을 목적으로 설립된 기관으로 정부부처 또는 정부가 출자하여 설립한 국영은행 이나 수출보험회사를 말하며, 일부는 민간은행 또는 보험회사에서 대행체제 형태로 운영되고 있다.

수출신용기관은 자국의 기업이 자본재 또는 용역을 수출하는 경우 자국기업에 대해 수출상품의 제작을 위한 운전자금을 지원하거나 자국기업이 수출하는 물품을 수입하는 외국기업에 대해 수입에 필요한 자금을 지원한다. 지원형태는 수출금융을 직접 대출하거나 상업은행으로부터 대출을 받을 수 있도록 보증 또는 수출보험 등의 방식으로 이루어지며, 단독대출 또는 상업은행과의 협조융자 등 다양한 방식으로 금융이 제공된다.

원론적인 의미에서 수출신용기관은 상업금융기관이 기피하는 대외거래관련 금융을 제공하거나 위험을 커버해주는 '최종 위험부담자(last resort of risk taker)'의 역

1) 민간부문에서 수출신용을 제공하는 것과 구분하기 위해 공적수출신용기관이라고도 표기함.

할을 수행한다. 상업금융기관들은 국가위험이 높은 개도국 수출거래나 회수불능위험이 큰 장기·거액의 대외거래 대출에 대한 금융제공에 한계(시장의 실패)를 갖고 있기 때문에 이를 보완하기 위해 정부의 개입이 필요하다.

수출신용기관의 효시는 영국의 수출금융청(UKEF : UK Export Finance)[2)]으로 1919년에 설립되었으며, 미국은 1934년에, 일본은 1950년에 각각 수출신용기관들을 설립하였다.

현재 대부분의 선진국들은 자국의 수출지원을 위해 수출신용기관을 두고 있으며 1980년대 이후 개도국들도 수출신용기관 설립에 주력하여 전 세계 약 80개국들에서 수출신용기관이 운영되고 있다. 우리나라는 1976년 개도국 최초의 수출신용기관으로 한국수출입은행을 설립하였다.

2 공적수출신용지원의 필요성

공적수출신용지원은 시장의 불완전성 보완, 자국수출기업의 보호, 경제발전지원 등을 위해 필요하다. 시장실패 보완은 상업금융기관들의 지나친 위험기피로 인하여 국민경제적 외부효과가 큰 수출산업에 충분한 금융이 공급되지 못할 경우 수출신용기관이 대신 금융을 제공함으로써 국가적 후생을 확대한다는 점을 의미한다.

자국 수출기업의 보호는 경쟁국의 자국기업에 대한 금융지원으로 인해 야기될 수 있는 자국 기업의 경쟁력 약화를 보전하기 위해서는 정부가 개입하여 자국의 수출기업을 지원할 필요가 있다는 의미이다. 또한 경제발전 지원은 개도국들이 선진국 수출신용기관의 지원을 받아 그들의 가용자원을 국가 경제적 전략산업에 집중시킴으로써 효과적인 경제발전을 도모할 수 있다는 것을 뜻한다.

한편 일반적 거래의 신용위험에 대해서는 공적지원이 필요 없는 반면 대외거래에 따른 위험에 대해서는 공적기관이 지원해주어야 하는 이유는 수출신용의 특성에서 찾을 수 있다. 즉 수출신용은 일반적인 대출과 마찬가지로 구매자의 대금지급 불능 또는 거부로 인한 위험에다 제도와 문화가 다른 외국 거래자로부터 미회수자금을 회수해야 하는 어려움이 추가됨으로써 위험부담이 매우 크다. 따라서 상업은행들은 예금을 안정적으로 관리해야 하는 기관으로서 높은 위험이 수반되는 수출신용을 적절치 않은 업무로 취급하는 경향이 크다. 그러나 수출은 어느 나라에서도 경제성장에 매우 중요한 역할을 하므로 수출촉진을 위해 필요한 수출금융은 누군가에 의해서라도 제공되어야 하며, 이에 정부의 지원이 요구되는 것이다.

---

2) 1919년에는 ECD였던 것이 1926년 ECGD로 개칭되었으며, UKEF는 ECGD의 운영명칭임.

실제 해외공사 발주처는 공사자금 조달을 위하여 입찰자에게 다양한 금융조달 방안을 요구하고 있어, 입찰자의 가격·기술 경쟁력 외에 금융주선 능력이 수주에 관건으로 대두되고 있으며, 특히 개도국 발주처의 경우 자체 재원조달 능력 부족으로 계약금액 전액에 대해 100% 금융주선을 요구하는 사례가 빈번해 지고 있다.

이에 선진국들과 신흥개도국 정부들은 자국의 수출신용기관을 경제·무역정책 구현의 도구로서 적극 활용하고 있어 세계 각국의 수출신용기관간의 수출신용 경쟁이 치열하게 전개되고 있다. 특히 WTO는 각국 정부의 직·간접적인 수출지원에 대하여 엄격히 규제하고 있는데 OECD 수출신용협약에 따른 수출신용은 수출보조금 규제대상에서 제외되어 있어 수출신용기관을 통한 수출지원 경쟁이 심화될 수밖에 없다.

선진국의 수출신용기관은 주로 2년 이상의 중장기 신용공급을 지원하며 2년 이하의 단기신용은 대부분 상업은행들이 취급하고 있다. 한편 상업은행들이 개도국에 중장기 수출금융을 제공할 때는 수출신용기관의 지원(보증 또는 보험)을 전제로 참여한다.

1990년대 들어서면서 개도국 자본재 수요가 증대됨에 따라 세계 수출신용기관들의 공적수출지원이 크게 늘어났으며 특히 2008년 글로벌 금융위기 이후 상업은행들의 대외거래 금융지원이 위축되면서 수출신용기관들의 역할이 확대되었다.

3 주요국의 수출신용기관 현황

각국의 공적수출신용 지원체제는 직접대출·보증·보험을 어느 기관이 수행하고 있느냐에 따라 통합수행형과 분리수행형으로 구별해 볼 수 있다.

통합수행형 체제는 금융·보증·보험을 1개 기관이 모두 취급하는 것으로 미국, 영국, 캐나다, 호주, 대만 등에서 채택하고 있고, 분리수행형 체제는 금융·보증·보험을 2개 기관이 나누어 수행하는 것으로 한국, 일본, 독일, 프랑스, 이태리 등에서 운용하고 있다.

선진국들이 통합수행형과 분리수행형이라는 상이한 지원체제를 구축하게 된 과정은 다음과 같이 요약될 수 있다. 1920년대 이후 유럽제국 등이 중단기 수출보험 중심의 공적수출지원제도를 도입하였으나, 독립기관의 설립보다는 정부가 직접(영국, 일본) 또는 민간보험회사(프랑스, 독일, 이태리 등)를 통해 이를 취급하였다.

표 3-1 주요국의 수출신용기관

국가명	기관명	국가명	기관명
미국	USEXIM	캐나다	EDC
영국	UKEF	호주	EFIC
오스트리아	OeKB	터키	터키수출입은행
대만	대만수출입은행	태국	태국수출입은행
독일	KfW(대출·보증) HERMES(보험)	프랑스	NATIXIS(대출·보증) Coface(보험)
이태리	Mediocredito(대출) SACE	스웨덴	SEK(대출) EKN(보험)
일본	JBIC(대출·보증) NEXI(보험)	중국	EXIM(대출·보증) Sinosure(보험)
인도	EXIM(대출·보증) ECGC(보험)	헝가리	EXIM(대출·보증) MEHIB(보험)

그러던 것이 1945년 세계 2차 대전 종료 당시 자본재 수출여력을 보유한 유일한 국가였던 미국이 중장기 수출금융만을 취급하는 미국수출입은행을 설립한 이후, 1953년 중단기 수출보험 업무를 추가함으로써 통합수행체제의 효시를 이루었다. 미국에 이어 생산력을 회복한 유럽 및 일본 등이 자본재 수출지원을 위해 중장기 수출금융을 취급하는 독립된 기관을 설립하거나(프랑스, 일본, 스웨덴), 이미 설립된 정부금융기관에게 수출금융을 취급케 함으로써(독일, 이태리) 분리수행체제가 형성되었다.

한편 민간보험 및 수출신용시장이 발달되어 있는 프랑스와 네덜란드 등 유럽 일부 국가들은 수출신용업무를 민간에 위탁하여 운용하는 시스템으로 전환하였고, 노르웨이 등 일부 유럽 국가들은 정부가 지분 일부만을 소유하는 혼합형을 채택하고 있다. 그러나 개도국과 우리나라와 일본을 포함한 아시아 국가들 그리고 미국, 캐나다 등 비유럽 선진국들은 대부분 공적기관이 수출신용업무를 전담하는 체제를 유지하고 있다.

세계 각국의 수출신용기관들은 각국의 경제발전정도, 국내상업금융 환경 및 대외거래 여건 등에 따라 업무나 조직 운영상에 많은 차이를 보이고 있어 수출신용기관의 전형적인 케이스를 찾기 어렵다.

특히 상업은행과 수출신용업무에서 경쟁하는 정도에 있어 뚜렷한 차이를 보이고 있다. 미국 수은, 영국 UKEF, 일본 JBIC/NEXI 등은 장기·거액의 거래나 국별위험도가 높은 고위험 거래에 대하여 국별위험을 커버하거나 상업은행들의 시장실패영역 등 민간금융의 한계를 보완하는데 중점을 두고 있다. 이에 반해 독일 KfW, 캐나다 EDC, 노르웨이 Exportfinans, 스웨덴 SEK, 대만 수은 등은 상업성이 있는 수출신용업무에 진출하여 광범위한 수출금융업무를 취급하고 있다.

다음에서 주요 국가의 수출신용기관들에 관하여 주요 업무를 중심으로 살펴보고자 한다.

1) 미국수출입은행(US EXIM : Export-Import Bank of the United States)

(1) 기관 개요

미국수출입은행(미수은)은 1934년 설립된 워싱턴수출입은행을 전신으로 하여 1945년 독립국가기관으로 전환되었고, 지금의 명칭은 1968년부터 사용하고 있다. 미수은은 매 5년마다 의회에 의해 영업시한 연장여부가 결정된다.

설립목적은 미국내 고용유지 및 신규고용 창출 그리고 국가 경제발전에 기여하는 미국 기업의 해외수출을 지원하는데 두고 있으며, 해외시장에서의 자국 업체 수출경쟁력 확보, 민간부문이 부담하지 않는 고위험 수출거래의 부담, 외국정부의 시장조건 이하(below market) 공적수출신용 제공에 대응하는 경우 등에서 최종 위험부담자로서의 역할을 한다.

미수은은 '은행'이라는 명칭에도 불구하고 실질적으로 정부의 기능을 수행하는 정부기관이다. 미의회의 감독을 받고 있으며, 재무부, 상무부, 무역대표부와 협력관계를 유지하고 있다. 정책수행기관으로서 예금수납이 없기 때문에 자산건전성 감독을 받지 않으며 미 의회 회계감사국(GAO)의 감사가 전부이다.

주요 재원은 재무부 출자 자본금, 채권발행 차입금, 재정지원금 등이며 이 중 재정지원금은 매년 의회로부터 지원받는 연간 세출예산(annual expropriation)으로 예상손실에 대해 재정을 보전하는 것으로 활용된다.

(2) 주요 업무

미수은은 수출지원 경쟁력 확보에 대한 요구와 함께 상업금융기관과의 경쟁금지 의무를 지며, 또한 상업금융기관이 기피하는 위험인수 분야에 대한 지원을 위해 지원거래의 합리적인 상환확실성 원칙을 갖고 있다. 직접대출, 채무보증, 수출보험 등의 주요 수단을 모두 갖추고 있어서 효율적인 공적수출신용 지원이 가능하다. 미수은의 주요 업무를 살펴보면 다음과 같다.

① 직접대출(Direct loan)

국제적으로 신용이 있는 외국수입자들에게 미국산 재화와 용역의 수입에 필요한 자금을 직접 대출하여 수출을 지원한다. 직접대출은 민간대출기관(PEFCO[3] 포함)과의 협조융자로 이루어지는 것이 일반적이다. 수출거래에서 수출자는 미국내 법인(외국기업도 가능)이 되며 수입자는 미수은이 인정하는 여신적격국가에 소재한 법인으로 하고 있다.

② **중장기수출신용보증(Medium and long term guarantee)**

이 제도는 미국산 재화와 용역을 수입하는 외국수입자에게 중장기 수입자금 대출을 지원한 금융기관에 대하여 신용위험 및 비상위험으로 인한 대금회수 불능시 그 지급을 보증하는 것이다. 보증범위는 원리금의 100%이며, 보증료는 기간 및 수입자의 신용도 등에 따라 차등 적용한다. 보증기간은 통상 자본설비 및 관련 서비스는 5년, 수송장비 및 대규모 프로젝트는 10년까지 가능하다.

③ **단기운전자금보증(Working capital guarantee)**

단기운전자금보증은 미수은의 고유 제도로 미국산 재화와 용역의 수출과 관련하여 생산, 마케팅 활동을 하는 미국 수출자에게 1년 이내의 단기자금(운전자금)[4]을 대출하는 은행에 대해 그 상환을 보증하는 것이다.

이 보증의 적격수출거래는 재화의 50% 이상이 미국산이며(50%미만인 경우 미국산 부분만 지원), 미국에서 선적되어야 한다. 보증범위는 원리금의 90%이내이다.

④ **수출보험**

미국수은은 수출보험에서는 단기수출보험(Small business multi-buyer policy)과 중장기수출보험(Medium-term insurance policy)제도를 운용하고 있다.

단기수출보험은 미국산 재화와 용역을 처음 수출하거나 수출경험이 거의 없는 중소기업 수출자에게 외국 수입자의 신용위험을 커버해 주는 것으로 수출자는 미수은 보험부 수출대금채권을 담보로(보험채권 양도를 통해) 금융기관에서 대출을 받을 수 있다.

중장기수출보험은 미국의 자본설비를 수출하는 미국의 수출자 또는 수출금융을 제공하는 금융기관에게 외국 수입자의 신용위험을 커버해주는 보험이다.

---

3) 미수은 보증하에 미국산 재화 및 서비스의 수입자에 대한 장기 고정금리부 대출공여 등을 목적으로 1971년 설립

4) 3년까지 연장 가능

2) 캐나다 수출개발공사(EDC : Export Development Canada)

(1) 기관 개요

캐나다 EDC는 1944년 설립된 수출신용보험공사를 모태로 하여 1969년 수출개발회사(Export Development Corporation)로 개편된 후 1993년 수출개발법 개정을 통해 업무영역을 크게 확대하였으며, 2001년부터 현재의 명칭을 갖게 되었다.

EDC는 100% 정부 출자에 의해 설립된 국책기관이나 포괄적인 업무자율성을 갖고 있으며, 예산의 수립·집행, 차입금 규모 등이 재무부와 합의한 전체적인 틀에 부합한다면 정부 간여는 없다. 예금수납기관이 아니며 공공정책을 수행한다는 이유로 자산건전성 관련 금융감독을 받지 않는다. 단지 감사원(the Auditor General of Canada)으로부터 감사를 받는다.

EDC는 자기계정과 국가계정(Canada account)의 두 가지 계정을 운용하면서 국가계정을 통해서는 수출신용기관 본연의 최종위험부담자 기능을 하고, 자기계정을 통해서는 상업적 금융을 강화하여 시장보완(gap filling) 역할을 하는 두 가지 기능을 동시에 수행하고 있다.

EDC는 상업금융기관의 시장기능을 보완해 주는 gap filler로서의 역할을 수행하므로 상업금융기관과의 부분적인 경쟁이 불가피한 것으로 인정하고 있다. EDC가 gap filler로서의 역할을 하는 이유는 캐나다의 상업은행이 수출신용분야에서의 규모나 영업망에서 세계적인 국제상업은행에 미치지 못하고 있으며, 고도의 전문 인력을 필요로 하는 수출신용 분야에서의 무역금융 지원역량의 제고를 통해 상업은행의 역할을 보완하고자 하는데 있다. EDC는 상업적으로 자립할 수 있는 역량 확대를 최우선 목표로 설정하고 있으며, 이를 위해 자기계정의 자산기반 확대와 수익증대를 추구한다.

이러한 한편으로 EDC의 자체적인 위험관리 능력을 벗어나 자기계정으로 지원할 수 없는 고위험거래에 대해서는 국가계정을 통해 지원함으로써 대외위험 부담이라는 공적수출신용기관으로서의 본연의 기능을 수행한다. 국가계정의 적용 결정은 외무부 및 재무부의 심사로 이루어지며 손실발생시 재무부가 재정(consolidated revenue fund)으로 보전한다.

(2) 주요 업무

EDC는 1993년 이전에는 캐나다 상업금융의 부족을 보완하기 위한 단기수출금융에 치중하였으나, 1993년 이후 '수출은행(export bank)'으로서 직접대출, 보증, 보험, 지분출자, 무역어음인수, 운전자금보증, 해외채권 인수 등 매우 포괄적인 업무 영역을 보유하고 있다. 또한 캐나다 기업의 수출능력 확대, 수출기업의 재무구조 개선, 공공·민간 자본의 프로젝트 참여 촉진, 수출기업의 위험경감 등을 위해 지분투자 및 벤처 캐피탈을 지원하고 있다.

EDC는 중장기수출신용의 세 가지 ― 직접대출, 채무보증, 수출보험 ― 중 직접대출에 중점을 두고 있다. 이는 상업적 역량의 구축을 통해 수출신용의 경쟁력 제고를 이루기 위한 이유 때문이다.

중장기채무보증의 경우 상업은행에게 일정부분 위험분담을 요구하고 있으며, 보험의 경우는 단기거래의 비중이 높고 중장기 거래도 비상위험보험(political risk insurance)을 통한 캐나다 기업의 해외투자위험을 담보하나 신용위험을 수용하려는 상업은행이 드물어 실용성은 크지 않다.

EDC가 취급하는 업무는 수출신용기관들 중 가장 광범위한 바 주요 내용을 보면 다음과 같다.

① 수출금융

수출금융으로는 외국수입자앞 직접대출, 프로젝트 파이낸스, 지분투자(Equity investment), 신속신용대출(Export express credit), 어음매입(Note purchase), 전대금융, 외국인의 대 캐나다 직접투자 지원제도(Investments in Canada) 등이 운용되고 있다.

이중 다른 수출신용기관이 취급하지 않는 제도로 지분투자와 어음매입을 들 수 있는데 지분투자는 개별기업 또는 프로젝트에 대한 출자(직접투자)와 벤처캐피털 펀드에 대한 출자(간접투자) 등 두 가지 방식으로 지원된다.

한편 어음매입은 해외수입자가 캐나다 수출기업 앞으로 발행한 약속어음을 별도의 담보 없이 EDC가 매입하는 제도를 말한다.

EDC는 수출금융을 취급함에 있어 OECD 수출신용협약에서 규정하고 있는 조건보다는 상업적인 조건을 적용하는 경향이 있다. 수출신용기관이 상업적 조건으로 수출신용을 지원하는 것을 마켓윈도우(market window)라고 부르는데 이는 OECD 가이드라인 틀 속에서 '공적창구(official window)'를 통해 이루어지는 정부지원 금융과 대비된다.

마켓윈도우를 운용하는 ECA는 캐나다 EDC와 독일의 KfW가 대표적인데 이 들은 대출재원을 주로 자본시장에서 자체 신용으로 조달하고, 직접대출시 CIRR의 고정금리 보다는 변동금리를 적용하는 경우가 많다.

② 보증

EDC는 보증으로 주 매출채권 보증 등 단기수출관련 보증 및 입찰보증 등 계약이행관련보증을 제공하고 있다.

주매출채권보증(MARG : Master Accounts Receivable Guarantee)은 캐나다 상업은행들이 해외 매출채권을 담보로 수출자 앞으로 대출한 운전자금의 상환불능위험을 90% 한도 내에서 보증하는 것이다.

③ **보험**

EDC가 취급하는 수출보험의 종류로는 수출채권보험, 비상위험보험 등 단·중기보험 및 계약이행 관련 보험 등이 있다.

수출채권보험(ARI : Account Receivable Insurance)은 신용기간 180일 이내의 일반재화 수출 등에 대해 수입자의 신용 및 수입국의 비상위험을 90%까지 수출자앞 담보하는 보험으로 EDC의 보험상품 중 가장 높은 지원 비중을 차지하고 있다.

비상위험보험(PRI : Political Risk Insurance)은 수출자의 기자재 및 제조시설 등 해외 자산에 대한 몰수, 계약위반 등의 비상위험을 90%까지 담보해 주는 것이다.

3) 영국수출금융청(UKEF : UK Export Finance)

(1) 기관 개요

영국은 1919년 수출자에 대한 수출보험 및 보증지원을 통한 수출진흥 및 수출산업의 경쟁력 강화를 목적으로 상무부내 수출신용국(Export Credits Department)을 설립하였는데 이것이 세계 최초의 공적수출신용기관으로 기록되고 있다.

동 기관은 1926년 ECGD(Export Credits Guarantee Department)로 개칭되었고, UKEF는 이의 운영명칭이다. 1930년 상무부 외청으로 독립하였으며, 1991년 수출보증·해외투자법을 수출·투자보증법(The Export and Investment Guarantee Act)으로 개정함에 따라 현행 체제로 정착되었다.

정부 내 조직이긴 하나 보험료를 재원으로 하여 독립채산제로 운영된다. 잉여자금의 운용 및 부족분에 대한 차입은 국고로 해결하고, 이차보전제도, 환율변동보험 등 특별업무는 재정자금으로 충당하고 있다. 금융업무로서는 직접대출 대신 이차보전제도를 활용하고 대부분 보증업무에 특화해 오고 있다.

(2) 주요 업무

① **채무보증**

채무보증에는 구매자신용보증(BC : Buyer Credits), 공급자신용보증(SCF : Supplier Credit Finance Facility), 신용한도(Credit Line)보증, 프로젝트 파이낸스 보증 등이 있다.

구매자신용보증은 영국산 자본재·관련 서비스의 수입에 대해 구매자신용을 공여한 상업은행에 대한 지급보증으로 기간 2년 이상, 선수금 15% 이상의 요건을 갖춘 거래를 지원 대상으로 하며 최대 원리금 100%까지 보증된다.

공급자신용보증은 영국산 자본재·관련 서비스의 수출자에 대해 공급자신용을 공여한 상업은행에 대한 지급보증으로 거래 요건과 보증범위는 구매자신용보증과 동일하다.

② **보험**

보험에는 수출보험(EIP : Export Insurance Policy), 이행성보증보험(Bond Insurance Policy), 입찰·환율변동보완제도(Tender to Contract/Forward Exchange Supplement) 등이 있다.

수출보험은 선적전 발생비용과 선적후 수출금융 대출집행시까지의 기간동안 채무불이행 위험을 95%까지 커버한다. 선적후금융이 집행된 이후의 위험은 보증으로 커버하므로 보험과 보증은 구별된다.

입찰·환율변동보완제도는 해외 프로젝트 입찰시 외화표시 고정가격으로 입찰이 이루어질 경우 계약체결까지의 환율변동에 따른 손실을 보전한다. 이밖에 UKEF는 해외투자보험제도를 통해 개도국에 직접투자를 하는 영국 민간기업에 대해 비상위험을 인수해 주고 있다.

③ **대출**

종전에는 이차보전제도를 통해 대출 기능을 일부 수행하였으나 이를 폐지하고 2014년부터 직접대출(direct lending) 제도를 도입하였으며 최근 첫 번째 프로젝트를 지원하였다.

4) 독일 KfW와 Hermes

독일은 부흥금융금고(KfW)가 대출 및 보증업무를 담당하고 있고, 민간신용보험회사인 Hermes가 보험업무를 수행하고 있다.

(1) 부흥금융금고(KfW : Kreditanstalt für Wiederaufbau)

KfW는 1948년 경제재건을 위한 수출신용업무 및 상업은행이 취급하기 어려운 장기 프로젝트 지원을 위해 설립되었으며, 연방정부(80%)와 지방정부(20%)가 지분을 출자하였다.

KfW는 수출금융이외에도 국내 장기설비투자 지원, 중소기업지원, 개도국 앞 개발원조 등 여러 가지 정책금융을 함께 취급하고 있다. KfW는 민간금융기관과 경쟁

뿐만 아니라 협조관계에 있는데 특히 국내기업에 대한 대출의 경우 대부분 상업은행에 전대(on-lending) 또는 재대출(refinancing)함으로써 위험의 일부를 인수하는 형태를 취하고 있다. 수출신용업무의 경우 초기에는 정부자금에 의존하였으나 국제금융시장에서 직접 자금을 조달하는 비중이 높아지고 있다.

KfW는 2008년 1월 IPEX-Bank를 100% 자회사로 분리·독립시켜 수출금융 및 해외투자금융을 전담케 하였다. 그리고 나머지 지원기능은 KfW내 별도 계정으로 분리 운용되고 있다. 다음은 각 지원업무와 담당 조직에 대해 살펴본 것이다.

① KfW Mittelstandsbank(SME Bank)

국내 투자금융 중 중견·중소기업 지원을 담당한다. 중소기업 지원 일반대출, 후순위대출(mezzanine financing 등), 해외투자금융, 중소기업 앞 지분투자, 자산유동화 증권발행 등의 형태로 지원한다.

② KfW Forderbank(Promotional Bank)

국내 투자금융 중 주택, 환경보호, 교육, 지방지치단체의 인프라 정비, 신기술 사업 등을 지원한다. 대출 및 자산유동화 증권발행 등의 방식으로 지원한다.

③ KfW IPEX-Bank

수출금융으로는 직접대출, 프로젝트 파이낸스, 스트럭쳐드 파이낸스 등 방식으로 지원하며 OECD 수출신용협약 적용 거래의 경우 상당부분 Hermes의 보험 부보 하에 대출을 실시한다. 한편 해외투자금융은 독일 및 유럽에 유익하다고 인정되는 독일기업의 직접투자 프로젝트에 대출한다.

④ KfW Entwicklungsbank(Development Bank)

주로 정부위탁재원을 가지고 개도국 앞 금융협력 무상원조, 세계은행 IDA 조건 대출 등의 형태로 지원한다. 정부 예산외에 자체예산으로도 개도국 공적개발원조자금 지원업무를 수행하며, 중점지원분야는 사회경제인프라, 금융시스템, 환경보전, 에너지 분야 등이다.

⑤ DEG(Deutsche Investitions)

개도국의 경제개발에 도움이 되는 장기투자금융을 민간기업이나 은행 앞으로 제공함으로써 수원국의 민간부문 개발을 돕고, 이를 통해 개도국의 지속가능한 경제성장 기틀을 마련해 주는 역할을 한다. KfW는 독일정부의 개도국 정부 앞 공적개발원조를 담당하는 반면, DEG는 독일정부의 대 개도국 민간부문에 대한 상업성 차관에 주력한다.

(2) Hermes 신용보험회사(Euler Hermes Kreditversicherungs-AG)

Hermes는 1917년 민간신용보험은행으로 설립되었다. 2002년 Allianz와 Euler(프랑스)가 합병하여 본점을 파리에 설치하고 회사명을 현재 명칭으로 개명하였으며, 2003년 Euler Hermes를 지주회사로 하는 그룹사로 편입되었다. Hermes는 1949년부터 중장기 수출보험, 해외투자보험, 언타이드론보험 등의 업무를 정부로부터 위탁받아 대행하고 있다.

연방정부의 경제기술부, 재무부, 외무부, 경제협력부의 각 부처 대표로 구성된 수출보증각료위원회가 공적보험의 중심적 의사결정기관으로 국별 인수방침 및 주요 안건에 대한 인수심사, 보증범위 및 조건을 결정한다. 정부는 매년 정부예산에 따라 보험인수 한도액의 상한을 설정하고 있다. 정부위탁 업무 중 주요 사항은 다음과 같다.

① 수출보험

수출보험에는 수출기업 앞 지원과 금융기관 앞 지원 두 가지 종류가 있다. 수출기업 앞 수출보험은 선적전보험(Manufacturing risk cover), 수출신용보험(Supply credit cover), 포괄수출보험(Whole turnover policy), 리볼빙보증(Revolving supplier credit cover), 해외건설보험(Constructional works cover), 이행성보증보험(Contract bond cover) 등을 포함하고 있다.

한편 금융기관 앞 보험으로는 중장기수출보험, 전대금융보험(Framework credit cover), 리스보험(Leasing cover), 증권화보증(Securitisation guarantee), 몰수위험보험(Confiscation risk cover) 등이 있다.

② 해외투자보험

독일기업의 해외직접투자, 해외투자와 관련된 금융기관의 대출, 생산물분배계약(원유개발 등과 관련)이나 사업권 획득과 같은 해외자산 취득 행위를 대상으로 하여 몰수위험, 투자국 정부의 계약위반위험 등 비상위험을 인수한다.

③ 언타이드보험(Untied loan guarantee)

독일기업의 수출과 연계되지 않은 사업 중 독일의 국익에 도움이 되는 개도국의 개발사업에 금융기관 등이 대출을 실시할 경우 그 미상환위험을 보증한다. 원유 및 가스 등 필수 원자재 확보에 기여하는 사업(예 독일기업과 장기 생산물구매계약이 체결된 사업) 및 동유럽의 중소기업 지원사업을 우선 지원한다.

5) 프랑스의 NATIXIS와 Coface

프랑스는 공적수출신용업무를 모두 민간부문이 대행하고 있다. 수출금융업무는 민간상업은행인 NATIXIS가 그리고 수출보험업무는 민간보험회사인 Coface가 각각 담당하고 있다.

(1) NATIXIS

NATIXIS는 1946년부터 중장기 수출금융 업무를 수행해 온 정부계 상업은행인 프랑스 무역은행(BFCE)과 정부개발원조의 일부를 수행해 온 민간상업은행인 Credit National(CN)이 합병하여 설립된 주식회사 형태의 민간상업은행이다.

1997년 CN·BFCE 그룹은 그룹 명칭을 Natexis로 변경하였으며, 2002년에는 프랑스무역보험회사(Coface)의 최대주주가 되었고, 2006년 6월 Natexis는 저축은행국영금고(Groupe Caisse d' Epargne)와 함께 투자은행, 자산관리업무를 위한 자회사(NATIXIS)를 설립하여 정부의 수출금융 업무를 수행하고 있다.

NATIXIS는 공적수출금융과 관련하여 이차보전제도를 운용하고 있다. 이차보전제도는 시중은행의 Coface 부보 수출금융(공급자 및 구매자신용)을 대상으로 하며, 시중은행의 자금조달금리(통상 변동금리)에 스프레드(관리업무비 등)를 더한 수준과 OECD 수출신용협약상의 고정금리와의 차액을 시중은행에 보전하거나 협약상의 금리가 낮아져 차익이 발생할 경우에는 시중은행이 환입하는 식으로 운용된다.

이차보전의 공여 여부는 최종적으로 정부(경제재경부)가 결정하며, 이차보전 재원은 정부가 부담하고, NATIXIS는 수수료 수입을 취득한다.

한편 NATIXIS는 정부원조업무의 일부도 담당하고 있다.[5] 정부가 외국정부에 공여하는 이국간 타이드원조로서 소요자금은 정부가 제공한다.

(2) Coface

프랑스무역보험회사(Coface)는 1946년 국영은행 등을 주주로 하는 주식회사로 설립되었으며, 1994년 주주인 국영은행 등의 민영화에 따라 민간보험회사로 전환되었다. 현재 NATIXIS은행이 100% 지분을 보유하고 있다.

민영화 이후에도 정부의 대리인으로서 수출촉진을 위한 보험 업무는 계속 수행하고 있으며 정부계정 업무수행을 감독하기 위해 프랑스 정부는 대표 2명을 Coface에 파견하고 있다.

정부계정의 업무수행은 Coface가 보험신청을 접수한 후 무역보험신용위원회

---

5) 구 프랑스경제권 국가에 대한 국고차관 및 양허성 지원은 프랑스개발청(AFD)가 그리고 그 이외 국가에 대해서는 NATIXIS가 담당함.

(CGCE)의 심사를 거쳐 경제산업성에서 인수여부를 결정하고 실제 인수업무는 Coface가 담당하는 식으로 이루어진다. 다만 금액 등의 기준에 따라 일정 범위의 안건에 대해서는 Coface에 결정권한이 위임되어 있다.

주로 취급하는 보험 종류는 시장조사보험, 중장기수출신용보험, 해외투자보험, 환변동보험, 공사계약보증보험 등이 있다. 이중 시장조사보험은 다른 보험기관이 별로 취급하지 않고 있는데 이는 중소기업의 해외시장조사, 해외박람회 참가 등 수출시장 개척에 관한 투자의 회수가 불가능한 위험을 부보해 주는 보험이다.

Coface는 단기수출신용보험의 경우 민간보험으로 부보가 곤란한 3년 이하의 단기수출신용관련 비상위험을 자체계정을 통해 부보하고 있다. 한편 보험부보 이외 업무로 세계 기업들에 대한 재무조사, 신용도분석, 신용등급결정 등 신용정보 업무를 수행하고 있다.

6) 일본의 JBIC과 NEXI

일본은 국제협력은행(JBIC : Japan Bank for International Cooperation)이 대출과 보증 업무를 맡고, 일본무역보험(NEXI : Nippon Export and Investment Insurance)이 보험 업무를 담당하고 있다.

(1) 국제협력은행(JBIC)

일본의 공적수출신용업무는 1950년 일본수출입은행(The Export-Import Bank of Japan)의 설립으로 시작되었다. 1999년 일본수출입은행은 공적개발원조기관인 해외경제협력기금(OECF)과 통합되어 일본국제협력은행으로 변경되었다.

이어 일본의 정책금융기관 조정 조치에 따라 2008년 10월 개발원조업무가 무상원조공여기관인 JICA와 통합되면서 JBIC은 신정책금융기관인 일본정책금융공고(JFC : Japan Finance Corporation)내 국제금융부문 전담조직으로 자리 잡게 되었다. 이후 JBIC의 국제경쟁력 약화를 이유로 2012년 4월 독립기관으로 다시 설립되게 되었다.

JBIC은 정부가 100% 지분을 보유하고 있으며 JBIC의 수입지출 예산은 국내 예산의 일환으로 국회에 제출되어 승인을 얻게 되어 있다.

주요 업무는 수출금융, 수입금융, 투자금융, 자원개발금융, 비구속성차관(untied loan), 보증 등이 있다.

일본수출입은행 설립 후 1980년대까지는 일본 수출진흥 지원을 위해 수출금융에 업무의 중심을 두어 왔으나, 무역수지흑자가 확대되면서 미국 등 국제사회에서 수출확대 축소에 대한 압력이 커짐에 따라 수출금융지원 비중을 줄이고 대신 해외투자금융 특히 자원개발금융 지원에 더 역점을 두고 있다. 주요 업무내용을 살펴보면 다음과 같다.

① **수출금융**

대출대상은 국내에서 생산된 설비(항공기, 선박, 차량 및 관련설비와 부속품 등)의 수출 또는 기술제공(조사, 설계, 관리, 컨설팅 등)에 필요한 자금으로 하고 있으며, 대출형태는 주로 구매자신용[6]과 협조융자의 방식으로 지원된다.

JBIC은 원칙적으로 수출금융 제공시 일반금융기관과의 협조융자를 통하여 거액의 소요자금을 지원하고 있다. 자금의 직접공급이외에도 금융기관의 대출채권 매입, 공사채 취득 등의 방법으로 수출금융을 지원하고 있다.

② **수입금융**

JBIC은 국민경제의 발전을 위해 꼭 필요한 에너지 자원, 물자 또는 기술 등의 수입에 필요한 자금을 대출한다.

자원이외의 수입과 관련해서는 보증 제도를 활용하여 지원하고 있다.

③ **해외투자금융/자원개발금융**

일본기업의 출자로 설립된 외국 현지법인이 해외에서 수행하는 사업에 소요되는 자금을 지원하고 있다. 해외투자금융은 모기업에 대한 대출과 외국 현지법인에 대한 대출로 나눌 수 있다.

자원개발금융은 일본기업에 의한 장기거래계약에 기초한 자원수입이나 권리 취득을 통한 자체 자원개발 등 일본의 자원 확보에 기여하는 프로젝트 또는 관련 인프라 정비에 대해 금융을 지원하는 것이다.

지원조건 및 방법은 자원을 개발하여 수입하는 경우는 수입금융의 조건 및 방법을 그리고 자원개발을 위해 투자하는 경우 경우는 해외투자금융의 조건 및 방법을 준용한다.

④ **언타이드 론(Untied loan)**

개도국에 의한 사업, 해당국의 수입에 필요한 자금, 국제수지의 균형 및 통화안정을 도모하기 위해 필요한 자금 등을 공여하는데 일본기업의 기자재 구입을 조건으로 하지 않는다. 이 자금은 일본의 막대한 무역수지 흑자를 개도국에 환류 시킨다는 취지에서 도입된 것으로 수출신용기관 중에서는 일본 JBIC이 유일하게 취급하고 있다.

---

6) 새로 출범한 일본정책금융공고에서는 JBIC의 공급자신용업무를 폐지하였음.

⑤ **보증**

JBIC은 민간금융기관의 대출 및 개도국 정부나 현지 일본계 기업이 발행하는 채권(공사채포함)에 대한 보증을 제공하고 있다.

보증의 종류는 계약이행보증, 제품수입보증, 해외신디케이트론보증 등이 있다. 특히 해외신디케이트론보증은 민간금융기관이 개도국에 대출을 실시할 때 수반되는 외화송금 및 환전위험, 국가위험 등을 JBIC이 보증함으로써 일본 민간금융기관의 개도국에 대한 중장기대출을 지원하고, 개도국의 민간자금도입 및 민간기업에 의한 국제금융 비즈니스의 확대에 기여하고 있다.

(2) 일본무역보험(NEXI)

일본의 수출신용보험 업무는 1950년 통상산업성 무역국(MITI)이 수출신용보험제도를 운영하면서 시작되었다. 이후 무역일반보험 신설, 해외사업자금 대출보험 신설 등으로 보험 영역을 확대해 나갔으며, 2001년 4월 독립행정법인인 일본무역보험(NEXI) 발족으로 본격화되고 있다.

NEXI는 정부가 100% 지분을 보유하고 있으며 일본기업의 무역 및 해외사업과 관련하여 발생되는 위험을 담보하면서 일본 기업의 수출촉진을 지원하고 있다.

주로 취급하는 보험의 종류와 내용은 다음과 같다.

① **무역일반보험**

무역보험법에 의거 보통수출보험, 수출대금보험 및 중개무역보험을 통합한 것으로 하나의 보험증권으로 수출품의 생산, 선적에서부터 대금회수단계까지 발생할 수 있는 수출이행 불능에 따른 손실을 보전한다. 담보위험은 비상위험과 신용위험 모두를 포함하며, 이러한 위험으로 선적전에 선적이 불가능하게 되는 경우 그리고 선적후에는 대금회수가 불가능해진 경우의 손실을 대상으로 한다.

② **수출보증보험**

플랜트수출, 해외건설공사 관련 보증서(입찰보증, 계약이행보증, 선수금환급보증 등)를 발행한 은행 등이 입게 되는 손실을 보상한다. 보증수혜자는 보증서 발급은행이 된다,

③ **해외투자보험**

일본기업이 해외에 보유중인 자산(출자, 권리 등의 취득)을 외국정부의 권리침해, 전쟁, 테러, 천재지변으로부터 보호하기 위한 보험이다.

④ **해외사업자금 대출보험**

이 보험은 일본기업(상업은행, 상사, 기관투자가 등)이 외국법인 또는 외국정부에 제공한 사업지원(대출금지원, 보증제공 또는 채권구입)에 대해 비상위험 또는 신용위험의 발생으로 손실이 발생했을 경우 보전하는 것이다.

4 우리나라의 수출신용기관

우리나라의 수출신용기관으로는 대출과 보증 업무를 취급하는 한국수출입은행과 보험업무를 취급하는 한국무역보험공사가 있다.

1) 한국수출입은행(The Expor-Import Bank of Korea)

(1) 개요

한국수출입은행(수은)은 1976년 개도국 최초의 수출신용기관으로 설립되었다. 수은의 설립목적은 우리나라 기업의 자본재 수출과 해외투자, 해외자원개발에 필요한 금융을 지원함으로써 국가 경제발전과 대외경제협력을 촉진한다는 것이다.

우리나라는 1970년대 중화학공업화를 본격 추진하였는데, 중화학공업화는 내수보다는 수출이 주된 목표였던 만큼 초기 단계부터 수출신용의 지원이 불가피하였고, 따라서 장기 저리의 연불수출금융 지원을 전담시킬 목적으로 수은이 설립되었다.

수은은 설립 이후 선박, 플랜트 등 국가전략산업의 수출을 지원하는데 역점을 두어 우리나라가 세계 최대 선박수출국으로 부상하는데 크게 기여하였다. 한편 1997년 IMF 외환위기 당시에는 상업은행들을 대신하여 단기수출금융을 지원함으로써 외환위기 극복에도 일조하였다.

수은은 지원규모와 업무의 다양성면에서 다른 공적수출신용기관들 보다 우위에 있다. 이는 우리나라 경제의 대외의존도가 다른 선진국에 비해 훨씬 높은 반면 국내 상업은행들의 대외거래금융 취급능력은 크게 부족하여 대외거래금융 수요의 상당부분을 수은이 담당해야 하기 때문으로 풀이된다.

수은은 100% 정부 소유의 국책은행으로 주무부처는 기획재정부이다. 정부는 매년 일정금액의 출자금을 제공하며, 수은이 수지에 손실을 발생하는 경우 손실을 보전하도록 되어 있다.

(2) 주요 업무

수은의 금융업무는 대외거래에 따라 수출금융, 수입금융, 해외사업금융으로 구분되며, 금융형태는 대출, 보증, 투자, 외국환·할인이 있다.

① 수출금융

수출금융은 국내 수출자가 수출에 필요한 소요자금을 대출방식으로 지원하는 금융을 말하며, 여기에는 국내 수출자의 수출목적물 제작자금, 시설투자자금과 함께 국내 물품을 구매하는 외국인의 수입결제자금(OECD 수출협약상 직접대출) 등이 있다.

[전대자금대출]

전대자금대출은 해외의 신용 있는 금융기관에 일정규모의 대출한도(Credit line)를 설정하고, 그 금융기관(전대은행)으로 하여금 이 자금을 자국 내 수입자에게 대출(relending)하여 우리나라에서 수입하는 상품의 수입결제대금으로 사용하도록 하는 금융방식이다.[7)]

이 자금은 개도국들을 대상으로 수출규모가 비교적 작은 기계류, 전기기기 등 중소규모 자본재 및 내구성 소비재 등의 수출거래를 용이하게 지원할 수 있다는 이점이 있다.

② 수입금융

수입금융은 국내 수입자가 국민경제상 장기 안정적인 확보 또는 적기수입이 요구되는 중요물자 및 주요자원을 수입하는데 필요한 자금을 지원하거나 국가경제에 필요한 광물자원을 해외에서 개발하여 수입하는데 필요한 자금을 지원하는 제도이다.

③ 해외사업금융

수은이 우리나라 기업의 해외사업을 돕기 위하여 운영하고 있는 금융지원제도로는 해외투자자금대출, 현지법인사업자금대출, 해외사업자금대출 등이 있다.

해외투자자금대출은 우리나라 기업이 해외직접투자를 하는데 필요한 자금을 제공하는 것이다. 차주는 외국법인을 설립·운영하는 우리나라의 모기업이 된다.

현지법인사업자금대출은 우리나라 기업이 이미 출자한 외국법인이 해외에서 수행하는 사업에 필요한 자금을 지원하는 제도로 수은 대출금의 차주는 국내 모기업이 아닌 외국현지법인이 된다.

---

7) 2014년 6월 수은은 “전대자금” 용어를 “간접금융”으로 변경하고, 수출거래뿐만 아니라, 수입거래, 해외투자거래에서도 활용할 수 있도록 하고 있음.

[해외자원개발금융]

해외자원개발사업은 형식상 해외직접투자의 범주에 포함되나, 일반 해외직접투자와는 달리 막대한 자본, 고도의 탐사 및 개발기술, 높은 사업위험 등을 수반함으로써 금융지원에 있어서도 일반 해외투자관련 대출과 다소 차이를 두고 있다.

수은은 해외자원개발사업에 대해서 금리, 상환기간, 대출한도 등의 지원조건에서 별도의 우대지원제도를 실행하고 있다. 예를 들어 상환기간은 최장 30년(거치기간 7년 포함)이며, 대출한도는 소요자금의 100%(일반 해외직접투자의 경우는 80~90%)가 적용된다.

④ **보증**

보증업무는 채무보증과 이행성보증 업무 두 가지로 구분된다. 채무보증이란 수은의 지원대상거래에 대하여 자금을 대출해 주는 국내외 금융기관 앞으로 수입자 또는 차주의 채무불이행시 수은이 채무를 대신 이행할 것을 보증하는 제도이다. 채무보증은 대외거래 종류에 따라 수출금융보증, 수입금융보증, 해외사업금융보증으로 구분된다.

한편 이행성보증도 대외거래 종류에 따라 수출이행성보증, 수입이행성보증, 해외사업이행성보증으로 구분되며, 수출이행성보증이 대부분을 차지하고 있다. 이는 해외 발주처들이 대외신인도가 높은 수은의 보증서를 선호하기 때문이다. 예를 들어 선박 수출시 국내 조선사들이 발주처 앞으로 발급하는 선수금환급보증(R/G)의 경우 50% 이상을 수은이 담당하고 있다.

⑤ **투자, 외국환·할인**

수은은 이외에도 투자 및 외국환·할인 업무 등 대외거래에 따른 무역금융의 대부분을 취급하고 있다.

투자업무는 프로젝트에 대한 지분투자와 펀드투자로 나뉘며, 전자는 수은이 대출이나 보증을 지원하며, 국내기업이 투자에 참여하는 프로젝트에 한하여 제한적으로 이루어지며, 후자는 수출·입, 중견기업의 해외진출, 해외투자, 해외사업 및 해외자원개발 등을 위해 조성된 펀드에 공동 투자하는 금융상품이다.

한편 외국환·할인 업무에는 수출환어음매입, 수출팩토링, 포페이팅, 신용장 확인, 수입신용장 개설, 무역어음재할인 업무 등이 포함된다.

2) 한국무역보험공사(K-sure)

(1) 개요

우리나라에서 수출보험업무가 개시된 것은 1969년 2월로 처음에는 대한재보험공사에서 수출보험업무를 취급하였다. 1976년 한국수출입은행이 설립되면서 수은이 수출보험업무를 대행해 오다가, 1992년 7월 한국수출보험공사가 설립됨으로써 독립된 기관에서 수출보험업무를 취급하게 되었다. 2010년 회사 명칭을 한국무역보험공사(K-sure)로 변경하였다.

한국무역보험공사(공사)는 정부 기금으로 운영되는 정부출연기관으로 산업통상자원부의 업무감독을 받는다.

우리나라의 수출의존도가 다른 선진국들에 비해 매우 높음에 따라 수출보험의 수요는 크게 늘어나고 있다. 공사는 이에 대응하기 위하여 보험제도를 다양화하고 보험인수 규모 역시 매년 크게 늘려 나가고 있다. 최근에는 수출자들의 수출대금 미회수위험 보상이라는 전통적 수출보험에서 벗어나 금융보완 기능을 강화하고 있고, 환변동보험, 신뢰성보험 등과 같이 다른 나라 수출보험기관에서는 취급하지 않는 업무들을 개발 추진하고 있다.

(2) 주요 업무

주요 수출보험제도로는 단기수출보험, 중장기수출보험, 해외투자보험, 수출보증보험 등이 있으며 은행들이 취급하는 수출신용보증도 수출보험업무에 포함시키고 있다. 현재 수출보험의 운영종목은 10개 보험과 1개 보증으로 이루어져 있다.

① 수출보험

결제기간 2년 이내의 단기수출계약에 대하여는 단기수출보험으로, 결제기간 2년을 초과하는 중장기수출계약에 대하여는 중장기수출보험으로 취급한다.

② 수출보증보험

수출보증보험은 수출 또는 해외공사계약과 관련하여 수출보증서를 발급한 금융기관이 보증수익자(수입자 또는 발주자)로부터 보증채무 이행 청구(bond-calling)를 받아 대지급하는 경우에 입게 되는 손실을 보상하는 보험이다.

③ 해외공사보험

해외공사계약 상대방의 신용위험 발생, 해외공사 발주국 또는 지급국에서의 비상위험 발생에 따라 손실을 입게 된 경우에 그 손실을 보상하는 보험이다. 대상거래는 해외건설촉진법의 규정에 의한 해외건설공사 및 해외건설엔지니어링 활동이며, 담보하는 위험은 수용위험, 전쟁위험, 송금위험 등이다.

④ **환변동보험**

계약시점에서 공사가 제공하는 환율(보장환율)과 실제 결제시점의 환율을 비교하여 그 차액을 보상 또는 환수하는 보험으로, 수출기업은 환변동보험을 통하여 계약금액을 원화로 고정시킴으로써 영업이익을 확보하고, 환율등락에 따른 환차손익 제거가 가능하다. 환변동보험은 은행들의 선물환거래와 유사하여 보장환율이 결제환율보다 높으면 공사가 환차손에 대하여 보상하고 반대로 보장환율이 결제환율보다 낮으면 공사가 환차익을 환수한다.

⑤ **수출신용보증**

수출신용보증은 선적전 수출신용보증과 선적후 수출신용보증으로 구분된다.

선적전 수출신용보증은 수출기업이 수출계약에 따라 수출물품을 제조, 가공하거나 조달할 수 있도록 은행 등이 수출신용보증서를 담보로 대출 또는 지급보증(수출용원자재 수입신용장 개설 포함)을 하는 경우 기업이 은행에 대하여 부담하게 되는 상환채무를 공사가 연대 보증하는 것이다.

선적후 수출신용보증은 수출자가 수출계약에 따라 물품을 수출한 후 은행이 운송서류 및 수출신용보증서를 근거로 수출자에게 일으킨 신용보증부 대출금(일반적으로 네고대출)에 대하여 대출 만기에 수입자(신용장 개설은행 포함)로부터 수출대금이 결제되지 않아 수출자가 은행에 상환하지 못한 금액을 은행으로 보상하는 보증이다.

수출신용보증은 은행의 지급보증과 성격이 유사하여 보증비율이 100%이내이다. 다만 공사의 경우는 수출중소기업들만을 대상으로 동 보증제도를 운용한다.

제2절 국제개발금융기관(MDB)

1 개요

국제개발금융기관(MDB : multilateral development bank)은 세계 각국의 경제개발 지원을 주목적으로 각국의 중앙정부가 회원으로 참여하여 설립한 국제경제기구이다. 국제개발금융기관으로는 세계은행(World Bank)그룹 산하에 국제부흥개발은행

(IBRD), 국제금융공사(IFC), 국제투자보증기구(MIGA), 국제개발협회(IDA) 등과 지역개발금융기관으로서 아시아개발은행(ADB), 유럽부흥개발은행(EBRD), 아프리카개발은행(AfDB), 미주개발은행(IDB), 이슬람개발은행(IDB) 등이 있다.

국제개발금융기관은 주로 개발도상국의 경제 및 사회개발에 필요한 자금을 지분출자(equity), 대출(loan), 보증(guarantee), 기술지원(technical assistance), 원조(grants) 등 다양한 형태로 지원한다.

정부 등 공공부문에 대한 금융지원과 함께 민간이 시행하는 프로젝트에 대하여도 지원하고 있으며, 단독 또는 상업금융기관 등과 협조융자(co-financing) 방식으로 지원한다. 공공부문에 대한 지원은 해당국 정부를 차주로 하거나 정부가 보증하는 방식으로 취급되며, 민간 프로젝트에 대해서는 철저한 사업성 검토에 의해 프로젝트 파이낸스 방식을 포함하여 상업적 베이스로 취급한다.

개발도상국에서 수행되는 프로젝트들은 국제개발금융기관과 상업은행이 공동으로 참여하여 자금을 지원하는 경우가 많다. 국제개발금융기관의 사업참여는 현지에서 프로젝트를 수행하는 동안 발생할 수 있는 정치적 위험을 감소시켜 주는 매우 중요한 수단이 된다. 이에 따라 국제개발금융기관이 프로젝트에 참여하면 많은 상업금융기관들이 안심하고 사업에 참여할 수 있게 됨으로써 프로젝트의 금융지원을 촉진하는 역할도 한다.[8)]

그러나 국제개발금융기관의 사업지원은 절차가 복잡하고 시간도 많이 소요된다는 단점도 있다.

2 세계은행 그룹

1) 국제부흥개발은행(IBRD : International Bank for Reconstruction and Development)

1945년 설립초기 전쟁 복구자금 지원에 주력하였던 IBRD는 미국이 유럽 재건을 위한 마샬 플랜을 독자적으로 실시하면서부터 업무의 중점을 저소득 개도국의 경제·사회 개발을 위한 장기자금 융자로 옮겨가기 시작하였다. 특히 1960년에 들어서는 경제개발을 위해 사회적·인적 투자가 선행되어야 한다는 점을 인식하고 교육·인구사업·도시재개발 등 사회개발 프로젝트에 대한 지원을 대폭 확대하였다.

IBRD는 그간 프로젝트 융자원칙을 고수하여 왔으나 최근에는 경제위기에 처한

8) 상업은행들이 국제개발금융기관과 협조융자기관으로 참여할 경우 대출금 상환우선순위에 있어 이들과 동등한 순위(pari passu)가 되며 교차채무불이행(cross-default)조항이 적용되어 채권보전에 유리한 위치를 점하게 됨.

국가의 구조조정을 신속히 지원하고 수혜국의 자금운용에 신축성을 부여하기 위하여 프로그램 융자를 점차 늘려 나가고 있다. 또한 미국 등 선진국들이 자국내 경제사정 등을 이유로 저소득국 지원에 소극적인 태도를 보임에 따라 IBRD는 국제금융시장으로부터의 차입을 늘리는 동시에 민간 상업금융기관과의 협조융자도 확대해 나가고 있다. 이밖에 IBRD는 지급보증을 통하여 위험의 일부를 부담함으로써 민간부문이 사회간접자본 건설 등의 개발프로젝트에 투자할 수 있는 여건을 마련하는데도 일조하고 있다.

회원국 수는 2014년 말 현재 188개국이다.

(1) 융자

① 지원대상

IBRD는 융자대상국을 중소득국(middle-income countries)과 신용 있는 저소득국(credit-worthy low income countries)으로 제한하고 있다. 중소득국은 1인당 GNI가 1,000달러에서 10,000달러 사이 국가이며 저소득국은 1,000달러 미만 국가이다. IBRD의 융자대상이 되지 못하는 저소득국에 대하여는 IDA(International Development Agency)에서 양허성 차관으로 지원한다.

한편 융자수혜 주체는 가맹국의 정부뿐만 아니라 지방자치단체 또는 민간기업도 가능하나 정부가 차입자가 아닌 경우에는 가맹국 정부나 중앙은행이 원금상환, 이자 및 기타 수수료 지급을 보증하여야 한다.

② 융자의 종류

IBRD의 융자는 그 목적에 따라 크게 투자융자(Investment loan)와 개발정책융자(Development policy loan) 두 가지로 구분된다. 투자융자는 장기 개발프로젝트에 대한 개발자금으로 ⓐ 특정투자대출(Specific investment loans) ⓑ 장기프로그램대출(APLs : Adaptable programs loans) ⓒ 긴급복구대출(Emergency recovery loans) ⓓ 부문투자·관리대출(Sector investment and maintenance loans) ⓔ 기술지원대출(Technical assistance loans) ⓕ 예비대출(Learning and innovation loans) ⓖ 금융중개대출(Financial intermediary loans) 등이 있다.

한편 정책개발융자는 가맹국의 경제시스템을 지원하기 위한 대출로 일정한 정책목표 달성을 조건으로 한다. 정책 또는 제도개혁을 위한 단기 지원자금이다.

③ 융자형태 및 융자조건

융자형태로는 IBRD Flexible Loan과 IBRD Contingent Loan으로 구별된다. IBRD Flexible Loan은 IBRD 가능통화(달러, 유로, 엔 등) 중 단수 또는 복수통화를 차입

자가 선택하며, 해당통화의 6개월 리보금리에 스프레드는 대출기간 동안 고정 또는 변동으로 선택이 가능하다.

IBRD Contingent Loan은 자연재해, 경기의 급속한 하강 등의 부정적 상황으로 인해 유동성 부족사태 발생시 지원된다.

(2) 협조융자

IBRD는 자체 융자재원의 부족으로 개도국에 대한 재원 이전이 어려워짐에 따라 IBRD 재원에 타 재원을 결합하여 협조융자(co-financing)를 제공하고 있다.

IBRD와의 협조융자 파트너는 재원공여국 정부나 다자간 개발금융기구 등의 공적재원(official sources), 공적수출신용기관이 제공하는 수출신용재원(export credit sources) 그리고 민간상업은행 등의 민간재원(private sources) 등으로 구분된다. 협조융자를 이용함으로써 IBRD는 부족한 재원을 보충할 뿐만 아니라 재원공여자와의 정보교환 등으로 협력관계를 강화하고 있다.

(3) 지급보증

IBRD는 지급보증을 통하여 위험을 부담함으로써 민간부문이 사회간접자본 개발 등의 다른 프로젝트에 투자할 수 있도록 지원하고 있으며 이러한 IBRD의 지급보증은 민간자본이 신흥개도국으로 유입되는 촉매역할을 하고 있다.

① 보증형태

- 부분위험보증(PRGs : partial risk guarantee) : 정부나 그 대리인이 민간부문 프로젝트에서 부담한 계약서상의 의무를 이행하지 않음에 따라 발생하는 채무불이행 위험에 대해 보증
- 부분신용보증(PCGs : partial credit guarantee) : 공공투자를 위해 조달된 채무의 상환불능위험을 보증
- 정책보증(PBGs : policy based guarantee) : 가맹국의 구조적, 제도적 개혁을 지원하기 위해 동 가맹국이 국제금융시장에서 조달한 채무의 일정부분에 대한 지급을 보증

② 보증대상

보증대상은 대출적격국의 신규 투자프로젝트와 관련된 상업대출(출자, 공적기관 대출은 보증대상에서 제외)이며, 차입자는 정부, 정부기관, 민간기업(다만, 보증 제공시에는 세계은행에 대한 복보증이 필요) 등이다.

③ **보증범위**

지분투자, 상업위험, 정부의 최소 수익보장 등의 위험에 대한 보증은 제공하지 않으며, 부분 리스크 보증은 원금의 100%까지 보증된다.

2) 국제금융공사(IFC : International Finance Corporation)

제2차 세계대전후 대부분의 개도국들은 정부주도의 개발정책을 추진한 결과 단기적으로는 상당한 성과를 거둘 수 있었으나 장기적인 성장기반을 구축하기 위해서는 민간부문의 역할 강화가 절실히 요구되었다. 한편 개도국의 경제개발을 지원하기 위해 설립된 IBRD의 융자는 주로 개도국 정부를 대상으로 이루어졌으며 위험부담이 있는 민간기업에 대해 융자를 제공하는 경우에는 반드시 당해국 정부의 보증을 받도록 하였기 때문에 민간기업에 대한 융자활동은 제한되었다.

이에 따라 개도국 정부의 보증 없이 민간기업을 지원할 새로운 국제금융기구의 설립 논의가 IBRD를 중심으로 활발히 전개되었으며, 1956년 IFC가 정식으로 출범하였다. 2014년 말 현재 184개국이다.

IFC의 설립목적은 개도국의 민간기업 지원을 통해 경제개발을 촉진함으로써 IBRD의 활동을 보완하는데 있으며 이를 위해 IFC는 민간투자자와 공동으로 개도국 정부의 보증 없이 민간기업에 투자 및 융자를 제공하고 있다.

(1) 투융자 업무

① **투융자기준**

IFC는 다음과 같은 기준에 따라 투융자함으로써 민간기업을 지원한다.

- 대상기업이 다른 재원을 적절한 조건으로 충분히 조달할 수 있는 경우에는 투융자를 제공하지 않는다.
- 당해국 정부가 기업에 대한 IFC의 자금공여를 반대할 경우에는 자금공여를 하지 않는다.
- 공여된 자금이 특정지역에 사용되도록 조건을 부과하지 않는다.
- IFC는 대상기업의 대주주가 되지 않으며 이사회 참여와 투표권 행사 등 기업경영과 관련된 어떠한 권한도 행사하지 않는다.
- 자금 지원시 민간투자기관의 비슷한 투융자건을 고려하여 적절하다고 판단되는 투융자조건과 위험을 받아들인다.
- 지속적인 자금 지원을 위해 투자자산을 적절한 조건으로 투자기관에 매각할 수

있도록 노력한다.

• 투자자산을 가급적 다양화한다.

② **투융자한도**

원칙적으로 동일기업에 대한 투자한도는 1백만 달러 이상, 100백만 달러 미만이나 개발금융기관에 대한 투자 또는 IFC의 참여가 필수적인 대규모의 투자사업 등 특별한 경우에는 그 이상의 지원도 가능하다.

한편 IFC는 민간자본과 경쟁하는 것이 아니라 이를 보완하는 것이 목적이므로 특정 프로젝트에 대한 융자액이 추정 총소요비용의 25%를 초과하지 못하도록 되어 있으나 소규모 프로젝트의 경우 35%까지 허용하는 경우도 있다. 지분출자의 경우 총자본금의 5~20%에서 출자한다.

③ **투융자 조건**

IFC는 투융자조건을 획일적으로 정하지 않고 당해기업의 재무상태 및 수익전망 등을 감안하여 매 건별로 정하고 있다. 융자금리는 고정 및 변동금리 모두 적용 가능한데 신디케이트 융자의 경우는 대개 변동금리가 적용되며 금리수준은 자금조달비용을 기초로 결정된다.

융자기간은 7~12년(주식투자는 8~15년)이며 20년까지의 장기융자도 가능하다. IFC 투융자금은 IBRD와 달리 구매대상물품이나 구매지역에 대한 제한 없이 사용될 수 있으며 IBRD를 졸업한 국가도 IFC의 투융자를 수혜할 수 있다.

④ **투융자 형태**

설립초기 IFC는 민간기업에 대한 융자만을 취급할 수 있었으나 1961년 협정문 개정으로 민간기업이 발행한 유가증권에의 투자도 가능하게 되었다. IFC는 이러한 투융자를 제공함에 있어 대상 민간기업의 자금사정과 투융자효과 등을 감안하여 주식이나 사채의 인수, 대기성 융자[9]의 제공, 신용공여한도(Credit line)[10]의 개설 등의 형태로 지원한다.

한편 IFC의 지원은 대부분 민간금융기관과의 협조융자를 통해 이루어진다. 융자구조는 민간금융기관이 IFC와 계약을 맺고 융자자금(B-Loan)을 IFC로 송금하면 IFC는 자체자금(A-Loan)과 B-Loan을 합하여 지원대상기업에 융자한다. 따라서 융

---

9) IFC가 민간재원과 공동으로 특정사업에 융자를 제공하기로 약정을 하였으나 민간재원의 지원액이 약정액에 미달할 경우 잔여분을 IFC가 대신 융자해 주는 방식임.

10) 대상국의 개발금융기관에 신용을 공여함으로써 동 개발금융기관으로 하여금 민간기업이 발행하는 주식이나 사채의 인수자금을 일정기간, 일정한도내에서 계속적으로 지원토록 하는 간접융자 방식임.

자계약은 대상기업과 IFC가 맺으며 민간금융기관은 IFC를 거쳐 간접적 융자를 하게 되는 것이다.

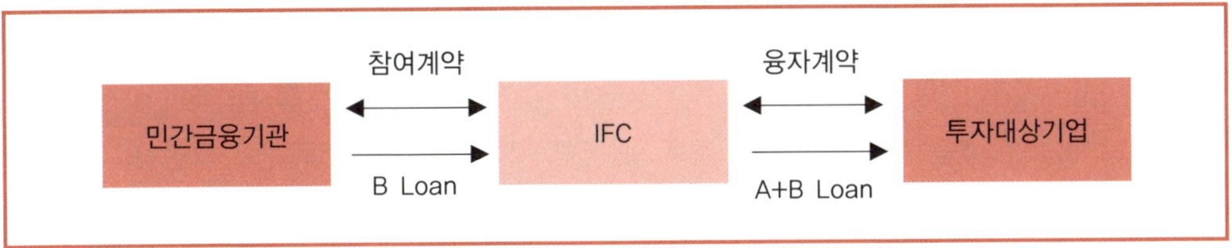

⑤ **투융자절차**

IFC의 투융자를 수혜하려는 기업은 먼저 프로젝트의 내용, 소요자금의 조달방법, 자금공여자의 구성 등을 포함한 프로젝트의 개요를 IFC에 제출하여야 한다.

IFC는 프로젝트의 개요를 검토한 후 타당성이 인정되면 프로젝트의 실행가능성 및 사업계획과 관련한 상세한 내용을 제출받아 이를 실사하기 위한 현지조사팀을 파견하게 된다. 2~3주간의 현지조사가 끝나면 현지조사팀은 평가보고서를 작성하여 이사회에 제출하고 이사회는 이를 토대로 승인 여부를 결정하게 되는데 투융자 절차를 완료하기까지는 통상 3~5개월 정도 소요된다.

참고

국제개발금융기구의 B-Loan 운영제도

B-Loan이란 국제개발금융기구가 자체자금 외에 일부 자금조달을 민간투자기관들로부터 주선하고, 국제개발금융기구 명의(Lender of Record)로 대출하는 제도이다. IFC 및 ADB 등 모든 지역개발금융기관들이 운영하고 있으며, 자체자금으로 지원하는 대출(A-Loan)과 구별하기 위하여 통상 B-Loan으로 부른다.

B-Loan 제도가 도입된 것은 개도국 민간부문 지원수요 확대 및 국제개발금융기구의 재원조달 한계에 있다. 즉 1980년대 이후 상업적 조건으로 지원 가능한 대형 민간부문거래가 증가한 반면 미국 등 선진국의 재정적자 확대로 국제개발금융기구의 재원 확충은 어려워 졌고 또 다른 한편으로 상업은행들의 대개도국 장기거래 참여가 확대되면서 국제개발금융기구와 민간금융기관간의 협조융자(B-Loan제도)의 운영이 활성화 되었다.

B-Loan 참여 당사자별 혜택은 다음과 같다.

국제개발금융기구	민간금융기관	개도국 차주
• 본연의 설립목적인 회원국 경제개발자금 공급확대가능(촉매역할) • 부족한 재원문제 해결을 통한 다수 회원국의 신규 프로젝트 지원가능 • 별도의 보증 제공 없이 수수료 수입[1]	• 신규 프로젝트 참여기회 확대 • 국제개발금융기구와 우선채권자지위[2] 공유를 통한 컨트리 리스크 경감 • 컨트리 리스크 충당금 적립 면제 • 대출심사 및 집행, 사후관리 등을 국제개발금융기구에 일임 가능	• 이자소득 원천세 면제로 금융비용 절감 • 대형 프로젝트 추진을 위한 대규모/장기차입 가능 • 국제개발금융기구가 단일 대주 역할을 수행하여 금융계약 관리상 편리

주 : 1. 주선수수료로 75~150bp를 선취 및 일부 관리수수료 부과
2. 리스케쥴링 및 국유화 배제, 환전 및 송금보장 등(Umbrella effect)

국제개발금융기구의 경우 설비협정 및 정관상에서 역내 회원국으로부터 이자 및 배당소득에 대한 원천세 징수를 면제받도록 규정하고, 각 회원국은 가입시 동 설립협정 및 정관을 수용하고 있어 개도국 차주는 국제개발금융기구로부터 차입시 차입이자에 이자소득 원천세를 면제받을 수 있다. 다만, 동 설립협정상 국제개발금융기구의 B-Loan에 대해서도 동일한 혜택을 부여하는지는 모호하나 실제 거래에서 일반적으로 인정되고 있다.

한편 B-Loan 제도상 차주와의 대출계약 체결, 자금집행 및 원리금 회수 등의 업무는 국제개발금융기구가 전담한다. 반면 차주의 신용위험은 B-Loan 참여금융기관이 부담하며, 대출채권이 부실화될 경우에도 B-Loan 참여금융기관들은 국제금융기구에 대해 소구권을 갖지 못한다.

⑥ 기술지원

IFC는 자체적으로 또는 IBRD 등 여타 국제개발금융기구와 협력하여 가맹국의 정부 및 민간기업을 대상으로 기술지원을 제공하고 있다. 이를 위해 IFC는 외국인 투자를 유치하기 위한 외국인 투자자문기구(FIAS : Foreign Investment Advisory Service)와 개도국내 농업·화학 및 석유채굴 관련 기업에 대한 기술지원을 제공하는 기술지원신탁기금(TATF : Technical Assistance Trust Funds)을 설치하고 있다.

3) 국제투자보증기구(MIGA : Multilateral Investment Guarantee Agency)

1980년대 초반 개도국의 외채위기 이후 개도국들의 채무불이행에 대한 우려가 증대되면서 민간금융기관들은 개도국에 대한 지원을 기피하게 되었다. 그동안 민간부문 육성을 위해 외부자금에 크게 의존하고 있던 개도국들은 재원조달에 큰 어려움을 겪게 되었으며 그 결과 비부채성 재원 이전수단인 외국인직접투자에 큰 관심을 갖게 되었다. 그러나 외국인투자자들은 정치적, 사회적으로 불안정한 개도국들의 투자원본 또는 수익금에 대한 송금 제한 등과 같은 비상업적 위험(non-commercial risk)에 대한 우려로 투자를 주저하고 있었다.

이에 따라 IBRD는 비상업적 위험에 대한 손실 보상을 보증하는 국제투자보증기구(MIGA)의 설립문제를 구체적으로 검토하기 시작하였으며 그 후 선진국과 개도국간의 이견 조정과정을 거쳐 1988년 MIGA는 새로운 국제금융기구로 정식 출범하게 되었다.

MIGA는 대 개도국 외국인직접투자와 관련한 투자자의 비상업적 위험에 대한 손실 보상을 보증함으로써 가맹국간, 특히 개도국에 대한 투자를 촉진하고 이를 통해 IBRD, IFC와 기타 지역개발금융기구의 활동을 보완하는 것을 주요 목적으로 하고 있다. 2014년 말 현재 181개국이다.

(1) 일반투자보증

① 자격요건

MIGA의 투자보증을 받기 위해서는 다음의 자격요건을 구비하여야 한다. 첫째, 보증대상은 지분투자 뿐만 아니라 라이센스 계약 등 비지분투자도 포함하여 ⓐ 투자유치국의 송금 제한 ⓑ 투자자산의 수용 ⓒ 계약불이행 및 위반 ⓓ 투자유치국내 전쟁 및 소요 등에 의한 비상업적 위험이어야 한다.

둘째, 투자자는 투자대상국이 아닌 가맹국의 자연인이나 영리법인이어야 한다. 셋째, 투자유치국은 개도국인 가맹국이어야 한다. 넷째, 투자대상국이 MIGA와 투자자간의 보증계약 체결에 대하여 동의하여야 한다.

② 보증계약 및 한도

이사회는 투자자별, 프로젝트별, 투자대상국별, 위험유형별로 보증한도를 설정 운영하도록 되어 있는데 현재 프로젝트별 보증금액은 2억 달러를 초과하지 않는 범위 내에서 투자액의 90% 이내로 되어 있다. 한편 보증기간은 3~15년으로 하되 MIGA와 신청인이 합의하는 경우 20년까지 연장이 가능하다.

③ 보증료 및 수수료

MIGA는 투자자에 대해 보증료를 매년 분할 납부토록 할 뿐만 아니라 보증신청 접수시에는 신청수수료(application fee) 그리고 보증과 관련하여 제공한 기술지원에 대하여는 특별수수료를 부과하고 있다.

보증료율과 수수료율은 매년 이사회에서 결정하도록 되어 있는데 실제 보증료율은 보증대상 프로젝트의 위험정도에 따라 기준 보증료율을 가감하여 적용한다.

(2) 공동보증 및 재보험

MIGA는 개도국에 대한 외국인 투자의 확대를 위해 세계은행, IFC, 지역보증기구, 가맹국의 정부보증기관, 민간보험기관 및 재보험기관과 공동으로 보증할 수 있도록 되어 있다. 이를 공동보증 또는 협조인수(Cooperative underwriting)라 부른다.

또한 MIGA는 자신이 제공한 보증의 전부 또는 일부에 대해 재보험기관의 재보험에 가입할 수 있을 뿐만 아니라 반대로 다른 기관의 투자보증에 대해 재보험을 제공할 수도 있다. 현재 다른 기관에 대한 재보험한도는 총보증액의 10%로 되어 있다.

3 지역개발은행

1) 아시아개발은행(ADB : Asian Development Bank)

아시아개발은행은 1966년 12월 필리핀 마닐라에 본부를 두고 업무를 개시하였다. ADB는 아시아·태평양지역의 경제성장 및 경제협력을 촉진하고 역내 개발도상국의 경제발전에 기여하는데 설립목적을 두고 있으며 이를 위하여 다음과 같은 기능을 수행한다.

- 개발목적을 위한 공공 및 민간자본의 역내 투자 촉진
- 역내 국가의 균형적인 경제개발을 위해 역내 개발도상국의 개발사업에 대한 자금의 지원
- 융자재원의 효율적 이용과 세계무역 특히 역내교역의 확대를 위한 역내 가맹국의 개발정책 및 계획지원
- 개발사업계획의 작성 및 집행을 위한 기술지원 제공
- 유엔과 그 산하기관, 역내 개발투자에 관심을 갖고 있는 기타 국제기구, 가맹국 및 민간기구와의 협력

ADB의 가맹국은 2014년 말 현재 67개국으로 역내 48개국, 역외 19개국으로 구성되어 있다.

ADB의 주요 업무는 ① 가맹국의 출자금과 차입금 등으로 조달된 일반재원(OCR : Ordinary Capital Resources)의 투융자 ② 아시아개발기금(ADF : Asian Development Fund)의 융자 ③ 기술지원(Technical Assistance) ④ 협조융자(Cofinancing) 등으로 대별할 수 있다.

(1) 일반재원 투융자

ADB는 역내 개도국인 가맹국의 정부 및 정부기관과 민간기업 등이 시행하는 개발사업에 대한 투융자 및 보증업무를 행하며 아울러 가맹국의 개발은행을 통한 전

대금융도 제공하고 있다.

① **적격차주**

적격차주는 개도국 회원국의 정부 및 정부기관, 지방공공단체, 민간기업 등과 역내 경제개발에 관련된 국제 또는 지역기구 및 단체 등을 포함한다. ADB는 1인당 GNP, 경제규모, 경제적 특수성 등을 고려하여 역내 개도국을 OCR-only 국가, Blend 국가(OCR과 ADF 동시 수혜가능), ADF-only 국가 등 3개 그룹으로 나누어 차관을 지원한다.

② **융자형태**

ADB가 제공하는 융자(ADF 재원융자 포함)는 그 형태별로 프로젝트융자, 프로그램융자, 부문융자 등으로 구분된다.

가. 프로젝트융자(project lending)

프로젝트융자는 도로 및 발전소 건설 등 국가적 또는 지역적 개발계획의 일환으로 추진되는 특정사업에 소요되는 자금을 제고하는 것으로서 가장 보편적인 융자방식이다. 다만 특정 사업 중 ADB가 직접 관리하기에는 부적당할 정도로 소액인 사업에 대하여는 당해국의 개발은행 등을 통한 전대금융방식으로 지원하고 있다.

나. 프로그램융자(program lending)

프로젝트융자처럼 특정사업을 대상으로 지원하는 것이 아니라 역내 개도국의 경제효율성 제고와 정책, 제도 및 투자환경 개선 등 중장기적 과제에 대해 수혜국 정부로 하여금 추진일정을 제시토록 하고 수혜국과 정책협의를 거친 후 실시하는 융자방식이다. 연간 ADB 총융자액의 30%정도가 프로그램융자로 지원되고 있다.

다. 부문융자(sector lending)

1980년에 도입된 부문융자(sector lending)는 경제개발계획상 우선순위가 높은 부문, 예를 들면 농업부문, 에너지부문 등의 개발에 필요한 자금을 지원하는 융자형태로서 통상 부문 내 다수의 하위 프로젝트에 융자하는 방식으로 이루어진다.

부문융자는 ADB가 기본적인 방향에 대해서만 차입국과 협의하고 세부 사업계획의 수립과 집행, 자금사용에 관해서는 차입국에 일임하므로 융자금의 신축적인 운용이 가능하다는 이점이 있다. 차입국내 사업추진기관이 필요한 역량을 보유하고 있어야 하기 때문에 추진기관의 기능 강화와 사업능력 제고를 위한 기술지원이 병행되기도 한다.

라. 신용공여한도(credit Line)

신용공여한도는 중소기업 등 소규모기업에 대해 ADB가 직접 융자하는 것이 아니라 수혜대상국 정부의 보증 하에 수혜국내의 개발금융기관을 통해 민간기업이 발행하는 회사채 인수자금 등을 일정기간, 일정한도 내에서 계속적으로 지원하는 간접융자방식이다.

마. 무보증융자(loan without government guarantee)

ADB는 민간기업에 대한 융자시 일반적으로 당해국 정부의 보증을 요구하여 왔으나 개도국 민간부문에 대한 보다 적극적인 지원을 위해 1985년 11월부터 민간기업에 대해 무보증융자를 실시하고 있다. 융자대상기업은 주요 소비재나 경제개발에 필요한 재화·용역을 생산하는 민간기업(사치재의 경우는 수출목적인 경우만 지원)과 개발금융기관으로 제한하고 있다.

바. 현지비용 지원융자(local cost financing)

당초 ADB는 프로젝트 소요자금 중 외자소요분만을 지원하여 왔다. 그러나 1974년부터는 차입국 국내 소요자금의 일부에 대해서도 외화로 융자해 주는 현지비용지원융자 제도를 도입하여 차입국의 국제수지 개선에 기여하는 한편 부족한 내자동원 능력을 보완해 주고 있다.

③ 융자조건

가. 일반재원 투융자(OCR)

융자기간은 3～6년의 거치기간을 포함하여 12～30년이다. 융자금리는 기본적으로 시장금리를 반영하기 위해 매 6개월마다(매년 1월 1일과 7월 1일) 산정하는 총차입잔액의 평균조달비용에 일정률의 스프레드를 가산하여 결정한다.

나. 아시아개발기금차관(ADF)

차관기간은 8년 거치 포함 24～32년이며, 차관금리는 거치기간에는 연 1%, 상환기간에는 연 1.5%가 적용된다.[11)]

(2) 지분투자(equity investment)

ADB의 지분투자는 사업의 경제적 타당성은 충분히 인정되지만 민간자본으로는 소요재원을 충당할 수 없을 정도로 거액의 자본이 소요되는 경우 동 부족분을 ADB가 지분투자로 보완하는 형식으로 이루어진다.

지분투자의 형태에는 ① 기업주식에 직접 투자하는 방법 ② 개발금융기관의 증자 및 신설에 참여하는 방법 ③ ADB가 개발금융기관에 대하여 투자재원을 공여하고 개발금융기관은 동 자금을 비교적 규모가 작은 생산기업의 주식에 투자하는 방법 등 3가지가 있다.

---

11) ADF-only 국가의 프로젝트차관의 융자 조건

지분투자 대상은 주요 소비재(비생필품 및 사치성 소비재 제외)생산업체와 개발에 필요한 재화 또는 용역을 생산하는 기업 및 개발금융기관으로 제한하고 있으며 특히 외화가득사업이나 국내자원의 효율적 활용을 촉진하는 사업 그리고 고용창출 효과가 큰 사업을 영위하는 기업에 대해 우선적으로 투자하고 있다.

한편 ADB는 개도국의 경제개발과정에서 민간부문의 활성화가 필수적이나 ADB 자체재원만으로 민간부문 지원에 한계가 있다는 점을 인식하고 역내 개도국의 민간부문에 대한 지원을 전담할 아시아금융투자공사(AFIC : Asian Finance and Investment Corporation Ltd.)를 역내외 9개국의 25개국 민간금융기관과 공동출자하여 1989년 9월 설립하였다.

AFIC는 역내 개도국의 민간기업과 금융기관에 대한 융자 및 보증, 지분투자, 수출금융, 리스 등의 금융서비스 제공을 통해 ADB의 민간부문 지원활동을 보완하고 있다.

(3) 지급보증

ADB는 ADB 지원프로젝트에 상업금융기관이나 자본투자자의 참여를 적극 유도하기 위하여 지급보증서를 발급하고 있다.

지급보증은 비상위험보증(PRG : political risk guarantee)과 부분신용보증(PCG : partial credit guarantee)의 두 형태로 구분된다. PRG는 협조융자를 원활히 하기 위해 협조융자 참여자에게 국유화와 송금의 제한, 정치적 소요 등과 같은 비상위험을 담보하기 위해 발행하며, PCG는 협조융자 참가자의 신용 및 비상위험을 모두 담보하기 위해 발행된다.

(4) 협조융자

ADB는 역내 가맹국의 자금수요에 비하여 융자재원이 부족해짐에 따라 이를 보충하기 위하여 1970년부터 협조융자 제도를 도입하였다. 협조융자는 선진국의 공적재원(official sources)뿐 아니라 상업은행, 신탁회사, 보험회사 등 상업재원(commercial sources)과도 파트너를 이루기도 한다.

융자금리는 공적재원의 경우는 대부분 양허성 자금으로서 저리가 적용되나 상업재원은 국제금융시장의 금리를 적용하고 있다.

2) 아프리카 개발은행(AfDB : African Development Bank)

1950년대 후반 정치적 독립을 이룬 아프리카 국가들은 구종주국과의 경제적 종속관계를 청산하고 경제개발을 촉진하기 위해서는 지역개발금융기구 설립이 필요하다는 데 인식을 같이하고 1960년부터 아프리카개발은행의 설립문제를 논의하였으며, 1966년 7월 AfDB가 코트디브와르 수도 아비쟌에 본부[12)]를 두고 업무를 개시하였다. AfDB의 가맹국은 2014년 말 현재 78개국으로 역내 53개국, 역외 25개국으로 구성되어 있다.

AfDB의 설립목적은 아프리카 역내국의 경제개발 및 사회발전에 기여하는 데 있으며 이를 달성하기 위하여 AfDB는 다음과 같은 기능을 수행한다.

- 아프리카 역내국의 경제 및 사회개발사업 지원
- 개발재원의 조달과 공공 및 민간 투자의 촉진
- 개발프로젝트와 참가기업 선정 및 관련 조사연구
- 개발사업계획의 작성, 자금조달 및 집행에 필요한 기술지원

AfDB는 융자, 투자 그리고 지급보증 등의 업무를 취급할 수 있으나 지급보증 실적은 현재까지 없으며 대부분의 자금을 융자로 운용하고 있다. 이외에 AfDB는 지역개발사업을 독자적으로 추진하기도 하며 최근에는 분쟁종식국가 지원제도를 별도로 마련하여 운영하고 있다.

(1) 융자대상

AfDB 그룹은 세계은행 그룹과 마찬가지로 1인당 국민소득을 기준으로 AfDF-only 국가, 혼합국가(blend countries), AfDB-only 국가로 구분하여 융자를 실시하고 있다. 다만 민간부문 프로젝트의 경우에는 AfDB-only 국가에 대하여도 융자를 하고 있다.

AfDB는 2개국 이상에 걸친 프로젝트 및 가맹국의 무역 확대에 기여할 수 있는 프로젝트에 대한 융자를 우선적으로 취급하고 있으며 융자는 외화로 이루어지고 원리금 상환도 당초 인출한 통화를 사용하도록 하고 있다.

(2) 융자조건

일반재원에 의한 융자기간은 공공부문 대출의 경우 5년 거치 포함 20년, 민간부문 대출의 경우 1~3년 거치 포함 5~15년으로 되어 있다. 융자금리는 1990년 고정금리제에서 변동금리제로 변경되었으며 과거 6개월간의 평균차입비용에 일정한 스프레드를 가산하여 6개월마다 고시하고 있다.

---

12) 1999년 이후 코트디브와르 아비쟌에서 6차례 쿠테타가 발생하는 등 정정이 불안정해짐에 따라 AfDB는 업무의 연속성 유지, 재산보호 및 직원의 안전 확보 등을 위하여 2003년 3월 튀니지에 임시본부를 설치하고 이곳에서 업무를 수행중에 있음.

(3) 융자형태

융자형태는 프로젝트융자와 정책관련융자로 구분된다.

프로젝트융자(Project loan)는 도로 및 발전소 건설 등 국가 또는 지역개발계획의 일환으로 추진되는 특정사업에 자금을 지원하는 것으로서 가장 보편적인 융자형태이다. 다만 AfDB가 직접 관리하기에는 부적절한 소액사업에 대하여는 당해국의 개발은행이나 금융기관을 통해 전대금융방식으로 지원하고 있다.

정책관련융자(Policy-based loan)는 부문조정융자 및 구조조정융자로 구분된다. 부문조정융자는 국제수지 불균형 및 경기침체에 직면하고 있는 역내국을 대상으로 농업, 에너지 등 애로부문의 구조조정에 필요한 자금을 지원하며 구조조정융자는 구조적인 국제수지 문제로 전반적인 경제구조조정이 필요한 경우 자금을 제공한다.

(4) 지분투자

AfDB는 일반재원과 특별재원의 일부를 AfDB 설립목적 달성에 기여할 수 있는 기관에 대하여 자본참여를 위한 지분투자를 실시하고 있다. 지분 투자는 일반재원에 포함되는 납입자본금, 적립금, 잉여금 합계의 10% 이내에서 가능하다.

3) 유럽부흥개발은행(EBRD : European Bank for Reconstruction and Development)

1980년대 후반 소련의 개방·개혁의 여파로 동유럽 전역이 민주화 열기에 휩싸여 정정이 불안해짐에 따라 서유럽 국가들은 동유럽국가들의 민주화와 경제개혁을 효율적으로 지원하기 위한 방안을 모색하게 되었다. 1989년 10월 프랑스의 미테랑 대통령이 EBRD의 설립을 제안하였고, 11월 유럽공동체(EC) 12개국의 정상들이 EBRD의 설립을 최종 합의하였다. 이어 여타 OECD 회원국과 중동부 유럽국가들의 참여 확대 등을 거쳐 EBRD는 1991년 4월부터 영국 런던에 본부를 두고 공식적인 업무를 개시하였다.

기존의 지역개발금융기구들이 순수하게 역내 가맹국의 경제발전을 지원하기 위하여 설립된 것과는 달리 EBRD는 정치·경제체제의 전환을 개발금융 지원의 전제조건으로 하고 있다. EBRD는 이와 같은 설립목적을 달성하기 위하여 국제금융기구·유엔 등 유관기구와 협조체제를 구축하고 있다.

(1) 지원대상

EBRD는 투자, 융자 및 지급보증의 대상을 ① 민간기업 ② 국영기업 중 시장경제원리에 의해 운영되고 있거나 민영화를 추진하고 있는 기업 ③ 정부 또는 공공기관

(사회간접자본 건설의 경우에 한정)으로 제한하고 있다.

융자의 경우 ADB, AfDB 등 여타 지역개발금융기구가 프로젝트 융자이외에 세부적인 자금운용권한을 융자수혜국에 위임하는 정책융자 등을 실시하는데 반해 EBRD는 프로젝트융자만 지원하고 있다.

한편 EBRD는 지원대상국별로 고유한 정치·사회·경제상황을 반영한 국별 지원전략을 수립·시행하고 있다. 국별 지원전략은 각국의 특성과 체제전환단계에 따라 차이가 있지만 시장경제로의 전환에 필수적 요소인 민영화와 금융 및 에너지부문은 공통적으로 중점지원 부문에 포함되어 있다.

(2) 지원한도

EBRD는 신설 프로젝트의 경우 총 프로젝트 비용의 35%까지 융자하거나 프로젝트 회사 지분의 35%까지 투자한다.

(3) 지원조건

EBRD의 융자금리는 EURIBOR에 차입국의 신용정도, 융자기간, 여타 국제금융기구의 융자조건 등을 고려한 적정마진을 가산하여 결정되며 차입국은 EBRD와의 협의를 통해 변동금리와 고정금리를 선택할 수 있다.

융자기간은 최고 5년간의 거치기간을 포함하여 1~15년이며 거치기간이 지난 후 6개월마다 균등 분할하여 상환하도록 되어 있다.

4) 미주개발은행(IDB : Inter-American Development Bank)

중남미와 카리브해지역 국가들이 당면 현안을 해결하기 위하여 개발기구를 설립하자는 논의는 19세기말부터 있어 왔으나 그 논의가 활기를 띠기 시작한 것은 1950년대 중반부터이다.

중남미 및 카리브해 지역 국가들은 제2차 세계대전 후 설립된 세계은행에 큰 기대감을 가졌으나 세계은행의 자금지원이 기대수준에 훨씬 미치지 못 함에 따라 역내 개발은행을 설립하자는 주장이 대두되었으며, 1959년 12월 IDB가 정식으로 발족하였다. 가맹국은 2014년말 현재 48개국(역내 26개국, 역외 22개국)으로 구성되어 있다.

IDB는 중남미 및 카리브해 지역 가맹국들의 경제 및 사회개발을 촉진하는 것을 설립목적으로 하고 있다. 이러한 목적을 달성하기 위해 IDB는 다음과 같은 기능을 수행한다.

- 개발목적의 공공 및 민간자본의 투자 촉진
- 가맹국의 경제성장 지원을 위한 융자 및 보증
- 경제발전에 기여하는 프로젝트, 기업 및 민간투자를 장려하고 부족한 민간자본을 보완
- 가맹국의 개발정책이 자원 활용의 효율성을 제고할 수 있도록 가맹국과 협조
- 개발계획의 준비, 재원조달 및 실행과정에서 기술원조 제공

(1) 대상국가 및 기준

IDB는 중남미 및 카리브해 지역의 IDB 개도국 가맹국인 26개 차입국에 개발자금을 지원하고 있는데 경제규모와 1인당 GNP라는 두 가지 기준을 이용하여 차입국가를 분류하고 있다.

1인당 GNP 기준은 IDB 자금의 배분비율 결정에 사용되는데 그룹 I 소속국가에 자금의 65%를, 그룹 II 소속국가에 자금의 35%를 배분하고 있다. 또한 IDB는 재원의 40% 이상이 사회평등 개선과 빈곤층을 위한 프로그램에 지출하도록 하고 있다.

(2) 융자

대부분의 IDB 프로젝트와 기술협력 프로그램은 시장금리 또는 양허적 조건에 의한 융자를 통해 지원되고 있으며, 일반자본재원에 의한 융자가 가장 큰 부분을 차지하고 있다. 융자 종류로는 투자융자, 정책융자, 기술협력융자 등이 있다.

융자의 대부분은 미 달러화로 이루어지고 있는데 공공부문에 대한 융자의 경우 자금조달비용에 수수료와 스프레드를 가산한 후 이를 시장금리에 연동하여 이자율을 결정하고 있으며 특별한 경우를 제외하고 상환기간은 거치기간 4~5년을 포함하여 15~25년이다. 반면 민간부문에 대한 융자의 경우 이자율은 시장금리를 고려하여 결정되며 상환기간은 8~15년이다.

(3) 지급보증

IDB는 중남미 및 카리브해 지역 국가에 대한 투자촉진을 위해 해당국 정부의 보증 유무와 관계없이 민간재원에 의한 융자의 일부 혹은 전부에 대한 지급보증을 할 수 있다. 이 보증 프로그램을 이용하면 차입국가는 상환기간이나 이자율 등의 차입조건을 유리하게 변경할 수 있다.

일반적으로 IDB 보증은 다자간기구, 상업은행이나 여타 투자자의 공동융자나 보증에 의해 보완되고 있으며 IDB는 일반적인 신용보증 이외에도 계약파기, 통화의 교환성 보장, 기타 정치적 위험에 대해서도 보증을 하고 있다.

제3절 국제상업은행

국제상업은행(International commercial bank)들은 풍부한 투자 및 대출재원을 보유하고, 무역금융과 국제적인 개발사업 참여 경험으로부터 전문지식과 기법을 축적하고 있어 글로벌 실물거래의 중요한 자금 조달원으로 활용되고 있다.

대규모 국제상업은행들은 국제채권 발행, 대출신디케이트 구성 및 주간사은행으로서의 역할을 수행하며, 또한 프로젝트의 타당성 및 위험요소를 분석, 평가하는 능력과 경험을 갖추고 있어 파이낸싱 패키지 구성을 위한 금융자문 역할을 담당하기도 한다.

국제상업은행 대출은 그 조건 및 절차 등에 있어 융통성이 크고, 고객이 원하는 대로 프로젝트의 특성을 고려한 맞춤형 금융상품을 설계하여 제공할 수 있다는 장점이 있다. 상업은행들은 의사결정이 빠르고, 금융절차가 간단하기 때문에 거액의 자금이라도 신속하게 공급할 수 있다. 그러나 단점으로 위험이 높은 프로젝트에 대한 지원을 꺼리고 금리, 수수료 등 조달비용이 공적자금에 비해 높다는 점을 들 수 있다. 특히 개도국 프로젝트의 경우 공적수출신용기관이나 국제개발금융기관 등의 지급보증을 전제로 금융을 제공하는 경우가 많다.

상업은행들은 앞서 2부에서 기술한 모든 종류의 대외거래실물금융을 취급할 수 있는데 여기서는 대규모 해외프로젝트에서 국제상업은행들이 참여하는 차관단대출(신디케이티드론)과 국제채 발행, 프로젝트 금융자문 등에 관해 살펴보기로 한다.

1 신디케이티드론(Syndicated loan)

1) 신디케이티드론의 개념

신디케이티드론은 다수의 대출은행이 신디케이트(차관단)을 구성하여 공통의 금리 조건으로 일정금액을 대출하는 그룹 또는 공동대출(joint lending)의 일종이다.

이는 차입자가 주간사은행(arranger) 또는 간사은행(manager)에게 주선의뢰서(mandate)를 발급하고 그 주간사은행 등이 신디케이트를 구성하여 대출하는 방식으로 전통적인 상업은행(commercial bank)의 대출기능과 투자은행(investment bank)의 주선 기능이 복합된 것이다.

신디케이티드론의 특징으로는 비교적 장기 거액의 금액을 차입할 수 있다는 점과 변동금리를 적용하고 있어 도입 이후에도 어느 정도 실세금리를 반영할 수 있다는 점 등을 들 수 있다.

(1) 조달금액의 대규모성

신디케이티드론에는 여러 국제금융기관이 참여하여 협조융자를 제공하는 관계로 차입자는 단독대출에 비하여 비교적 거액의 자금을 용이하게 차입할 수 있다.

(2) 차입기간의 중장기성

신디케이티드론의 만기는 통상 3~10년의 중장기물이 대부분이다. 대출은행인 국제상업은행은 높은 대외신인도와 유로시장에서의 풍부한 유동성을 바탕으로 단기금융을 조달하여 중장기 자금을 제공할 수 있다.

(3) 변동금리제도

중장기라는 신디케이티드론의 특성상 대출은행은 가격변동 리스크를 축소시키기 위하여 만기까지 금리를 확정시키지 않고 매 이자지급일(3개월 또는 6개월)마다 은행간 금리(interbank rate)에 일정수준의 스프레드를 가산하는 변동금리 방식을 채택하고 있다.

(4) 대출통화의 다양성

신디케이티드론은 유로시장의 발달과 더불어 생성, 발전되어 옴에 따라 대출통화를 달러, 엔, 유로화 등 주요 국제통화로 지정할 수 있다. 또한 신디케이티드론의 기법발달로 대출계약서에 복수통화(multi-currency) 조항을 삽입하여 대출기간 내에 다양한 통화로 수시로 인출하거나 상환할 수 있는 대출상품(loan facility) 등이 이용되기도 한다.

2) 신디케이션 참여기관

신디케이티드론의 당사자는 기본적으로 크게 차입자, 대출은행(신디케이트)과 대리은행 등으로 구성된다.

대출은행은 거래에서 주도적 역할을 담당하는 간사단(manager group)과 대출금의 일정부분을 분담함으로써 단순 참여하는 참여은행(participants)으로 나누어지며, 간사단은 그 역할의 중요성에 따라 주간사은행(arranger)과 간사은행(manager)으로 구분된다. 한편 대리은행은 신디케이트의 대리인으로 대출의 실행 및 사후관리를 담당한다.

(1) 주간사은행(Arranger)

주간사은행은 차입자에게 금융제안서(proposal)를 제시하고 주선의뢰서(mandate)를 발급받아 신디케이트의 구성, 대출조건의 확정, 관련서류의 작성, 참여은행 앞 대출분담금의 배분 등 대출계약 체결까지의 모든 차입업무를 주관한다. 또한 신디케이션이 완료될 때까지 당해 신디케이티드론의 시장평판이 양호하게 유지될 수 있도록 노력할 뿐만 아니라 대출은행과 차입자의 중간에 서서 양 당사자의 이해관계가 충돌하지 않도록 중재하는 역할을 담당한다.

이와 같이 주간사은행은 신디케이티드론의 성패에 가장 중요한 역할을 미치는 기관이기 때문에 차입자는 국제적 신인도, 자금력, 차입자와의 유대관계 그리고 주선실적이 뛰어난 국제상업은행을 주간사은행으로 선정하여야 한다.

주간사은행의 주요 기능은 다음과 같다.

① 차입자의 발굴(sourcing the loan)

주간사은행은 자금의 수요가 예상되는 차입자와 수시로 접촉을 하여 예상 차입자를 발굴하고, 이들에게 대출의 시장성을 고려하여 적절한 조건을 제시하는 기능을 한다.

② 차입조건의 확정(structuring the loan)

차입자의 요구와 시장여건을 동시에 만족시킬 수 있는 차입조건(금액, 금리, 차입기간, 수수료 등) 등을 차입자와 참여 예상은행과 교섭하여 최종 확정하고 계약서를 작성하는 기능을 갖는다.

③ 신디케이트의 구성(loan syndication)

주간사은행은 차입자와 최종 합의한 조건의 범위 내에서 신디케이트 금액의 전부 또는 일부를 인수할 간사단을 구성하고 적절한 신디케이션 전략을 수립하여, 신디케이티드론 금액을 고려한 충분한 규모의 참여은행을 모집한다.

시장에서는 신디케이티드론의 전체금액에서 주간사은행의 실제 분담율을 중시하는 경향이 있는데 일반적으로 주간사은행의 분담율이 낮고 참여은행의 수가 많을수록 성공적인 신디케이션으로 판단하기도 한다.

④ 사후관리(servicing the loan)

신디케이티드론의 실제 집행으로부터 상환완료시까지의 사후관리 업무이다. 실제적으로 주간사은행의 신디케이션 업무는 대출계약의 체결과 동시에 소멸되고 계약체결 이후의 업무는 별도로 선정된 대리은행(agent bank)이 담당하나 주간사은행이 대리은행을 겸하기도 한다.

이상 주간사은행의 주요 업무를 다음과 같이 요약할 수 있다.

- Offer 제시
- Mandate 접수
- 간사단 구성
- 차입자와 협의 하에 투자안내서(information memorandum) 작성 및 배포
- 법률고문과 협의 하에 대출계약서 작성
- 참여은행 모집
- 참여은행 확정 및 참여금액 배정
- Closing 및 서명식 주관

(2) 참여은행(Participants)

참여은행은 주간사은행이 제시한 대출계약서상의 여러 조건을 받아 들여 대출금액의 일부 분담을 약정하고 이행하는 신디케이트의 하부구조를 이룬다. 참여은행은 대출계약서상에 정한 대출분담액을 납입하고 대리은행을 통하여 원리금 회수와 채권자로의 권익을 보호받는다.

(3) 대리은행(Agent Bank)

대리은행은 별도로 선정할 수도 있으나 대부분의 경우 주간사은행이 이를 겸하고 있으며 주요 임무는 계약체결 이후의 사후관리 업무이다. 대리은행의 주요 업무는 다음과 같다.

- 법률고문과 협의하여 인출 선행조건 확인
- 대출금액의 차입자 앞 이체
- 차입자의 계약서상 제 약정 준수여부
- 이자율 통보
- 원리금 회수와 대출은행 앞 배분
- 대출관련 제 서류 및 장부의 관리와 배포 등

3) 차입조건의 결정

신디케이티드론 조달시 차입비용은 차입금리에 제반 수수료(fee)를 합산한 것이다. 이중 차입금리는 다시 기준금리와 가산금리(spread)로 나뉘는데 통상 신디케이

티드론 시장은 기준금리로 변동금리를 채택하고 있고, 기준금리는 국제금융시장 여건에 따라 결정되는 외생변수이기 때문에 가격(pricing)은 결국 가산금리와 제 수수료를 결정하는 것이라고 할 수 있다.

(1) 가산금리

국제상업은행들은 신디케이티드론 등 중장기 자금운용수단의 재원을 단기자금시장에서 3개월 또는 6개월의 만기로 조달한다. 따라서 대출은행은 고정금리가 아닌 변동금리로 조달하여 변동금리로 운용할 수 있어 장기의 신디케이티드론에 따른 금리변동 리스크를 경감시킬 수 있다.

신디케이티드론의 가산금리는 전체 대출기간 동안 단일의 이자율을 계속 적용할 수도 있고, 전체 대출기간을 두 세 기간으로 나누어 매 기간마다 상이한 수준의 가산금리를 적용하기도 한다.[13] 가산금리는 차입시점의 시장여건과 시장에서의 차입자에 대한 평가라는 두 가지 요소에 의해 결정된다. 이를 항목별로 세분하여 살펴보면 다음과 같다.

① 차입자의 신용도(credit risk)

차입자의 신용상태, 즉 차입자의 신용위험과 가산금리는 비례한다. 신용위험이 높으면 가산금리도 높아진다.

② 차입자 소재국의 국가위험도(country risk)

차입자가 정부 또는 정부기관인 경우는 물론이고 소재국의 민간차입자도 국가위험도에 영향을 받는다. 차입자 자신의 채무상환능력이 아무리 높다 하더라도 차입자 소재국 정부가 국제수지 악화 등을 이유로 대외채무 지불중지 또는 외화송금 제한 등의 조치를 취할 가능성이 있어 국가위험도가 높을수록 가산금리는 높아지게 된다.

③ 시장기조 및 차입여건

자금의 수요에 비하여 가용자금이 상대적으로 풍부한 차입자시장(borrower's market)에서는 일반적으로 만기는 길어지고 차입금액도 커지며 반대로 가산금리는 축소되는 경향을 가진다. 이와 반대로 대출자시장(lender's market)에서는 만기는 단축되고 단위금액도 줄어들고 가산금리는 확대되는 경향을 보인다.

---

13) 이 경우 가산금리를 split spread라 하는데 예를 들면 만기 7년의 신디케이트론에서 첫 4년간은 3/8%, 나머지 3년간은 1/2%로 상이한 수준의 가산금리를 적용하는 방식임.

④ **금융시장의 안정성**

국제금융시장의 안정성에 따라 가산금리가 변동한다. 시장이 안정되면 가산금리가 축소되고 시장이 불안정하면 가산금리가 확대되는 경향이 있다. 국제금융시장이 불안하면 금융기관 간에도 재원조달이 어려워져, 가산금리가 높아지게 된다. 2007년 미국 서브프라임 모기지(sub-prime mortgage)사태로 촉발된 세계 금융위기 중에 우리나라 금융기관의 외화조달 가산금리는 10배 이상 상승한 바 있다.[14)]

⑤ **대출만기**

일반적으로 금융상품의 만기가 장기일수록 원리금 회수위험과 유동성위험이 증가하므로 가산금리가 확대된다고 할 수 있다. 이때의 만기는 최종 상환일까지의 단순기간이 아니라 거치기간, 상환방식 등을 고려한 평균만기의 개념으로 파악한다.

(2) 수수료

신디케이티드론의 차입자는 신디케이트의 각 당사자에게 그들의 역할과 노력에 대한 대가로 수수료를 지급한다. 이러한 수수료는 차입자에게는 차입금리와 함께 실질 차입비용이 되며 동시에 대출자에게는 자금운용 수익이 된다.

따라서 수수료 수준을 얼마로 결정할 것인가 하는 것은 차입자와 대출자 모두에게 중요한 사항이다. 이 수수료 수준은 가산금리의 수준이 대외적으로 공표되어 차입자의 신용상태가 시장에 알려지는 것과는 달리 명시적으로 밝혀지지 않는 것이 시장의 관례이다. 이러한 측면에서 가산금리와 수수료는 일종의 상충 관계를 갖는다.

수수료의 종류로는 관리수수료(management fee), 약정수수료(commitment fee), 대리수수료(agency fee)가 일반적이나 주간사은행이 다른 명목으로 수수료 부담을 추가시키는 경우도 있다. 이 외에 수수료는 아니지만 신디케이트 과정에서 발생하는 여러 가지 비용의 실비 보상의 성격으로 부대비용(out-of-pocket expense)이 있다.

① **관리수수료**

관리수수료는 주간사은행을 포함한 간사단이 신디케이티드론 교섭에서부터 종료될 때까지 수행한 노력에 대한 대가로 지급되는 수수료이다. 관리수수료 수준은 차입자의 신용 및 시장여건에 따라 다르지만 대개의 경우 총 차입금액에 대한 일정 비율로 0.5~1.0% 수준이며 차입자의 총비용율(all-in cost) 범위 내에서 액면금리와

---

14) 우리나라 정부와 동일한 신용등급을 가진 수출입은행의 경우 이 기간 중 가산금리(5년 만기 기준)는 2007년 4월 0.25%에서 2008년 12월 5%로 상승하였음.

균형을 맞추도록 결정된다.

일반적으로 계약체결 후 일정기간 내(보통 30일 정도) 또는 인출일자 중 먼저 도래하는 일자에 일시불(flat fee)로 지불된다.

② **약정수수료**

차입자는 계약일로부터 인출만료일까지의 일정 기간 내에 자금 전액을 일시에 인출하거나 몇 차례에 나누어 분할하여 인출할 수 있으므로 대출자는 차입자가 자금 인출을 요청하여 올 경우 언제라도 이에 즉시 응하여야 하는 부담을 가지게 된다.

약정수수료는 이와 같은 대출자의 자금준비 부담에 대한 보상의 형태로 미인출잔액에 대하여 부과하는 수수료이다. 따라서 약정수수료는 미인출잔액의 미인출기간 일수에 일정율을 곱하여 산출된다.

③ **대리수수료**

신디케이티드론에 있어 다수의 대출은행이 개별적으로 차입자와 접촉을 한다는 것은 실무적으로 어려움이 따르므로 통상 대리은행을 지정하여 대리은행이 계약체결이후의 사후관리 업무를 담당하도록 하는데 이에 대한 대가로 대리은행에게 지급하는 수수료이다.

대리은행은 대출금의 집행, 적용이자율의 통보, 대출원리금의 수취 및 배분, 계약서에서 요구되는 정보와 자료의 수집 및 배포 등의 업무를 수행한다.

④ **부대비용**

주간사은행이 신디케이티드론과 직접 관련된 업무를 수행하는 과정에서 지출하는 비용이다. 일반적으로 부대비용 중 가장 큰 항목은 변호사 비용이며, 이 외에 인쇄비, 서명식 관련 비용 등이 포함된다.

통상 차입자는 부대비용을 절감하기 위하여 부대비용에 대한 상한선(cap)을 설정하고 그 수준까지만 지급하는 것으로 지급조건을 정하기도 한다.

(3) 총비용율(All-in cost)

총비용율(All-in cost)이라 함은 차입자가 필요금액을 차입할 때 만기까지 지급할 지급이자와 각종 수수료와 비용을 합산하고 이를 차입금액에 대한 비율로 환산하여 이를 연율(per annum)로 표시한 것이다.

차입자의 입장에서 차입코스트는 다음과 같이 표시될 수 있다.

총비용율(차입코스트) = 기준금리 + 스프레드 + 수수료 및 부대비용

이 중 기준금리와 스프레드는 연율로 환산되어 있으므로 수수료 및 부대비용을 평균만기를 이용하여 환산하는 것이 총비용율 계산의 요체이다.

All-in cost 산출방식 예

차입조건

- 금액 : 100백만달러
- 기준금리 : Libor
- 스프레드 : 100bp p.a.
- 인출 : 계약체결과 동시에 인출
- 만기 : 거치기간 4년 포함 8년(매 6개월마다 8회 균등 분할 상환)
- 관리수수료 : 50bp flat(인출시 지급)
- Agency fee : 연 10,000달러
- 약정수수료 : 없음
- 부대비용 : 50,000달러(flat)

All-in cost 산출산식

- Annual cost = 기준금리 + 스프레드 + Agency fee
  = Libor + 100bp + US$10,000 / US$100백만 = Libor + 101bp
- 평균만기 = 거치기간 + (만기-거치기간) / 2
  = 4년 + (8년 - 4년) / 2 = 6년
- Flat fee = (관리수수료 + 부대비용) / (US$100백만 × 평균만기)
  = (US$100백만 × 50bp + US$ 50,000) / (US$100백만 × 6년)
  = 91,667.67/100백만 = 9.2bp
- All-in cost = Annual cost + flat fee = Libor + 110.2bp

4) 신디케이티드론 차입 절차

신디케이티드론의 차입절차는 크게 차입준비과정, 차입과정 그리고 사후관리의 3단계로 나눌 수 있다.

(1) 차주의 차입과정

① 차입계획 확정 및 차입조건 잠정결정

신디케이티드론 차입시 가장 먼저 고려하여야 할 사항은 차입금액, 차입통화, 차입시기 등을 결정하는 것이다.

의사결정은 차입검토 시점에서의 국제금융시장 여건과 자금수급 상황에 크게 영향을 받게 되므로 차입자는 항상 국제금융시장의 동향을 주시하고 있어야 한다. 시장분석 자료를 기초로 하여 차입자는 차입계획을 확정하고 주간사 후보은행과의 협의에 들어가게 된다.

② 주간사은행 선정

차입자는 시장분석에 따라 차입조건을 잠정적으로 결정한 후 주간사 후보은행과의 개별적인 접촉을 하게 되고, 주간사 후보은행 등은 차입자의 기본요구사항(금액, 만기) 등을 가급적 수용하면서 대출의향서(offer letter)를 제출하게 되는데 시장여건 등에 따라 전액인수조건(fully underwritten basis), 부분인수조건(partially underwritten basis), 최선의 노력조건(best effort basis) 등으로 인수방식을 정하여 의향서를 제출한다.

일반적으로 차입자는 다음과 같은 방식으로 주간사은행을 선정하게 된다.

첫째, 차입자가 3～5개의 주요 거래은행에 국한하여 응모하도록 요청하는 방식이다. 이들 은행은 그룹을 형성하여 응모하든지, 단독으로 offer를 제시하든지 재량권을 행사할 수 있다.

둘째, 차입자가 특정 소수의 은행에게만 모집요청을 하지 않고 다수의 은행에 모집경쟁을 시켜 그 중에서 가장 유리한 가격조건을 제시하는 은행에게 교섭의뢰서(mandate)를 주는 방식이다. 따라서 이 방법은 시장상황이 차입자에게 불리한 대출자시장(lender’s market)에서는 채택하기 어렵고 시장상황이 차입자에게 유리한 차입자시장(borrower’s market)에서 이용하기 쉽다. 차입자는 원활한 모집을 위하여 차입금액, 차입기간, 여타 차입조건 등에 수락 가능한 범위를 사전에 제시할 수도 있다.

차입자는 주간사 후보은행으로부터 접수한 대출의향서를 비교 검토한 후 차입조건, 과거의 주선실적, 차입자와의 유대관계 등을 고려하여 주간사은행을 선정한다. 이러한 선정과정에서 가장 중요한 판단기준은 가격(pricing)을 비교하는 것으로 구체적으로 평균만기를 고려한 all-in cost의 비교를 통하여 이루어진다.

③ **교섭의뢰서(mandate)의 발급**

총비용율의 비교분석 등을 통하여 잠정적으로 주간사은행과 차입조건을 결정한 후 주간사은행에게 신디케이티드론을 주선하여 줄 것을 요청하는 mandate를 발급한다. 이 시점에서부터 주간사은행은 공식적으로 신디케이티드론 주선 작업에 들어가게 된다. 일반적으로 다음과 같은 내용이 mandate에 포함된다.

- 제시한 차입조건의 수락 및 주선권한 위임
- 인수방식 : fully underwritten basis, partially underwritten basis, best effort basis 등
- 기타 필요한 사항

④ **투자안내서의 준비**

차입자는 투자안내서(information memorandum)[15]를 통하여 신디케이트 참여은행의 의사결정을 돕기 위하여 자신에 관한 정보를 제공한다. 이 자료는 대부분 주간사은행과의 협의를 거쳐 작성되나 기재내용의 진실성과 정확성 등에 대한 최종 책임은 차입자가 부담하게 된다.

투자안내서에는 차입자의 조직, 업무, 자본구성, 연혁 등의 기본사항과 사업현황, 재무구조 등에 관한 설명 및 재무제표 등이 포함된다. 차입자의 소재국에 대한 정보가 중요하다고 판단될 경우에는 국가정보(country section)가 추가되기도 한다.

(2) 대주은행들의 대출과정

① **간사단 구성**

주간사은행은 mandate 접수 후 일정표를 작성하고 신디케이션 팀을 구성하여 신디케이트 구성에 착수한다. 대규모 신디케이티드론 주선업무는 복잡 방대하므로 많은 전문 인력과의 공동작업이 필요하며, 주간사은행이 복수로 선정된 경우에는 주간사은행이 업무를 분야별로 나누어 능률적인 업무수행을 도모하기도 한다. 주간사은행의 업무는 간사단회의에서 결정되는데 통상 다음과 같은 단위 업무로 나누어진다.

- 인수금액결정 (Book running)
- 투자안내서(Information memorandum) 작성
- 차관계약서 등 계약서 작성 (Documentation)
- 계약서 서명(Signing)

---

15) 일반적으로 신디케이티드론 시장에 처음 진출하거나 시장에서의 인지도가 낮은 차입자가 작성하게 되며, 국제금융시장에서 널리 알려진 차입자는 작성하지 않을 수 있음.

• 대리업무 등

신디케이션의 첫 단계는 간사단의 구성이다. 주간사은행은 초청은행 앞으로 초청장(invitation letter)과 함께 차입자 및 신디케이티드론에 대한 설명서를 송부한 후 참여의사와 인수희망금액을 제시받아 간사단을 구성하게 된다. 간사단의 규모는 대출금액, 시장여건, 차입자의 신용도 등에 따라 달라지는데 선정기준은 대략 다음과 같다.

• 인수기관 모집(Selldown) 능력
• 과거 신디케이션 참여 경험
• 지역적 안배
• 차주 및 주간사은행과의 유대관계 등

② 참여은행의 모집

간사단 구성이 마무리 되면 주간사은행은 일반 참여은행의 모집을 시작하게 되는데, 참여은행의 모집은 일반공모(general syndication)와 사모(club deal 또는 private placement)의 방식으로 나눌 수 있다.

일반공모는 신디케이션의 규모가 커서 대규모의 신디케이트를 구성할 때 사용되며, 사모는 신디케이션 규모가 비교적 작거나 차주가 차입조건의 공표를 원하지 않을 때 주로 이용되는데 절차가 비교적 간단하고 신속하게 진행된다는 장점이 있다.

한편 차주는 참여은행의 모집과정에서 과거 자신과의 유대관계나 거래실적 등을 감안하여 참여은행을 추천하거나 신디케이트 구성에 관여하기도 한다.

③ 차관계약서(Loan agreement)의 확정과 서명

주간사은행은 차주로부터 mandate를 접수하고 주간사은행간의 역할분담이 결정된 때부터 법률고문의 도움을 받아 차관계약서를 준비한다. 신디케이션이 진행되는 동안 동 계약서의 초안을 차입자와 간사단에게 송부하고 의견조절을 거쳐 최종안을 확정한다.

신디케이션이 완료된 후 일반 참여은행에게도 배포하여 의견을 조율, 최종 차관계약서를 확정하고 서명식을 갖게 된다.

(3) 사후관리

① 자금의 인출

차관계약서를 체결하고 나면 차주는 자신의 수급계획에 맞추어 자금을 인출하게 된다. 자금의 인출은 계약조건에 따라 계약서에서 정한 기간 내에 일정 금액의 배수 단위로 여러 번에 나누어 인출하거나 또는 전액을 일시에 인출할 수도 있다.

차주는 대리은행으로부터 인출 전에 인출선행조건(conditions precedent)을 충족하여야 하며 일반적인 인출선행조건 서류는 다음과 같다.

- 차입관련서류 : 정관, 상업등기부등본, 이사회차입결의서(필요시), 서명감(specimen signature), 관계당국의 승인서 등
- 송달대리인 수락통지서
- 차주측 법률고문의 법률의견서
- 대주측 법률고문의 법률의견서
- 인출통지서

② 수수료 및 비용의 지급

통상 신디케이티드론 차입시 발생하는 모든 수수료와 부대비용은 인출 직전까지 계약서에서 정한 계좌로 별도로 지급하거나 자금인출 시 수수료 등을 차감하고 차주의 계좌로 차입금액이 지급되게 된다.

③ 기타 계약서상의 의무이행

차주는 원리금의 상환이 종료될 때까지 차관계약서에서 정한 모든 의무조항을 준수하여야 한다. 또한 차입자의 영업이나 자산, 재무상태 등에 중대한 변화가 발생할 때는 계약서에서 정한 바에 따라 대리은행에 사전에 통보하거나 대출은행으로부터 동의를 받는 등 적절한 조치를 취하여야 한다.

2 국제채 발행

종래 투자개발사업의 파이낸싱은 전문적인 소수의 상업금융기관과 수출신용기관, 그리고 국제개발금융기구 등이 참여하는 신디케이티드론 형태의 간접금융방식이 주류를 이루었다. 그러나 1990년대 이후부터 시장이 확대되면서 자금수요가 팽창하게 되자 전문적인 소수 은행만으로는 시장의 자금수요를 충족할 수 없게 되었고, 이에 따라 프로젝트를 추진하는 사업주들은 국제자본시장에서의 채권발행 등에 의한 직접금융방식의 자금조달을 고려하게 되었다.

이러한 경향은 최근 국제자본시장의 발달에 힘입어 더욱 더 확대되는 추세이며, 다양한 형태의 채권이 발행될 수 있게 되고 투자자 층도 저변이 확대됨에 따라 투

자개발사업에 있어 중요한 자금조달수단으로 부상하고 있다.

자본시장에서의 채권발행에 의한 직접금융조달은 은행대출에 비해 장기 고정금리부 조건의 자금조달이 가능하고 사업주에 대한 각종 준수서약(covenants)조항이 완화되는 등의 이점이 있는 반면, 채권발행을 위해서는 투자적격의 신용등급을 획득하여야 한다. 일반적으로 투자개발사업의 SPC는 해당사업을 추진하기 위해 신설되는 법인이므로 신용이 축적되어 있지 못하여 투자적격의 신용등급 획득에 어려움이 있을 수 있다. 따라서 우수한 사업성과 함께 사업참여자들의 신용보강 등을 통해 투자적격의 신용등급을 획득하거나 ECA, 상업은행 등의 보증부 증권 형태로 채권을 발행할 수 있다.

1) 국제채의 개념 및 종류

국제채(International bond)란 내국채에 상대되는 개념으로 내국채가 자기나라의 자본시장에서 내국인이 발행하는 채권인 것에 비해 국제채는 채권발행자가 자기나라가 아닌 외국에서 주로 외국 투자자를 대상으로 발행하는 채권을 말한다.

현지의 자본시장이 발달되어 있다면 내국채를 통한 자금조달이 가능할 것이나, 개도국의 경우 대부분 내국 자본시장이 발달되어 있지 못한 실정이므로 주로 국제자본시장에서 국제채를 발행하는 것이 일반적이다.

국제채는 다시 외국채(Foreign bond)와 유로채(Euro bond)로 구분된다. 외국채는 비거주자가 채권이 발행되는 나라의 법률규제를 받으며 그 나라의 법정통화로 표시되는 채권을 발행하여 주로 그 나라의 금융기관들로 구성되는 인수단에 의해 인수되는 채권을 말한다. 대표적인 외국채는 뉴욕에서 발행되는 양키채(Yankee bond), 일본의 사무라이채(Samurai bond), 런던의 불독채(Bulldog bond) 등이다.

한편 유로채란 채권의 표시통화국이 아닌 다른 나라에서 발행되고(예를 들면 미달러화 표시채권을 영국에서 발행), 국제적인 인수단에 의해 인수, 판매, 유통되며 채권이 발행되는 나라의 법률을 적용받지 않는 채권이다. 유로채는 미달러화 표시채권이 가장 많은 비중을 차지하고 있으며, 엔이나 유로 표시채권 등도 비교적 많이 발행되고 있다.

국제채권의 종류는 부채성 증권(debt instrument)과 주식연계증권(equity-linked securities)으로도 구분할 수 있다. 부채성 증권에는 고정금리부 채권(fixed income bond, straight bond)과 변동금리부 채권(floating rate note : FRN)이 있으며, 주식연계증권은 전환사채(convertible bond : CB), 신주인수권부 사채(bond with warrant : BW) 등이 있다.

표 3-2 유로채와 외국채의 비교

구 분	유로채권	외국채권
표 시 통 화	제한없음	주로 발행시장 통화
법 적 규 제	표시통화국의 법률규제 없음	표시통화국의 법률규제
증 권 형 식	주로 소지인식(bearer form)	주로 등록식(registered form)
유 통 시 장	대부분 장외시장 거래	대부분 장내시장 거래
상 장	통상 대표적 국제금융센터 소재 1~2개 거래소에 상장	발행시장에 상장하나 상장이 필수 요건은 아님
공시의무·신용등급	비상장시 원칙적으로 공시의무나 신용등급 불필요	공시의무나 신용등급 필요

2) 국제채권의 발행절차

국제채권을 발행하기 위해서는 채권발행자는 발행예정일로부터 1~2개월 전에 국제자본시장에서 채권발행주간사로서의 경험이 풍부한 기관들과의 사전 협의를 통해 채권발행 가능성을 타진하고 채권발행조건을 제시토록 요청한다.

이어 채권발행 주간사를 희망하는 기관들이 제시하는 firm offer를 검토하여 최종 발행여부를 결정하고 주간사를 선정한 후, 선정된 주간사에게 채권발행을 추진할 것을 의뢰하는 발행교섭의뢰서를 발급함으로써 본격적인 발행절차가 개시된다.

주간사 기관은 발행계약서 등 각종 발행관련 서류를 준비(documentation)하고 신디케이트 구성(syndication)에 착수한다. 신디케이트는 주간사(lead manager)와 보조간사(co-manager)로 구성된 간사단(managing group)과 인수단(underwriters) 및 판매단(selling group)으로 구성된다.

주간사는 차주와의 협의를 통해 신디케이션 구성과 채권발행의 모든 절차를 총괄하며, 보조간사는 발행채권의 원활한 소화와 유통시장의 가격관리를 지원하는 역할을 담당한다. 보조간사는 비교적 많은 금액의 인수 책임을 분담함으로써 채권의 순조로운 발행을 위한 일종의 담보력을 제공한다.

인수단은 주간사가 선정하는 채권인수 금융기관을 말하는데, 간사단에 속하는 금융기관도 인수단의 일원이 될 수 있으며, 최종 투자자들에게 판매되지 못한 채권을 자기계정으로 매입하는 역할을 한다.

판매단은 발행채권을 판매하는 기관으로서 채권의 시장배급기능을 담당하며 간사단이나 인수단 금융기관도 판매단의 일원이 될 수 있다. 이러한 신디케이션은 차입자가 채권을 발행하여 간사단에 매각하고 간사단은 인수단과 판매단을 구성하여 인수, 판매하는 형식을 취하는 것이라고 할 수 있다.

인수단과 판매단이 구성되고 모든 인수단과 판매단으로부터 인수예정금액이 통보되면 간사단은 기채자와 인수계약서(subscription agreement)에 서명함으로써 채권발행이 확정된다. 주간사가 인수단 및 판매단에게 판매채권을 할당하여 최종 투자자들에게 본격적으로 판매가 개시된다.

채권판매가 종료되면 판매회사는 채권판매대금을 주간사의 계정에 입금시키고, 주간사는 이를 당일자로 기채자의 계정에 이체시킴과 동시에 발행자로부터 채권을 인수받는다. 이를 채권의 결제(closing)라고 한다.

3) 주요 국제채시장의 특징

(1) 미국채권(양키본드)시장

① 양키본드의 발행(공모)조건과 절차

가. 무디스(Moody's) 또는 스탠다드 엔 푸어스(Standard & Poor's)로부터 신용등급을 평가 받고

나. 미국 증권거래소(SEC)에 기채취지서(Prospectus)와 부속서류(Exhibit) 등 등록서류(Registration statement)를 제출하며

다. SEC의 심사를 거쳐 유효판정(Declaration of effectiveness)를 받아야 한다.

양키본드의 발행절차는 유로본드에 비해 까다롭고 발행 소요기간도 길다.

② 양키본드시장의 장점

가. 만기가 10~30년으로 장기

나. 발행규모가 커서(평균 5~10억 달러) 일시에 거액의 조달이 가능

다. 발행수수료가 매우 낮음

라. 전통적으로 우량 차입자 시장인 양키본드시장 진출에 따른 신인도 제고 및 향후 차입비용 절감 기대

마. 유통시장 규모가 거대하고 안정적이어서 유동성이 매우 높음

한편 SEC는 1990년 사모에 의한 본드 발행 및 유통거래를 촉진하는 Rule 144a를 채택하였다. 이에 따라 SEC 보고 및 등록요건이 면제되는 Rule 144a에 의한 사모발행이 활성화되고 있다.

(2) 유로채권시장

유로채권시장은 1963년 미국이 자본 유출을 방지하기 위해 미국인이 외국기업이 발행한 채권을 매입할 때 15%의 세금을 부과하는 이자평형세(IET : interest equilization tax)를 도입하자 양키본드시장 진출이 봉쇄된 국제 차입자들의 새로운 자금 조달 창구로 등장하였다.

유로채권의 특징은 표시 통화국의 역외에서 발행되므로 표시 통화국의 증권감독 기관에 등록하거나 기타 채권 발행에 관한 규제와 관행을 따를 필요가 없다.

무기명식(bearer form)으로 투자자의 익명성이 보장되고 이자지급에 대한 원천과세(withholding tax)가 없다.

유로채권의 모집과 판매는 여러 나라 금융기관(투자은행과 증권회사)들로 구성된 국제적인 인수 및 판매 신디케이션이 구성되어 수개 국의 자본시장에서 동시에 이루어진다.

유로채권은 런던과 룩셈부르크 증권거래소에 상장되는데 유통시장의 거래는 대부분 장외에서 이루어진다.

유로채권의 주요 형태를 살펴보면 다음과 같다.

① **고정금리채**

• 만기까지의 지급이자(coupon)가 일정하게 고정된 채권으로 이자지급은 보통 연 1회임
• 발행수수료는 발행자의 만기에 따라 차이가 있음
• 만기는 보통 3, 5, 7 또는 10년으로 10년 이하

② **변동금리채**

• 3개월 또는 6개월마다 이자지급이 Libor에 연동하여 변동하는 유로채권
• 만기는 2년부터 영구채까지 있음
• 지급이자는 Libor에 가산금리를 더하여 3개월 또는 6개월마다 지급(최고이자율과 최저이자율을 정해 둘 수도 있음)
• Call Option : 발행자가 만기이전에 액면금액으로 상환할 수 있는 옵션
  Put Option : 채권 소지자가 만기이전에 일정한 보장수익률로 상환 받을 수 있는 옵션

③ **전환사채**

• 발행기업의 주식으로 전환할 수 있는 유로채권
• 만기는 보통 5~10년이고, 이자는 고정금리채보다 낮음
• 전환조건
  - 전환프리미엄 : 발행당시 발행기업 주식의 시가에 대한 할증율로 보통 25% 이내에서 결정

- 전환가격 : 발행당시 주가 × (1+전환프리미엄)
- 본드당 전환주식수 : (본드액면금액 × 전환환율)/전환가격

• Call Option : 발행 후 2~3년 이내에 발행기업의 주가가 전환가격 보다 일정비율(보통 30%) 이상 일정기간동안(20~30일) 상승하면 발행자가 만기 이전에 채권을 액면금액으로 상환할 수 있는 옵션

Put Option : 발행기업의 주가가 전환가격보다 낮아지는 경우 채권 소지자가 만기이전의 일정시점(보통 5년후)에 일정한 보장수익율과 함께 본드를 액면금액으로 상환받을 수 있는 옵션

④ 신주 인수권부 사채

• 신주를 인수할 수 있는 권리(warrant)가 첨부된 유로채권으로 보통 채권과 ‘warrant’가 분리되어 유통됨
• 만기는 보통 5~10년이고 고정금리채보다 낮음

(3) 글로벌본드(Global bond)시장

글로벌본드는 미국, 유럽 및 아시아 등 전 세계지역에서 동시에 판매되는 채권을 말한다.

1989년 세계은행이 최초로 발행하였으며 이를 계기로 유로채권과 외국채가 통합되기 시작하였다. 처음에는 국제적으로 신인도가 높은 초우량 국제기구에 의해서 발행되기 시작하였고, 이후 발행자도 대부분 신용등급이 AA이상이었으나 최근 들어 A 또는 그 이하의 발행자도 시장에서 좋은 반응을 얻고 있다.

광의로는 양키본드와 유로본드의 특성을 함께 가지는 채권을 글로벌본드라고 할 수 있으나 협의로는 Rule 144A로 발행되어 미국의 기관투자가에게 판매가 가능한 유로채권를 글로벌본드라고 부른다.

발행절차와 발행요건은 양키본드와 유사하나 판매지역의 특성과 관련하여 유로채권의 성격도 가미되어 있으므로 미국시장에서는 미국 내 거래기준, 유로시장에서는 유로채권 거래방식으로 발행된다. 즉 미국시장 내 판매분은 미국의 DTC (Depository Trust Company)를 통하여 결제될 수 있어야 하며 유로시장 내 판매분은 Euroclear나 Clearstream 등을 통하여 결제될 수 있어야 한다. 글로벌본드는 룩셈부르크, 홍콩 및 싱가포르 등 주요 증권거래소에 상장된다.

3 프로젝트 금융자문(Financial Advisory)[16)]

금융자문기관(FA: financial advisor)은 사업주를 위해 프로젝트 구조, 프로젝트위험의 배분, 사업타당성 평가, 자금조달방법 등 사업 전반에 대해 사업주에게 자문하는 전문기관을 말한다. 이러한 금융자문기관은 글로벌무역금융시장에서 경험이 풍부한 상업금융기관이나 투자은행, 국제회계법인 등이 담당하며, 얼마나 유능한 금융자문기관을 선임하느냐는 프로젝트를 얼마나 효율적으로 추진하며 성공할 수 있느냐에 직접적인 영향을 미친다.

1) 금융자문기관의 필요성

선박금융, 프로젝트 파이낸스와 같은 중장기 실물금융의 대상이 되는 사업은 관리, 법률, 기술, 환경, 금융 등 다양한 측면에서 검토되어야 하므로 여러 전문컨설턴트의 자문이 필요하며, 이를 통합하여 사업주를 지원할 전문가가 필요하다.

이러한 역할을 수행하는 기관이 바로 금융자문기관이다. 즉 금융자문기관은 금융·재무 분야를 중심으로 자문을 하지만 다른 분야 컨설턴트의 자문의견을 통합하는 역할도 수행한다.

또한 소요자금 조달을 위해 금융기관에게 사업내용을 기술한 자료, 즉 예비사업설명서(PIM: preliminary information memorandum)를 제시하여야 하는데 이 자료 작성에도 전문지식과 경험이 요구되며, 프로젝트위험의 분석과 분담, 금융조건 협상을 위한 전문 협상 능력이 필요하다. 유능한 금융자문기관은 사업주를 위해 대주단의 대표인 금융주선기관과 협상에 효율적으로 대응할 수 있다.

금융자문기관은 금융시장의 전문가로서 최적의 기간에 최고의 금융조건을 가진 자금조달방법을 모색할 수 있어야 한다. 금융시장에서 명성이 높은 금융자문기관을 활용한다면 프로젝트의 시장 신뢰도를 높이고 자금조달이 용이해 지는 등 그 후광효과를 얻을 수 있다.

2) 금융자문기관의 역할

금융자문기관의 주요 역할은 법률·산업분석·기술 분야 등에서 사업주를 자문하는 다른 자문기관을 이끌어 가며, 프로젝트 설명서를 작성하고 대주단과의 협상에 주도적 역할을 담당한다. 따라서 사업주는 가급적 프로젝트 개발 초기단계에서 경

16) 배인성, 「국제프로젝트파이낸스」, 범서북스, 2014 참조

험과 능력이 있는 금융자문기관을 선임할 필요가 있다.

금융자문기관의 역할을 프로젝트 진행단계별로 나누어 상술하면 다음과 같다.

1단계 : 프로젝트 구조 설계

- 프로젝트에 관련된 법률, 세금, 규제, 환경 등의 이슈를 분석
- 사업주가 프로젝트를 추진하는 전략적·상업적 목적의 타당성을 평가
- 프로젝트 내용과 위험을 분석하고, 재무·법규·상업적 측면에서 최적의 프로젝트 구조와 계약 구조를 자문
- 사업주의 목적에 부합하는 프로젝트 추진방법과 절차 자문
- 예비 현금흐름분석을 통하여 프로젝트의 경제성과 재무적 타당성을 검토
- 필요한 프로젝트 관련 계약서의 종류와 주요 이슈를 검토하고, 계약상대방과의 협상을 지원

2단계 : 금융구조 설계

- 동일 지역 유사 프로젝트에 적용된 금융구조 검토
- 자금조달재원, 금융조건 등의 측면에서 최적의 금융구조를 모색하고, 사업주의 위험부담을 최소화
- 금융시장동향을 파악하고, 자금조달재원이 되는 주요 금융기관의 요구사항과 이해관계 검토
- 법률·시장·기술·보험 등의 사업주 컨설턴트 역할을 조정·통합
- 최종 현금흐름분석표 작성
- 주요 금융조건기술서(term sheet) 초안 작성

3단계 : 대주(금융주선기관)와 협상

- 예비사업설명서(PIM: preliminary information memorandum) 작성
- 사업주 법률자문기관과 협의하여 금융관련계약서 구조 마련
- 금융시장 접근 전략 구상 (금융기관 종류, 신디케이션 방법 등)
- 금융주선기관 등 대주단 선정을 위한 입찰과정 지원
- 금융주선기관과의 금융협상 주도, 또는 사업주 지원

3) 금융자문기관 선정기준과 계약

금융자문기관 역할을 수행하는 기관에는 주로 상업금융기관, 투자은행, 전문자문기관(boutique advisor), 국제회계법인 등이 있다.

이 중 상업금융기관은 다른 기관과는 달리 프로젝트 소요자금을 지원하는 대주역할도 할 수 있다는 점에서 유리하지만, 동일 기관이 금융자문역할과 주선역할을 동시에 할 경우 이해관계가 상충되는 문제점이 발생한다. 그러나 금융시장의 유동성이 풍부하지 못한 경우 금융자문기관에게 자금조달 의무도 부여하여 자금조달위험을 감소시킬 수 있다. 이 경우 금융자문기관의 역할은 금융주선업무가 시작되는 시점에서 종료되는 것이 일반적이다.

미국이나 유럽지역에서 정부가 주도하여 시행하는 프로젝트에는 주로 국제회계법인이 정부에게 자문역할을 하는 경우가 많으며, 민간사업주가 시행하는 프로젝트는 국제상업금융기관이 자문역할을 하는 경우가 많다. 특정 다국적기업은 자체 그룹내부에 금융조직을 두어 이를 금융자문기관으로 활용하는 경우도 있으며, 소규모 전문자문기관을 이용하기도 한다.

사업주가 금융자문기관을 선정할 때 다음과 같은 사항이 기준이 된다.

- 유사 지역이나 유사 프로젝트에서의 금융자문 경험
- 전문지식과 협상력 등 전문가로서의 자질과 경험
- 사업주와 이해관계, 의사소통 용이성
- 프로젝트 이해당사자와의 이해관계 충돌 가능성
- 자문수수료 수준
- 금융주선 가능성과 능력 : 금융주선기관으로서의 역량

사업주가 금융자문기관을 선정하면 자문서비스계약서(advisory service agreement)를 체결한다. 이 계약서의 주요 내용은 다음과 같다.

- 금융자문기관 업무의 범위
- 수수료 등 수준과 지급방법 : 일당 또는 시간당 수수료, 실제 사용경비, 성공수수료 등
- 사업주의 정보제공 범위와 이에 대한 금융자문기관의 비밀유지 약정
- 이해관계가 충돌되는 프로젝트 참여 금지 유무
- 손실보상 조항과 계약해지 조건
- 준거법과 재판관할권 등

4) 국내 금융자문기관 현황

우리나라에 영업망을 두고 있는 주요 국제 금융자문기관으로는 BNP Paribas(프랑스), Societe Generale(프랑스), Credit Agricole(프랑스), SMBC(일본), BTMU (Bank of Tokyo-Mitsubishi UFJ, 일본), Mizuho Bank (일본), HSBC(영국, 홍콩), ING Bank(네덜란드) 등이 있다.

한편 국내 상업금융기관의 경우 국내 프로젝트 시장에서의 금융자문실적은 많으나, 글로벌 프로젝트 시장에서의 경험은 거의 없다.[17)]

참고

주요 국제상업은행 현황

무역금융과 투자금융 분야에서 활동이 활발한 국제상업은행들은 아래 표와 같다.

표 세계 25대 은행 현황 (2013년말 현재) (단위 : 백만 달러, %)

순위	은행명	국적	기본자본	총자산(순위)	세전이익	ROA
1	Industrial and Commercial Bank of China	중국	207,614	3,100,254(1)	55,480	1.79
2	China Construction Bank	중국	173,992	2,517,734(3)	45,855	1.82
3	JP Morgan Chase & Co	미국	165,663	2,415,689(6)	25,914	1.07
4	Bank of America	미국	161,456	2,104,995(12)	16,181	0.77
5	HSBC Holdings	영국	158,155	2,671,318(2)	22,565	0.84
6	Citigroup	미국	149,804	1,880,617(13)	19,656	1.05
7	Bank of China	중국	149,729	2,273,730(9)	34,870	1.53
8	Wells Fargo & Co	미국	140,735	1,527,015(20)	32,283	2.11
9	Agricultural Bank of China	중국	137,410	2,386,447(7)	35,099	1.47
10	Mitsubishi UFJ Financial Group	일본	117,206	2,451,395(5)	14,654	0.60
11	BNP Paribas	프랑스	99,168	2,482,950(4)	11,295	0.45
12	Barclays	영국	91,960	2,161,890(11)	4,725	0.22
13	Credit Agricole	프랑스	86,201	2,353,553(8)	10,559	0.45
14	Banco Santander	스페인	84,232	1,538,811(18)	10,534	0.68
15	RBS	영국	83,180	1,693,374(15)	-14,595	-0.86
16	Goldman Sachs	미국	72,471	911,595(29)	11,737	1.29
17	Sumitomo Mitsui Financial Group	일본	71,361	1,534,040(19)	13,511	0.88
18	Deutsche Bank	독일	69,954	2,222,621(10)	2,008	0.09
19	Bank of Communications	중국	68,333	976,882(26)	13,096	1.34
20	Groupe BPCE	프랑스	65,226	1,549,683(17)	6,743	0.44
21	Mizuho Financial Group	일본	65,002	1,669,733(16)	9,358	0.56
22	Lloyds Banking Group	영국	62,807	1,395,437(21)	684	0.05
23	Morgan Stanley	미국	61,008	832,702(35)	3,729	0.45
24	UniCredit	이탈리아	58,948	1,166,674(22)	-22,032	-1.89
25	Societe Generale	프랑스	56,394	1,703,810(14)	4,218	0.25

자료 : The Banker지, 2014년 7월호

17) 한국수출입은행과 산업은행이 국내기업이 참여하고 있는 국제 프로젝트파이낸스 시장에서 금융자문업무를 수행

제14장

글로벌무역금융 국제규범

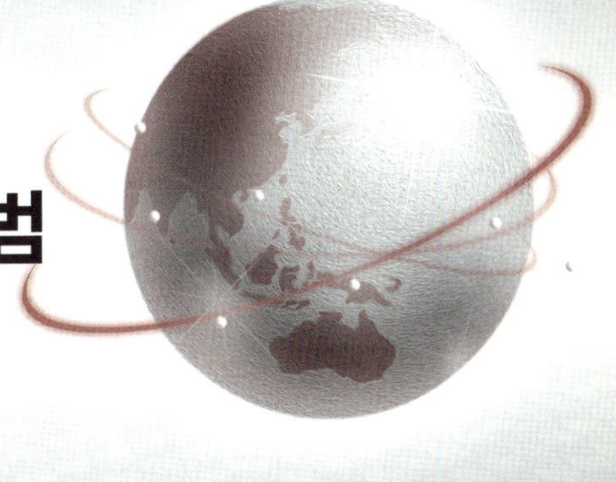

현재 단기 무역금융에 대한 국제적인 공통규범은 없으며, 각국은 각국의 고유한 특성을 반영한 무역금융 제도를 운용하고 있다. 국제적으로 통용되는 무역금융 기준으로는 국제상업회의소(ICC)가 제정한 신용장 통일규칙 정도가 존재한다. 또한 국제팩토링협회(FCI), 국제포페이팅협회(IFA) 등 민간단체를 통해 관련 업무 취급 가이드 라인을 제정, 회원사 간 운용 중에 있다.

따라서 이 장에서는 중장기 무역금융에 주로 적용되는 OECD 수출신용협약과 WTO 수출보조금 협정에 관해 살펴본다.

제1절 OECD 수출신용협약

1 OECD 개요

OECD는 유럽, 북미, 아·태지역의 세계 3대 경제지역 주요 국가들이 모두 참여하는 선진국가 모임이다. 이들 회원국의 경제규모는 세계경제의 3/4을 차지하며 교역량의 2/3를 점유한다.

OECD는 세계화시대에 당면한 경제, 사회, 환경 문제의 해결을 위하여 회원국들이 함께 논의하고 협력하는 협의의 장으로서 다원적인 민주체제, 시장경제체제, 인권존중의 3대 기본가치를 목적으로 1961년 선진 20개국을 주축으로 공식 출범한 국제경제협력기구이다.

다자협력 증진을 위해 자료 비교, 분석 및 예측결과를 제공하는 정보생산기능을 지닌 이 기구는 국제무역·금융에 막대한 영향력을 행사하며 세계경제를 주도해 나가고 있다. 1990년대에 들어 냉전체제가 급격하게 무너지면서 동유럽권 국가가 시장경제로 편입되고, 아시아 신흥공업국이 급부상함에 따라 신흥공업국과 체제전환국들에게 회원 가입조건을 완화하면서 경제협력 파트너로서 문호개방을 넓혀주고 있다.

1) OECD의 연혁

제2차 세계대전이 끝난 후 당시 미국의 마샬 국무장관은 유럽경제재건을 위해 미국이 유럽 전체에 대해 원조를 제공한다는 이른바 마샬 플랜(Marshall Plan)을 발표하였다. 이 마샬 플랜을 수용하기 위한 기구로 유럽 각국은 1948년 4월 16개 서유럽국가들로(독일과 스페인은 추후 가입) 구성된 OEEC(Organization for European Economic Co-operation)를 출범시키게 되었다.

OEEC는 그 후 약 12년에 걸친 활동을 통해 유럽경제의 부흥과 발전에 지대한 공헌을 했으며 또한 가맹국간 수입할당제를 통해 회원국간 무역자유화를 비롯하여 유럽 자유주의 국가간의 경제협력을 긴밀히 하는데 커다란 역할을 수행하였다. 그리고 European Union of Payment를 설립·운영하는 등 무역결제협력을 통하여 역내무역에 크게 기여하였다. 한편 이 기간 동안 유럽 각국과의 관계가 한층 긴밀해진 미국과 캐나다 양국은 1950년 OEEC의 준회원국이 되었다.

1960년 12월 OEEC의 18개 회원국에 추가로 미국과 캐나다를 받아들여 총 20개국 각료와 당시 유럽공동체(EEC), 유럽석탄철강공동체, 유럽원자력공동체의 대표가 모여 '경제협력개발기구(OECD)조약'에 서명함으로써 세계적인 관점에서 국제경제 전반에 대해 협의하는 것을 목적으로 한 OECD가 탄생하게 되었고, OECD는 초기 원조공여기구의 성격에서 점차 복합적 기능의 경제협력체로 변화해 나가게 되었다.

1961년 출범 당시 20개 회원국이었던 OECD는 1964년에 일본이 가입하고, 이어 핀란드(1969년), 호주(1971년), 뉴질랜드(1973년) 가입으로 유럽에서 아·태지역으로 회원국을 점차 확대하기 시작하였으며 세계경제질서는 GATT의 무역협상을 주도하는 OECD를 중심으로 구축되고 재편되었으며 냉전체제하에서 대 개도국 원조가 확대되었다.

한편 1980년대 후반 냉전 종식 이후 비선진국권으로 회원국 및 협력관계가 확대되었으며 특히 아시아 신흥공업국과 중남미의 중진국 및 구공산권의 체제전환국들을 대상으로 각종 비회원국 협력사업이 이루어졌다. 그 결과 1994년 멕시코가 25번째 회원국으로 가입한데 이어 체코(1995년 12월), 헝가리(1996년 5월), 폴란드(1996년 11월), 한국(1996년 12월)이 차례로 OECD에 가입하였으며, 2014년말 현재 34개의 회원국이 되었다.

2) OECD의 조직

OECD의 조직은 최고의결기관으로 회원국 대표들로 구성되는 이사회가 있고, 이사회를 보좌하는 심의기구로 행정, 기술적 사항을 심의하는 집행위원회와 예산위원회, 특별집행위원회가 있으며, 특수정책사업을 운영하기 위한 보좌기구로서 별도 위원회와 자문기구들이 있다. 사업집행기구로서는 23개 위원회가 있으며, 약 200개의 사업별 작업반이 설치·운영되고 있다.

(1) 이사회(Council)

최고 의사결정기구로 각료 이사회가 연 1회 개최된다. 이들은 세계경제의 주요 동향을 진단하며 OECD 회원국들의 정책적 대응과제 및 비전을 제시한다.

각료 이사회는 통상적으로 G-7 정상회담 전에 개최되어 G-7국가들이 정상회담에서 논의할 의제들에 대한 입장을 조정하는 자리이기도 한다. 이 밖에 OECD 파리주재 회원국 상주대사가 참석하는 정례이사회는 주 1회 개최되며 각료이사회 위임사항 추진 및 각 위원회 활동과 사무국의 운영에 대한 감독을 한다.

OECD 기구에서 의사 결정을 내릴 경우에는 다수결이 아니라 전원합의(consensus)가 기본이다. 최종 의사결정기관은 이사회이며 반드시 결론을 얻는 것이 목적은 아니다. 개별 회원국 의사에 반하는 결정은 있을 수 없으나, 회원국 간 상호감시(peer pressure)로 인해 명분 없는 입장유지는 곤란하다. 이는 합의가 이루어지지 않더라도 토의 과정에서 나타나는 각국의 사고와 주장이 각 회원국의 정책에 상호 영향을 미치기 때문이며, 실제로 각국 간에 공통인식을 조성하여 정부 간 정책협의(policy dialogue)를 통한 문제해결과 정책 조화가 이루어지고 있다.

(2) 정책협의 기구

정책협의 기구에는 집행위원회와 정책부문별 전문위원회가 있다. 집행위원회는 이사회 활동을 보좌하기 위하여 14개국 대표로 구성된 이사회 직속 기구로서, 이사회에 상정된 안건을 사전에 심의하고 의견을 조정한다.

전문위원회는 이사회에서 결정된 사업을 집행하는데 현재 총 23개의 전문위원회가 운영되고 있고, 각 위원회 산하에 과제를 수행하는 약 200여개의 작업반(Working Party/Group/Programme)이 운영되고 있다. 각 작업반은 담당부문의 세계동향 및 회원국의 동향을 분석하며, 각 위원회는 회원국들의 사업추진 현황 검토 및 주요 주제에 관한 정책을 협의한다.18)

그림 3-1 OECD 조직표

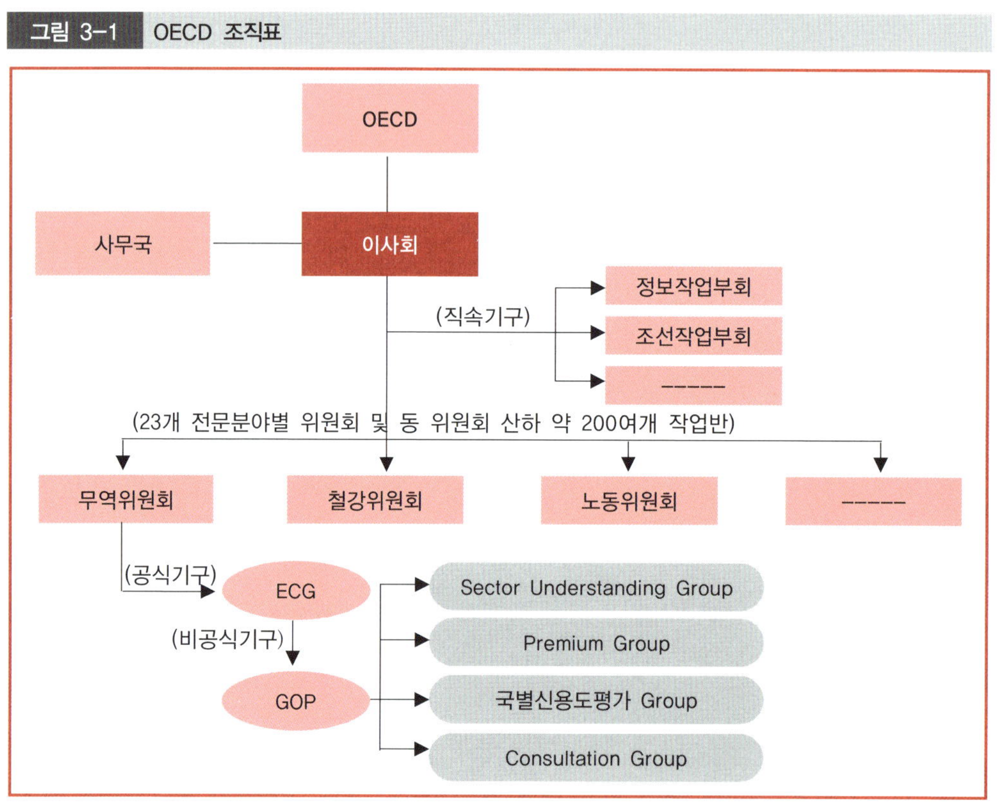

(3) 무역·투자관련 위원회 및 작업반

무역·투자관련 전문위원회인 무역위원회는 OECD 23개 위원회 중 경제정책위원회, 개발원조위원회와 함께 3대 위원회의 하나로서 각국 무역정책의 입안 및 시행에 대한 조언, 다자간 자유무역체제의 발전을 위한 무역 이슈 논의 등을 주요 기능

18) OECD에서는 연간 총 3,000일의 회의(일평균 10~15회)가 개최되며, 약 600여명의 각국 상주대표 외에 연 4만명의 각국 대표단이 회의에 참석함.

으로 한다.

무역위원회는 산하에 공식기구로 수출신용작업반(ECG : Working Party on Export Credits and Credit Guarantees)을 두고 수출신용경쟁에 관한 공정한 룰을 수립하기 위해 노력하고 있다. ECG는 수출신용협약 외에 공적수출신용 지원제도와 환경심사 및 뇌물제공방지 대책 등 수출신용과 관련된 사항을 포괄적으로 다루고 있고, ECG 산하기관인 GOP(Group of Participants to the Arrangement on Officially Supported Export Credits)에서 수출신용협약의 구체적인 개정 필요사항 등에 관하여 논의하고 있다.

한편 GOP는 수출신용협약 논의와 관련하여 조선 등 부문별 양해그룹(Sector Understanding Group), 프리미엄 그룹(Premium Group), 국별위험도 평가 그룹(Country Risk Experts), 그리고 자문그룹(Consultation Group) 등을 운영하고 있다.

2 OECD 수출신용협약

1) OECD 수출신용협약의 연혁

OECD 수출신용협약(Arrangement on Officially Supported Export Credits)은 1970년대 오일쇼크를 배경으로 탄생하였다.

제1차 석유파동 직후 비산유국에서 원유구매를 위한 경화(hard currency) 부족현상이 나타나자 미국, 일본, 유럽 등 선진국들은 자국 공적수출신용기관(ECA)의 수출신용 지원을 통한 수출촉진과 경화확보를 추구하였고, ECA간의 경쟁 과열과 과도한 보조금 지급 등으로 무역왜곡 현상이 나타났다.

이에 G7국가(프랑스, 독일, 이태리, 영국, 미국, 일본, 캐나다)들은 ECA의 수출지원경쟁에 따른 무역왜곡 현상을 바로잡기 위하여 1976년 6월 공적수출신용의 금리수준, 상환기간 등 지원조건을 제한하는 'Consensus'에 합의, 1년 동안 자발적으로 준수하기로 하였다. 이어 1978년 4월에는 12개 OECD회원국이 동 'Consensus'를 발전시킨 수출신용협약에 합의하고 이를 신사협정(gentlemen's agreement)으로서 준수키로 하였다.

초기 수출신용협약은 공적수출신용의 수혜국 분류기준 및 상환기간별로 최저금리를 적용토록 하는 매트릭스를 가지고 공적수출신용의 이자율을 규제하였다. 매트릭스를 처음 만들었을 때에는 시장금리와 유사하여 이자율 보조금 수준이 미미하였으나, 이후 시장금리가 변동함에 따라 고정된 매트릭스 금리와 시장금리 사이에 편차가 커지는 문제가 발생하였다. 이러한 문제를 해결하기 위하여 1983년 저금리 통화에 대하여 상업참고금리인 CIRR(Commercial Interest Reference Rate)를 도입하였고, 수출신용협약 참가국간의 지속적인 협상과정을 거쳐서 1994년 9월 모든 통화에 대하여 CIRR를 적용하게 되었다.('Schaerer package')

공적수출신용의 보조금 효과가 줄어들자 ECA들은 혼합신용(mixed credit)을 통한 지원조건 완화, 선진 개도국 앞 타이드원조(tied aid) 공여 확대 등 원조를 상업적으로 운용하는 현상이 나타나기 시작하였다. 이에 협약 참가국들은 세계은행의 17년 만기 자금을 수혜할 수 없는 선진 개도국과 상업성 있는 프로젝트에 대한 타이드 원조를 금지하기로 1991년 12월 합의하였다.('Helsinki package')

1997년 6월 협약 참가국들은 공적수출신용이 1994년에 제정된 WTO 협정의 보조금 제한에 위배되는 것을 막기 위하여 WTO 보조금협정 부속서 I의 (j)항[19]에서 명시한 대로 공적수출신용의 지원조건이 ECA의 장기운영비용 및 손실을 보전할 수 있는 수준으로 운용되도록 하는 한편 각 ECA들의 프리미엄 징수체계를 통일하기 위한 'Knaepen package'에 합의하였으며 동 합의는 1999년 4월 1일자로 발효되었다.[20]

이러한 합의를 반영하기 위하여 수출신용협약은 그동안 수차례 개정되어 왔는데 최근에는 'Knaepen package' 내용을 반영하기 위한 1997년 11월 개정과 캐나다·브라질 중형항공기 분쟁 관련 WTO 패널 판결에서 나타난 수출신용협약에 대한 보수적 해석 경향 및 투명성 확대 압력에 대응하기 위한 2004년 1월 개정이 있었다.

수출신용협약은 무역위원회 산하의 ECG 및 GOP회의에서 논의되고 있는데, 우리나라는 1997년부터 이들 회의에 참여하고 있다.

2) OECD 수출신용협약의 특징과 구성

(1) 특징

수출신용협약이 자국 수출촉진을 위한 ECA간의 과열된 경쟁에서 비롯한 수출보조금 지급을 억제하기 위하여 태동하였기 때문에 동 협약의 목적은 ① ECA의 공적

19) The provision by governments(or special institutions controlled by governments) of export credit guarantee or insurance programmes, of insurance or guarantee programmes against increases in the cost of exported products or of exchange risk programmes, at premium rates which are inadequate to cover the long-term operating costs and losses of the programmes.

20) 'Knaepen package'에서 합의한 프리미엄체계는 국가위험(sovereign and country credit risk)에 대한 프리미엄으로서 민간차주에 대한 신용할증률(buyer credit risk)은 포함하지 않고 있음.

지원조건을 규제하여 공적수출신용 시장의 질서를 유지하고 ② 수출자들이 자국 ECA가 제공하는 유리한 금융조건이 아니라 수출목적물의 품질과 가격에 근거한 공정한 경쟁(level playing field)을 하도록 하여 무역왜곡을 방지하는데 있다.

수출신용협약은 국제법상 강제력을 가진 법규범이 아니며 참가국간에 자발적으로 준수를 약속한 신사협정이다. 따라서 동 협약 위반은 국제법 위반이 아니다. 그러나 WTO 보조금협정 부속서 I의 (k)항 하단[21]에서 동 협약의 금융조건을 준수하여 지원하는 공적수출신용은 금지보조금에 해당되지 않는다고 명시한 것으로 보아 동 협정 위반은 곧 WTO 보조금협정 위반으로 이어질 위험이 있다 하겠다. 따라서 협약 참가국뿐만 아니라 협약 비참가국인 개도국들도 WTO가 거의 유일하게 예외로 인정하는 보조금 수단으로 동 협약의 조건을 준수하는 경향이 증가하고 있다.

동 협약은 법 규범이 아니므로 WTO 규범과 같이 공식적인 분쟁해결 절차는 없으나 참가국들이 자국 수출신용제도나 지원 프로젝트에 대한 정보를 교환하여 투명성을 높이고 상호감시제도를 이용하여 협약 준수를 간접적으로 강제하고 있다.[22]

(2) 구성

수출신용협약은 4개의 장(chapters)과 14개의 부속서(annexes)로 구성되어 있으며, 제 1장에서는 수출신용협약의 목적 및 법적지위, 참가국 현황, 적용범위, 참가국 탈퇴, 수출신용협약의 사후점검 등 일반적인 내용을 명기하고, 제2장에서 수출신용의 지원조건(financing terms and conditions)을 규정하고 있다. 제3장에서는 타이드 원조의 지원조건을 정하고 있으며 제4장에서는 사전통지(prior notification), 매칭(matching), 협의(consultations), 정보교환(exchange of information), 공통방침(common lines), CIRR 통지, 협약·CIRR·프리미엄에 대한 검토 등의 절차 규정을 두고 있다.

한편 부속서들은 부문별 양해(sector understanding)와 기술적 내용에 대한 Annex로 구성된다. 부문별 양해에는 산업부문별 양해로서 선박, 핵발전설비, 민간항공기, 재생에너지 및 수력발전 부문 양해가 있고, 상환방식과 관련하여 프로젝트 파이낸스(Project finance) 양해가 있다. 원칙적으로 양해가 수출신용협약 본문에 우선하여 적용되며 부문별 양해에서 기술되지 않은 사항에 대하여는 협약 본문의 사항을 적용토록 하고 있다.

---

21) WTO 보조금협정("Agreement on subsidies and countervailing measures") 참조

22) 수출신용협약은 OECD의 법규범(act)은 아니지만 OECD의 운영원칙인 대화(dialogue), 만장일치(consensus), 동료검토 및 압박(peer review and pressure) 제도에 의하여 운영되고 있음. 따라서 동 협약을 개정하려면 참가국간의 절충(compromise), 이익·비용의 분담을 통한 만장일치 합의도출(consensus-building)에 의해서만 가능함.

기술적 내용에 대한 Annex로는 사전통지 양식, 최저프리미엄요율(MPR : Minimum Premium Rate) 계산공식, 제3국 보증·다국적/지역금융기관 보증 조건부 국가등급 분류, 국가위험 경감·제외기법, 프리미엄 관련 사전통지 양식, 원조의 질 평가 체크리스트, 정의조항에 대한 Annex가 있다.

3) 수출신용(Export Credits) 지원조건[23)]

(1) 지원범위

수출신용협약에서는 지원범위를 수출계약금액, 현지비용, 금융비용별로 정의하고 있다. 우선 수출신용 지원범위는 수출계약금액(export contract value)의 85%이내이며[24)], 수출계약금액은 전체 공급계약 금액에서 현지비용(local cost)을 제외한 수출국 및 제3국산 조달비용을 말한다.

수출계약금액에서 지원되지 않는 15% 해당부분인 선수금(down payment)은 신용기산점(starting point of credit) 이전에 수입자가 수출자에게 지급하여야 한다. 신용기산점은 통상 기계류·선박의 경우 수출목적물의 인도(delivery)시점, 플랜트는 시운전(commissioning) 완료시점 또는 수입자의 인수증명서(acceptance certificate) 발급시점으로 한다. 따라서 ECA의 지원을 받는 거래에서 수입자는 수출목적물을 인도 받기 전에 수출계약금액의 15% 이상을 선수금으로 수출자에게 지급하여야 한다.

수출계약금액에 포함되지 않는 현지비용(local cost)은 수출계약금액의 30% 범위내에서 지원이 가능하나, 수출계약금액의 15%를 초과하여 현지비용을 지원하는 경우에는 이를 사전 통지하여야 한다.

현재 수출신용협약의 정의조항(Annex XI)에 의하면 현지비용은 수출계약과 직접 관련되는 현지비용뿐만 아니라 그 수출계약을 포괄하는 프로젝트 전체의 현지비용도 포함한다. 단, 수입국 현지에 소재한 수출자의 대리인 수수료에 대한 지원은 금지하고 있다.

금융비용에 대한 공적지원과 관련하여 수출신용협약은 건설기간 중 이자(IDC : interest during construction)에 대해서만 명시적으로 허용하고 있으나, ECA들은 관행적으로 IDC외에 대외신용수수료(premium) 등 여타 금융비용에 대하여도 제작기간 중 원금화(capitalization)를 허용하여 지원하고 있다.

---

23) 여기서 설명되지 않은 내용은 제6장 공적수출신용 참조

24) 선박의 경우는 80%

(2) 상환기간과 방법

수출신용협약은 지원대상 거래의 상환기간을 국가 및 산업별로 최장상환기간(maximum repayment terms)으로 정하고 있는데 국가를 Category I과 II로 분류하여 Category I 국가에게는 최장 8.5년, Category II 국가에게는 최장 10년의 상환기간을 인정하고 있다. Category 분류는 세계은행에서 발표하는 고소득 OECD 국가(High Income OECD countries)[25]에 포함되는 국가는 Category I, 나머지 국가들은 Category II로 분류한다.

산업별 상환기간 제한은 국가별 상환기간 제한에 우선하여 적용되며 비핵발전플랜트의 경우 12년, 선박 12년, 핵발전플랜트 18년, 재생에너지·수력발전프로젝트의 경우 15년으로 제한하고 있다. 민간항공기의 경우 약간 복잡한데 대형항공기는 최장상환기간이 12년이고, 나머지 민간 항공기는 category 1, 2, 3으로 분류하여[26] 최장상환기간이 각각 12년, 15년, 10년으로 제한하고 있다.

국가별, 산업별 최장상환기간은 원금 정기균등 분할상환 방식인 경우에 적용하며[27], 원금을 비정기 불균등하게 상환하는 프로젝트 파이낸스 방식거래에 대하여는 가중평균상환기간을 적용하는데 국가별 구분 없이 7.25년이 적용된다. 한편 부문별 양해에서는 별도로 가중평균상환기간을 정하고 있다.

(3) 금리

ECA가 고정금리로 금융지원을 하고자 할 때에는 최저금리로서 상업참고금리(CIRR)를 적용해야 한다. CIRR는 상업금융시장의 관행 및 시장금리 수준을 금융지원에 최대한 반영하기 위한 목적으로 만들었으나 시장금리를 완전히 반영하기는 사실상 어렵다. 그럼에도 수출신용협약 참가국들은 CIRR 금리체계에 만장일치로 합의하였는데 협약참가국들이 CIRR를 도입할 때 기준으로 삼았던 원칙은 수출신용협약 제19조에 다음과 같이 명시되어 있다.

---

25) OECD website(www.oecd.org/ech/xcred)에서 최신 국가분류 리스트 고시

26) 항공기 제작사와 항공기 기종을 바탕으로 구분

27) 상환방식은 상환주기가 6개월 이내인 원금정기균등분할상환방식이 원칙임. 예외적으로 프로젝트 파이낸스 거래로서 프로젝트로부터 발생하는 현금흐름으로 원금정기균등분할상환이 어려운 경우에만 동 원칙을 적용하지 않을 수 있으며 이 경우에도 가중평균 상환기간으로 제한하고 있음.

CIRR 산정원칙

① 해당통화 국내금융시장의 최종 상업대출금리 반영
② 고정금리 조달비용에 근거
③ 해당 국내금융시장의 경쟁왜곡 금지
④ 해외 최우량 차주의 차입금리 수준 반영

CIRR는 통화별로 해당통화에 대한 통화정책을 수행하는 정부가 발행한 채권의 유통금리(CIRR 고시일 기준 전월평균 : base rate)에 1%(100bp)를 가산한 이율로 적용토록 하고 있다. 이 100bp 마진은 구체적인 금융비용을 정한 것이 아니라 OECD 회원국 간의 정치적 타협의 산물이지만 ECA의 순 조달비용(net funding cost), 관리업무비용, 영업이익 등을 포함하는 것으로 보고 있다.

CIRR 기준금리는 두 가지 방식으로 적용하고 있다. 미국 달러, 유로 등 대부분의 기축통화는 대출기간별로 3가지의 CIRR(three-tier system)를 적용하고 있으며, 우리나라와 같이 다양한 만기의 정부채권 유통시장이 충분히 형성되지 않은 통화는 한 가지 CIRR(single-tier system)만을 고시하고 있다.

3-tier 방식은 상환기간이 5년 이하, 5년 초과 8.5년 이하, 8.5년 초과의 3가지 경우에 대해서 각각 정부채권 3년물, 5년물, 7년물의 전월평균 유통수익률을 기준금리로 고시하며, 1-tier 방식으로는 모든 상환기간에 대하여 5년물 정부채권의 전월평균 유통수익률을 기준금리로 정하고 있다.

원금정기균등분할 상환조건을 지닌 대출 상환기간 5년, 8.5년, 14년의 가중평균 상환기간(duration)은 각각 2.75년, 4.5년, 7.25년으로서 만기일시상환(bullet) 조건인 채권 3년물, 5년물, 7년물과 duration이 비슷하여 3-tier 방식은 기준금리가 시장금리를 잘 반영하는 것으로 볼 수 있다.

수출신용협약은 개별 거래에 적용할 CIRR 확정 시점을 따로 정해두지 않아 ECA마다 관행이 각기 다르다. 수출신용협약에서는 CIRR 확정시점은 제한하지 않고, 계약일(contract date) 이전에 CIRR를 확정할 경우 20bp를 가산할 것을 규정하고 있다.

그러나 계약일에 대해서도 ECA간에 의견이 다르다. 계약일을 공급계약 체결시점으로 보는 ECA가 있는 반면[28] 금융계약 체결시점으로 보는 ECA도 있다[29]. 한국수출입은행은 contract를 공급계약으로 보고 공급계약 체결 이전에 CIRR를 확정하는 경우에만 20bp를 가산토록 하고 있다. 또한 CIRR의 확정은 대출신청서 접수일을

28) 일본 국제협력은행(JBIC)은 수출계약일 기준으로 CIRR를 확정하고 있음.

29) 미국수출입은행은 예비승인시점에 CIRR를 확정하는 경우 20bp를 가산하고 있음.

기준으로 하고 있다.

수출신용협약은 개별거래에 적용할 CIRR를 확정 후 120일 이상 유효하지 않도록 제한하고 있다. 따라서 ECA는 CIRR 확정 후 120일 이내에 본승인하거나 또는 금융계약 체결을 완료(final commitment)하여야 한다.

수출신용협약에서는 차주에게 대출기간 동안 CIRR(고정금리)와 시장금리(변동금리)간의 전환을 인정하지 않고 있다.

■ 최저변동금리(Minimum floating rate)

OECD 수출신용협약에서는 변동금리지원에 대한 사항을 구체적으로 명시하고 있지 않다. 그러나 현재 캐나다 EDC, 독일 KfW 등 10여개 ECA들이 변동금리를 운용하고 있으며, 브라질, 인도, 중국 등 신흥 ECA(협약 비참가국)의 변동금리 지원이 증가하고 있다.

협약참가국들은 변동금리 도입원칙과 도입방법에 대하여 논의해 오고 있으나, 아직 합의에는 도달하지 못한 상태이다. 지금까지 제기된 최저변동금리에 대한 방법론은 두 가지로 분류되는데 하나는 CIRR를 금융시장에서 변동금리로 스왑하여 구하는 방법이고, 다른 하나는 정부채권 유통수익률에 100bp를 얹는 CIRR 산정방식과 동일하게 임의의 마진을 정하여 LIBOR에 얹는 방식이다.

(4) 대외신용수수료(Premium)

OECD에서 말하는 프리미엄(premium)은 직접대출의 위험수수료(exposure fee), 채무보증의 보증료(guarantee fee), 수출보험의 보험료(insurance premium)를 통칭하는 표현이다. 협약 참가국들은 ECA가 공적지원 시 징수하는 프리미엄이 ECA의 장기운영비용 및 손실을 보전할 수 있는 수준이 되도록 하고, 그 수준을 통일하기 위하여 1994년도부터 프리미엄 전문가회의에서 논의를 시작하여 1997년 6월 'Knaepen Package' 채택을 통해 방법을 결정하였다.

OECD 수출신용협약 제23조에서 프리미엄은 수출신용의 채무불이행 위험에 대비하여 받으며, ECA들이 동일하게 적용하고, ECA의 장기 운영비용 및 손실 보전에 충분한 수준이어야 한다는 원칙을 천명하고 있다. 현재 수출신용협약 및 'Knaepen Package'에서는 국가 및 정부의 신용위험(country and soverign credit risk)에 대한 최저프리미엄율(MPR : minimum premium rate)만을 규정하고 있으며, 민간 차주의 신용위험(buyer/commercial credit risk)은 ECA마다 개별적인 신용할증률 체계에 의하여 다르게 적용하고 있다.

MPR의 결정요소는 크게 국가신용등급, 위험노출기간(horizon of risk), 국가위험부담비율(percentage of cover) 등이다. 국가신용등급은 OECD 국별평가전문가(CRE : Country Risk Expert)회의에서 매분기 마다 평가대상국의 국가위험을 검토하여 0~7등급으로 분류하는데 국가위험평가방법은 정량평가 및 정성평가의 두 가지가 있다.

정량평가는 CRAM(country risk assessment model)이라는 모형을 사용하여 평가대상국의 공적지원 연체경험, 금융상황 및 경제상황을 계량화하여 정량평가 점수를 구하고, 정량평가 결과에 비상위험(political risk), 기타 위험 등 정성평가 요인을 추가하여 최종 등급을 구한다. 고소득 OECD 회원국[30)]의 경우는 자동으로 0 등급으로 분류되며 0 등급 국가에 대한 MPR 수준은 ECA가 자율적으로 결정하되 시장이율보다 낮지 않아야 한다고 명시하고 있다.

OECD에서는 ECA가 제공하는 대출, 채무보증, 수출보험의 상품을 위험부담정도 등의 기준에 따라 세 가지로 분류하고 있다.

수출신용협약 제27조 b)항에 의하면 추가 보험료 부담 없이 보험청구 유예기간 동안 발생하는 이자를 커버해 주는 수출보험을 '표준상품(standard)'으로 분류하고, 보험청구 유예기간 동안 발행하는 이자를 커버하지 않거나 커버하려면 추가로 보험료를 부담하여야 하는 경우를 '표준이하상품(below standard)'으로 분류한다.

이러한 기준을 적용하여 대출은 '표준상품', 채무보증은 '표준초과상품'(above stan/dard)으로 분류된다.

$$MPR = ((a \times HOR)+b) \times (PC/0.95) \times QPF \times PCF \times (1-MEF) \times BRF$$

- a, b : 국가위험 관련 계수
- HOR : 위험기간(horizon of risk)
- PC : 위험커버비율(percentage of cover)
- QPF : 상품의 질적차이(quality of product factor)
- PCF : 커버비율요소(percentage of cover factor)
- MEF : 위험경감 및 제외 요소(country risk mitigation/exclusion factor)
- BRF : 구매자 신용위험 요소(buyer risk cover factor)

30) OECD 회원국이면서 세계은행의 1인당 GNI 분류에 의해서 고소득국가(high income countries)로 분류되는 경우를 말함.

3 OECD 주요 논의 주제

1) 수출신용과 환경

(1) 경과

국제금융기관들이 여신심사과정에서 환경요인을 고려하기 시작한 것은 1980년대 후반부터이다.

1988년에 세계은행에서는 환경지침을 제정하고 환경담당부서를 신설하였으며, ADB는 업무 메뉴얼에 환경심사 사항을 명시하기 시작하였다.

1992년에는 UN환경계획(UNEP : United Nations Environment Programme)이 경제발전, 환경 및 지속가능 개발에 대한 금융기관간의 대화의 장을 마련하기 위하여 상업금융기관, 투자금융기관, 벤처캐피탈, 자산운용기관, 개발금융기관 등 모든 금융기관을 포괄하는 UNEP Finance Initiative(UNEP FI)를 설립하였다. ECA중에서는 미국수출입은행이 처음으로 1995년에 환경지침을 제정하였다.

OECD 수출신용보증그룹(ECG)에서는 1998년 4월 '수출신용과 환경 의향 선언문', 2000년 2월 '수출신용과 환경 실행선언문'을 채택하였으며, 2003년 12월에 '수출신용과 환경공통방침'을 개정하여 ECG 회원국 전원이 합의하였다.

수출신용과 환경 공통방침(Common Approaches)

① 상환기간 2년 이상이고 수출계약금액 US$ 10백만 이상 또는 환경민감지역에 위치한 프로젝트는 환경검토 후 Category A, B, C로 분류
② Category A 프로젝트는 환경영향평가(EIA : Environmental Impact Assessment)를 실시하고 최종 승인전 30일 이상 환경영향평가 정보를 홈페이지 등에 공개
③ 환경기준은 수입국 기준과 국제기준 중에서 엄격한 기준을 적용하며, 국제기준으로는 World Bank, EBRD, ADB, AfDB, IDB, EC의 환경기준 적용

2003년 6월에는 10개 국제상업은행들이 신용위험의 경감, 대외평판위험(reputation risk)관리, 사업지연 방지를 위하여 자본비용이 50백만 달러 이상인 프로젝트는 자발적으로 환경심사를 하기로 한다는 내용의 '적도원칙(Equator Principles)'을 제정하였다.

적도원칙(Equator Principles)

① 국제금융기관의 환경검토 절차에 따라서 프로젝트를 high/medium/low 리스크로 분류
② Category A, B 프로젝트에 대하여 환경심사를 하며, Category A 프로젝트는 환경관리계획(EMP : Environmental Management Plan) 수립, 현지주민과의 협의, 정보공개 등을 하여야 한다.
③ 환경기준은 세계은행의 Pollution Prevention and Abatement handbook(PPAH) 및 Safeguard Policies를 적용

(2) 환경정책의 목적

ECA를 포함한 국제금융기관들의 환경정책은 '지속가능 개발(sustainable development)' 목적의 일환으로 지원대상 프로젝트를 환경측면에서 수용될 수 있도록 규제하는 방법과 환경을 향상·보존시키는 프로젝트를 적극 지원하는 방법으로 추진되고 있다.

ECA는 지원 프로젝트가 환경측면에서 수용될 수 있도록 여신승인 전에는 환경영향평가 등 환경심사를 하고 승인 후에는 정기적인 사후점검을 하도록 하고 있다. 또한 환경을 향상시키거나 보존시키는 프로젝트를 지원하기 위해서 캐나다 EDC는 자국 환경 솔루션 및 기술의 수출을 촉진하고 있으며, 미국수출입은행은 Environmental Export Enhancement를 운용하고 있다.

(3) 환경기준

세계은행, IFC, AfDB, 미국수출입은행은 자체적인 환경기준을 적용하고 있으며, ADB 등 나머지 국제개발금융기관들은 세계은행, IFC, EU, WHO 등의 국제환경기준을 원용하고 있다. ECA들은 '수출신용과 환경 공통방침'에 따라 국제기준과 수입국 기준 중에서 더 엄격한 기준을 적용한다.

세계은행의 환경기준은 금융기관들이 가장 많이 원용하는 국제 환경기준으로서 40여개 부문별로 환경오염 방지 및 경감대책, 오염물질 배출량 목표 수지 등을 제시하고 있다.

대부분의 금융기관은 환경기준 수립과정에서 민간부문의 이해당사자와 협의를 거치고 있다.

(4) 환경심사

OECD는 환경심사를 프로젝트 초기단계에 환경영향을 검토, 관리하여 프로젝트의 설계에 환경요인을 고려하는 것으로 협의의 정의를 내린다. 구체적으로는 부정

적 환경영향을 방지, 최소화, 경감, 보상하며, 긍정적 환경영향을 증대시키는 방향으로 프로젝트 구상, 입지선택, 기획, 설계, 시행과정의 개선 방법을 찾고, 프로젝트 시행과정에서 부정적 환경영향을 경감, 관리하는 것으로 환경심사를 설명하고 있다.

환경심사와 관련되는 이해당사자로는 차주, 사업주, 환경영향평가 전문기관, 환경전문가, 기술전문가, 수입국 정부기관, 현지주민, 비정부기구(NGO) 등이 있다. 사업주(sponsor)는 환경영향평가 시행의 주체로 환경영향평가 보고서 작성은 사업주의 의무사항이다. 사업주가 제출한 환경영향평가 보고서는 금융기관의 심사역이 직접 검토하거나 필요한 경우 환경컨설탄트, 기술컨설탄트 등 외부 전문가의 검토를 거치기도 한다.

① 환경심사대상

OECD의 '수출신용과 환경 공통방침'에서는 수출계약금액이 SDR 10백만 이상이거나 환경민감지역에 위치한 프로젝트에 한하여 환경심사를 실시할 것을 권고하고 있다. 각국 ECA들은 이 권고를 기초로 하여 각기 환경심사대상을 정하고 있다.

한국수출입은행은 OECD 기준에 상환기간 2년 이상의 조건을 추가하고 있고, 캐나다 EDC, 호주 EFIC은 모든 프로젝트를 수출계약금액과 상관없이 환경심사를 하도록 하고 있으며, 미국수출입은행은 핵발전설비 프로젝트는 전부 환경심사를 하고 있다.

② 환경검토

환경검토(Screening)에 있어서 ECA들은 통상 공적지원의 신청자가 승인신청서 양식에 첨부된 환경관련 질의서에 답변한 내용을 토대로 screening을 하고 있다. 예를 들어 프랑스 Coface는 환경질의서에서 공해물질 배출수준, 폐기물, 소음, 토양/수질오염, 유/무해 쓰레기 배출, 경관 및 문화유산에 미치는 영향, 인간/사회환경 및 동/식물에 미치는 영향 등 상세한 정보를 요구한다.

③ 프로젝트 분류

환경검토 후 그 결과를 가지고 프로젝트를 분류(Categorization)한다. 세계은행, OECD '수출신용과 환경 공통방침'에서는 지원대상 프로젝트를 category A, B, C로 분류하고 있다. Category A는 프로젝트의 환경위험이 상당히 심각하고, 다양하며, 프로젝트 공사지역보다 광범위하게 그 영향이 확산될 가능성이 있는 경우이다. 예를 들어 국립공원, 사막화/침식 가능지역 등을 말하며 Category A로 분류된 프로젝트에 대해서는 환경영향평가를 요구한다.

Category B는 프로젝트의 환경위험이 Category A보다 덜하고 그 영향이 공사지역으로 제한되고 대부분 치유가 가능하여 경감조치가 용이한 경우이다. Category B로 분류된 프로젝트에 대한 환경심사 방식은 금융기관마다 다양한데, 한국수은, 헝가리 MEHIB, 오스트리아 OeKB는 Category B 프로젝트에 대해서는 환경영향평가를 요구하지 않고 있다. Category C는 환경위험이 극히 미미하거나 전혀 없는 프로젝트로서 screening 이상의 환경심사는 하지 않는다.

④ 환경심사 수단(Instruments)

프로젝트 분류에서 환경위험이 큰 것으로 나타난 프로젝트는 환경심사를 받게 된다. 환경심사 수단에는 환경영향평가(EIA : Environmental impact assessment), 환경실행계획(EAP : Environmental action plan), 환경분석(Environmental analysis), 환경감사(Environmental audit) 등이 있다.

EIA는 주로 신규 사업 분야 프로젝트(greenfield projects)의 잠재적인 환경영향을 찾아서 분석하고, 대안별로 환경영향을 평가하고, 방지 및 경감대책을 제시하고, 관리 및 점검조치를 제시하는 것이다.

EIA에서 분석하는 환경영향은 부정적인 영향뿐만 아니라 긍정적인 영향도 포함하며, 대안에는 프로젝트 추진을 포기하는 경우를 포함한다. EIA는 사업주의 의뢰에 의해서 환경관련 외부 독립전문가가 작성하며 기술전문가로부터 수집한 기술관련 정보와 현지 주민 등 이해당사자의 견해를 모두 포함하고 있다.

EAP는 프로젝트 건설 및 운영기간 중 필요한 환경조치를 상세히 서술해 놓은 것이며, 환경분석은 환경영향이 쉽게 판별, 평가, 경감되는 프로젝트를 분석할 때 사용된다. 환경감사는 민영화, 공장근대화 등 기존 설비에 대한 환경심사에 이용된다.

2) 수출신용과 뇌물

OECD 이사회는 국제상거래에서 수출자의 외국 공무원에 대한 뇌물공여행위를 억제하고자 1994. 5. 15자로 '국제상거래 뇌물방지 권고'를 채택하고, 1997. 12. 17에는 '뇌물방지협약'을 채택하여 각 회원국이 동 협약 내용을 법제화하도록 하고 있다. 동 협약에는 29개 OECD 회원국과 아르헨티나, 브라질, 불가리아, 칠레, 슬로바키아가 서명하였다. 한편 OECD 수출신용보증그룹(ECG)은 OECD 뇌물방지협약의 내용을 공적수출신용에도 적용하기 위하여 2000. 11. 17자로 '뇌물제공행위와 공적수출신용에 관한 행동선언문'을 채택하였다.

우리나라는 동 협약의 내용을 국내법에 반영하기 위하여 1998. 12. 28자로 '국제상거래에 있어서 외국공무원에 대한 뇌물방지법'을 제정하였다.

(1) OECD 뇌물방지협약 주요 내용

OECD 뇌물방지협약은 뇌물수뢰행위(passive bribery)가 아닌 뇌물공여행위(active bribery)를 형사 처벌할 수 있도록 각국 실정법으로 법제화하는 것이 목적이다. 협약의 규제대상은 외국공무원(foreign officials)[31]에 대한 뇌물공여에 한정하며 민간인에 대한 뇌물공여행위는 제외된다.

뇌물방지협약의 적용범위는 국제상거래에서 발생하는 중요한 뇌물공여에 한정하여 소액의 급행료를 제외하고 있으며, 처벌대상은 뇌물을 제공한 자연인뿐만 아니라 책임 있는 법인도 포함하고 있다. 또한 뇌물을 제공하는 행위뿐만 아니라 뇌물제공을 제의, 약속하는 모든 행위가 처벌대상이 되며, 처벌방법으로는 뇌물에 대한 몰수, 추징뿐만 아니라 뇌물제공으로 얻은 이익도 몰수토록 하고 있다.

(2) OECD 뇌물방지협약 심사제도

OECD 뇌물방지협약을 제대로 이행하고 있는지를 심사하는 제도는 OECD 회원국이 심사국으로서 참여하는 'peer review' 방식[32]이며 2단계로 구성된다.

제1단계 심사는 뇌물방지협약의 국내 이행입법에 대한 법률심사로서 외국공무원에 대한 뇌물제공행위를 국내법상 범죄 구성요건으로 인정토록 하는데 주안점을 두고 있다. 우리나라는 1998. 12월 '국제상거래에 있어서 외국공무원에 대한 뇌물방지법'을 제정하였으며, 1999. 7월 제1단계 심사에서 우리나라의 법률이 OECD 뇌물방지협약을 잘 이행하고 있다고 판정을 받은 바 있다.

국제상거래에 있어서 외국공무원에 대한 뇌물방지법

① 외국공무원에 대한 뇌물제공 행위를 범죄화
② 외국공무원 등의 범위를 규정
- 정부투자기관 및 국제기구 업무를 수행하는 자 포함
③ 적발시 5년이하의 징역 또는 2천만원 이하의 벌금 부과
- 소액의 금전제공은 처벌하지 않음
- 법인에 대해서도 형사처벌
- 뇌물에 대한 몰수

31) 외국공무원에는 정부 공무원뿐만 아니라 공기업, 국제기구에 근무하는 사람도 포함됨.
32) 우리나라에 대한 심사에는 호주 및 핀란드가 심사국으로 참가하였음.

제2단계 심사는 뇌물방지협약의 실제 이행 동향을 점검하는 심사로서 서면조사 → 방문실사 → 심사회의로 구성되며, 우리나라는 2004. 1월 서면조사, 2004. 2월 방문실사를 받아, 2004. 7월 OECD 뇌물작업반(Working Group on Bribery in International Business Transactions)에서 최종 심사보고서가 승인되었다.[33)]

(3) OECD 수출신용보증그룹의 행동선언문 주요 내용

OECD 수출신용보증그룹(ECG)에서 공적수출신용기관이 자국수출자의 외국공무원에 대한 뇌물제공행위를 규제하도록 2000. 11. 17자로 채택한 '뇌물제공행위와 공적수출신용에 관한 행동선언문'은 ECA의 공적지원업무에 적합한 뇌물제공행위 방지업무 지침을 담고 있다.

동 행동선언문에 따르면 ECA는 공적수출신용 신청자에게 국제상거래에서 뇌물공여행위가 국내법상 범죄행위를 구성하며 형사처벌 대상임을 통지하고, 신청자가 뇌물방지를 위한 확약서를 제출토록 요구하여야 한다.

또한 ECA는 공적지원 이전에 공급계약(수출계약) 체결과 관련하여 공적수출신용 신청자에게 뇌물공여의 충분한 증거가 발견되는 경우 지원을 거절하여야 하며, 공적지원 이후에 뇌물공여 사실이 입증되는 경우에도 대지급 거절, 소구권 행사, 사법기관에의 통지 등 적절한 조치를 취하여야 한다.

제2절 WTO 보조금협정과 수출신용

1 WTO 보조금협정[34)]의 개요

WTO 보조금협정은 WTO 설립협정(94. 4 제정)인 마라케쉬 협정(Marrakesh Agreement)의 부속서 1A '상품무역에 관한 협정'의 13개 하위협정 중 하나로서 보조금지급을 규제하고자 하는 다자간의 규율과 보조금 지원을 받은 수입물품에 의한 피해

33) 동 보고서에서 한국수출입은행은 뇌물방지를 위한 이행조치를 잘 갖추고 있다고 판정받았으며, 우리나라 정부에 한국수출입은행 및 한국무역보험공사가 뇌물공여 혐위가 있는 거래기업에 대한 회계감사권을 행사할 수 있도록 제도화할 것을 권고하고 있음.

34) 정식명칭은 '보조금 및 상계조치협정(Agreement on Subsidies and Countervailing Measures)' 이라고 해야 하나 여기서는 편의상 보조금협정이라 하기로 함.

를 보상하기 위한 상계조치(countervailing measures)의 운용에 관한 합의내용을 담고 있다.

보조금지급을 규제하는 다자간 규율이란 회원국의 무역제도 및 정책의 보조금 해당여부를 판단하기 위한 기준을 말한다.

WTO의 보조금협정에서는 보조금을 세 가지 종류로 구분하고 있는데, 첫 번째 금지보조금(Prohibited subsidies)은 그 지원을 아예 금지하고 있으며, 두 번째 상계가능보조금(Actionable subsidies)은 동 보조금의 지급으로 인해 다른 회원국에게 피해(Adverse effects)를 초래한 경우에는 상계조치를 받을 수 있도록 하고 있고, 세 번째 허용보조금(Permitted subsidies)은 그 지원을 허용하고 있다. 한편 특정 회원국의 보조금 제공여부는 피해를 입은 당사국이 WTO 분쟁 조정기구(dispute settlement mechanism)에 호소한 후 분쟁처리절차를 통해 규명되도록 하고 있다.

보조금 제공국가에 대한 상계조치는 일방적인 구제방법(unilateral remedy)으로 피해 주장 회원국이 조사를 거친 후 요구하는 상계조치가 협정에서 정한 기준에 부합하는 경우에 한하여 취해질 수 있다. 즉, WTO는 피해 당사국 수입물품이 보조금을 지급받았다는 사실(subsidized imports)과 그로 인한 자국산업 피해, 그리고 그 둘 사이의 인과관계가 판명되는 경우에 한하여 실질적으로 상계조치의 부과가 가능하도록 하고 있다.

보조금협정은 모두 11개 부문(Parts)으로 나누어져 있다.

제I부에서는 보조금을 정의하고, 특정성(specificity)에 관한 내용을 담고 있다.

제 II, III 및 IV부는 금지보조금, 상계가능보조금 및 허용보조금의 정의와 각 보조금의 분쟁해결절차(dispute settlement rules and procedures)에 관한 사항을 정하고 있다.

제V부는 보조금 지원을 받은 수입물품(subsidized imports)에 대한 상계조치를 취하기 위해서 충족시켜야 할 조건과 절차에 대해 규정하고 있으며, 제VI, VII부는 협정 운용에 필요한 기구조직(institutional structure)과 보고 및 감시(notification and surveillance)에 관한 사항을 정하고 있다.

제VIII부는 개도국에 대한 차등취급기준을 다루고 있으며, 제IX부는 선진국과 종전 계획경제국가들에 대한 경과기준을 그리고 마지막으로 제X, XI부는 일반적인 분쟁해결 및 잠정 사항에 관한 내용을 담고 있다.

2 WTO 보조금협정의 주요 내용

1) 보조금의 정의

보조금으로 규정되기 위해서는 기본적인 세 개의 구성요소를 갖추어야 하는데 ① 재정적 기여(a financial contribution)가 ② 정부나 공공기관에 의해(by a government or any public body) 회원국 영역 내에서 행해지고 ③ 이에 의해 혜택(a benefit)이 주어져야(confer)한다는 것이 그것이다. 보조금으로 규정되기 위해서는 이 세 가지 조건이 모두 충족되어야 한다. 이 조건들을 좀 더 풀이하면 다음과 같다.

(1) 재정적 기여

보조금협정 상으로는 '재정적 기여'형태를 갖춘 조치만이 보조금의 제1차적 조건을 갖출 수 있다.

협정은 '재정적 기여'를 나타내는 조치들을 보여주기 위하여 여러 가지 예시들을 열거하고 있다. 정부의 직접적인 자금이전(예 무상지원, 대출, 지분참여), 잠재적인 자금이전 또는 채무부담(예 대출보증 등), 재정과세 감면조치(예 세액공제와 같은 재정적 유인책), 정부가 일반적인 사회간접시설 이외의 재화와 용역을 제공하거나 구매하는 행위, 일반적으로 정부가 수행해야 할 상기의 기능을 민간기관에게 위임하는 경우 등이 이에 해당한다.

(2) 정부 또는 공공기관

재정적 기여가 보조금을 구성하기 위해서는 회원국의 영역 내에서 '정부나 공공기관'에 의해 이루어져야 한다. 그러므로 보조금협정은 정부에 의한 정책뿐만 아니라 준정부(sub-government)나 정부투자기관(state-owned companies)에 의한 지원정책에도 적용될 수 있다.

(3) 혜택의 공여

정부에 의한 재정적 기여라 해도 수혜자에게 실제 '혜택'이 주어지지 않는다면 보조금이 되지 않는다.

현금 증여와 같이 혜택의 존재가 확연한 경우도 있겠지만, 대부분 혜택 여부가 뚜렷하지 않은 경우가 많다. 예를 들어, 정부로부터의 대출이나 자본참여 또는 정부의 물품구매가 모든 경우에 혜택을 공여했다고는 할 수 없기 때문이다.

우루과이라운드에서는 'benefit'의 개념에 대해 많은 논의가 있었으나[35], 최종 협정에서는 제14조 규정(수혜자의 수익개념에 따른 보조금액의 계산)으로 실질적인 가이드라인만을 제공하고 있다.

제14조는 혜택의 존재여부는 시장 벤치마크에 의해서 평가·확인될 수 있다고 설명하고, 정부의 정책(재정적 기여)에 의한 혜택의 정도(amount of benefit)를 정하는 지침을 제공하고 있다. 즉, '수혜자에 대한 혜택'은 정부의 재정적 기여 방법에 따라 달라지는데 무상지원은 지원액 전체가 혜택이 되고, 채무감면은 감면시점에서 지불해야 할 원금과 이자가 혜택이 된다. 대출의 경우에는 수혜기업이 정부대출에 대하여 지불하는 금액과 당해 기업이 실제로 시장에서 조달할 수 있는 대출에 대하여 지불하는 금액과의 차이가 바로 혜택이 된다.

따라서 정부의 지원이라 할지라도 정부의 지분참여가 민간투자가의 통상적인 투자관행에서 벗어나지 않으면 혜택이 발생하지 않는 것으로 본다. 즉, 정부가 당해기업으로부터 직접 구입한 주식의 가격이 일반투자자가 당해기업으로부터 구입한 주식의 시장가격과 차이가 나지 않으면 혜택은 발생하지 않는다.

대출보증은 정부의 보증을 받은 기업이 대출 시에 지불해야 하는 금액과 정부의 보증이 없을 때 기업이 지불해야 할 금액과의 차이를 혜택으로 본다. 즉 정부보증시의 수수료가 비교가능한 상업적 보증에 대한 수수료보다 적거나 또는 정부보증을 받은 대출에 대해 지불해야 할 원금 및 이자가 정부보증이 없을 때 시장에서 제공받을 수 있는 대출에 대해 지불해야 할 원금 및 이자와 차이가 나면 혜택이 발생한다.

한편 정부가 세입을 포기함으로써 발생하는 혜택은 특정세제가 존재하지 않았을 때 기업이 지불해야 할 세액과 동 세제가 존재할 때 기업이 지불해야 할 세액과의 차이가 된다.

2) 특정성(Specificity)

정부의 특정조치가 위에서 열거한 보조금의 정의를 만족시킬지라도, 그러한 조치가 특정기업이나 산업, 또는 특정 기업군이나 산업군에 한정되어 이루어지지 않는 한(즉, 특정성이 없는 한) 보조금협정에 따른 제재(구제조치)를 강제할 수 없다.

즉 특정성에 대한 개념은 경제 전반에 걸쳐 보편적으로 시행되는 보조금은 자원배분의 왜곡을 가져오지 않지만 보조금이 특정성을 가지고 자원배분을 왜곡하는 경우에는 제재를 받아야 한다는 것이다.

보조금협정에서 정하는 특정성에는 기업특정성, 산업특정성, 지역특정성 및 금지

---

35) 기본적인 논의 이슈는 혜택의 정도를 시장 벤치마크(commercial benchmark)에 의해 평가할 것인지 또는 정부의 부담비용에 의해 평가할 것인지에 관한 것이었음.

보조금적 특정성(수출상품이나 국산품사용 장려를 위한) 등 네 가지로 구분된다.

특정성이란 "정부가 특정조치의 수혜범위를 제한하고 있는가?" 하는 사전적인 제한성의 문제와 사후적으로 "대상기업들이 동 조치를 공평하게 이용하였는가?" 하는 실질적인 이용 가능성 또는 제한성의 문제로 귀착된다고 할 수 있다.

협정은 사전적인 제한성과 실질적(de facto)인 제한성을 모두 포함하고 있는데 공여기관 또는 법률이 보조금의 지급을 법률상(de jure) 또는 사실상 관할지역내에 있는 어떤 기업이나 산업 또는 기업군이나 산업군에 대해 명백히 제한하면 특정성이 있다는 것이다. 비록 정부가 사전적으로 수혜범위의 제한을 두지 않고 보조금을 공여하더라도 사후적으로 일부 특정 기업이나 산업에 의해 보조금이 주로 사용되거나 또는 정부가 공여대상을 선별적으로 결정하면 사실상 특정성이 있는 것으로 판단된다.

3) 보조금의 종류

보조금협정은 앞에서 설명한 바와 같이 모든 보조금을 금지보조금, 상계가능보조금 그리고 허용보조금의 세 가지로 분류하고 있다.

(1) 금지보조금(Prohibited subsidies)

협정 제3조(Prohibition)에 따라 지원이 금지되는 보조금에는 두 가지가 있다.

그 첫 번째는 '법률상 또는 사실상 하나 또는 여러 조건 중 하나로 수출성과에 따라 공여되는 보조금(수출보조금)'이며, 두 번째 것은 '유일한 또는 여러 조건 중 하나로서 수입물품 대신 국산품 사용에 대해 공여되는 보조금(국산품보조금)'이다. 이 두 가지 보조금은 공여가 금지되어 있는데 이는 이들 보조금이 공정한 무역을 저해하여 타 회원국들의 이익에 부정적 효과(adverse effects)를 초래할 것이 예상되기 때문이다.

보조금협정 첨부(Annex I)의 '수출보조금 예시목록'은 12가지 형태의 수출보조금을 예시하고 있다.

① 수출실적에 따라 정부가 기업 또는 산업에 대하여 제공하는 직접 보조금
② 외화보유제도(currency retention schemes)나 수출상여금을 포함하는 유사한 관행
③ 국내 선적시보다도 유리한 조건으로 수출물품에 대해 정부가 제공하거나 위임하는 국내 수송 및 운임료
④ 정부 또는 정부기관이 국내 소비용 물품생산보다 유리한 조건으로 수출물품의 생산에 소요되는 수입품 또는 국산물품 및 서비스를 직접 또는 간접적으로 제공하는 것

⑤ 기업이 납부하는 직접세 또는 사회보장 부담금을 특별히 수출과 관련하여 완전 또는 부분적으로 면제, 경감 또는 유예하는 것

⑥ 직접세 과세표준 산정에 있어 국내소비를 위한 생산에 부여되는 것 이상으로 수출 또는 수출성과와 직접 관련된 특별공제의 허용

⑦ 국내소비를 위하여 판매되는 유사상품의 생산 및 유통과 관련하여 징수되는 간접세를 초과하여, 수출품의 생산 및 유통과 관련하여 간접세를 면제 또는 환급하는 것

⑧ 국내 소비용으로 판매되는 유사물품의 생산에 사용되는 재화 및 용역에 대한 전 단계 누적간접세의 면제, 환급 또는 유예를 초과하여 수출물품 생산에 사용되는 재화 및 용역에 대한 전 단계 누적간접세의 면제, 환급 또는 유예.

다만 그러한 수출물품의 생산에 소비된 투입요소(정상적 감모분 허용)에 전 단계 누적간접세가 부과된 경우에는 국내소비를 위해 판매된 유사물품에 대한 이 같은 조세가 면제, 환급 또는 유예되지 않는 경우에도 수출물품에 대해서는 면세, 환급 또는 유예될 수 있음. 이와 같은 품목은 Annex II에 규정된 생산과정에서 투입요소의 소비에 관한 지침에 따라 해석됨

⑨ 수출상품의 생산에 소비된(정상적 감모분 허용) 수입생산요소에 부과된 금액을 초과하는 수입과징금의 환급

⑩ 정부(또는 정부가 통제하는 특수기관)가 수출신용보증 또는 보험, 수출품 생산비용증가 보험 또는 보증, 환리스크 보증 등을 장기적인 운영비용 또는 손실을 보전하기에 불충분할 정도의 낮은 보증/보험요율로 제공하는 것

⑪ 수출신용조건에 있어서 실질적인 이익을 확보하기 위하여 사용되는 한, 정부(또는 정부에 의해 통제되거나 또는 정부의 권한을 대신하는 특수기관)가 조달금리(또는 수출신용과 동일한 만기 및 그 외 신용조건의 그리고 동일한 통화로 표시된 자금을 얻기 위해 국제 자본시장에서 차입할 경우 지불하여야 할 비용에 대해)보다 낮은 금리로 제공하는 수출신용, 또는 수출자나 금융기관이 신용을 얻을 때 발생하는 비용의 전부 또는 일부에 대한 정부의 지급. 다만 특정 회원국이 '공적수출신용에 대한 국제협약'(OECD 수출신용협약)의 당사자인 경우, 또는 특정 회원국이 사실상 관련 협약의 이자율 규정을 적용하는 경우, 이 같은 규정에 합치하는 수출신용관행은 이 협정이 금지하는 수출보조금으로 간주되지 아니함

⑫ GATT 1994 제 16조의 의미에서 볼 때 수출보조금이 되는 공공계정의 기타 모든 비용 등

(2) 상계가능보조금(Actionable subsidies)

어떤 회원국도 보조금의 정의와 특정성을 만족시키는 보조금을 통하여 타 회원국의 이익에 부정적 효과(adverse effects)를 초래하지 말아야 한다. 만일 특정성이 있는 보조금을 공여한 결과 타 회원국의 이익에 부정적 효과를 초래한 경우에는 다자간 또는 쌍무적 경로와 수단을 통해 대응조치가 가능하다.

부정적 효과는 세 가지 종류로 나누어지는데, 타 회원국 산업에 대한 피해(injury), GATT 협정에 의해 타 회원국이 직·간접적으로 향유하는 혜택(benefits)의 무효화 또는 침해(nullification or impairment)[36], 그리고 타 회원국의 이익에 대한 심각한 손상(serious prejudice)이 그것이다.

심각한 손상은 보조금으로 인해 다음의 효과가 초래되는 경우이다.

① 보조금으로 인해 다른 회원국으로부터 유사물품 수입이 대체(displace) 또는 저해(impede)되는 경우
② 보조금으로 인해 여타 회원국의 제3국에 대한 유사물품의 수출이 대체 또는 저해되는 경우
③ 보조금 혜택을 받는 상품가격이 세계무역시장에서 타 회원국 유사물품의 가격과 비교하여 현저하게 인하(undercutting)되거나, 타국 유사상품의 가격인상 억제, 하락 또는 판매 감소를 초래하는 경우

또한 다음과 같은 경우에는 심각한 손상이 있는 것으로 간주된다.

① 상품가격 기준으로 총 보조비율이 5%를 초과하는 경우
② 특정 산업의 영업 손실을 보전하기 위한 보조금
③ 특정 기업의 영업 손실을 보전하기 위한 보조금. 다만 장기적인 해결에 필요한 시간을 확보하고, 심각한 사회적 문제를 회피하기 위한 1회적 조치는 제외
④ 직접적인 채무감면, 즉 정부 보유채권의 면제 및 채무상환을 위한 무상지원 등

이러한 간주조항에 불구하고, 보조금을 지급하는 회원국이 당해 보조금이 위에서 서술한 효과를 초래하지 않았음을 입증할 경우에는 적용되지 않는다.

심각한 손상의 발생과 관련하여 보조금협정 Annex V는 정보수집절차를 별도로 규정하고 있다. 즉 심각한 손상이 있는지 여부는 Annex V의 규정에 따라 제출된

36) 관세양허품목에 보조금을 지급함으로써 해당 제품이 경쟁력이 향상되면 관세양허에 따른 타 회원국의 혜택에 실질적인 피해를 주게 됨으로 이 같은 정부의 조치는 방지되어야 하는 것임.

자료에 근거하여 판단되어야 한다.

(3) 허용보조금(Non-actionable subsidies)

특정성이 없기 때문에 WTO 회원국들이 제약 없이 활용할 수 있는 보조금이 허용보조금이며, 여타 회원국들은 허용보조금 지급국가에 대하여 어떠한 형태의 대응조치도 취할 수 없다.

또한 보조금협정은 특정성이 있을지라도 다자간 분쟁조정 또는 상계조치의 대상이 되지 않는 세 가지 허용보조금을 정해 놓고 있는데 이는 부정적 효과를 야기할 가능성이 매우 낮거나 특별한 의미가 있는 보조금으로 인정되기 때문에 허용되는 것으로 해석된다.

세 가지 허용보조금은 연구개발, 지역개발 및 환경보호를 목적으로 하는 다음의 보조금이다.

① **연구개발보조금**(Basic Research and Pre-competition Development Subsidies)

이 보조금은 산업별로 프로젝트 코스트 대비 일정비율 이상을 초과하여 공여할 수 없으며, 특정 지출목적에 한할 경우에만 허용보조금으로 인정된다. 다만 민간항공기 분야의 연구개발보조금은 허용보조금에 해당되지 않는다.

② **지역개발보조금**(Assistance to Disadvantage Regions)

지역개발을 위한 보조금은 지역개발계획에 의거하여 객관적 기준에 따라 설정되는 낙후지역을 대상으로, 해당 지역 내 특정 기업이나 산업에 제한적으로 지원되지 않으면 허용보조금으로 인정된다. 이 때 낙후지역이라 함은 일시적이 아닌 경제적 어려움을 보여주는 객관적이고 종합적인 경제지표에 의해 판단되어야 한다.

③ **환경보조금** (Assistance to Adapt Existing Facilities to New Environmental Requirements)

2년 이상 운영되고 있는 기존설비(공장이나 건물)가 새로운 환경관련법규나 규정을 준수토록 하기 위해 비반복적인 1회의 지원으로서 개선비용의 20%까지 환경보조금을 무상지원하게 되면 허용보조금으로 인정된다.

한편 이처럼 특정성이 있는 보조금이 허용보조금으로 인정받기 위해서는 제도시행 전에 그 주요내용에 대하여 보조금·상계조치위원회에 사전 통보하여야 한다.

4) 분쟁해결

보조금협정 위반에 따른 분쟁에는 별도로 정해두고 있는 WTO의 분쟁조정양해

(DSU : Dispute Settlement Understanding)가 적용되며, 보조금협정은 이 DSU를 보완하거나 대체하는 원칙들을 포함하고 있다.

(1) 금지보조금 분쟁

금지보조금과 관련해서 보조금협정(제4조 구제)은 DSU를 여러 면에서 보완하고 있다.

동 제4조에 의한 분쟁해결이 DSU에 의한 일반 해결과 크게 다른 점은 분쟁해결의 신속성에 있다. 즉, 보조금협정 제4조에 의한 금지보조금 관련 분쟁해결기간은 DSU에 의한 일반적인 분쟁해결기간의 절반에 해당한다. 예를 들어 일반적인 WTO 분쟁 시 분쟁해결 소위원회(Panel)[37]가 그 구성과 위임사항의 확정일로부터 6개월 이내에 패널 보고서를 회원국에게 통지해야 하는데 반해, 금지보조금의 경우에는 90일 이내에 통지하여야 한다.

또한 피소국은 분쟁해결을 위한 패널 설치를 지연시킬 수 없으며, 분쟁당사국간의 상호협의에 의해 수용가능한 해결책에 도달하지 못하면 분쟁 당사국은 WTO 분쟁조정기구(DSB : Dispute Settlement Body)가 만장일치로 패널 설치를 반대하지 않는 한 즉시 DSB에 패널 설치를 위임하여야 한다.

패널은 상임전문가그룹(PGE : Permanent Group of Experts)에 지원을 요청할 수 있으며, 금지보조금 여부에 대한 상임전문가 그룹의 결론은 수정 없이 패널에 의해 채택되도록 하고 있다.

정부의 당해 조치가 금지보조금으로 판정된 경우 패널은 보조금 공여국에게 지체없이 보조금을 철폐(withdraw)하도록 권고하여야 하며, 철폐기한을 명시하여야 한다. 보조금 공여국이 기한 내에 권고를 이행하지 못 한 경우 DSB는 제소국에게 적절한 대응조치를 취할 수 있는 권한을 부여하게 된다.

(2) 상계가능보조금 분쟁

상계가능보조금의 구제를 규정한 제6조 역시 일반적인 WTO 분쟁해결절차에 비해 신속한 구제절차를 정하고 있다.

패널은 그 구성과 위임사항이 확정된 날로부터 120일 이내에 보고서를 도출하여 모든 회원국에 통지하여야 한다. 또한 제소국이 심각한 손상을 주장할 경우에는 그 사실여부를 판단키 위한 상세한 정보 수집절차(보조금협정 Annex V)를 정해놓고

---

37) WTO 분쟁해결제도는 전 회원국이 참여하는 분쟁해결기구(DSB)에 의해 선임된 3명으로 구성된 Panel을 통하여 1심을 담당케 하고, 7명으로 구성된 항소기구(Appellate Body)에 의하여 2심을 담당케하는 2심제를 택하고 있음.

있다.

부정적 효과를 초래하였다는 패널 보고서가 채택된 경우에는 패널은 당해 보조금을 공여한 회원국에게 부정적 효과를 제거하기 위하여 적절한 조치를 취하거나 동 보조금을 철폐하도록 권고하여야 한다.

보조금 공여국이 패널 또는 항소기구(Appellate Body)보고서 채택일로부터 6개월 이내에 동 부정적 효과를 제거하기 위한 적절한 조치를 취하지 않은 경우 DSB는 부정적 효과의 정도와 성격에 따라 대응조치를 취할 수 있는 권한을 제소국에게 부여하여야 한다.

(3) 분쟁해결절차

① 양자 협의(Consultation)

분쟁해결절차의 제1차적 수단으로 양 당사자 간 문제 해결 수단이다. 협의 요청 수령 후 10일내에 응답, 30일내 협의 개시, 60일내 분쟁해결로 진행되는 'non stop' 일정이다.

② 패널 심리

패널은 거의 예외 없이 설치된다. 즉 처음 한번은 피소국의 반대로 패널 구성이 미루어 질 수 있으나 두 번째 상정되었을 때에는 '반대의 Consensus(만장일치로 반대)'가 없는 한 패널은 설치된다.

패널리스트(Panelist)는 법적판단을 내리는 일반 개인 자격(정부대표가 아님)으로 활동하게 되며, 분쟁당사국 및 이해당사국(Observer) 국민은 패널리스트가 될 수 없어 대다수의 무역 분쟁 당사국인 미국, EC 및 일본 출신 패널리스트는 적은 편이다. DSB의 추천에 대해 소송 양 당사국간의 합의로 3인의 패널리스트(의장 1인, 위원 2인)를 선출하며, 양당사자가 계속 패널리스트 선정에 합의를 이루지 못할 경우에는 DSB에서 결정한다.

이해 관계국가(WTO가 다자무역체제임을 반영)는 옵서버로 참여하여 패널 절차시 패널 질의응답, 서면진술서 제출 등을 통해 자국의 의사를 표현할 수 있다.

일반적으로 DSB의 패널 보고서 채택까지 9개월(항소시 12개월)이 소요된다. 권고의 대상이 되는 회원국은 패널 보고서의 권고를 이행하여야 할 국제법상 의무를 부담하며, 의무가 이행되지 않을 경우 제재(sanction) 즉 보복(retaliation) 문제가 발생된다.

③ 항소기구 심리

DSB에 의거 지명되는 7명의 위원 중 3명이 사건을 담당하며, 심리는 분쟁당사국이 항소 결정을 통보한 날부터 항소기구보고서를 채택한 날까지 60일(금지보조금의 경우 최고 90일)을 초과할 수 없다.

(4) 권고와 결정의 이행 및 감독

항소심에서 패했거나 항소를 포기한 당사국은 패널이 통보한 이행 기간 이내에 이행보고서(status report)를 DSB 앞으로 제출할 의무가 있다.

이행기간은 해당 회원국이 제안하고 DSB가 승인한 기간이며, DSB의 승인이 없는 경우에는 권고와 결정의 채택 후 45일 내에서 분쟁당사국이 합의한 기간에 해당한다. 합의가 없는 경우에는 권고와 결정 채택 후 90일내에서 강제 중재를 통하여 결정된 기간으로 한다.

권고와 결정의 이행을 위한 조치에 당사국들이 불복하는 경우에는 당초의 패널에 회부하여 재심하게 되며, 이에 대한 절차가 DSU 21.5조[38)]에 명기되어 있으므로 본 절차를 '이행 패널' 또는 'Article 21.5조 패널'이라 칭한다.

(5) 보복

패소국이 패널 권고사항을 준수하지 않는 경우 제소국의 요청에 의해 보복조치의 시행이 가능하다. 즉, 피소국이 대상 협정규정을 위반하였다고 패널이 결정을 내린 후, 의무 위반으로 판정된 피소국이 DSB의 결정과 권고를 합리적 기간 내에 이행하지 않았을 경우 또는 합리적 기간의 만료 후 20일 이내 보상이 합의되지 않았을 경우 보복이 가능하다

보복조치는 패소국의 DSB의 이행권고와 결정에 대한 준수에 따라 DSU 22조의 '보상 및 양허정지' 및 보조금협정 19조의 '상계관세의 부과 및 징수' 등에 따른 보복조치를 할 수 있다.

---

38) Article 21. Surveillance of Implementation of Recommendation and Rulings 5. Where there is disagreement as to the existence or consistency with a covered agreement of measures taken to comply with the recommendations and rulings, such dispute shall be decided through recourse to these dispute settlement procedures, including wherever possible resort to the original panel. The panel shall circulate its report within 90days after the date of referral of the matter to it. When the pannel considers that it cannot provide its report within this time frame, it shall inform the DSB in writing of the reasons for the delay together with an estimate of the period within which it will submit its report.

5) 보고와 감시(Notification and Surveillance)

(1) 보고

협정은 모든 회원국들이 매년 6월 30일 이전에 보조금 관련보고서를 제출토록 하고 있다. 협정 제25조에 따르면 모든 회원국은 제2조의 특정성이 있고, 제1조의 정의에 부합하면서 자국 영역 내에서 부여되거나 유지되고 있는 모든 보조금에 대한 관련보고서를 제출하여야 한다. 회원국은 타 회원국이 보조금에 의한 무역효과와 보조금제도의 운영체계를 이해할 수 있도록 통보내용에 보조금의 형태, 보조금지급의 정책목적, 보조금의 기한, 보조금의 무역효과를 평가할 수 있는 통계적 자료 등이 포함되도록 하여야 한다.

회원국은 상계관세와 관련하여 취해진 모든 예비 또는 최종 조치를 지체 없이 보고하여야 한다. 회원국은 또한 최근 6개월 동안 취해진 모든 상계관세조치에 관한 보고서를 반년마다 제출하여야 한다.

(2) 감시

보조금·상계조치위원회는 매 3년마다 개최되는 특별회기 중에 협정 제25조에 의거하여 제출된 통보서를 심사한다. 특별회기 개최년도의 중간년도에 제출된 통보(추가통보)는 위원회의 정례회의에서 심사한다.

6) 상계조치(Countervailing Measures)

상계조치란 상품의 제조, 생산, 수출에 직·간접적으로 교부된 보조금을 상쇄할 목적으로 부과되는 특별관세(상계관세)를 포함하는 대응조치이다.

상계관세는 반덤핑관세와 함께 수입국이 수출국의 불공정한 무역행위를 규제함으로써 자유무역질서를 유지하기 위한 중요한 수단으로 평가되고 있으나, 수입규제수단으로도 활용되고 있다. 보조금협정은 각국의 보조금 지급을 엄격히 제한하는 한편 상계조치의 남용을 방지하기 위한 내용을 담고 있다.

본 협정 제V부는 상계조치를 위한 조사의 개시와 잠정조치 및 최종조치 부과 등에 관한 상세한 규정들을 포함하고 있다. 이러한 규정들의 주된 의도는 조사가 투명한 방법에 의해 이루어지고, 모든 이해 당사자들에게 자기 이익을 충분히 대변할 수 있는 기회가 제공되고 조사당국이 그들의 결정에 대해 적절히 설명할 수 있게 하기 위함이다.

반덤핑협정(Anti-Dumping Agreement)에서 적용되는 대부분의 절차들은 본 협정에서도 적용된다.

WTO 앞 특정사안의 제소시 금지보조금에 관한 규정(제II부)과 상계가능보조금에 관한 규정(제III부)은 쌍무적 채널을 통한 상계조치(제V부)와 함께 적용될 수 있다. 즉 특정 사안에 대하여 제II부나 제III부의 다자간 분쟁해결절차를 통한 제고가 가능한 한편, 동시에 제V부 쌍무적 채널을 통한 상계조치를 위한 조사도 진행할 수 있다.

이처럼 금지보조금과 상계가능보조금의 구제조치인 다자간 분쟁해결절차와 상계조치를 위한 조사가 동시에 진행될 수 있는데, 최종 구제수단으로는 둘 중 하나를 선택해야 한다. 즉 제4조(금지보조금의 구제절차)나 제7조(상계가능보조금의 구제절차)에 의해 제제조치를 취하든지 아니면 제V부의 상계관세를 부과하든지, 두 가지 방법 중 하나만을 최종적으로 선택해야 한다.

7) 공적수출신용에 대한 보조금협정상의 면책(Safe Haven)

WTO 체제하에서 ECA만이 수출보조금을 제공할 수 있는 유일한 기구라는 표현이 가능한 것은 "12개국 이상의 회원국이 참가하는 공적수출신용에 관한 국제협약(OECD 수출신용협약을 의미)의 가맹국이거나 동 협약에 의한 이자율 조항을 적용하는 국가의 경우 동 협약을 준수하는 수출신용제도와 거래는 본 협정이 금지하는 수출보조금으로 간주되지 않는다"는 보조금협정의 수출보조금 예시목록 (k)항 하단부의 면책조항이 존재하기 때문이라고 할 수 있다.

WTO 보조금협정 부속서 I의 수출보조금 예시목록 (k)항

(k) The grant by governments(or special institutions controlled by and/or acting under the authority of governments) of export credits at rates below those which they actually have to pay for the funds so employed(or would have to pay if they borrowed on international capital markets in order to obtain funds of the same maturity and other credit terms and denominated in the same currency as the export credit), or the payment by them of all or part of the cost incurred by exporters or financial institutions in obtaining credits, in so far as they are used to secure a material advantage in the field of export credit terms.

Provided, however, that if a Member is a party to an international undertaking on official export credits to which at least twelve original Members to this Agreement are parties as of 1 January 1979(or a successor undertaking which has been adopted by those original Members), or if in practice a Member applies the interest rates provisions of the relevant undertaking, an export credit practice which is in conformity with those provisions shall not be considered an export subsidy prohibited by this Agreement.

그림 3-2 WTO 보조금협정상의 보조금 분류

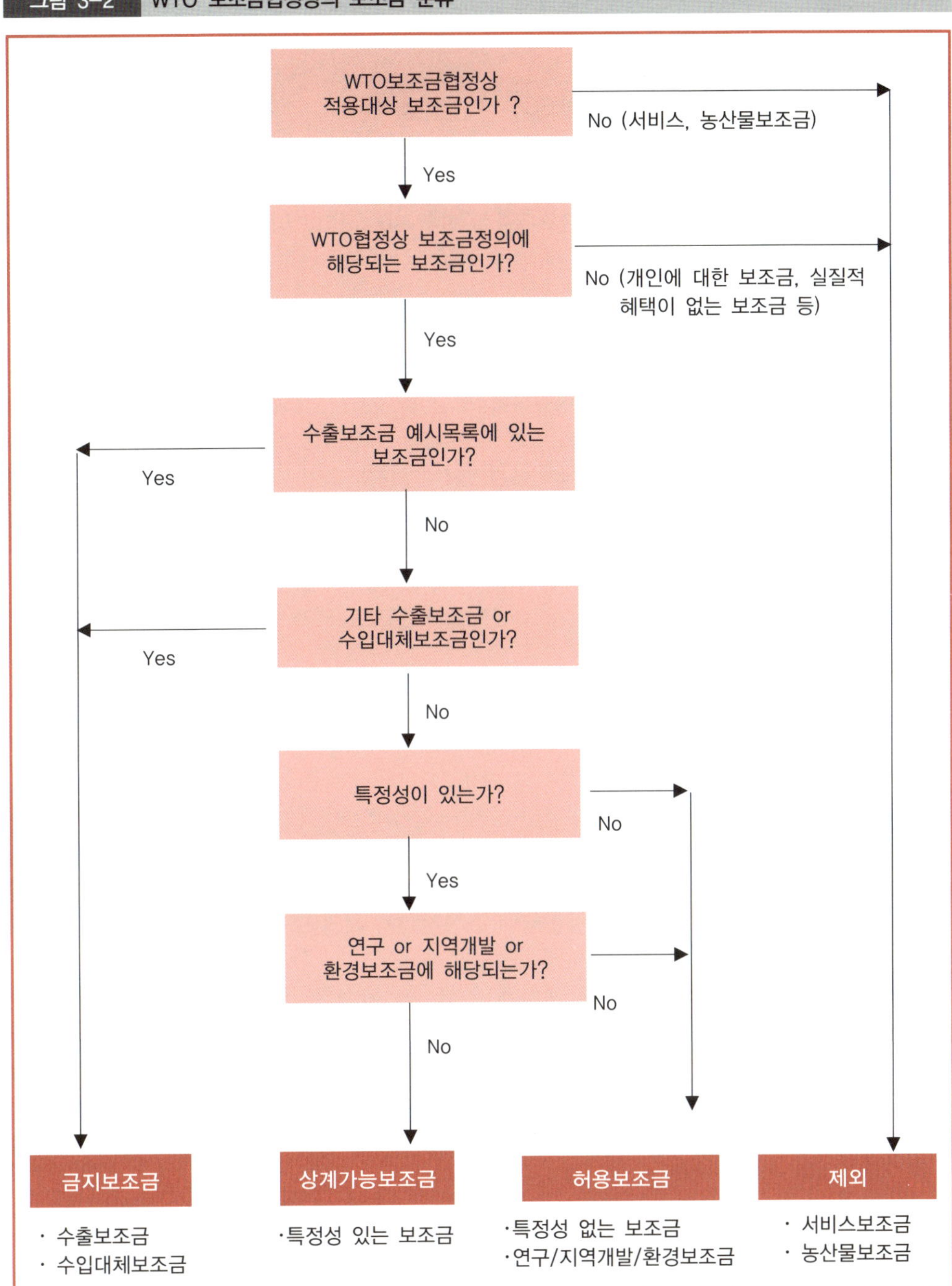

사례연구

한국-EC간 조선분쟁 사례

1. 한국-EC간 조선보조금 분쟁의 발생배경

1999년 이후 한국이 세계 1위의 조선 수주실적을 기록하면서 당시 EC의 한국 조선업계에 대한 견제가 심해지기 시작하였다. 이러한 가운데 1999년 EC는 외환위기를 전후한 한국 조선산업의 구조조정 과정에서 한국 정부가 조선산업에 보조금을 지급하였다고 주장함으로써 조선 보조금 문제가 한-EC간 통상분쟁으로 제기되었다.

1999년부터 2002년 까지 한-EC간 양자간 협의를 실시하였으나 타결되지 못하자 EC는 2002년 10월 한국수출입은행의 선수금환급보증 및 인도전금융 제도 그리고 대우중공업 등 조선업체에 대해 채권금융기관들이 행한 부채의 만기연장, 이자감면 및 출자전환 조치 등 제반 기업구조조정조치가 WTO 보조금협정상의 금지보조금 및 조치가능보조금에 해당된다고 주장하며, 동 사안을 WTO 분쟁해결기구에 공식으로 제소하였다.

2002년 11월, 12월 그리고 2003년 5월 양자회담이 개최되었으나 별 성과 없이 끝나자 EC는 2003년 6월 패널 설치를 요청하였다. 이에 따라 2003년 7월 한국과 EC간의 조선분쟁을 다루기 위한 패널이 설치되었으며, 2004년 말 패널보고서가 당사국에 회람되었다.

2. 주요 쟁점에 대한 패널의 평결 결과

한-EC 조선보조금 분쟁에서의 주요 쟁점은 크게 세 가지 분야로 나누어 볼 수 있다. 첫 번째 쟁점은 한국수출입은행과 관련된 법 체제 그 자체와 수은이 운영하는 선수금환급보증, 인도전금융이 수출보조금에 해당한다는 수출보조금과 관련된 분야이고, 두 번째 쟁점은 대우중공업 등 조선업체에 대해 채권금융기관들이 행한 부채의 만기연장, 이자감면 및 출자전환조치 등 제반 기업구조조정 조치가 조치가능보조금에 해당된다는 기업구조조정과 관련된 분야이다. 그리고 마지막 쟁점은 한국의 조선산업에 대한 보조금 지급으로 EC의 조선산업이 심각한 손상을 입었는지 여부와 관련된 심각한 손상 분야이다.

평결결과 두 번째 쟁점과 세 번째 쟁점에 대해서는 승소하였다. 그리고 첫 번째 쟁점인 수출보조금 분야 중에서도 수은과 관련된 법 체제 자체가 수출보조금에 해당되는지 여부와 수은이 운영하고 있는 선수금환급보증, 인도전금융 프로그램 자체가 수출보조금에 해당하는지 여부에 대해서는 승소하였다. 다만 수은이 기업에 개별적으로 제공한 선수금환급보증 거래와 인도전금융거래에 대해서는 일부 수출보조금에 해당하는 것으로 평결하고 이를 합리적 기간 내에 철회(withdraw)하도록 평결하였다.

이후 수은은 수출금융의 제공조건을 상업적 판단을 고려하여, 수혜기업이 시장에서 조달할 수 있는 조건과 최소한 같게 함으로써 수혜자에게 혜택이 발생하지 않도록 제도를 운영하였다. 즉 선수금환급보증 또는 인도전금융을 제공받은 기업이 동 수출금융제도가 없었을 경우 시장에서 조달하였을 금리와 수은이 운영하는 수출금융상의 금리간에 차이가 없도록 운영하였다. 이후 EC를 비롯한 다른 나라들의 한국 조선업게에 대한 수출보조금 시비는 발생하지 않았다.

(산업연구원, '한-EC간 조선분쟁 결과와 그 대응 전략' 참조)

제15장

대외위험관리

글로벌 실물거래의 경우 국내거래에서는 발생하지 않는 위험에 직면하게 된다. 이중 대표적인 것이 거래상대국의 위험인 컨트리리스크와 거래통화의 변동위험인 환율리스크이다.

제1절 환리스크 측정과 관리

1 환리스크의 개요

환리스크(currency risk)는 외환위험(foreign exchange risk)이라고도 하며, 외화표시자산, 부채 또는 손익흐름을 가지고 있거나 외화표시 계약을 체결하고 있는 기업(금융기관 포함)의 가치가 해당 외국통화의 예상치 못한 환율변동으로 인하여 변할 수 있는 가능성을 말한다.

환리스크의 중요한 개념적 특징은 장래 '예상치 못한(unexpected)' 환율변동으로 인한 경제적 가치의 변동가능성을 의미한다는 점이다. 이러한 환리스크에 노출되어 있는 정도 또는 크기를 환노출(currency exposure)이라고 한다. 즉, 환노출은 미래의 예상치 못한 환율의 변동으로 인하여 외화표시 순자산(자산-부채)의 가치 또는 현금흐름의 순가치가 변동될 수 있는 불확실성을 말하며, 환차손(currency loss) 및 환차익(currency gain)이 발생될 가능성 모두를 포함한다.

또한 환노출은 해당기관의 환포지션(currency position)에 의해서 결정되는데 환포지션은 외화표시자산과 외화표시부채의 차액을 말한다. 환포지션은 매입초과포지션, 매도초과포지션 그리고 균형포지션으로 구분된다.

1) 매입초과포지션(over-bought position)

외환매입액이 외환매도액을 초과함으로써 외화표시자산이 외화표시부채를 초과하는 상태를 말하며, 흔히 매입포지션(long-position)이라고도 한다.

이 상태에서 환율상승(자국통화가치 하락)은 환차익을 발생시키고, 환율의 하락(자국통화가치 상승)은 환차손을 발생시킨다.

2) 매도초과포지션(over-sold position)

외환매도액이 외환매입액을 초과함으로써 외화표시부채가 외화표시자산을 초과하는 상태를 말하며, 흔히 매도포지션(short-position)이라고도 한다.

이 상태에서 환율상승은 환차손을 발생시키고, 환율의 하락은 환차익을 발생시킨다.

3) 균형포지션(square position)

외환매입액과 외환매도액이 일치함으로써 외화표시자산과 외화표시부채가 균형을 이루는 상태를 말하며, 흔히 수평포지션(flat position)이라고도 한다.

이 상태 하에서 환율상승과 하락은 아무런 환차손익을 발생시키지 않는다. 균형포지션은 환리스크가 없는 상태임에 반하여 매입초과포지션과 매도초과포지션은 모두 환리스크에 노출되어 있다는 의미에서 이들의 포지션은 노출포지션(open position)이라고 한다.

2 환리스크의 유형 및 측정

1) 환리스크의 유형

환리스크의 유형에는 환산 환리스크(translation FX risk), 거래 환리스크(transaction FX risk), 영업 환리스크(operating FX risk) 등이 있다.

(1) 환산 환리스크

환산 환리스크는 외국통화표시 자산이나 부채의 금액을 재무제표상에 표시함에 있어서 환율변동으로 인해 원화로 환산한 금액이 변동하게 되는 불확실성을 말한다. 이는 장부상 표시에 따른 것으로 손실이 실현된 것은 아니다.

▪ 환산 환리스크의 예

1천만 달러의 외화표시 부채를 지고 있는 기업의 경우 2012년말 당시에는 원/달러 환율이 1,100원이어서 대차대조표 상에 부채를 110억원으로 표시하였으나, 2013년 말에는 원/달러 환율이 1,200원으로 상승하여 외화부채가 120억 원으로 계상됨에 따라 10억 원의 환산손실이 발생하게 된다.

(2) 거래 환리스크

거래 환리스크는 외화표시 수출계약 체결 후 환율변동으로 원화로 환산한 결제금액이 변동할 수 있는 불확실성을 말한다. 이는 결제가 이루어질 때 실제 손실이 발생한다.

▪ 거래 환리스크의 예

외국의 수입자와 1백만 달러 상당의 물품을 3개월 후에 선적하기로 계약한 경우, 계약 당시에는 원/달러 환율이 1,100원이었기 때문에 생산원가 10억 원을 제하고 1억 원의 이익을 기대하였는데, 선적한 당시 원/달러 환율이 900원으로 하락함에 따라 1억 원의 거래손실을 입게 된다.

(3) 영업 환리스크

영업 환리스크는 예상치 못한 환율변동으로 인해 판매량, 판매가격, 원가 등이 실질적으로 영향을 주어 현금흐름이나 영업이익이 변동하게 될 가능성을 말한다. 예를 들어 환율하락으로 제품가격 인상 시 가격 경쟁력 하락으로 수출물량이 감소하여 매출액 및 이익이 감소하는 경우를 말한다.

이는 사전에 노출의 정도를 예측하기 곤란하다는 특징이 있다.

▪ 영업 환리스크의 예

생산원가 1,000원인 물품을 1달러에 수출하는 기업의 경우 원/달러 환율이 1,100원일 때는 제품 1개를 수출할 때 마다 100원의 이익을 볼 수 있으나 원/달러 환율이 900원으로 하락할 경우에는 개당 100원의 손실을 보게 된다. 이 때 손실을 피하기 위해 수출가격을 20센트 올릴 경우 가격경쟁력 약화로 수출물량이 감소하면서 매출액 및 이익이 감소하게 된다.

2) 환리스크 측정

환리스크의 결정요인으로는 크게 외환포지션규모, 외환보유기간, 그리고 환율의 변동성을 들 수 있다.

환율변동에 따른 현금흐름이나 가치의 변동은 기간 중 기업(은행 포함)이 행한 외환거래의 내용과 그 기업이 가지고 있는 외화자산과 외화부채에 의해 결정된다. 이 두 가지의 내용에 따라 기업은 특정의 환포지션을 갖게 되며, 환포지션에 따른 환리스크의 노출의 정도는 기업의 환리스크를 결정한다.

먼저 기업의 환리스크 순노출의 정도는 현재 기업이 가진 외화자산과 외화부채의 상대적인 크기와 외화거래의 매입·매도의 양으로 결정된다. 기업의 환리스크의 순노출 정도는 다음과 같이 측정된다.

순노출i = (노출된 FX자산i - 노출된 FX부채i) 또는
(노출된 FX 현금유입예상액i - 노출된 FX 현금유출예상액i)

여기에서 FX는 외화를 의미하고 i는 엔화나 달러와 같은 특정 통화를 가리킨다. 위의 식에서 환노출은 자국통화와 같은 공통분모를 이용하여 한 가지 통화에 의거 종합적으로 산출할 수도 있고, 외국통화별로 산출할 수도 있다.

순노출은 환율의 변동방향과 더불어 기업의 환차손익을 결정하게 된다. 순노출액이 측정되면 해당 통화의 환율 변동성을 분석하여 기업이 입게 될 환차손익의 가능액 정도를 산출할 수 있다.

외환의 변동에 따른 손실(또는 이익액) = 순노출 × 외환의 환율변동

예를 들어 미 달러화에 대해 1억 달러 매입초과포지션을 갖고 있는 기업이 있다고 하자. 그런데 대미달러 환율이 1,150억 원/달러에서 일주일후 1,100원/달러로 하락하여 달러가치가 떨어질 경우 매입초과포지션에 따라 발생하는 손실액은 50억 원이 된다.

이처럼 기업의 환리스크는 순노출액과 외환가치의 변동에 의해 결정된다. 따라서 순노출이 일정하다면 변동성이 높은 외화일수록 미래의 손실 가능액이 더 높다. 미래의 손실 가능액을 평가하기 위해서는 외화가치의 변동성을 측정해야 한다. 한편 외화가치의 변동성은 환율변동의 분산을 사용하여 측정할 수 있다. 어떤 통화에 대한 환율변동의 분산이 높을수록 그 통화의 외환가치 변동성이 더욱 크다는 것을 의미하므로 주어진 순노출에 대해 기업에 발생되는 손실(또는 이익) 가능액은 더욱 크다.

3 환리스크의 관리

환리스크관리란 환리스크를 측정한 후 다양한 관리기법을 이용해 환차손을 없애거나 최소화하는 것을 의미한다.

기업들의 환리스크관리 목표는 미래의 불확실한 환율변동 위험을 제거하여 안정적인 기업 활동을 시현하는 것 즉, 환율변동과 관계없이 기업가치가 언제나 일정하게 유지되도록 노력하는 것이라 할 수 있다. 따라서 환리스크관리 과정에서 부수적으로 생길 수 있는 환차익은 환리스크관리가 지향하는 바가 아니다.

환리스크관리 절차는 ① 관리해야 할 환리스크의 규모 즉, 환노출의 파악 또는 측정 ② 환리스크관리의 범위, 헤지비율 등 환리스크관리 목표설정 ③ 가장 적합한 환리스크관리 수단 선택 ④ 관리수단 및 기법에 대한 평가 및 새로운 전략수립 등으로 이루어진다.

환리스크를 관리할 수 있는 기법은 매우 다양한데, 크게 내부적 기법과 외부적

기법으로 분류할 수 있다.

표 3-3 환리스크관리 기법의 종류

내부적 기법	외부적 기법
매칭(matching)	선물환계약
상계(netting)	통화선물계약
리딩(leading)과 래깅(lagging)	통화스왑계약
자산부채종합관리(ALM)	통화옵션계약
가격조정(pricing)	단기자금시장 이용
거래표시통화 조정	국제팩토링 이용
거래통화의 다양화	보험 또는 환리스크 보증

1) 내부적 기법

내부적 기법은 일상 영업활동과 관련하여 기업 내부적인 재무관리 기능의 하나로 별도의 커버거래 없이 환리스크를 본원적 또는 사전적으로 예방하거나 감축하려는 관리 기법을 말한다. 몇 가지 주요 수단을 살펴보면 다음과 같다.

(1) 매칭(matching)

매칭은 외화표시 현금유입과 유출 또는 외화표시 자산과 부채를 금액 면에서나 시간적으로 가급적 일치시키려는 전략을 말한다. 즉 현금의 유입과 자산의 합계를 현금의 유출과 부채의 합계와 일치시키는 것이다.

■ **매칭사례**

의류수출업체인 A사가 의류원단 150백만 달러(대금지급 조건 : 6개월 뒤 75백만 달러, 1년 뒤 75백만 달러를 각각 지급)를 수입한 경우

⇒ 의류수출 금액을 6개월 후에 75백만 달러, 1년 후에 75백만 달러 받도록 계약을 하여 서로 매칭 시킴.

(2) 상계(netting)

상계란 다국적기업이나 금융기관의 현지법인 또는 본지사간 상호 발생하는 외화채권 채무를 개별적으로 결제하지 않고, 일정기간 후 상계한 후 차액만 정기적으로 결제하는 방법을 말한다.

■ **상계 사례**

운영자금으로 B은행으로부터 1억 달러를 차입한 A 기업이 자동차를 수출하고 B 은행에서 수출네고하여 65백만 달러를 수취하기로 한 경우

⇒ 외화차입금 1억 달러 중 65백만 달러를 수출네고금액과 상계시키고 차액 35백만 달러만 상환

(3) 리딩(leading) 및 래깅(lagging)

리딩이나 래깅은 환결제시기를 단축하거나, 가급적 늦추어 환율변동위험을 최소화하거나 환차익을 극대화하려는 전략으로 수출입기업에서 일반적으로 사용하는 방법이다. 수출입거래 시 달러화가 결제인 경우 향후 달러의 강세가 예상되면 수입대금 등 지급자금은 선불(leading)하고, 수출대금 등 영수자금의 네고는 지연(lagging)시키는 관리 기법이다.

(4) 포트폴리오 전략

국제재무관리에서 투자증권이나 거래통화의 포트폴리오를 구성 하는 것과 같이 특정 기업은 그의 대외거래에 따르는 위험을 분산투자로 경감하는 것이 가능하다. 이를 환리스크에 적용해 보면 기업이 동시에 여러 통화의 환리스크에 노출되어 있을 때 각 통화의 환율변동이 서로 상쇄하는 효과가 있어 환리스크가 자연스럽게 감소될 수 있다.

그러므로 환리스크의 총계는 개별적인 환리스크의 절대적인 합계보다 적어진다. 이론적으로는 환율이 변동하는 외국통화의 수가 많을수록, 그리고 이들 사이에 환율변동의 상관관계가 낮을수록 전체적인 환리스크의 회피가능성은 더욱 높아진다. 포트폴리오전략을 이용하는 방법으로 수출입의 경우 달러, 엔 및 유로 등으로 통화의 포트폴리오를 구성하는 방법이 있다.

한편 앞서 설명한 이들 내부적 기법은 일정한 조건하에서만 실행할 수 있는 방법으로 다양한 헤지 수요에 대해서는 대응이 불가한 단점이 있다.

2) 외부적 기법

외부적 기법은 위험을 관리하기 위해 외환시장, 파생상품시장(derivative market) 또는 금융시장에서 거래계약을 체결하여 리스크를 헤지하는 방법으로 선물환계약, 통화선물환계약, 통화스왑계약, 통화옵션계약 등과 단기자금시장(money market) 활용 등이 있다. 여기서 헤지(hedge)란 보유 또는 보유예정인 외화 포지션에 대하여

선물환 등을 이용하여 반대 포지션을 취하여 환차손을 방어하는 것을 의미한다.

헤지에는 전부헤지와 부분헤지가 있다. 전부헤지는 환노출 부문에 대해 100% 헤지함으로써 환리스크를 제로로 만드는 방법으로 이 경우 기업은 영업이익을 조기에 확정시킬 수 있다. 부분헤지는 환노출 부문에 대해 일부만 헤지하는 방법으로 리스크 수용성향에 따라 헤지비율이 조정된다.

(1) 선물환(forward exchange)

외환에 대한 선도계약을 선물환이라 하는데, 선물환이란 외환거래에서 거래 쌍방이 미래에 거래할 특정 외화의 가격을 현재 시점에서 미리 계약하고 이 계약을 미래의 특정시점에 이행하는 것이다. 즉, 선물환거래는 선물환계약은 거래당일에 이루어지지만 실제 자금의 인수도는 미래 특정 시점에 이루어지는 것이 현물환거래와 다른 점이다.

예를 들어 수출기업이 1개월 뒤에 받을 달러화 수출대금을 선물환계약을 통해 매도하는 경우, 1개월 뒤에 원/달러 환율이 하락하더라도 영업이익은 선물환계약 당시의 선물환율로 고정되어 있어 안정적인 영업활동을 할 수 있게 된다. 다만 해당 만기일에 원/달러 환율이 상승한다면 그만큼의 기회이익은 상실하게 된다.

■ 선물환율의 결정

선물환율은 현물환율에 두 통화의 이자율 차이를 가감하여 산출한다. 이 때 선물환율과 현물환율의 차이를 스왑포인트(swap point)라고 한다. 선물환거래는 현물환 결제일 이후 특정기간이 지난 뒤에 자금의 인수도가 이루어지므로 이 기간 동안 고금리 통화는 저금리 통화에 비하여 높은 이자수익을 얻게 된다. 또 그 반대도 성립된다.

따라서 현물환율과 거래조건을 맞추기 위해서는 결국 두 통화의 선물환계약 기간 동안의 이자 차이를 상호 보상할 수 있는 환율을 적용하여야 한다. 즉 고금리 통화를 운용하는 측에는 현물환율보다 불리한 선물환율, 저금리통화를 운용하는 측에는 현물환율보다 유리한 선물환율을 적용하게 된다.

선물환율 = 현물환율 ± 스왑포인트 ± 은행마진
= 현물환율 ± 두 통화의 금리차이 × days/360 ± 은행마진

(2) 통화선물(currency futures)

통화선물거래는 선물환거래와 같이 일정통화를 미래의 일정시점에 약정가격으로 매입 또는 매도하기로 한 금융선물거래의 일종이다. 그러나 통화선물거래는 선물환거래와 달리 표준화된 거래형태를 띠고 있고, 통화선물시장에 제시된 몇 개의 통화에 대해서만 거래가 가능하다.

표 3-4 통화선물의 주요 계약조건

구분	미국달러선물(USD Futures)
거래대상	미국달러
거래단위	USD50,000
결제월	최근 연속 3개월 및 3, 6, 9, 12월
상장결제일	1년이내의 6개 결제월
가격의 표시	원/USD(소수점 둘째자리 표시)
최소가격변동폭(Tick Size)	0.10원
최소가격변동금액(Tick Value)	5,000원(USD50,000×0.10원)
거래시간	최종거래일 이외 - 09:00~15:15 최종거래일 - 09:00~11:30
최종거래일	결제월의 세 번째 월요일
최종결제일	최종거래일로부터 기산하여 3일째 거래일
결제방법	인수도결제
가격제한폭	없음. 다만, 주문오류방지를 위한 주문가격 제한이 있음

또한 통화선물거래는 일정 통화를 장래에 실제로 인수 또는 인도하기 위한 것이라기보다는 현물환 포지션과 대칭되는 통화선물 포지션을 보유함으로써 환리스크를 제거하기 위한 수단으로 주로 이용된다. 통화선물거래를 이용한 환리스크 관리전략은 낮은 거래비용과 포지션 조정의 용이성 그리고 신용리스크가 수반되지 않는다는 점에서 최근 그 거래규모가 급격히 증가하고 있다.

■ 통화선물가격

같은 만기의 원/달러 선물환율과 통화선물가격은 거의 모든 경우에 같다. 즉 통화선물가격은 곧 선물환율을 구하기 위해 산출한 스왑포인트와 현물환율의 합이다. 만일 같은 만기의 원/달러 선물환율과 통화선물가격이 다르다면 두 거래를 모두 행할 수 있는 사람은 비싼 가격의 선물환거래나 통화선물거래를 매도하고, 싼 가격의 선물환거래나 통화선물거래를 매수하여 무위험 차익거래를 만들 수 있다.

선물환거래와 통화선물거래는 동일한 헤지목적을 달성할 수 있고, 가격도 동일하게 형성되는데 통화선물거래가 왜 필요한가? 환리스크 관리를 위해 기업이 은행과 선물환거래를 체결하면 되지만, 신용상태 등 여러 가지 이유로 사전적으로 외환거래를 위한 한도가 없을 때가 있다. 이 경우 통화선물거래가 헤지목적을 달성할 수 있는 대안이 된다.

■ 사례 : 선물매도 헤지거래

수출중소기업 A사는 2013년 11월 1일 미국의 B사와 30만 달러의 수출계약을 체결하고 수출대금을 12월 1일에 받기로 하였다. 11월 1일 현재 원/달러 환율이 1,200원으로 수출대금 총액은 360백만 원(1,200×300,000)이며 향후 원/달러 환율의 하락이 예상된다.

⇒ 11월 1일에 수출계약을 체결한 후 선물거래를 위하여 신규주문증거금 15백만 원 (6계약×250만원)을 납입하고 미국달러선물 12월물 6계약을 12월물 시장가격인 1,204원에 매도한다. 수출대금을 영수하는 12월 1일에는 미국달러선물 12월물을 환매수함으로써 포지션을 청산한다.

<u>계약당일</u>

11월 1일 현재 현물환율 : 1,200원
- 미국달러선물 12월물가격 : 1,204원(만기일 : 12월 18일)
- 미국달러선물 12월물 6계약 (=$300,000÷$50,000) 매도
- 신규주문증거금 : 15백만원

<u>수출대금 영수일</u>

12월 1일 현재 현물환율 : 1,150원
- 미국달러선물 12월물 가격 : 1,151원(만기일 : 12월 18일)
- 달러선물 12월물 매수 : (1,204-1,151)×6×50,000 = 15.9백만 원 이익
- 수출대금 30만 달러를 1,150원에 매각하면 원/달러 환율의 하락으로 15,000,000원의 손실이 발생하나 선물포지션 이익으로 상쇄하고 남음

(3) 통화스왑(currency swap)

통화스왑은 두 거래당사자가 계약일에 약정된 환율에 따라 해당 통화를 일정 시점에 상호 교환하는 외환거래이다. 즉, 통화스왑은 일정통화로 차입한 자금을 다른

통화차입으로 대체하는 맞교환거래라고 할 수 있다.

통화스왑은 주로 중장기적인 환리스크 관리전략으로 이용되고 있다. 통화스왑은 당초 통화담보부대출(currency collateralized loans)이나 상호대출(back-to-back loan)의 형태로 출발하였으나, 거래가 활성화되면서 이종통화표시 고정금리채무간의 통화스왑(cross currency fixed to fixed debt swaps)으로 발전하였다.

이 밖에도 이종통화표시 고정금리채무와 변동금리채무 스왑(cross currency fixed to floating debt swaps), 이종통화표시 변동금리채무간 스왑(cross currency floating to floating debt swaps), 그리고 이를 결합한 혼합스왑(cocktail swaps) 등 거래목적에 따라 다양한 방법이 개발, 이용되고 있다. 이러한 통화스왑은 중장기적 환리스크의 헤지 기능을 수행할 뿐만 아니라, 차입비용을 절감시키고, 자금관리의 효용성을 높여 주며, 새로운 시장에의 접근수단을 제공하기 때문에 널리 이용되고 있으며 급속히 성장하고 있다.

(4) 통화옵션(currency options)

옵션(options)계약은 계약당사자간에 정하는 내용에 따라 일정한 기간 이내에 미리 정해진 가격으로 해당 상품이나 유가증권 등의 기초자산(underlying assets)을 사거나 팔 수 있는 권리, 즉 선택권을 의미한다. 통화옵션은 특정 통화를 미래 일정시점 또는 일정 기간 내 거래일에 약정된 가격으로 매입 또는 매도할 수 있는 권리를 말한다.

옵션과 선물의 가장 큰 차이점은 선물의 경우에는 계약을 반드시 이행하여야 할 의무가 있지만, 옵션의 경우에는 계약을 이행하는 것이 유리할 때만 이행할 수 있는 권리가 있다는 점이다.

실제 기업들의 환리스크관리에 대한 컨설팅을 수행하는 은행실무자들은 환리스크관리 결과에 대해 사후평가 과정에서 곤혹스러운 경험을 자주 한다. 즉 선물환거래 결과가 기업에 불리한 경우 담당자는 선물환거래를 권유한데 대해 비난을 받게 된다. 이러한 경우 통화옵션은 좋은 대안이 될 수 있다.

예를 들어 행사가격이 1,040원인 달러 콜옵션을 매입한 경우 만기일의 현물환율이 1,100원이면 달러를 1,040원에 살 수 있는 권리를 행사하고, 환율이 1,000원이 되면 달러를 1,040원에 살 수 있는 권리를 포기하고 1,040원보다 싼 현물환거래를 통해 달러를 매입하면 된다.

통화옵션계약은 통화옵션 프리미엄을 지급하는 대신 매입자에게 환리스크에 대한 헤지를 제공할 뿐만 아니라 동시에 헤지되지 않은 상태가 가져올 수 있는 환이익까지도 확보해 주는 특징을 갖는다.

옵션의 기본적인 용어

① **콜옵션(Call options)** : 옵션매입자가 옵션매도자에게서 대상자산을 약정된 기일에 약정된 가격(행사가격)으로 매입할 수 있는 권리

② **풋옵션(Put options)** : 옵션매입자가 옵션매도자에게 대상자산을 약정된 기일에 약정된 가격으로 매도할 수 있는 권리

③ **행사가격(Strike price)** : 옵션 계약을 산 사람이 특정통화를 어떤 환율에 거래할 수 있는가는 옵션계약을 체결할 때에 미리 정해지는데 이때 사전에 정한 특정 환율을 행사가격이라 한다. 이 행사가격이 옵션의 만기와 동일한 만기를 가진 선물환율의 시장시세와 같은 수준으로 설정되는 경우를 at the money forward 옵션(등가격 옵션)이라고 한다. 또 행사가격이 선물환율의 수준보다 높은가 낮은가에 따라 out of the money 옵션(외가격옵션) 또는 in the money 옵션(내가격 옵션)으로 분류한다.

④ **만기일(Expiration date)** : 옵션에는 옵션매입자가 권리행사 의사를 옵션매도자에게 통지할 수 있는 기일이 있는데 이것이 통지기일 또는 옵션만기일이다. 권리행사의 통지 없이 그 기일을 경과한 경우에는 옵션의 권리는 자동적으로 효력이 상실된다.

⑤ **정산일(Delivery date 또는 Settlement date)** : 어떤 타입의 옵션이건 권리행사 통지가 있을 경우 옵션매입자는 옵션매도자와 2영업일 뒤를 인수도일로 하는 외환계약을 체결하게 되고 실제 자금이 정산되는 날을 말한다.

⑥ **옵션 프리미엄(Options premium)** : 옵션매입자가 옵션매도자에게 옵션거래에 대한 댓가로 지불하게 되는 비용을 말하며 이것은 옵션계약일에서 2영업일 후에 지급된다. 만일 이 프리미엄만 지불할 수 있다면 원금을 더욱 크게 늘릴 수 있어 레버리지 효과를 누릴 수 있으며, 이러한 점에서 옵션은 투기목적으로도 사용될 수 있다. 주로 원금에 대해 몇 %로 표시한다.

⑦ **옵션의 가치** : 선물환의 가치는 단순히 현물환율과 두 통화의 이자율 차이와 기간에 의해서만 결정된다. 그러나 옵션의 가치(옵션 프리미엄)는 시가가치(Time value)와 내재가치(Intrinsic value)로 구성된다. 만일 달러/엔 1개월 선물환율이 103엔인 상태에서 만기가 1개월인 달러 콜옵션의 행사가격이 각각 101엔과 105엔이라면 그 옵션의 프리미엄은 어떻게 정해질 것인가? 105엔이라는 달러강세의 수준에서 달러를 사는 권리보다 101엔이라는 달러 약세 수준에서 달러를 사는 권리의 옵션 프리미엄의 가치가 높은 것은 당연하다. 이때 이 두 옵션의 가치가 다른 것이 내재가치 때문이다. 즉 선물환율의 시장실세와 행사가격의 차이가 바로 내재가치이다.
시간가치는 옵션가치에서 내재가치를 뺀 가치이며, 이것은 미래의 불확실한 잠재적인 이익에 대한 대가로 지불하는 일종의 프리미엄에 해당한다. 그러므로 이 시간가치는 만기가 되면 제로(0)가 된다. 즉 만기 때의 옵션의 가치는 내재가치뿐이다.

■ 통화옵션의 거래전략과 활용방안

옵션에서의 전략은 사용자의 특별한 옵션 거래 목적과 향후 환율의 방향성과 환

율변동성 등에 대한 견해에 따라 무수히 많은 형태의 전략이 가능하다. 이 중 가장 일반적인 전략에 대해 살펴보면 다음과 같다.

① 콜옵션 매입

향후 환율이 떨어지길 바라지만 만일 환율이 오르면 발생될 환리스크를 관리하기 위해 적당한 전략이다. 환율이 떨어지면 손실을 사전에 지불한 옵션 프리미엄으로 제한하려는 전략이다.

주로 수입기업들이 외화 결제와 관련된 숏 포지션에 대한 환리스크를 관리하기 위해 선물환매입의 대안으로서 많이 사용한다. 또는 입찰에 참가하는 기업은 입찰에 성공 여부를 사전에 알 수 없으므로 선물환거래를 하는 것보다 통화옵션을 이용하는 것이 보다 유리하다. 즉 선물환거래를 하면 입찰에 떨어지더라도 필요 없는 하나의 외환거래가 발생하지만 통화옵션을 이용하면 낙찰여부에 따라 통화옵션을 행사하거나 또는 그 옵션을 다시 매각할 수 있다. 이런 통화옵션의 특징은 입찰에 참가하는 기업들의 환리스크 관리에 아주 적절하다.

② 풋옵션 매입

향후 환율이 떨어질 것으로 예상하는 수출기업 등이 롱포지션을 헤지하기 위하여 선물환매도의 대안으로 적절한 전략이다. 만일 예상과 달리 환율이 오르면 손실은 이미 지불한 옵션 프리미엄으로 한정된다.

이론적으로 최대 이익은 환율이 떨어지면 무한대까지 가능하고 최대손실은 계약 시 지불한 풋옵션 프리미엄으로 제한된다. 만기의 손익분기점은 행사가격에서 풋옵션 프리미엄을 빼면 된다.

③ 콜옵션 매도

향후 환율이 현재의 현물환율 내외에서 횡보 국면 또는 약보합세를 보일 것으로 예상되는 경우 사용할 수 있는 전략이다. 만일 환율이 예상과 달리 급등하면 이론적으로 무한대까지의 손실이 발생할 수도 있는 전략이다. 최대 이익은 계약 시 받은 옵션 프리미엄으로 제한되며 손실은 이론적으로 환율이 오름에 따라 무한대까지 될 수 있다. 손익분기점은 행사가격과 콜옵션 프리미엄을 합하여 구한다.

④ 풋옵션 매도

향후 환율이 현재의 현물환율 내외에서 횡보국면 또는 강보합세를 보일 것으로 예상할 때 사용할 수 있는 전략이다. 만일 환율이 예상과 달리 급락하게 되면 큰 손실이 발생할 수 있는 전략이다. 최대이익은 계약 시 받은 옵션 프리미엄으로 제한되며 손실은 이론적으로 환율이 떨어지면 무한대까지 될 수 있다. 손익분기점은 행사가격에서 풋옵션 프리미엄을 빼면 된다.

⑤ 수입기업과 수출기업을 위한 레인지 포워드(Range forward 또는 Reversal)

서로 다른 행사가격의 콜옵션과 풋옵션을 동시에 사고팔아서 주고받을 옵션 프리미엄을 같게 하여 제로 코스트 전략을 수립하고자 할 때 적당하다. 향후 환율이 일정범위 내에서 움직일 것으로 기대하는 수입기업이나 수출기업이 취할 수 있는 전략이다. 선물환거래가 단 하나의 선물환율로 헤지하지만 이 거래는 상한과 하한 범위 내에의 환율로 헤지하는 효과를 달성할 수 있다.

⑥ 수입기업과 수출기업을 위한 타켓 포워드(Target forward 또는 Half guaranteed forward)

타켓 포워드는 선물환율보다 유리한 계약환율로 일정금액을 거래할 수 있는 장점이 있는 반면 만기 현물환율이 계약환율보다 유리할 경우에는 상기 계약의 이행은 물론 추가로 같은 금액을 같은 계약환율로 거래해야 하는 과대헤지 위험이 있는 전략이다.

⑦ 경로종속옵션 - 배리어 옵션

베리어 옵션에는 옵션 거래 초기에 설정되는 두 가지 가격수준이 있는데 그 중 하나는 통상적인 행사가격이고 나머지 하나가 울타리가격(barrier price) 또는 방아쇠가격(trigger)으로 불리는 것이다.

기초자산 가격이 울타리 가격과 같거나 지나칠 때 어떤 상황이 초래되는가는 베리어 옵션의 종류에 따라 다르다.

녹아웃옵션(Knock- out options)은 시작할 때 표준옵션(plain vanilla options)과 마찬가지지만 기초자산 가격이 울타리가격을 지나치자 마자 무효가 된다. 반면에 킥인옵션(Kick-in options)은 울타리가격에 도달할 때 옵션이 발효된다.

■ 사례 : 콜옵션 매입을 통한 헤지

A사는 2013년 11월 17일에 미국으로부터 원자재 1백만 달러를 30일 연지급 조건으로 수입하였다. A사는 환리스크를 회피하는 한편 기회이익을 추구하기 위하여 콜옵션을 매입하기로 하였다.

<u>옵션계약내용</u>

- 옵션종목 : 미국달러 콜옵션 12월물
- 행사가격 : 1,200원
- 매입계약수 : 100계약 (미국달러옵션 1 계약은 $10.000임)

- 옵션프리미엄 : 2천만원 (=20원×10,000달러×100계약)
- 최종결제일 : 12월 18일

① 원/달러환율 상승시 (1,200원 → 1,300원)

	실물계약	옵션계약
11월 17일 (계약시점)	현물환율 1,200원, 예상수입비용 = 12억원(1,200원×1백만달러)	행사가격 1,200원으로 콜옵션 100계약 매입하면서 프리미엄 2천만원 지급
12월 18일 (결제시점)	현물환율 1,300원 실지출 = 13억원 (1,300원×1백만달러) →환차손 : 1억원	매입권리 행사 (1백만달러를 1,200원에 매입) →옵션행사이익 1억원 (100원×1만달러×100계약)
헤지결과	실물거래에서 1억원의 환차손이 발생하였으나 옵션거래를 통해 이익이 8천만원(1억원-2천만원) 발생함에 따라 환율상승에 따른 총손실은 2천만원에 그침. 이로써 불리한 환율변동에 따른 손실을 옵션프리미엄수준으로 제한)	

② 원/달러환율 하락시 (1,200원 → 1,100원)

	실물계약	옵션계약
11월 17일 (계약시점)	현물환율 1,200원, 예상수입비용 = 12억원(1,200원×1백만달러)	행사가격 1,200원으로 콜옵션 100계약 매입하면서 프리미엄 2천만원 지급
12월 18일 (결제시점)	현물환율 1,100원, 실지출 = 11억원 (1,100원×1백만달러) → 환차익 : 1억원	옵션권리 포기
헤지결과	실물거래에서 1억원의 환차익이 발생하였으며 헤지거래시 지급한 옵션프리미엄을 제외한 총수익은 8천만원에 달함. 이와 같이 유리한 환율변동시에는 헤지 후에도 이익을 얻음	

KIKO

키코는 녹인 녹아웃(Knock-In, Knock-Out)의 영문 첫 글자에서 따온 말로서 배리어옵션(Barrier option)의 일종이다.

키코는 기업과 은행이 환율 상하단을 정해 놓고 환율이 계약기간에 하단 밑으로 내려가지 않는 한 상단에 해당되는 환율로 달러화를 계약금액만큼 팔 수 있게 함으로써 환변동위험을 피하기 위해 개발된 환헤지 상품이다. 즉 환율변동의 상한(Knock-In) 및 하한(Knock-Out)을 정해 놓고 환율이 일정한 구간 안에서 변동한다면 약정환율을 적용받는 대신, 하한 이하로 떨어지면 계약을 무효로 하고, 상한 이상으로 올라가면 약정액의 1~2배를 약정환율에 매도하는 방식이다.

예를 들어 어떤 기업이 약정액 100만 달러를 1달러당 약정환율 1,000원, 하한 950원, 상한 1,050원으로 정하여 은행과 계약하였을 때, 환율이 970원으로 내려가더라고 약정환율 1,000원을 적용받아 이익을 얻을 수 있고, 상한인 1050원 이하로 오르면 실제환율로 매도하여 이익을 얻는다. 이처럼 환율이 하한과 상한 사이에서만 변동한다면 환차손을 줄이고 환차익을 얻을 수 있다.

그러나 환율이 하한 이하로 내려가면 계약이 무효가 되어 환손실을 그대로 감수해야 하고, 상한 이상으로 올라가는 경우에는 더 큰 손실을 입는다. 보통 상한 이상으로 오를 경우 약정금액의 2배이상을 시장가격보다 낮은 계약환율로 팔아야 하기 때문에 손해가 커진다.

이론적으로 키코 계약시 은행은 '콜옵션매입+풋옵션매도' 포지션을, 수출업체는 그 반대인 '콜옵션매도+풋옵션매입' 포지션을 취하게 된다. 이처럼 키코의 양 당사자 모두 매도·매입 포지션을 동시에 보유하기 때문에 프리미엄 요구권은 소멸되며 따라서 기업은 옵션 프리미엄을 표준옵션의 경우보다 저렴하게 지불하게 된다. 그러나 옵션구입비용을 거의 0에 가깝게 만들기 위해서는 콜옵션을 2계약 매도해서 얻은 프리미엄으로 풋옵션 1계약을 사는 것이 일반적이다.

이러한 계약구조상 환율이 하한과 상한 사이에서 변동한다면 기업에게 유리한 상품이지만 환율이 상한이상으로 상승할 경우 기업이 입는 환손실은 무한대로 갈 수 있다.

2008년 우리나라에서 원화 환율이 급등하였을 때, 은행과 키코 계약을 맺은 중소기업들이 큰 손실을 보았으며, 견실한 중견기업체들도 환차손으로 흑자 도산하는 등 커다란 경제적, 사회적 문제를 야기하였다.

기업의 환위험관리 10계명

① 환차익을 노리지 않는다. 환차익이란 결국 위험에 노출되는 것이므로 환차익과 환차손은 언제나 같이 존재한다.
② 무리하게 환율을 예측하지 않는다. 그러나 시장상황은 항상 주시해야 한다.
③ 계약시 선물가격을 고려하여 수출가격을 결정한다. 수출이나 수입가격 결정시 미리 선물환율을 고려하여 적정한 선에서 가격을 결정하고 이를 선물환 등을 통해 헤지하여야 한다.
④ 최고경영자의 인식이 바뀌어야 한다. 환리스크 관리시스템의 정착과 효율적인 환리스크관리는 결국 최고경영자의 의지에 따라 좌우된다.
⑤ 환리스크관리는 말 그대로 관리비가 든다는 생각을 가져야 한다. 헤지거래나 기타 환리스크관리에는 비용이 든다. 이때 이 비용은 손실이 아니라 비용이라고 생각해야 한다.
⑥ 기업내에 환리스크 관리전문가를 키운다.
⑦ 헤지거래에서 발생한 손실에 대해서 연연하지 않는다.
⑧ 가장 간단한 헤지전략을 사용한다.
⑨ 외부전문가의 도움을 얻는다.
⑩ 규정, 의사결정과정, 관리시스템 등 환리스크 관리체계를 마련한다.

[금융감독원, 알기쉬운 외환리스크관리 中]

제2절 국가위험의 측정 및 관리

1 국가위험도(Country Risk)의 개요

1) 국가위험도 개념

일반적으로 리스크란 어떤 사건에 의해 우발적 손실에 노출된 상태로 정의된다. 그러나 우발적 손실을 야기하는 요인은 수없이 많으며 또한 손실에 노출되는 대상도 매우 다양하기 때문에 리스크는 그 분류기준이나 사용목적에 따라 다르게 사용된다.

이와 관련하여 국가위험도는 통상 '특정 개인이나 기업이 통제하기 어려운 상태로서 최소한 정부가 관여된 국가 총체적인 위험'으로 정의된다. 좀 더 달리 표현하면 '특정국가의 차입자가 해외 대출자 또는 투자자에 대하여 상환할 수 있는 능력 및 태도' 또는 '투자자 혹은 대출자의 자산에 부정적인 영향을 미치는 정치, 정부, 법, 사회문화, 경제 및 자연재해 등의 변화가 특정국가의 환경 하에서 발생할 가능성'을 국가위험도로 측정할 수 있다.

따라서 국가위험도는 법적 리스크, 외환 리스크, 통화 및 자본통제 리스크, 무역통제 리스크, 주권적 리스크 등의 위험을 포괄하고 있으며, 국가위험도 분석은 특히 주권적 리스크(sovereign risk)에 대한 평가에 중점을 두고 있다.

한편 OECD의 수출신용협약에서는 수출신용의 관점에서 '특정국이 외채를 상환할 수 있는 정도에 따라' 국가위험도를 평가할 수 있다고 설명하고 있다. OECD 수출신용협약은 국가위험도에서 고려되는 요소를 ① 모라토리엄 ② 송금중단 또는 지연 ③ 외환위기 ④ 상환중지 ⑤ 불가항력(force majeure)의 5개 영역으로 분류하고 있다. 수출신용협약 참가국 수출신용기관(ECA)은 OECD의 국가위험도 평가전문가(CRE) 회의[39]에서 결정된 국가위험도 등급을 기준으로 최저 프리미엄 요율(MPR)을 적용하고 있다.

39) OECD 무역국(Trade Directorate)의 수출신용과(Export Credit Division)에서 회의 주관

국가위험도의 대상 및 범위 구분

① 대상 : 국가 전체

만약 어떤 나라에서 국가위험이 발생하면, 그 나라에 투자를 한 기업들은 원칙적으로 같은 리스크에 직면하게 됨을 의미한다. 전쟁이나 혁명의 발생 또는 국유화 조치 등은 기업과 개인의 차원에서 피할 수 없는 불가항력적인 리스크의 전형적인 사례이다.

② 범위 : 정부 또는 주권의 관여

국가위험을 가져오는 사건이 최소한 정부의 통제 하에서 발생하므로 기업이나 개인의 통제를 통상 벗어난다. 파산으로 인한 채무불이행의 경우 그 파산이 정부가 경제정책에 기인한 결과라면 국가위험에 해당되겠지만 기업의 부실경영에 따른 결과라면 이는 상업적 위험(commercial risk)에 보다 적합하다.

2) 국가위험도의 유형 및 발생형태

두 차례에 걸친 석유파동으로 비산유개도국들은 석유수입대금에 대한 부담이 커졌고 이에 따라 경상수지가 악화되었으며, 경상수지적자를 보전하기 위하여 국제금융시장에서는 자금차입이 늘었다. 그 결과 이들 국가의 외채가 누적되었고 외채상환 부담이 가중되면서 1980년대에 들어서는 개도국의 디폴트 사태[40]가 속출하게 되었다.

1990년대에는 멕시코(1994), 동남아(1997), 브라질·러시아(1998)의 외환·금융위기로 신흥투자시장(emerging markets)을 중심으로 경제구조적 취약성이 노출되었고, 경제는 위기상황으로 전개되었다. 우리나라도 1997년 외환·금융위기를 경험하면서 국가신용도 등급의 급격한 하락[41]에 따른 경제위기를 실감한 바 있다. 2000년대 들어서도 신흥투자국을 중심으로 금융위기가 재연되어 2001～2002년에는 아르헨티나, 터키에서 유동성부족 현상이 발생하였다.

이러한 경제위기와 관련된 국가위험도의 유형 및 발생형태는 금융리스크와 투자리스크로 구분할 수 있다. 금융리스크가 채무불이행, 상환유예, 채무재조정 등에 의한 것이라면, 투자리스크는 전쟁, 송금 및 수용위험 등에 따른 것이다. 금융리스크와 투자리스크의 주요 유형을 살펴보면 다음과 같다.

---

40) 1981년 폴란드의 이자상환 불능선언, 1982년 멕시코·브라질·아르헨티나의 원리금 상환불능 사태가 발생하면서 모라토리엄, 리스케쥴링 등의 조치가 이루어졌음.

41) S&P는 우리나라 정부채권 장기 외환등급을 1995년 AA-에서 1997년에는 4회에 걸쳐 떨어뜨리면서 동년 12월 B+의 투기등급으로 조정한 바 있음.

(1) 금융리스크

① 채무불이행(default)

채무국의 대외지급이 더 이상 불가능하여 외채상환을 무기한 중단하게 되는 사태를 말하며, 대외지급 불능 선언 이후 채무국의 요청으로 채무재조정 협상이 진행되는 것이 일반적이다.

② 상환유예(moratorium)

정부 또는 공적기관의 외채나 국가가 지급 보증한 채무의 원리금, 또는 모든 형태의 채무에 대하여 일정기간 동안 지급을 중단하는 조치를 의미한다.

지급 거치기간을 새롭게 설정하여 상환기간을 연장시키는 형식을 취함으로써 금리는 당초 계약조건처럼 하는 것이 통례이나 연체이자는 별도로 정하는 경우가 대부분이다. 모라토리엄은 리스케쥴링과 리파이낸스가 실시되는 기간에 상환을 유예하기 위해 수시로 이용된다.

③ 채무재조정(rescheduling)

채무국이 외환부족으로 계약조건에 의거한 원리금 상환이 곤란한 경우에는 계약조건에 비해 원리금 상환액을 감액하고 상환기간도 연장함으로써 채무상환 기일을 지연시켜 주는 것을 의미한다.

통상 공적채무(official debt)[42]에 대해서는 파리클럽(Paris Club), 상업채무(commercial debt)[43]에 대해서는 런던클럽(London Club)을 통해 리스케쥴링 협상이 이루어지고 있다.

파리클럽과 런던클럽

파리클럽 리스케쥴링은 1956년 당시 아르헨티나의 공적외채 상환기일 재조정을 위하여 프랑스 재무성이 주간사가 되어 채권국 대표들이 회동한 것이 최초의 사례이며, 런던클럽 리스케쥴링은 1980년대 초 상업채무 과다국의 원리금 회수부진 문제를 협의하기 위해 국제상업은행 대표들이 런던에서 모여 협의를 시작한 것이 또한 최초의 사례이다.

---

42) 정부 또는 공공기관이 타국의 공공기관 또는 민간기업에 여신을 제공하는 경우
43) 민간기관이 타국의 공공기관 또는 민간기업에 여신을 제공하는 경우

(2) 투자리스크

① 전쟁위험(war)

전쟁, 혁명, 내란, 폭동 등에 의한 위험으로 발생빈도는 적지만 일단 발생하면 직접적인 피해뿐만 아니라 경제·사회면에서의 혼란으로 이어지는 간접적인 피해의 여파가 대단히 크다.

② 수용위험(expropriation)

수용은 정부의 포고령에 의한 국유화와 간접적인 수단에 의한 우회적 수용으로 대별될 수 있는데 후자의 경우 공권력의 비밀스런 개입 또는 압력을 행사하여 경영지배권을 빼앗는 조치이다. 우회적 수용의 대표적 사례로서 ⓐ 공권력의 압력에 의한 자본 및 경영의 합리화 ⓑ 경영의 실권을 갖는 외국인 경영자의 취업제한 및 금지 ⓒ 광업권과 채벌권의 제한 ⓓ 외자지배 특정산업을 대상으로 한 세제변경 등을 들 수 있다.

③ 송금위험(transfer risk)

현지법인의 투자원금, 배당금, 이자 등의 송금이 제한되는 리스크로서 자본 수입국의 국제수지상의 어려움으로 인하여 외환거래를 제한 또는 금지, 국유화에 의한 송금대금의 압류, 전쟁위험 발생에 따른 환거래 중단 등의 형태로 나타난다.

2 국가위험도 측정의 필요성 및 활용

1) 필요성

국가위험도 측정 또는 평가는 상대국에서 채무상환 또는 투자수익에 곤란을 가져오는 사건들이 발생할 가능성과 발생하게 될 리스크의 종류와 내용이 무엇인지를 분석하여 대출 또는 투자 등의 의사결정에 필요한 판단자료를 제공하는데 그 목적이 있다. 이처럼 금융기관이나 투자기업에게 손실을 예방하고 업무활동을 효과적으로 수행하는데 있어 국가위험도를 정확히 파악하는 일은 중요한 의미가 있다.

과거 1980년대에 개도국들의 외채문제로 국가위험도가 커짐에 따라 국제상업은행들이 이들 국가에 대한 대출을 기피하는 현상이 발생하였는데 이와 같이 개도국의 외채문제가 국제금융계에서 중대한 관심사로 대두되면서 국가위험도 평가의 중요성은 더욱 커지게 되었다. 최근에는 2007년 하반기 이후 미국의 서브프라임 모기지 부실사태로 야기된 글로벌 금융위기로 신흥투자시장의 리스크 변동이 확대됨으로써 국가위험도 평가에 대한 관심이 다시 고조되었다.

통상적으로 수출신용기관의 중장기 연불수출 및 해외투자 금융 업무는 대출금 상환재원 기반이 원칙적으로 해외에 존재한다는 특수성이 있으므로 거래 상대국에 대한 위험도 평가업무는 중요한 의미를 지닌다. 수출신용기관이 제공하는 모든 신용의 최종 수혜자는 외국정부 또는 외국기업이어서 해외 채권이 발생하게 되고, 또한 상환기간도 장기이기 때문에 수출신용기관의 대출심사에 있어 국가위험도 평가는 필수적인 요건이 되고 있다. 한편 국제상업은행들의 경우에도 국제금융시장에서 경쟁적인 지위를 유지하고 이윤을 확보하기 위하여 저개발 단계에 있는 개도국에 대한 융자 및 투자를 확대해 나감에 따라 거래상대국의 국가위험도 평가를 대출심사의 주요 요건으로 삼고 있다.

2) 활용

국가위험도 평가를 통하여 거래 상대국의 채무상환위험 정도를 사전에 분석하는 것은 해외채권의 건전성을 분석하고 상환가능성을 제고하는 데 기여할 것이다.

특히 해외채권을 관리하고 있는 금융기관으로서는 국가별 여신한도 관리, 금융지원 적격여부 심사 등을 통하여 국가별 위험노출자산(exposure)에 대한 중점적인 관리가 가능하며, 이를 통하여 금융기관의 부실채권 축소 및 자산건전성 강화에도 도움이 될 것으로 기대된다. 예를 들어 프랑스 무역보험회사(Coface), 영국 UKEF, 캐나다 EDC 등 공적수출신용기관들은 국가위험도 평가결과(등급)에 따라 국가별 인수·여신한도 및 지원방침을 채택하여 운용하고 있다.

또한 국가별 평가요소를 필요에 따라 특정 경제상황에 대한 분석 자료로 활용하여 국가위험도 추세를 감안한 총체적인 위험관리에 활용할 수 있다. 예를 들면 일정 시점에서 GDP 대비 경상수지 비율을 국가별로 비교하여 외채상환능력을 분석할 수 있으며, 과거 자료에 대한 시계열 분석으로 현재의 변화추세에 대한 보다 정밀한 평가지표의 방향성을 검증함으로써 경제정책 및 해외진출 전략 수립에 활용할 수 있을 것이다.

실제로 외채상환능력 분석지표[44]가 국가위험도 평가에 흔히 사용되고 있는데 이들 지표의 움직임 및 변화를 통해 당해국의 채무상환 능력을 조기에 파악하고 경제위기를 진단하는데 활용할 수 있다.

44) 외채원리금 상환비율(DSR : Debt Service Ratio), 외채잔액 및 경상수지의 경제규모 변수 대비 비율, 외환준비자산의 수입대금 결제능력 등이 흔히 활용되는 외채상환능력 분석 지표임.

한편 국가위험도 평가자료는 평가대상국의 국가위험도 평가등급 이외에도 평가등급 산출을 위해 또는 평가과정에서 분석한 국가개황, 정치경제동향, 산업현황, 외국인투자정책 및 제도 등에 관한 내용을 포함할 수 있다. 이는 기업들의 해외진출에 유용한 정보가 될 것이다.

3 국가위험도 측정 방법

국가위험도를 평가하는 방법은 국가위험도 평가기관별로 다르지만, 대체적으로 자유서술기법(Fully qualitative system), 정형적 서술기법(Structured qualitative system), 체크리스트 기법(Check list system), 통계적 기법(Statistical system)으로 분류할 수 있다. 이 밖에도 대외채무 상환능력, 개별사업의 수익성 등을 고려한 신용도 결정과 전략수입에 필요한 요소를 매트릭스 형태로 분석하여 평가대상 국가 및 기업의 위치와 전략을 결정하는 매트릭스 기법(Matrix system) 등도 있다.

1) 자유서술기법

자유서술기법은 국가별 정치, 경제, 사회정세에 대한 현황 및 전망을 분석하여 형식에 구애 받지 않고 자유롭게 서술하는 방식으로 평가하는 방법이다.

일반적으로 해외대출 규모가 작고 대출건수도 빈번하지 않은 금융기관에서 주로 이용되며, 가장 단순한 초기방식의 평가방법이다. 자유서술기법은 평가 대상국을 사안별로 비교적 자세한 기술방식을 통해 분석이 가능한 장점이 있는 반면, 국가간 평가요소를 비교하기가 상당히 곤란한 단점이 있다.

2) 정형적 서술기법

정형적 서술기법은 흔히 '정성방식'으로 불리어지고 있는데, 평가보고서의 양식, 분석항목의 범위 및 분석방법을 표준화하여 질적 분석을 시도하는 방식으로 통상 정형화된 통계치를 이용하고 있다.

이 기법은 과거 가장 일반적인 국가위험도 평가방법이었으며 일정한 형식의 국별 보고서(country report) 작성을 통한 평가기법이 이에 해당된다. 주로 국제적인 상업은행이나 종합상사 등에서 이용되고 있으며, 평가기관별 분석 주안점이 다르므로 평가항목이나 항목간의 가중치를 상이하게 부여하고 있다. 정형적 서술기법은 표준화된 공통 기준을 사용하여 평가하게 되므로 국가 간 평가요소의 비교가 용이한 장점이 있는 반면, 국가 간 비교에서 주관성을 배제하기가 곤란한 점이 단점으로 지적되고 있다.

3) 체크리스트 기법

체크리스트 기법은 지수 또는 지표화가 가능한 공통의 평가요소에 대하여 점수를 부과하여 평가하는 방법으로 1975년 독일 경제연구소(German Institute for Economic Research)가 고안한 것으로 알려져 있다.

이 기법은 평가요소의 평점부여 범위 및 가중치를 설정하여 평가 대상국에 대한 위험도를 체크하면 종합평점이 산출되도록 하는 방식이다. 최종 종합평점에 따라 국가위험도의 등급 또는 순위를 결정하게 된다.

체크리스트 기법은 동일한 기준과 평가요소의 지수·지표화로 평가과정이 비교적 명확하고 평가내역 파악이 용이하다는 장점이 있는 반면, 평가대상국에 대한 개별적인 특수성 반영이 곤란한 단점도 보유하고 있다.

국제적인 주요 평가기관들은 체크리스트 기법을 널리 채택하고 있고, 최근 기업 및 경제연구소에서도 이 기법을 활용하는 사례가 늘고 있다. S&P, Moody's, ICRG, Euromoney, JBIC, 한국수출입은행 등이 이 방식을 채택하고 있다.

4) 통계적 평가기법

통계적 평가기법은 계량화가 가능한 각종 경제지표를 활용하여 분석하는 방법으로서, 통상 평가대상국의 경제지표를 독립변수로 하고 채무불이행 확률을 종속변수로 설정하여 국가위험도를 판정하고 있다.

통계적 기법은 비통계적 기법에서 나타난 평가의 객관성 부족 문제를 개선하기 위하여 미국의 국제금융기관과 경제연구소를 중심으로 개발되었다. 통계적 기법은 경제지표를 이용하여 예측이 가능하며 평가의 객관성을 제고할 수 있는 장점이 있는 반면, 신뢰할 만한 통계자료 확보와 질적 분석이 곤란한 측면 등의 단점을 갖고 있다.

미국수출입은행은 외채예고모델(Debt Early Warning Model)을 통해 채무상환문제의 발생사례에서 나타난 경제변수를 통계적 기법으로 분석하고 있다. 통계적 기법에서 가장 많이 이용되는 분석에는 판별요인분석(Discriminant analysis)과 로짓분석(Logit analysis)이 있다.

(1) 판별요인분석

판별요인분석 기법은 두 개의 모집단에서 임의로 추출한 표본을 이용하여 두 집단 간의 특성을 가장 잘 나타내는 분류기준을 추정하는 방식이다. 예를 들어 채무리스케줄링 여부를 기준으로 모집단의 국가군을 가장 잘 대변해 줄 수 있는 기준(경제지표의 조합)을 찾아내는 방식이다.[45)]

이에 관한 연구 가운데 Frank & Cline(1971)은 1960~1968년 13차례에 걸쳐 외채를 리스케줄링 한 8개국을 포함하여 26개국을 대상으로 8개의 주요 경제지표[46)]가 외채상환능력에 미치는 정도를 분석하였다.

분석결과 8개의 경제지표 가운데 3개 지표, 즉 원리금상환비율(DSR : Debt Service Ratio), 외채상환액/총외채잔액, 수입/외환보유액의 3개 지표가 통계적 유의성이 있는 것으로 나타났다. 또한 Grinols(1976)은 외채상환액/외환보유액, 외자도입액/외채상환액, 외채상환액/상품수입액, 총외채잔액/GDP, 총외채잔액/상품수출액의 5개 지표를 통계적으로 의미 있는 변수로 분석하였다.

(2) 로짓분석

로짓분석기법은 종속변수가 택일적인 성격을 가질 때 회귀분석을 이용하여 평가하는 방식으로서 채무리스케줄링 확률을 종속변수로, 경제지표를 독립변수로 설정한 확률함수를 기초로 채무리스케줄링 여부를 결정한다.[47)]

Feder & Just(1977)는 1965~1972년 11개국의 채무리스케줄링 국가 등 41개 국가의 자료를 분석하여 채무 리스케줄링 여부를 결정하는 방식을 고안하였다. 이의 분석 결과에 의하면, Frank & Cline의 판별요인 분석에서 선정한 3개의 지표가 유의성이 높다는 사실을 재확인하였고, 추가적으로 1인당 국민소득, 수출증가율, 자본유입액/외채상환액의 3개 지표도 유의성이 크다고 설명하고 있다.

또한 Mayo & Barrett (1977)는 미국수출입은행의 외채예고모델을 개발하였는데, 이는 Frank & Cline, Feder & Just의 연구결과를 집대성한 것이다. 즉 기존의 방식보다 표본크기를 확대하여 48개국을 대상으로 1970~1975년 경제지표(50개)를 분석하였다. 분석 결과, 외채상환문제와 가장 관련이 있는 변수로는 총외채잔액/수출, 외환보유액/수입, 총고정자본형성/GDP, IMF 외환보유포지션/수입, 소비자물가상승률 등이 선정되었다.

---

45) 함수식으로 표현하면 $Z = aX1 + bX2 + cX3 + \quad + zXn$에서 개별 경제지표인 Xi와 판별치인 Z에 대하여 a,b,c....z과 같은 가중치를 추정하는 방식으로 개별국가의 리스케줄링 여부를 예측하는 기법임.

46) DSR, 수출증가율, 수출변동지수, 1인당 국민소득, 외채상환액/총외채잔액, 수입/GNP, 수입/외환보유액 등임.

47) 함수식으로 표시하면, Pi= $f(Zi) = 1/(1+e^{-(a+bXi)})$로 주로 사용되고 a, b를 추정하는 기법임.

4 국가위험도 평가기관 현황

국가위험도는 각 기관 고유의 업무수행을 위한 정책방향을 설정하는데 활용되고 있으므로 평가기관의 성격에 따라 운용하고 있는 평가기법이 상이하다.

이들 평가기관은 대체적으로 평가결과를 대외에 공표할 뿐 구체적인 평가방법에 대해서는 공개하지 않는데, 최근 들어 국가위험도 평가방법으로 체크리스트기법이 주로 채택되고 있는 것으로 알려져 있다.

국가위험도 평가는 공공기관, 상업은행, 기업 등 여러 곳에서 실시하고 있는데 그 평가 결과를 정기적으로 외부에 공개하는 기관은 S&P, Moody's 등의 신용평가회사와 OECD, EIU(Economic Intelligence Unit) 등의 국가위험도 평가 전문기관, 그리고 주요국의 수출신용기관 등이 있다. 이들 기관의 현황과 평가방법을 살펴보면 다음과 같다.

1) 국제신용평가회사

3대 국제신용평가회사로 불리는 S&P, Moody's, Fitch는 국제 자본시장에서 채권발행 정부의 채무상환 능력(capacity)과 의지(willingness)를 측정하는데 평가의 주안점을 두고 있다.

이들 기관의 평가결과는 국제 자본시장에서 채권발행 정부의 차입조달금리(spread) 수준에 직접적으로 영향을 미치고 있다. 1997년 아시아 외환위기 발생이후 S&P, Moody's 등의 국제신용평가회사들이 위기국가의 신용등급을 대폭 하향 조정한 사례에 대하여 비판적인 견해가 많았다. 그 결과 이들 신용평가회사는 위기 이후 새롭게 부각되는 변수들을 국가위험도 평가에 추가적으로 반영하려는 노력을 기울이고 있다.

(1) Standard & Poor's(S&P)

국가위험도 평가와 관련하여 S&P는 외화표시 장기 정부채권에 대한 위험도를 평가하면서 당해 정부의 채무 상환능력과 의지를 측정하는데 초점을 두고 있다.

즉, 디폴트 가능성(default probability 추정)에 대한 평가에 주안점을 두고 있으며, 채권발행 정부의 단기채무 상환능력은 유동성 부족의 정도와 규모에 중점을 두고 있다. 이를 반영하여 S&P는 [표 3-5]에서 제시된 평가요소 중 대외 유동성 및 외채상환부담에 보다 큰 가중치를 두고 있다.

표 3-5 S&P의 정량분석 평가요소

위 험 지 표	평 가 요 소
국내경제 (Economy)	GDP 규모, 1인당 GDP. 총저축/GDP, 총투자/GDP, 실질 GDP 성장률, 실질 투자증가율, 실업률, 소비자물가상승률, 국내여신증가율, 우발채무/GDP
정부재정 (General Government)	순채무/GDP, (총채무-금융자산)/GDP, 총채무/GDP, 재정수지/GDP, (재정수지-이자지급액)/GDP, 재정수입/GDP, 재정지출/GDP, 채무 이자지급액/GDP
국제수지 (Balance of Payment)	총수출/GDP, 실질 총수출증가율, 경상수지/GDP, 경상수지/총수출, 순차입/총수출, 외환보유액/총수입, 총차입요구액/(총수출+외환보유액), 순해외직접투자액/GDP
대외수지 (External Balance Sheet)	순대외부채/GDP, 총외채/총수출, 총공적외채/총수출, 순외채/총수출, 순공적외채/총수출, 비거주자 순요소소득 지급액/총수출, 비거주자 순이자지급액/총수출

자료 : www.standardandpoors.com

표 3-6 S&P의 정성분석 평가요소

평 가 분 야	평가요소
정 치 적 위 험	정부의 형태 및 정치기구의 적합성, 대중의 정치참여도, 정권유지의 정통성, 경제여건에 대한 정치적 영향, 경제정책 목표에 대한 투명성, 대내외 안보위험, 지정학적 위험
소득 및 경제구조	경제발전 및 시장경제화 정보, 경제시스템의 성숙도, 민간부문의 과다차입 등 잠재적 취약성, 소득 불평등, 금융부문의 효과적인 자금조달, 민간기업의 경쟁력과 수익성, 공공부문의 효율성, 보호주의와 그 영향, 노동시장 유연성
경 제 성 장 전 망	저축·투자의 규모 및 구성, 잠재 경제성장률과 성장패턴
재정정책 유연성	정부재정 운영실적 및 재정수지 추이, 재정수입 유연성 및 효율성, 재정지출 효과성 및 압력, 연금 지급부담
공 적 채 무 부 담	정부채무/GDP, 재정수입의 지급이자 부담률, 통화구성 및 만기구조, 자본시장의 규모
우 발 채 무	공기업의 규모 및 건전성, 금융부문의 건전성
통화정책 유연성	소비자물가 추이, 통화 및 여신증가율, 환율체계 및 통화정책의 양립성, 중앙은행 독립성 및 제도적인 요인, 통화정책 수단의 범위 및 효율성
대 외 유 동 성	재정·통화정책의 국제수지에 미치는 영향, 경상수지의 구조, 자본유입의 구성, 외화보유액의 적정수준(대외 차입수요), 외자의존도, 외부충격 대처능력
공공부문 외채부담	공공부문의 금융자산 및 외채규모, 외채 만기구조, 통화구성 및 이자율 변화 민감도, 양허성 자금조달 가능성, 외채상환 부담
민간부문 외채부담	비거주자 차입·예금·대출현황, 금융기관 및 민간기업 외채규모, 외채 만기구조, 통화구성·이자율 변화 민감도, 양허성 자금조달 가능성, 외채상환 부담

자료 : www.standardandpoors.com

외화표시 채무의 디폴트위험 분석은 재정·통화정책의 효과, 국제수지 상황 및 국제수지의 외채증가에 미치는 영향, 국제금융시스템에의 통합정도에 중점을 두고 있다. S&P는 민간자본 흐름의 급격한 변동 등 국제금융시장의 환경변화를 고려하여 외환보유액 수준(단기외채 감안), 과거의 자본흐름과 외국인 주식투자비중 등도 주요 고려요소로 반영하고 있다.

S&P는 정량평가와 정성평가를 혼용하고 있는데, 정성평가는 경제·재정성과, 우발채무 및 정치·정책추이 등에 대한 질적 분석이며, 정량평가는 평가요소 중 지수화가 가능한 항목에 대한 분석이다.

(2) Moody's

Moody's의 국가위험도 평가등급은 장기채권 발행 정부에 대한 채무불이행 가능성과 금융손실을 반영하고 있다.

국가위험도에 해당하는 외화표시 장기 정부채권의 평가등급은 21개의 단계로 분류되어 있다. 등급별 채무불이행 가능성은 최고 등급인 Aaa는 5년 이내 0.1%, 10년 이내 1% 미만인 경우이고, B등급은 5년 이내 28%, 10년 이내 40%인 경우 등이다.

사후관리(Rating watch) 등급은 세 가지로 분류되는데, Upgrade는 등급 상향조정, Downgrade는 등급 하향조정을 검토 중이며, Uncertain은 전망이 불투명하여 등급변경 가능성이 상존하는 경우 등으로 대별된다.

표 3-7 Moody's의 정량적인 평가요소

위 험 지 표	평 가 요 소
경제구조·성과	경상 GDP 규모, 인구, 1인당 GDP(경상환율, PPP), GDP 성장률(경상 및 실질), 실업률, 소비자물가상승률, 총투자/GDP, 총국내저축/GDP, 총수출증가율(경상 및 실질), 총수입증가율(경상 및 실질), 상품·서비스순수출/GDP, 경제개방화 정도(=무역의존도=교역규모/GDP)
정 부 재 정	정부채무, 정부채무/GDP, 정부채무/제정수입, 정부채무이자지급액/재정수입, 재정수입/GDP, 재정지출/GDP, 정부외화표시채무/정부채무
대외지급·채무	경상환율, 실질실효환율, 단위노동비용지수, 경상수지, 경상수지/GDP, 총외채잔액, 단기외채/총외채, 총외채/GDP, 총외채/총수출, 총외채 이자지급액, 총외채 원금상환액, 순해외직접투자액/GDP, 순대외투자포지션/GDP, 외환보유액, 국내은행 순외화자산
통화·대외취약성 및 유동성	M2 증가율, 단기이자율, 국내여신증가율, 국내여신/GDP, M2/외환보유액, 총외채/외환보유액, DSR, 대외취약성((단기외채+장기외채+비거주자 장기외화예금)/외환보유액), 유동성(단기부채/총자산), 총부채/총자산, 'Dollarization' 비율(총외화예금/총예금), 'Dollarization' 취약성((국내은행 총외화예금/외환보유액)+국내은행 외화자산)

자료 : www.moodys.com

표 3-8 Moody's의 정성분석 평가요소

평가분야	평가요소
사회 상호작용의 구조	정치구조, 사회계약, 경제구조·정책, 사회적 구성요소·행태
사회적 행위	사회정치적 실행가능 정책과 그 영향
정치적 동력	경제성장을 위한 정치구조, 정부의 부패정도와 효율성, 주변국과의 관계, 국제기구 가입상황, 정치적 변화 대처능력
경제적 기반	자원개발 현황, 수출·수입의 구조적 특성, 국제자본 유출입 동향, 경상수지 악화 대응능력
외채분석	외채상환부담, 단기외채 구조·추이, 금융지원 수혜 가능성

자료 : www.moodys.com

Moody's의 평가방법은 채권발행 주체에 대한 질적 분석을 통하여 자본유입 수준, 예상 등을 기초로 외채상환능력을 평가하는데 초점을 두고 있다. 또한 외채상환능력을 평가하는 기준으로는 당해 정부의 외환유동성 상황, 회계기준의 국제기준과의 부합정도, 정부의 재정운용능력, 규제적인 정부정책의 실태와 효과 등인 것으로 알려지고 있다.

(3) 피치(Fitch IBCA)

Fitch IBCA는 1년이상 장기 외화표시 정부채권 등급을 24개의 단계로 분류하고 있으며, 분류체계는 S&P와 유사하다.

Fitch IBCA는 정부의 외채상환에 필요한 외환을 관리할 수 있는 능력과 의지를 평가하는데 초점을 맞추고 있다. 따라서 Fitch IBCA의 평가방식은 계량경제적인 분석기법보다는 정책지속성 및 효과에 대한 평가전문가의 경험론적인 판단 등 정치경제적인 분석에 의존하는 경향이 있다.

Fitch IBCA의 정부채권 평가를 위한 체크리스트는 크게 14개 분야로 나뉜다. 즉, ① 인구·교육·구조적인 요인 ② 노동시장 분석 ③ 생산 및 무역구조 ④ 민간부문의 역동성 ⑤ 수급구조 ⑥ 국제수지 ⑦ 중기 경제성장 제약분석 ⑧ 거시경제정책 ⑨ 무역·외국인투자 정책 ⑩ 금융시장 ⑪ 대외자산 ⑫ 대외부채 ⑬ 정치상황 ⑭ 국제관계 등이 그것이다.

표 3-9 3대 국제신용평가회사의 장기채 등급체계

등급구분	S&P[1]	Fitch	Moody's[2]
투자적격등급 (Investment grade)	AAA	AAA	Aaa
	AA+	AA+	Aa1
	AA	AA	Aa2
	AA-	AA-	Aa3
	A+	A+	A1
	A	A	A2
	A-	A-	A3
	BBB+	BBB+	Baa1
	BBB	BBB	Baa2
	BBB-	BBB-	Baa3
투기등급 (Speculative grade)	BB+	BB+	Ba1
	BB	BB	Ba2
	BB-	BB-	Ba3
	B+	B+	B1
	B	B	B2
	B-	B-	B3
	CCC+	CCC+	Caa
	CCC	CCC	Ca
	CC	CC	C
디폴트(Default)	R	DDD(Default)	=C
	SD	DD	
	D	D	

주 1 : 전망등급은 Positive, Negative, Stable(not likely to change), Developing(Positive or Negative), Not Meaningful
2 : C가 가장 낮은 등급이며 실제 디폴트 상태를 의미

2) OECD의 국가위험도 평가 현황

2000년대 들어 OECD의 국가위험도 평가결과 및 그 인지도가 점차 높아지고 있는 추세에 있다. OECD는 1998년부터 OECD 수출신용회의에서 국가위험도를 평가하고 있으며, 2001년부터 평가등급을 공개하고 있다.

S&P, 무디스 등은 민간 평가기관으로서 자본시장에서 정부 채권 발행등급을 공개하고 있는 반면, OECD는 공적 평가기관으로서 직접대출, 리파이낸싱, 수출신용 보증 및 보험과 같은 수출신용시장에서 적용되는 최저 프리미엄 요율의 기준을 제시하고 있다.

1997년 6월 OECD 수출신용협약 참가국 그룹이 '공적수출신용에 관한 프리미엄 적용지침(Knaepen Package)'에 합의함에 따라 OECD 수출신용협약 참가국 수출신용기관(ECA)들은 동일한 수출신용 프리미엄을 적용하게 되었다. 이에 따르면 최저 프리미엄요율(MPR)은 국가신용위험을 기준으로 산정되며, 1998년부터 OECD 무역국 수출신용과(Export Credit Division)가 주관하는 국가신용위험 평가전문가(CRE) 회의를 통해 결정되고 있다.

OECD의 평가방법은 정량방식(CRAM 모델)과 정성방식(CRE 회의 토론)을 혼용하고 있다. OECD는 이들 방식을 동시에 진행시키지 않고 평가대상국에 대한 국가위험도 평가모델(CRAM : Country Risk Assessment Model) 결과를 각 ECA앞으로 CRE 회의 개최 이전에 배포하고 CRE 회의에서 국가신용위험을 결정한다.

정량방식의 평가요소는 ECA의 수출신용 거래관계(wps), 당해국의 외채상황(wfs), 거시경제상황(wes) 및 체제 전환경제(wts)에 대하여 고려되고 있다. 이들 평가요소의 개별변수가 채무불이행 가능성에 얼마나 영향을 주는지에 대한 관계(확률분포)를 고려하여 개별평점(wps, wfs, wes, wts)을 산출한다.

도출된 CRAM의 종합평점에 따라 국가신용등급은 [표 3-10]과 같이 8개의 모델등급으로 분류된다.

CRAM 종합평점 = Max[wps, (wfs + wes + wts)]

표 3-10 OECD CRAM의 종합평점에 따른 모델 등급 분류기준

종합평점(total risk score)	모델등급(risk category)
0～9%	0
10～19%	1
20～34%	2
35～49%	3
50～64%	4
65～79%	5
80～89%	6
90～100%	7

자료 : OECD, Manual for the Country Risk Assessment Model(CRAM)

OECD는 연간 140여개국을 유럽, 아시아, 중남미 및 중동·아프리카의 4개 지역으로 나누어 분기별로 평가하고 있다.

먼저 OECD 사무국은 평가모델(CRAM)에서 평가대상국별로 산출된 평가등급을 각 ECA에게 배포해 주면, 각 ECA는 CRE회의에 참가하기 이전에 이 모델등급을 검토하고 이를 조정하기 위한 평가서(proposals)를 OECD에 제출한다.

참가 ECA는 평가모델에 반영되지 않는 사항(정치상황 등)을 중심으로 [표 3-11]의 평가요소에 대하여 평가대상국별로 기술한다. 모델등급 조정의 경우 하향조정은 7등급까지 가능하나 상향조정은 한 등급으로 제한되고 있다. 이렇게 제출된 모델등급 조정 평가서를 기초로 CRE 회의가 개최된다.

표 3-11 OECD CRAM의 평가요소 가중치

<table>
<tr><th colspan="2">위험지표</th><th>평가요소</th><th>가중치(%)</th></tr>
<tr><td rowspan="2">Payment Experience</td><td>단기거래</td><td>연체/승인실적
손해배상/승인실적</td><td>50
50</td></tr>
<tr><td>중장기거래</td><td>연체/승인실적
손해배상/승인실적
리스케줄링후 연체/승인실적
리스케줄링후 손해배상/승인실적
리스케줄링 상환실적</td><td>20
20
15
15
30</td></tr>
<tr><td colspan="2">Financial Situation</td><td>총외채잔액/수출, 총외채잔액/GDP
DSR, 단기외채상환부담/수출
외환보유액/수입</td><td>45
45
10</td></tr>
<tr><td rowspan="3">Economic Situation</td><td>성장잠재력</td><td>저축률
투자율
1인당 GDP의 실질성장률(단기)
1인당 GDP의 실질성장률(중장기)
1인당 GNP
제조품 수출비중
수명</td><td>15
15
10
10
25
15
10</td></tr>
<tr><td>경제정책 성과</td><td>소비자물가상승률
재정수지/GDP
경상수지/수출</td><td>30
20
50</td></tr>
<tr><td>경제취약성</td><td>무역구조의 취약성(소규모 경제)
수입의 원조자금 의존도
공적자금 유입 비중</td><td>50
25
25</td></tr>
</table>

자료 : [표 3-10]과 같음

회의 진행방식은 대체로 평가 대상국에 대한 개별 수출신용기관의 등급 제안으로 시작되며 의장의 주재 하에 모델등급을 조정하는 절차를 거친다. 모델등급의 결정을 위한 토론은 원칙적으로 만장일치의 방식에 따라 진행되나 대부분 합리적인 수준의 합의를 통해 국가신용등급이 결정된다. 최종적으로 평가결과는 0~7의 8개 등급으로 표시된다.

표 3-12 모델등급 조정 평가서(written proposals)의 기술항목

평 가 요 소	조정사유
대외경제상황(financial risk)	대외경제상황이 CRAM 평가내역과 상이한 경우
정부정책(government policy)	모델등급에 반영되지 않은 정부정책 위험
소요위험(turmoil risk)	모델등급에 영향을 줄만한 대내외 전쟁, 폭동 등
기 타	기타 국가신용위험에 영향을 줄 수 있는 요소

자료 : [표 3-10]과 같음

3) 우리나라의 국가위험도 평가 현황

우리나라에서 국가위험도 평가를 담당하고 있는 기관으로는 한국수출입은행(수은)이 유일하다.

1970년대 오일쇼크 이후 개도국의 외채문제 및 채무불이행 사례가 국제금융시장의 주요 이슈로 대두됨에 따라 국가별 여신편중 방지 및 위험의 분산, 금융 외화자산의 효율적 운용과 투융자 자금의 안정성을 도모하기 위하여 수은은 국내 금융기관으로서는 최초로 1977년에 국가위험도 평가업무를 도입하였다.

수은은 중장기 연불수출과 해외투자 금융 등 대출금 상환재원 기반이 해외에 존재한다는 특수성이 있으므로 거래 상대국의 채무상환능력을 판단하기 위하여 국가위험도 평가업무가 중요한 의미를 갖는다. 더욱이 수은의 지원대상국이 정치안정도가 낮고, 채무상환능력 및 대규모 프로젝트의 수용능력에 한계가 있는 개도국이 대부분이어서 이들 국가에 대한 위험도 평가가 대출심사의 기본적인 요건이 되고 있다.

수은은 연간 평가계획에 의거 분기별로 정기평가를 실시하고 있으며, 여신심사 대상국, 국제신용평가회사의 등급 조정국 등의 경우에 수시 평가도 실시하고 있다.

수은이 자체적으로 평가하는 나라는 100여 개국이며 OECD 평가등급 원용국을 포함하면 수은에서 신용등급을 부여하고 있는 나라는 170여 개국에 이른다. 수은의 국가위험도 평가의 특징은 개도국에 대한 신용등급 변별력과 등급조정의 유연성이 크다는 점이다.

표 3-13 한국수출입은행의 국가신용도 등급 분류 기준

등급	분 류 기 준
A	정치·경제 구조가 매우 안정적이고, 대외채무 상환이 확실시 되는 국가(OECD 고소득국 수준)
B1	정치·경제 구조가 비교적 안정적이고, 대외채무 상환능력이 우수한 국가
B2	정치발전과 경제성장 잠재력이 크고, 대외채무 상환능력이 양호한 국가
C1	정치발전과 경제성장 잠재력이 있고, 대외채무 상환능력이 비교적 안정적인 국가
C2	정치발전과 경제성장 잠재력이 있고, 대외채무 상환능력이 C3에 비해 상대적으로 양호한 국가
C3	정치발전과 경제성장 잠재력이 있고, 대외채무 상환능력이 무난한 국가
D1	정치발전과 경제성장 잠재력이 있고, 대외채무 상환능력이 C3에 비해 상대적으로 미흡한 국가
D2	정치발전과 경제성장 잠재력이 작고, 대외채무 상환능력이 비교적 취약한 국가
E	정치·경제 구조가 불안정하고, 대외채무 상환불이행 가능성이 있는 국가

수은의 등급 체계는 A, B1, B2, C1, C2, C3, D1, D2, E 등 9 단계로 나누어지는데 이는 ECA의 지원비중이 높은 OECD 등급 4~6등급에 대하여 C1~D2의 5단계로 세분화함으로써 신용등급의 변별력을 제고하고 있다.

수은의 국가위험도 평가는 외채상환능력에 주안점을 두어 왔으며, 1998년부터는 정성평가와 정량평가 방식을 병행하는 평가방식을 채택하고 있다.

정량평가 분야에서는 국내경제, 대외거래 및 외채상환능력에 관한 거시경제지표를 반영하고 있으며, 정성평가 분야에서는 경제구조적 취약성, 경제성장 잠재력, 경제정책 성과, 정치안정성, 사회안정성, 국제관계, 외채상환태도, 국제신인도 및 우리나라와의 관계가 평가지표로 채택되어 있다.

표 3-14 평가분야별 평가요소

평가분야		평가요소
정량평가	국 내 경 제	1인당 GDP, 소비자물가상승률, 재정수지/GDP, GDP규모, 실질GDP 성장률, 국내총투자/GDP
	대 외 거 래	외환보유액/월평균수입액, 경상수지/GDP, 총수출증가율, 총수출/GDP
	외채상환능력	총외채잔액/총수출, DSR, 총외채잔액/GDP, 단기외채잔액/외환보유액
정성평가	경 제	구조적취약성, 성장잠재력, 정책성과
	정 치 · 사 회	정치안정, 사회안정, 소요사태, 국제관계
	국 제 신 인 도	외채상환태도, 국제시장평가, 우리나라와의 관계

국가별 종합평점은 [표 3-14]에서 기술된 정량평가와 정성평가의 각 평가요소별로 점수를 매기고, 여기에 가중치를 곱한 다음 정량평가와 정성평가별로 이를 합산한 다음 이를 가중평균함으로써 산출된다. 이렇게 구해진 국가별 종합평점에 해당하는 등급을 부여함으로써 국가별 신용등급이 얻어진다.

참고문헌

반기로, 「프로젝트 파이낸스」, 한국금융연수원, 2013
배인성, 「국제 프로젝트 파이낸스」, 범서북스, 2014
서극교, 「프로젝트 파이낸스 원리와 응용」, 한국수출입은행, 2004
유하상, 「국제결제론」, 도서출판 두남, 2013
이상근·고경일, 「글로벌 경영의 이해」, 대왕사, 2008
조양현, 「EU 회원국 국가위험도 평가방법에 관한 연구」, 박사학위 논문, 2008
한국금융연수원, 「외국환업무 1」, 2013
한국금융연수원, 「해외자원개발금융」, 2011
한국수출입은행, 「금융지원안내」, 2014
_____________, 「영문 국제계약 해설」, 한국수출입은행, 2004
_____________, 「포페이팅의 이론과 실제」, 1999.1
_____________, 「포페이팅수출금융의 이해와 활용」, 2004. 12
_____________, 「해외투자통계연보」, 2013
_____________, 「ECA·국제기구 편람」, 2011
한국은행, 「국제금융기구가 하는 일」, 2005
홍기삼, "글로벌 경제화의 의미와 대외경제정책의 방향", 석사학위 논문, 1999. 12
E. R. Yescombe, 「Principles of Project Finance」, Academic Press, 2002
Edwin F. Feo, David A. Lamb, Robert F. Lawrence, Eddy C. Meng and Taline Aharonian, 「The Guide to Financing International Oil & Gas Projects」, Milbank, Tweed, Hadley & McCloy, 1996
Factors Chain International, 「World Factoring Yearbook 2008」, BCR, 2008
Gianturco Delio E., 「Export Credit Agencies : The Unsung Giants of International Trade and Finance」, Quorum, 2001
Graham D. Vinter, 「Project Finance」, Thomson, 2006
OECD, 「Arrangement on Officially Supported Export Credits」, 2014
Richard Tinsley, 「Advanced Project Financing」, Euromoney, 2000
Ripley Andy, 「Forfaiting for exporters : practical solutions for global trade finance」, International Thomson Business Press, 1996
Rowe Michael, 「Trade and Project Finance in Emerging Markets」, Euromoney, 1999
Scott L. Hoffman, 「The Law and Business of International Project Finance」, Kluwer Law International

Stephenson Harwood, 「Shipping Finance」, Euromoney, 2006
Stephens Malcolm, 「The Changing Role of Export Credit Agencies」, IMF, 1999
UN, 「International Trade Statistics Yearbooks」, 2013
UNCTAD, 「World Investment Report」, 2012
U.S. Department of Commerce, "Trade Finance Guide", 2012
Venedikian Harry M. and Gerald A. Warield, 「Global Trade Finance」, John Wiley & Sons, 2000

찾아보기

저자 약력

■ 이 재 민

• 학력

연세대학교 응용통계학과 졸업
미국 University of Illinois (Urbana-Champaign) 경제학 석사 및 박사

• 경력

(현) 한국해양대학교 해양금융학과 교수
한국수출입은행 부행장

■ 배 인 성

• 학력

전남대학교 경영학과 졸업
서강대학교 경영대학원 졸업(석사)

• 경력

(현) 한국수출입은행 자원금융실 실장
한국금융연수원 강사
한국증권연수원 강사
경희대학교 아태지역대학원 겸임교수
조선대학교 겸임교수

• 저서

"국제 프로젝트 파이낸스", 범서북스, 2014

인 지

글로벌 무역금융 -개정판

초 판 1쇄 발행 —— 2009년 9월 17일
개정판 1쇄 발행 —— 2015년 2월 10일
지은이 —— 이 재 민 · 배 인 성
펴낸이 —— 전 두 표
펴낸데 —— 도서출판 두남
서울시 강동구 성내로6길 34-16 두남빌딩
신고 : 제25100-1988-9호
TEL : (02) 478-2065~7, 478-2311
FAX : (02) 478-2068
E-mail : dunam1@unitel.co.kr
http://www.dunam.co.kr

정가 33,000원

ISBN 978-89-6414-576-0 93320